21 世纪高等教育土木工程系列规划教材

桥 梁 工 程

主　编　董　军
副主编　龙佩恒　张秀成
参　编　王行耐　陈渊召　胡雄伟
主　审　夏　禾

机 械 工 业 出 版 社

本书是21世纪高等教育土木工程系列规划教材之一。本书是根据高等学校土木工程专业指导委员会制定的土木工程专业本科培养目标、培养方案和教学大纲的要求进行编写。全书共有五篇，总计15章。第一篇“总论”，主要介绍了桥梁的组成与分类、设计程序和原则、设计荷载，桥面布置与桥面构造，桥梁支座与抗震设施等内容。第二篇“混凝土梁式桥”，主要对梁式桥的构造与设计、简支梁桥的计算和其他体系桥梁设计与构造等内容。第三篇“拱桥”，主要介绍了拱桥的设计与构造、拱桥的计算等内容。第四篇“桥梁施工”，对支架、模板、拱架、混凝土、钢筋、钢筋预应力混凝土等基本工艺作简要介绍，着重介绍简支梁桥、拱桥的常用施工方法，并对悬臂施工技术、连续梁的顶推施工技术、斜拉桥、悬索桥的一些常用施工方法进行简单介绍。第五篇“桥梁墩台”，主要内容包括桥梁墩台的构造与设计、桥墩计算及桥台计算。

本书可作为高等院校土木工程专业桥梁工程课程的教材，也可供桥梁工程设计、施工、科研、管理等人员参考。

图书在版编目(CIP)数据

桥梁工程/董军主编. —北京：机械工业出版社，2009.3(2016.1重印)
(21世纪高等教育土木工程系列规划教材)
ISBN 978-7-111-25983-1

Ⅰ.桥… Ⅱ.董… Ⅲ.桥梁工程—高等教育—教材
Ⅳ.U44

中国版本图书馆CIP数据核字(2008)第210992号

机械工业出版社(北京市百万庄大街22号 邮政编码100037)
责任编辑：马军平 版式设计：张世琴 责任校对：张晓蓉
封面设计：张 静 责任印制：乔 宇

北京铭成印刷有限公司印刷

2016年1月第1版第3次印刷
169mm×239mm ·35印张·681千字
标准书号：ISBN 978-7-111-25983-1
定价：49.00元

序

随着21世纪国家建设对专业人才的需求，我国工程专门人才培养模式正在向宽口径方向转变，现行的土木工程专业包括建筑工程、交通土建工程、矿井建设、城镇建设等8个专业的内容。经过几年的教学改革和教学实践，组织编写一套能真正体现专业大融合、大土木的教材的时机已日臻成熟。

迄今为止，我国高等教育已为经济战线培养了数百万专门人才，为经济的发展作出了巨大贡献。但据IMD1998年的调查，我国“人才市场上是否有充足的合格工程师”指标世界排名在第36位，与我国科技人员总数排名第一的现状形成了极大的反差。这说明符合企业需要的工程技术人员，特别是工程应用型技术人才供给不足。

科学在于探索客观世界中存在的客观规律，它强调分析，强调结论的惟一性。工程是人们综合应用科学理论和技术手段去改造客观世界的客观活动，所以它强调综合，强调实用性，强调方案的优选。这就要求我们对工程应用型人才和科学研究型人才的培养实施不同的方案，采用不同的教学模式，使用不同的教材。

机械工业出版社为适应高素质、强能力的工程应用型人才培养的需要而组织编写了本套系列教材，目的在于改革传统的高等工程教育教材，结合大土木的专业建设需要，富有特色、有利于应用型人才的培养。本套系列教材的编写原则是：

1）加强基础，确保后劲。在内容安排上，保证学生有较厚实的基础，满足本科教学的基本要求，使学生日后发展具有较强的后劲。

2）突出特色，强化应用。本套系列教材的内容、结构遵循“知识新、结构新、重应用”的方针。教材内容的要求概括为“精”、“新”、“广”、“用”。“精”指在融会贯通“大土木”教学内容的基础上，挑选出最基本的内容、方法及典型应用实例；“新”指在将本学科前沿的新技术、新成果、新应用、新标准、新规范纳入教学内容；“广”指在保证本学科教学基本要求前提下，引入与相邻及交叉学科的有关基础知识；“用”指注重基础理论与工程实践的融会贯通，特别是注重对工程实例的分析能力的培养。

3）抓住重点，合理配套。以土木工程教育的专业基础课、专业课为重点，做好实践教材的同步建设，做好与之配套的电子课件的建设。

我们相信，本套系列教材的出版，对我国土木工程专业教学质量的提高和应用型人才的培养，必将产生积极作用，为我国经济建设和社会发展作出一定的贡献。

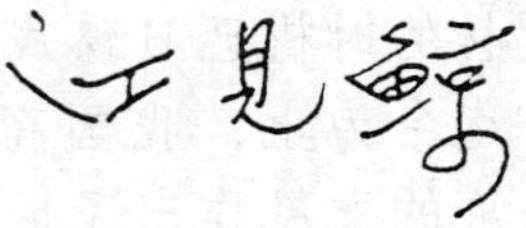

前　言

本书是21世纪高等教育土木工程系列规划教材之一。本书是根据高等学校土木工程专业指导委员会制定的土木工程专业本科培养目标、培养方案和教学大纲的要求进行编写。按照教学大纲的要求，本书着重介绍桥梁工程的基本概念、设计理论和方法，强调构造要求及原理、设计规范和施工规范的应用、标准设计的应用、施工工艺和方法；通过本课程的学习，使得学生掌握目前常用中小型桥梁的构造原理、计算理论与计算方法，熟悉有关施工方面的基本知识，初步具备解决大跨径桥梁设计、施工等问题的能力；对于较复杂的桥型，强调其构造要求及简单的力学原理，对设计、计算作概论性的介绍，为学生进一步学习奠定基础。

在本书的编写过程中，力求体现JTG D60—2004《公路桥涵设计通用规范》和JTG D62—2004《公路钢筋混凝土及预应力混凝土桥涵设计规范》中的更新内容，并尽可能反映桥梁技术在设计理论、工艺、材料及施工等方面的新成果或最新动态。

全书共有五篇，总计15章。第一篇“总论”，对桥梁的组成与分类、设计程序和原则、设计荷载、桥面布置、桥面构造、桥梁支座等作全面的论述。第二篇“混凝土梁式桥”，对板桥、装配式简支梁桥和其他体系桥梁设计与构造作全面论述，对简支梁桥的计算作详细介绍。第三篇“拱桥”，对拱桥的特点、构造和拱桥的设计等作全面论述，对拱桥的计算作详细介绍。第四篇“桥梁施工”，对支架、模板、拱架、混凝土、钢筋、钢筋预应力混凝土等基本工艺作简要介绍，着重介绍简支梁桥、拱桥的常用施工方法，并对悬臂施工技术、连续梁的顶推施工技术、斜拉桥、悬索桥的一些常用施工方法进行简单讨论，注意渗入一些当今较为先进的施工技术。第五篇“桥梁墩台”，对墩台的构造与计算作较全面的论述，详细介绍重力式墩台的计算要点，简要介绍轻型墩台的计算特点。关于桥梁基础施工、施工测量、施工管理等内容，本书不作专门介绍，可分别参阅相关书籍。

本书由北京建筑工程学院、山东交通学院、福建莆田学院、长安大学、西南林学院等院校同行编写。本书由董军任主编，龙佩恒、张秀成任副主编。编写的人员有：董军(第1章、第7章及第13~15章部分内容)，王行耐(第5章、第8章、第12章)，龙佩恒(第4章及第6章)，张秀成(第2章、第10~11章及第6章部分内容)，陈渊召(第3章及第9章)，胡雄伟(第13~15章部分内容)。北京交通大学夏禾教授审阅了本书，提出许多有建设性的意见，在此深表感谢。

考虑到学生对桥梁工程知识掌握的全面性和系统性，本教材内容较为丰富，在教学中，可根据实际教学需要，进行重点讲授，或按照课程群的方向对相关内容进行取舍，桥梁施工内容可以结合现场参观或实习等环节讲授。拱桥部分计算篇幅较多，可以考虑引导学生在课程设计或毕业设计中自学掌握。

在本书的编写过程中，同济大学姚玲森教授就本书的构思和编排等提出了许多宝贵的意见，交通部公路科学研究院杨昀教授级高工及国家林业局昆明勘察设计院唐芳林院长也提出了很多建议并提供了相关实际工程案例，研究生俞鑫风、陈波、徐植等参与了本书中部分图形的绘制和算例的验证，同时还得到了北京建筑工程学院土木与交通工程学院及教务处的大力支持，在此表示衷心的感谢。

由于编者水平有限，书中难免有不妥及错漏之处，恳请读者批评指正。

编 者

目　　录

第四篇 桥 梁 施 工

第五篇 桥梁墩台

第一篇

总　论

第1章 概 述

1

桥梁是道路交通系统中的重要组成部分，而道路交通系统对于一个国家的国民经济、人民生活水平的改善和发展具有重要且深远的意义，伟大的先行者孙中山这样说过："道路者文明之母也，财富之脉也，试观今日文明之国，即道路最多之国。"我国在改革开放后，随着国民经济持续、稳定、高速地发展，道路交通建设蓬勃向上，正处在一个前所未有的建设高潮中，高速公路及城市道路上迂回交叉的大型立交桥、高架桥、跨海大桥不断涌现，随着科技的进步和社会需求的不断提高，人们对桥梁建筑也提出了更高的要求。纵观我国道路交通建设的发展，不难看出在新的历史时期，我国道路交通建设不断面临新的挑战；同时，在国民经济持续高速增长及城市化进程不断加快的过程中，各类城市均面临着重建、改造、扩展和再规划，也给道路交通建设带来了前所未有的机遇，桥梁已成为我国当前道路交通和未来城市发展的关键环节之一。

桥梁(Bridge)就是供车辆、行人等跨越障碍物的工程构造物，体现在"跨越"这个关键词上，由此表现出不同于其他土木工程建筑的结构特征。桥梁工程(Bridge Engineering)是指有关桥梁勘测、设计、施工、养护、检测、维修与加固以及与桥梁相关的科学研究和工程技术的总称。因此"桥梁工程"一词，应该有两个方面的含义：①桥梁建筑的实体；②建造桥梁所需要的相关科技知识，包括基础理论和科学研究，以及桥梁的规划、设计、施工、运营、管理和养护维修等。桥梁工程是土木工程的一个重要组成部分。

本章主要介绍有关桥梁的发展概况、基本概念和一些基础知识。

1.1 桥梁在交通事业中的重要地位及发展状况

随着公路与城市道路建设的不断进步，桥梁的作用变得越来越明显。现代化交通需要四通八达的交通网，交通网对于一个国家和地区的经济发展、文化交流和国防建设都具有非常重要的作用。由于自然地理环境的原因，构建交通网的道路常常会遇到各种障碍，如河流、沟谷或其他交通线路，就必须修建各种类型的桥梁与涵洞，因此桥涵就成为了陆路交通网的重要组成部分，是保证某一区域的交通能否构成真正交通网络的关键。在经济上，桥梁和涵洞的造价一般说来平均占公路总造价的10%~20%，甚至更多，特别是在现代化高等级公路以及城市高架道路的修建中，桥梁不仅在工程上规模十分巨大，而且也是常常处于交通的咽喉部位。此外，桥梁对于不同地区的经济发展和文化交流也具有十分重要的意义。

纵观历史，可以发现交通的发展和桥梁工程的发展一直都是处于相互协调、相互发展、密不可分的状态。现代交通的发展需要建设具有更大承载力、更大跨径和更多的桥梁，极大程度地推动了桥梁工程技术的发展；桥梁工程技术和现代科学的不断进步使得人们能够设计和建造难度更大的桥梁，特别是大跨度桥梁，推动交通建设向安全、快捷的网络化式发展。例如，50 年前，我国长江上还没有一座桥梁，大江南北的交流只能靠运能和速度都十分有限的舟、船，然而在30 多年里，长江大桥的建设速度非常之快，有时甚至一年之内就有几座长江大桥通车，所涉及到的桥型有拱桥、梁桥、斜拉桥、悬索桥，其中有的桥梁已经进入了世界著名桥梁行列。这清楚地表明了我国社会经济发展的历程和速度，也是国家综合经济实力的一个明显标志。

1.1.1 我国桥梁建设的发展

我国幅员辽阔，山河纵横，不仅是一个具有悠久历史和灿烂文化的文明古国，也是一个具有悠久造桥历史的大国。古代桥梁数量惊人，类型丰富，成为了华夏文明的重要组成部分。

据史料记载，早在公元前 1135 年周文王为迎亲，就在渭河上架设过浮桥；春秋战国时期(公元前 770—公元前 221 年)秦国都城在咸阳，其咸阳宫在渭河之北，行乐宫在渭河之南，为了便利两宫之间的交往，秦王在渭河上架设木桩木梁桥；公元前 256—公元前 251 年秦国蜀太守李冰在岷江中游修筑了都江堰，为了方便岷江两岸之间交往，宋淳化元年(990 年)在都江堰鱼嘴处建造跨内外江的竹索桥，此桥全长 340m，分 8 孔，最大跨径达 61m，即世界著名的安澜桥；公元前 206 年西汉大将樊哙建造了樊河铁链桥，至今桥址尚存石条桥基和铁链。

古代桥梁主要以石材、木材和铁链以及用粘土烧制的砖作为建筑材料。保留至今的古代桥梁主要有短跨径石梁桥、石拱桥和铁链桥。

建于 1053—1059 年的福建泉州的万安桥，也称洛阳桥，如图 1-1 所示，是我国最早的跨海石梁桥。该桥全长 834m，共 47 孔，位于入海口的江面上，以磐石遍铺桥位江底作为桥基，在其上养殖海生牡蛎使江底磐石胶固成整体，然后在磐石桥基上垒纵横石条成桥墩，再架设石梁，每孔花岗岩石梁有 7 根，每根梁长 12m，宽 0.6m，高 0.5m。此桥建造方法在世界上绝无仅有，近千年前就能够在如此复杂的水文条件下建造，是古代桥梁史上的一次创新，也是世界上首次将生物学运用于桥梁工程的创举。还值得一提的石梁桥是福建漳州虎渡桥，该桥全长 335m，共 25 孔，桥宽 5.6m，中间跨径大小不一，最大的石梁长 23.7m，宽 1.7m，高 1.9m，重达 207t。据历史记载，这些巨大石梁是利用潮水涨落浮运架设而成，从中可以看到我国古代加工和安装桥梁的技术是何等巧妙和高超。

举世闻名的河北省赵县赵州桥，又称安济桥，既具有民族风格的造桥技术，又兼有造型优美、精巧，是我国古代石拱桥的杰出代表，1991 年被列为世界文化遗产，如图 1-2 所示。赵州桥是世界上现存最早、跨度最大的空腹式单孔圆弧石拱桥，至今仍能正常使用。此桥建成于隋大业初年(公元 605 年左右)，由李春所建，桥全长 64.40m，宽 9m，拱的矢高为 7.23m，拱的净跨径为 37.02m。由于拱圈两肩上各设有两个跨度不等的腹拱，既能减轻桥身的自重、节省石料，又便于提高泄洪能力，使得造型更加优美。赵州桥的结构设计完全符合现代拱桥结构设计的原则，结构受力合理，赵州桥出自于那个年代的设计构思和精湛工艺，足以让世人为之惊叹！

图 1-1 洛阳桥

图 1-2 赵州桥

卢沟桥(1188—1192 年)，如图 1-3 所示，跨北京永定河。桥全长 212.2m，共 11 孔，净跨不等，自 11.4m 到 13.45m，桥宽 9.3m，墩宽自 6.5m 到 7.9m。桥面上石栏杆共 269 间，各望柱头上雕刻有石狮。金代原物简单统一，自后历朝改换，制作精良，石狮形态各异，趣味横生。卢沟桥也铭记了 1937 年日军侵华的一段历史。赵州桥、卢沟桥以及颐和园内的玉代桥和十七孔桥(图 1-4)为世界拱桥的发展作出了重要的贡献，充分展示了中华民族的聪明才智。

我国古代虽然拥有过辉煌的桥梁建筑历史，但是由于封建社会的长期统治，严重束缚了生产力的发展，直到 20 世纪中叶，我国的公路交通极为落后，桥梁建设也极为滞后。1949 年全国公路通车里程总计仅有 8.07 万公里，公路密度约为0.8公里/百平方公里。建国初期，我国的公路交通在经历短暂的恢复后开始得到发展，1952年公路里程增加到12.67万公里。20世纪50年代中后期，为适应经济发展和边疆开发的需要，我国相继修建了川藏公路、青藏公路，并在东南沿海、东北和西南地区修建国防公路，公路里程迅速增长。60年代初达到50多万公里，建成了大量的桥梁。随后在继续大力兴建公路的同时，加强了公路技术改造，有路面道路里程及高级、次高级路面比重显著提高。70年代中期我国开始对青藏公路进行技术改造，80年代全面完成，建成了世界上海拔最高的沥青路面公路。在1949—1978年的30年间，新建公路里程达89万公里，平均每年增加约3万公里，公路密度达到9.3公里/百平方公里，是建国初期的近12倍。

图1-3 卢沟桥

图1-4 颐和园十七孔桥

特别在改革开放后，国民经济持续高速发展，公路运输需求强劲增长，公路基础设施建设开始发生了历史性转变，“要想富、先修路”，公路建设的重要性逐步为全社会所认识。国家干线公路网和国道主干线系统规划先后制定并实施，使公路建设有了明确的总体目标和阶段目标。在继续扩大总体规模的同时，重点加强了质量水平的提高，高速公路及其他高等级公路的迅速发展，改变了我国公路事业的落后面貌。截至到1999年，全国公路里程达到135万公里，公路密度达到14.1公里/百平方公里，为1978年的1.5倍，1949年的18倍；与此同时在1988年，我国第一条高速公路——沪嘉高速公路(18.5公里)建成通车。此后，又相继建成全长375公里的沈大高速公路和143公里的京津塘高速公路，截至到1999年底，全国高速公路通车里程已达1.16万公里。短短10年间，我国高速公路就走过了发达国家高速公路一般需要40年完成的发展历程。高速公路及其他高等级公路的建设，改善了我国公路的技术等级结构，改变了我国公路事业的落后面貌，同时也大大缩短了我国同发达国家之间的差距。桥是路的关键要素，路的建设带动了桥的发展。

20世纪90年代以来，我国在桥梁建设方面取得了巨大的成就，特别是在大跨径桥梁建设方面，已经跻身于世界先进行列。

1. 梁式桥

梁式桥是公路建设中常用的一类桥型。中小跨径时一般采用简支梁，跨径在30m以下通常采用标准跨径。在高等级公路桥梁建设中，多采用桥面连续简支梁或多跨连续梁，以减少伸缩缝的数量，满足车速和行车舒适性的要求。

大跨度混凝土梁桥的主要桥型有预应力混凝土连续刚构桥和预应力混凝土连续梁桥。我国于1988年建成的广东番禺洛溪大桥，为主跨180m的预应力混凝土连续刚构桥，就属于当时我国最大跨度预应力混凝土梁式桥，其主跨径居当时亚洲混凝土梁式桥之首、世界排行第七名。现今虽然20年过去了，连续刚构桥在我国也取得了很大的发展，但是洛溪大桥的一些设计理念对现在的混凝土桥梁设计仍然有很大的影响。继洛溪大桥之后，连续刚构桥的设计可以说是异彩纷呈，不断有纪录打破。1997年建成的虎门大桥辅航道桥，主桥跨径270m，且主桥位于半径为7000m的平曲线上，为当时预应力混凝土连续刚构桥世界第一大跨，打破了澳大利亚1986年建造的门道大桥最大跨径的纪录。近年来国内比较有影响的预应力混凝土连续梁桥有1991年建成的云南六库怒江大桥（主桥跨径为85m+154m+85m）和2001年建成的南京长江第二大桥北大汊桥（主桥跨径为90m+3×165m+90m）。

2. 拱式桥

拱桥造型优美，跨越能力强，一直是大跨径桥梁的主要形式之一。根据不同的工程条件，采用支架法、劲性骨架法、缆索吊装假设法、转体法等施工技术，近年来大跨径拱桥在我国得到了快速的发展。

1999建成的晋（城）焦（作）高速公路新丹河大桥，如图1-5所示。桥梁全长413.17m，主跨146m，高81m，宽24.2m，拱圈用MU80料石砌成，为石拱桥世界之最，集实用性和艺术性于一体，堪称世界一绝，被载入吉尼斯世界纪录。

20世纪90年代兴起的钢管混凝土拱桥，使得拱桥的跨越能力得到了进一步的提高。先期合拢的钢管，由于自重轻、强度高，承担起施工拱架的作用。待管内灌注高强度等级混凝土后形成组合截面的主拱圈，共同承受车辆荷载。1998年建成的广州丫髻沙大桥，主跨360m，桥梁总长1084m，主桥跨径组合76m+360m+76m，为连续自锚中承式钢管混凝土拱桥。

以钢管混凝土作为劲性骨架，再外包混凝土形成箱型拱，也是修建大跨径拱桥的极佳构思之一，除了施工方便外，还有效地解决了钢管的防护问题，极大地发挥了钢管的高强承载能力。1997年建成的重庆万县长江大桥，如图1-6所示，就是主跨为420m的型钢劲性骨架混凝土拱桥；2003年建成的上海卢浦大桥，为主跨550m的中承式钢箱拱桥，均创造了该类型拱桥的世界纪录，引起了国际同行的注目。

图 1-5 新丹河大桥

图 1-6 万县长江大桥

3. 斜拉桥和悬索桥

斜拉桥作为一种缆索承重体系，比梁式桥具有更大的跨越能力、良好的力学性能和经济指标，是大跨径桥梁的主要桥型之一，特别在跨径 200 ~ 800m 的范围内占据优势，在跨径 800 ~ 1100m 的特大跨径范围内占据扮演主要角色。

我国的斜拉桥大规模建设起步较晚，20 世纪 70 年代中期建成了第一座跨径为 76m 的斜拉桥——四川云阳桥。直到 90 年代，因为跨越大江大河的需要，斜拉桥才开始得到快速发展。目前我国已建成的斜拉桥已近 200 余座，其中跨径超过 400m 的斜拉桥就已超过 30 座，并且有多座进入世界前十名的排行榜。1991 年建成的上海南浦大桥(跨径 423m,图 1-7)，1993 年建成的上海杨浦大桥(跨径 602m)，以及近年来建成的南京长江第二大桥(主跨 628m)，南京长江第三大桥(主跨 648m)等均是斜拉桥的典型代表。2008 年竣工的苏通长江大桥(图 1-8)，主跨 1088m，为世界跨径最长的斜拉桥。

图 1-7 南浦大桥

图 1-8 苏通长江大桥

当跨径大于 800m 时，悬索桥几乎成为具有垄断地位的主要桥型。我国大跨径悬索桥起步于 20 世纪 90 年代中期。1995 年建成的广东汕头海湾大桥，主跨

452m，开创了我国公路悬索桥的先河。紧接着，1996年建成的西陵长江大桥，单跨900m；1997年建成的广东虎门大桥，主跨888m；1997年建成的香港青马大桥，如图1-9所示，主跨1377m；1999年建成的江阴长江大桥，如图1-10所示，主跨1385m；2005年建成的润扬长江大桥，如图1-11所示，主跨1490m，为当前中国第一、世界第三的大跨径悬索桥。

图1-9 香港青马大桥

图1-10 江阴长江大桥

2010年建设成的浙江舟山西堠门大桥，如图1-12所示，主跨1650m，设计行车速度80km/h，桥面全宽35m，设计荷载为公路—I级，投资约23.6亿元。西堠门大桥主跨跨径仅次于1998年建成的日本明石海峡大桥，位居世界第二。西堠门大桥于2010年被第27届国际桥梁大会(IBC)授予“古斯塔夫-林德撒尔奖”，为世界桥梁发展作出了突出贡献。

图1-11 润扬长江大桥

图1-12 浙江舟山西堠门大桥

近二十多年来，我国桥梁建设突飞猛进，已从初期的简单积累、模仿，发展到现在的跨越式发展阶段，并涌现出了大量的创新成果，真正迈向了“更长、更高、更轻”的发展模式，跨入了世界桥梁大国的行列。

1.1.2 国外桥梁建设的发展

纵观国外桥梁发展的历史，对于促进和发展现代桥梁有深远影响的，是继意大利文艺复兴后18世纪在英国、法国和其他西欧国家兴起的工业革命，推动了工业的发展，促进了桥梁建筑技术的空前发展。

1855年法国首次建成了用水泥砂浆砌筑的石拱桥，并就拱架结构、拱圈砌筑方法等进行了研究和改进，对现代石拱桥的发展有积极的促进作用。1870年德国首次建造了用硅酸盐水泥作为胶结材料的混凝土拱桥。20世纪初，法国首次建成了跨径为139.80m的混凝土箱型拱桥。之后，钢筋混凝土拱桥在跨越能力、结构体系和主拱圈截面形式上都得到了长足的发展。1980年南斯拉夫用无支架悬臂施工法建成了当时世界上跨径为390m的第一大拱桥——克尔克桥，如图1-13所示。该桥的建成，标志着国外混凝土拱桥建造技术已经达到相当高的水平。该桥保持了18年的世界纪录，直到1997才被我国建成的万县长江公路大桥打破。

工业化革命，对国外大跨径桥梁的建设起到了积极的推进作用。1983年建成的纽约布鲁克林悬索桥，跨径为486m，开创了现代悬索桥的先例。1937年建成的旧金山金门大桥，如图1-14所示，主跨1280m，保持了27年的世界纪录，至今都是举世著名的桥梁经典之作。1998年日本建成的明石海峡大桥，如图1-15所示，主跨1991m，桥面宽35m，设有6车道；桥塔高280m，基础沉箱直径约80m，高约70m；两根大揽各由290根高强钢索构成，直径为1.222m，总投资约40亿美元。大桥按里氏8.5级进行抗震设计、按抗150年一遇的80m/s的暴风进行抗风设计。值得一提的是，明石海峡大桥原设计主跨长1990m，建造过程中经历了1995年的日本阪神里氏7.2级大地震，震中距离桥址4km，大桥附近的神户市内有5000人丧身，10万幢房屋夷为平地，但是该桥梁桥墩经受住了大自然的无情考验，仅仅南岸的岸墩和锚锭装置出现了轻微位移，从而使得主跨长变为1991m。

图1-13 南斯拉夫克尔克1号桥

图1-14 旧金山金门大桥

世界上第一座斜拉桥是于1925年在西班牙修建的跨越坦波尔河的水道桥，

主跨60.35m。1962年在委内瑞拉成功建造的马拉卡波湖大桥，主跨235m，为现代大跨径预应力混凝土斜拉桥的蓬勃发展开辟了道路。1995年建成的法国诺曼底大桥，如图1-16所示，主跨856m，为混合式斜拉桥。目前世界上跨径最大的斜拉桥，为1999年日本建成的多多罗大桥，如图1-17所示，主跨为890m，主梁为钢箱梁。世界上墩塔最高的斜拉桥为法国的米约大桥，如图1-18所示，为斜拉索式的长桥，代表了当今国际桥梁技术的先进水平。尽管米约大桥全长达2.46km，却只用7个桥墩支撑，其中2、3号桥墩分别高达245m和220m，是世界上最高的两个桥墩，再算上桥墩上方用于支撑斜拉索的桥塔，最高的一个桥墩达到343m，超过法国巴黎著名的埃菲尔铁塔23m。

图1-15 日本的明石海峡大桥

图1-16 法国诺曼底大桥

图1-17 日本的多多罗大桥

图1-18 法国米约大桥

1.1.3 科技进步是桥梁建设发展的重要保证

当代桥梁的发展，已经远远超越其自身狭窄的含义，是一个国家物质文明、综合国力的标志，是生产力高度发展的重要象征。建筑材料的发展与变革促进了桥梁工程的发展和飞跃，特别是钢材以及钢筋混凝土、预应力混凝土的出现导致了桥梁建筑的两次重要的飞跃。科技进步则是桥梁建筑技术变革的关键，是桥梁建设发展的重要保证。

古代桥梁中，人类虽然还没有一个清晰完整的力学概念，但是已经体会到了在梁、拱、吊桥中所表现出来的拉、压、弯等基本力学特性。例如，人们认识到木梁桥因为材料的强度不够，不宜做成长跨桥梁，就构思出了叠梁木拱，充分利用木材纵向抗压强度大的优点，以多根短木斜叠，将竖向桥梁荷载经短木顺传到桥身和拱脚，如图 1-19 所示的虹桥结构。尽管是人们经验的表现，但初步的科学进步成为了古代桥梁的一个亮点。

图 1-19 清明上河图画中的虹桥

图 1-20 美国塔科玛悬索桥破坏

18 世纪后人们对桥梁结构中的数学、力学问题的分析和认识，建立了拱的静力学理论，加深了对拱结构及合理拱轴线的认识和理解。19 世纪以后，结构力学的诞生和弹性理论的形成，将桥梁设计从经验规律引入到科学的时代。这一时期，桥梁结构静力学理论得到了很大的发展，如伸臂梁的计算方法、用于连续梁计算的三弯矩方程方法等；同时，人们也从力学的角度，加深了对桥梁结构受力性能的理解，促进了连续梁桥、桁架桥、拱桥、悬臂梁桥等桥型的迅速发展，使桥梁结构形式发生了深刻的变化。

20 世纪美国塔科玛悬索桥在大风中振动时因扭挠振动而破坏，如图 1-20 所示，引起了世人的震惊。不断出现的事故，促使人们开始高度重视空气动力学、薄壁结构理论、振动理论、塑性断裂力学、极限状态理论的研究，标志着人们进入了应用力学进行桥梁结构分析的时代，同时计算机技术、计算力学及动力学理论的快速发展，使得桥梁设计理论进入了一个新的阶段，促进了桥梁向长大化、轻型化、标准化方向发展。

因此，科技进步是桥梁建设不断发展的重要保证。

1.1.4 桥梁工程建设的前景展望

20 世纪后期，桥梁的结构形式、工程材料、设计理论、制造工艺及施工设备等方面的不断创新和发展，有力地推动了桥梁建设的步伐。综合分析中外桥梁最近几十年的发展历程，可以预见在 21 世纪未来的几十年里桥梁工程建设的前景。

1. 大型大跨径桥梁结构建设将成为主流

大跨径桥梁的建设是现代桥梁发展的一个亮点，其不但体现了桥梁建设向“更长、更高、更轻、更美”的发展趋势，而且还体现了很多大跨径桥梁设计、高难度施工技术及机械设备等方面的前沿科学技术问题的研究、解决和应用。

在具有一定承载力的条件下，跨越能力是衡量桥梁技术水平的一个重要指标。跨越能力的增大，不但可以减少桥墩数量，而且可以增大通航或陆地交通能力。斜拉桥、悬索桥就是大跨径桥梁的典型代表。建造大跨径桥梁，必将遇到很多前所未有的困难，给人们带来更多的挑战，需要具有扎实渊博的理论知识和实践经验，需要具有非凡的创新精神，换句话说，是人类对自然以及对人类自身的极大挑战。

在大型桥梁建筑中，深水基础工程技术也将在理论研究和建设实践中不断取得突破性的成就，为大跨径跨海(峡)大桥的建设奠定了重要的基础。

2. 新材料的开发和应用将成为桥梁发展的重要前提

桥梁建筑材料的发展与进步是桥梁建设的关键，特别是现代大跨径桥梁建设对建筑材料提出了高强度、高耐久性、质量轻等多种要求，刺激了材料科学的进步。

在钢筋方面，我国的已采用的高强钢筋最大直径为 ϕ28mm，抗拉强度为 900MPa；国外已采用的高强钢筋最大直径为 ϕ44mm，抗拉强度为 1350MPa。目前，为了适应斜拉桥和悬索桥建设的需要，国外已开发出最大直径为 ϕ4 ~ ϕ9mm，抗拉强度为 1550 ~ 2000MPa 的高强镀锌钢丝。高强混凝土具有强度高、抗冲击性能好、耐久性强等优点。将其应用于桥梁结构，可减小梁高，降低自重，增大跨径。目前我国在桥梁建设中已采用 C80 级混凝土，国外已经研制出 C200 级混凝土。密度在 $(1.6 \sim 2.0) \times 10^3 kg/m^3$ 的轻质混凝土对于降低桥梁结构、增大跨越能力有明显效果，国外已经在桥梁上有过应用，但国内还属于起步阶段。

此外，一些非金属的高强材料也在桥梁建设中得到关注，如碳纤维复合材料等，具有重量轻、刚度大、热膨胀系数低、耐疲劳、抗腐蚀等优点。

3. 完善的数字信息化技术将成为大型桥梁建设的根本保证

在桥梁规划和设计方面，数值仿真与计算机数字信息化技术的发展对于快速分析桥梁结构，优化设计等提供了可靠的依据。

在装配式构件制造和施工方面，智能化的加工制作、基于 GPS 和 GIS 技术的施工与管理等为复杂环境下的桥梁建造提供了保证。

在健康监测和管理方面，通过网络数据库技术、图形图像技术、人工智能技术、遥感器技术及现代计算技术等多学科交叉，建立桥梁健康实时监测管理系统，及时获取桥梁承载、交通及损伤状况，为实施科学及现代化的桥梁养护、评价和加固提供了有效的技术支持。

4. 桥梁建筑美学及生态环境保护将日益受到重视

桥梁结构在向轻巧、纤细、大跨和载重的方向发展的同时，桥梁建筑美学也日益受到人们的重视。桥梁作为建筑实体，除了为人们提供使用功能外，还具有建筑景观的特征，成为城市或地区的象征，给人们带来美的享受。

随着多学科的交叉和渗透，将有更多的建筑师、艺术家及景观和环保方面的专家参与到桥梁的综合论证和设计中，通过合作及多学科的交叉融合，最终创意出既符合安全适用的要求，又满足美学景观的需要。

开展桥梁建筑美学、桥梁建筑造型、桥梁景观设计以及桥梁生态动力学系统的研究将是未来桥梁发展的一类重要方向。

5. 新桥设计理论与旧桥评价理论体系将日趋完善

在我国，随着建桥经验和理论研究的不断进步，相关桥梁设计规范也在不断更新。桥梁设计理论从允许应力法发展到了极限状态设计法，目前已步入可靠度设计理论，逐步与国际上采用的以结构可靠性理论为基础、以分项系数表达的概率极限状态设计等方法接轨。对中、小型跨径已广泛编制了标准化图样，加速了桥梁建设事业的发展。

在桥梁设计的概念和理论方面，今后将需要采用更符合实际、更完善的设计概念和理论、更合理的结构计算图式和更可靠的计算方法。不仅要考虑桥梁结构的静力特性，还需要考虑桥梁结构的动力特性、稳定性、耐久性和桥梁振动产生的噪声等。在设计方法和计算手段方面，将会以计算机为主，并且向设计、计算、绘图一体化的方向发展。

桥梁在地震和撞击作用等破坏性极大的偶然荷载作用下的非线性结构破坏特性和破坏阶段的变形性能将引起人们更多的重视和深入的研究，以便设计和采取更为有效的防护措施，减少和避免由此带来的巨大损失。

世界各国在进行大规模桥梁建设的同时，问题桥梁也在不断涌现。因此，开展既有桥梁评价理论与实践的研究，对于正确评估既有桥梁承载能力、可持续维护桥梁结构寿命具有重要的技术意义和经济意义。同时，既有桥梁所存在的问题也将对于完善桥梁设计的理论和方法，实现全寿命设计理念，努力使结构具备可检性（Examinability）、可修性（Repairability）、可换性（Replaceability）、可强性（Retrofittability）、可控性（Controllability）及可持续性（Sustainability）等特征。

我国是一个地域辽阔，山脉和江河湖泊纵横的国家，同时又是一个人口众多的国家，未来的现代化交通建设和城市化趋势需要大量形式各异的桥梁，尤其是结构复杂、规模宏大的城市立交桥，因此在未来的桥梁设计和施工中将会遇到更多的复杂问题。尽管我国的桥梁和桥梁工程在上个世纪有了很大的发展，特别是近20年来发展尤为迅速，在许多方面已经接近和达到国际先进水平，但仍然面临很多的挑战，在美学、设计创新、工程质量方面还存在许多不尽人意的地方，如计算机在桥梁设计和施工中的应用、符合实际结构受力状态的结构分析方法和设计理论的革新、桥梁施工技术的创新和发展等一系列难题。我们坚信，经过不断的进取和突破，我国必将会出现一批技术先进、经济合理的高水平设计，使得中国桥梁迅速赶上发达国家的先进水平，使中国成为真正的桥梁强国。

1.2 桥梁结构的组成与分类

1.2.1 桥梁的基本组成

桥梁是作为跨越河流、山谷或其他交通线路等各种障碍并供铁路、道路、渠道、管线及行人所使用的承重结构物，通常可以划分为上部结构（Superstructure）、下部结构（Substructure）和附属结构（Accessory），如图1-21、图1-22所示。

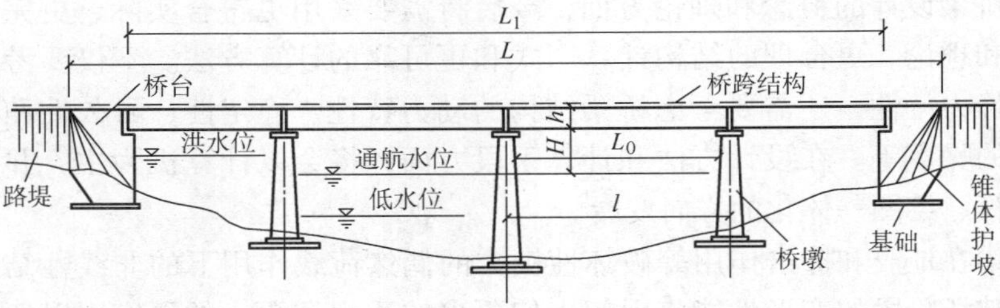

图1-21 梁式桥概貌

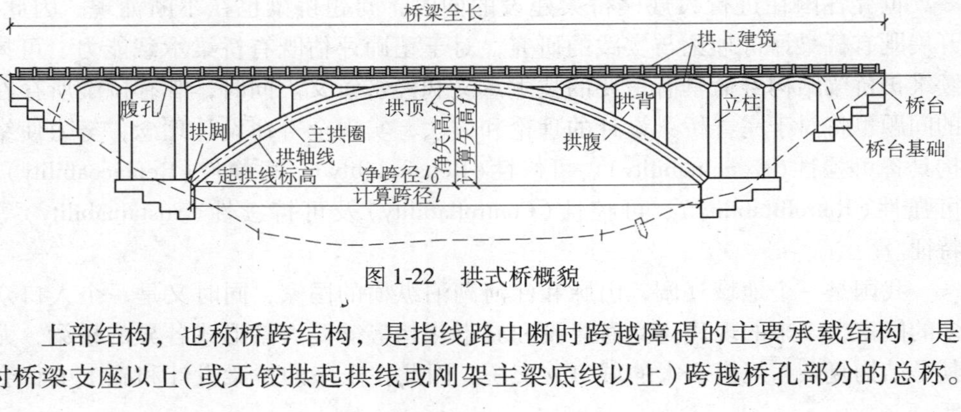

图1-22 拱式桥概貌

上部结构，也称桥跨结构，是指线路中断时跨越障碍的主要承载结构，是对桥梁支座以上（或无铰拱起拱线或刚架主梁底线以上）跨越桥孔部分的总称。

桥跨结构除了要承受恒载以外，还要承受车辆等竖向动荷载的作用；跨越的幅度越大，构造就越复杂，施工难度也相应增大。

下部结构是指设置在地基上用以支撑桥跨结构，并将其荷载传递至地基的结构物。一般包括桥墩（Pier）、桥台（Abutment）及墩台基础（Foundation）。下部结构是桥梁结构中极为重要的组成部分。通常把多跨桥梁中处于相邻桥跨之间支撑上部结构的构造物称为桥墩，把位于桥梁两端与路基相连支撑上部结构的构造物称为桥台。桥台除了支撑桥跨结构外，还有与路堤衔接，抵御路堤的土压力并防止其滑坡坍落的作用。桥台两侧通常设置石砌锥形护坡或护岸，避免水流对路堤边坡和桥台的冲刷，保证稳定性。桥梁墩台底部与地基相连接的结构部分称为墩台基础，是桥梁结构的根基，对于保证桥跨结构安全使用具有举足轻重的作用。墩台基础是桥梁施工中最复杂、难度最大的隐蔽工程，事实上，许多桥梁的毁坏都是由于墩台基础的强度或稳定性不够引起的。

附属结构包括伸缩缝、灯光照明、桥面铺装、排水防水系统、栏杆（或防撞栏杆）等附属构造。

在考虑跨河桥梁设计时，由于河流中的水位是变动的，一般称枯水季节的最低水位为低水位（low water level）；洪峰季节中河流的最高水位称为高水位（high water level）；桥梁设计时按规定的设计洪水频率计算所得的高水位，称为设计洪水位（designed flood level）；对于各级通航的河流，能保持船舶正常航行的水位，称为通航水位（navigable water level），其满足正常通航净空要求的最高水位称为设计通航水位（designed water level for navigation）。对于有流冰的河流，在流冰季节河流所达到的最高水位称为最高流冰水位（high ice-flowing water level）。在桥址处，按一定频率推算（10 年或 20 年一遇），在一年中可供施工月份的水位称为施工水位（construction water level）。

对于具有支座的桥梁，桥跨结构相邻支座中心间的水位距离 l，称为计算跨径（computed span）；对于不设支座的桥梁，则取上、下部结构的相交面中心之间的水平距离为计算跨径。桥跨结构的力学计算是以计算跨径 l 为准的。

对于梁式桥，将设计洪水位线上相邻两桥墩（或桥台）的水位净距 l_0 称为净跨径（clear span）；对于拱式桥，则称每孔拱跨间两个拱脚截面最低点之间的水平距离为净跨径。总跨径（total span），也称为桥梁孔径，在单孔（跨）桥梁中，是指单孔（跨）桥梁的净跨径；在多孔（跨）桥梁中，则是指各孔（跨）净跨径的总和，反映了桥下宣泄洪水的能力。

对于梁式桥（涵），将两相邻桥（涵）墩中线之间的距离，或桥（涵）墩中线与桥台台背前缘之间的距离，称为标准跨径（standard span）；对于拱式桥（涵）、箱涵、圆管涵，则视其净跨径为标准跨径。编制桥梁标准图是以标准跨径作为依据的。标准化跨径是《公路工程技术标准》针对跨径 50m 以下的桥涵推荐采用的标准跨径，具体跨径数值分为0.75m、1.0m、1.25m、1.5m、2.0m、2.5m、3.0m、4.0m、5.0m、6.0m、8.0m、10m、13m、16m、20m、25m、30m、35m、40m、45m、50m。

桥梁全长(total length of bridge)，简称为桥长，对于梁式桥而言，桥梁两个桥台侧墙或八字尾端之间的距离L，无桥台的桥梁则为桥面系行车道长度。在一条线路中，桥梁和涵洞的总长所占的比重，反映了桥(涵)在整个线路建设中的重要程度和建设规模。

桥梁高度(height of bridge)，是指桥面与低水位之间的高差，或是指桥面与桥下所跨线路路面之间的距离。桥梁高度在某种程度上反映了桥梁施工的难易性和复杂性。桥下净空(clearance under bridge)，是为了满足通航(或行车、行人)的需要和保证桥梁安全而对上部结构底缘以下规定的空间界限；桥下净空高度(height of clearance under bridge)，简称净高，是指设计洪水位或设计通航水位到桥跨结构最下缘之间的距离H；对于跨线桥梁，是指所跨线路路面到桥跨结构最下缘之间的距离。桥下净空高度应满足安全排洪、通航或通行等所规定的净空高度。

桥梁建筑高度(construction height of bridge)是上部结构底缘至桥面顶面的垂直距离h它和上部结构的体系及跨径大小有关，还随行车部分在桥上布置的高度位置不同而不同。线路定线中所确定的桥面标高，与通航(或桥下通车、人)净空界限顶部标高之差，称为容许建筑高度(allowable construction height)，显然桥梁建筑高度不得大于容许建设高度，为控制桥梁建筑高度，可以通过在桥面以上布置结构(如斜拉桥、悬索桥、中、下承式拱桥等)的方式加以解决。

桥面净空(clearance above bridge floor)是桥梁行车道、人行道上方应保持的空间界限，公路、铁路和城市桥梁对桥面净空都有相应的规定。

净矢高(clear rise)是指从拱顶截面下缘到相邻两拱脚截面下缘最低点连线之间的垂直距离，用f_0表示；计算矢高(computed rise)是指从拱顶截面形心到相邻两拱脚截面形心连线之间的垂直距离，用f表示；净矢跨比是指拱桥中拱圈(或拱肋)的净矢高与净跨径的比值；计算矢跨比是指拱桥中拱圈(或拱助)的计算矢高与计算跨径的比值，也称为拱矢度，是衡量拱桥受力特性及建设规模的一个重要指标。

涵洞(culvert)是用来宣泄路堤下流水的构造物。《公路工程技术标准》规定，对于板式或梁式结构来说，凡是单孔跨径不到5m的泄水构造物，称为涵洞；管涵及箱涵，不论管径或跨径大小、孔数多少，均称为涵洞。

1.2.2 桥梁的基本分类

按结构体系分类，桥梁可以分为梁式桥(Beam Bridge)、拱式桥(Arch Bridge)、刚架桥(Rigid Frame Bridge)、斜拉桥(Cable stayed Bridge)、悬索桥

(Suspension Bridge)等几大类。

1. 梁式桥

梁式桥主梁为主要承重构件，受力特点为主梁受弯，如图1-23所示。主要材料为钢筋混凝土、预应力混凝土，多用于中小跨径桥梁。简支梁桥合理最大跨径约20m，悬臂梁桥与连续梁桥合宜的最大跨径约60～70m。其优点是：采用钢筋混凝土建造的梁桥能就地取材、工业化施工、耐久性好、适应性强、整体性好且美观；这种桥型在设计理论及施工技术上都发展得比较成熟。其缺点是：结构本身的自重大，约占全部设计荷载的30%～60%，且跨度越大其自重所占的比值更显著增大，大大限制了其跨越能力。

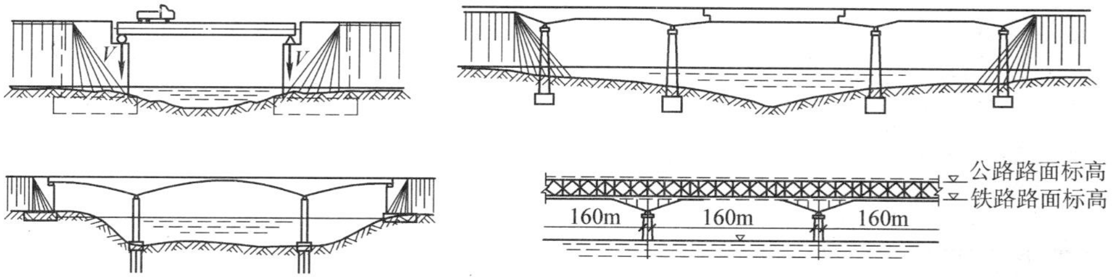

图1-23 梁式桥

2. 拱式桥

拱肋为主要承重构件，受力特点为拱肋承压、支承处有水平推力，如图1-24所示。主要材料是圬工、钢筋混凝土，适用范围视材料而定。跨径从几十米到几百多米。其优点是：跨越能力较大；与钢桥及钢筋混凝土梁桥相比，可以节省大量钢材和水泥；能耐久，且养护、维修费用少；外型美观；构造较简单，有利于广泛采用。其缺点是：由于它是一种推力结构，对地基要求较高；对多孔连续拱桥，为防止一孔破坏而影响全桥，要采取特殊措施或设置单向推力墩以承受不平衡的推力，增加了工程造价；在平原区修拱桥，由于建筑高度较大，使两头的接线工程和桥面纵坡量增大，对行车极为不利。

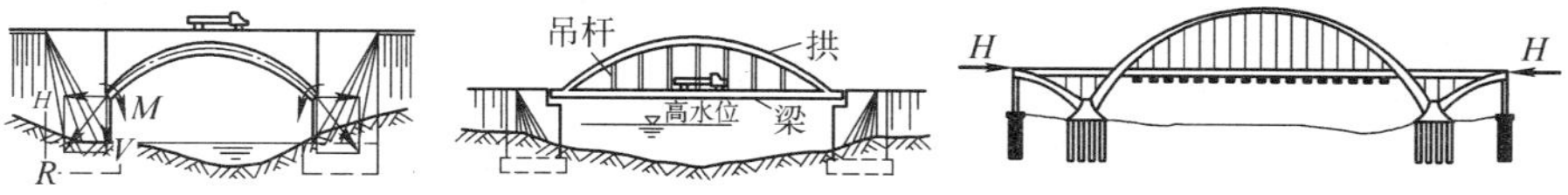

图1-24 拱式桥

3. 刚架桥

刚架桥是一种桥跨结构和墩台结构整体相连的桥梁，支柱与主梁共同受力，受力特点为支柱与主梁刚性连接，在主梁端部产生负弯矩，减少了跨中截面正弯矩，而支座不仅提供竖向力还承受弯矩，如图1-25所示。主要材料为钢筋混凝土，适宜于中小跨度，常用于需要较大的桥下净空和建筑高度受到限制的情况，如立交桥、高架桥等。其优点是：外形尺寸小，桥下净空大，桥下视野开阔，混凝土用量少。其缺点是：基础造价较高，钢筋的用量较大，且为超静定结构，会产生次内力。

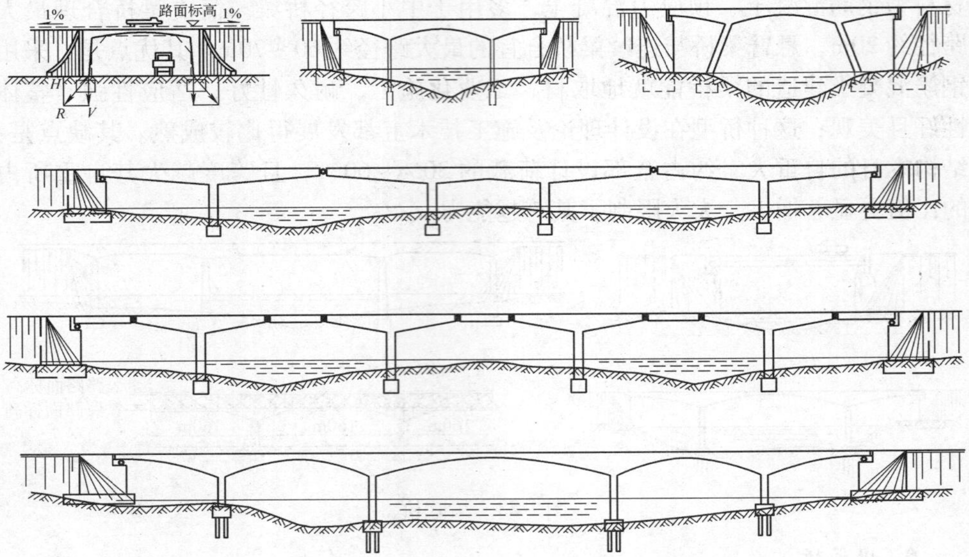

图 1-25 刚架桥

4. 斜拉桥

斜拉桥梁、索、塔为主要承重构件，利用索塔上伸出的若干斜拉索在梁跨内增加了弹性支承，减小了梁内弯矩而增大了跨径，如图 1-26 所示。受力特点为外荷载从梁传递到索，再到索塔。主要材料为预应力钢索、混凝土、钢材，适宜于中等或大型桥梁。其优点是：梁体尺寸较小，使桥梁的跨越能力增大；受桥下净空和桥面标高的限制小；抗风稳定性优于悬索桥，且不需要集中锚锭构造；便于无支架施工。其缺点是：由于是多次超静定结构，计算复杂；索与梁或塔的连接构造比较复杂；施工中高空作业较多，且技术要求严格。

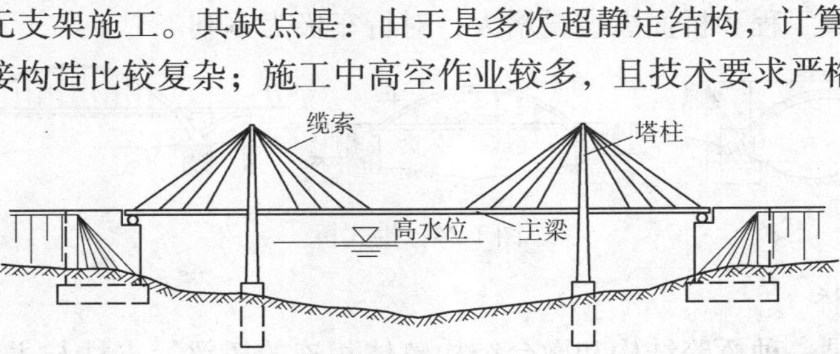

图 1-26 斜拉桥

5. 悬索桥

悬索桥主缆为主要承重构件，受力特点为外荷载从梁经过系杆传递到主缆，再到两端锚锭。主要材料为预应力钢索、混凝土、钢材，适宜于大型及超大型桥梁，如图1-27所示。其优点是：由于主缆采用高强钢材，受力均匀，具有很大的跨越能力。其缺点是：整体刚度小，抗风稳定性不佳；需要极大的两端锚锭，费用高，难度大。

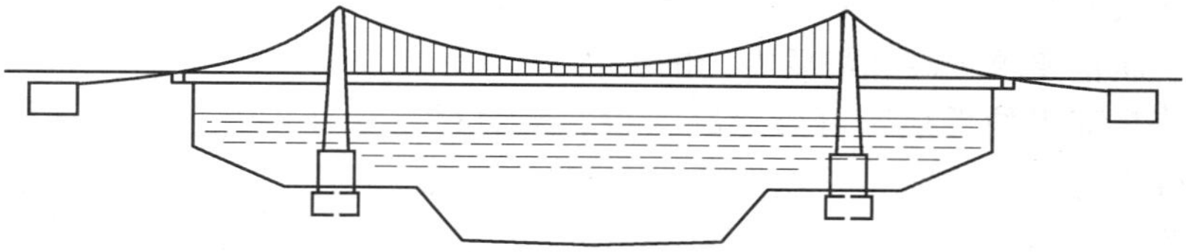

图1-27 悬索桥

此外，桥梁若按跨径分类，可以分为特大桥(Super Major Bridge)、大桥(Major Bridge)、中桥(Medium Bridge)、小桥(Small Bridge)和涵洞(culvert)。按跨径分类是一种行业管理的手段，并不反映桥梁工程设计和施工的复杂性。以下是JTJ 001—1997《公路工程技术标准》规定的按跨径划分桥梁的方法。特大桥桥梁总长 $L \geqslant 500$m，计算跨径 $L_0 \geqslant 100$m。大桥桥梁总长 $100\text{m} \leqslant L < 500\text{m}$，计算跨径 $40\text{m} \leqslant L_0 < 100\text{m}$。中桥桥梁总长 $30\text{m} < L < 100\text{m}$，计算跨径 $20\text{m} \leqslant L_0 < 40\text{m}$。小桥桥梁总长 $8\text{m} \leqslant L \leqslant 30\text{m}$，计算跨径 $5\text{m} \leqslant L_0 < 20\text{m}$。

若按桥面位置分类，可以分为上承式桥(Deck Bridge)、中承式桥(Half Through Bridge)、下承式桥(Through Bridge)。按主要承重结构所用的材料来划分，可以分为木桥(Timber Bridge)、钢桥(Steel Bridge)、圬工桥(Masonry Bridge,包括砖、石、混凝土桥)、钢筋混凝土桥(Reinforced Concrete Bridge)和预应力钢筋混凝土桥(Prestressed Concrete Bridge)。木桥的优点是可就地取材，构造简单，制造方便，小跨度多做成梁式桥，大跨度可做成桁架桥或拱桥。其缺点是容易腐朽、养护费用大、消耗木材、且易引起火灾。木桥多用于临时性桥梁或林区桥梁。钢材强度高，性能优越，表观密度与允许应力之比值小，故钢桥跨越能力较大。钢桥的构件制造最适合工业化，运输和安装均较为方便，架设工期较短，破坏后易修复和更换，但钢材易锈蚀，养护困难。圬工桥常做成以抗压为主的拱式结构，有砖拱桥、石拱桥和素混凝土拱桥等。由于石料抗压强度高，且可就地取材，故在公路和铁路桥梁中，以石拱桥用的较多。钢筋混凝土桥又称普通钢筋混凝土桥。这种桥梁，沙石骨料可以就地取材，维修简便，行车噪声小，使用寿命长，并可采用工业化和机械化施工，与钢桥相比，钢材用量与养护费用均较少，但自重大，对于特大跨度的桥梁，在跨越能力与施工难易度和速度方面，常不及钢桥优越。预应力钢筋混凝土桥利用钢筋或钢丝(索)预张力的反力，可使混凝土在受载前预先受压，在运营阶段不出现拉应力(称全预应力混凝土)，或有拉应力而未出现裂缝或控制裂缝在允许宽度内(称部分预应力混凝土)。其优点是：能合理利用高强度混凝土和高强度的钢材，从而可节约钢材，减轻结构自重，增大桥梁的跨越能力；改善了结构受拉区的工作状态，提高结构的抗裂性，从而可提高结构的刚度和耐久性；在使用荷载阶段，具有较高的承载能力和疲劳强度；可采用悬臂浇筑法或悬臂拼装法施工，不影响桥下通航或交通；便于装配式混凝土结构的推广。它的不足之处是施工工艺较复杂、质量要求较高和需要专门的设备。

按跨越障碍的性质，可分为跨河桥、跨海桥、立交桥、高架桥和栈桥。按用途划分，可分为公路桥、铁路桥、公铁两用桥、农用桥、人行桥、水运桥和管线桥等。按上部结构的平面位置，可分为正交桥、斜交桥和弯桥等。

按桥梁的可移动性分类，可以分为固定式桥、开启桥、浮桥、漫水桥。固定式桥梁是指一经建成后各部分构件不再拆装或移动位置的桥梁；开启桥是指上部结构可以移动或转动的桥梁；浮桥是指用浮箱或船只等作为水中的浮动支墩，在其上架设贯通的桥面系统以沟通两岸交通的架空建筑物；漫水桥又称过水桥，指洪水期间允许桥面漫水的桥梁。

按施工方法分类，可以分为整体施工桥梁、节段施工桥梁。整体式是在桥位上搭脚手架、立模板、然后现浇成为整体式的结构。节段式是在工厂(或工场、桥头)预制成各种构件，然后运输、吊装就位、拼装成整体结构；或在桥位上采用现代先进施工方法逐段现浇而成整体结构。用于大跨径预应力混凝土悬臂梁桥、T形刚构桥、连续梁桥、拱桥以及斜拉桥、悬索桥的施工。

1.3 桥梁的总体规划与设计

1.3.1 桥梁设计的基本原则

桥梁是线路的重要组成部分，因此桥梁设计应根据设计桥梁的使用任务、性质和将来的发展情况，遵照技术先进、安全可靠、适用耐久、经济合理的要求，同时兼顾美观、环境保护和可持续发展的要求等基本原则进行设计。

(1) 技术先进　桥梁设计必须积极采用新结构、新设备、新材料、新工艺和新的设计思想，认真研究国外的先进技术，充分利用国际最新科学技术成果，把国外的先进技术与自己的独创性结合起来。

(2) 安全可靠　桥梁必须在结构的强度、刚度、稳定性和耐久性方面有足够的安全储备，以实现安全可靠。此外，还应保证桥梁相关部分预制在构件制造、运输、安装和使用过程中应具有足够的强度和刚度；注意防撞栏杆应具有足够的高度和强度，人与车流之间应做好防护栏，防止车辆撞入人行道或撞坏栏杆而落到桥下；注意做好照明设施及交通标志的设计，引桥坡度平缓，避免车辆碰撞等引起的车祸；应根据当地的抗震要求采取必要的抗震措施；跨河桥梁还应注意防止基础底部过度冲刷，设置防撞构筑物以防止受到撞击等。

（3）适用耐久　根据规范要求，应保证桥梁在100年内的设计基准期内安全使用；保证车辆和行人的安全畅通，既满足当前的要求，又照顾今后交通量增大的要求，既满足交通运输本身的需要，也要兼顾其他方面的要求；应保证结构在通过设计荷载时不出现过大的裂缝和过宽的裂缝；应考虑不同环境类别的要求，在选择材料、保护层厚度和阻锈等方面满足耐久性的要求；应考虑桥下泄洪、通航或车辆、行人的安全通行；应考虑桥梁两端方便车辆的进入和疏散，避免交通堵塞；应在考虑方便各种市政管线通过的同时，注意管线对桥梁结构可能带来的影响，如输水管可能带来的振动效应等。

（4）经济合理　桥梁应遵循因地制宜、就地取材和施工方便的原则。桥梁结构应便于制造和安装，尽量采用先进的工艺技术和施工机械，以利于加快施工速度，保证工程质量和施工安全。现代桥梁对经济合理的桥型的最佳解释应该是造价和养护费用综合最省，在设计中应充分考虑维修的方便和维护费用的最少，兼顾尽可能不中断交通或中断交通时间最短。

（5）美观　在满足上述要求的前提下，尽可能使桥梁具有优美的建筑外型，并与周围的景物相协调。在城市和游览地区，应更多地考虑桥梁的建筑艺术，但不可把美观片面地理解为豪华的细部装饰。合理的结构布局和轮廓时美观的主要因素；同时，施工质量对桥梁的美观也有重大的影响。

（6）环境保护和可持续发展　桥梁设计应考虑环境保护和可持续发展的要求，包括周围生态环境、水、空气、噪声等几个方面。应从桥位选择、桥跨布置、基础方案、墩身外形、上部结构施工方法、施工组织设计等多方面来考虑环境要求。对于施工过程中的植被破坏、水土流失、排渣污染等，均应采取切实可行的工程控制措施，甚至建立环境监测保护体系，将不利影响尽可能减至最小。

1.3.2　桥梁设计的基本程序

我国目前的桥梁设计程序，一般包括前期工作、设计阶段。前期工作主要是编制预可行性研究报告和可行性研究报告，是解决一座桥梁的现实性、可能性与经济性问题。设计阶段按“三阶段设计”进行，即初步设计、技术设计与施工设计。

在前期工作中，预可行性研究报告是在工程可行的基础上，着重研究建设上的必要性和经济上的合理性；可行性研究报告则是在预可行性研究报告审批后，在必要性和合理性得到确认的基础上，着重研究工程上的和投资上的可行性。这两个阶段的研究都是为科学地进行项目决策提供依据，避免盲目性及带来的严重后果。这两个阶段的文件应包括以下主要内容：①工程必要性论证，评估桥梁建设在国民经济中的作用；②工程可行性论证，首先是选择好桥位，其次是确定桥梁的建设规模，同时还要解决好桥梁与河道、航运、城市规划以及已有设施(通称“外部条件”)的关系；③经济可行性论证，主要包括造价及回报问题和资金来源及偿还问题。

在设计阶段中，初步设计是按照基本建设程序为使工程取得预期的经济效益或目的而编制的第一阶段设计工作文件。该设计文件应阐明拟建工程技术上的可行性和经济上的合理性，要对建设中的一切基本问题作出初步确定。内容一般应包括：设计依据、设计指导思想、建设规模、技术标准、设计方案、主要工程数量和材料设备供应、征地拆迁面积、主要技术经济指标、建设程序和期限、总概算等方面的图样和文字说明。该设计根据批准的计划任务书编制。技术设计是基本建设工程设计分为三阶段设计时的中间阶段的设计文件，它是在已批准的初步设计的基础上，通过详细的调查、测量和计算而进行的。其内容主要为协调编制拟建工程中有关工程项目的图样、说明书和概算等。经过审批的技术设计文件，是进行施工图设计及订购各种主要材料、设备的依据，且为基本建设拨款(或贷款)和对拨款的使用情况进行监督的基本文件。施工设计，又称为施工图设计，是设计部门根据鉴定批准的三阶段设计的的技术设计，或两阶段设计的扩大初步设计或一阶段设计的设计任务书所编制的设计文件。此文件应提供为施工所必须的图样、材料数量表及有关说明。与前一设计阶段比较，设计图的设计和绘制应有更加详细的、具体的细部构造和尺寸、用料和设备等图样的设计和计算工作，其主要内容有平面图、立面图、剖面图及结构、构造的详图，工程设计计算书，工程数量表等。施工图设计一般应全面贯彻技术设计或扩大初步设计的各项技术要求。除上级指定需要审查者外，一般均不需再审批，可直接交付施工部门据以施工，设计部门必须保证设计文件质量。同时，施工图文件也是安排材料和设备、加工制造非标准设备、编制施工图预算和决算的依据。

在上述的三阶段设计中，大型、复杂的工程以及铁路建设项目的设计工作，一般常采用三阶段设计；公路、工业与民用房屋、独立桥涵和隧道等建设项目的设计工作，通常采用初步设计和施工设计两个阶段，其中初步设计又称为扩大初步设计，一般适用于技术简单的中、小桥，可以使用仅包括施工图设计的一个阶段设计。

我国的桥梁设计程序一般来说可以分为两个阶段。桥梁设计的第一阶段是初步设计。在这一阶段中，应根据桥梁规划设计中所定出的桥位、桥梁荷载等级、桥梁的各项技术要求，拟定桥梁结构的形式和初步尺寸，估算工程数量，提出主要用材数量指标，选择施工方案，并据此编制工程概算与文字说明、图标资料等技术文件，形成初步设计方案，供投标使用。若采取委托设计方式，初步设计中需要拟定2～3个初步设计方案供建设单位比较和选择，将选定的方案报上级主管部门审批。

桥梁设计的第二阶段是编织施工图，根据中标的或已批准的初步设计方案进行结构设计计算、绘制施工详图、编织施工组织设计和施工预算。

在现代桥梁设计中，由于计算机的应用与发展大大提高了结构分析的效率，在初步设计阶段已普遍采用较为精确的结构计算，大大提高了初步设计对工程数量的估算精度，同时也提高了桥梁设计方案的合理性，拟定初步设计方案的数量也有增加的趋势。

1.3.3 桥梁设计的基本资料

规划设计一座桥梁涉及很多因素，需要从客观实际出发，进行充分地调查研究，具体分析，作出合理的设计方案，提出正确的计划任务书。桥梁规划设计需要进行一系列的野外勘测和资料收集，如对于跨河桥梁来说，包括下面一些内容。

1. 调查桥梁使用的具体任务

需要调查桥上预计的交通种类、荷载等级、实际交通量和增长率、车道数目或行车道的宽度以及对人行道的要求；调查桥上是否应考虑附设各类市政管道，如电力、通信、通水管和煤气等管道。

2. 桥位的确定

对于大、中型桥梁桥位的选择，原则上应从路线的总方向、路线网综合考虑。在确定具体位置时，应注意尽量选择在河势稳定、河道顺直、水流稳定、河面较窄、地质良好、冲刷较少的河段上，以降低造价和养护费用，并防止因冲刷过大而发生桥梁倒塌的危险；注意尽量避免桥梁与河流斜交，避免在河汊、沙洲、古河道、急弯、汇合口、港口作业等地段修建桥梁，避免增加桥梁建设费用或降低桥梁使用功能；注意在整体布局上，与周围的铁路、水利、航运及城建方面的规划相互配合；注意保护历史文物、保护环境和军事设施，少占良田，少拆高价值的建筑物。

对于小桥涵的桥位，应服从路线走向，在遇到不利地形、地质和水文条件时，注意采取适当的工程措施，不应改变线路；对于大、中型桥梁，一般选择2～3个桥位，进行各方面的比选，确定最合理的桥位。

3. 桥位地形情况测量

需要对桥位周围的地形、地貌进行测量，并绘制成地形图，作为绘制桥位平面图的依据，供设计时布置桥位中线位置、桥墩位置以及桥头接线、施工时布置场地等。

4. 地质资料勘测

需要通过钻探调查桥位附近的地质情况，编制工程地质勘探报告，绘制地质剖面图、桥位纵横剖面图，为基础设计提供可靠依据。为了获得更为接近于实际的地质资料，可以根据初步拟定的桥梁分孔方案在墩台附近布置钻探，注意遇到不良的地质状况时，如滑坡、断层、溶洞、裂缝等，应详加注明。

5. 水文情况调查

需要调查和测量河流的水文情况，包括河道性质，如河水的流动状况、河床及两岸的冲刷和淤积，河道的自然变迁及人工规划等；测量桥位处河床的纵横断面、洪水位的多年历史资料、分析推算设计洪水位等。根据有关规定要求，向航运部门了解、协商航道等级、设计通航水位和通航净空等，根据通航要求和设计洪水位，确定通航孔的位置、桥梁的分孔及桥跨低缘设计标高。

6. 其他资料

需要调查当地建筑材料，如砂、石料的来源，水泥、钢材的供应情况以及水陆交通情况等；调查当地相关施工单位的技术水平、施工机械等装备情况，施工现场的动力设备、电力供应情况等；调查收集当地有关气象资料，包括气温变化、降雨量、风速或台风影响等；调查新建桥位上、下游有无老桥，其他桥型布置和使用情况等。

1.3.4 桥梁纵横断面设计与平面布置

1. 桥梁的纵断面设计

桥梁纵断面设计主要是确定桥梁的总跨径、桥梁的分孔、桥梁的高度与桥下净空、桥面和桥头引道的纵坡布置以及基础埋置深度等。

桥梁的跨径与桥梁的高度应能保证桥下洪水的安全宣泄。桥梁的净跨径如果过小，将使洪水不能全部从桥下通过，从而提高了桥前的壅水高度，加大了桥下的水流速度，使河床和河岸产生冲刷，甚至引起路堤决口等重大事故。

桥梁的分孔与许多因素有关。分孔过多，虽然桥跨结构因跨径小而造价低一些，但是桥墩的数目增多，结果造价增大；反之，分孔过小，墩台的造价可能低些，但是桥跨结构因跨径增大，造价也要提高。最经济的跨径是使得上部结构和下部结构的总造价最低。因此，当桥墩较高或地质不良时，基础工程较复杂，桥梁跨径就选得大些；反之，当桥墩较矮时或地质较好时，跨径就可以小些。在实际设计中，应对不同跨径进行布置，选择最经济的跨径和孔数。

在通航的河流上，首先要考虑桥以下通航的要求来确定孔径。当通航跨径大于经济跨径时，通航孔按通航要求确定其孔径，其余的桥孔应根据上下结构总造价的最低经济原则来确定跨径。当通航的跨径小于经济跨径时，按经济跨径布置桥孔。从施工方面来考虑，一座桥不宜选用跨径大小不同的多种类型，宜采用等跨的或分组等跨的分孔布置。对于大、中型桥梁来说，分孔问题是设计中最基本、最复杂的问题，需要进行深入、全面的分析，才能定出较为完善的方案。

桥梁高度的确定，应结合桥型、跨径大小来综合考虑。特别是在确定桥高时，还要注意下面几个方面的问题。

1）桥梁的最小高度应保证桥下有足够的流水净空高度。通常永久性梁桥的桥跨结构底面应高于计算水位（不小于）0.5m；对于有流冰的河流，应高出最高流冰面（不小于）0.75m；为了防止桥梁的支座结构遭受水淹，设计时还应使支座高于计算水位（不小于）0.25m，高于最高流冰面（不小于）0.5m。

对于拱桥（无铰拱），拱脚允许淹没在计算水位之下，但通常淹没深度不超过拱圈矢高的2/3。为了保证漂流物的通过，在任何情况下拱顶底面应高出计算水位（不小于）1.0m，为了防止冰害，拱脚的起拱线应高出最高流冰面（不小于）0.25m。

2）在通航的河流上，必须设置一孔或数孔能保证桥下有足够通航净空的通航孔。通航净空，就是在桥孔中垂直于流水方向所规定的空间界限。通航河流的桥下净空，可根据（GBJ 139—1990）《内河通航标准》的有关规定来确定。

3）在设计跨越线路（公路或铁路）的跨越桥或立体交叉时，桥跨结构的底缘标高应比被跨越线路的路面或轨面标高高出规定的通行车辆的净空高度，对于公路所需的净空尺寸，可参见横断面设计要求的部分内容，铁路的净空尺寸可查阅铁路桥涵设计规范。

桥上及桥头引道的线形应与路线的布设相互协调，各项技术指标应符合路线布设的规定。当桥梁受到两岸地形限制时，允许修建坡桥。桥上纵坡不宜大于4%，桥头引道纵坡不宜大于5%；位于市政交通繁忙地点，桥上纵坡和桥头引道纵坡不得大于3%。桥头两端引道线形应与桥上线形相协调。对于城市桥梁，在平原地区，当两端道路纵坡很小时，桥上、机动车专用道纵坡不宜大于4%，机动车与非机动车混合道纵坡不大于2.5%~3%；若非机动车流量很大，宜采用纵坡不大于2.5%。山区城市因为两端道路纵坡和坡段较大时，可适当考虑增大纵坡和坡段长度，但不应大于两端道路的纵坡和横坡的长度。

2. 桥梁的横断面设计

桥梁的横断面设计，主要是确定桥面的宽度和桥跨结构横断面的布置。桥面宽度决定于行车和行人的交通需要。桥面净空应根据公路等级和横断面形式符合（JTG D60—2004）《公路桥涵设计通用规范》（以下简称为《桥规》）中的公路建筑限界的规定。桥面净空的宽度一般包括行车道、中间道、路缘带、路肩、应急停车带等部分的宽度，其取值应符合《公路工程技术标准》的规定。我国公路桥涵设计车道数和桥面宽度见表1-1。

表1-1 桥涵设计车道数和桥面宽度

桥面宽度 W/m		桥涵设计车道数
单向行驶车辆	双向行驶车辆	
$W<7.0$		1
$7.0\leqslant W<10.5$	$6.0\leqslant W<14.0$	2
$10.5\leqslant W<14.0$		3
$14.0\leqslant W<17.5$	$14.0\leqslant W<21.0$	4
$17.5\leqslant W<21.0$		5
$21.0\leqslant W<24.5$	$21.0\leqslant W<28.0$	6
$24.5\leqslant W<28.0$		7
$28.0\leqslant W<31.5$	$28.0\leqslant W<35.0$	8

《桥规》规定，高速公路、一级公路上的桥梁宜设计为上、下行两座分离的独立桥梁。城市桥梁以及位于大、中型城市近郊的公路桥梁的桥面净空尺寸，应结合城市实际交通量和城市未来发展的要求来确定。弯道上的桥梁应按路线要求予以加宽和设置超高。高速公路上的桥梁应设检修道，不宜设人行道。一、二、三、四级公路桥梁的桥上人行道和自行车道的设置，应根据需要来确定，并与前后的路线布置配合。人行道、自行车道与行车道之间，应设分隔设施。通常，一个自行车道的宽度宜为1.0m，单独设置自行车道时，不宜小于两个自行车道的宽度。人行道的宽度宜为0.75m或1.0m，大于1.0m时，按0.5m的级差增加。

高速公路、一级公路上的桥梁必须设置护栏。二、三、四级公路上的特大、大、中型桥梁应设护栏或栏杆和安全带，小桥涵可仅设缘石或栏杆。不设人行道的漫水桥和过水路面应设标杆或护栏。

3. 平面布置

平面布置中需要注意桥梁的线形及桥头引道要保持平顺，使车辆能平稳地通过。高速公路、一级公路上的各类桥涵和二、三、四级公路上的小桥涵的线形及其与公路的衔接应符合路线布设的规定。二、三、四级公路上的大、中型桥梁线形，一般为直线，当桥面受到两岸地形限制时，可修建曲线桥。曲线桥的各项技术指标应符合路线布设的规定。

从桥梁结构的经济性和施工方便来说，应尽可能避免桥梁与河流或桥下路线斜交，但对于一般小桥，为了改善路线的线形，或者城市桥梁受限制时，也允许修建斜交桥，斜度应不大于45°，通航河流上的斜度不应大于5°。

1.4 桥梁建筑美学

桥梁建筑属于众多的建筑种类之一，因此也遵循建筑美学的一般规律，同时还有自己的特殊性。桥梁建筑的特殊性表现为：跨越障碍物、承受交通荷载、结构的开放性和公共性，因此决定了桥梁在社会生活中的重要地位，吸引着大众的关注和欣赏。一座桥梁在满足功能的基础上，还应该是具有观赏功能的建筑艺术品。一座工程浩大、造型优美、壮观的桥梁，既是一个国家先进生产力和生产工艺水平的体现，还是一个国家精神面貌和创新能力的体现。一座优秀的桥梁，应该是桥梁结构本身是协调与和谐的，同时与周围的环境也是协调的。

不同的环境条件和桥梁规模，美学的处理思想有所不同。对于特大桥，由于本身规模的宏大，就可能成为环境的主要景观，此时应将桥梁本身作为建筑美学的主题对象进行设计处理，通过材料的选择、表面的质感处理及色彩的运用等，来突出桥梁的特色或主题；若桥梁规模不大，而从属于当地已形成的环境景观，则不应突出桥梁景观，而应设法采用适当的处理手段，如注意质感和色彩等，使得桥梁与周围环境融为一体，自然和谐。

桥梁建筑首先应满足功能的需要，在布置上符合力学原理，结构造型上匀称和谐，既表达处力的自然传递，又体现出美的结构造型。一般在结构造型的安排上，以突出主跨部分为主，边跨部分为从，并以中轴向左右对称布置，达到造型主次分明、均衡稳重的美感。此外应注意结构的秩序感和韵律感，避免造型上的单调。

在桥梁建筑风格上，应注意体现鲜明的时代性和民族性，突出当代桥梁的结构简洁、装饰清雅、造型纤细，但承载能力和跨越能力不断增大的特点。

总而言之，桥梁建设的基本目标是安全、适用、经济、美观。围绕这一基本目标，桥梁建筑美学与桥梁建筑技术应该综合起来表现：桥梁应具有较大的跨越能力和承载能力；车辆应能安全、舒适地运行于桥梁结构上；应注意经济效益，在保证安全、耐久的前提下努力降低造价；兼顾环境保护并与之协调的基础上最大程度体现美学理念。

1.5 桥梁设计方案比选

桥梁设计方案的比选是桥梁建设中的一个主要过程。为了获得经济、适用和造型优美的桥梁设计方案，桥梁设计者就必须根据客观自然条件，因地制宜，在综合应用专业知识以及对国内外新技术、新材料、新工艺充分了解的基础上，进行深入细致的调查研究和分析，发挥创新设计的理念，科学地得出多种不同的设计方案，并加以比选。

通常情况下，桥梁设计方案的比选和确定包括下面几个步骤：

1. 拟定桥梁图式

通常，在确定桥梁桥位和总跨径后，就应着手进行桥型比较，选择合理的桥梁结构形式。首先，根据计划任务书的要求和条件，按照分孔原则初步作出分孔规划，接着对所设计的桥梁草拟出一系列的各具特点又可行的桥梁图式。拟定桥梁图式时，应思路开阔，不要遗漏可能的桥型，每一种图式应包括桥梁分孔、桥下通航净空、桥面标高、基础形式、桥头接线及纵坡、材料的选用等，按比例绘制在桥址断面图上。

在初步拟出的桥梁图式中，注意进行综合分析和判断，剔除一些在技术上、经济上明显处于劣势的图式，优选出 2~3 个构思好、技术先进、各具优点的图式，做进一步细化的方案编制。

2. 编制方案

编制方案就是对已优化出来的 2~3 个图式进一步拟定结构尺寸和施工方案，编制经济技术指标，以便通过主要材料用量、劳动力数量、全招总造价、工期、养护费用、运营条件、有无困难工程、是否需要特种机具、结构造型等进行较为详细的比较，科学地选定最佳的设计方案。一般可以利用已有的资料或通过一些简单的近似计算，确定结构的主要尺寸，并计算出主要工程数量。然后，依据国家有关工程费用编制办法，概算出全桥造价。每一个方案应绘制出桥位处河床断面、地质分层图及桥型方案的纵立面图和横断面图。

3. 技术经济比较和最佳方案的确定

根据编制方案的各项指标，综合分析每一方案在桥梁规模、工艺技术、使用效果、造价及用材、维护及耐久性等方面的优点和不足，优选出一个符合当前条件的最佳推荐方案。

一般情况下，造价低、材料省、劳动力少的方案是最优秀的方案。但是，根据我国几十年来的工程实践发现，在实际工程中，往往这样的方案会受到其他因素的限制，不得不放弃较为经济的方案。因此，方案比选时，应注意根据所给出的原始资料以及环境、交通运输、经济发展、施工技术、维护技术等条件，找出问题的关键点，才能获得适合于具体情况的最佳方案。

在桥梁方案比选中，最后应形成编制方案的比较说明书，其中包括编制方案比较图、编制方案的主要原则、所有拟定图式、比较理由、比较的综合评述、对推荐方案的详细说明等。有关为拟定结构主要尺寸所做的各种计算资料、估算材料指标和造价等，应作为附录附在说明书后面。

1.6 桥梁结构的设计作用及其效应组合

1.6.1 桥梁设计作用分类

通常情况下，人们习惯将所有引起结构反应的原因，无论是直接原因还是间接原因，都称为“荷载”。《桥规》将施加在结构上的一组集中力或分布力，或引起结构外加变形或约束变形的原因，统称为作用(Action)。前者称为直接作用，也称荷载；后者称为间接作用。作用是引起桥涵结构反应的各种原因的统称，比往常的“荷载”更具有广泛性。

《桥规》规定，桥梁上的作用按时间变化可分为永久作用(Permanent Action)、可变作用(Variable Action)和偶然作用(Accidental Action)三类，见表1-2。

表1-2 桥梁上的作用分类

编号	作用分类	作用名称	编号	作用分类	作用名称
1	永久作用	结构重力(包括结构附加重力)	12	可变作用	人群荷载
2		预加力	13		汽车制动力
3		土的重力	14		风荷载
4		土侧压力	15		流水压力
5		混凝土收缩及徐变作用	16		冰压力
6		水的浮力	17		温度(均匀温度和梯度温度)作用
7		基础变位作用			
8	可变作用	汽车荷载	18		支座摩阻力
9		汽车冲击力	19	偶然作用	地震作用
10		汽车离心力	20		船舶或漂浮物的撞击作用
11		汽车引起的土侧压力	21		汽车撞击作用

在结构设计时，不可能直接引用作用随机变量或随机过程的各种统计参数并通过复杂的计算来进行设计。考虑到作用的变异性，《桥规》为结构设计时的作用给定一个量值——作用代表值(Representative Value of an Action)。公路桥梁设计中，对不同的设计状况、不同极限状态有不同的设计要求，采用的设计代表值也不相同，这样能够更为准确地、合理地反映作用对结构不同设计要求下的特点。作用的代表值有标准值(Characteristic Value)、频遇值(Frequent Value)和准永久值(Quasi-Permanent Value)。作用标准值是作用的基本代表值，其量值是取结构设计规定期限内可能出现的最不利值，按作用在设计基准期内最大概率分布的某一分布值确定；频遇值是结构上较频繁出现的且量值较大的作用取

值，其值比作用标准值小，由标准值乘以小于 1 的系数 ψ_1 得到；准永久值是结构上经常出现的作用取值，其值比频遇值要小些，由标准值乘以准永久值系数 ψ_2 得到。作用的设计值规定为标准值乘以相应的作用分项系数。

《桥规》规定，公路桥梁结构的设计基准期为 100 年，但应注意，不能简单地将设计基准期等同于结构的使用寿命。

1.6.2 永久作用

永久作用是指在结构设计使用期内，其量值不随时间变化，或其变化与平均值相比可以忽略不计的作用。桥梁设计时，永久作用采用标准值为代表值。如结构的重力，也称恒载，包括结构物自重、桥面铺装及附属设备的重力。结构重力的标准值通常采用实际体积乘以材料的重度来计算。常用的各种材料的重度参见表 1-3。

表 1-3 常用材料重度

材料种类	重度/(kN/m^3)	材料种类	重度/(kN/m^3)
钢、铸铁	78.5	浆砌片石	23.0
铸铁	72.5	干砌块石或片石	21.0
锌	70.5	沥青混凝土	23.0~24.0
铅	114.0	沥青碎石	22.0
黄铜	81.1	碎(砾)石	21.0
青铜	87.4	填土	17.0~18.0
钢筋混凝土或预应力混凝土	25.0~26.0	填石	19.0~20.0
混凝土或片石混凝土	24.0	石灰三合土、石灰土	17.5
浆砌块石或料石	24.0~25.0		

对于预应力混凝土桥梁结构，预应力在结构进行正常使用极限状态设计和使用阶段构件应力计算时，应作为永久作用计算其主效应和次效应，并计入相应阶段的预应力损失，但不计入由于预应力偏心距增大而引起的附加效应。在结构进行承载能力极限状态设计时，预加力不作为作用，而将预应力钢筋作为结构抗力的一部分，但在连续梁等超静定结构中，仍需要计算预加力引起的次效应。

对于超静定的混凝土结构、钢—混凝土组合结构等均应考虑混凝土的收缩和徐变作用的影响，预应力构件还涉及其预应力损失问题。混凝土收缩应变和徐变系数可按(JTG D62—2004)《公路钢筋混凝土及预应力混凝土桥涵设计规范》(后文简称《公桥规》)中附录 F 建议的方法计算。考虑混凝土徐变作用时，可假定徐变与混凝土应力呈线性关系。

其他永久作用均可按《桥规》中有关规定计算。

1.6.3 可变作用

可变作用是指在结构设计基准期内，其量值随时间变化，而且其变化与平均值相比不可忽略的作用。桥梁设计中考虑的可变作用有汽车荷载、汽车冲击力、离心力、汽车引起的土压力和人群荷载等基本的可变作用，也称活载，另外还有汽车制动力、支座摩擦阻力、温度作用、风荷载、流水压力和冰压力等。

1. 汽车荷载

桥梁上行驶的车辆种类繁多，每种车辆又有多种不同的型号和载重等级，而且随着我国国民经济和交通事业的不断发展，车辆的载重量也在不断增大，因此需要拟定一种既能满足目前车辆情况和将来发展需要，又能方便于设计的汽车荷载。

我国在实际车辆的轮轴数目、轴间距、轴重力等情况的分析、综合和概括后，制定出了适合于公路桥涵设计的汽车荷载标准。原规范（本书指1989年版的《公路桥涵设计通用规范》）中，把经常、大量出现的汽车排列成车队作为计算荷载，把偶然、个别出现的平板挂车或履带车作为验算荷载。计算荷载共分为四个等级，分别称为汽车—10级、汽车—15级、汽车—20级、汽车—超20级；验算荷载也分为四个等级，分别称为履带—50、挂车—80、挂车—100、挂车—120。两类荷载的等级一一对应，配套采用，其中最高的荷载为汽车—超20级，挂车—120，如图1-28所示。

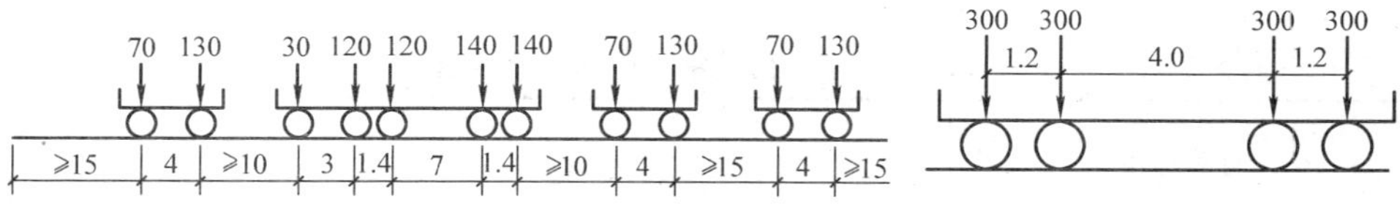

a) b)

图1-28 原汽车—超20级及挂车—120的纵向荷载布置示意图
（轴重力单位：kN，尺寸单位：m）
a）汽车—超20级计算荷载 b）挂车—120验算荷载

设计实践表明，上述荷载在计算过程中，无论是人工输入加载还是计算机输入加载，均很不方便，而且计算效应沿桥跨方向不连续。为此，2004版的《桥规》改进了汽车荷载标准，方便了桥梁设计。《桥规》对汽车荷载规定如下。

（1）汽车荷载的等级 汽车荷载分为公路—Ⅰ级和公路—Ⅱ级两个等级。在公路桥涵设计中，汽车荷载等级的选用与公路等级有关，对于高速公路和一级公路，应按公路—Ⅰ级汽车荷载设计桥涵；对于二级、三级和四级公路，则按公路—Ⅱ级的汽车荷载设计桥涵。二级公路作为干线公路且重型车辆较多时，其桥涵设计可以考虑采用公路—Ⅰ级汽车荷载设计；四级公路重型车辆少时，其桥涵设计可以考虑采用公路—Ⅱ级汽车荷载中的车道荷载效应0.8倍的折减效应、车辆荷载效应0.7倍的折减效应进行设计。

汽车荷载由车道荷载和车辆荷载组成。车道荷载又由均布荷载和集中荷载组成；车辆荷载为单车荷载。桥梁结构的整体计算采用车道荷载；桥梁结构的局部加载、涵洞、桥台和挡土墙土压力等的计算采用车辆荷载。车道荷载与车辆荷载的作用不得叠加。

（2）汽车荷载的计算图式及标准值　车道荷载是个虚拟荷载，其计算图式如图1-29所示。车道荷载标准值 q_k 和 P_k 是由对实际汽车车队（车重和车间距）的测定和效应分析得到的，其值见表1-4和表1-5。

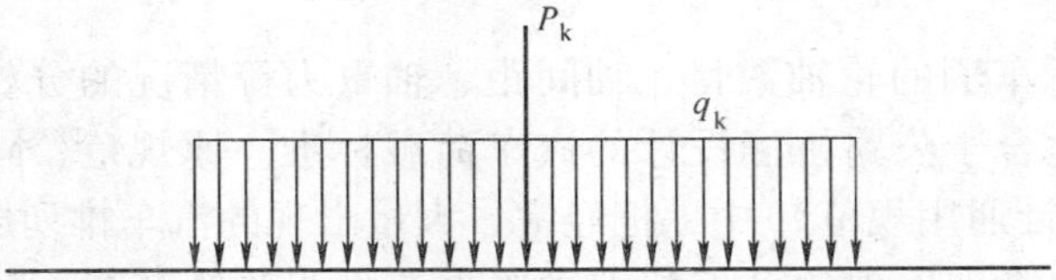

图1-29　车道荷载示意图

表1-4　车道荷载中均布荷载标准值

汽车荷载等级	公路—Ⅰ级	公路—Ⅱ级
q_k/(kN/m)	10.5	$0.75\times10.5=7.875$

表1-5　车道荷载中集中荷载标准值

计算跨经	P_k/kN	
	公路—Ⅰ级	公路—Ⅱ级
$l\leqslant5$m	180	$0.75\times180=135$
5m$<l<$50m	$4l+160$	$0.75(4l+160)$
$l\geqslant50$m	360	$0.75\times360=270$

注：1. 桥梁计算跨经在5～50m之间时，P_k 值采用直线内插求得。
2. 计算剪力效应时，表中的 P_k 值应乘以1.2的系数。

车道荷载的均布荷载标准值应满布于使结构产生最不利效应的同号影响线上，集中荷载标准值只作用于影响线中一个最大影响线峰值处。

公路—Ⅰ级和公路—Ⅱ级汽车荷载采用相同的车辆荷载标准值，车辆荷载的主要技术指标见表1-6。

表 1-6 车辆荷载主要技术指标

项 目	单位	技术指标	项 目	单位	技术指标
车辆重力标准值	kN	550	轮距	m	1.8
前轴重力标准值	kN	30	前轮着地宽度及长度	m	0.3×0.2
中轴重力标准值	kN	2×120	中、后着地宽度及长度	m	0.6×0.2
后轴重力标准值	kN	2×140	车辆外形尺寸(长×宽)	m	15×2.5
轴距	m	3+1.4+7+1.4			

在横向分布计算中，车道荷载或车辆荷载需要偏心加载时均按照设计车道数和图 1-30、图 1-31 所示的布置方式来进行计算，其横向布置的最大车辆数目不应超过设计车道数，见表 1-1。

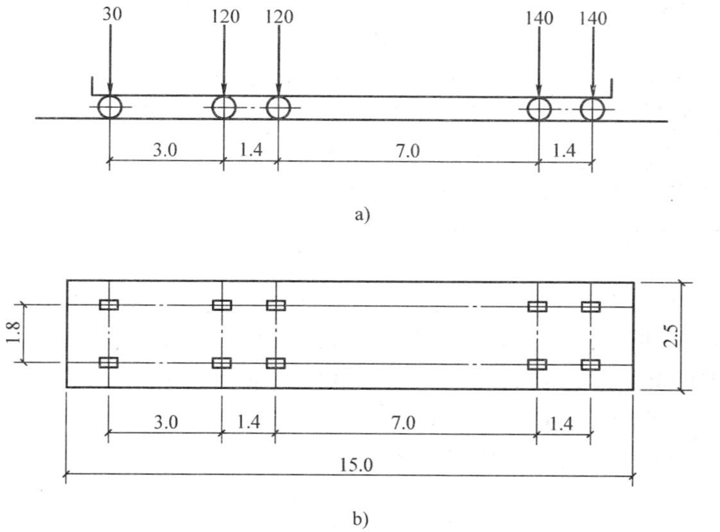

图 1-30 车辆荷载的立面及平面尺寸(轴重力单位:kN,尺寸单位:m)

a) 立面布置 b) 平面尺寸

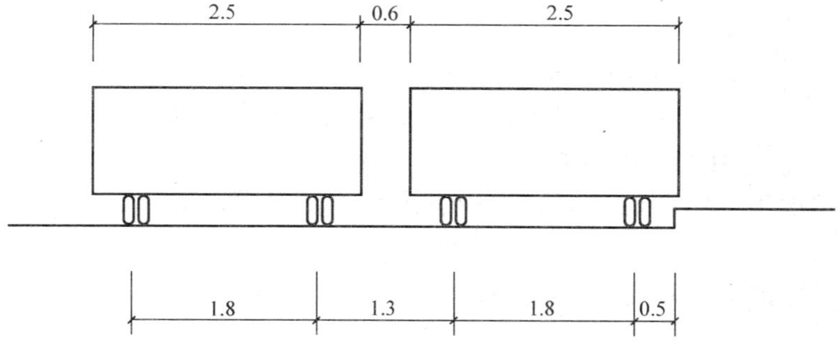

图 1-31 车辆荷载的横向布置(尺寸单位:m)

桥涵设计的汽车荷载规定了两个荷载折减系数，见表1-7、1-8。当桥梁设计车道数大于2时，考虑横向折减系数，由汽车产生的效应应按照表1-7的规定给予折减，因此该系数也称为多车道折减系数。车道数越多，其折减系数就越小，但折减后的荷载效应不得小于用两车队布载的计算结果。当桥梁计算跨径大于150m时，考虑纵向折减系数，汽车荷载效应应按照表1-8的规定给予折减。在多跨连续梁结构中，按最大计算跨径计算纵向折减系数。之所以考虑两个荷载折减系数，是因为考虑到在实际运营中，若干个车队不可能在同一时间内按纵、横向荷载布置。

表1-7 横向折减系数

横向布置设计车道数/条	2	3	4	5	6	7	8
横向折减系数	1.00	0.78	0.67	0.60	0.55	0.52	0.50

表1-8 纵向折减系数

计算跨径 L_0/m	纵向折减系数	计算跨径 L_0/m	纵向折减系数
$150<L_0<400$	0.97	$800\leqslant L_0<1000$	0.94
$400\leqslant L_0<600$	0.96	$L_0\geqslant 1000$	0.93
$600\leqslant L_0<800$	0.95		

2. 汽车荷载的影响力

（1）汽车冲击力　汽车以较高速度通过桥梁时，由于桥面不平整、发动机振动等原因，会引起桥梁结构的振动，从而造成内力增大，这种动力效应称为冲击作用。鉴于计算的复杂性，桥梁设计计算中，通常采用静力学的方法来考虑，即引入一个竖向动力效应的增大系数——冲击系数μ来计算汽车荷载中的冲击效应，因此汽车荷载的冲击力就为汽车荷载标准值乘以冲击系数μ。

《桥规》规定，冲击系数的计算采用以结构基频为指标的方法。结构的基频反映了结构的尺寸、类型、材料等动力特征的内容，直接体现了冲击效应和桥梁结构之间的关系。根据结构的不同基频f，汽车引起的冲击系数在0.05~0.45之间变化，计算方法为：

$$\left.\begin{array}{ll}\text{当} f<1.5\text{Hz 时，} & \mu=0.05 \\ \text{当} 1.5\text{Hz}\leqslant f\leqslant 14\text{Hz 时，} & \mu=0.176\ln f-0.0157 \\ \text{当} f>14\text{Hz 时，} & \mu=0.45\end{array}\right\} \tag{1-1}$$

一般情况下，结构的基频宜采用有限元方法计算。但为了方便起见，《桥规》在条文说明中给出了常规结构的估算公式。例如，简支梁桥简化为等截面、均匀分布质量的弹性系统时，可由弹性动力学方程得到

$$f=\frac{\pi}{2l^2}\sqrt{\frac{EI_c}{m_c}} \tag{1-2}$$

式中 l——结构的计算跨径(m)；

E——结构材料的弹性模量(N/m^2)；

I_c——结构跨中截面的截面惯性矩(m^4)；

m_c——结构跨中处的单位长度质量(kg/m)。

根据实际计算分析，应用式(1-1)得到的计算结果要比原规范的计算结果要大很多。

钢桥、钢筋混凝土及预应力混凝土桥、圬工拱桥等上部结构和钢支座、板式橡胶支座、盆式橡胶支座及钢筋混凝土柱式墩台应计入汽车的冲击作用。重力式墩台可不计冲击力。填料厚度，包括路面厚度等于或大于0.5m的拱桥、涵洞以及重力式墩台不计冲击力。支座的冲击力按相应的桥梁取用。当汽车荷载局部加载以及在T形梁、箱梁悬臂板上时，冲击系数取0.3。

在方案设计和初步设计时，可近似采用$100/l$(l为计算跨径)来进行初步计算。

(2) 汽车离心力　在曲线桥梁设计中，当弯道桥的曲线半径等于或小于250m时，应计算汽车荷载引起的离心力。汽车荷载离心力等于车辆荷载乘以离心系数，不计冲击效应。离心系数计算公式为

$$C=\frac{V^2}{127R} \tag{1-3}$$

式中 V——设计速度(km/h)，应按桥梁所在的路线设计速度采用；

R——曲线半径(m)。

计算多车道的桥梁荷载离心力时，应考虑前述的横向折减效应。离心力的着力点在桥面以上1.2m处，为了计算简便，也可移至桥面上，但不计由此引起的作用效应。

(3) 汽车引起的土侧压力　汽车荷载作用引起的土侧压力采用车辆荷载加载。车辆荷载在桥台或挡土墙后填土的破坏棱体上引起的土侧压力，可按下式换算成等代均布土层厚度h来计算

$$h=\frac{\sum G}{Bl_0\gamma} \tag{1-4}$$

式中 γ——土的重度(kN/m^3)；

l_0——桥台或挡土墙后填土的破坏棱体长度(m)；

B——桥台横向全宽或挡土墙的计算长度(m)；

$\sum G$——布置在$B\times l_0$面积内车轮的总重力(kN)。

(4) 汽车制动力　汽车制动力是指汽车在桥上刹车时为了克服其惯性力而在车轮与路面之间发生的滑动摩擦力。制动力的大小与车辆和路面间的摩擦系数及汽车荷载有关，考虑到刹车常常只限于一部分车辆，而且只有同向行驶的车辆才能叠加，《桥规》规定，一个设计车道上的制动力标准值按布置在加载长度内车道荷载的10%计，但公路—Ⅰ级汽车荷载的汽车制动力不得小于165kN，

公路—Ⅱ级汽车荷载的汽车制动力不得小于90kN。同向行驶的双车道的制动力为一个设计车道制动力的2倍；同向行驶三车道为一个设计车道的2.34倍；同向行驶四车道为一个设计车道的2.68倍。对于墩台或支座分配和传递的制动力，按《桥规》有关规定确定。

制动力的反向就是行车反向，作用点在桥面以上1.2m处。计算墩台时，可移至支座中心线或支座底面上。计算刚构桥、拱桥时，制动力的作用点可移至桥面上，但不计由此产生的竖向力和力矩。

3. 人群荷载

有人行道的桥梁，在以汽车荷载计算内力时，应同时计入人行道上的人群荷载所产生的内力。对于设有人行道的公路桥梁，当桥梁计算跨径小于或等于50m时，人群荷载的标准值为3.0kN/m^2；当桥梁计算跨径等于或大于150m时，人群荷载的标准值为2.5kN/m^2；当桥梁计算跨径在50～150m之间时，人群荷载的标准值可由线性内插求得。对于跨径不等的连续结构，计算跨径以最大者为准。对于城镇郊区行人密集的公路桥梁，人群荷载的标准值取上述规定值的1.15倍；对于专用人行桥梁，人群荷载标准值为3.5kN/m^2。

人群荷载在横向应布置在人行道的净宽度内，在纵向施加于使结构产生最不利荷载效应的区段内。人行道板可按局部构件单元计算，按4.0kN/m^{2}均布荷载布载。计算人行道栏杆时，作用在栏杆立柱顶上的水平推力取0.75kN/m，作用在栏杆扶手上的竖向力取1.0kN/m^2。

4. 其他可变作用

（1）温度作用　对于超静定结构，必需考虑温度变化影响所产生的次变形和次内力效应，大小应根据当地的具体情况、结构使用的材料和施工条件等因素计算确定。温度变化范围应从受到约束时的结构温度开始，考虑最高和最低有效温度。

（2）风荷载　近年来，随着桥梁跨径的不断增加，特别是斜拉桥和悬索桥，风荷载的效应日益受到重视，风荷载能够使得桥梁结构产生位移、速度、加速度响应，有时甚至成为决定性的因素。对于桥梁结构来说，风荷载一般由三部分组成：一是平均风作用；二是脉动风作用；三是脉动风诱发结构抖振而出现的惯性力作用。平均风的作用实际上是考虑定常空气作用下桥梁结构的静力作用效应。脉动风载作用下，出现的是结构的自激振动有限振幅的随机强迫振动。

《桥规》规定，风荷载应采用静力计算方法。横桥向风荷载假定水平地垂直作用于桥梁各部分迎风面积的形心上，其标准值按横桥向风压乘以迎风面积计算；桥梁顺桥向可不计桥面系及上承式梁所受的风荷载；桥墩上的顺桥向风荷载标准值可按横向风压的70%乘以桥墩迎风面积计算；斜拉桥、悬索桥塔上的顺桥向风荷载标准值可按横桥向风压乘以迎风面积计算。桥台可不计算纵、横向风荷载。

大型桥梁设计时，考虑到桥梁结构对风荷载的敏感性，应考虑桥梁在风荷载作用下的静力和动力失稳，必要时可借助于风洞试验进行验证。

（3）支座摩阻力 支座摩阻力的标准值可按下式计算

$$F=\mu W \tag{1-5}$$

式中 W——作用于活动支座上由上部结构重力产生的效应(kN)；

μ——支座的摩擦系数。

1.6.4 偶然作用

偶然作用是指在结构设计基准期内不一定出现，而一旦出现其量值很大且持续时间较短的作用。桥梁设计的偶然作用包括地震作用、船舶或漂流物的撞击作用以及汽车的撞击作用。

1. 地震作用

地震作用主要是指地震时强烈的地面运动引起的结构惯性力。地震作用的强弱不仅与地震时地面运动的强烈程度有关，还与结构的动力特性有关，如频率与振型。地震作用是动力荷载，而且还是随机变值，作用时间极短且数值极大，对结构安全会产生非常大的影响。过去大都用烈度大小来表示地震作用的强弱，现行规范不再采用地震烈度的概念，采用地震动峰值加速度系数。公路桥梁的抗震设防起点为地震动峰值加速度等于0.10g。地震动峰值加速度等于0.10g、0.15g、0.20g、0.30g 地区的公路桥涵，应进行抗震设计；地震动峰值加速度小于或等于0.05g 地区的公路桥涵，除了有特殊要求者外，可采用简易设防。

地震作用的计算及结构的设计应符合(JTJ 004—1989)《公路工程抗震设计规范》的规定。

2. 船舶或漂流物的撞击作用

跨越江、河及海湾的桥梁，必须考虑船舶或漂流物对桥梁墩台的撞击作用。在可能的情况下，撞击力应尽可能根据实测资料进行较为精确的计算，但在精确确定撞击力十分困难或缺乏实测资料时，可直接按照《桥规》的规定进行计算。

3. 汽车撞击作用

桥梁结构必要时可考虑汽车的撞击作用。根据《桥规》的规定，汽车撞击力在车辆行驶方向取1000kN，在车辆行驶垂直方向取500kN，两个方向的撞击力不同时考虑，撞击力作用于行车道以上1.2m处，直接分布于撞击所涉及的构件上。

对于没有防撞设施的结构构件，可视防撞设施的防撞能力，对汽车撞击力给予折减，但折减后的汽车撞击力不应低于上述规定值的1/6。

1.6.5 作用效应组合

桥梁通常要同时承受各种作用。桥梁设计时必须考虑桥梁上可能同时出现的作用。鉴于前述各种作用并非同时作用在桥梁上，它们发生的概率也各不相同，因此在设计中可根据结构物的特性，考虑它们同时作用的可能性进行组合，取其最不利效应组合进行设计。

《桥规》规定，桥梁设计采用以概率理论为基础的极限状态设计方法，按照分项系数的设计表达式进行设计。公路桥梁应进行承载能力极限状态和正常使用极限状态设计，并按三种设计状况考虑：持久状况、短暂状况和偶然状况。

持久状况是指桥梁建成后承受自重、汽车活载等持续时间很长的使用阶段状况。此段时间持续较长，为了保证结构的正常使用，要对结构的所有预定功能进行设计，即为承载能力极限状态和正常使用极限状态的计算。短暂状况是指桥梁结构只承受临时性作用的施工阶段状况，此时结构体系及结构所承受的荷载与成桥使用阶段有所不同，其持续时间相对使用阶段较为短暂，因此一般只进行承载能力极限状态计算，必要时才做正常使用极限状态计算。偶然状况是指桥梁在使用过程中，可能偶然出现的状况，例如地震作用，具有出现概率小，持续时间极短，设计原则是主要承重结构不致于因为非主要承重结构发生破坏而导致其丧失承载能力，或者允许主要承重结构发生局部破坏而剩余部分在一段时间内不发生连续倒塌。偶然状况只进行承载能力极限状态计算，不必考虑正常使用极限状态计算。

根据《桥规》规定，有如下的作用效应组合表达式。

1. 按照承载能力极限状态设计的作用效应组合

公路桥涵结构按承载能力极限状态设计时，应采用以下两种组合：

（1）基本组合　基本组合是永久作用的设计值效应与可变作用设计值效应相组合，适用于结构的常规设计，是所有公路桥梁结构都应该考虑的。基本组合的表达式为

$$\gamma_0 S_{\mathrm{ud}} = \gamma_0 \left(\sum_{i=1}^{m} \gamma_{Gi} S_{Gik} + \gamma_{Q1} S_{Q1\mathrm{k}} + \psi_{\mathrm{c}} \sum_{j=2}^{n} \gamma_{Qj} S_{Qj\mathrm{k}} \right) \tag{1-6}$$

或

$$\gamma_0 S_{\mathrm{ud}} = \gamma_0 \left(\sum_{i=1}^{m} S_{Gid} + S_{Q1\mathrm{d}} + \psi_{\mathrm{c}} \sum_{j=2}^{n} S_{Qj\mathrm{d}} \right) \tag{1-7}$$

式中　S_{ud}——承载能力极限状态下作用基本组合的效应组合设计值；

γ_0——结构重要性系数，对应于设计安全等级一级、二级和三级，分别取1.1、1.0和0.9；

γ_{Gi}——第 i 个永久作用效应的分项系数，按表1-9取用；

S_{Gik}、S_{Gid}——第 i 个永久作用效应的标准值和设计值；

γ_{Q1}——汽车荷载效应的分项系数（含汽车冲击力和离心力，$\gamma_{Q1}=1.4$）；

$S_{Q1\mathrm{k}}$、$S_{Q1\mathrm{d}}$——汽车荷载效应的标准值和设计值；

γ_{Qj}——在作用效应组合中除汽车荷载效应（含汽车冲击力和离心力）、风荷载外的其他第 j 个可变作用效应的分项系数，取 $\gamma_{Q1}=1.4$，但风

荷载的分项系数取 $\gamma_{Q1}=1.1$；

S_{Qjk}、S_{Qjd}——在作用效应组合中除汽车荷载效应（含汽车冲击力和离心力）、风荷载外的其他第 j 个可变作用效应的标准值和设计值；

ψ_{c}——在作用效应组合中除汽车荷载效应（含汽车冲击力和离心力）外的其他可变作用效应的组合系数。

当永久作用与汽车荷载和人群荷载（或其他一种可变作用）组合时，人群荷载（或其他一种可变作用）的组合系数，取 $\psi_{c}=0.8$；当除汽车荷载（含汽车冲击力和离心力）外还有其他两种可变作用参与组合时，取 $\psi_{c}=0.7$；还有三种可变作用参与组合时，取 $\psi_{c}=0.60$；还有四种以及多于四种的可变作用参与组合时，取 $\psi_{c}=0.50$。

表1-9 永久作用效应的分项系数

编号	作用类别		永久作用效应分项系数	
			对结构的承载力不利时	对结构的承载力有利时
1	混凝土和圬工结构重力（包括结构附加重力）		1.2	1.0
	钢结构重力（包括结构附加重力）		1.1 或 1.2	
2	预加力		1.2	1.0
3	土的重力		1.2	1.0
4	混凝土的收缩及徐变作用		1.0	1.0
5	土侧压力		1.4	1.0
6	水的浮力		1.0	1.0
7	基础变位作用	混凝土和圬工结构	0.5	0.5
		钢结构	1.0	1.0

注：本表编号1中，当钢桥采用钢桥面板时，永久作用效应分项系数取1.1；当采用混凝土桥面板时，取1.2。

（2）偶然组合　偶然作用是永久作用标准值效应与可变作用某种代表值效应、一种偶然作用标准值效应相组合。视具体情况，也可以不考虑可变作用效应参与组合。偶然作用的效应分项系数取1.0；与偶然作用同时出现的可变作用，可根据观测资料和工程经验取用适当的代表值；地震作用标准值及其表达式按现行《公路工程抗震设计规范》规定采用。

2. 按正常使用极限状态设计的作用效应组合

公路桥梁结构按正常使用极限状态设计时，应根据不同的设计要求，采用下面两种效应组合。

（1）作用短期效应组合　短期效应组合采用永久作用标准值效应与可变作用频遇值效应相组合，表达式为

$$S_{sd}=\sum_{i=1}^{m}S_{Gik}+\sum_{j=1}^{n}\psi_{1j}S_{Qjk} \tag{1-8}$$

式中 S_{sd}——作用短期效应组合设计值；

ψ_{1j}——第 j 个可变作用效应的频遇值系数，对于汽车荷载(不计冲击力)、人群荷载、风荷载、温度梯度作用和其他作用，其值分别取 0.7、1.0、0.75、0.8 和 1.0；

$\psi_{1j}S_{Qjk}$——第 j 个可变作用效应的频遇值。

（2）作用长期效应组合　作用长期效应组合是永久作用标准值效应与可变作用准永久值效应相组合，其表达式为

$$S_{ud} = \sum_{i=1}^{m} S_{Gik} + \sum_{j=1}^{n} \psi_{2j} S_{Qjk} \tag{1-9}$$

式中 S_{ud}——作用长期效应组合设计值；

ψ_{2j}——第 j 个可变作用效应的准永久值系数，对于汽车荷载(不计冲击力)取 0.4，人群荷载取 0.4，风荷载取 0.75，温度梯度作用取 0.8，其他作用取 1.0；

$\psi_{2j}S_{Qjk}$——第 j 个可变作用效应的准永久值。

在作用效应组合时，只有结构上可能同时出现的作用，才进行其效应组合；当可变作用的出现对结构产生有利影响时，该作用不应参与组合；多个偶然作用不同时参与组合。表 1-10 给出了规范规定的不同时组合的可变作用。在进行弹性阶段截面应力计算时，除特别说明外，各作用效应的分项系数及组合系数均取为 1.0。

表 1-10　可变作用不同时组合表

编　号	作用名称	不与该作用同时参与组合的作用编号
13	汽车制动力	15，16，18
15	流水压力	13，16
16	冰压力	13，15
18	支座摩阻力	13

1.6.6 城市桥梁规范中可变作用简介

1. 汽车荷载的形式和取值

在原规范使用期间，由于桥梁设计荷载都是按照当时公路桥梁荷载标准进行设计的，而公路桥梁的汽车荷载布载方式是沿用前苏联的桥梁荷载模式，计算程序繁琐，同时和我国现代城市机动车辆的动态分布规律也不尽相符。为使桥梁荷载标准更符合我国城市市政建设的实际情况，以及达到与国际桥梁荷载标准设计水平相接轨的目的，我国建设部 1998 年制定了(CJJ 77—1998)《城市桥梁设计荷载标准》，该标准适合于城市内新建、改建的永久性桥梁与涵洞、高架道路及承受机动车的结构物的荷载设计。

城市桥梁的汽车荷载也是由车道荷载和车辆荷载组成。荷载等级划分为城—A 级和城—B 级。各级车道荷载的均布荷载 q 和集中荷载 P 的标准值根据桥梁

的跨径来确定，见表1-11。当计算弯矩时，均布荷载 q 采用标准值 q_M；当计算剪力时，均布荷载 q 采用标准值 q_Q。

表1-11 车道荷载计算取值表

项目	城—A级			城—B级			备注
	q_M /(kN/m)	q_Q /(kN/m)	P /kN	q_M /(kN/m)	q_Q /(kN/m)	P /kN	当跨径 l 满足 $20\text{m}\leqslant l\leqslant 150\text{m}$ 且车道数等于或大于4条时，计算剪力应分别乘以增长系数1.25(城—A级)和1.30(城—B级)
$2\text{m}\leqslant l\leqslant 20\text{m}$	22.5	37.5	140	19.0	25.0	130	
$20\text{m}\leqslant l\leqslant 150\text{m}$	10.0	15.0	300	9.5	11	160	

城—A级和城—B级车辆荷载的标准载重汽车分别采用五轴式和三轴式货车。城—A级总轴重700kN，适用于快速路及主干路；城—B级总轴重300kN，适用于次干路及支路；城—A级和城—B级标准车辆纵、平面布置如图1-32～图1-34所示。

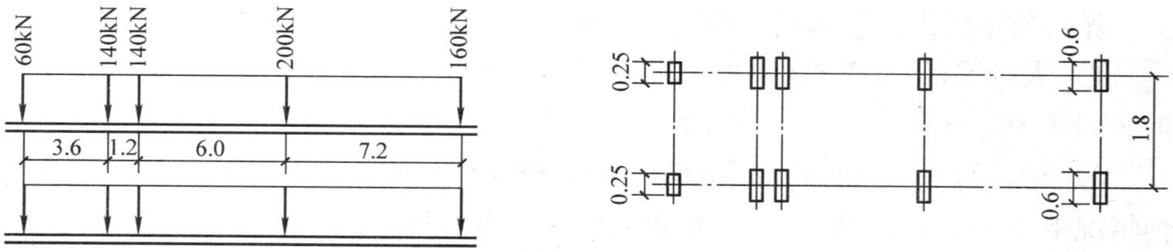

图1-32 城—A级活载布置图式(尺寸单位:m)

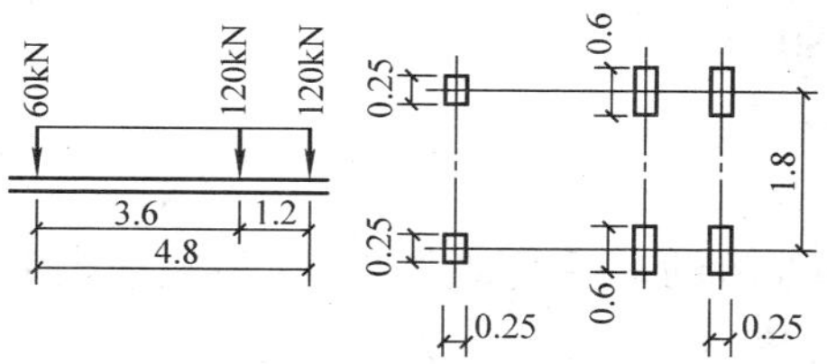

图1-33 城—B级活载布置图式(尺寸单位:m)

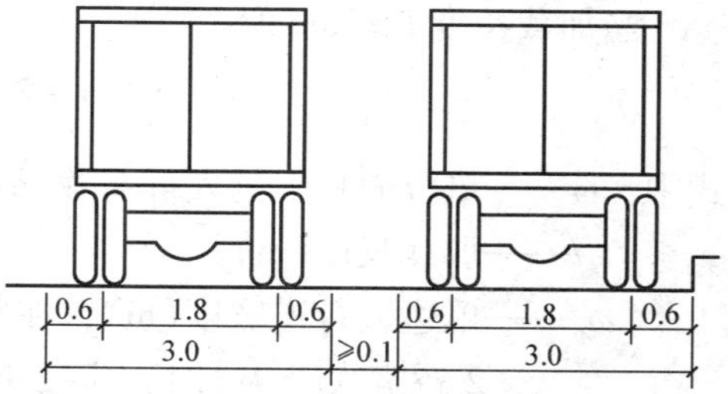

图1-34 车辆荷载横向布置(尺寸单位:m)

在城市桥梁设计中，桥梁的横隔梁、行车道板、桥台或挡土墙后土压力的计算应采用车辆荷载。桥梁的主梁、主拱和主桁架等的计算应采用车道荷载。当进行桥梁结构计算时，不得将车辆荷载和车道荷载的作用叠加。

城—A级和城—B级车道荷载应按均布荷载加一个集中荷载计算，均布荷载和集中荷载的标准值可按照表1-11取值。

车道荷载的单向布载宽度应为3.0m，为简化桥梁横向影响线的计算，车道荷载可按等效荷载车轮集中力形式布置。当设计车道数目大于二时，应计入车道的横向折减系数。加载车道位置应选在结构能产生最不利的荷载效应之处。对于跨径为 20～150m 之间的桥梁，当车道数等于或大于四条时，城—A 级荷载计算弯矩不乘增大系数，计算剪力时，应乘增大系数 1.25；城—B 荷载计算弯矩不乘增大系数，计算剪力时，应乘增大系数 1.30。

《城市桥梁设计荷载标准》中，车道荷载冲击系数的计算公式为

$$\mu=\frac{20}{80+L} \tag{1-10}$$

式中 L——桥梁跨径(m)，当 $L=20\text{m}$ 时，$\mu=0.2$，当 $L=150\text{m}$ 时，$\mu=0.1$，介于其间时内插获得。

车辆荷载冲击系数的计算公式为

$$\mu=0.6686-0.3032\lg L \tag{1-11}$$

注意冲击系数最大不应超过 0.4。

2. 人群荷载

城市桥梁的人群荷载计算规定如下：

1）人行道板(局部构件)的人群荷载应按 5.0kN/m² 的均布荷载或以 1.5kN 的竖向集中力分别计算，并作用在一块构件上，取其不利者。

2）梁、桁架、拱及其他大跨结构的人群荷载 ω 可按下式计算，且 ω 值在任何情况下不得小于 2.4kN/m²。当加载长度 $l<20\text{m}$ 时

$$\omega=4.5\times\frac{20-\omega_p}{20} \tag{1-12}$$

当加载长度 $l\geqslant 20\text{m}$ 时

$$\omega=\left(4.5-2\times\frac{l-20}{80}\right)\frac{20-\omega_p}{20} \tag{1-13}$$

式中 ω——单位面积上的人群荷载(kPa)；

l——加载长度(m)；

ω_p——单边人行道宽度(m)，在专用非机动车桥上时宜取 1/2 桥宽，当 1/2 桥宽大于 4m 时，应按 4m 计算。

计算桥上人行道栏杆时，作用在栏杆扶手上的活载：竖向荷载采用 1.2kN/m，水平向外荷载采用 1.0kN/m，两者分别考虑，不得同时作用。作用在栏杆立柱柱顶的水平推力应为 1.0kN/m。防撞栏杆应采用 80kN 的横向集中力进行验算，作用点应设在防撞栏杆板的中心。

1.6.7 铁路桥涵规范中的可变作用简介

铁路桥梁习惯于按作用的性质和发生的几率来进行分类，将桥梁的作用分为主力(对应于公路桥梁的永久作用和一部分可变作用)、附加力((对应于不包含在主力中的其他的可变作用)和特殊荷载(对应于公路桥梁的偶然作用)，见表

1-12。与公路桥梁规范比较，可以发现有些作用是设计铁路桥所特有的，如列车的横向摇摆力、牵引力等；有些作用仅在一本规范中列出，如公路桥梁规范中的支座摩擦力，在铁路桥梁设计中，可视情况加以采用。

表 1-12 铁路桥梁的作用分类

<table>
<tr><th>编号</th><th colspan="2">作用分类</th><th>作用名称</th></tr>
<tr><td>1</td><td rowspan="12">主力</td><td rowspan="6">恒载</td><td>结构自重</td></tr>
<tr><td>2</td><td>预加应力</td></tr>
<tr><td>3</td><td>混凝土收缩和徐变的影响</td></tr>
<tr><td>4</td><td>土压力</td></tr>
<tr><td>5</td><td>静水压力和浮力</td></tr>
<tr><td>6</td><td>基础变位的影响</td></tr>
<tr><td>7</td><td rowspan="6">活载</td><td>列车竖向静活载</td></tr>
<tr><td>8</td><td>公路竖向静活载(设计铁路公路两用桥用)</td></tr>
<tr><td>9</td><td>离心力</td></tr>
<tr><td>10</td><td>列车竖向动力作用</td></tr>
<tr><td>11</td><td>列车活载所产生的土压力</td></tr>
<tr><td>12</td><td>人行道荷载</td></tr>
<tr><td>13</td><td colspan="2" rowspan="7">附加力</td><td>制动力或牵引力</td></tr>
<tr><td>14</td><td>风力</td></tr>
<tr><td>15</td><td>列车横向摇摆力</td></tr>
<tr><td>16</td><td>流水压力</td></tr>
<tr><td>17</td><td>冰压力</td></tr>
<tr><td>18</td><td>温度变化的影响</td></tr>
<tr><td>19</td><td>冻胀力</td></tr>
<tr><td>20</td><td colspan="2" rowspan="3">特殊荷载</td><td>船只或排筏撞击力</td></tr>
<tr><td>21</td><td>地震力</td></tr>
<tr><td>22</td><td>施工荷载</td></tr>
</table>

1. 列车活载

对于干线上的铁路桥梁，列车竖向活载应采用中华人民共和国铁道标准活载(简称“中—活载”)模拟列车载重情况，如图 1-35 所示。普通活载左边的五个集中荷载相当于一台机车的重量，其右边的一段 30m 长的均布荷载大致与两台煤水车及另一台机车相当；最右侧的均布荷载则表示货车车辆载重，其长度不限。对于跨度很短的桥或局部构件，往往采用左边三个轴重所组成的特种荷载控制设计。铁路桥梁标准活载的等级和类型，应根据桥梁所在线路的等级、使用任务、性质和未来发展等具体情况，按标准轨距(轨距1435mm)、地方窄轨(轨距762mm)、专用铁路等来确定。

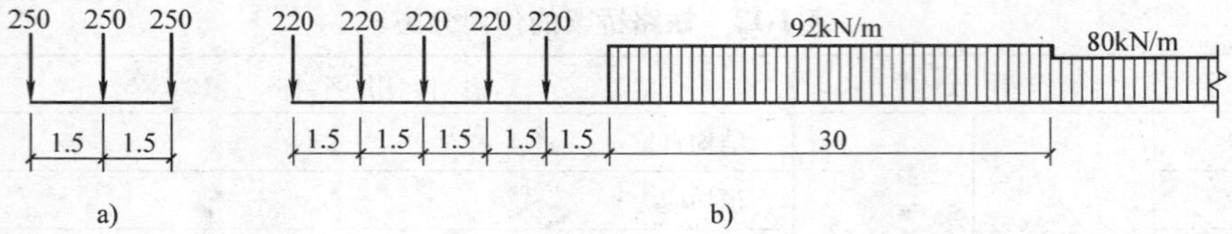

图1-35 铁道标准活载布置图式(轴重力单位:kN,尺寸单位:m)
a)特种活载 b)普通活载

对于铁路桥梁，仅考虑横向折减效应。对于双线设计的活载应取两个标准活载之和的90%，相当于折减系数去0.9；三线及三线以上应取各标准活载之和的80%；对仅成熟局部活载的构件则不考虑折减。

常规铁路桥梁设计中，冲击系数的一般形式为

$$1+\mu=1+\frac{a}{b+L} \tag{1-14}$$

式中 L——桥跨长度或(局部)构件的影响线加载长度；

a、b——常数，随结构体现或构件的不同而取不同数值。

关于冲击系数的详细计算公式和相应规定参见相关规范。

2. 离心力

铁路桥梁为曲线时，TB 10002.1—1999《铁路桥涵设计基本规范》规定列车离心力作用轨顶以上2m处。离心力大小为竖向静荷载乘以离心系数C，C值按照下式计算，但不应大于0.15。

$$C=\frac{v^2}{127R} \tag{1-15}$$

式中 v——设计行车速度(km/h)；

R——曲线半径(m)。

3. 列车横向摇摆力

《铁路桥涵设计基本规范》规定列车的横向摇摆力作用在轨顶面处，其数值为5.5kN/m。一般不考虑空车时的横向摇摆力。

4. 人群荷载

铁路桥梁上的人行道以通行巡道和检修人员为主，一般行人不多。对于明桥面的人行道，考虑到有时需在其上放置枕木、钢轨和工具，可取竖向荷载为4kN/m²。对于道碴桥面，规定距离梁中心2.45m以内的人行道，取10kN/m²。设计主梁时，人行道竖向静活载不与列车活载同时计算，但对特殊情况，如为方便城镇居民通行而加宽的人行道，需两者同时考虑，此时人行道的活载根据

实际情况确定。

本章小结

桥梁是交通线路中主要组成部分。桥梁建筑在我国有着悠久的历史，特别是古代桥梁建筑，取得了举世公认的成就。近年来，我国桥梁得到了飞速发展，其建设水平和规模接近世界先进水平。现代桥梁在逐步向轻巧、纤细、美观方面发展，但载重和跨度却不断增长。

桥梁由上部结构、下部结构和附属结构组成。桥梁按结构体系分类可以分为梁式桥、拱式桥、刚架桥、斜拉桥和悬索桥。

桥梁设计应遵循“安全、适用、经济、美观和有利于环保”的基本原则。桥梁设计一般包括前期工作、初步设计、技术设计与施工图设计。对于技术简单的中、小型桥梁，设计阶段可以简化。桥梁设计前需要进行一系列的勘测和调查，包括交通调查和桥位自然条件的调查等；桥梁设计应通过深入细致的设计方案综合比选，获得最佳的设计方案。

桥梁上的作用分为永久作用、可变作用和偶然作用三类。永久作用采用标准值为代表值，可变作用根据不同的极限状态分别采用标准值、频遇值或准永久值作为其代表值，偶然作用取其标准值作为代表值。作用的代表值按桥梁规范的规定计算。有关汽车荷载的计算图式、荷载等级及其标准值、加载方法和纵横向折减等应符合《桥规》的规定。

思考题和习题

1-1 桥梁在交通和交通发展中起着哪些重要作用？

1-2 桥梁由哪几部分组成？各组成部分的作用是什么？

1-3 桥梁设计的重要技术指标有哪些？

1-4 桥梁有哪些分类方式？是如何进行分类的？

1-5 按照桥梁结构形式分类的各类桥梁各有哪些特点？

1-6 我国桥梁设计的基本原则和要求有哪些？

1-7 试分析影响桥位及桥型选择的各种因素。

1-8 简述桥梁纵、横断面设计的内容及设计要点。

1-9 桥梁建筑对美学有什么要求？

1-10 现行公路桥梁设计规范对桥梁结构的作用如何分类？

1-11 城市桥梁设计荷载有哪些技术标准？

1-12 桥梁结构应按哪两类极限状态进行设计？

1-13 桥梁设计如何进行作用效应组合？

1-14 名词解释：作用、作用标准值、作用效应、作用效应组合。

第 2 章 桥面布置与桥面构造

2

2.1 桥面组成与布置

桥面构造既能为车辆、行人提供一个平整、舒适的行走界面，也能对桥梁的主要结构起保护作用。与桥梁的主体结构对比，桥面构造工程量小，但所包含的项目却很繁杂，其选择、布置的是否合理，不但直接影响桥梁的使用功能，还对桥梁的布局和美观有很大的影响。

桥面构造包括行车道铺装、排水防水系统、人行道(或安全带)、缘石、栏杆、照明灯具和伸缩缝等。桥面的一般构造如图 2-1 所示。

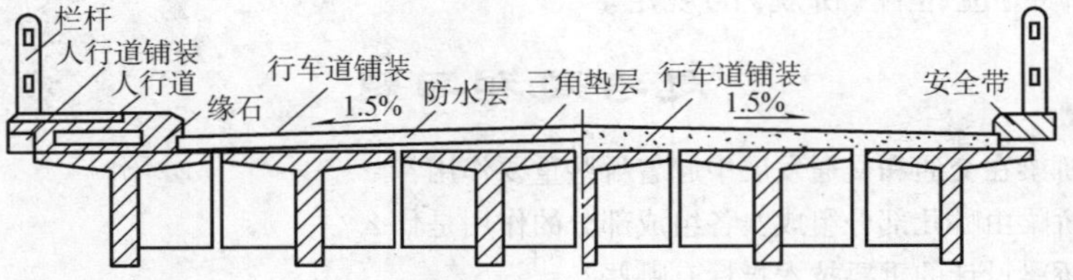

图 2-1　桥面的一般构造

桥面布置应根据道路等级、桥梁宽度、行车要求等条件确定，在桥梁的总体设计中考虑。桥面布置有双向车道布置、分车道布置和双层桥面布置等。

1. 双向车道布置

如图 2-1 所示，双向车道布置把行车道的上、下行交通布置在同一桥面上，上、下行交通没有明显的界限，仅在桥面上画线分隔。桥上也可以允许机动车与非机动车同时通过，同样采用画线分隔。由于上、下行车辆，机动车与非机动车同时存在，因此，车辆的行驶速度不高，交通量较大时，易形成滞流状态。

2. 分车道布置

分车道布置是把上、下行交通按分割设置式进行布置，因而上、下行交通互不干扰，可提高行车速度，便于交通管理。分车道布置要增加一些附属设施，桥面宽度也相应较宽，如图2-2所示。

分车道布置可在桥面上设置分隔带如图2-2a所示，也可以采用主梁分离式布置，在主梁间设置分隔带如图2-2b所示。也有的桥梁采用分离式主梁，两主梁间的桥面上不加联系，各自通行单向交通，如图2-2c所示。除了分隔上、下行交通外，分车道布置也可采用将机动车道与非机动车道分隔、行车道与人行道分隔。

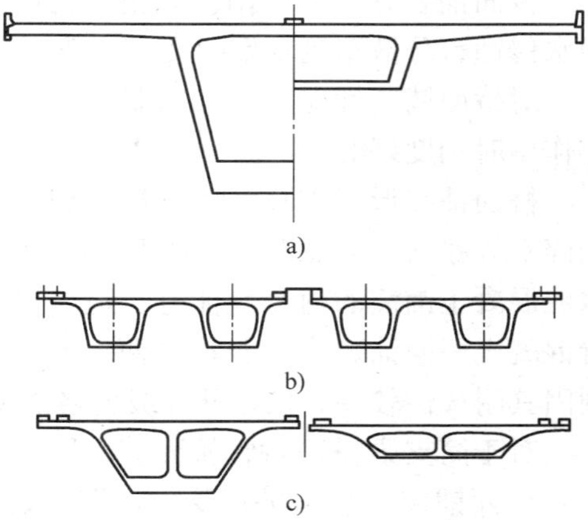

图2-2　分车道桥面布置

3. 双层桥面布置

双层桥面布置可以使不同的交通严格分道行驶，提高车辆和行人的通行能力，并便于交通管理。同时，由于双层桥面布置的桥梁结构在空间提供了不在同一平面的两个桥面构造，可以充分利用桥梁净空，减少桥梁宽度，缩短引桥长度，获得较好的经济效益。双层桥面布置在钢桥中的应用已非常普遍，而混凝土梁桥采用双层桥面布置则始于20世纪60年代。图2-3a所示为委内瑞拉卡罗尼河桥（1965年建成）的桥面布置示意图，其上层为公路行车道，箱梁底板挑出的悬臂板为人行道。图2-3b所示为维也纳帝国桥（1980年建成）的桥面布置示意图，其上层桥面为公路行车道，左侧为地铁车站处的断面，箱梁的腹板上开有孔洞，作为出入口，而该处的人行道宽达8m多。

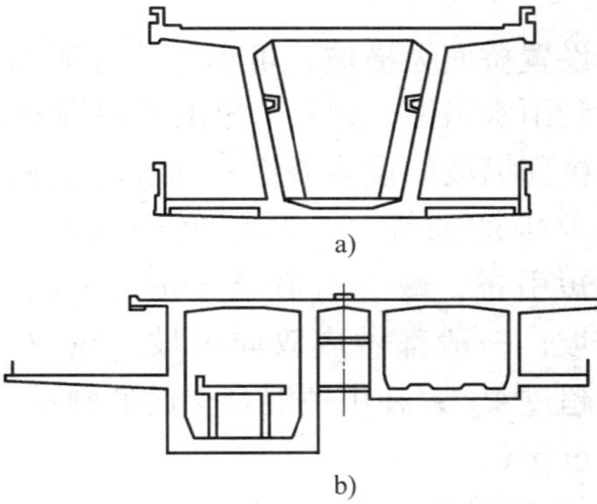

图2-3　双层桥面布置

2.2　桥面铺装及排水、防水系统

2.2.1　桥面铺装

桥面铺装是车轮直接作用的部分，又称行车道铺装或桥面保护层。

桥面铺装有如下作用：防止车轮或履带直接磨耗行车道板，保护主梁免受雨水侵蚀，分散车辆轮重的集中荷载。

对桥面铺装性能的要求包括抗车辙、行车舒适、抗滑、不透水和桥面板一起作用时刚度好等。

桥面铺装形式多样，可采用水泥混凝土、沥青混凝土、沥青表面处治和泥结碎石等材料。水泥混凝土和沥青混凝土桥面铺装能满足各项要求，较为常用。水泥混凝土铺装的耐磨性能好，适合重载交通，但养生期长，修补较麻烦。沥青混凝土桥面铺装维修养护方便，但易老化和变形。沥青表面处治和泥结碎石则因其耐久性较差，仅在低等级公路桥梁上使用。

对于简支梁(板)桥，桥面应尽量做成连续桥面。

桥面铺装一般不进行受力计算。如能确保铺装层与行车道板紧密结合成整体，则铺装层的混凝土(扣除0.01～0.02m的磨耗部分)可以计算在行车道的厚度内，和行车道板共同受力。为使铺装层具有足够的强度和良好的整体性(联系各主梁)，宜在混凝土中设置直径为4～6mm的钢筋网。

2.2.2 桥面纵横坡

设置桥面纵横坡，可迅速排除雨水，防止或减少雨水渗透，从而避免行车道板受雨水腐蚀，延长桥梁的使用寿命。

桥面纵坡的设置要有利于排水。同时，平原地区的桥梁可在满足桥下通航净空要求的前提下，降低墩台标高，以缩短引桥、减少引道土方量。桥面的纵坡，一般都做成双向纵坡，纵坡不宜超过4%；在市镇混合交通处则不宜超过3%。

桥面横坡一般采用1.5%～3%。通常有以下三种设置方式。

(1) 墩台顶部设置横坡　板桥(矩形板或空心板)或就地浇筑的肋板式梁桥，为节省铺装材料并减少恒载重力，可将横坡直接设在墩台顶部，从而使桥梁上部构造形成双向倾斜。此时的铺装层在整个桥宽方向是等厚的，如图2-4a所示。

(2) 设置三角垫层　在装配式肋板式梁桥中，为使主梁构造简单，便

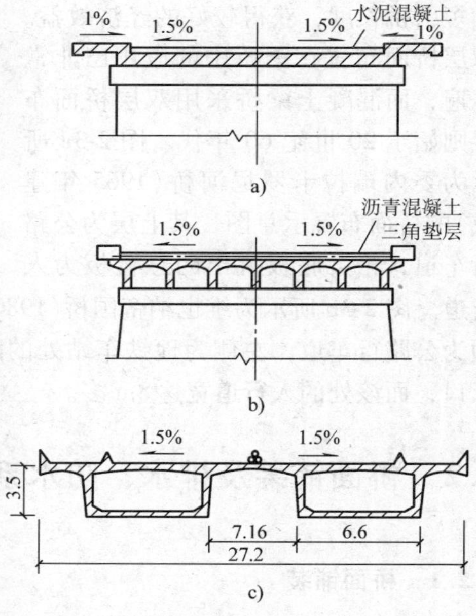

图2-4　桥面横坡的设置方式(尺寸单位:m)

于架设与拼装，通常横坡不设在墩台顶部，而直接设在行车道板上。做法是先铺设一层厚度变化的混凝土三角形垫层，形成双向倾斜，然后再铺设等厚的混凝土铺装层，如图2-4b所示。

（3）行车道板做成倾斜面　在比较宽的桥梁（或城市桥梁）中，设置三角垫层将使混凝土用量或恒载重力增加太多。为此，可将行车道板做成倾斜面而形成横坡，其缺点是主梁构造复杂，制作麻烦，如图2-4c所示。

2.2.3 防水层

桥面构造中通常都设有防水层。钢筋混凝土桥面板与铺装层之间是否要设防水层，应视当地的气温、雨量、桥梁结构和桥面铺装形式等具体情况确定。防水性混凝土和沥青混凝土铺装层下可不设防水层，但桥面在主梁受负弯矩作用处应设置防水层。

桥面防水层设置在行车道铺装层之下，将透过铺装层渗下的雨水汇集到排水设施（泄水管）后排出。

防水层在桥面伸缩缝处应连续铺设，不可切断；桥面纵向应通过桥台背，横向两侧则应伸过缘石砌缝里向上折起0.1m。

防水层有三种类型：①撒布薄层沥青或改性沥青，其上撒布一层砂，经碾压形成沥青涂胶下封层；②涂刷聚氨酯胶泥、环氧树脂、阳离子乳化沥青、氯丁胶乳等高分子聚合物涂料；③铺装沥青或改性沥青防水卷材，以及浸渍沥青的无纺布等。

高分子聚合物沥青防水材料是以石油为主要原料，以各种表面活性剂及多种化学助剂为辅助原料，再掺加大剂量的高分子聚合物进行改性而成的复合防水涂料。该涂料既具有优异的弹塑性、耐热性和粘结性，又具有与石油沥青制品良好的亲和性，适应沥青混凝土在高温条件下的施工。因其操作方便、安全，无环境污染，已成为各类大型桥梁及高架桥桥面防水施工的专用涂料。

沥青防水卷材造价较高，施工麻烦、费时。由于它把行车道与铺装层分开，若施工时处理不当，在车轮荷载作用下，铺装层容易起壳开裂。

无防水层时，水泥混凝土铺装应采用防水混凝土，而对于沥青混凝土铺装则应加强排水和养护。

2.2.4 桥面排水系统

一个完整的排水系统由桥面纵坡、横坡与一定数量的泄水管构成。排水系统应能保证迅速排除桥面雨水，防止雨水积滞。

是否设置泄水管以及泄水管的设置密度取决于桥长和桥面纵坡。通常，桥越长纵坡越缓，需要的泄水管越多。

1）当桥面纵坡大于2%，而桥长小于50m时，雨水一般能够较快地从桥头引道排出，不至于积滞，可不设泄水管。此时，可在引道两侧设置流水槽，以免雨水冲刷引道路基。

2）当桥面纵坡大于2%，但桥长大于50m时，桥面就需要设置泄水管以防止雨水积滞，一般每隔12～15m设置一个。

3）当桥面纵坡小于2%时，泄水管则需要更密一些，一般每隔6～8m设置一个。

泄水管的过水面积通常为每平方米桥面不小于2～3cm^2，泄水管可沿行车道两侧左右对称排列，也可交错排列。泄水管离缘石的距离为0.2～0.5m。

泄水管也可布置在人行道下面（见图2-5），雨水从侧面的进水孔流入泄水管，在泄水管的三个周边设置相应的聚水槽，起到聚水、导流和拦截作用。为防止杂物堵塞泄水道，进水口处应设置栅门。

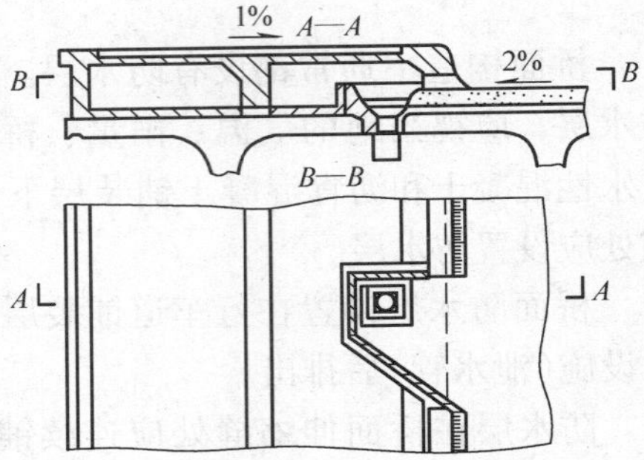

图2-5　泄水管设在人行道下

混凝土梁式桥上的泄水管，有下列几种常见形式：

（1）金属泄水管　图2-6a所示为一种构造比较完备的铸铁与钢筋混凝土泄水管，适用于具有防水层的铺装结构。泄水管的内径一般为0.10～0.15m，管子下端应伸出行车道板底面以下至少0.15～0.20m，以防渗湿主梁肋表面。施工时应特别注意处理好泄水管与防水层的接合处，防水层的边缘要紧夹在管子顶缘与泄水漏斗之间，以便防水层的渗水能流入管内。这种铸铁泄水管使用效果好，但构造较复杂，可根据具体情况简化改进，如采用钢管和钢板的焊接构造等。

（2）钢筋混凝土泄水管　图2-6b所示为钢筋混凝土泄水管构造，它适用于不设防水层而采用防水混凝土的铺装构造上。在制作时，可将金属栅板直接作为钢筋混凝土管的端模板，并在栅板上焊上短钢筋锚固于混凝土中。

（3）横向排水孔道　有时为了简化构造和节省材料，对于一些跨径不大、不设人行道的小桥，可以直接在行车道两侧的安全带或缘石上预留横向孔道，用铁管、竹管等将水排出桥外。管口要伸出构件0.02～0.03m，以便滴水。此法简便但易堵塞。

（4）封闭式排水系统　对于城市桥、立交桥及高速公路上的桥梁，泄水管不宜直接挂在板下，以免影响桥的外观和防碍公共卫生。完整的排水系统应将排水管道直接引向地面。为防冻裂混凝土，排水管道不应直接现浇在混凝土内（可使用套管）。根据不同的实际情况，采用排水管道系统时，还应注意以下问题：排水管

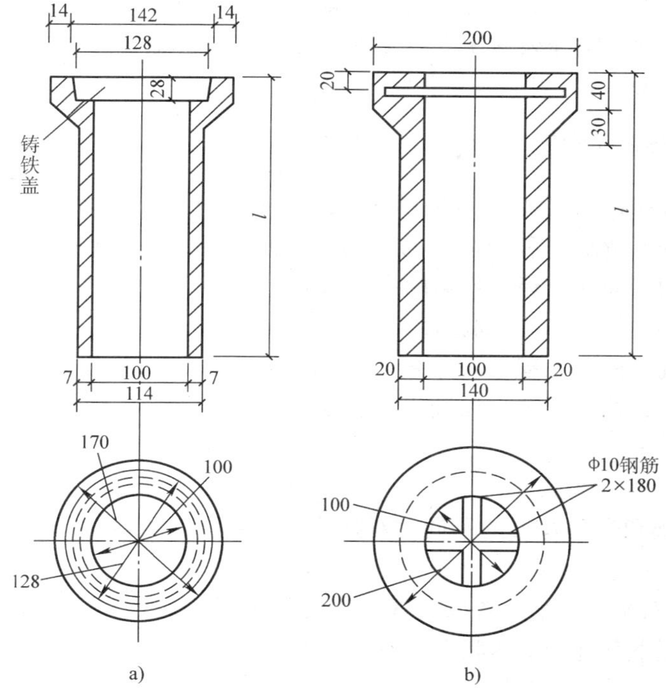

图2-6 铸铁与钢筋混凝土泄水管

道是否需要设置伸缩缝；下落的出水口的能量消除；备用排水线路等。

2.3 桥梁伸缩装置

在温度变化的影响下，桥梁将沿纵桥向产生膨胀或收缩的变形；车辆荷载也将引起梁端的转动和纵桥向位移。为了使这些变形不被约束，必须在相邻两跨的梁端之间、梁端与桥台之间、挂梁两端、桥梁的铰接处等位置预留必要的间隙，这就是“伸缩缝”。为了使车辆能平稳通过伸缩缝，同时使伸缩缝能保持正常的适应变形的能力，就需要在桥面伸缩缝处设置一定的“装备”，这种装置就称为桥面“伸缩装置”。但惯称的“伸缩缝”既可指“缝”，也可指“装置”，下同。

2.3.1 对伸缩装置的要求

伸缩装置是公路桥梁的薄弱环节，经常遭到损坏而需要维修更换。显然，为了始终能够满足变形需要并使车辆能平稳通过桥面，桥面伸缩装置应满足以下要求：①能保证上部结构的自由伸缩；②能承受各种车辆荷载的作用；③具有良好的平整度；④具有良好的防水性能；⑤具有良好的防尘性能；⑥便于养护、修理、更换；⑦经久耐用。施工安装方便、经济廉价则是一种好的伸缩装置应该具备的特点。

2.3.2 伸缩装置的类型

伸缩装置的种类繁多。一些在20世纪70～80年代还很常用的伸缩装置，由于其能适应变形量较小和构造上的缺陷，加上交通发展对伸缩装置提出了更高的要求，有的目前在低等级公路的中小桥梁上使用(如U形锌铁皮伸缩装置、跨搭钢板伸缩装置等)，有的则经过不断改进，在构造上与以往有很大的不同。

目前，我国桥梁工程上较常用的伸缩装置，可分成五大类：对接式伸缩装置、钢制支承式伸缩装置、橡胶组合剪切式伸缩装置、无缝式伸缩装置和模数支承式伸缩装置。

1. 对接式伸缩装置

根据造型和受力特点的不同，对接式伸缩装置又可以分为填塞对接和嵌固对接型两种。

1）填塞对接型伸缩装置以沥青、木板、麻絮、橡胶等材料填塞缝隙，伸缩体在任何情况下都处于受压状态。该类装置一般用于伸缩量在40mm以下的常规桥梁工程中，目前已不多见。

2）嵌固对接型伸缩装置利用不同形状的钢构件将不同形状的橡胶条(带)嵌牢固定，并以橡胶条(带)的拉压变形来吸收梁体变形，其伸缩体可处于受压或受拉状态。该类装置广泛应用于伸缩量不超过80mm的桥梁上。图2-7所示为W形伸缩装置断面图。

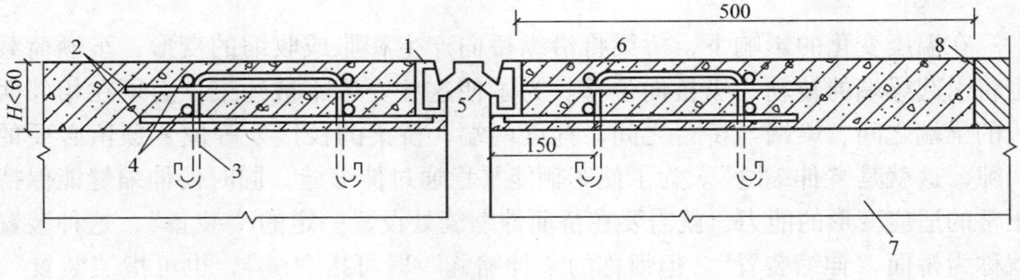

图2-7 W形伸缩装置断面图

1—钢板弯制的L钢 2—锚固筋 3—预埋筋 4—水平加固筋
5—W形橡胶条 6—现浇混凝土 7—行车道板 8—桥面铺装

2. 钢制支承式伸缩装置

钢制支承式伸缩装置用钢材装配制成的，能直接承受车轮荷载，其形状、尺寸、种类繁多。其中面层板成齿形，从左右伸出桥面板间隙处相互啮合的悬臂式构造，或面层板成悬架的支承式构造，统称为钢梳形板伸缩装置。国内常见的有梳齿形板型和折板型。面层板成为矩形的叠合悬架式的构造，称为钢板叠合式伸缩装置(见图2-8)。

3. 组合剪切式(板式)橡胶伸缩装置

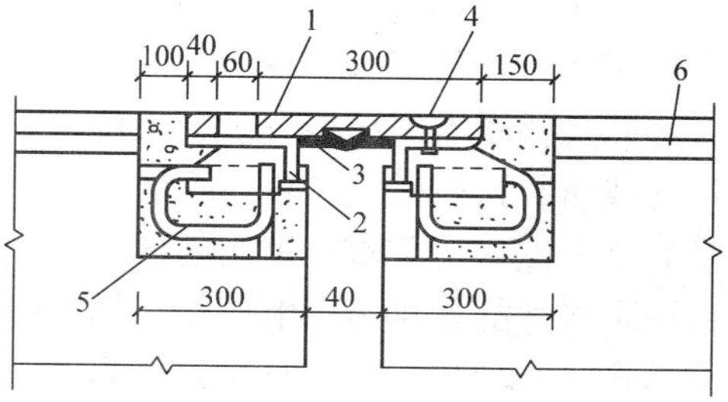

图 2-8 钢板叠合式伸缩装置

1—钢板 2—角钢 3—排水导槽 4—沉头螺钉 5—锚固钢筋 6—桥面铺装

组合剪切式橡胶伸缩装置是利用橡胶材料切变模量较低的特点设计制造而成的。剪切式橡胶伸缩体设有上、下凹槽，橡胶体内埋设承重钢板和锚固钢板，并设有预留螺栓孔，通过螺栓与梁端连成整体。它依靠上、下凹槽间的橡胶体剪切变形来满足梁体构造的相对位移。橡胶伸缩体内预埋钢板，用以跨越梁端间隙、承受车辆荷载。另外，在橡胶伸缩体内两侧预埋两块锚固钢板，通过螺栓与梁端连接。其一般构造如图 2-9 所示。

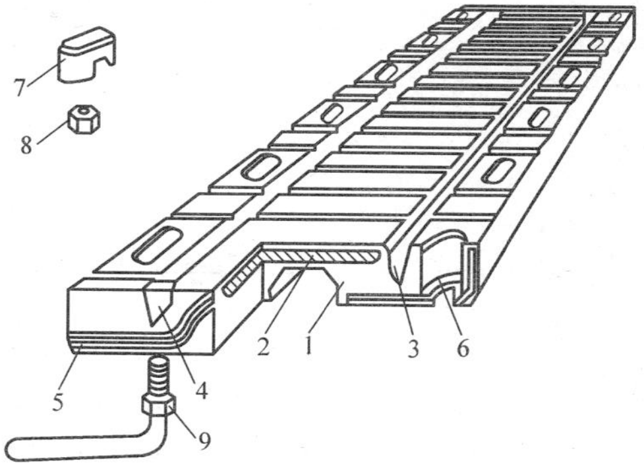

图 2-9 板式橡胶伸缩装置的一般构造

1—合成橡胶 2—加强钢板 3—伸缩用槽 4—止水块 5—嵌合部 6—螺帽垫板 7—腰形盖帽 8—螺帽 9—螺栓

此类伸缩装置承受荷载之后，有一定的竖向刚度，具有较大的跨缝能力(即伸缩量,国外此类产品的最大伸缩量可达 330mm)，行车平稳，国内外均广泛采用。但它的伸缩摩阻力一般比较大，容易产生早期破坏现象，对制造和施工安装的要求很高。

4. 无缝式(暗缝型)伸缩装置

无缝式伸缩装置在伸缩间隙中填入弹性材料并铺上防水材料，桥面铺装层采用弹性复合材料，使接缝处的桥面铺装与其他铺装部分形成连续体，以接缝处材料的变形满足伸缩需要。其主要优点为：①能适应伸缩变形和小量转动变形；②使桥面铺装形成连续体，行车舒适性较好；③防水性较好；④机械化除雪不致破坏接缝；⑤施工简单，易维修更换。施工时，待路面铺装完成后再用切割器切开槽口，然后注入嵌缝材料，形成构造。但此类装置仅适用于接缝较小的部位，使用范围有限。国内常用的无缝式伸缩装置有 TST 弹塑体(见图 2-10)、GP 型桥面连续构造(见图 2-11)等。TST 弹塑体在温度 140℃ 以上时呈熔融状，可直接浇灌，TST 永不固化，低温下的弹性、防水性能都很好；缝较大时，可在TST弹塑体中填加碎石。

5. 模数支承式伸缩装置

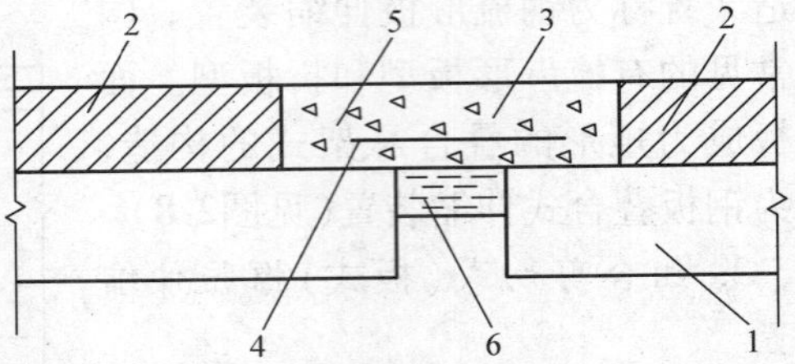

图2-10 TST弹塑体伸缩装置构造

1—梁体 2—桥面铺装 3—TST弹塑体 4—跨缝板 5—碎石 6—海棉体

大跨径桥梁需要结构合理、大位移量的伸缩装置。板式橡胶伸缩装置很难满足大位移的要求；钢制的伸缩装置则防水性能差且易影响行车。模数支承式(即模数式,这里的“模数”源于机械工程,与机械传动密切相关)伸缩装置系列，利用了橡胶材料吸震缓冲性能好、密封性能好的特点，与强度高刚性好的异性钢材组合，在大位移量情况下能承受车辆荷载。

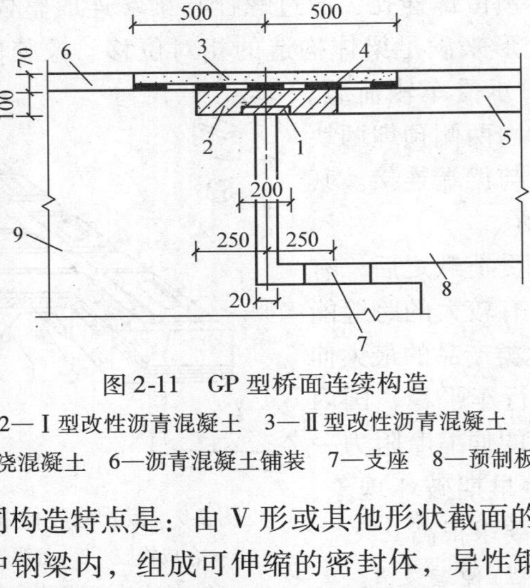

图2-11 GP型桥面连续构造

1—钢板 2—Ⅰ型改性沥青混凝土 3—Ⅱ型改性沥青混凝土 4—编织布 5—桥面现浇混凝土 6—沥青混凝土铺装 7—支座 8—预制板 9—背墙

这类装置的共同构造特点是：由V形或其他形状截面的橡胶密封条(带)嵌接于异性边钢梁、中钢梁内，组成可伸缩的密封体，异性钢梁直接承受车辆荷载。根据要求的伸缩量，可随意增加中钢梁和密封橡胶条(带)。图2-12所示为

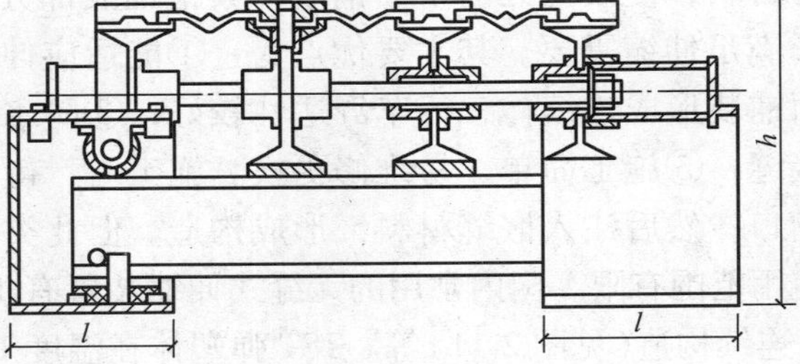

图2-12 SG型(模数式)伸缩装置构造图

SG型伸缩装置构造图，其最大位移量可达640mm。有的产品最大位移可以达2000mm。

2.4 人行道、栏杆与灯柱

2.4.1 人行道与安全带

人行道一般布置在承重结构的顶面，且高出行车道25~30cm（见图2-13）。在双层桥面布置中，人行道与行车道则可布置在不同标高的两个平面内（见图2-13）。按安装在主梁上的形式分有搁置（非悬臂式）和悬臂式两种，如图2-13a、b所示。按施工方法分，人行道分为就地浇筑式、预制装配式、装配-现浇混合式。

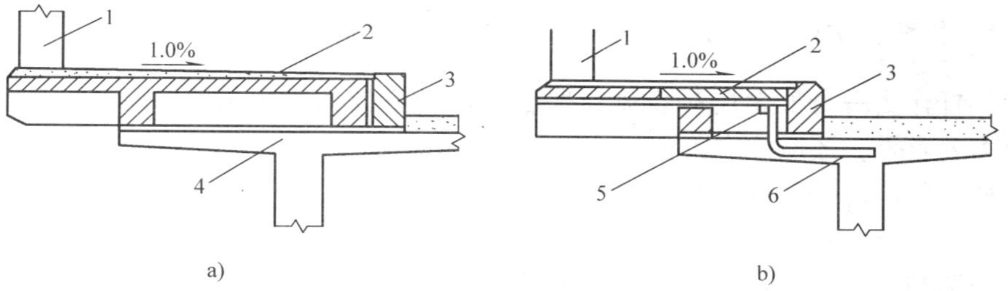

图2-13 人行道
a）非悬臂式 b）悬臂式
1—栏杆 2—人行道铺装 3—缘石 4—主梁 5—焊接钢板 6—锚固钢筋

就地浇筑式的人行道一般仅用于跨径较小的桥梁。预制装配式的人行道，是将人行道做成预制块件（分整体式和分块式两种）安装。在预制或现浇人行道板时，要注意预留灯柱、栏杆的位置，埋设好预埋件。

人行道一般设1%~1.5%的内倾横坡，以利排水。人行道顶面一般铺设20mm厚的水泥砂浆或沥青砂作为面层，并以此形成横坡。

桥面铺装中若是设有贴式防水层，防水层要伸过缘石底面，从人行道与缘石间的砌缝中向上折起。

在桥面断缝处，人行道也必须做伸缩缝。现代桥梁的人行道伸缩缝与行车道伸缩缝通常是作为整体制作安装的。

行人稀少地区可不设人行道而设安全带。安全带宽度不小于0.25m，高为0.25~0.35m。为保证高速行车的安全，目前许多安全带的高度已超过0.4m。

安全带可预制安装或与桥面铺装层一起现浇。预制的安全带有矩形截面（见图2-14a）和肋板式截面（见图2-14b）两种，以矩形截面最为常用。现浇的安全带宜每隔2.5~3m设一断缝，以免参与主梁受力而破坏。

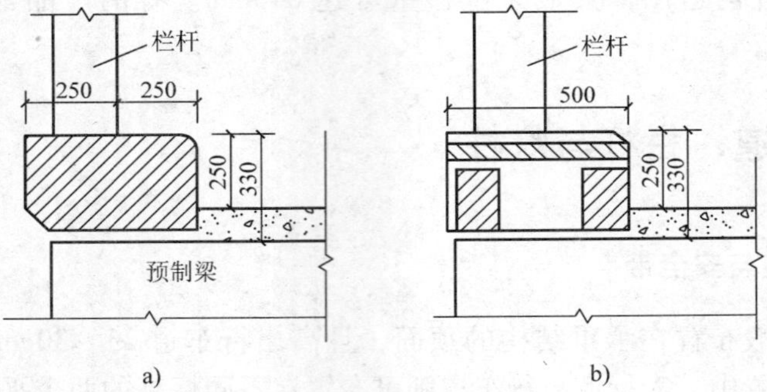

图 2-14 矩形和肋板式安全带
a）矩形安全带 b）肋板式安全带

2.4.2 栏杆、护栏及灯柱

栏杆作为一种安全防护设施，要求坚固；栏杆又是桥梁的装饰件，除了满足受力要求外，还应注意美观。

栏杆的高度一般以 0.8 ~1.2m 为宜，标准设计为 1.0m。栏杆柱的间距一般为 1.6 ~2.7m，标准设计为 2.5m。

公路与城市道路的栏杆常用混凝土、钢筋混凝土、钢、铸铁或钢与混凝土混合材料制作。从形式上可分为节间式与连续式。节间式由立柱、扶手及横挡(或栏杆板)组成，扶手支承于立柱上。连续式具有连续的扶手，一般由扶手、栏杆板(柱)及底座组成。

栏杆柱或栏杆底座要直接与混凝土中的预埋件焊牢，以增强抗冲击能力。栏杆要求经济实用、工序简单、更换方便。在美观方面，应根据桥梁的类别和具体环境做出适当的艺术处理，不应过分追求华丽的装饰。

护栏与栏杆的作用不同，栏杆虽然是桥梁安全设施，但其主要作用是遮拦行人，给行人以安全感。对于行车而言，栏杆的作用主要是诱导视线(无人行道时)。

用于高速公路、一级公路、城市快速道路、主干道路、立交工程等的护栏，主要作用是封闭沿线两侧，隔离人畜与非机动车；它同时具有吸收碰撞能量、使失控车辆改变方向并恢复到原有行使方向，防止冲出路外或跌落桥下。

防撞护栏按其防撞性能可分为刚性护栏、半刚性护栏或柔性护栏。

刚性护栏基本不变形。混凝土护栏是刚性护栏的主要形式，它以一定形状的混凝土块相互连接而形成墙式结构，利用失控车辆碰撞后爬高并转向来吸收碰撞能量，如图 2-15、图 2-16 所示。

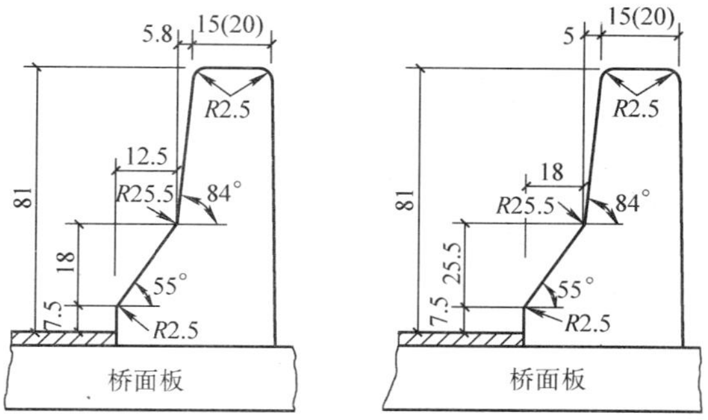

改进型(F型)　　基本型(NJ型)

图 2-15　钢筋混凝土墙式护栏(尺寸单位:cm)

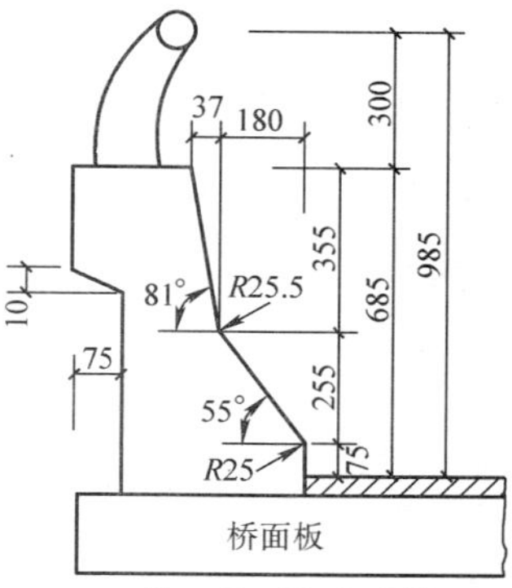

Cm－PL_2(PL_3)－R型

图 2-16　组合式桥梁护栏

半刚性护栏是一种连续的梁式结构，具有一定的刚度和柔性。波形梁护栏是其主要代表形式，它以波纹状钢护栏板相互拼接并由立柱支承而组成连续结构，利用土基、立柱、波形梁的变形吸收碰撞能量，并迫使失控车辆改变方向。

柔性护栏具有较大的缓冲能力和韧性。缆索护栏是主要代表形式，以数根施加初张力的缆索固定于立柱上，主要依靠缆索的拉应力来抵抗车辆的碰撞，吸收碰撞能量。

在桥面布置上，护栏也常用作隔离设施，设在中间分隔带上或用以分隔行车道和人行道。

图 2-17 所示的钢制护栏用来分隔人行道并保护栏杆。其立柱用盘状锚筋和垫板、螺栓锚固在梁的翼缘板上，以防止上拔，立柱的下方具有预定的断裂部位，这样使翼缘板不会在以外事故中损坏。

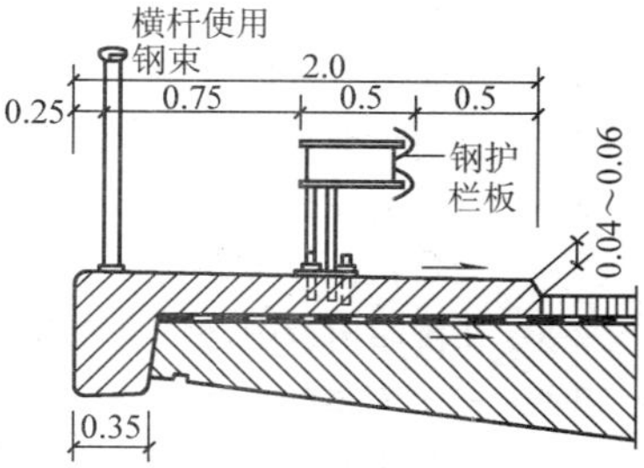

图 2-17　钢制护栏(尺寸单位:m)

图 2-18 所示为采用高路缘将行车道与人行道分隔的构造。高路缘石与人行道板共同预制，每一块长 2. 7m，宽 3. 2m。高路缘石部分宽 0. 52m、高 0. 6m。它能可靠地防止车辆冲越人行道。

在城市及城郊行人和车辆较多的桥梁上，要有照明设施，此时一般需要在桥上设立灯柱。灯柱可以利用栏杆柱，也可单独设在人行道内侧。灯柱的形式和布置，既要满足桥面净空要求，也要注意美观。

灯柱常用钢管或铸铁管架立，一般采用钢筋(或钢板)焊接(或螺栓锚固)在顶埋件上，然后用水泥砂浆填缝固定。

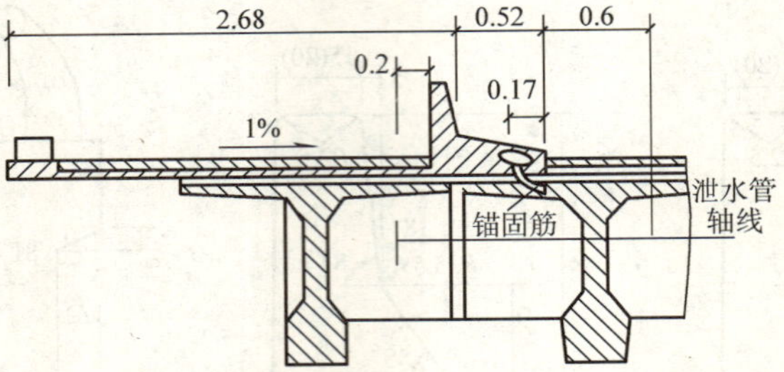

图 2-18　高路缘石的人行道护栏(尺寸单位:m)

本章小结

桥面由行车道铺装、排水防水系统、人行道(或安全带)、缘石、护栏、照明灯具和伸缩装置等组成。桥面布置的形式包括双向车道布置、分车道布置和双层桥面布置等形式。桥面铺装可采用水泥混凝土、沥青混凝土、沥青表面处治和泥结碎石等材料。桥面排水系统由桥面纵坡、横坡与一定数量的泄水管构成。桥梁伸缩装置包括对接式伸缩装置、钢制支承式伸缩装置、橡胶组合剪切式伸缩装置、无缝式伸缩装置和模数支承式伸缩装置等形式。桥梁的人行道、安全带、栏杆、灯柱与护栏。

思考题和习题

2-1　桥面构造包括哪些?

2-2　桥面布置应根据什么确定?混凝土梁式桥的桥面布置有哪些方式?

2-3　桥面铺装有何作用?对桥面铺装的性能有何要求?

2-4　设置桥面纵坡有何好处?桥面横坡有哪些设置方式?

2-5　在桥面构造中,对设置防水层有哪些要求?

2-6　一个完整的排水系统包括哪些部分?泄水管的设置有何规定?

2-7　桥面伸缩装置的作用是什么?它应满足哪些要求?

2-8　目前较常用的伸缩装置有哪几大类?

2-9　护栏与栏杆的作用有何不同?

第 3 章 桥梁支座与抗震设施

3.1 梁式桥的支座

3.1.1 概述

钢筋混凝土和预应力混凝土梁式桥在桥跨结构和墩台之间均须设置支座，其作用为（见图 3-1）：

1）传递上部结构的支承反力，包括恒载和活载引起的竖向力和水平力。

2）保证结构在活载、温度变化、混凝土收缩和徐变等因素作用下的自由变形，以使上、下部结构的实际受力情况符合结构的静力图式。

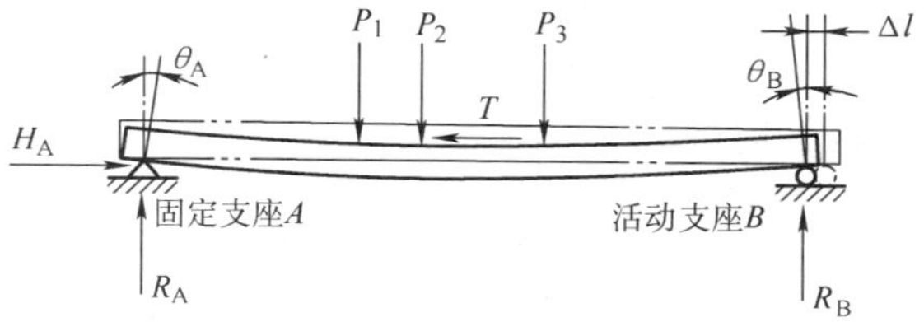

图 3-1　简支梁的静力图式

为此，梁式桥的支座一般分成固定支座和活动支座两种。固定支座既要固定主梁在墩台上的位置并传递竖向压力和水平力，又要保证主梁发生挠曲时在支承处能自由转动，如图 3-1 左端所示。活动支座只传递竖向压力，但它要保证主梁在支承处既能自由转动又能水平移动，如图 3-1 右端所示。

按照静力图式，简支梁桥应在每跨的一端设置固定支座，另一端设置活动支座。悬臂梁桥的锚固跨也应在一侧设置固定支座，另一侧设置活动支座。多孔悬臂梁桥挂梁的支座布置与简支梁同。连续梁桥应在每联中的一个桥墩（或桥台）上设置固定支座，其余墩台上均应设活动支座。此外，悬臂梁桥和连续梁桥在某些特殊情况下支座需要传递竖向拉力时，尚应设置也能承受拉力的支座。

固定支座和活动支座的布置，应以有利于墩台传递纵向水平力为原则。对于多跨的简支梁桥，相邻两跨简支梁的固定支座不宜集中布置在同一个桥墩上；若个别桥墩较高，为了减小水平力的作用，可在其上布置相邻两跨的活动支座。对于坡桥，宜将固定支座布置在标高低的墩台上。对于连续梁桥，为使全梁的纵向变形分散在梁的两端，宜将固定支座设置在靠中间的支点处；但若中间支点的桥墩较高或因地基受力等原因，对承受水平力十分不利时，可根据具体情况将固定支座布置在靠边的其他墩台上。

此外，对于特别宽的梁桥，尚应设置沿纵向和横向均能移动的活动支座。对于弯桥则应考虑活动支座沿弧线方向移动的可能性。对于处在地震地区的梁桥，其支座构造尚应考虑桥梁防震和减震的设施。

3.1.2 支座的类型和构造

梁式桥的支座通常用钢、橡胶或钢筋混凝土等材料来制作。从简易的油毛毡垫层到结构复杂的铸钢辊轴支座，结构类型甚多，应根据桥梁跨径的长短、支点反力的大小、梁体变形的程度以及对支座结构高度的要求等，视具体情况加以选用。下面介绍钢筋混凝土和预应力混凝土公路桥梁常用的几种支座类型和构造。

1. *简易垫层支座*

对于标准跨径小于10m的简支桥或简支梁桥，为简单起见，可不设专门的支座结构，而直接使板或梁的端部支承在几层油毛毡或石棉做成的简易垫层上面。垫层经压实后的厚度不小于1cm。实践经验表明，这种简易垫层的变形性能较差。为了防止墩、台顶部前缘被压裂并避免上部结构端部和墩、台顶部可能被拉裂，通常应将墩、台顶部的前缘削成斜角(见图3-2)，并最好在板或梁端底部以及墩、台顶部内增设1~2层钢筋网予以加强。

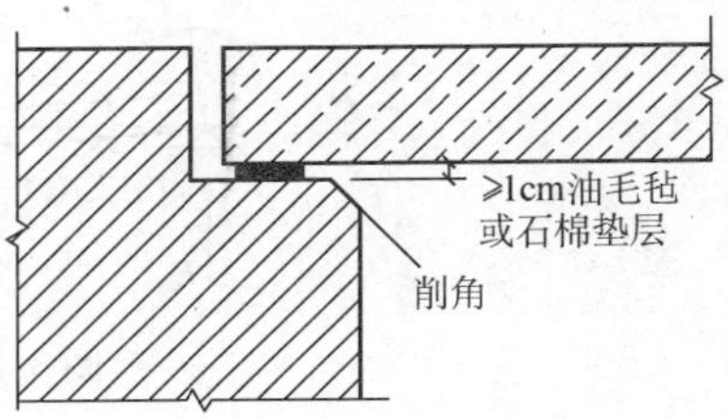

图3-2 简易垫层支座

2. *弧形钢板支座*

对于标准跨径在10~20m、支承反力不超过600kN的简支梁桥，常采用弧形钢板支座。标准跨径为16m的钢筋混凝土T形梁桥所采用的弧形钢板支座构造，如图3-3所示。

弧形钢板支座由两块厚度约为4~5cm铸钢制成的上、下垫板所组成。上垫板是平的矩形钢板，下垫板是顶面切削成圆柱面的弧形钢板。这样，上垫板沿着下垫板弧形接触面的相对滑动和转动实现了活动支座的功能要求。对于固定

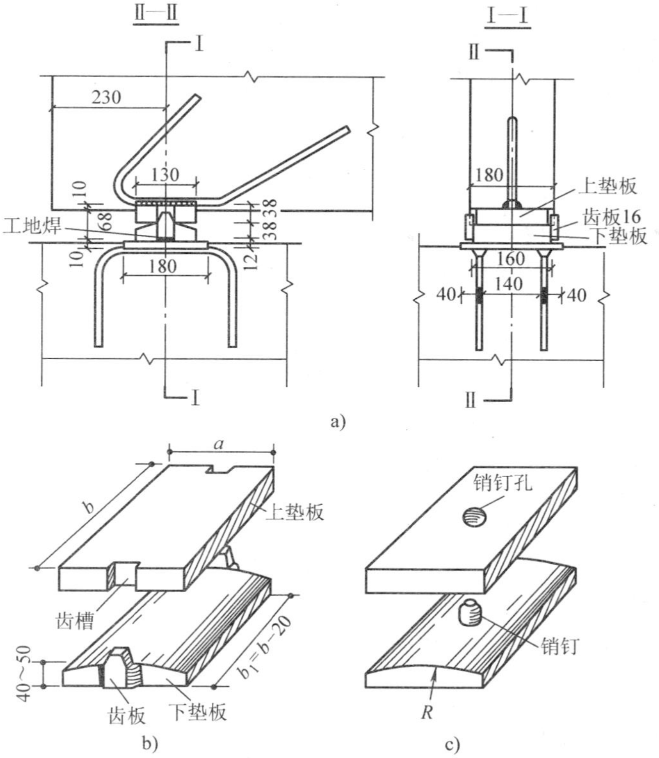

a) b) c)

图3-3 弧形钢板支座

支座，尚需在上垫板上做成齿槽(或销孔)，在下垫板上焊以齿板(或焊销钉)，安装后使齿板嵌入齿槽(或销钉伸入销孔)，以保证上、下垫板的位置固定，并且通过齿板(或销钉)的抗剪来承受水平力作用(见图3-3b、c)。通常应使齿槽比齿板宽2mm，且齿板顶部应削斜，以便上垫板的自由转动。当用销钉固定时，销钉直径应较销孔小2mm，且伸出的钉头也应做成顶部缩小的圆锥形。

为了施工安装工作的需要，在墩、台帽的顶面应预埋一块厚约1.2cm、边长约比支座下垫板尺寸大4~5cm的定位钢板。预埋着支座上垫板的主梁就位时，放置下垫板，校正好位置，再将下垫板焊固在定位钢板上面。安装活动支座时，应根据安装时的气温，将上下垫板沿纵向错开某一距离放置，保证当达到常年平均气温时上下垫板的中线正好对准。

弧形钢板支座上下垫板之间的摩擦系数为0.2。

3. 钢筋混凝土摆柱式支座

对于标准跨径≥20m的梁式桥，为了更好地保证梁端的自由移动，需要采用钢筋混凝土摆柱式支座来替代一般的弧形钢板活动支座。摆柱式支座的摩擦系数只有0.05，而且能承受的支点反力可达5000~6000kN。支座的高度从20~30cm起，甚至达到100cm以上。

图3-4所示是预应力混凝土简支梁桥($l=35$m)所采用的摆柱式支座构造。

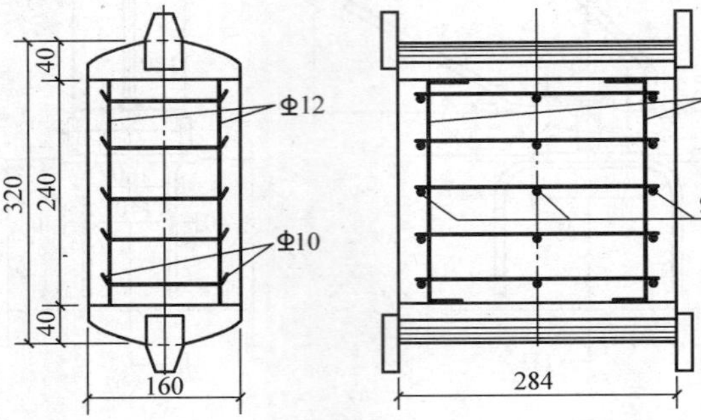

图3-4 钢筋混凝土摆柱式支座

这种钢筋混凝土摆柱式支座，按其活动的机理，实际上就是上下用弧形钢板加强、两侧截平的圆形单辊轴支座，因此摆柱的高度就等于弧形钢板弧面半径的两倍。从外形上看，平的上、下垫板与辊轴的弧形加强钢板形成上、下两个弧形支座，借以传递很大的集中压力。钢筋混凝土柱身用C40~C50混凝土制成，其平面尺寸为$a \times b$，b为横桥向尺寸，一般等于梁肋宽度，a为顺桥向尺寸，需由混凝土柱体强度计算确定。柱体内一般按含筋率约为0.5%左右配置竖向钢筋，并需配置双向的水平钢筋来承受支座受压时产生的横向拉力。水平钢筋通常用Φ8~Φ14螺纹钢筋组成网眼尺寸为8cm×8cm~12cm×12cm的钢筋网配置。在与摆柱式支座接触的梁底及墩台顶帽内需用钢筋网加强。为了施工安装的需要，在墩台帽顶面也要预埋定位钢板。

摆柱式活动支座的高度显著大于弧形钢板固定支座的高度，因此当两者布置在桥墩上时，可以用支承垫石将固定支座垫高以调整其高差，如图3-5a所示。

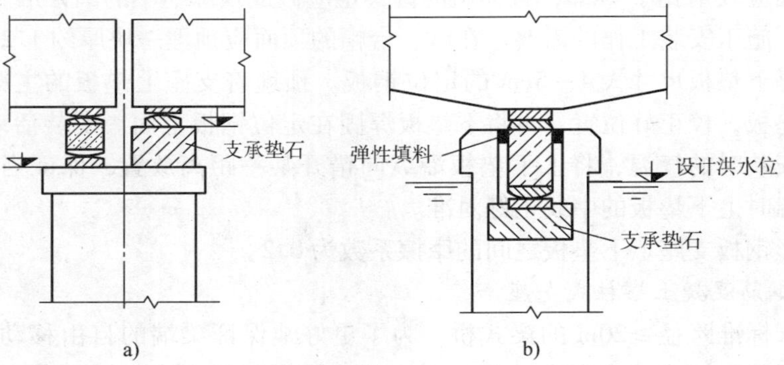

图3-5 支座布置图式

支承垫石可以用完好的石料或用钢筋混凝土来实现。

在支座底面的标高受设计洪水位控制的情况下，为了避免显著地提高桥梁高度，可以将较高的摆柱式支座设置在墩顶的预留井洞内，摆柱与井壁之间的缝隙应用弹性嵌填料填塞，以免污物掉入而影响摆柱的活动，如图3-5b所示。

为了保证摆柱的浇捣质量，通常用振动台来捣实混凝土。安装时要防止出现支座沿横桥向受压不均匀的现象，并应使摆柱在常年平均气温时达到竖直位置。

4. 橡胶支座

随着橡胶工业的发展，从20世纪50年代起已尝试应用优质合成橡胶来制造桥梁支座。二三十年来的使用经验表明，与其他金属刚性支座相比，橡胶支座具有构造简单、加工方便、节省钢材、造价低、结构高度小、安装方便等一系列优点。因此，近些年来橡胶支座在桥梁工程中已获得广泛应用。此外，鉴于橡胶支座能方便地适应任意方向的变形，故对于宽桥、曲线桥和斜交桥具有特别的适应性。橡胶的弹性还能消减上下部结构所受的动力作用，这对于抗震也十分有利。

目前用作桥梁支座的橡胶主要是化学合成的氯丁橡胶，它具有一定的抗压强度、抗油蚀性、冷热稳定性、耐老化性。虽然老化作用是橡胶无法回避的弱点，但实践表明，即使运营几十年后需要更换支座，从适用和经济上看，这种支座依然值得推广。

在桥梁工程中使用的橡胶支座大体上可分成两类，即板式橡胶支座和盆式橡胶支座。下面分别介绍其构造特点。

（1）板式橡胶支座　板式橡胶支座的构造最为简单，从外形上看它就是一块放置在上下部结构之间的矩形黑色橡胶板，如图3-6a、b所示。它的活动机理是：利用橡胶的不均匀弹性压缩实现转角 θ，利用其剪切变形实现水平位移 Δ，

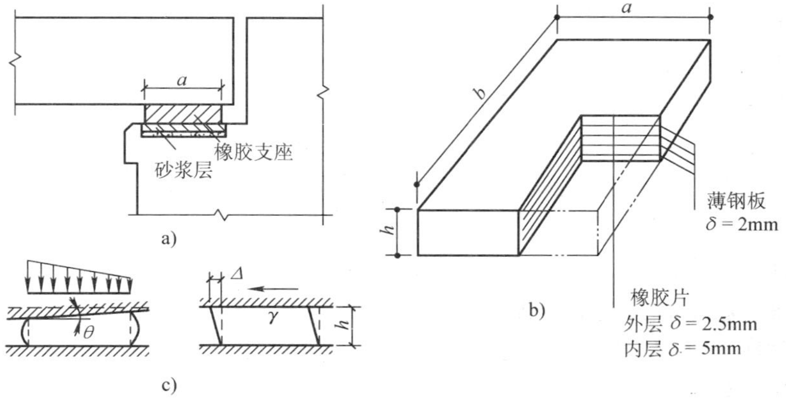

图3-6　板式橡胶支座

如图 3-6c 所示。由此可见，与弧形钢板支座不同，板式橡胶支座一般无固定支座与活动支座之区别，所有纵向水平力和位移由各个支座均匀分配。必要时也可采用高度不同的橡胶板来调节各支座传递的水平力和水平位移。

无加劲层的纯橡胶支座，由于其允许压应力甚小，约为 3000kPa，故只适用于小跨径桥梁。

常用的板式橡胶支座都用几层薄钢板或钢丝网作为加劲层（见图 3-6b）。由于橡胶片之间的加劲层能起阻止橡胶片侧向膨胀的作用，从而显著提高了橡胶片的抗压强度和支座的抗压刚度。这种支座的允许压应力可达 10000kPa，可用于支承反力达 3000kN 左右的中等跨径桥梁。目前在桥梁工程实践中已有采用这种支座逐渐替代弧形钢板支座的趋势。

国内常用的橡胶支座规格尺寸为：短边 $a=15\text{cm}$，长边 $b=20\text{cm}$，高度 h 分 14cm、21cm、20cm、42cm 四级。标准构造的加劲薄钢板厚 2mm，中间橡胶片厚 5mm。也可以根据具体要求做成其他尺寸。

橡胶支座的弹性模量 E 和切变模量 G 可由试验确定。根据国内的研究资料，对于上述硬度的氯丁橡胶，在设计中，G 可采用 1100kPa，E（单位：kPa）值可由下式确定

$$E=(530S-418)\times 100 \tag{3-1}$$

$$S=\frac{ab}{2t(a+b)} \tag{3-2}$$

式中 S——支座的平面形状系数；

a——支座短边边长；

b——支座长边边长；

t——中间层橡胶片厚度。

支座橡胶片承受剪切变形时允许的剪切角正切值（$\tan\gamma$），可采用 0.5（不计制动力时）和 0.7（计入制动力时）。

橡胶支座的橡胶与钢材之间的摩擦系数在 0.10～0.15 之间，橡胶和混凝土之间的摩擦系数接近 0.20～0.30。

必须指出，硬度为 55°～60°的氯丁橡胶支座，低温性能较差，只适用于温度不低于 -25℃的地区。而天然橡胶的耐低温性能较好，可用于 -40℃以下的地区。

为使橡胶支座受力均匀，在安装时应使梁底面和墩台顶面清洁平整，安装位置正确，必要时可在墩台顶面敷设一层 1∶3 水泥砂浆。通常支座板可直接安装在梁与墩台之间，但当支座比梁肋宽时，尚应在支座与梁肋之间衬以钢垫板。在水平荷载较大的情况下，为防止支座滑动，可在支座顶面、底面上设置浅的定位孔槽，并使梁底和墩台顶预埋的伸出锚钉伸入定位孔槽加以固定。应注意

锚钉不能深入支座过多，以免影响支座的活动性。

（2）盆式橡胶支座　一般的板式橡胶支座处于无侧限受压状态，故其抗压强度不高，加之其位移量取决于橡胶的允许剪切变形和支座高度，要求的位移量越大，支座就要做得越厚，所以板式橡胶支座的承载能力和位移值受到一定的限制。

近年来研制成功并在实践中多次使用的盆式橡胶支座，为在大、中跨桥梁上应用橡胶支座开辟了新的途径。盆式橡胶支座的主要构造特点有二：一是将纯氯丁橡胶块放置在钢制的凹形金属盆内，由于橡胶处于侧限受压状态，大大提高了支座的承载能力（橡胶块的允许压应力可达25MPa）；其二是利用嵌放在金属盆顶面的填充聚四氟乙烯板与不锈钢板相对摩擦系数小的特性，保证活动支座能满足梁水平移动的要求，同时梁的转动也通过盆内橡胶块的不均匀压缩来实现。常用的盆式橡胶支座构造如图3-7所示，它由不锈钢滑板、锡青铜填充的聚四氟乙烯板、盆环、氯丁橡胶块、密封圈、盆塞、橡胶弹性防水圈等组装而成。如能提高盆环与密封圈的配合精度并在橡胶块上下表面粘贴聚四氟乙烯板，就能更有效地防止橡胶的老化。

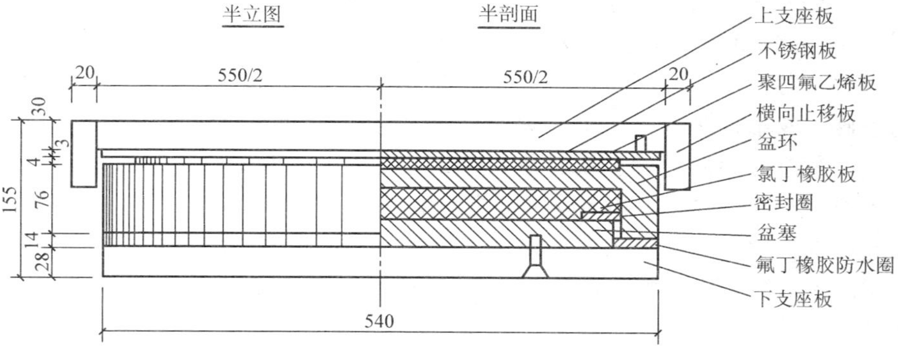

图3-7　盆式橡胶支座构造图

使用经验表明，这种支座结构紧凑、摩擦系数小、承载能力大、重量小、结构高度小、转动及滑动灵活、成本较低，是有发展前途的一种大、中型桥梁支座。

我国目前已系列生产的盆式橡胶支座，其竖向承载力分为12级，从1000kN至20000kN，有效纵向位移量为±40～±200mm。支座的允许转角为40°，设计摩擦系数为0.05。

为了适应能多向转动且转动量较大的情况，还可设计成盆式球形橡胶支座。如果只需要在一个方向内移动，也可设置导向装置。

由于活动支座的摩擦系数很小，因此显著减小了作用于墩台的水平力。在实践中，为了安全起见，当计算墩台所受水平力时往往取摩擦系数为0.10（板式橡胶支座为0.20~0.30）。

3.2 桥梁抗震设施

地震作用主要是指地震时强烈的地面运动所引起的结构惯性力。强烈地震时，公路桥梁往往遭到严重破坏。为了减轻地震造成的损失，要求地震区的桥梁在抗震、防震方面贯彻以预防为主的方针，也就是对现有的桥梁做好抗震、加固；对新建的桥梁要从设计上采取抗震措施并进行抗震验算。

3.2.1 抗震设防标准

1. *允许破坏限度*

要求桥梁在遭受强烈地震时完整无损，不但会大大增加桥梁建筑造价，而且在技术上也有困难，何况破坏性地震并非经常发生。因此，应当允许桥梁在遭受相当于设计烈度的地震影响时，可有一定程度的破坏。其具体要求如下。

（1）修建于一般地段的桥梁　所谓一般地段是相对于危险地段而言。在地震时，这些地段的桥梁震害较轻，有可能以不多的抗震投资达到避免或减轻震害。因此，对修建在一般地段的桥梁，提出较高的设防要求，即“基本不坏，不需整修；或略有损坏，经过一般整修，即可按设计标准继续使用”的限度。

（2）修建于危险地段、软弱粘上层或可液化土层上的桥梁　所谓危险地段是地震断层及其邻近地段和地震时可能发生滑坡、崩塌等不良地段。在地震时，这些地段将会发生大规模的地表错动、滑坡、崩塌现象，软弱粘性土层和可液化土层的承载能力将大幅度降低，对桥梁的危害严重。在上述地段修建的桥梁，目前还缺乏行之有效的抗震措施，或者虽然有了技术措施，但由于投资、设备等条件的限制也难于普遍采用。因此，对修建在危险地段、软弱粘土层或可液化土层上的桥梁，提出的设防要求应有所降低，即要求其震害程度不超过“略有损坏，经过一般整修，或经过短期抢修，即可维持通车”的限度。

2. *抗震设计*

表示地震强度的方法有两种：地震的震级；地震的烈度。

地震的震级通常按里氏分级，以符号 M 表示，是衡量一次地震大小的指标，由地震释放出能量的多少来确定。通常，震级是根据仪器记录到地震波判断所释放的能量来确定。由于地震释放出的能量中有很大一部分消耗于地层摩擦和错动所产生的热能及势能，人们所能测到的仅仅是地震波传到地面的能量，所以一般所说的震级是根据这后部分能量来确定的。表3-1给出了地震按震级大小的分类。图3-8所示就是2008年5月12日在我国四川发生的震级为里氏8级的汶川大地震对一座干线桥梁所造成的破坏。

表 3-1　地震按震级的分类

类　别	震级 M	类　别	震级 M
大地震	$M \geqslant 7$	微小地震	$1 \leqslant M < 3$
中地震	$5 \leqslant M < 7$	极微小地震	$M < 1$
小地震	$3 \leqslant M < 5$		

图 3-8　汶川大地震中被震坏的桥梁

地震的烈度是表示地震对地表及结构物影响的强弱程度。一个地区烈度的大小，不仅与这次地震释放能量(即震级)、震源深度、距离震中的距离有关，而且还与地震传播途径中的工程地质条件及建筑物的特性有关。显然，震源越深，距离震中越远，受地震影响越小，烈度就越低；反之就越高。震中的烈度称震中烈度，也称震中基本烈度。目前世界上较通用的麦氏烈度表将地震烈度分为 12 度，但从工程角度需要有表征地面运动的物理量供抗震设计使用。不少国家规定了与地震烈度相应的地震加速度，但各国取值不一，表 3-2 为我国的取值。

表 3-2　地震基本烈度与地震动峰值加速度系数的对应关系

地震基本烈度值	< Ⅵ	Ⅵ	Ⅶ	Ⅶ	Ⅷ	Ⅷ	> Ⅸ
峰值加速度 g	<0.05	0.05	0.1	0.15	0.2	0.3	≥0.4

一个地区在今后一定时期内，一般场地条件下可能发生的最大地震烈度成为该地区地震的基本烈度，也称为地震地区烈度。桥梁抗震时实际采用的地震烈度成为设计烈度。一般情况下，设计烈度采用桥梁所在地区的基本烈度，对重大桥梁工程，其设计烈度可考虑比基本烈度有所提高，通常提高一度。

根据 GB 18306—2001《中国地震动参数区划图》，桥涵抗震设计中不再采用地震基本烈度的概念，取而代之为地震动峰值加速度系数，表3-2给出了两者之间的关系。(JTJ 004—1989)《公路桥涵工程抗震设计规范》规定，位于地震动峰值加速度为0.10g、0.15g、0.20g和0.30g地区的桥涵工程，应进行抗震设计；位于地震动峰值加速度等于0.40g及以上地区的桥涵工程，应进行专门的抗震研究和设计。简支梁等桥如采用一些抗震措施，如防止落梁措施等，花费不大，但效果比较明显。以地震动峰值加速度0.10g为抗震设计设防起点，是国家对工程项目抗震防灾的基本要求。对于地震动峰值加速度小于等于0.05g的地区，除了特别规定外，可采用简易设防措施。

3.2.2 桥梁震害和抗震措施

1. 桥梁震害

不论是梁桥还是拱桥受到地震力作用时，将受到不同程度的破坏，从目前所调查到的所有梁桥和拱桥的倒塌和严重破坏都出现在顺桥方向，而横桥方向只出现中等程度的破坏。

（1）梁桥震害

1）活动支座的破坏。活动支座是梁桥抗震中一个最薄弱的环节，因为它本身是一个机动结构，在地震力作用下将产生较大幅度的水平相对位移。在地震烈度大于7度时，摆动支座、滚动支座普遍出现失稳、倾倒和脱落。

2）固定支座的破坏。固定支座在地震时出现两种情况的破坏，一种是顺桥向的纯剪切破坏，另一种是横桥向的弯扭破坏。

3）胸墙和梁端的破坏。当固定支座被剪断后，梁将撞击胸墙，对于高度较大的胸墙，当梁端的撞击力作用在胸墙较高部位，胸墙出现弯剪破坏；当撞击力作用在胸墙较低部位，胸墙出现剪切破坏。

4）墩身的破坏。在地震力作用下，墩身顺桥向由于抗弯应力不足出现裂缝和折断。对等截面钻孔灌注桩，将在地面以下1～3倍桩径范围内破坏。这是因为在刚性地基上，地面下的墩身为弹性固结，其弯矩最大位置在地面以下1～3倍桩径范围。在冬季有结冰的情况下，墩身将在地面处折断。对变截面的钻孔灌注桩，破坏发生在截面突变处。对有承台的双柱式墩，将在承台顶面与柱身连接处破坏。盖梁与柱顶连接处也是受震的薄弱环节。对混凝土桥墩，断裂往往出现在工作缝处。

5）落梁。落梁是梁桥的主要震害，不仅会造成交通中断，而且在短期内难以修复。随着梁的下落，打断墩身，往往一孔落梁会波及数孔落梁，甚至使全桥倒塌。一般说在刚性地基上地震烈度为9度或大于9度时才会出现落梁。落梁的原因：①桥台在地震时一方面受到上部结构的撞击力，另一方面又受到台背填土的主动土压力，如果台身强度不够，则桥台将在主动土压力作用下弯曲折断，引起落梁；②墩身在地震力作用下，由于墩身强度不够而折断，引起落梁；③梁墩相对位移过大，引起落梁。

6）横桥向的破坏。梁桥横桥向的破坏远比顺桥向较轻，横桥向一般只出现支座横移、梁墩相对横移、墩身弯曲和扭转裂缝、边梁倾覆失稳等震害，很少出现上部结构整孔横向落梁和墩身横桥向折断等危险震害。

7）非刚性地基上梁桥的破坏。所谓非刚性地基是指地震时地表以下土层出现液化和岸坡出现滑动的地基，或墩台出现位移、沉降的地基称为非刚性地基。在此类地基上桥梁除受到结构本身产生的地震荷载和台背的土压力外，还受到岸坡土体产生的移动土压力和基础变位的影响，往往在6度或7度地震时就会产生严重震害。

（2）拱桥震害

1）在刚性地基上单孔拱桥的破坏。在刚性地基上单孔拱桥具有较高的抗震能力，一般在9度以上才出现震害。所产生的震害主要有拱脚和跨径上1/4处弯压开裂、拱脚剪切错动；对双曲拱来说，肋拱波间出现顺桥向裂缝。拱上结构的震害有端腹孔的裂缝、立柱的裂缝和胸墙的剪切破坏等震害。

2）多孔拱桥的破坏。多孔拱桥在地震力作用下，结构产生的地震内力等于单孔地震内力加上墩顶变位产生的内力。而墩顶在地震力作用下产生的变位大小与桥墩的抗弯刚度和拱桥跨数有关，墩越柔、跨数越多，墩顶变位越大，其地震内力也越大。因此，多孔桥的抗震能力比单孔桥低。多孔拱桥的震害，除上部结构与单孔拱桥相同外，与梁桥相似还有落拱、桥墩断裂等震害，而且主要出现在顺桥向。

3）拱桥横向破坏。拱桥的横向破坏很少，在地震为烈度10度的情况下都不会出现横桥向的震害，这是因为拱的横向刚度远比顺桥向的刚度大的缘故。

4）非刚性地基上拱桥的破坏。非刚性地基上拱桥震害主要是由以下两方面原因造成，一是岸坡滑移，二是地基沉降。

2. 桥梁抗震措施

1）梁式体系的抗震性能较好，当经受9～10度地震时，上部结构本身仍未遭受破坏。但是梁式体系的薄弱部位仍需很好加固。对切线式滑动支座和固定支座、摆动支座、橡胶支座可设置钢筋混凝土挡块（见图3-9），增大顺桥向和横桥向梁墩搭接长度。

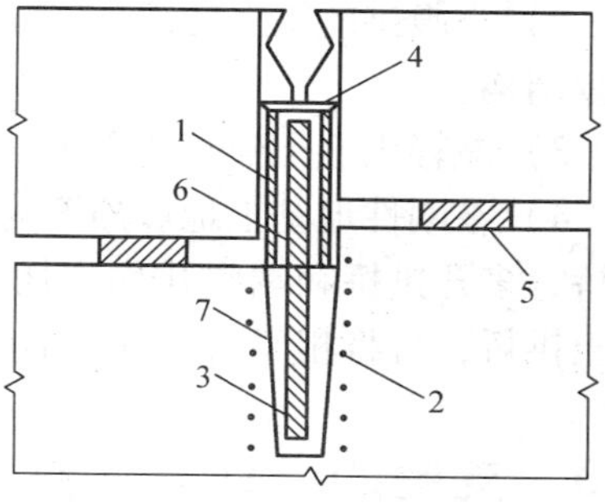

图3-9　用挡块加固支座

1—套筒　2—螺旋钢筋　3—锚栓钢筋（ϕ25mm）　4—用铁皮做的盖子　5—橡胶支座　6—填沥青麻絮　7—填C40混凝土

2）对于板式体系，可在板接缝处的墩台

帽上设置抗震锚栓钢筋(见图 3-10)，并设置横向挡块。

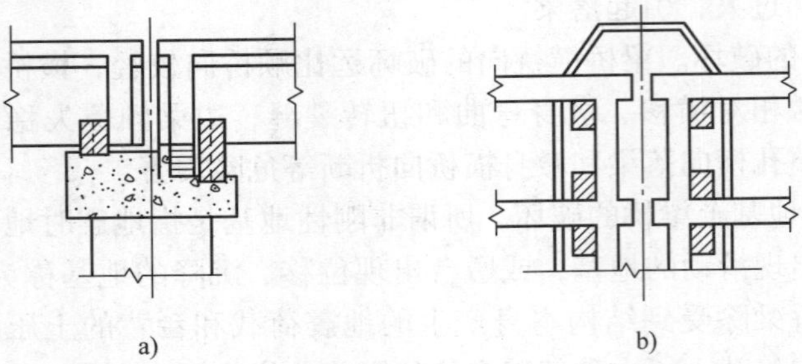

图 3-10　抗震锚栓钢筋

a）挡块立面布置　b）挡块平面布置

3）桥台的胸墙应加强抗弯和抗剪的能力，在胸墙与梁的端部之间宜填充缓冲材料，如沥青、油毛毡、橡胶等。

4）对石砌墩台和混凝土墩台，应提高墩台帽与墩台身、墩台身与基础的连接处和施工缝处的抗剪能力。

5）对于柱式墩和桩式墩、桩(柱)与盖梁、桩(柱)与承台连接处的配筋不应小于桩(柱)身的最大配筋。

6）在非刚性地基上的简支梁，当岸坡在地震中出现滑动时，应采用深埋基础，将基础设置在稳定土层以下一定深度，并加大墩台和桩基顺桥向的抗弯刚度。在保证墩台自身强度的前提下，加强梁墩的连接，在全桥范围内铺砌河床或全桥设置底撑梁。

3. 拱桥

1）拱桥的主拱圈应采用抗扭刚度较大、整体性较好的板拱、箱形拱截面。当采用组合截面时，应加强组合截面间的连接强度。

2）空腹拱的拱上建筑，除靠近墩台的腹拱采用三铰拱外，其余腹拱宜采用连续结构。

3）减轻拱上土建筑的重力。

4）在刚性地基上地震烈度为 9 度，在非刚性地基上地震烈度为 7 度的单孔拱桥、多孔拱桥和端腹孔均应加长拱座斜面长度，并设置防落牛腿；对钢筋混凝土拱桥，可将相邻两拱脚用钢筋连接起来，并将主拱钢筋伸入墩台帽内。

3.3　支座的设计与计算

3.3.1　支座的受力分析

在进行桥梁支座计算时，首先需求得每个支座上所受到的竖向反力和水平反力，然后根据这些反力来选定支座的尺寸，并进行强度和稳定性验算。

支座竖向反力包括结构自重反力和活载的支点反力及其影响力。在计算汽车活载的支点反力时，应按照最不利的位置布载进行计算。在计算汽车荷载支座反力时，应计入冲击力。当支座可能出现上拔力时，应分别计算支座的最大竖向反力和最大上拔力。桥梁上部结构可能被风力掀开的支座，应计算支座锚栓的反力。

在计算水平反力时，应注意正交直线桥梁的支座，一般仅需要计算纵向水平力；斜桥和弯桥，还需计算由于汽车离心力或风载所引起的横向水平力。支座上的的纵向水平力，应按照《桥规》要求，根据车道数确定；刚性墩台各种支座传递的制动力，按照《桥规》的规定采用，每个活动支座传递的制动力不得大于其摩阻力，对于板式橡胶支座，当各支座厚度相等时，制动力可平均分配；对于采用柔性排架墩时，制动力可按其刚度进行分配；设有板式橡胶支座的柱式墩台，可考虑联合作用。在计算支座水平力时，汽车制动力不应与支座摩阻力同时考虑，其他水平力的计算可按《桥规》有关条文采用。

地震地区桥梁支座的外力计算，应按《公路工程抗震设计规范》的规定进行计算和组合。

3.3.2 橡胶支座的设计计算

板式橡胶支座的设计计算内容包括确定支座平面尺寸及厚度，验算支座受压偏转情况以及支座的抗滑稳定性。一般情况下，板式橡胶支座的设计计算是选用定型设计的橡胶支座，然后进行上述各项验算。

1. 确定支座的平面尺寸

橡胶支座的平面尺寸 $a \times b$ 也由橡胶板的抗压强度和梁部或墩台顶混凝土的局部承压强度来确定，也即应满足条件

对于橡胶板
$$\sigma = \frac{N}{A} = \frac{N}{a \times b} \leqslant [\sigma] \tag{3-3}$$

式中 N——最大支点反力；

$[\sigma]$——橡胶支座的平均允许压应力限值，当支座形状系数 $S > 8$ 时，$[\sigma] =$ 10MPa，当 $5 \leqslant S \leqslant 8$ 时，$[\sigma_j] = 7 \sim 9$MPa。

对于混凝土
$$N_{cj} \leqslant ab\beta \frac{R_a^b}{\gamma_m}$$

式中 N_{cj}——荷载引起的支座反力；

γ_m——构件受压安全系数；

R_a^b——混凝土的抗压标准强度；

β——局部承压时抗压标准强度 R_a^b 的提高系数，$\beta = \sqrt{A_d / A_c}$，A_d 为局部

承压时按规定采用的计算面积，A_c 为局部承压面积。

橡胶支座的平面尺寸，按目前国产的主要规格为 $a \times b = 15\text{cm} \times 20\text{cm}$，而且，在一般情况下尺寸 $a \times b$ 总是由橡胶支座的强度即式(3-3)所控制。

2. 确定支座的厚度

板式橡胶支座的重要特点就是：梁的水平位移要通过全部橡胶片的剪切变形来实现(见图 3-11)。因此，要确定支座的厚度 h，先要知道主梁由于温度变化等因素预计将产生的纵向最大水平位移值 Δ。显然，橡胶片的总厚度 $\sum t$ 与水平位移 Δ 之间应满足下列关系

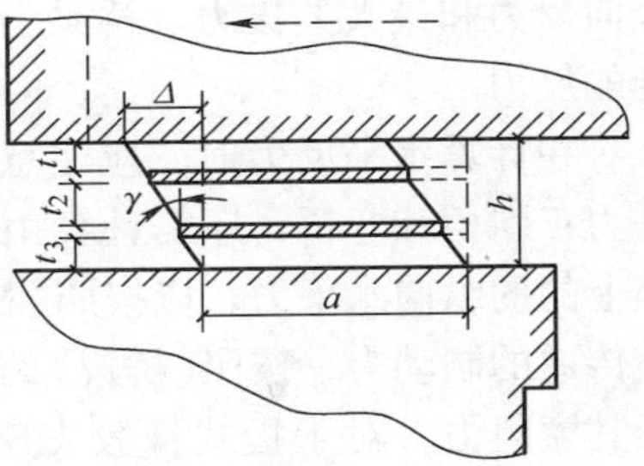

图 3-11 支座厚度的计算图式

$$\tan\gamma = \frac{\Delta}{\sum t} \leqslant [\tan\gamma]\sqrt{2}$$

式中 $[\tan\gamma]$——橡胶片的允许剪切角正切值，对于硬度为 55°～60°的氯丁橡胶，当不计活载制动力作用时采用 0.5，计及活载制动力时可采用 0.7。

因此上式可写成

$$\sum t \geqslant 2\Delta_g \tag{3-4}$$

以及

$$\sum t \geqslant 1.43(\Delta_g + \Delta_p) \tag{3-5}$$

式中 Δ_g——上部结构在恒载作用状态下由温度变化等因素引起作用于一个支座上的水平位移；

Δ_p——由活载制动力引起作用于一个支座上的水平位移，它由下式计算

$$\Delta_p = \sum t\gamma_T = \sum t\frac{\tau_T}{G'} = \frac{H_T\sum t}{2Gab} \tag{3-6}$$

式中 γ_T、τ_T——作用于一个支座上的制动力所引起的剪切角和切应力；

G'——活载作用时的动态切变模量，可取 $G' \approx 2G$，$G = 1.1\text{MPa}$；

H_T——作用于一个支座上的活载制动力。

如果将式(3-6)代入式(3-5)得

$$\sum t \geqslant \frac{\Delta_g}{0.7 - \dfrac{H_T}{2Gab}} \tag{3-7}$$

同时，考虑到橡胶支座工作的稳定性，《桥规》还规定 $\sum t$ 不应大于支座顺桥向边长的 0.2 倍。

确定了橡胶片总厚度后，再加上金属加劲薄板的总厚度，就可得到所需支座的总厚度 h。

3. 验算支座的偏转情况

主梁受荷载发生挠曲变形时，梁端将引起转角 θ，如图3-12所示。此时支座伴随出现线性压缩变形，在外侧为 δ_1，在内侧为 δ_2，其平均压缩变形为(忽略薄钢板的变形)

$$\delta = \frac{1}{2}(\delta_1 + \delta_2) = \frac{N\sum t}{E_j ab} \tag{3-8}$$

式中 E_j——与橡胶片形状系数 S 有关，由式(3-1)确定。

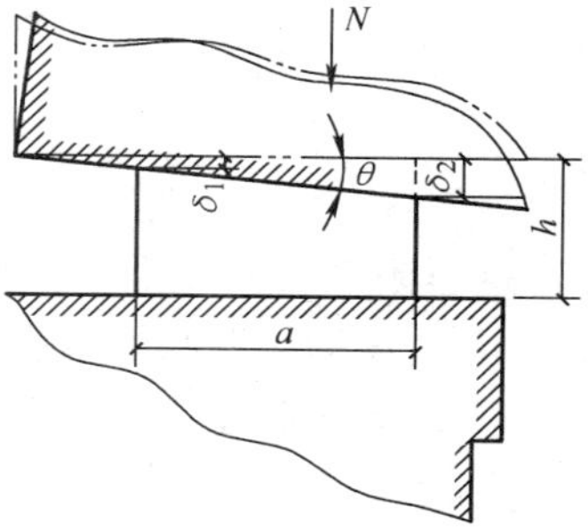

图3-12 支座偏转图式

支座随梁端产生的偏转角可表示为

$$\theta = \frac{1}{a}(\delta_2 - \delta_1) \tag{3-9}$$

由式(3-8)和式(3-9)解得

$$\delta_1 = \frac{N\sum t}{abE_j} - \frac{a\theta}{2}$$

为了确保支座偏转时橡胶与梁底不发生脱空而出现局部承压的现象，则必须满足条件

$$\delta_1 \geqslant 0$$

也即

$$\delta = \frac{N\sum t}{abE_j} \geqslant \frac{a\theta}{2} \tag{3-10}$$

式中梁端转角一般在0.003～0.005rad之间，也可按材料力学方法计算求得。

如计算结果 $\delta < \frac{a\theta}{2}$，则必须从设计上重新修改尺寸。

此外，《桥规》还规定橡胶支座的竖向平均压缩变形 δ 应不超过 $0.05\sum t$。

4. 验算支座的抗滑稳定性

板式橡胶支座通常就放置在墩台顶面与梁底之间，橡胶面直接与混凝土相接。当梁体因温度变化等因素引起水平位移 Δ_g，以及有活载制动力作用时，支座将承受相应力的作用。为了保证橡胶支座与梁底或墩台顶面间不发生相对滑动，应满足以下条件

$$\mu(N_G + N_{p,min}) \geqslant 1.4H_t + H_T \tag{3-11}$$

以及

$$\mu N_G \geqslant 1.4H_t \tag{3-12}$$

式中 N_G——恒载产生的支座反力；

$N_{p,min}$——与计算制动力相对应的汽车活载产生的最小支座反力；

μ——橡胶与混凝土间的摩擦系数采用 $\mu=0.3$，与钢板间的摩擦系数采

用$\mu=0.2$；

H_t——由温度变化等因素引起作用于一个支座上的纵向水平力，可由下式确定（提示：由$\tau=G\gamma$推得）

$$H_t=abG\frac{\Delta_g}{\sum t} \tag{3-13}$$

这里附带说明一下，采用橡胶支座时作用于墩台的最大水平力应为$H_{max}=\mu N$，这里N为恒载与活载引起的最大支座反力。

以下仅介绍板式橡胶支座的设计与计算，盆式橡胶支座的设计计算可参考有关文献。

5. 设计计算示例

[例3-1] 一座五梁式钢筋混凝土简支梁桥，标准跨径为20m，梁全长为19.96m，计算跨径为19.50m，桥宽为净－7＋2×0.75m人行道。主梁的肋宽为18cm。汽车荷载为公路—Ⅱ级。上部结构的竖向恒载反力$N_G=157$kN，活载（汽车＋人群）的最大反力$N_{q+r}=132.6$kN。汽车荷载作用时梁的跨中挠度$f=1.72$cm。主梁的线胀系数$\alpha_l=10^{-5}$/℃，计算温差为$\Delta t=36$℃。试按两端等厚度设计计算板式橡胶支座。

解 1. 确定支座平面尺寸

选用定型的板式橡胶支座的平面尺寸为$a=b=18$cm的正方形。计算支座的平面形状系数S，采用中间层橡胶片厚度$t=0.5$cm，则

$$S=\frac{ab}{2(a+b)}=\frac{18\times18}{2\times0.5\times(18+18)}=9>8$$

故得橡胶支座的平均允许压应力$[\sigma_1]=10$MPa，并由式(3-1)得橡胶支座的弹性模量为

$$E_j=(530S-418)\times100\text{kPa}=(530\times9-418)\times100\text{kPa}=435200\text{kPa}$$

另

$$N=N_G+N_{q+r}=157\text{kN}+132.6\text{kN}=289.6\text{kN}$$

由式(3-3)验算橡胶支座的承压强度

$$\sigma=\frac{N}{a\times b}=\frac{289.6\times10^3}{0.18\times0.18}=8.938\text{MPa}<[\sigma_j]=10\text{MPa}$$

2. 确定支座的厚度

主梁的计算温差为$\Delta t=36$℃，温度变形由两端的支座均摊，则每一支座承受的水平位移Δ_g为

$$\Delta_g=\frac{1}{2}\alpha_l\Delta tl'=\frac{1}{2}\times10^{-5}\times36\times19.5\times10^2\text{cm}=0.35\text{cm}$$

为了计算活载制动力引起的水平位移Δ_p，首先要确定作用在每一支座上的制动力H_T。车道荷载在一个设计车道上的总重力为332.0kN，制动力为

332.0kN × 10% = 33.2kN，按照《桥规》规定，制动力标准值不得小于90kN，则活载制动力分配到每一个支座上的水平力为

$$H_T = \frac{90}{5 \times 2}\text{kN} = 9\text{kN}$$

因此，由式(3-13)和式(3-14)可得橡胶片总厚度为

$$\sum t = 2\Delta_g = 2 \times 0.35\text{cm} = 0.70\text{cm}$$

以及

$$\sum t = \frac{\Delta_g}{0.7 - \frac{H_T}{2Gab}} = \frac{0.35}{0.7 - \frac{9000}{2 \times 11 \times 0.18 \times 0.18 \times 10^5}}\text{cm} = 0.611\text{cm}$$

根据《桥规》规定，$\sum t \leqslant 0.2a = 0.2 \times 18\text{cm} = 3.6\text{cm}$

选用三层钢板和四层橡胶片组成的支座，上下层橡胶片厚0.25cm，中间层厚0.5cm，薄钢板厚0.2cm，则橡胶片总厚度为$\sum t = (2 \times 0.5 + 2 \times 0.25)\text{cm} = 1.5\text{cm}$，大于0.7cm并小于3.6cm，合格。

支座总厚$h = \sum t + 3 \times 0.2\text{cm} = (1.5 + 0.6)\text{cm} = 2.1\text{cm}$

3. 验算支座偏转情况

支座的平均压缩变形为

$$\delta = \frac{N\sum t}{abE_j} = \frac{322 \times 0.015}{0.18 \times 0.18 \times 435200}\text{m} = 0.000343\text{m} = 0.0343\text{cm}$$

按《桥规》规定，尚应满足$\delta \leqslant 0.05\sum t$，即

$$0.0343\text{cm} \leqslant 0.05 \times 1.5\text{cm} = 0.075\text{cm}（合格）$$

计算梁端转角θ，由关系式$f = \frac{5gl^4}{38EI}$和$\theta = \frac{gl^3}{24EI}$可得

$$\theta = \left(\frac{5l}{16} \times \frac{gl^3}{24EI}\right)\frac{16}{5l} = \frac{16f}{5l}$$

设恒载作用下，主梁处于水平状态，而已知公路—Ⅱ级荷载下的跨中挠度$f = 1.72\text{cm}$，代入上式得

$$\theta = \frac{16 \times 1.72}{5 \times 1950}\text{rad} = 0.00282\text{rad}$$

最后由式(3-10)验算偏转情况。

$$\frac{a\theta}{2} = \frac{18 \times 0.00282}{2}\text{cm} = 0.0254\text{cm} < \delta（合格）$$

4. 验算支座的抗滑稳定性

已知恒载支点反力为$N_G = 157\text{kN}$，确定与计算制动力相对应的汽车活载最小支座反力。因计算制动力时按桥上满载考虑，故相应的公路—Ⅱ级最小支座反力可由相关结构力学原理计算[已知横向分布系数$m_c = 0.456$，冲击系数(1 +

$\mu) = 1.91]$

$$N_{p,\min} = (1+\mu) \cdot m_c (q_k \times 0.75 \times \Omega + P_k \times 0.75 \times y_k)$$

$$= 1.191 \times 0.456 \left[10500 \times 0.75 \times \frac{1}{2} \times 19.5 \times 1.0 + 360000 \times 0.75 \times 0.0 \right) \text{kN}$$

$$= 41.6\text{kN}$$

前已算得 $H_T = 9\text{kN}$。由式(3-13)计算温度变化引起的水平力

$$H_t = abG \frac{\Delta_g}{\sum t} = 18 \times 18 \times 11 \times \frac{0.35}{1.5} \text{kN} = 8.3\text{kN}$$

最后由式(3-8)和式(3-9)验算滑动稳定性

$$\mu(N_G + N_{p,\min}) = 0.3 \times (157.0 + 41.6)\text{kN} = 59.58\text{kN}$$

$$1.4H_t + H_T = (1.4 \times 8.3 + 9.0)\text{kN} = 20.62\text{kN} < 66.1\text{kN}(\text{合格})$$

以及 $\mu N_G = 0.3 \times 157.0 = 47.1\text{kN} > 1.4H_t = 11.6\text{kN}(\text{合格})$

结果表明支座不会发生相对滑动。

本章小结

支座的作用是传递上部结构的支撑反力，包括恒载和活载引起的竖向力和水平力。

支座的类型主要包括简易垫层支座、弧形钢板支座、钢筋混凝土摆柱支座、橡胶支座。其中简易垫层支座适用于标准跨径小于 10m 的简支桥或简支梁桥；弧形钢板支座适用于标准跨径在 10 ~ 20m、支撑反力不超过 600kN 的简支梁桥；钢筋混凝土摆柱支座适用于标准跨径等于或大于 20m 的梁式桥；橡胶支座包括板式橡胶支座和盆式橡胶支座，适用于标准跨径等于或大于 20m 的大中桥。

支座的设计计算首先是拟定制作的平面尺寸、厚度，然后确定下垫板弧面半径，验算抗压强度和抗剪强度，最后确定平面尺寸。

桥梁的抗震设防标准依据允许破坏限度，确定设计地震烈度。

桥梁震害主要包括梁桥震害和拱桥震害。梁桥震害主要包括活动支座的破坏、固定支座的破坏、胸墙和梁端的破坏、墩身的破坏、落梁、横桥向的破坏、非刚性地基上梁桥的破坏；拱桥震害主要包括刚性地基上单孔拱桥的破坏、多孔拱桥的破坏、拱桥横向破坏、非刚性地基上拱桥的破坏。

桥梁抗震设施主要采用用挡块加固支座、在墩台帽上设置抗震锚栓钢筋等。

思考题和习题

3-1 支座有何作用？对支座有何基本要求？

3-2 支座分为哪几类？

3-3 试简述支座布置时的适用范围。

3-4　板式橡胶支座的变位机理是什么？

3-5　板式橡胶支座的平面尺寸由哪些因素决定？

3-6　板式橡胶支座的厚度取决于什么？

3-7　板式橡胶支座的受压偏转验算的目的是什么？其判据是什么？

3-8　板式橡胶支座的抗滑性能验算的目的是什么？

3-9　盆式橡胶支座有何特点？

3-10　盆式橡胶应如何进行支座承载力大小的选配？

3-11　参照书中范例，自拟已知条件，进行矩形板式（或盆式）橡胶支座的选配及设计验算。

第二篇

混凝土梁式桥

第 4 章

4

梁式桥的构造与设计

混凝土梁式桥是由钢筋和混凝土两种力学性能不同的材料组成的梁式体系桥梁。这种结构形式充分发挥了混凝土材料抗压强度高、钢筋材料抗拉性能好的特点，将它们有机地结合在一起共同工作，提高其受力性能。按照应力度的不同，混凝土梁式桥可分为普通钢筋混凝土梁式桥、部分预应力混凝土梁式桥和全预应力混凝土梁式桥。普通钢筋混凝土梁式桥允许受拉区混凝土出现不超过规定宽度的裂缝；部分预应力混凝土梁式桥则允许发生不超过规定的拉应力值或裂缝宽度；全预应力混凝土梁式桥在最大使用荷载作用下混凝土不出现任何拉应力。近年来国外已有在钢筋混凝土梁内部分地施加预应力以提高梁的抗裂安全度的做法，称之为预应力钢筋混凝土结构。目前国内外的公路、城市道路的桥梁建设中，中小跨径的桥梁大部分均采用钢筋混凝土或预应力混凝土梁式桥。图 4-1 所示为一孔典型的装配式预应力混凝土简支梁桥上部结构概貌。

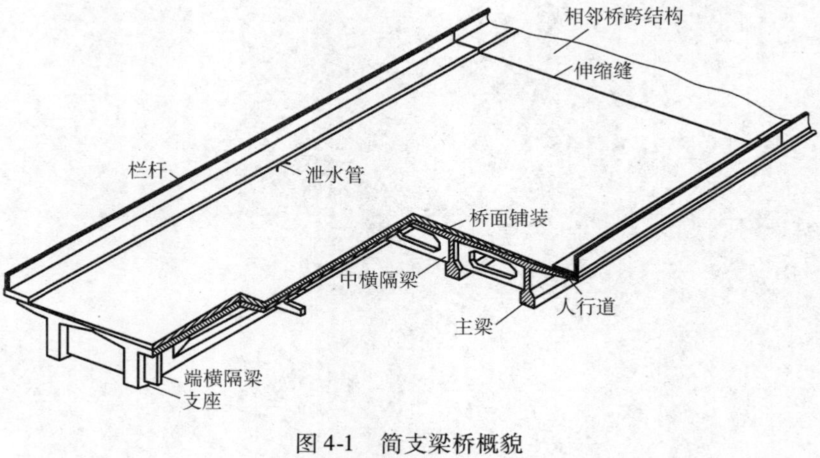

图 4-1　简支梁桥概貌

4.1 混凝土梁式桥的一般特点

混凝土桥梁在世界已建桥梁中占绝大多数，1989年欧洲桥梁中混凝土桥占70%，美国混凝土桥梁占72%，我国混凝土桥梁占90%以上。混凝土桥从产生到现在经历了130余年的发展，经历了从素混凝土、钢筋混凝土、预应力混凝土、部分预应力混凝土到全预应力钢筋混凝土桥梁的发展过程。经过长期的实践和理论研究，人们对钢筋混凝土结构设计理论的认识已经日渐成熟，随着钢筋混凝土结构施工技术的发展日趋完善，钢筋混凝土和预应力混凝土梁式桥广泛应用于我国的桥梁建设中。

（1）钢筋混凝土梁式桥　钢筋混凝土梁式桥作为钢筋混凝土结构的一种结构类型，它具有钢筋混凝土结构的所有特点，即混凝土集料的就地取材使其成本降低；混凝土耐久性好可降低其维修费用；混凝土可塑性强，可做成各种形状的结构以满足桥梁总体设计的要求，如适应道路线形的曲线桥，城市桥梁中的异形桥梁。而装配式混凝土梁式桥可充分发挥工业化生产的优点，既提高了工程质量又加快了施工速度；同时，钢筋混凝土梁式桥具有整体性好、结构刚度大、变形小、噪声小等特点。

钢筋混凝土梁式桥也有其明显的不足之处。一方面，钢筋混凝土梁桥的结构自重大，约占其全部设计荷载(包括恒载和活载)的30%~60%，且跨度越大则自重所占的比值更显著增大。由于材料强度的大部分为结构自重所消耗，这就大大限制了钢筋混凝土梁式桥的跨越能力。同时，就地浇筑的钢筋混凝土梁式桥施工工期长，支架和模板损耗大量木材，造成资源浪费。在寒冷地区以及雨季建造整体式钢筋混凝土桥梁时，存在施工困难、质量难以控制的问题，如果采用蒸汽养生以及防雨措施势必会显著增加工程造价。另一方面，钢筋混凝土梁式桥是通过钢筋与混凝土共同工作实现梁的承载能力，受压区混凝土承受外荷载产生的压应力，布置在受拉区的钢筋承受外荷载产生的拉应力。受拉区的混凝土与钢筋通过粘结力和骨料的咬合力共同工作及变形，由于开裂的混凝土梁受裂缝宽度的限制，钢筋的拉应变或拉应力也受到相应的制约，导致钢筋混凝土结构无法利用高强材料来减轻结构自重，增大跨越能力。由于以上原因，至今钢筋混凝土梁式桥从未突破百米大关。装配式钢筋混凝土简支梁式桥，其最常用的经济合理跨径在20m以下，悬臂梁与连续梁桥适宜的跨径约为60~70m左右。

鉴于钢筋混凝土梁式桥存在的上述缺点，常采用预应力体系来改善桥梁结构的使用性能，提高桥梁的跨越能力。所谓预应力体系是通过张拉高强度钢筋——预应力钢筋，使受拉区的混凝土储备一定的压应力，在外荷载作用时，受拉区混凝土可不出现拉应力或不出现超过某一限值的拉应力。对混凝土施加预压力的高强度钢筋，既是加力工具，又是抵抗荷载所引起构件内力的受力钢筋。由于混凝土收缩和徐变的时效性会引起预加应力的变化——预应力损失，故需选用高强度低松弛的预应力钢筋材料，才能使预应力混凝土结构获得良好的使用效果。

（2）预应力混凝土梁式桥　预应力混凝土梁式桥除具有前述钢筋混凝土梁式桥的所有优点外，还具有以下特点：

1）预应力混凝土结构，由于能够充分利用高强度材料（高强度混凝土、高强度钢筋），所以构件截面小，自重弯矩占总弯矩的比例下降，桥梁的跨越能力得到提高。

2）与钢筋混凝土梁式桥相比，一般可以节省钢材30%～40%，跨径愈大，节省愈多。

3）全预应力混凝土梁在使用荷载下不出现裂缝，即使部分预应力混凝土梁在常遇荷载下也无裂缝，处于全截面参加工作状态。与比带裂缝工作的钢筋混凝土梁相比，预应力混凝土梁的刚度大、耐久性好，并增大了对各种桥型的适应性。

4）预应力混凝土梁式桥可显著减小建筑高度，降低桥面标高，减小引道长度，降低桥梁的总体造价。同时，使桥梁造型更加轻柔美观。

5）预应力技术的采用，不但使钢桥采用的一些施工方法，如悬臂拼装、顶推法（由钢桥的纵向拖拉施工方法演变而成）和转体施工法在预应力混凝土梁式桥中得到新的发展与应用，而且为预制装配式结构体系提供了最有效的结合和拼装技术手段。可根据需要在结构纵、横和竖向任意分段，通过施加预应力，集成为整体。

纵观上述预应力混凝土的种种优异性能，随着材料性能不断改进，设计理论日趋完善，施工工艺的革新创造，用这种新颖材料修建的桥梁获得了很大发展，在桥梁工程中占有日益重要的地位。目前，预应力混凝土简支梁式桥的跨径已达50～70m，悬臂梁、连续梁可以做成更大的跨径，最大跨径已达301m。

4.2　混凝土梁式桥的主要类型和适用条件

混凝土梁式桥（包括板桥）按不同的划分标准，具有多种不同的结构类型。考虑充分发挥两种不同材料的力学特性，即混凝土受压和钢筋受拉性能，将受拉区混凝土挖空以减轻结构自重，提高其跨越能力为目的，梁式桥的截面形式经历了由板桥、肋板式梁桥到箱形梁桥的演变过程。从改善桥跨结构的整体受力性能，适应桥跨布置的需要，梁式桥分为简支梁（板）桥，悬臂梁（板）桥和连续梁（板）桥。

4.2.1　按照截面形式分类

1. 板桥

板桥的承重结构就是矩形截面的钢筋混凝土或预应力混凝土板，板式截面包括整体式矩形实心板、装配式实心板、空心板及异形板(见图4-2)。

(1) 整体式混凝土实心板桥(见图4-2a)　这种板桥的主要特点是结构简单，施工方便，而且建筑高度较小，结构整体刚度大。但从力学性能上分析，位于受拉区域的混凝土材料不但不能发挥作用，反而增大了结构的自重，当跨度稍大时就显得笨重且不经济。因此，只在小跨径桥梁中使用。为减轻自重，可将受拉区混凝土挖空做成矮肋式板桥(见图4-2b)。此种板桥在车辆荷载作用下除了沿跨径方向引起弯起受力外，板在横向也发生挠曲变形，因此它是一块双向受力的弹性薄板。

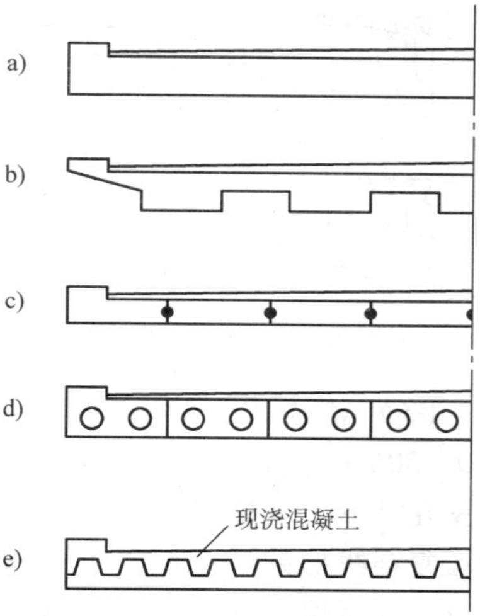

图4-2　矩形实心板截面

(2) 装配式混凝土板桥　这种板桥是由多块预制的实心或空心板条利用板间企口缝填入的混凝土拼接而成，避免了现场浇筑混凝土的缺点。我国交通部制定的跨径从1.5~8.0m八种跨径的钢筋混凝土板桥标准图中，采用装配式实心板截面(见图4-2c)，每块预制板的宽度为1m，板厚为0.16~0.36m。为减轻自重，在跨径6~13m三种钢筋混凝土板桥标准图中，采用空心板截面(见图4-2d)，相应板厚为0.4~0.8m。在跨径8~16m四种预应力混凝土板桥(先张法)标准图中，也采用空心板截面，相应板厚为0.4~0.7m。图4-2e是一种装配-整体组合式板桥，它利用一些小型预制构件安装就位后作为底模，在其上再浇筑混凝土结合成整体，在缺乏起重设备的情况下，这种板桥能收到好的效果。从结构受力性能上分析，在荷载作用下，它不是双向受力的整体宽板，而是一系列单向受力的窄板式梁，板与板之间借铰缝传递剪力而共同受力。对于每块窄板而言，它主要沿跨径方向承受弯曲与扭转。

装配式预制空心板截面形式如图4-3所示，挖成单个较宽的孔洞，其挖空体积最大，块件重量也最轻，但在顶板内要布置一定数量的横向受力钢筋。图4-3a的顶板略呈微弯形，可以节省一些钢筋，但模板较图4-3b式复杂些。图4-3c挖成两个正圆孔，当用无缝钢管作芯模时施工方便，但其挖空体积较小。图4-3d的芯模由两个半圆及两块侧模板组成，对不同厚度的板只要更换两块侧模板就能形成空形，它挖空体积较大，适用性也较好。目前采用高压充气胶囊代替金属或木芯模，尽管形成的内腔因胶囊变形不如模板好，但是它具有制作及脱模方便、预制台座有效利用率高等优点，故用得较为广泛。

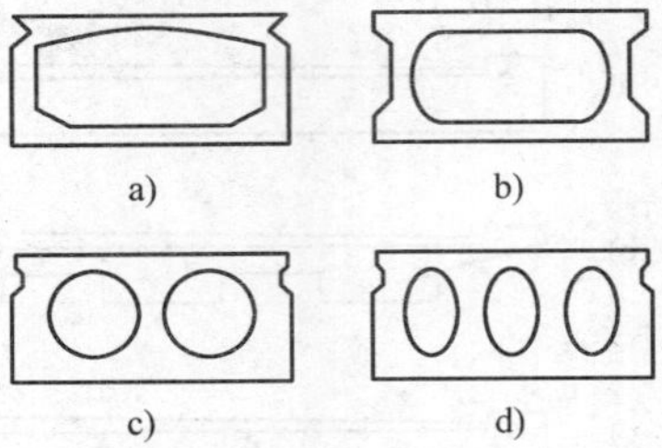

图 4-3 空心板截面

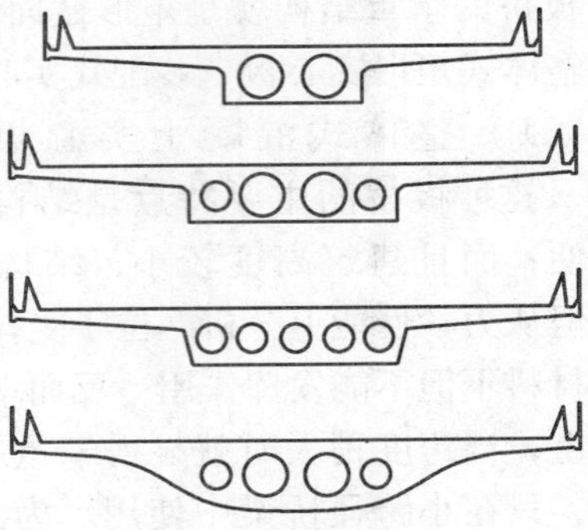

图 4-4 异形板截面

（3）整体式异形板桥　这种板桥广泛应用于城市高架桥和立交桥上（20～30m左右的预应力混凝土连续板桥），其常见截面形式如图 4-4 所示。此种桥梁在外形上保持了板截面的轻巧形式，采用多向预应力体系可提高其对城市桥梁复杂线形的适应性及桥下净空较大的要求，同时，它与柱形桥墩相配合，充分体现桥梁整体造型的美观及与环境协调的特点。但此种桥梁的施工较为复杂。

2. 肋板式梁桥

在横截面内形成明显肋形结构的梁桥称为肋板式梁桥，或简称肋梁桥，图 4-5 为肋梁桥三种基本截面类型 Π 形，I 形，T 形。在此种桥上，梁肋（或称腹板）与顶部的钢筋混凝土桥面板结合在一起作为承重结构。由于肋与肋之间处于受拉区域的混凝土得到很大程度的挖空，显著减小了结构自重。特别对于仅承受正弯矩作用的简支梁来说，既充分利用了扩展的混凝土桥面板的抗压能力，又有效地发挥了集中布置在梁肋下部的受力钢筋的抗拉作用，从而使结构构造与受拉所形成的力偶臂较大，因而肋梁桥也具有更大的抵抗荷载弯矩的能力。

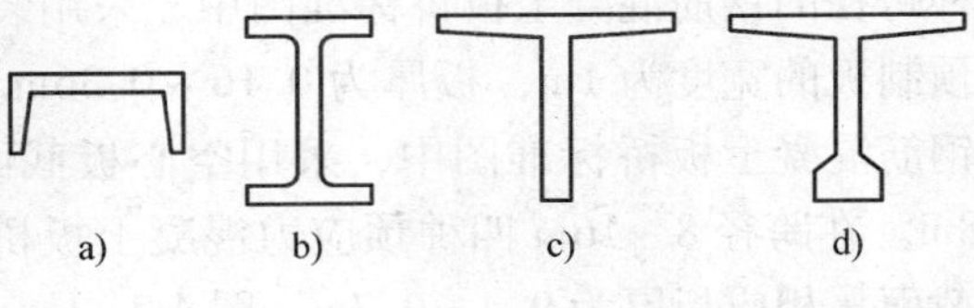

图 4-5 肋板式截面

（1）整体式肋梁桥　这种肋梁桥的横截面布置多采用现浇整体式 T 形截面。图 4-6 所示为采用现浇整体式 T 形截面布置的横截面形式。图中，采用的是双 T 形主梁截面布置形式。在悬臂梁或连续梁结构中，常常采用这种布置形式。该种形式的梁肋宽度较大，在承受负弯矩区段上，肋宽及底部还可加大。对现场设立支架、模板现浇混凝土施工，较少采用多主梁截面形式，以求施工简便，降低模板制作费用。一般肋宽约在0.6～1.2m左右。T形截面的翼缘厚度，即桥面板厚度与主梁间距有关，一般在中央的厚度约在250～350mm，根部在400～550mm左右。在城市高架桥中，一般为求得桥下较大净空，要求做较小的柱式墩。此外，建筑高度限值较小，因而做成低高度的宽肋式的双T形截面，或单T形截面（国外又称为翼结构）。这种截面的肋宽可以做到2～4m，桥宽不宜过大，一般在10～15m左右（见图4-6a、b）。我国深圳市布台立交桥即采用连续板梁设计，全长311.18m，两联连续板梁，一联跨径组合为（12+3×16+12）m，其横截面如图4-6b所示。图4-6c所示多主梁T形截面的整体式横截面布置，一般在建筑高度较小的简支梁桥中采用。在美国，目前仍为世界长桥纪录（总长38.4km）的Pontchartrain湖桥，采用先张法预应力混凝土简支梁结构。横截面为T形梁截面，整体预制，通孔架设。跨径17m，桥宽10m，梁高1.2m，主梁间距为1.42m，肋宽150mm。配合双柱式桥墩，用于较大跨径的双T形截面，如图4-6d、e、f所示。

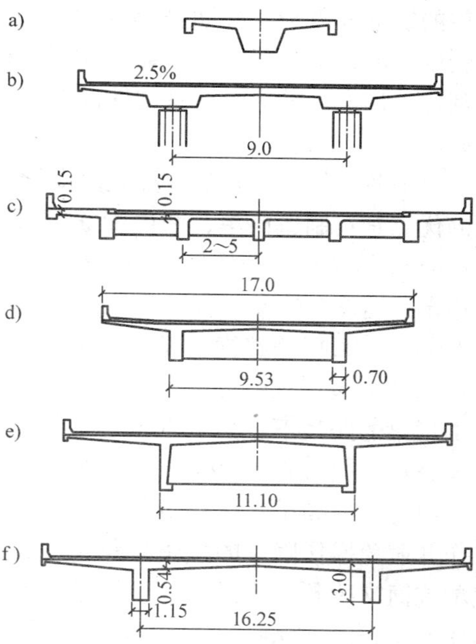

图4-6 整体式肋梁桥截面（单位：m）

（2）装配式肋梁桥 这种肋梁桥是采用多片装配式预制肋板式主梁，通过横向联结的构造方式，形成装配式肋梁桥。装配式简支梁桥的截面形式有三种基本类型：Π形梁桥、T形梁桥和箱形梁桥（见图4-7中a、b和e）。图4-7a所示为简单的Π形梁桥横截面，块件之间用穿过腹板的螺栓连接，以使施工简化。Π形构件的特点是：截面形状稳定，横向抗弯刚度大，块件堆放、装卸和安装都方便。但这种

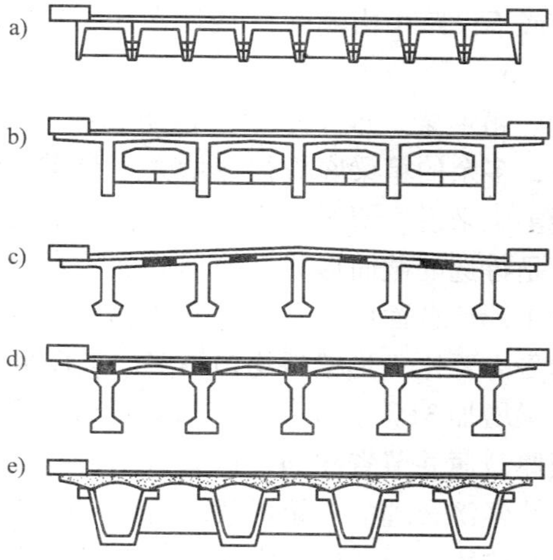

图4-7 装配式肋梁桥截面类型

构件的制造较复杂；梁肋被分成两片薄的腹板，通常用钢筋网来配筋，难以做成刚度大的钢筋骨架。设计经验证明，跨度较大时Π形梁桥的混凝土和钢筋用量都比T形梁桥的大，而且构件也重。故Π形梁桥一般只用于6~12m的小跨径桥梁。

目前我国用得最多的装配式简支梁是图4-7b所示的T形梁桥。装配式T形梁的优点是：制造简单，肋内配筋可做成刚劲的钢筋骨架，主梁之间借助间距为4~6m的横隔梁来连接，整体性好，接头也较方便。不足之处是：截面形状不稳定，运输和安装较复杂；构件正好在桥面板的跨中接头，对板的受力不利。JTG D62—2004《公路钢筋混凝土和预应力混凝土桥涵设计规范》(以下简称《公桥规》)规定：装配式钢筋混凝土T形梁的跨径不宜大于16m，装配式预应力混凝土T形梁的跨径不宜大于50m。国内已建成的装配式预应力混凝土T形梁桥的最大跨径已达52m，国外有做到70m左右的。

但是，横隔梁的存在给装配式主梁的制作增加一定的困难。为了简化预制工作并避免操作困难的接头集整工作，国内外曾修建过一些跨度内无横隔梁的装配式简支梁桥。在此情况下，主梁间的横向联系主要由加强桥面板来实现。图4-7c就表示这种梁桥的横截面形式。在相邻主梁的翼板内均伸出连接钢筋，架梁完毕后在接缝内现浇混凝土以保证桥面板的连接强度。实践表明，不设横隔梁虽属可行，但在运营质量上，以及对承受超重单列车辆荷载的潜在能力上不如有横隔梁的好。而且，为了加强桥面板而多费的材料与设置几道横隔梁相比也不见得经济。当横隔梁高度较大时，为了减小自重，可将其中部挖空(见图4-7b)，但沿挖空部分的边缘应做成钝角并配置钢筋，挖空也不宜过大，以免内角处开裂和过多削弱其刚度。对于箱形梁桥，由于其本身抗扭能力大，一般少设或不设跨中横隔梁，但端横隔梁通常是必要的。

3. 箱形梁桥

箱形梁一般不适用于钢筋混凝土简支梁桥，因为受拉区的混凝土不参与工作，多余的箱梁底板徒然增大了自重。然而，对于全截面参与受力的预应力混凝土梁来说，情况就完全不同，特别是承受正负弯矩作用的连续梁桥，箱形截面是首选的截面形式。箱形截面的最大优点是抗扭刚度大，其抗扭惯矩约为相应T形梁截面的十几倍至几十倍，因此在横向偏心荷载作用下，箱形梁桥各梁的受力要比T形梁桥均匀得多。工程实践表明，T形梁所配置的预应力筋要较箱形梁增加31%。此外，箱形梁可做成薄壁结构，又因桥面板的跨径减小而能使板厚减薄并节省配筋，这对自重占重要部分的大跨径预应力混凝土简支梁桥是十分经济合理的。箱形截面的另一优点是横向抗弯刚度大，在预施应力、运输、安装阶段，单梁的稳定性要比T形梁的好得多。

然而，箱形梁薄壁构件的预制施工比较复杂，单根箱形梁的安装重量通常也比T形梁的大，这在确定梁桥类型时是必需加以考虑的。装配式梁桥通常借助沿纵向布置的横隔梁的接头和桥面板的接缝连成整体，以使桥上车辆荷载能分配给各主梁共同负担。鉴于横隔梁的抗弯刚度远比桥面板大，故前者对荷载分配起主要作用。

4.2.2 按照结构受力体系分类

简支梁(板)，悬臂梁(板)和连续梁(板)是钢筋混凝土和预应力混凝土梁式桥常用的三种结构体系，以下在分析三种结构体系受力特点的基础上，说明三种桥跨结构的适用条件。

4.2.2.1 简支梁(板)桥

简支梁(板)桥(见图4-8a)是梁(板)式桥中应用最早，使用最广泛的一种桥型。它受力简单，梁(板)中只有正弯矩，适用T形截面梁这种构造简单的截面形式；这种体系的温变、混凝土收缩徐变、张拉预应力等均不会在梁中产生附加内力，设计计算方便，最易设计成各种标准跨径的装配式结构。由于简支梁(板)是静定结构，结构内力不受地基变形的影响，对基础要求较低，能适用于地基较差的桥址上建桥。在多孔简支梁桥中，相邻桥孔各自单独受力，便于预制、架设，简化施工管理，施工费用低，因此在城市高架、跨河大桥的引桥上被广泛采用。为减少伸缩缝装置，改善行车平整舒适，国内目前常采用桥面连续的钢筋混凝土和预应力混凝土简支梁(板)桥。

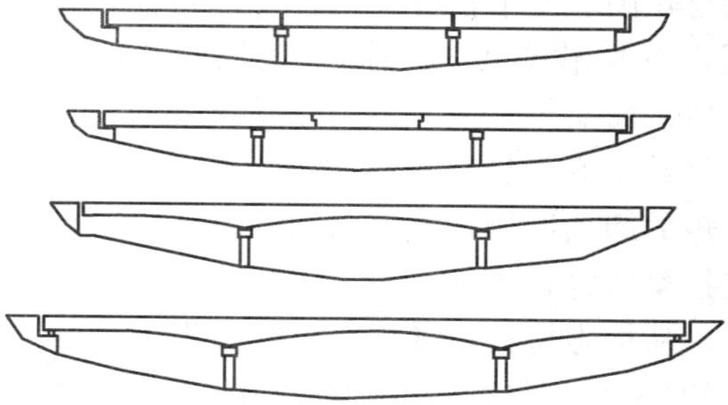

图4-8 梁式桥的基本体系
a）简支梁桥 b）单悬臂梁桥
c）双悬臂梁桥 d）连续梁桥

简支梁(板)的设计主要受跨中正弯矩的控制；当跨径增大时，跨中恒载和活载弯矩将急剧增加，当恒载弯矩所占的比例相当大时，结构能承受活载的能力就减小。在钢筋混凝土简支梁(板)桥中，经济合理的常用跨径在20m以下。为了提高简支梁(板)桥的跨越能力，采用了预应力混凝土结构。由于预加应力使梁(板)全截面参加工作，减轻了结构恒载，增大了抵抗活载的能力。目前，世界上预应力混凝土简支梁最大跨径已达76m，但在一般情况下，它的跨径超过50m后，桥型显得过于笨重，安装重量较大，相对给装配式施工带来困难，实际上并不经济。我国预应力混凝土简支梁(板)的标准跨径在40m以下。

4.2.2.2 悬臂梁(板)桥

将简支梁(板)的梁体加长，并越过支点形成悬臂梁桥。仅梁(板)的一端悬出的称为单悬臂梁(见图4-8b)；两端均悬出的称为双悬臂梁(见图4-8c)。可见，使用悬臂梁的桥型至少有三孔，或是采用一双悬臂梁结构的跨线桥，或是采用单悬臂梁，中孔采用简支挂梁组合成悬臂梁(板)桥。在较长桥中，则可由单臂梁、双悬臂梁与简支挂梁联合组成多孔悬臂梁桥。习惯称悬臂梁主跨为锚跨。

悬臂梁利用悬出支点以外的伸臂，使支点产生负弯矩对锚跨跨中正弯矩产生有利的卸载作用。图4-9所示为各种梁式体系在恒载作用下的弯矩图。图中各种梁式体系的跨径布置相同，假定其恒载集度也相同，比较图4-9a、b、d，显然，简支梁的各跨跨中恒载弯矩最大，无论单悬臂梁或双悬臂梁，锚跨跨中弯矩因支点负弯矩的卸载作用而显著减小，而悬臂跨中因简支挂梁的跨径缩短而跨中正弯矩也同样显著减小。从标志材料用量的弯矩图面积大小(绝对值之和)来看，悬臂梁也比简支梁小。如以图4-9d的中跨弯矩图为例，当悬臂长度等于中孔跨径的1/4时，正负弯矩图面积的总和仅为同跨径简支梁的1/3.2。再从活载的作用来看，如果在图4-9b所示的悬臂梁的锚跨中布满活载，则其跨中最大正弯矩自然与简支梁布满活载时的结果一样，并不因为有悬臂的存在而有所减小(见图4-9c)。而在具有挂梁的悬臂跨中，活载引起的跨中最大正弯矩只按支承跨径较小(通常只有桥孔跨径的0.4～0.6)的简支挂梁产生的正弯矩计算，因此其设计弯矩也比简支梁小得多。由此可见，与简支梁相比较，悬臂梁可以减小跨内主梁高度和降低材料用量，是比较经济的。同时，悬臂梁桥一般为静定结构，可在地基较差的条件下使用。在多孔桥中，墩上均只需设置一个支座，减小了桥墩尺寸，也节省了基础工程的材料用量。悬臂梁将结构的伸缩缝移至跨内，其变形挠曲线的转折角比简支梁变形挠曲线在支点上的转折角小，对行车的平顺较有利。

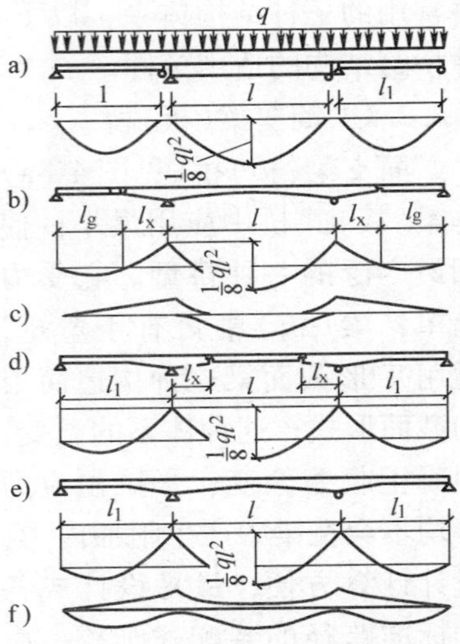

图4-9 弯矩比较图

但是，由于悬臂梁自身存在的缺点，无论是钢筋混凝土或预应力混凝土悬臂梁桥，在实际桥梁工程中均较少采用，究其原因主要是桥梁结构体系的应用在考虑桥梁施工方法的同时，还需考虑结构的使用性能。悬臂梁虽然在力学性能上优于简支梁，可适用于更大跨径的桥型方案，但由于悬臂梁中同时存在正、负弯矩区段，常选择箱形截面梁以满足结构配筋的需要，使其构造较为复杂；同时，当跨径较大时，梁体自重过大不宜采用装配式施工方法，而往往要在工费昂贵的支架上现浇。钢筋混凝土悬臂梁在支点负弯矩区段不可避免地在梁顶产生横向裂缝，桥面虽有防护措施，但仍常因雨水的侵蚀而影响到桥梁的耐久性，降低桥梁的使用寿命。预应力混凝土悬臂梁桥虽无此患，并可采用节段悬臂施工，但因支点是简单支承，施工时必须采用临时固定措施，且跨中增加了悬臂与挂梁间的牛腿、伸缩缝等构造；桥梁运营期间，行车不及连续梁平顺，除了是静定结构这个特点外，别的优点不多，因而较少采用。

国内箱形薄壁钢筋混凝土悬臂梁桥最大跨径为55m，国外一般在70～80m以下。预应力混凝土悬臂梁桥世界上最大跨径为150m，一般亦在100m以下。三孔预应力混凝土悬臂梁桥，在采用平衡悬臂装配施工时，中孔亦有不用中间挂梁而在跨中用剪力铰相连的，这种带剪力铰的悬臂梁体系为一次超静定结构，中孔最大跨径为128m的前苏联莫斯科克拉斯诺普列斯涅斯基桥即是此种体系。

4.2.2.3 连续梁(板)桥

将简支梁(板)的梁体在支点上连续而成连续梁，如图4-8d所示。连续梁桥具有变形小、结构刚度大、伸缩缝少、养护简易、抗震能力强、主梁变形挠曲线平缓、行车平顺等优点，应用在小、中、大各类跨度中，跨度覆盖范围很大，是除简支梁外应用最广的一类桥梁。连续梁可以做成二跨或三跨一联，也可以做成多跨一联。每联跨数越多，联长越大，连续梁受体系温度变化及混凝土收缩等影响产生的纵向位移也就较大，进而使伸缩缝及活动支座的构造复杂化；每联长度太短，则使伸缩缝的数目增多，不利于高速行车。为充分发挥连续梁对高速行车平顺的优点，伸缩缝及支座构造经过不断的改进，最大伸缩缝长度已达660mm，梁体的连续长度已达1000m以上，如杭州钱塘江二桥公路桥为18孔一联预应力混凝土连续梁桥，跨径布置为45m＋65m＋14×80m＋65m＋45m，连续长度达1340m。

连续梁的受力特点如图4-9e所示，连续梁在恒载作用下，由于支点负弯矩的卸载作用，跨中正弯矩显著减小，其弯矩图形与同跨悬臂梁相差不大，如悬臂梁的悬臂长度恰好与连续梁的弯矩零点位置相对应，则图4-9d与4-9e的弯矩图就完全一样。然而，从图4-9f可以看出，连续梁在活载作用下，因主梁连续而产生的支点负弯矩对跨中正弯矩仍有卸载作用，其弯矩分布要比悬臂梁合理。一般情况下，连续梁中间墩上只需设置一个支座，而在相邻两联连续梁的桥墩仍需设置两个支座。在跨越山谷的连续梁中，中间高墩也可采用双柱(壁)式墩，每柱(壁)上都设有支座，并可削低连续梁支点的负弯矩尖峰。连续梁是超静定结构，基础不均匀沉降将在结构中产生附加内力，因此，对桥梁基础要求较高，通常宜用于地基较好的场合。此外，箱梁截面局部温差，混凝土收缩、徐变及预加应力均会在结构中产生附加内力，增加了设计计算的复杂程度。

钢筋混凝土连续梁桥同悬臂梁桥一样，因施工和使用上的缺点，仅在城市高架、小半径弯桥中有少量应用。而预应力混凝土连续梁的应用却非常广泛，尤其是应用现代预应力技术的悬臂施工法、顶推法、逐跨施工法在连续梁桥中的应用，充分发挥了施工设备机械化、生产工厂化的特点，大大提高了生产效率和施工质量，降低了施工费用。为克服钢筋混凝土连续梁因支点负弯矩在梁顶面产生裂缝，影响使用年限的缺点，在支点负弯矩区段布置预应力索，以承担荷载产生的负弯矩，在梁的正弯矩区段仍布置普通钢筋，构成局部预应力混凝土连续梁。这种结构具有良好的经济及使用效果，施工较预应力混凝土连续梁方便，目前在城市高架中已基本取代钢筋混凝土连续梁。

钢筋混凝土连续梁跨径一般不超过 25～30m，预应力连续梁常用跨径为 40～160m，其最大跨径受支座最大吨位限制，目前国内最大跨径尚未超过 165m（南京长江二桥北汊桥，其跨径布置为 90m＋3×165m＋90m），如果采用墩上双支座，消去结构在支座区的弯矩高峰，它的跨径可以达到 200m。

4.3 板桥的设计与构造

板桥分整体式板桥和装配式板桥。如前所述，只有整体式板桥属双向受力的板桥，装配式板桥实际上是单向受力，由于它在建成以后外形上像一块薄板，故习惯称之为板桥。板桥是小跨径钢筋混凝土及预应力混凝土桥梁中最常用的桥型之一。板桥与梁桥相比一般具有以下优点：

1）建筑高度小，适用于桥下净空受限制的桥梁，与其他类型的桥梁相比，可以降低桥头引道路堤高度和缩短引道的长度。

2）外形简单，制作方便，既便于采用土模技术，又便于进行工厂化成批生产。

3）做成装配式板桥的预制构件时，重量不大，架设方便。

4）板桥适应斜度较大的斜桥或弯桥，在城市立交桥的匝道桥上应用较为普遍。

板桥的主要缺点是跨径不宜过大。跨径超过一定限度时，截面便要显著加高，从而导致自重增大，截面材料上的使用不经济，使上述建筑高度小的优点也因之被抵消。《桥规》规定：钢筋混凝土简支板桥的标准跨径不宜大于 13m，连续板桥的标准跨径不宜大于 16m，预应力混凝土简支板桥简支板桥的标准跨径不宜大于 25m，预应力混凝土连续板桥不宜大于 30m。

4.3.1 板桥的设计

从结构受力体系来看，板桥可以分为简支板桥、悬臂板桥和连续板桥（含整体式连续板桥、装配式连续板桥、装配式撑架连续板桥）等。

1. 简支板桥

简支板桥可以采用整体式结构，也可以采用装配式结构。装配式板桥按截面形式来分又有实心办和空心板两种。简支板桥的经济合理跨径一般限制在13～15m之间。

板桥一般都设计成等厚度的。整体式板桥板跨径一般在8m以下，板厚和跨径之比一般为1/12～1/16，其桥面宽度往往大于跨径。桥面板实际受力状态属双向受力，即除板的纵向产生正弯矩外，横向也产生较大的弯矩。因此当桥面较宽时，板应采用双向配筋方式。装配式钢筋混凝土铰接板桥跨径一般在13m以下。装配式预应力混凝土铰接板桥最大跨径为16m，板厚取(1/16～1/22)l。装配式板桥的立面布置尺寸可参见表4-1。

表4-1 装配式板桥梁高与跨径比值

结构类型	截面形式	l/m	h/m
钢筋混凝土	实心	<8	0.16～0.36
	空心	6～13	0.4～0.8
预应力混凝土	实心		
	空心	8～20	0.4～0.85

2. 悬臂板桥

悬臂板桥一般做成双悬臂式结构（见图4-10），中间跨径为8～10m，两端伸出的悬臂长度约为中间跨径的0.3倍，板在跨中的厚度约为跨径的1/14～1/18，在支点处的板厚要比跨中的加大30%～40%。悬臂端可以直接伸到路堤上，不用设置桥台。为了使行车平稳顺畅，两悬臂端应设置搭板与路堤相衔接。但在车速较高，荷载较重且交通量很大时，搭板容易损坏，从而导致车辆在从路堤上桥时对悬臂的冲击，故目前较少采用。

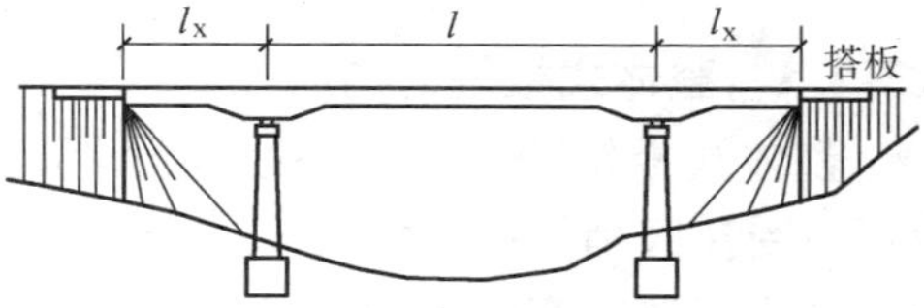

图4-10 悬臂板桥

3. 连续板桥

连续板桥的支点处产生负弯矩，对跨中弯矩起到卸载作用，故可以比简支板桥的跨径做得大一些，或者其厚度比同跨径的简支板桥做得更薄一些。我国目前已经建成的钢筋混凝土连续板桥，跨径在35～40m；国外预应力板桥，跨径已达 33.5m。连续板桥一般做成不等跨的，边跨与中跨之比约为 0.7～0.8，这样可以使各跨的跨中弯矩接近相等。连续板的立面布置图式如图 4-11 所示。

图 4-11a 是整体式连续板桥。当采用就地浇筑混凝土时，连续板桥可以做成变厚度的。连续板跨中厚度一般为 $h=(1/22\sim1/28)l$，比简支板显著为小。支点截面的厚度较大，约为跨中截面厚度 h 的 1.2～1.5 倍。这不但是为了使它能承受较大的负弯矩，而且也可进一步减小跨中的板厚。

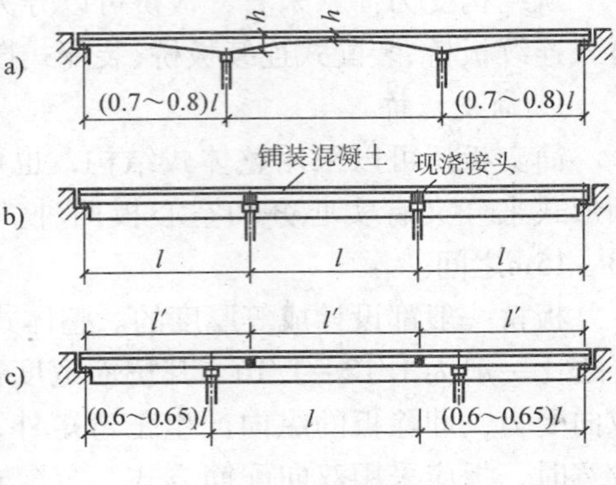

图 4-11 连续板桥

图 4-11b 是装配式连续板桥，现浇接头设在桥墩上。这种结构的预制板一般是预应力空心板，在板的端部设置负弯矩钢筋，与相邻快件同类钢筋焊接，以承载二期恒载、活载、基础不均匀沉降产生的负弯矩。为了减小墩顶梁中的负弯矩，多数在桥墩处设置双排支座。这种结构既保持了装配式简支板施工简便，节省支架和模板的优点，又在相同条件下增大了跨径，改善了行车条件。

另一种合理的设计是将板的接缝设在弯矩接近于零点或数值较小的位置，这样既简化接头构造，也可利用长度较短的块件来建造中孔较大的跨径（见图 4-11c）。这种结构在自重作用下边孔是悬臂板。这种布置的不足之处是需要设置悬空的接头模板，或者需要为安装中段块件和浇筑接头混凝土而搭设临时支架。

4.3.2 简支板桥的构造

4.3.2.1 整体式板桥的构造

整体式板桥的横截面一般都设计成等厚度的矩形截面，有时为了减小自重也可将受拉区稍加挖空做成矮肋式板桥（见图 4-2b）。对于修建在城市内的宽桥，为了防止因温度变化和混凝土收缩而引起的纵向裂纹，以及由于活载在板的上缘产生过大的横向负弯矩，也可以使板沿桥中线断开，将一桥化为并列的两桥。对于双向受力的板桥，除了配置纵向受力钢筋以外，还要在板内设置垂直于主钢筋的横向分布钢筋，《桥规》规定：布置四周支撑双向板钢筋时，可将板沿纵向及横向各划分为三部分；靠边部分的宽度均为板的短边宽度的 1/4，中间部分的钢筋应按计算数量设置，靠边部分的钢筋按中间部分的半数设置，钢筋间距不应大于 250mm，且不应大于板厚的两倍。整体式板的主拉应力较小，按计算可以不设弯起的斜钢筋，但习惯上仍然将一部分主钢筋按 30°或 45°的角度在跨径 1/4～1/6 处弯起。

图4-12所示为一座6m跨径的钢筋混凝土整体式板桥的构造，桥面净宽8.5m+2×0.25m，设计荷载：汽车—15级、挂车—80，计算跨径为5.69m，板厚32cm(约为跨径的1/18)。纵向主筋采用Ⅱ级钢筋，直径为20mm，在中间2/3的板宽内间距12.5cm，两侧各1/6的板宽内间距为11cm。主筋在跨径两端1/4～1/6的范围内呈30°弯起，分布钢筋按单位板宽上主筋面积的15%配置，直径为10mm，间距为20cm。

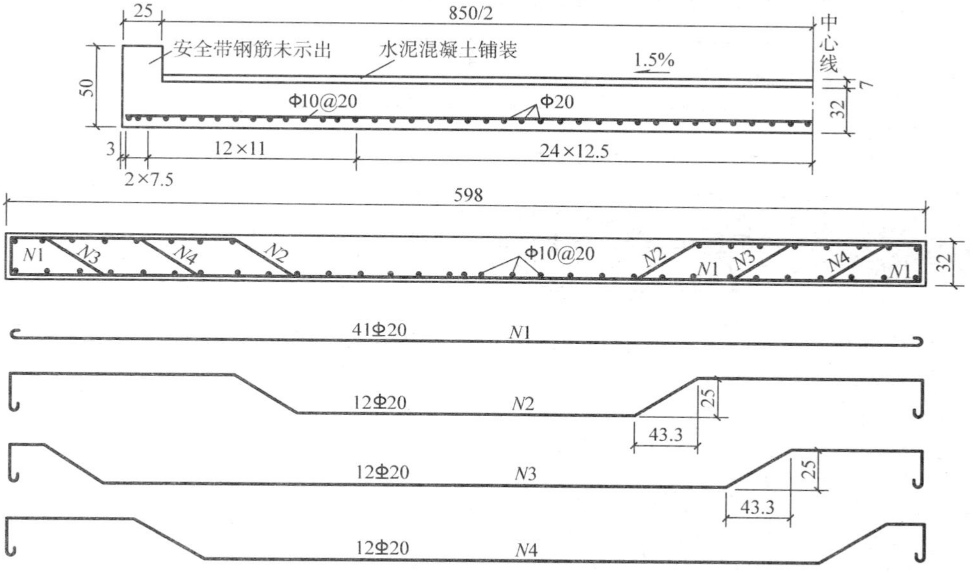

图4-12 整体式板桥构造

4.3.2.2 装配式板桥的构造

我国常用的装配式板桥的截面形式主要有实心板和空心板两种。

1. 矩形实心板桥

矩形实心板桥跨径一般不超过8m。我国交通部颁布的装配式钢筋混凝土实心矩形铰接板桥标准图的跨径为1.5～8m，板高为0.16～0.36m，桥面净空为净—7和净—9两种，荷载为汽车—15级、挂车—80和汽车—20、挂车—100两种。钢筋一般采用Ⅱ级，当作成预应力混凝土板时，也可用Ⅳ级钢筋做预应力主筋，以代替Ⅱ级钢筋。

图4-13所示为一座标准跨径为6m的装配式钢筋混凝土实心矩形板桥构造图。荷载等级为汽车—20级，挂车—100。桥面净宽为净—7(无人行道)，全桥有6块宽度为99cm的中部块件和2块宽度为75cm的边部块件所组成。预制板采用C25混凝土，纵向主筋采用直径18mm的Ⅱ级钢筋，箍筋和架立筋分别采用直径为6mm和8mm的Ⅰ级钢筋，板间企口缝填筑强度等级比预制板高的小石子混凝土并浇筑

6cm 厚的水泥混凝土铺装层将板联成整体，形成共同工作的行车道板。

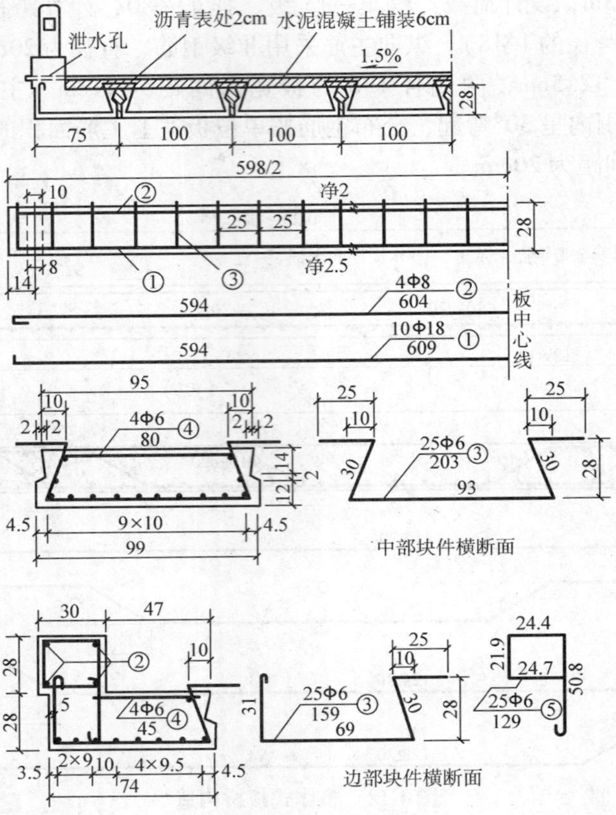

图 4-13　实心板桥构造

2. 空心矩形板桥

钢筋混凝土空心板桥目前适用范围在 6 ~ 13m，预应力混凝土空心板桥在 8 ~ 16m。空心板较同跨径的实心板重量小，运输安装方便，而建筑高度又较同跨径的 T 形梁小，因此目前使用较多。相应于这些跨径的板厚，对于钢筋混凝土板为 0.4 ~ 0.8m，对于预应力混凝土板为 0.4 ~ 0.7m。

图 4-14 为标准跨径 8m 的装配式钢筋混凝土板的构造图。荷载等级为汽车超—20 级，挂车—120。板长 7.96m，板厚 40cm，采用半径 14cm 的三圆孔截面形式。预制板采用 C40 混凝土。

图 4-15 为跨径 16m 的装配式预应力混凝土空心板的构造图。荷载等级为汽车—20 级，挂车—100。板全长 12.96m，计算跨径 12.6m，板厚 70cm。采用 C40 混凝土预制空心板和填塞接缝。每块板配 16 根直径 15mm 的高强度低松弛钢绞线。

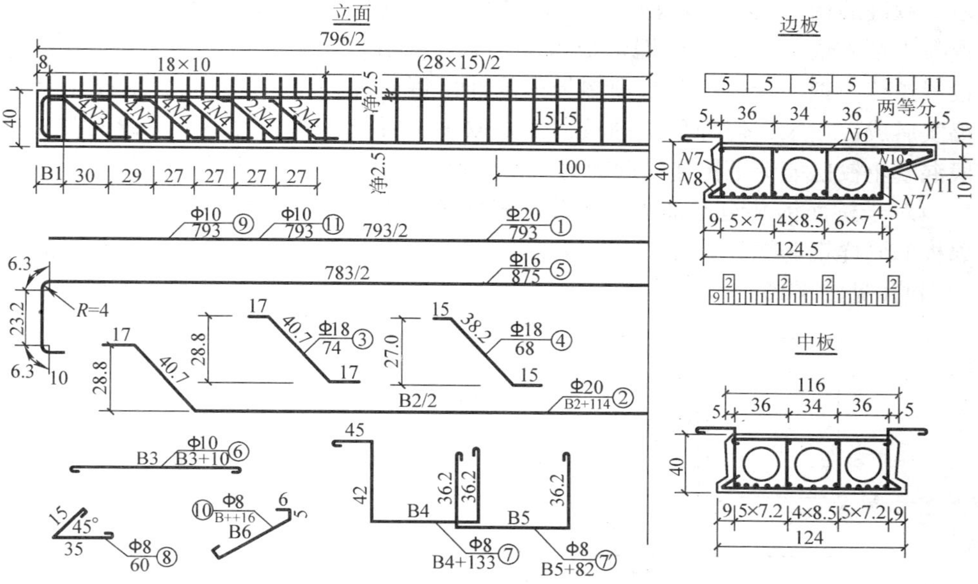

图 4-14 装配式钢筋混凝土空心板桥构造

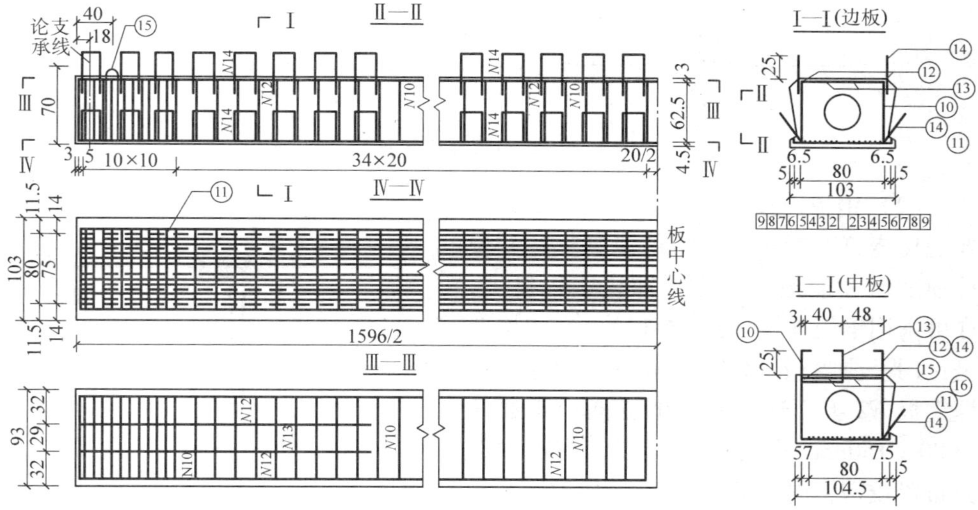

图 4-15 装配式预应力混凝土空心板构造

3. 装配式板的横向连接

装配式板桥各板块之间必须采用横向联结构造将各板块组成整体，共同承受车辆荷载。常用的连接方法有企口混凝土铰连接和钢板焊接连接。

（1）企口混凝土铰连接 企口混凝土铰的形式有圆形、棱形，如图 4-16 所示。铰缝的构造处理有两种：①装配式板梁安装就位后，用 C30 以上的细骨料混凝土填入铰内，捣实后即形成混凝土铰；②在板梁跨中左右各一定长度内，设置铰缝内钢筋骨架，并与预制板内的伸出钢筋绑扎在一起，再经混凝土浇筑捣实后成铰。采用何种形式的铰，主要取决于所受荷载的大小。实践证明，一般混凝土铰已能保证传递横向剪力，使各块共同参与受力（见图 4-16a、b）。

对于桥面铺装也参加受力的装配式板桥，可以将预制板中的钢筋伸出与相邻板的同样钢筋绑扎，即可作为纵向铰缝的加强钢筋，也可作为与铺装层的联结钢筋（见图 4-16c、d）。

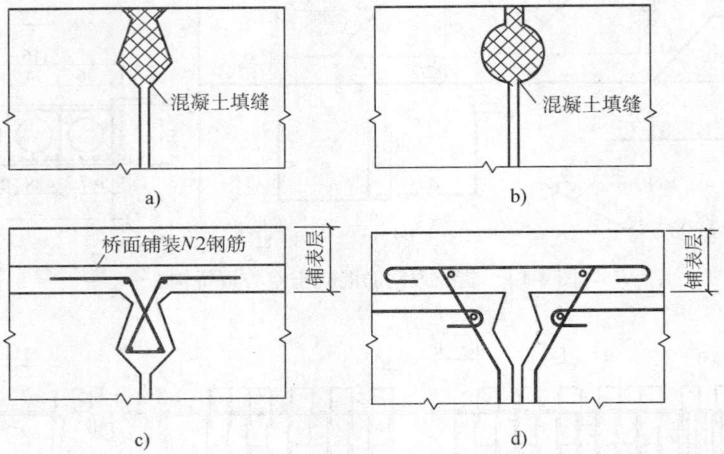

图 4-16 企口混凝土铰连接

（2）钢板连接 由于企口混凝土铰需要现场浇筑混凝土，并需待混凝土达到设计强度后才能通车，为了加快工程进度，亦可采用钢板连接（见图 4-17）。它的构造是：用一块盖板 $N1$ 焊在相邻两构件的预埋钢板 $N2$ 上。连接构造的纵向中距通常为 80～150cm，根据受力特点，在跨中部分布置较密，向两端支点处逐渐减疏。

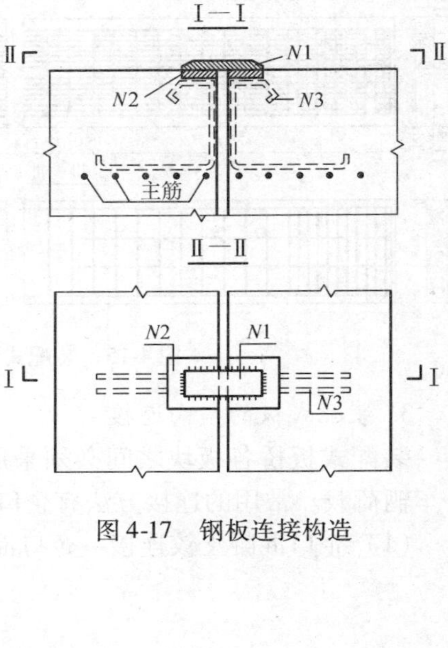

图 4-17 钢板连接构造

4.3.3 斜交板桥的受力特点与构造

在桥梁建设中，常常由于桥位处的地形限制，或者由于高等级公路对线型的要求而将桥梁做成斜交。斜交板桥的桥轴线与支承线的垂线呈某一夹角，习惯上称此角为斜交角(见图4-18)。斜板桥虽然有改善线型的优点，但它的受力状态是很复杂的。对于斜板在荷载作用下的力学经典解答迄今尚未问世，故目前多借助计算机以求得数值解。至于简化的实用计算方法都不太成熟，这也是限制此类桥型广泛使用的原因之一。为了对斜交板桥的受力性能有个定性的了解，以便从构造上予以保证，本节只作一些简单的阐述。

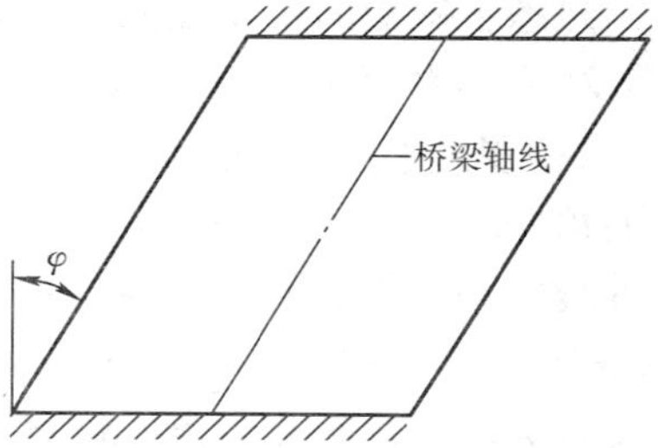

图4-18　斜交板桥

1. 斜板桥的受力性能

理论和实验表明，简支于两岸桥台的斜板在垂直荷载作用下一般具有下列特性：

1）荷载有向两支承板之间最短距离方向传递的趋势。如图4-19所示，在较宽的斜板中部，其最大主弯矩方向(即在垂直于该方向的截面上没有扭矩)几乎接近与支承边正交。其次，无论对宽的或者窄的斜板，其两侧的主弯矩方向接近平行于自由边，但仍有向支撑边垂线方向偏转的趋势。

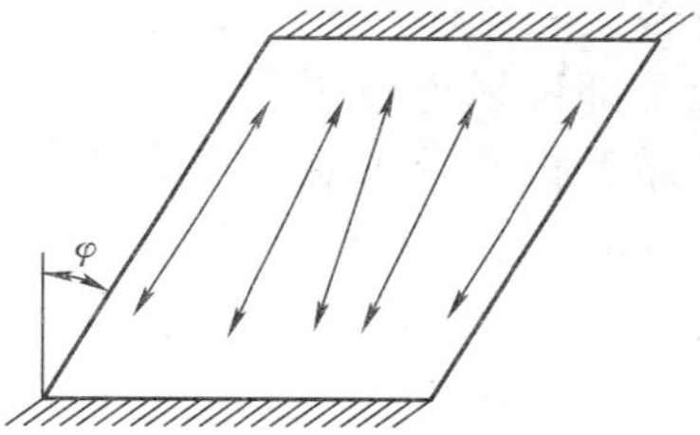

图4-19　斜板的最大主弯矩方向

2）各角点受力情况可以用比拟连续梁的工作来描述。如图4-20所示，在斜板的“Z”形条带A—B—C—D上个点的受力情况可以用三跨连续梁来比拟，在钝角B、C处产生较大的负弯矩，其方向垂直于钝角的二等分线；同时在B、C点的反力也较大，锐角A、D点的反力较小，当斜交角与斜板的跨宽比都较大时，锐角便有向上翘起的趋势。此时若固定锐角焦点，势必导致板内有较大的扭矩。

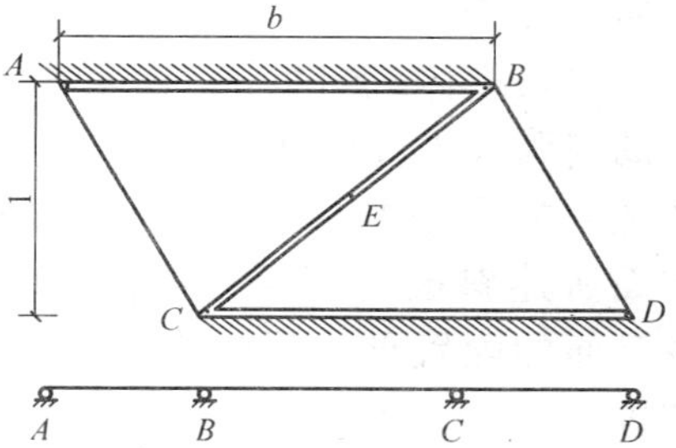

图4-20　比拟连续梁

3）在均布荷载作用下，当桥轴线方向的跨长相同时，斜板桥的最大跨内弯矩比正桥要小，跨内纵向最大弯矩或最大应力的位置，随着斜交角φ的变化而自中央向钝角方向移动。

4）在上述同样情况下，斜板桥的跨中横向弯矩比正桥的要大，可以认为横向弯矩增大的量，相当于跨径方向弯矩减小的量。

熟悉了斜板的工作性能以后，就可据以配置斜板桥的钢筋。

2. 斜板桥的构造特点

《桥规》规定：当整体式斜板桥的斜交角(板的支撑轴线的垂直线与桥纵轴线的夹角)不大于15°时，可按正交板计算，计算跨径为：当$l/b \leqslant 1.3$时，按两支撑轴线的垂直距离的正跨径计算，l为斜跨径，b为垂直于桥纵轴线的板宽；当$l/b \geqslant 1.3$时，按顺桥向纵轴线的斜跨径计算。装配式铰接斜板桥的预制板块，可按宽为两板边垂直距离，计算跨径按斜跨径的正交板计算。

斜板的钢筋可按下列规定布置：

1）当整体式斜板的斜交角(板的支座轴线的垂直线与桥纵轴线的夹角)不大于15°时，主钢筋可平行于桥纵轴线方向布置。当整体式斜板斜交角大于15°时，主钢筋宜垂直于板的支座轴线方向布置。此时，在板的自由边下应各设一条不少于三根主钢筋的平行于自由边的钢筋带，并用箍筋箍牢。在钝角部位靠近板顶的上层，应布置垂至于钝角平分线的加强钢筋，在钝角部位靠近板底的下层，应布置平行于钝角平分线加强筋，加强筋直径不宜小于12mm，间距100～150mm，应布置于以钝角两侧1.0～1.5m边长的扇形面积内。

2）斜板的分布钢筋宜垂直于主筋方向设置，其直径、间距和数量可按《桥规》中行车道板的配筋原则配置。在斜板的支座附近宜增设平行于支座轴线的分布钢筋；或将分布钢筋向支座方向呈扇形分布，过渡到平行于支撑轴线。

3）预制斜板的主筋可与桥纵轴线平行，其钝角部位加强钢筋及分布钢筋宜按照1)、2)中所述布置。

(1）整体式斜板桥　整体式板桥的斜跨长l与垂直于行车方向的桥宽b之比一般均小于1.3，根据上面所述斜板主弯矩方向的特点，主钢筋的配置可按图4-21所示方式布置。

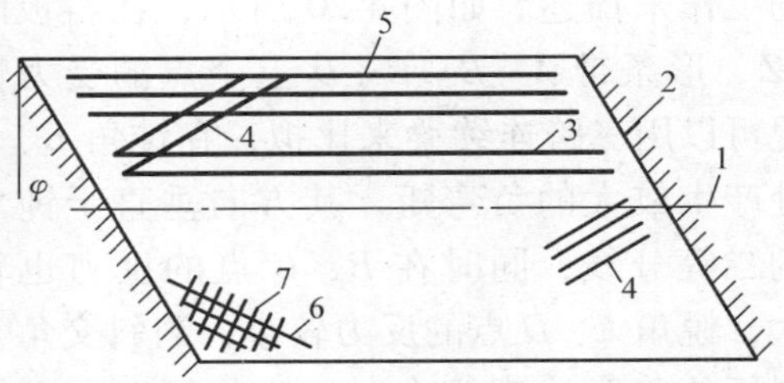

图4-21　整体式斜板钢筋布置

1—桥纵轴线　2—支撑轴线　3—顺桥纵轴线钢筋　4—与支撑轴线正交钢筋　5—自由边钢筋带　6—垂直于钝角平分线的钝角钢筋　7—平行于钝角平分线的钝角钢筋

(2）装配式斜板桥　装配式斜板桥的跨宽比(l/b)一般均大于1.3，主钢筋沿斜跨径方向配置，分布钢筋在两钝角角点之间的范围内与主钢筋垂直，在靠近支承边附近，其布置方向则与支承边平行。图4-22是一标准跨径8m的钢筋混凝土斜板桥，其分布钢筋采用平行于支撑边方向的布置方式。

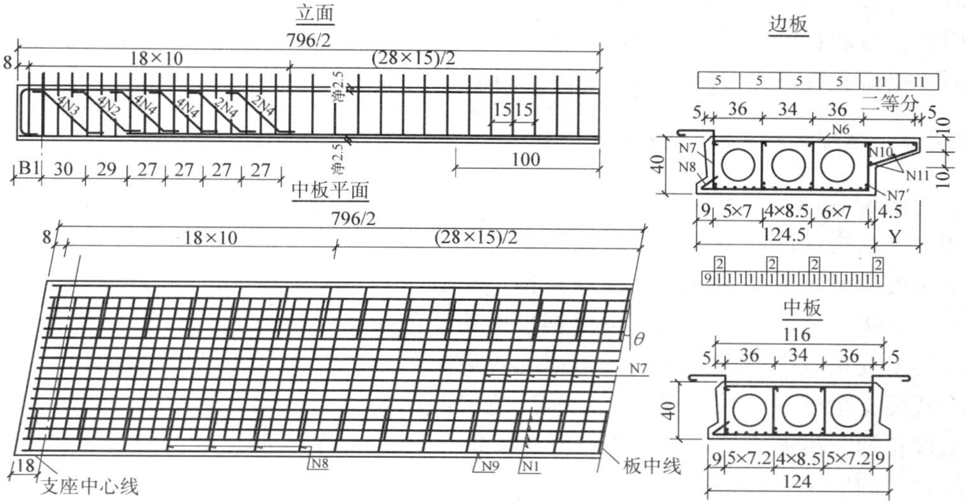

图 4-22 装配式斜交板桥钢筋构造

4.4 装配式简支梁桥的设计与构造

装配式简支梁桥由于构造简单，易设计成系列化和标准化，可进行大规模工业化生产下构件的预制。由于采用预制拼装的施工方法，充分体现了其施工简便的特点。同时，可充分利用现代化的起重安装设备，在提高生产效率的同

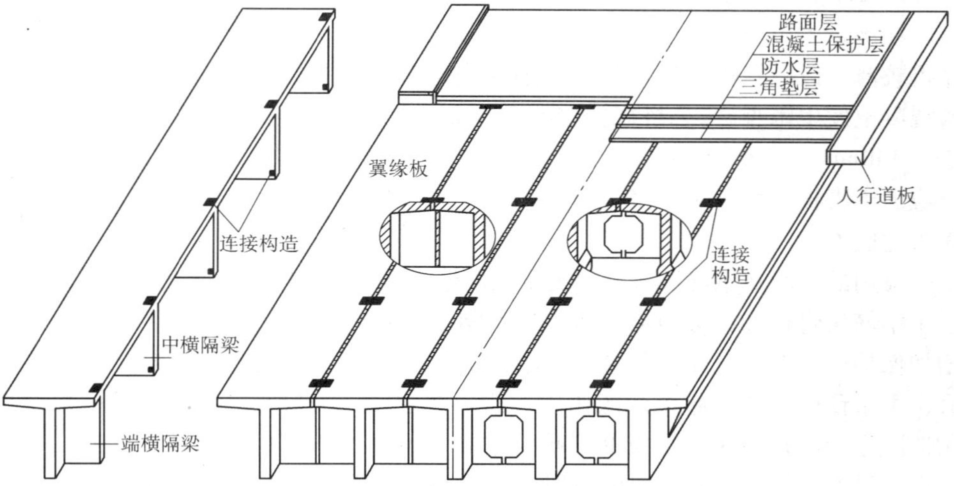

钢筋混凝土简支梁桥　预应力混凝土简支梁桥

图 4-23 装配式 T 形梁桥的构造方式

时，可以大量节约模板和支架，降低劳动强度，缩短工期，加快桥梁建设速度。因此，目前在国内外的中小跨径桥梁中，绝大部分均采用装配式的钢筋混凝土简支梁桥或预应力混凝土简支梁桥。图 4-23 为装配式 T 形梁桥的构造方式。

4.4.1 装配式简支梁桥的设计

装配式简支梁桥的设计包括上部结构和下部结构形式的选择。在此主要阐述上部结构设计的主要内容。在确定桥梁跨径的前提下，上部结构设计内容包括主梁横截面形式的选择、横隔梁构造布置方式、主梁块件的划分以及块件之间的连接方式等。结构体系可根据桥梁跨径和桥梁建筑高度的要求，选择钢筋混凝土或预应力混凝土结构。考虑起重设备的起吊能力和预制安装的方便，装配式简支梁桥一般采用多梁式结构。主梁间距需根据行车道板的受力要求和起重设备的起吊能力确定，一般取值在 2.0m 以内。但随着起重能力的提高，高强度材料的应用，轻型薄壁结构的推广，目前已有加大主梁间距减少主梁片数的趋向，以达设计更加经济合理的目的。

4.4.1.1 主梁截面形式的选择

装配式简支梁桥常用的截面形式有 I 形梁、T 形梁和箱形梁。主梁截面形式的选择与结构受力、构件的运输、桥梁的施工方法等因素有关，需根据具体情况而定。图 4-7 为常用装配式简支梁桥的截面形式。

4.4.1.2 拟定主梁截面尺寸的一般原则

主梁截面的拟定主要包括：肋板、翼缘板和横隔板尺寸的确定。

1. 肋板厚度（腹板厚度）

在满足主拉应力强度和抗剪强度需要的前提下，主梁梁肋的厚度，一般都做得较薄，以减轻构件的重量，但还要注意满足梁肋的屈曲稳定性和不致使浇筑混凝土发生困难。《公桥规》规定：“T 形、I 形或箱形截面梁的肋板宽度不应小于 140mm；其上下承托之间的腹板高度，当腹板内设有竖向预应力钢筋时，不应大于腹板宽度的 15 倍。当腹板宽度有变化时，其过渡段长度不宜小于 12 倍腹板宽度差。”

常用的装配式钢筋混凝土简支梁梁肋厚度为 150 ~ 180mm，其上、下限取决于主钢筋的直径和钢筋骨架的片数。另外，为提高混凝土桥梁的耐久性，适当增加保护层的厚度，梁肋厚度可增至 160 ~ 240mm。对预应力混凝土简支梁而言，由于预应力和弯起束筋的作用，肋中的主拉应力较小，肋板厚度一般都由构造决定，原则上应满足束筋保护层的要求，并力求模板简单便于浇筑。国外对现浇梁的腹板设有预应力管道时最小厚度为 200mm，仅有纵向或竖向管道的腹板需要 300mm，既有纵向又有竖向管道的腹板需要 380mm。对于高度超过 2400mm 的梁，这些尺寸尚应增加，以减少混凝土浇筑的困难。装配式梁的腹板厚度可适当减少，但不能小于165mm，如为先张法结构，最低值可达125mm。我国目前所采用的值偏低，一般采用160mm，标准设计中为140～160mm，在接近梁的两端的区段内，为满足抗剪强度和预应力束筋布置锚具的需要，将肋厚逐渐扩展加厚。

2. 上翼缘厚度

装配式T形截面梁和箱形截面梁翼缘板的厚度，在中小跨径的钢筋混凝土简支梁和预应力简支梁中，主要满足于桥面板承受的车辆局部荷载要求。根据行车道板的受力特点，翼缘板一般做成端部较薄至根部(与梁肋衔接处)加厚的变厚度形式。《公桥规》规定："预制T形截面梁和箱形截面梁翼缘悬臂端的厚度不应小于100mm；当预制T形截面梁之间采用横向整体现浇连接时，或箱形截面梁设有桥面横向预应力钢筋时，其悬臂端厚度不应小于140mm。T形和I形截面梁，在与腹板相连处的翼缘厚度，不应小于梁高的1/10，当该处设有承托时，翼缘厚度可计入承托加厚部分厚度；当承托底坡的$\tan\alpha$大于1/3时，取1/3。箱形截面梁顶板与腹板相连处应设置承托；底板与腹板相连处应设置倒角，必要时也可以设置承托。箱形截面梁顶底板的中部厚度，不应小于板净跨径的1/30，且不应小于200mm。"为使翼缘板和梁肋连接平顺，在截面转角处一般均应设置钝角式承托或圆角，以减少局部应力和便于脱模。

3. 下翼缘尺寸

钢筋混凝土简支梁T形截面，一般下翼缘与肋板等宽。而预应力混凝土T形梁截面，为了满足布置预应力束筋及承受张拉阶段压应力的要求，T形梁的下翼缘做成马蹄形。马蹄的尺寸大小应满足预施应力各个阶段的强度要求。如果马蹄尺寸过小，在施工或使用阶段易出现水平纵向裂缝，特别是在马蹄斜坡部分。因此，设计中要求马蹄截面积面积不宜过小，一般应占T形梁截面总面积的10%～20%，具体尺寸建议如下：

1）马蹄总宽度约为肋宽的2～4倍，并注意马蹄部分(特别是斜坡区)，管道保护层不宜小于60mm。

2）下翼缘高度加1/2斜坡区，高度约为梁高的0.15～0.20，斜坡宜陡于45°。

但下翼缘尺寸也不宜过大、过高。因为下马蹄过大，会降低截面形心，进而使预应力筋的偏心距减小，降低了预加应力的效应。另外，马蹄尺寸尚需根据预应力钢筋的布置方式加以确定。

4. 横隔梁尺寸

横隔梁的作用是将主梁联结为整体，使各根主梁共同受力。因此，应保证横隔梁具有足够的抗弯刚度，以确保主梁之间的联结效果。因此，横隔梁的高度一般取主梁高度的3/4，横隔梁的肋宽通常采用120～160mm。梁肋下部呈马蹄形加宽时，横隔梁延伸至马蹄的加宽处。

横隔梁的设置分中横隔梁和端横隔梁，通常采用相同的尺寸。但端横隔梁下设有支座，为便于支座的检查，端横隔梁底部与主梁底缘之间应留有足够的空间。但从梁体在运输和安装阶段的稳定要求来看，端横隔梁又宜做成与主梁同高。因此，横隔梁的设计应综合考虑结构受力与施工等因素的影响。

4.4.1.3 块件的划分方式

装配式混凝土梁桥可以采用多种形式的单元划分，将桥梁承重结构划分为预制单元，然后采用多种联结构造将各预制构件组装成整体。但预制单元的划分方式和联结构造直接影响到结构的整体受力性能，构件的顶制、运输和安装，且各种因素彼此影响、相互矛盾。例如，若通过加大构件的尺寸以减少接头数量进而增强结构的整体性，势必增加运输和起重能力；如果为了减小单个构件的重量，则必然会增加构件和接头的数目或增加现浇混凝土的工序等。另外，块件的划分方式与主梁截面形式紧密相关。因此，在设计装配式桥梁时，必须综合考虑施工中的各种具体条件，通过技术经济上的仔细比较，才能获得完善的结果。

通常在装配式梁桥设计中块件划分应遵循的原则是:

1）根据建桥现场实际的预制、运输和起重等条件，确定拼装单元的最大尺寸和重量。

2）块件的划分应满足受力要求，拼装接头应尽量设置在内力较小处。

3）拼装接头的数量要少，接头形式要牢固可靠，施工要方便。

4）构件要便于预制、运输和安装。

5）构件的形状和尺寸应力求标准化，增强互换性，构件的种类应尽量减少。

装配式混凝土桥梁常用的块件划分方式有纵向竖缝划分、纵向水平缝划分和纵横竖缝划分。

1. 纵向竖缝划分

图 4-24a、b、c 和 h 所示均为用纵向竖缝划分块件的横截面图式。这种划分方式在简支梁桥中应用最为普遍。在这种结构中，作为主要承重构件的各根主梁，包括相应行车道板的 H 形梁和 T 形梁，都是整体预制的，接头和接缝仅布置在次要构件——横隔梁和行车道板内（见图 4-24b、h），或直接用螺栓联接（见图 4-24a）。而且结构部分全为预制拼装，不需要现浇混凝土。故这种划分方法使主梁受力可靠，施工也方便。纵向划分的主要缺点是构件的尺寸和重量往往都很大，以致会增加构件运输与安装时的困难。我国对于车辆荷载汽车—20 级，挂车—100 级的标准设计，其预制 T 形梁的吊装重量如图 4-25 所示，从图中可见，跨度增大，吊重急剧上升，跨度为 30m 的梁重已达 40 余 t。这样长而重的

构件如在厂内成批生产，则会给装车和运输都带来很大困难，目前在公路上几乎难以实现。故对于较大跨径的装配式梁往往只能在施工现场预制。

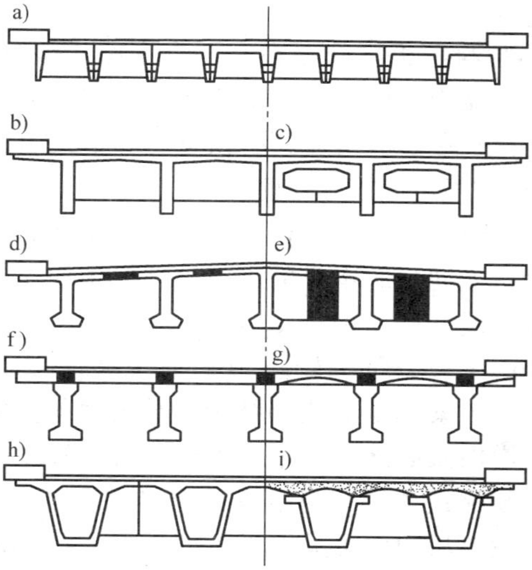

图 4-24　装配式肋梁桥截面类型

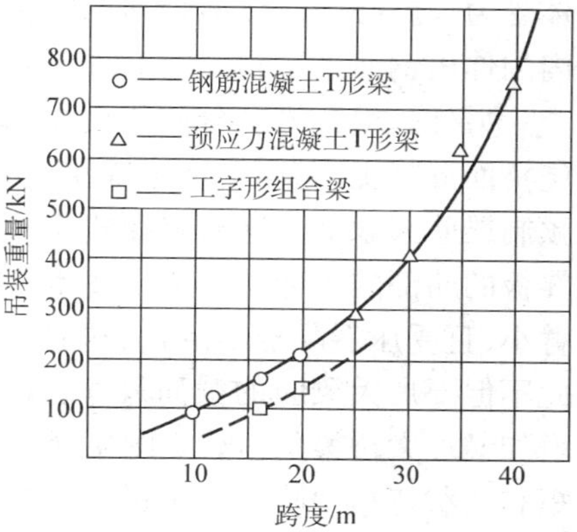

图 4-25　梁的吊装重量

为了减轻采用纵向竖缝划分构件的重量，便于构件的运输和安装，可采取缩小桥面板和横隔梁预制尺寸的办法来实现，如图 4-24d、e 所示。在此情况下，构造上要求在预制构件内伸出接头钢筋，待安装就位后通过浇筑部分桥面板和横隔梁混凝土形成桥梁的整体，但要等现浇混凝土达到足够强度后才能进行后续工序的施工。按此种方式构造的桥梁，其横向联结刚度大，桥梁整体受力性能好。同时，可避免由于 T 梁铰缝联结刚度不足，而引起纵向铰缝混凝土的开裂问题。

2. 纵向水平缝划分

为了进一步减小拼装构件的起吊重量和尺寸，便于集中预制和运输吊装，还可以采用纵向水平缝将预制梁的梁肋与桥面板分割开来，再借助纵横向的竖缝将板划分成平面呈矩形的预制构件，施工时先架设梁肋，再安装预制板(有时采用微弯板以节省钢筋)，最后在接缝内或连同在板上现浇一部分混凝土使结构连成整体，这样的装配式梁桥通常称为组合式梁桥，其横截面如图 4-24f、g、i 所示。

目前国内外采用的组合式梁桥有两种形式：T 形组合梁桥和箱形组合梁桥。前者适用于钢筋混凝土和预应力混凝土简支梁桥，后者则只适用于预应力混凝土梁桥。工字形梁肋的下马蹄为配筋和架设时的稳定性所需要。上部带一点宽头，是为搁置预制板和现浇混凝土接缝所必需的。

这种工字形组合构件使拼装单元尺寸减小，重量减小，如16m、20m工字形构件的吊装重量相应为97.5kN、130.5kN，比装配式T形梁要小40%左右，如图4-25中虚线所示。

组合梁桥由于在主要承重结构的梁肋与翼板之间存在有混凝土施工接缝，这大大削弱了梁板之间抵抗弯曲切应力的能力。因此，为了使组合梁可靠地整体受力，就必须保证结合面的抗剪强度，通常以适当加大肋顶宽度和借助自肋内的伸出钢筋来达到。施工时，结合面应按规定做接缝处理。

另外，组合梁是分阶段受力的，在梁肋架设后，所有后安装的预制板和现浇桥面混凝土(甚至现浇横隔梁)的重量，连同梁肋本身的自重，都要由较矮的预制梁肋来承受。这与装配式T形梁由主梁全截面来承受全部恒载不同，不带翼板的肋部的抗弯惯性矩比整体的T形梁小得多(肋高较矮,中性轴下移,内力偶臂小,且受压混凝土不足)，这就大大增加了梁肋承受全部结构恒载的负担，对此不但要加大梁肋的截面尺寸，而且要增加截面配筋数量。梁肋混凝土用量的增加又加大桥梁的恒载。图4-26所示为装配式T形梁与组合梁跨中截面恒载弯矩和活载弯矩两阶段受力的应力图形比较。从图中可见，当跨度稍大而恒载占重要份量时，组合梁梁肋顶缘的压应力起控制作用。由此可知，组合式梁桥拼装单元吊装重量的减小，是用增加材料耗费和施工复杂性的代价换来的，故一般跨径不能做得太大。

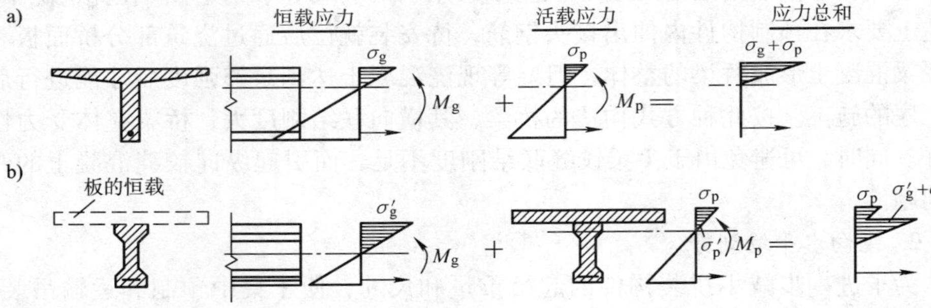

图4-26　装配式T形梁与组合梁的应力图比较

工字形梁肋的横向抗弯刚度小，在预制、运输、吊装阶段的稳定性较差。

图4-24i所示箱形组合梁桥的主要预制构件是开口的槽形梁，这种截面的形心轴较低，底板又处于受拉区，故不适宜于钢筋混凝土简支梁。然而，如果采用预应力混凝土使全截面参与受力，就能充分发挥其抗弯、抗扭刚度大，对荷载横向分布有利和节省材料用量等优点。目前，国内已有先张法预应力混凝土箱形组合梁桥标准设计的跨径为16m、20m和25m三种，其相应的吊装重量为112kN、150kN和250kN。槽形构件的横向抗弯刚度大，形状稳定性好，这对运输与安装也有利。

应该指出，对于预应力混凝土组合构件(工字形或槽形等)来说，由于其截面总比全截面的整体梁小，则为了使梁的下缘达到同样的压应力储备，所需的预加力可小些。这一点可使组合式梁桥所固有的两阶段受力的缺点得到某些补偿。但需注意，预制梁在传递预应力时，梁两端可能出现过大的预应力负弯矩，需要采用适当措施加以解决。

3. 纵、横向竖缝划分

要使装配式梁的预制块件进一步减小尺寸和重量，尚可将用纵向竖缝划分的主梁再通过横向竖缝划分成较小的梁段。图4-27就表示这种横向分段装配式T形梁的纵、横截面图。显然，对于这样的预制梁段，由于没有钢筋穿过接缝，就必须在安装对位后串连以预应力筋施加预压力才能保证所有接缝具有足够的连接强度，使梁整体受力。因此横向分段预制的装配式梁也称串连梁。

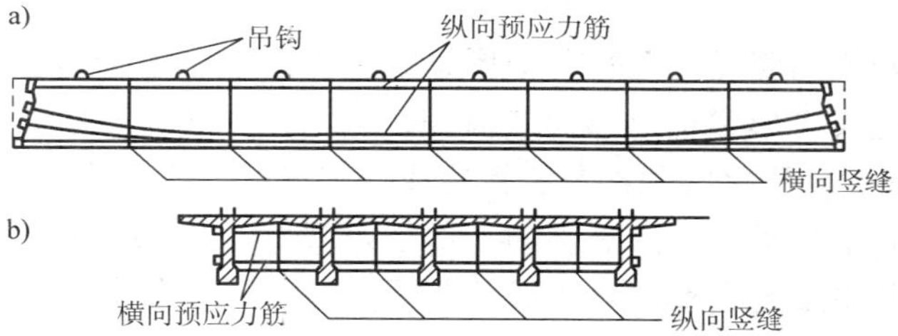

图4-27 梁的横向单元划分方式

串连梁的主要优点是块件尺寸小，重量小，可以工厂化成批预制后方便地运至工地。图4-28所示为各种横向分段的块件类型，在预制时均应按预应力筋设计位置留出孔道，图4-28b示出了工字形块件为横向预应力筋留置的孔道。施工时，将梁段在工地组拼台上或在桥位脚手架上正确就位，并在梁段接触面上涂上薄层环氧树脂(厚度通常在1mm以下)，这样逐段拼装完成后便穿入预应力筋进行张拉，使梁连成整体。

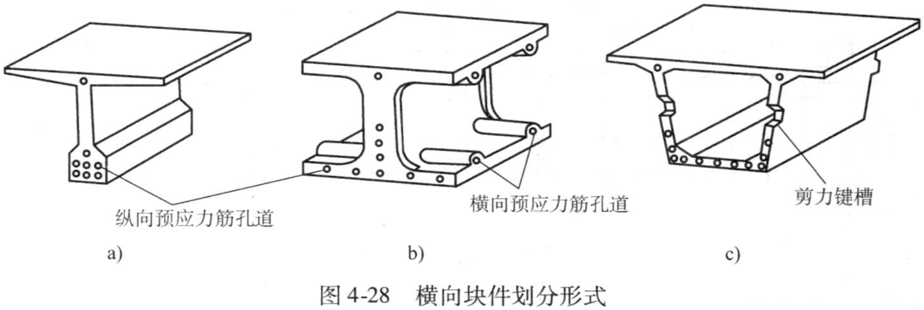

图4-28 横向块件划分形式

对于箱形和槽形梁段，为了简化预制工作，也可不在块件内预留孔道，而将预应力筋直接设置在底板上面，待张拉锚固后再在底板上浇筑混凝土覆盖层，以保护预应力筋。

这种装配方案的不足之处是块件预制精度要求很高，用环氧树脂作粘结剂时，块件端面互接时间隙不应厚于环氧树脂涂层的厚度。为此，就要采用全梁预制的方法（在相邻梁段间隔以厚度为0.16cm 的薄钢板），或采用间隔浇筑的方法（利用先浇好块件的端面涂以某种隔离剂后作为后浇梁段的端模）。有时为了简化预制工作，也可采用2.0~10.0cm 厚的砂浆或无筋混凝土接缝，采用更宽的接缝时，应将相邻块件中伸出的钢筋搭接起来。显然，砂浆或混凝土缝的施工较麻烦，接头又要等待达到规定强度后才能穿束张拉。横向分段的简支梁桥目前在国内使用尚少。

4.4.2 装配式钢筋混凝土简支梁桥构造

目前，装配式钢筋混凝土简支 T 形梁桥在工程中应用较为普遍，图 4-29 所示为典型的装配式 T 形梁桥上部构造概貌，它由几片 T 形截面的主梁并列在一起装配连接而成。T 形梁的顶部翼缘板构成行车道板，是车轮荷载直接作用的位置。与主梁梁肋垂直相连的横隔梁的下部以及 T 形梁翼板的边缘均设焊接钢板连接构造，将各主梁连成整体，形成 T 形梁与横隔梁共同构成的桥梁空间受力体系。通过以上构造方式，实现作用在行车道板上的局部车轮荷载通过翼缘板传递至各片主梁，由主梁与横隔梁共同承受。

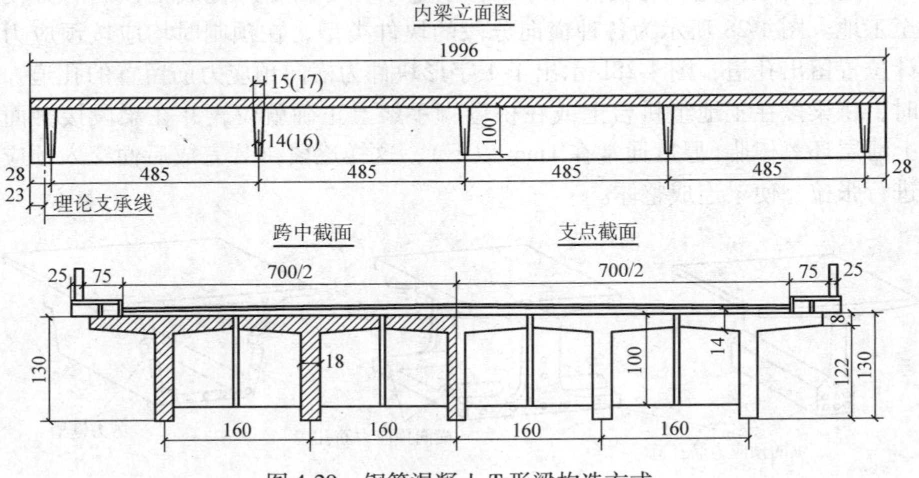

图 4-29 钢筋混凝土 T 形梁构造方式

4.4.2.1 构造布置

1. 主梁布置

主梁布置的关键问题是主梁间距或片数的确定。当设计中给定了桥面宽度，需根据桥下净空的要求，首先确定主梁高度；然后根据行车道板受力要求，确定主梁间距；最后综合考虑结构构造的要求(结构最小尺寸、钢筋布置等)确定主梁片数。主梁片数的多少与钢筋和混凝土的材料用量以及构件的吊装重量有关，而且还影响翼缘板的受力性能。因此，当桥梁跨径较大时，如果建筑高度不受限制，则可通过适当加大主梁间距来减少主梁片数，可降低钢筋混凝土用量，从而达到经济的目的；但主梁片数减少，势必增大桥面板跨径，悬臂翼缘板端部较大的挠度对引起桥面接缝处纵向裂缝的可能性增大。同时，构件重量的增大也给运输和架设工作带来困难。我国在编制装配式T形梁桥标准设计时，曾选用10m和20m两种跨径的桥梁，按净—7附2×1.0m的桥面净空，对翼板宽度为1.6m的五梁式以及翼板宽度为2.0m的四梁式进行了分析比较。结果表明，在梁高相同的情况下，两者在材料用量方面相差不大；但鉴于五梁式的翼板刚度较大和目前的施工设备条件，并考虑到标准设计尺寸模数化的要求，最后统一采用了主梁间距为1.60m的五梁式设计。因此主梁的布置需综合考虑以上影响因素，根据具体情况加以确定。

2. 横隔梁布置

横隔梁在装配式T形梁桥中起着保证各根主梁相互连接成整体的作用，它的刚度愈大，桥梁的整体性愈好，在荷载作用下各主梁就能更好地共同工作。由于横隔梁与主梁一同预制，其构造特点使横隔梁与主梁交界处的模板复杂化，增加了模板脱模时的难度。因此，横隔梁且宜做成上宽下窄和内宽外窄的楔形，便于施工中模板的脱模，图4-29所示为横隔梁外端的尺寸，括弧内的数字表示它与主梁梁肋连接处的宽度。

在20世纪60年代中、后期，为了简化T形梁的预制施工，我国不少地区曾试建过一些无横隔梁的T形梁桥。但实践表明，这种桥梁构造方式易沿翼缘板接缝处产生纵向开裂的问题。同时，主梁梁肋的裂缝也比有横隔梁的T形梁多。翼缘板接缝处产生裂缝的原因是主梁间连结刚度不足引起的开裂；T形梁梁肋裂缝的增多是由于各片主梁共同受力性能不好，单片主梁承受的车辆荷载过大而出现过多裂缝的原因。因此，目前T形梁的构造要求，T形梁端部和跨中必须设置横隔梁，其他中间横隔梁设置与否，需根据桥梁跨度、结构布置及构造要求确定。当T形梁的跨径在13m以上时，宜根据跨度、荷载、行车道板构造等情况，在跨径内增设1~3道横隔梁。横隔梁的设置在加强全桥的整体性的同时，还可以保证T形梁在制造、运输和安装阶段构件的稳定性。

4.4.2.2 主梁钢筋构造

1. 一般构造

装配式T形简支梁桥的钢筋可分为纵向主钢筋、架立钢筋、斜钢筋、箍筋和分布钢筋等几种。

简支梁承受正弯矩作用且截面下缘受拉，故抵抗拉力的主钢筋应设置在梁肋的下缘。随着弯矩向支点处减小，主钢筋可在跨间适当位置处切断或弯起。为保证主筋在梁端有足够的锚固长度和加强支承部分的强度，《公桥规》规定：

1）钢筋混凝土梁内纵向受拉钢筋不宜在受拉区截断。如需截断时，应从按正截面抗弯承载能力计算充分利用该钢筋强度的截面至少延伸（l_a+h_0）长度（见图4-30，图中 $A—A$：钢筋强度充分利用截面，$B—B$：按计算不需要钢筋①的截面；①②③④钢筋批号；1—弯矩图），此处 l_a 为受拉钢筋最小锚固长度，h_0 为梁截面有效高度。同时应考虑从正截面抗弯承载力计算不需要该钢筋的截面至少延伸 $20d$（环氧树脂涂层钢筋 $25d$），此处 d 为钢筋直径。纵向受压钢筋如在跨间截断时，应延伸至按计算不需要该钢筋的截面以外至少 $15d$（环氧树脂涂层钢筋 $20d$）。

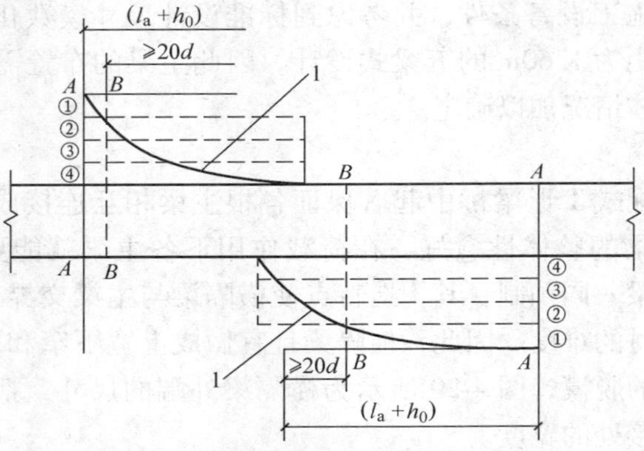

图4-30 纵向受拉钢筋截断时的延伸长度

2）钢筋混凝土梁的支点处，应至少有 2 根且不少于总数的 1/5 的下层受拉主钢筋通过；两外侧钢筋，应延伸出端支点以外，并弯成直角，顺梁高延伸至顶部，与顶层纵向架立钢筋相连。两侧之间的其他未弯起钢筋，伸出支点截面以外的长度不应小于 10 倍钢筋直径（环氧树脂涂层钢筋为 12.5 倍钢筋直径）；R235 钢筋应带半圆勾（见图 4-31）。

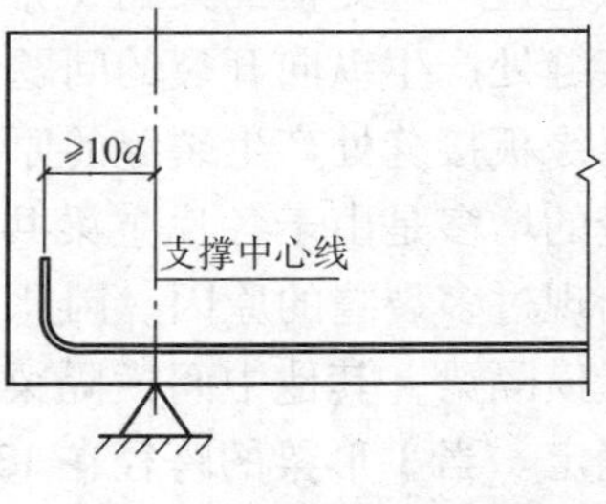

图 4-31 梁端主筋的锚固

对于各种受力钢筋，如通过计算和作图允许将其在梁内切断，则被切断的钢筋应当比理论切断点再放长一个规定的锚固长度，以保证该钢筋从理论切断点起能充分受力。最小锚固长度根据受力状态及钢筋种类而定，可参照表 4-2 采用。

表 4-2　钢筋最小锚固长度 l_a

钢筋种类			R235				HRB235				HRB400，KL400			
混凝土强度等级			C20	C25	C30	≥C40	C20	C25	C30	≥C40	C20	C25	C30	≥C40
项目	受压钢筋		40*d*	35*d*	30*d*	25*d*	35*d*	30*d*	25*d*	20*d*	40*d*	35*d*	30*d*	25*d*
	受拉钢筋	直端					40*d*	35*d*	30*d*	25*d*	45*d*	40*d*	35*d*	30*d*
		弯钩端	35*d*	30*d*	25*d*	20*d*	30*d*	25*d*	25*d*	20*d*	35*d*	30*d*	30*d*	25*d*

注：*d* 为钢筋直径。

简支梁剪力的分布由支点向跨中逐渐减小，为提高梁体的抗剪性能，一般通过设置箍筋和弯起的主筋来实现。

箍筋的设置按《公桥规》规定：钢筋混凝土梁中应设置直径不小于1/4 主筋直径的箍筋，其配筋率 ρ_{sv} 对 R235 钢筋不应小于0.18%，HRB235 钢筋不应小于0.12%。箍筋间距应不大于梁高的1/2 且不大于400mm；当所箍钢筋为按受力需要的纵向受压钢筋时，不应大于所箍钢筋直径的15 倍，且不应大于400mm。在箍筋绑扎搭接接头范围内的箍筋间距，当绑扎钢筋受拉时，不应大于主钢筋直径的5 倍，且不大于100mm；当搭接钢筋受拉时，不应大于主钢筋直径的10 倍，且不大于200mm。在支座中心向跨径方向长度相当于不小于一倍梁高范围内，箍筋间距不宜大于100mm。近梁端第一根箍筋应设置在距端面一个混凝土保护层距离处。梁与梁或梁与柱的接范围内可不设置箍筋；靠近交接面的一根箍筋，其与交接面的距离不宜大于50mm。

由主钢筋弯起的斜向钢筋用来增强梁体的抗剪强度。《公桥规》规定：钢筋混凝土梁当设置弯起钢筋时，其弯起角宜取45°。受拉区弯起钢筋的弯起点，应设在按正截面抗弯承载力计算充分利用该钢筋强度的截面以外不小于 $h_0/2$ 处，此处 h_0 为梁的有效高度；弯起钢筋可在按正截面受弯承载力计算不需要该钢筋截面面积之前弯起，但弯起钢筋与梁中心线的交点应位于按计算不需要该钢筋的截面之外（见图4-32）。弯起钢筋的末端应留有锚固长度：受拉区不应小于20 倍钢筋直径，受压区不应小于10 倍钢筋直径，环氧树脂涂层钢筋增加25%；R235 钢筋尚应设置半圆弯钩。靠近支点的第一排弯起钢筋顶部的弯折点，简支梁或连续梁边支点应位于支座中心截面处，悬臂梁或连续梁中间支点应位于横隔梁（板）靠跨径一侧的边远处，以后各排（跨中方向）弯起钢筋的顶部弯折点，应落

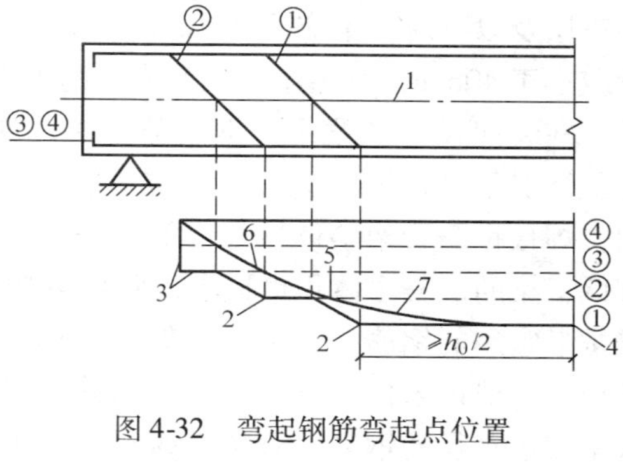

图4-32　弯起钢筋弯起点位置

在前一排(支点方向)弯起钢筋的梁底部弯折点处或弯折点以内。弯起钢筋不得采用浮筋。

为了防止梁肋侧面因混凝土收缩等原因而导致混凝土裂缝，因此需要设置纵向防裂分布钢筋(见图4-33)。《公桥规》规定：T形、I形截面梁或箱形截面梁的腹板两侧，应设置直径为6~8mm的纵向钢筋，每腹板内钢筋截面积宜为$A_s=(0.001\sim0.002)bh$，其中b为梁肋宽度，h为梁的全高。其间距在受拉区不应大于腹板宽度，且不应大于200mm，受拉区不应大于300mm。在支点附近剪力较大区段和预应力混凝土梁锚固区段，腹板两侧纵向钢筋截面面积应予以增加，纵向钢筋间距宜为100~150mm。

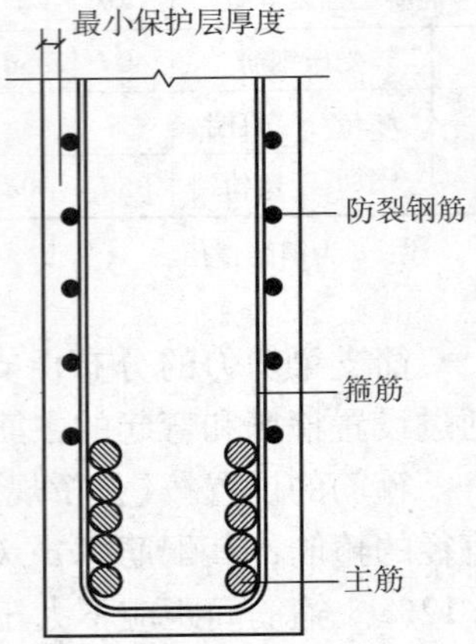

图4-33 钢筋布置图

架立钢筋布置在梁肋的上缘，主要起固定箍筋和斜筋并使梁内全部钢筋形成立体或平面骨架的作用。

为了防止钢筋受到大气影响而锈蚀，并保证钢筋与混凝土之间的粘着力充分发挥作用，钢筋到混凝土边缘需要设置保护层。若保护层厚度太小，就不能起到以上作用，太大则混凝土表层因距钢筋太远容易破坏，且减小了钢筋混凝土截面的有效高度，受力情况也不好。因此《公桥规》规定：普通钢筋的最小保护层厚度(钢筋外缘至混凝土表面的距离)不应小于钢筋的公称直径且应符合规范中的相关规定。当受拉区主筋的混凝土保护层厚度大于50mm时，应在混凝土保护层内设置直径不小于6mm，间距不大于100mm的钢筋网。

为了使混凝土的粗骨料能填满整个梁体，以免形成灰浆层或空洞，保证浇筑混凝土的质量。《公桥规》规定：受弯构件的钢筋净距应考虑浇筑混凝土时，振捣器可以顺利插入。各主钢筋间横向净距和层与层之间的竖向净距，当钢筋为三层及以下时，不应小于30mm，并不小于钢筋直径；当钢筋为三层以上时，不应小于40mm，并不小于钢筋直径的1.25倍。

在装配式T形梁中，钢筋数量多，如按钢筋最小净距要求排列就有困难，在此情况下可将钢筋叠置，并与斜筋、架立钢筋一起焊接成钢筋骨架。试验证明，焊接钢筋骨架整体性好，能保证钢筋与混凝土共同工作，其钢筋重心位置较低，梁肋混凝土体积也较小，此外可避免大量就地绑扎工作，是装配式T形梁桥最常用的钢筋构造形式。然而，焊接钢筋骨架的主筋与混凝土的粘结面积较小，一般说来抗裂性能稍差，因此，在实践中采用螺纹形或竹节形钢筋，并选用较小直径的钢筋，有条件时还可将箍筋与主筋接触处点焊固结，以增大其粘结强度，从而改善其抗裂性能。在焊接钢筋骨架中，为保证焊接质量，使焊缝处强度不低于钢筋本身强度，对焊缝的长度《公桥规》规定：钢筋混凝土梁采用焊接钢筋时，可用侧面焊缝使之形成骨架(见图4-34)。侧面焊缝设在弯起钢筋的弯折点处，并在中间直线部分适当设置短焊缝。焊接钢筋骨架的弯起钢筋，除用纵向钢筋弯起外，亦可用专设的弯起钢筋焊接。斜钢筋与纵向钢筋之间的焊接，宜用双面焊缝，其长度应为5倍钢筋直径，纵向钢筋之间的短焊缝应为2.5倍钢筋直径；当必须采用单面焊缝时，其长度应加倍。焊接钢筋骨架的钢筋

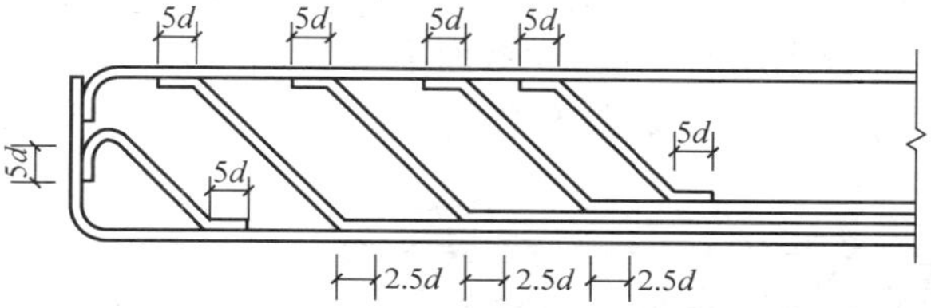

图4-34　焊接钢筋骨架

层数不应多于六层，单根钢筋直径不应大于32mm。

T形梁翼缘板内的受力钢筋沿横向布置在板的上缘，以承受悬臂负弯矩。同时，在顺主梁跨径方向还应设置一定数量的分布钢筋(见图4-35)。《公桥规》规定：

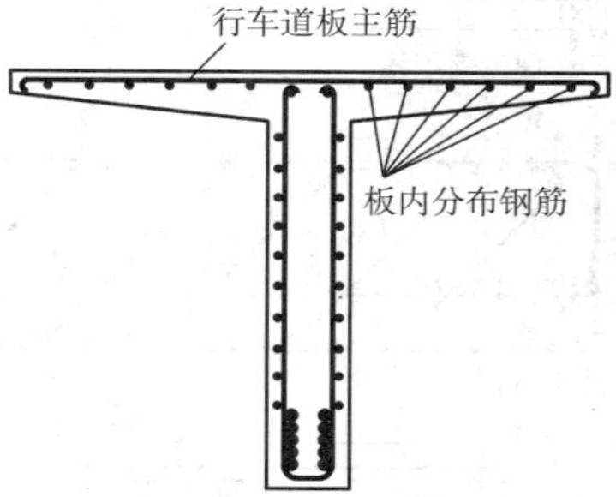

图4-35　T形梁行车道板钢筋布置

1）T形梁翼缘板(行车道板)内主钢筋直径不应小于10mm。人行道板内的主钢筋直径不应小于8mm。在简支板跨中和连续板支点处，板内主钢筋直径间距不应大于200mm。

2）行车道板内应设置垂至于主钢筋的分布钢筋。分布钢筋设在主钢筋的内侧，其直径应不小于8mm，间距不应大于200mm，截面面积不宜小于板的截面面积的0.1%。在主钢筋的弯折处，应布置分布钢筋。人行道板内分布钢筋直径不应小于6mm，其间距不应大于200mm。

另外，T形梁在浇筑桥面铺装层以前，尚应按施工荷载验算顶部主筋的受力。如施工荷载很大，则板内配筋由施工荷载控制。

2. 主梁钢筋构造实例

图4-36为一装配式T形梁的钢筋构造实例，墩中距20m，梁的全长为19.96m(当多跨布置时，在墩上相邻梁的梁端之间留有4cm的伸缩缝)，主梁和横隔梁的布置以及主要尺寸如图4-37所示。T形梁的设计荷载为汽车—15级，验算荷载为挂车—80。全桥设置5道横隔梁，支座中心至主梁梁端的距离为0.23m。

梁内配置的纵向受力钢筋为 8 根直径为 32mm 和 2 根直径为 16mm 的Ⅱ级钢筋，编号分别为 *N*1、*N*2、*N*3、*N*4 和 *N*6，其中最下一层的 2 根 *N*1(占主筋截面积的 20% 以上)通过梁端支承中心，其余 8 根则沿跨长按梁的弯矩图形在一定位置弯起。

梁顶设直径为 *N*5 为 32mm 的架立钢筋，它在梁端向下弯折并与伸出支承中心的主筋 *N*1 相焊接。

箍筋 *N*14 和 *N*15 采用普通光圆钢筋，直径为 8mm，由于靠近支点处剪力较大和支座钢板锚筋的影响，故采用了下缺口的四肢式箍筋(见图 4-36，截面Ⅱ—Ⅱ)，在跨中部分则用双肢箍筋(截面Ⅰ—Ⅰ)。*N*12 为防裂分布钢筋，由于梁在靠近下缘部分拉应力较大，故布置得较密，向上则布置得较稀。

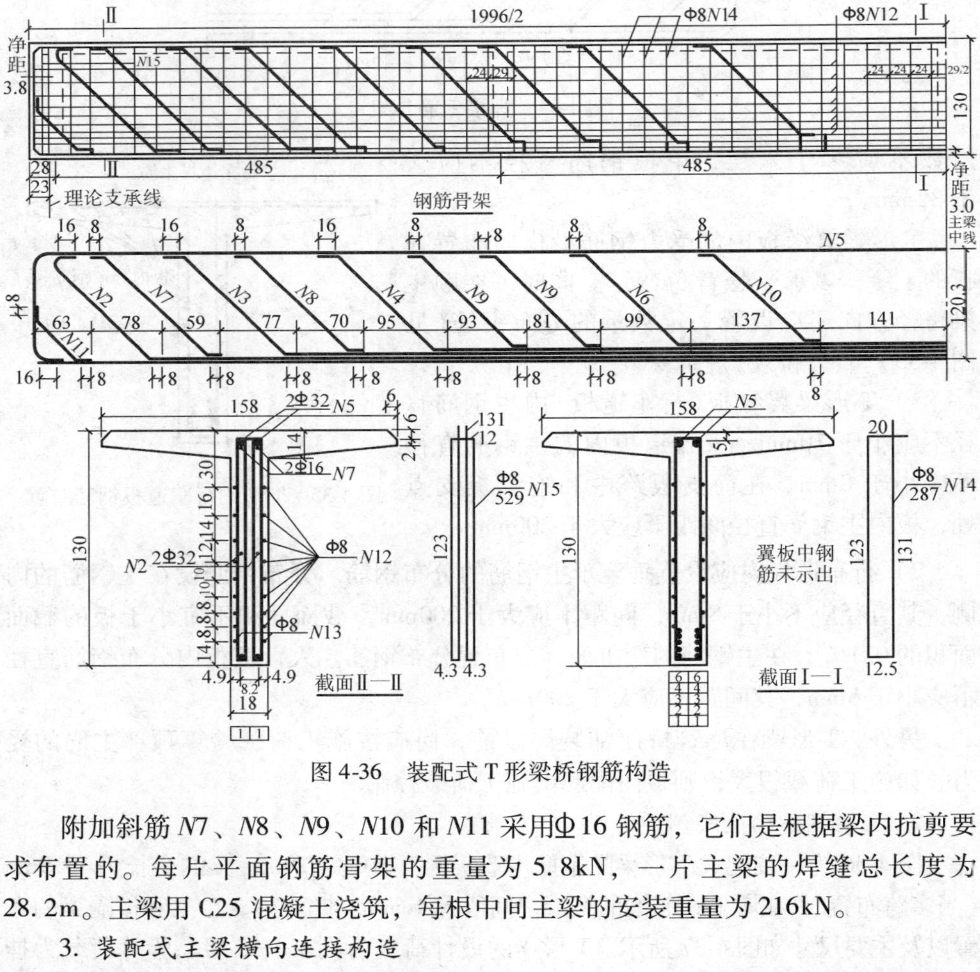

图 4-36　装配式 T 形梁桥钢筋构造

附加斜筋 *N*7、*N*8、*N*9、*N*10 和 *N*11 采用Φ16 钢筋，它们是根据梁内抗剪要求布置的。每片平面钢筋骨架的重量为 5.8kN，一片主梁的焊缝总长度为 28.2m。主梁用 C25 混凝土浇筑，每根中间主梁的安装重量为 216kN。

3. 装配式主梁横向连接构造

装配式简支梁桥通过端横隔梁和中横隔梁之间的连接接头构造，使所有主梁连接成整体共同受力。因此，接头构造非常重要，接头要有足够的强度，以保证结构的整体性，同时必须牢固可靠，保证桥梁运营过程中接头不致因荷载反复作用和冲击作用而发生松动。

横隔梁接头的连接方式常见的有三种：钢板连接接头、螺栓连接接头和现浇湿接头。

钢板连接接头是在横隔梁靠近下部边缘的两侧和顶部翼板内设置预埋的焊接钢板 A 和 B(见图4-37)，焊接钢板预先与横隔梁的受力钢筋焊在一起做成安装骨架。当T形梁安装就位后，在横隔梁的预埋钢板上再加焊盖接钢板，以使各片主梁连结成整体(见图4-38)。但由于端横隔梁的焊接钢板接头外侧(近墩台一侧)不易施焊，故焊接接头只设于内侧。相邻横隔梁之间的缝隙需用水泥砂浆填满，所有外露钢板也要用水泥灰浆封盖，以防连接钢板锈蚀。这种接头强度可靠，焊接后就能承受荷载，但现场要有焊接设备，而且有时需要在桥下进行仰焊，施工较困难。

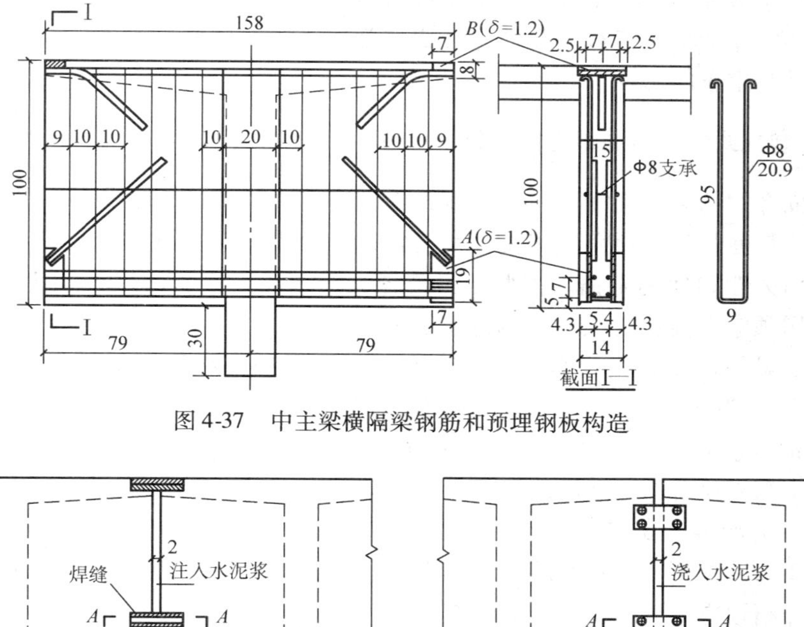

图4-37 中主梁横隔梁钢筋和预埋钢板构造

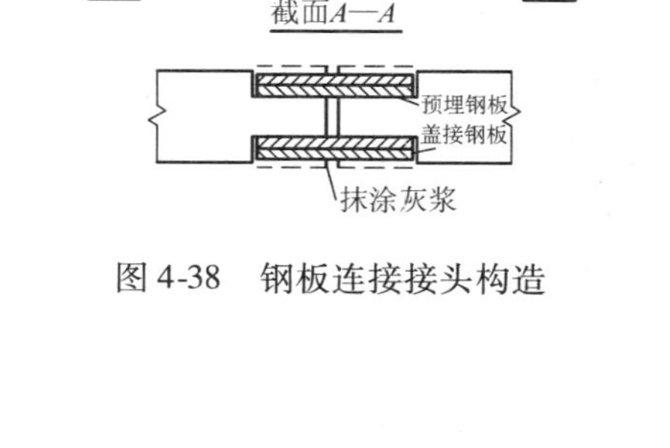

图4-38 钢板连接接头构造

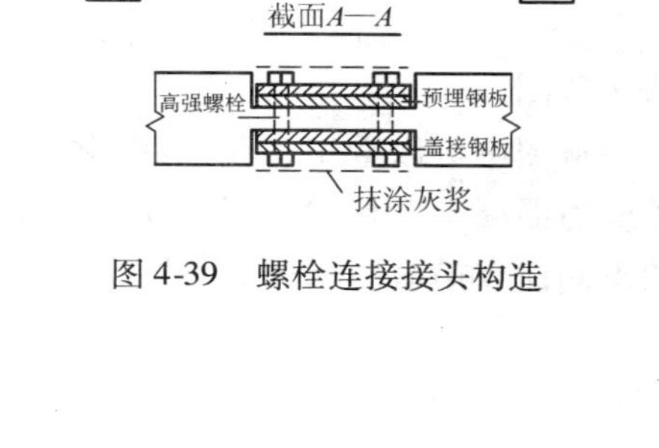

图4-39 螺栓连接接头构造

螺栓连接接头构造基本上与钢板连接接头相同，不同之处是盖接钢板不用电焊，而是用螺栓与预埋钢板连接，为此钢板上要预留螺栓孔。这种接头由于不用特殊机具而有拼装迅速的优点，但在运营过程中螺栓易于松动(见图4-39)。

现浇湿接头是通过预制横隔梁端部伸出的预留钢筋进行搭接，然后现浇混凝土的方法实现横隔梁之间的连接(见图4-40)。这种接头的做法是：横隔梁在预制时在接缝处伸出钢筋扣环A，安装时在相邻构件的扣环两侧再安上腰圆形的接头扣环B，在形成的圆环内插入短分布筋后现浇混凝土封闭接缝，接缝宽度约为0.20～0.50m。这种接头强度可靠整体性好，在工地不需要特殊机具。但现浇混凝土数量较多，接头施工后也不能立即承受荷载。此种连接构造常用于主梁间距较大而需要缩减预制构件尺寸和重量的场合。

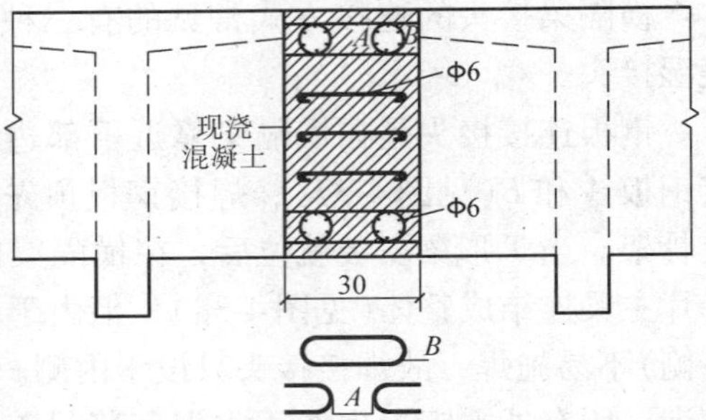

图4-40 现浇混凝土接头构造

4.4.3 装配式预应力混凝土简支梁桥构造

前面介绍的装配式钢筋混凝土梁式桥，当其跨径超过20m以后，提高桥梁的跨径不仅使材料用量急剧增加，而且混凝土开裂问题也往往比较严重，影响结构的耐久性和使用寿命。因此，当跨径大于20m，特别是30m以上的跨径，一般采用预应力混凝土结构更为经济、安全、可靠。目前，公路桥梁预应力混凝土简支梁的跨径已做到50～60m。1973年竣工的河南洛阳黄河桥采用了67孔、墩中心距为51.05m的装配式预应力混凝土简支T形梁桥，全长达3428.9m。我国交通部编制了25m、30m、35m和40m跨径的后张法装配式预应力混凝土简支梁桥的标准设计。

预应力混凝土简支梁桥的横截面形式基本上与钢筋混凝土梁桥相似，通常也做成T形、Ⅱ形、I形及箱形截面(见图4-41)。以下就桥梁的构造布置和配筋特点介绍预应力混凝土简支梁桥的构造。

4.4.3.1 构造布置

图4-41是跨径为30m、桥面净空为净—7＋2×0.75m人行道的标准设计构造布置图。

从图中可以看出，我国编制的公路桥涵标准图中，无论是钢筋混凝土还是预应力混凝土T形梁，主梁间距全部采用1.6m，并根据桥面净空和人行道宽度的不同而在横截面内相应采用5、6和7片主梁。这种横截面布置主要为了能尽

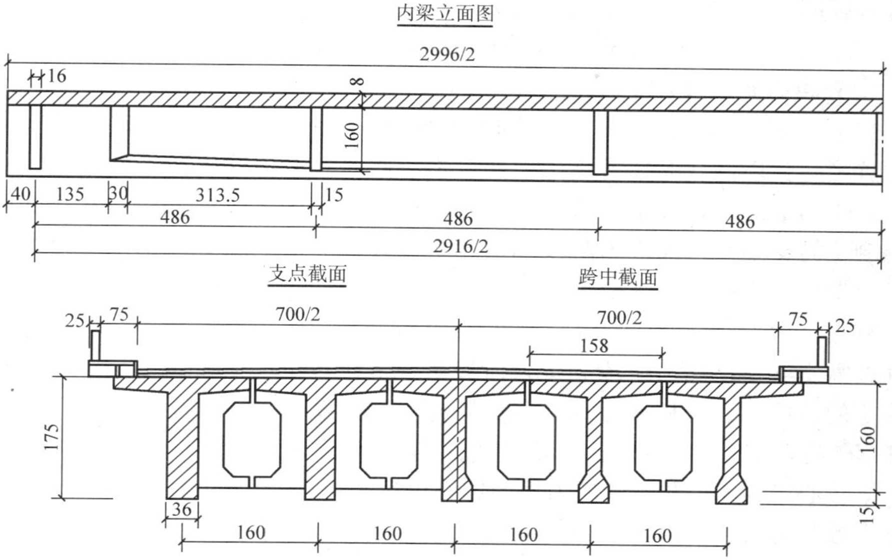

图 4-41　预应力混凝土简支 T 形梁构造方式

量减小主梁重量，便于安装，并使其与一般钢筋混凝土 T 形梁配合使用时在构造布置上能协调一致。

然而，对于跨径较大的预应力混凝土简支梁桥来说，主梁间距 1.6m 显然是偏小的。以跨径为 40m、净空为 7 + 2 × 0.75m 的设计进行比较的结果表明，梁距为 2.0m 时将比 1.6m 的节省预应力筋束 12%、普通钢筋 9% 和混凝土数量 12%，并且少一片主梁，可以减少预制和吊装的工作量，加快施工速度，但梁重将增大 13%。因此，当吊装重量不受控制时，对于较大跨径的 T 形梁，宜推荐较大的主梁间距(1.8 ~2.3m)。诚然，为了防止桥面和翼缘开裂，主梁间距也不宜过大，但如桥面板施加横向预应力时，主梁间距则可适当加大。

预应力混凝土简支 T 形梁的梁肋下部通常要加宽做成马蹄形，以便钢丝束的布置和满足承受很大预压力的需要。为了配合钢丝束的弯起，在梁端能布置钢丝束锚头和安放张拉千斤顶，在靠近支点处腹板也要加厚至与马蹄同宽，加宽范围最好达一倍梁高(离锚固端)左右，这样就形成了沿纵向腹板厚度发生变化、马蹄部分也逐渐加高的变截面 T 形梁，如图 4-41 所示。

纵向横隔梁的布置基本与钢筋混凝土梁桥相同。但当主梁跨度大、梁较高的情况下，为了减小重量而往往将横隔梁的中部挖孔。

4.4.3.2　装配式预应力混凝土简支梁的配筋设计与构造

预应力混凝土简支梁内的配筋，除纵向预应力筋外，尚有架立钢筋、箍筋、水平分布钢筋、承受局部应力的锚下加强钢筋和其他构造钢筋等。下面主要介绍各种配筋的作用和构造特点；预应力混凝土构件的设计方法；预应力钢束布置方式；预应力钢束的锚固方法及锚下加强钢筋的配置。

1. 预应力钢筋设计

（1）截面效率指标的概念　截面效率指标是指在截面尺寸拟定与预应力钢束配置之间合理设计的技术指标，换言之，截面效率指标体现了在截面尺寸及预应力钢筋确定的条件下，截面设计与配筋设计的优化设计方法。下面以预应力混凝土简支梁在预加应力阶段和使用阶段，截面上下缘不出现拉应力为技术标准，探讨截面的最优化设计与预应力钢筋的合理布置方法之间的关系。

首先，为了合理设计预应力混凝土梁的截面尺寸，下面按简支梁在预加力阶段和运营阶段上、下缘拉应力为零的前提下，分析其截面的受力特点。任意截面的截面特征如图 4-42 所示。假定截面的高度为 h，上、下核心距为 k_0、k_u，预应力筋的偏心距为 e。

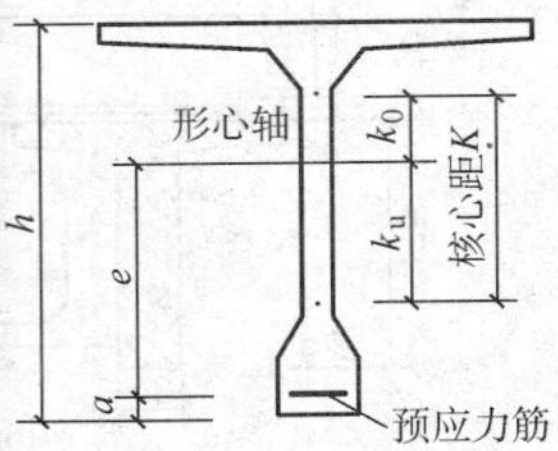

图 4-42　截面特征

在预应力阶段，假定施加偏心预应力为 N_y，偏心距为 e，截面由支点向跨中的变化过程中，梁内的自重弯矩逐渐增加。从应力图形来分析，预应力与自重形成的合力 N 的作用点逐渐上移（见图 4-43a）。在跨中截面预应力和自重弯矩 M_{g1} 的共同作用下，合力 N 移动了距离 e'，而达到了截面的下核点，截面上缘就达到零应力状态。

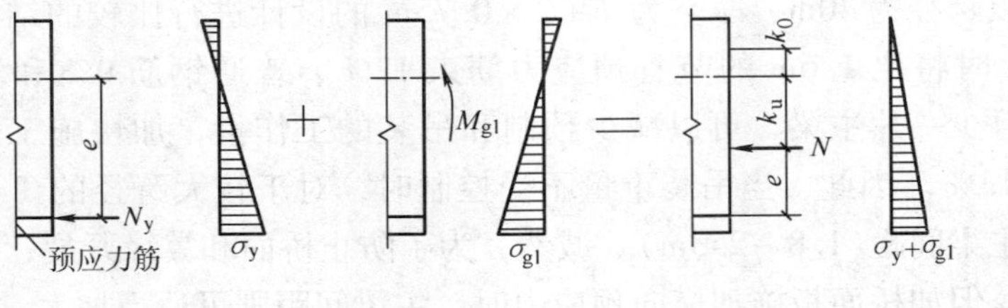

图 4-43　预应力混凝土简支梁的应力状态

在运营阶段，如果计及预应力损失 ΔN_y 后截面内合力为 $N_y' = N_y - \Delta N_y$，则在后期恒载（桥面铺装、人行道、栏杆）弯矩 M_{g2} 和活载弯矩 M_p 的作用下，合力N_y'

将从下核点移至上核点，即移动了 $k=k_u+k_0$ 的距离，此时截面下缘的应力刚好为零(见图4-43b)。

对以上两个受力阶段可写出内力平衡式

$$N_y e' = M_{g1} \tag{4-1}$$

$$(N_y - \Delta N_y)(k_u + k_0) = M_{g2} + M_p \tag{4-2}$$

从式(4-1)可以看出，偏距 e' 实际上起了抵消主梁自重的作用，而且 e' 大了，可以减小 N_y，从而节约了预应力筋的数量。因此在截面设计中应使截面的形心要高，这样才能加大偏距 e'。这也说明了当跨度较大、自重较大时一般应增大梁距采用较宽翼缘板的原因。

再从式(4-2)可以看出，截面核心距的大小体现了运营阶段承受荷载的能力，而且核心距 k 越大预应力筋就越节省。

在此假设截面效率指标为核心距与梁高的比值

$$\rho = k/h \tag{4-3}$$

不同截面形式的效率指标有一定的取值范围，表4-3中列出了一些常用的截面效率指标值。ρ 值较大的截面较为经济，通常希望 ρ 值在0.45~0.5以上。在具体设计中，还要视 $g_1/(g_2+p)$ 的荷载比值和梁高是否受限制来考虑。例如，对于自重(g_1)相对比较大的梁，宜采用T形或稍带马蹄的T形截面；而当后期恒载和活载 g_2+p 比较大，甚至梁高又受一定限制时，宜采用下翼缘设宽肢的工字形或箱形截面。

表4-3 截面效率指标

截面形状	ρ	截面形状	ρ
矩形截面	0.33	对称的工字形和箱形截面	0.50~0.60
空心板(开一个中心圆孔)		普通T形截面	0.40~0.45
圆孔直径 $d=0.6h$	0.44		
圆孔直径 $d=0.8h$	0.55	带马蹄的T形截面	0.45~0.55

(2) 截面细部尺寸　预应力混凝土简支梁桥的主梁高度按截面形式、主梁片数及建筑高度要求，可在较大范围内变化。对于常用的等截面简支梁，其高跨比可在1/15~1/25内选取，通常随跨径增大而取较小值，随梁数减少而取较大值。

从经济观点出发，当桥梁建筑高度不受限制时，采用较大的梁高显然是有利的，因为加高腹板使混凝土量增加不多，但节省预应力筋数量较多。故对于一般中等跨径的预应力混凝土T形梁，高跨比可取1/16~1/18左右。

T形梁翼板的厚度对于中小跨径按钢筋混凝土梁桥同样的原则来确定。为了减小翼板和梁肋连接处的局部应力集中和便于脱模，在该处一般还设置折线形承托或圆角。在预应力混凝土梁内，由于混凝土所受预压应力和预应力筋弯起能抵消荷载剪力的作用，肋中的主拉应力较小，因而肋宽一般都由构造和施工要求决定。从截面效率指标ρ来分析，肋板越薄，ρ值也越大。实践中通常采用0.14~0.16m。

（3）预应力钢束索界 预应力钢束索界是指后张法预应力混凝土简支梁中预应力筋曲线布置的范围，以保证截面在各个受力阶段不出现拉应力。

以张拉和运营阶段梁的上、下缘允许出现不大于规定拉应力值的部分预应力截面为例。由规定的拉应力值就可确定截面的特征点——限心点C_0和C_u，显然限心距将大于核心距K(见图4-44)。按照对于"截面效率指标"同样的分析方法可知，从下限心点C_u向下量取M_{g1}/N_y所得的曲线为索界下限；从上限点C_0向下量取$\sum M/N_y'$所得的曲线为索界上限(见图4-44)。这样，只要所布置的预应力筋重心位于此界限以内，就能保证梁任何截面在各个受力阶段上下缘应力都不超过规定值。同理，也可以绘出两个受力阶段受压区不超过允许值的相应索界线。显然，在实际布置时还要满足混凝土规定保护层的要求。

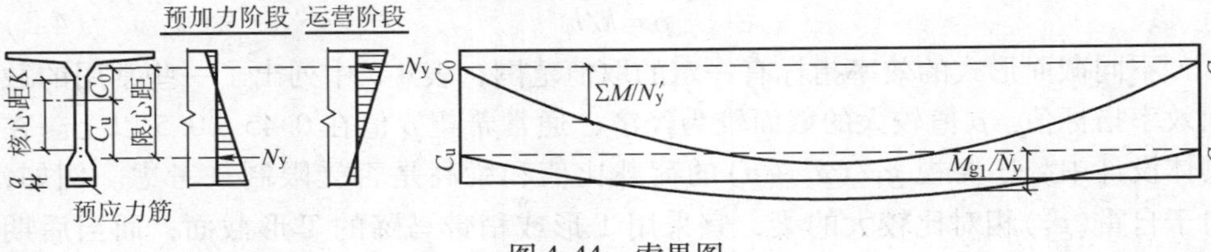

图4-44 索界图

从图中可见，由于简支梁弯矩向着梁端逐渐减小，故索界的上下限也逐渐上移，至支点处弯矩为零时，索界就是C_0和C_u点。这就是为什么在预应力钢筋布置时，必须将大部分预应力筋向梁端逐渐弯起的重要原因之一。

（4）减余剪力图 在任意截面内，当预应力筋的预加力N_y具有倾角α时，对于混凝土截面必然产生与荷载剪力相反的竖向分力(或称预剪力)$Q_y=N_y\sin\alpha$，它随α角的增大而增大，起弯的力筋越多，朝着支点方向所累计的Q_y值也越大。图4-45表示出简支梁内恒载剪力Q_g恒载与活载剪力Q_{g+p}、一部分预应力筋弯出梁顶时的预剪力Q_y以及减余剪力Q_g+Q_y和$Q_{g+p}+Q_y$的图形。由此可见，弯起的预应力筋显著抵消了梁内的荷载剪力，这样就大大减小了预应力混凝土梁内的切应力，并进一步降低了腹板所承受的主拉应力。这也是要将预应力筋弯起的另一重要原因。

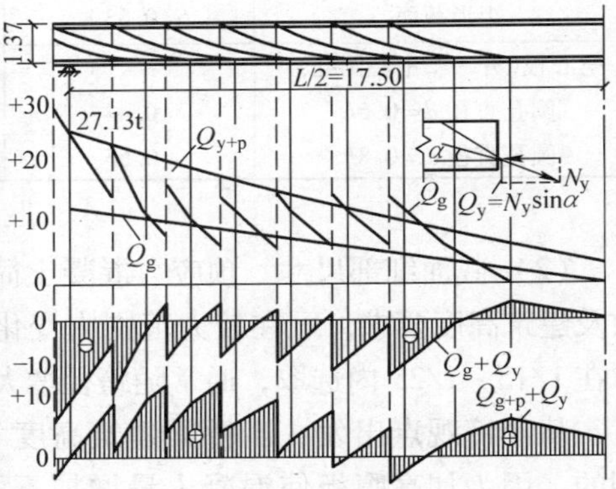

图4-45 减余剪力图

在实际设计中，鉴于梁在跨中区段弯矩变化平缓，荷载剪力也不大，故通常在三分点到四分点之间开始将预应力筋弯起。当然，预应力筋弯起后，截面亦必须满足破坏阶段的强度要求。

预应力筋弯起的曲线形状可以采用圆弧形、抛物线或悬链线三种，通常在曲线的矢跨比较小时，三者的各点坐标很接近。圆弧线施工放样简便，弯起角度较大，可得到较大的预剪力，故通常都在梁中部保持一段水平直线后并按圆弧弯起。悬链线的预应力筋(或制孔器)可利用其自重下垂达到规定线形，定位方便，但它在端部的弯起角度较小。预应力筋弯起的曲率半径，当采用钢丝束、钢绞线配筋时一般不小于4m。

预应力筋在跨中横截面内的布置，应在保证梁底保护层和位于索界内的前提下，尽量使其重心靠下，以增大预加力的偏心距，节省高强钢材。同时应使预应力筋在满足构造要求的同时，尽量相互靠拢，以减小下马蹄的尺寸。此外还应将适当数量的预应力筋布置在腹板中线处，以便于起弯。

2. 纵向预应力筋布置

预应力混凝土结构中预加应力的作用是对混凝土构件预先施加与使用荷载方向相反的荷载，用以抵消部分或全部荷载效应的一种方法。预应力混凝土简支梁设计中，预应力钢筋布置在满足索界界限要求的前提下，预应力钢筋的布置(特别是跨中截面)一般应尽量靠近截面的下缘布置，以抵消荷载在截面下缘产生的拉应力，图4-46所示为预应力混凝土简支梁常用的布筋方式。

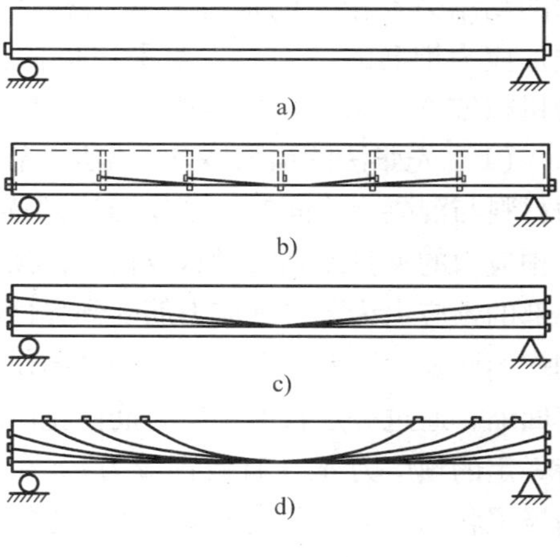

图4-46 纵向预应力钢筋布置

图4-46a采用直线形主筋布置方式，构造最为简单，适合于小跨径的先张法预应力混凝土简支梁桥。其缺点是由于预应力筋在全梁范围内对截面中性轴的偏心距相同，且预加力也基本相同，使得支点附近无法平衡的张拉负弯矩会在梁顶出现过高的拉应力，甚至遭致严重开裂。设计中一般采用将预应力筋在梁的端部到四分点之间分批失效，如可通过在预应力筋表面套塑料管将预应力筋与混凝土分开的方法来解决。

图4-46b、d采用曲线形主筋布置方式，适用于后张法预应力混凝土简支梁桥。由于预应力筋的曲线形式是根据梁的弯矩图确定的，可减小梁端附近的负弯矩并节省钢材，同时可提高梁的抗剪能力。将主筋在梁的中间截面处截断(见图4-46b)，此时，应将预应力筋在横隔梁处平缓地弯出梁体，以便进行张拉和锚固。这种布置的主要优点是主筋最省，张拉摩阻力也小，但此种布筋方式预

应力筋没有充分发挥抗剪作用，且梁体在锚固处的受力和构造也较复杂。

图4-46c、d是预应力混凝土简支梁桥应用最广的布筋方式。当预应力筋数量不太多，能全部在梁端锚固时，为使张拉工序简便，通常都将预应力筋全部弯至梁端锚固(见图4-46c)。这种布置的预应力筋弯起角不大(一般在20°以下)，有利减小摩阻损失。然而，当钢束根数较多时，或者当预应力混凝土梁的梁高受到限制，梁端不能满足锚固需要时，一般将部分预应力筋弯出梁顶锚固(见图4-46d)。这样的布置方式使张拉作业的操作稍趋繁复，且预应力筋的弯起角较大(达25°~30°)，增大了预应力的摩阻损失，但可缩短预应力筋长度，节约钢材，同时可提高梁的抗剪能力。

3. 纵向预应力筋的锚固体系

预应力锚固体系是指维持预加应力的构造体系，它是预应力混凝土成套技术的重要组成部分。按先张法和后张法采用不同的锚固体系。对于采用先张法工艺的预应力混凝土，预加应力钢筋的锚固主要利用预加应力材料与混凝土之间的粘结力及相关的加强和传力构造；对于采用后张法工艺的预应力混凝土，预加应力钢筋的锚固，主要采用机械构造物——锚具局部支承于混凝土。完善的机械锚固体系通常包括锚具、夹具、连接器及锚下支承系统等。

(1) 先张法的锚固体系　先张(先压或预弯)预应力混凝土，主要通过预加应力材料与混凝土之间的粘结作用达到锚固及传力要求。对于先张预应力筋，当施加预应力的夹具或临时锚具放松后，预应力筋端部的预应力为零，预应力筋受到弹性恢复力的作用而发生回缩，但混凝土的粘结作用阻止其回缩，通过一定长度预应力筋停止回缩而保持一定的预应力 σ_{pa}(有效预应力)。在正常使用极限状态下，从预应力筋应力为零的端部到应力为 σ_{pa} 的一段长度 l_{tr}，称为预应力筋应力的传递长度(见图4-47)；当外荷载增加到构件承载力达到极限状态，预应力筋的应力达到极限值 σ_{pu} 时，预应力筋不致被拔出，应力从 σ_{pu} 至零的一段长度 l_a 称为预应力筋的锚固长度(见图4-47)。传递和锚固长度显然直接与预应力筋的外形及所受应力、锚固时混凝土的强度等级等因素有关。

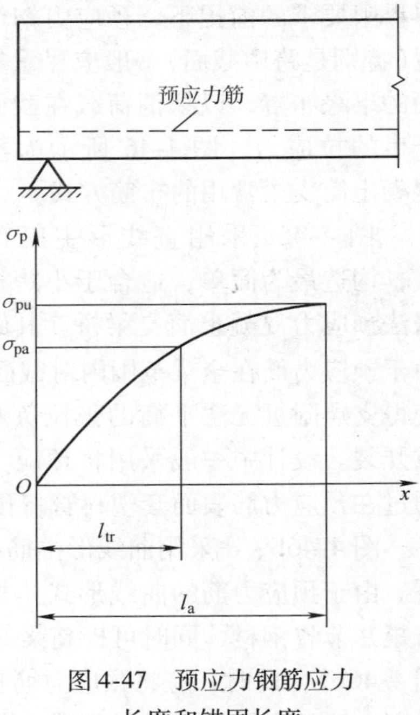

图4-47　预应力钢筋应力长度和锚固长度

预应力在传递过程中，粘结应力并不均匀分布。由于预应力筋的回缩滑动，一部分粘结应力被破坏，但预应力筋的回缩又使其直径增大，且越近端部越大，形成锚楔作用。同时，由于预应力筋周围混凝土限制其直径增大而引起较大的径向压力，由此产生的摩阻力比在钢筋混凝土中因混凝土收缩所产生的摩阻力更大。因此，预应力传递过程中的受力是很复杂的。为了计算方便，通过试验可以确定各种预应力筋的传递长度和锚固长度。预应力筋传递和锚固长度的设计取值可参照有关规范。

为确保粘结锚固体系的可靠性，改善锚固区的受力状态和传力状况，需在锚下配置局部加强钢筋，图4-48所示为先张法局部加强螺旋筋构造。

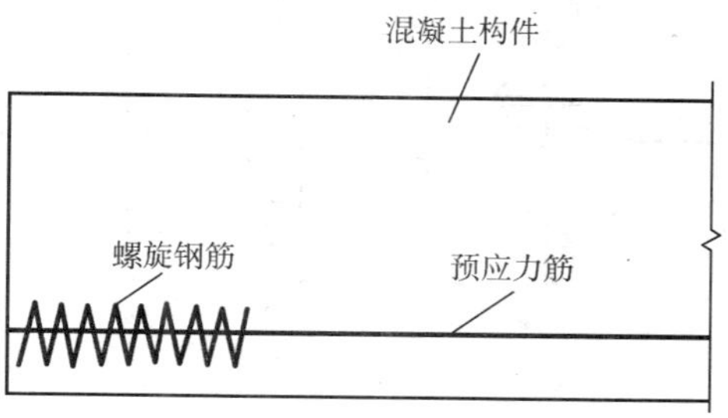

图4-48 预应力筋锚固区局部加强钢筋

（2）后张法的锚固体系 在后张法预应力混凝土中，预应力钢筋常采用锚具进行锚固，靠锚具传递预加力，锚具埋置在混凝土构件内不再取出。最常用的锚具是楔紧式锚具。

利用预应力筋拉力和横向挤压形成的摩阻力楔紧、锚固预应力筋，是楔紧式锚具的锚固原理。楔紧式锚具根据其构造分为锥塞式和夹片式两种。锥塞式锚具由带锥形孔的锚圈和锥形锚塞组成，高强钢丝或钢绞线夹于锚圈和锚塞之间，锚圈支承在锚垫板上(见图4-49a)；夹片式锚具由楔形夹片、带锥形孔的锚板组成，夹片一般由两或三片为一组，其间夹持预应力筋，锚板支承在锚垫板上(见图4-49b)。

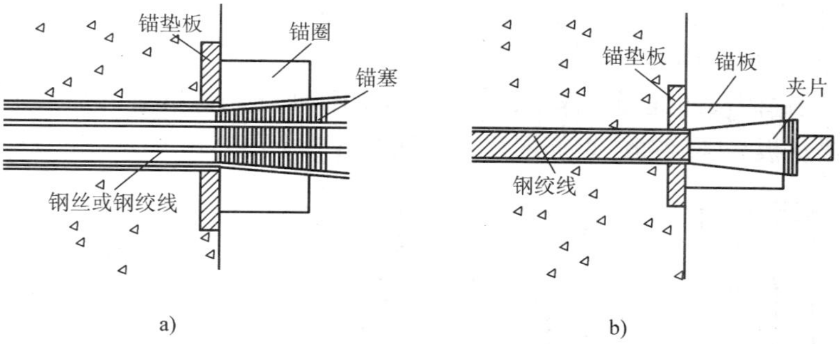

图4-49 楔紧式锚具构造示意

a）锥塞式锚具 b）夹片式锚具

由上述锚具构造可见，预应力筋通过镦头、螺牙或楔紧方式锚固后，预加力由支承作用面经锚垫板传递至混凝土体。因此，对混凝土而言，预加力的作用是一种局部承压作用。在锚具支承作用面下局部荷载 F_p 的作用下(见图4-50a)，锚下支承作用面 $A—A'$的压力非常集中，随着逐渐远离支承作用面，截面应力逐步扩散，最后均匀地传递到整个截面(如 $B—B'$截面)上。自 $A—A'$截面至开始均匀受力的 $B—B'$截面，这个区段一般称为过渡段或锚固段。实验和理论研究表明，过渡段的长度约等于构件的高度 h。因此常把等于 h 的这一过渡段称为端块。图 4-50b 表示端块的应力传递轨迹，可见端块的受力情况比较复杂，它不仅存在着不均匀的纵向应力，而且也存在着切应力和横向应力。

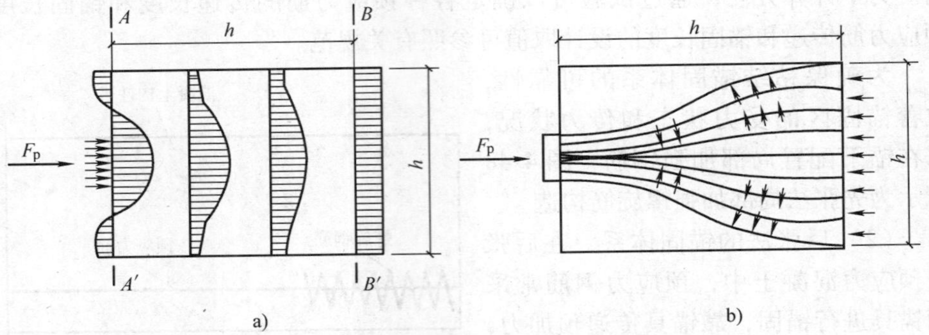

图 4-50 后张预应力锚下应力及传递轨迹示意

a）截面应力分布 b）锚下应力传递轨迹

锚垫板是后张预应力锚固体系的重要组成部分，锚下支承作用面的局部压力通过锚垫板扩散，分布到其与混凝土的接触面上。因此，锚垫板的厚度、平面面积、形状及其材料性能，对扩散、分布局部压力的作用较大。常用锚垫板主要用钢板或铸铁制成。钢锚垫板一般采用矩形平面形状，而铸铁锚垫板的形状较多，如垫板的平面有圆形、矩形等，垫板下还带有加肋或加承压面的喇叭过渡段。国内外同类锚具的区别主要在锚垫板的形状上。

在锚具支承作用面下，除与锚具相配套的锚垫板，还有螺旋筋或钢筋网片等，布置在锚固段的混凝土体中，作为锚下局部承压、抗劈裂的加强钢筋（见图 4-51）。锚垫板、螺旋筋或钢筋网片及锚固段混凝土整体构成了锚下支承系统。

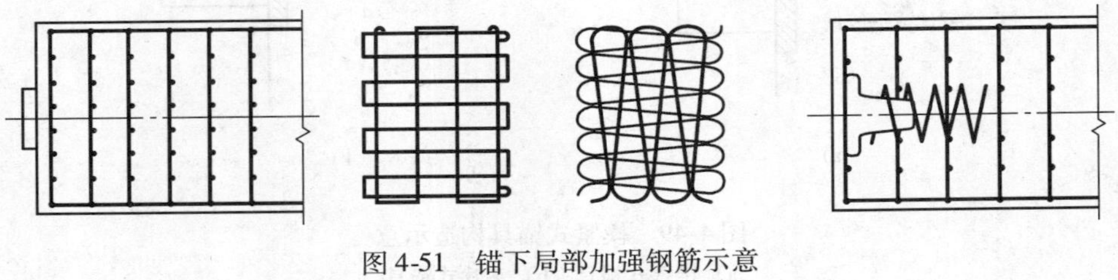

图 4-51 锚下局部加强钢筋示意

4. 非预应力钢筋的布置

预应力混凝土梁除按受力需要布置预应力钢筋外，还应根据结构构造的要求，布置架立筋、箍筋和纵向水平分布钢筋等非预应力钢筋，以形成钢筋骨架、梁的抗剪、防裂等问题。《公桥规》规定：预应力混凝土 T 形、I 形截面梁和箱形腹板内应分别设置直径不小于 10cm 和 12mm 的箍筋，且应采用带肋钢筋，间距不应小于 250mm；自支座中心起长度不小于一倍梁高范围内，应采用闭合式箍筋，间距不应小于100mm。在T形、I形截面梁下部的马蹄内，应另设置直径不小于8mm的闭合式箍筋，间距不应小于200mm，另外，马蹄内尚应设置直径不小于12mm的定位钢筋。

4.5 装配式预应力混凝土简支梁桥构造示例

图4-52所示为全桥上部结构为现浇后张预应力混凝土简支T形梁的横断面布置。桥面全宽35m，中央隔离带宽3m，地袱、防撞栏杆宽0.75m，两侧行车道各15.25m(四车道)。上部结构两半幅为左右对称，每半幅宽17.37m，由9片简支T形梁组成，中梁间距1.85m，边梁支承中线距悬臂端1.285m。单幅桥宽$B=1.285m+8\times1.85m+1.285m=17.37m$。设计荷载：汽—超20级，挂—120级。地震烈度：按8度设防。桥面铺装：7cm C30混凝土，9cm沥青混凝土(包括防水层)。栏杆重：0.75t/m。

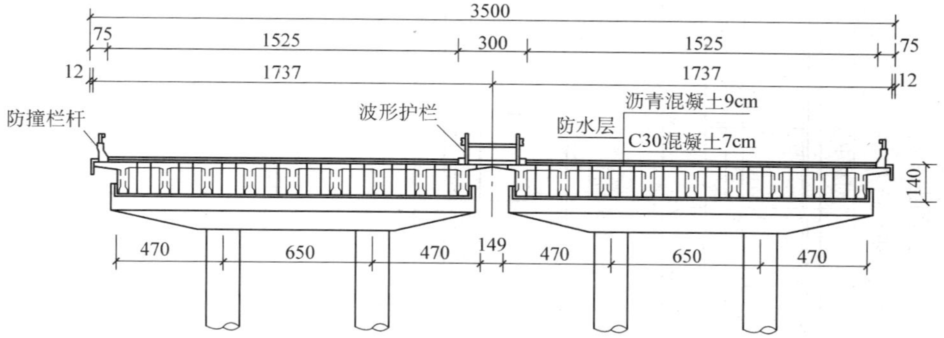

图4-52 桥梁横断面布置图

图4-53所示为主梁一般构造图。主梁采用C50混凝土带马蹄的T形截面，桥梁计算跨径24.20m。主梁梁长24.96m，梁高1.4m，高跨比为1/17.4。厚18cm的梁肋在梁端部分加宽至全宽50cm，以利预应力筋的锚固。

图4-54所示为主梁预应力钢筋和普通钢筋布置图，T形梁预应力钢筋采用了4根高强钢丝束，抗拉标准强度$R_y^b=1860MPa$，松弛率为2.5%；锚具采用夹片式锚具。梁中普通钢筋的布置基本与钢筋混凝土梁相类似，不同的是梁内不需设置斜筋，梁肋内配置网格尺寸为15cm×15cm的钢筋网作为抗剪和纵向收缩钢筋之用。在梁端加宽部分(约等于梁高的长度内)的钢筋网加密，以加强锚固区。

图4-55所示为封锚端、连续桥面和伸缩缝处构造及钢筋布置图。

图4-56所示为横隔梁钢筋构造图，桥跨布置5片横隔梁，其足够刚度可保证良好的荷载横向分布作用。横隔梁中心距为6.05m，高1.28m，中横隔梁肋宽

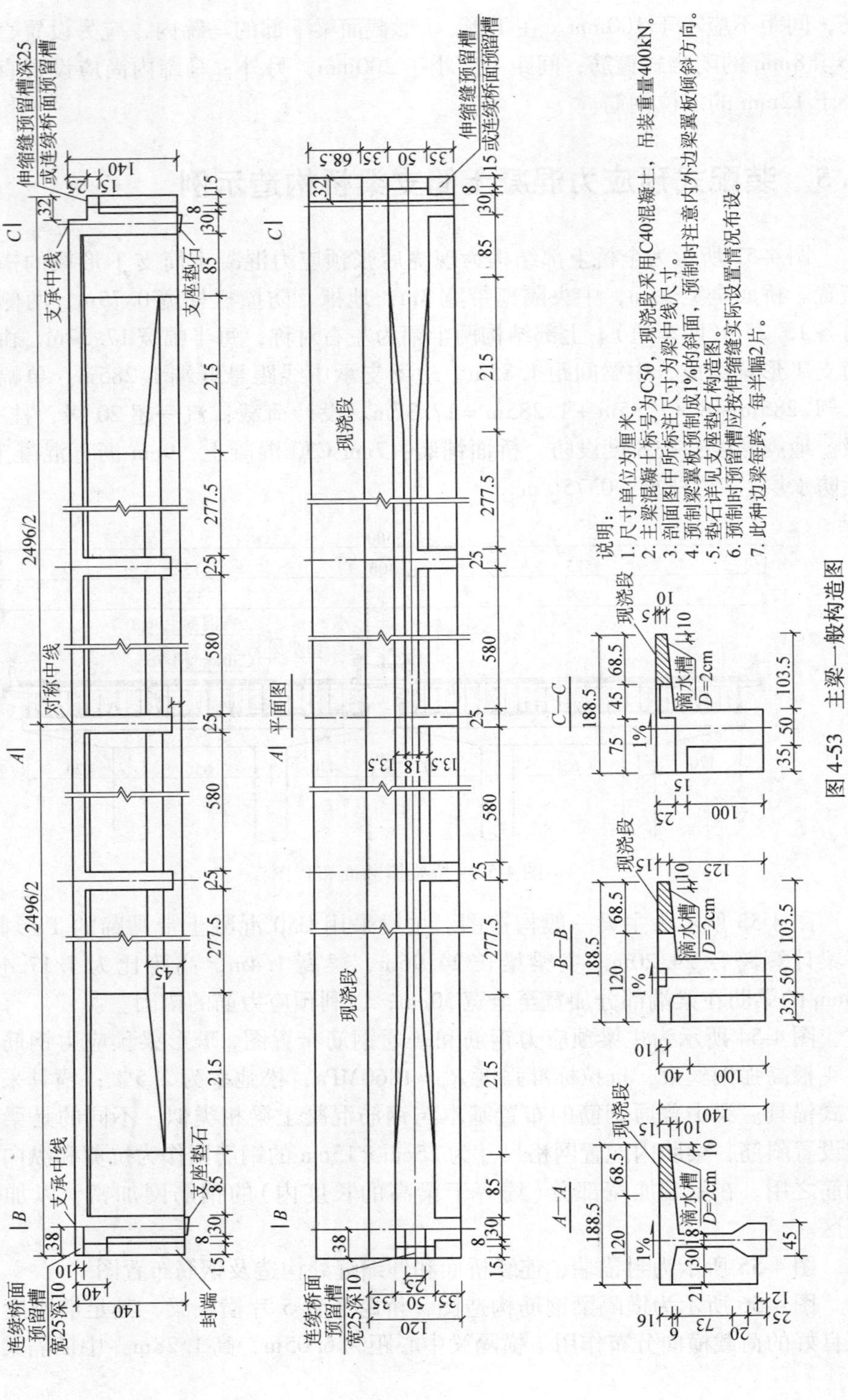

图4-53 主梁一般构造图

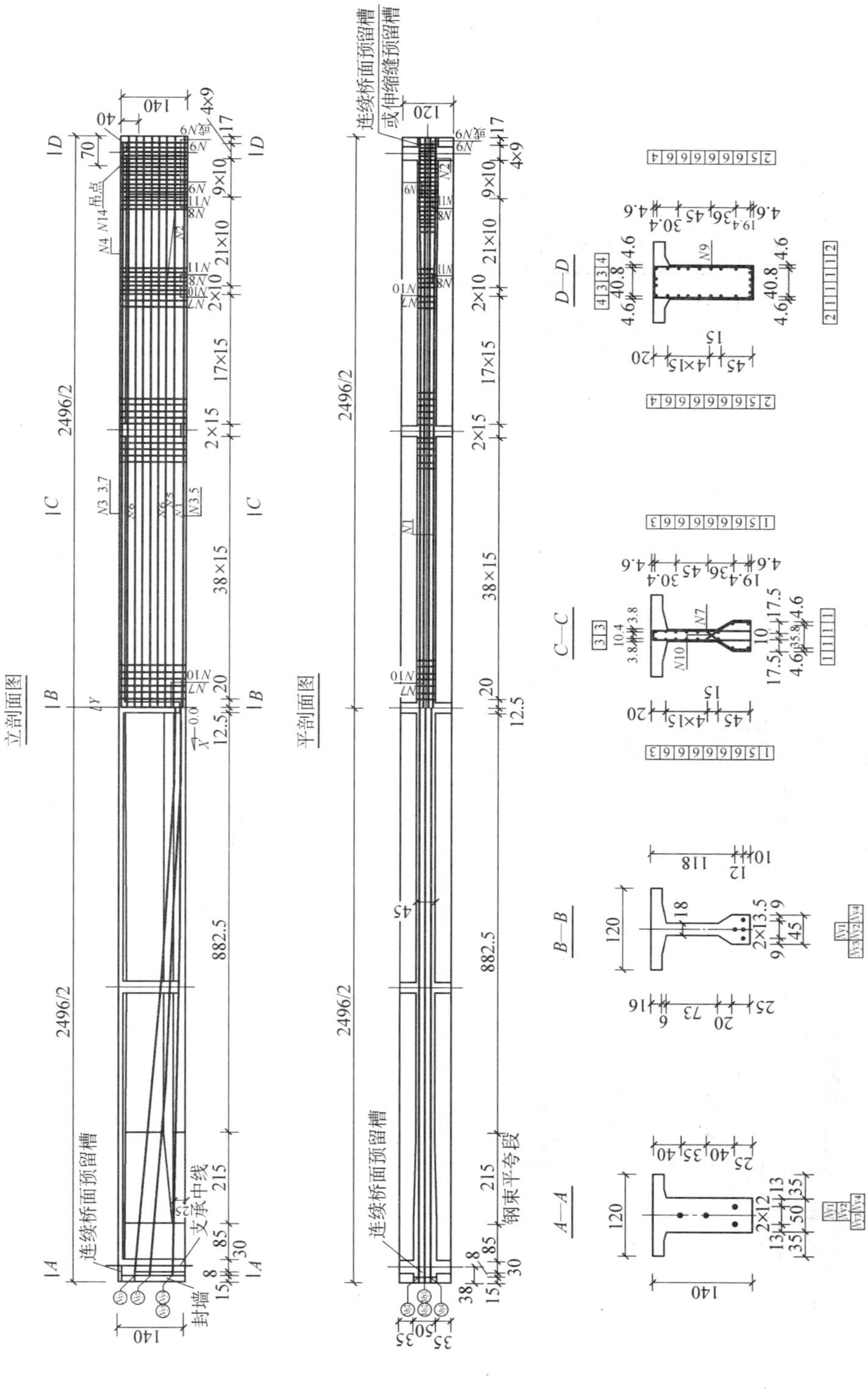

图 4-54　主梁预应力钢筋和普通钢筋构造

梁端锚区构造立面图

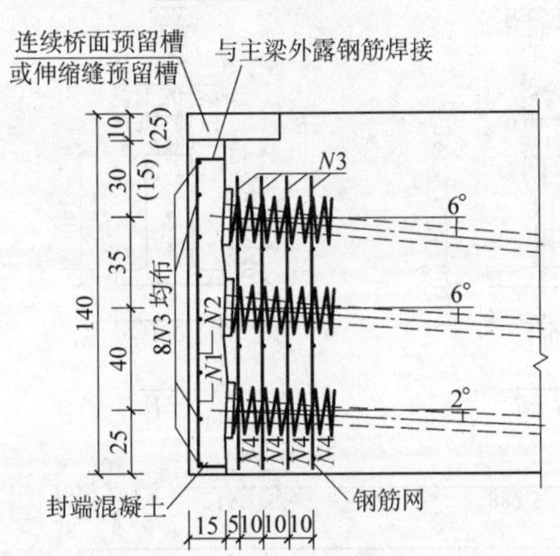

连续桥面处封端构造侧面图

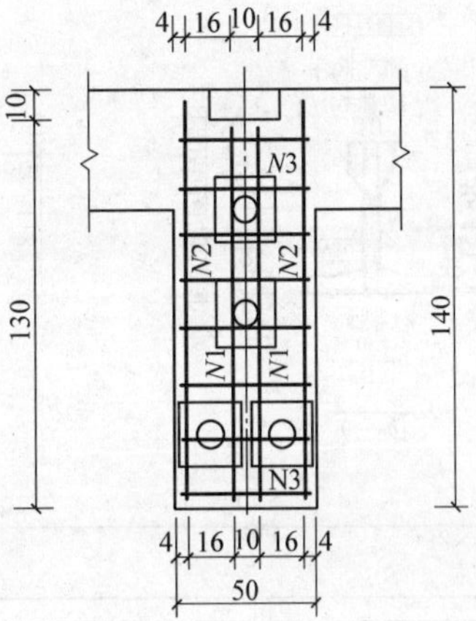

伸缩缝处封端构造侧面图

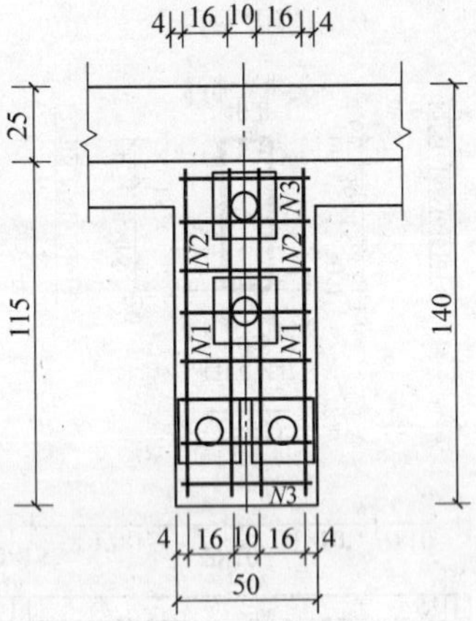

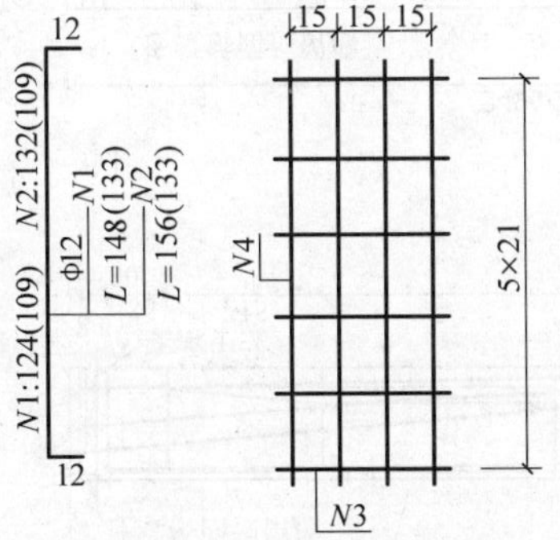

钢筋表

(一个封端)

编号	直径	长度/cm	根数	总计
N1	Φ12	148(133)	2	Φ12:5.4(4.8)kg Φ8:12.9kg
N2	Φ12	156(133)	2	张拉端锚具:
N3	Φ8	47	32	边梁 ** M15-7:4套
N4	Φ8	109	16	中梁 ** M15-6:4套

说明:

1. 图中尺寸单位钢筋直径为毫米，其余为厘米。
2. 锚下垫板与扩孔管整体铸造。
3. 括号外(内)数据为连续桥面处封端(伸缩缝处封端)。
4. 螺旋筋与锚具配套使用。
5. 为避免与波纹管冲突，可适当调整钢筋网中N3位置。

图 4-55　主梁封锚端普通钢筋构造

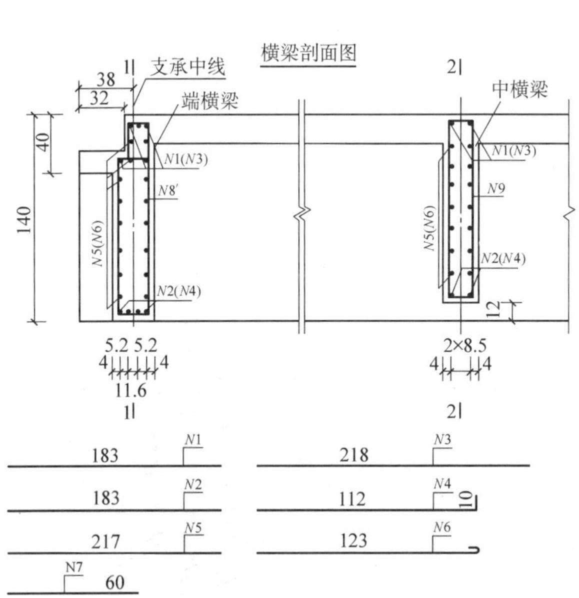

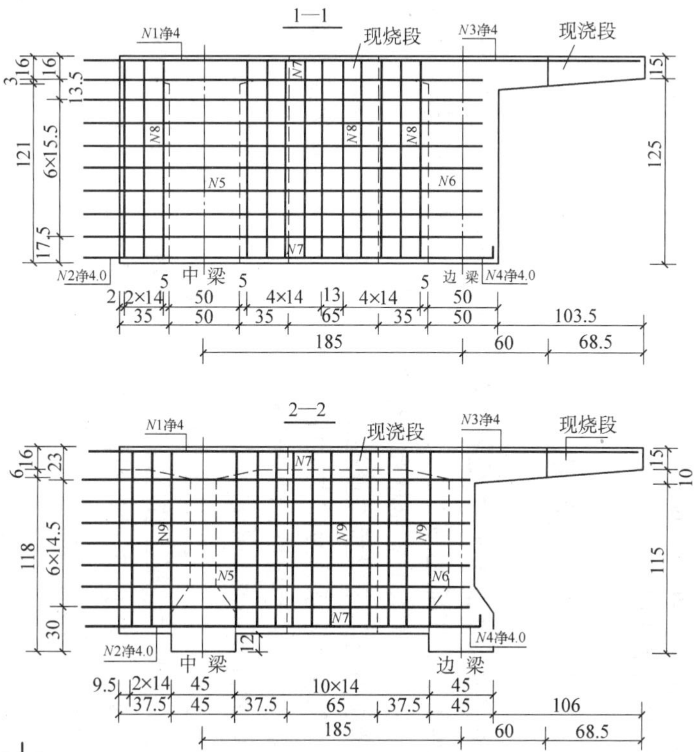

钢筋表

(每跨半幅)

编号	直径/mm	长度/cm	根数	总长/m	总计/kg
1	Φ25	183	119	217.8	侧为伸缩缝端
2	Φ25	183	119	217.8	Φ25:2751.6
3	Φ25	218	34	74.1	Φ8:1054kg
4	Φ25	122	34	41.8	
5	Φ8	217	518	1124.1	两侧均为连续
6	Φ8	123	148	182.1	桥面端：
7	Φ25	60.0	272	163.2	Φ25:2751.6
8	Φ8	339.0	80(160)	272.0(544.0)	Φ8:1049.5kg
8′	Φ8	354	80(0)	283.2(0)	
9	Φ8	303.0	264	800.0	

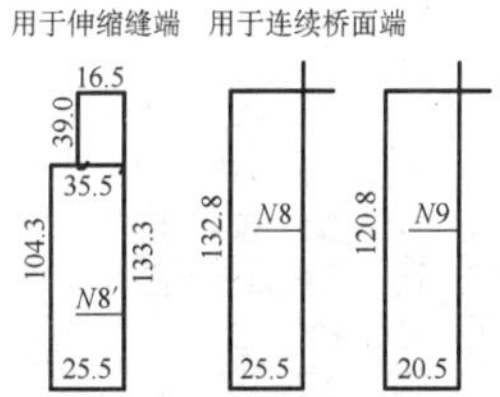

说明：1. 单位：钢筋直径为毫米，其余均为厘米。
2. 短钢筋N7与横梁顶筋或底筋焊接，应保证双面焊缝长度≥5d。
3. 横梁剖面图中括号内为边梁处横梁的相应钢筋号。
4. 横梁剖面图仅示出伸缩缝端，未示连续桥面端。
5. 钢筋表中括号外(内)数字对应于一侧为伸缩缝端梁(两侧均为连续桥面梁)。
6. 现浇段混凝土为C30。
7. 本图用于25mT形梁。

图4-56 横隔梁钢筋构造

0.25m，端横隔梁肋宽0.30m。

全桥主梁预制宽度为1.2m，梁间主梁翼缘板和部分横隔梁采用现浇混凝土联结方式，以减小吊装重量，每片梁的设计起吊重量为400kN。T形梁翼板端伸出钢筋相互搭接锚于桥面铺装层中，可起铰接作用。

本章小结

钢筋混凝土和预应力钢筋混凝土梁式桥是我国中小跨径桥梁建设中常见的一类桥型，具有就地取材、工业化施工、耐久性好、适应性强、整体性好以及美观等优点。预应力桥梁更具有节省钢材和跨越能力大等优点。

钢筋混凝土和预应力混凝土梁桥按照施工方法可分为整体式梁桥和装配式梁桥；按照承重结构的静力体系分为简支梁桥、悬臂体系梁桥和连续体系梁桥；按照承重结构横截面形式可分为板桥、肋梁桥和箱形梁桥。

板桥是小跨径钢筋混凝土桥梁中最常用的桥型之一。整体式板桥一般做成实心截面；装配式板桥截面形式主要有实心板和空心板两种。装配式板桥横向之间常用的连接方法有企口式混凝土铰连接和钢板焊接。斜交角小于15°的斜板桥可近似按正交板桥设计，大于15°的斜板桥则应按斜板受力性能设计。整体式斜板桥钝角处的底面加强钢筋与钝角平分线平行，顶面加强钢筋方向则与钝角平分线垂直。

简支梁桥的上部构造由主梁、横隔梁、桥面板和桥面构造等部分组成。装配式简支梁桥的桥面横向联结有刚性接头和铰接接头两种；横隔梁的横向联结有钢板焊接和扣环连接两种。预应力混凝土简支T形梁桥的梁肋下部通常做成马蹄形，以满足钢丝束的布置和承受很大预应力的要求。

思考题和习题

4-1　板桥的特点是什么？

4-2　整体式简支板桥的配筋特点是什么？

4-3　装配式空心板桥常用的截面形式有哪些？各有什么特点？

4-4　装配式板桥横向连接方式有哪些？

4-5　整体式斜板桥的主要受力特点及配筋特点是什么？

4-6　装配式简支梁桥主梁常用的横截面形式有哪些？其常用跨径各为多少？

4-7　简述装配式钢筋混凝土T形主梁的主钢筋、斜钢筋的构造。

4-8　装配式梁式桥横向连接有哪些方式？

4-9　简述装配式预应力混凝土简支T形梁桥内的预应力钢筋在一定区段内逐渐弯起的原因。

第5章 简支梁桥的计算

5

5.1 概述

设计一座桥梁首先要重视总体方案、桥型及布置的合理性。上部结构的构造形式、跨径等确定后，就要进行桥梁各部构件的详细计算。

在第一篇总论中已经阐明了对于桥梁设计的基本要求，在本篇的前几章中介绍了钢筋混凝土梁式桥的类型、组成，纵、横截面的布置，以及各种构件主要尺寸的选定和构造细节。本章将在已介绍的梁桥结构设计与构造的基础上，进一步详细阐述其计算原理和方法。

上承式简支梁桥设计计算的项目一般有主梁、横隔梁、桥面板和支座等。梁是主要的承重构件，无论是从结构的安全还是从材料消耗上来看，它都是梁桥的重要部分。桥面板(或称行车道板)直接承受车辆的集中荷载，通常又是主梁的受压翼缘，它的工作状态不但影响到行车质量，而且还涉及主梁的受力。桥面板的裂缝或刚度不足，将给行车路面的维护带来麻烦。横隔梁主要增强桥梁的横向刚性，起分布荷载的作用。在具体进行设计计算时，习惯首先设计主梁，然后再设计横隔梁、桥面板和支座。当然，从桥面板开始，从上而下进行计算，也未尝不可。

在进行工程结构物设计时，通常总是先根据使用要求、跨径大小、桥面净宽、荷载等级、施工条件等基本资料，运用对结构物的构造知识并参考已有桥梁的设计经验来拟定结构物各构件的截面形式和细部尺寸，估算结构的自重，然后根据作用在结构上的荷载，用数学、力学方法计算出结构各部分可能产生的最不利的内力，再由已求得的内力进行强度、刚度和稳定性的验算，以此来判断所拟定的细部尺寸是否符合要求。如果验算结果不能满足要求，或者尺寸选得过大，则需修正所拟定尺寸再进行验算，直至满意为止。

鉴于钢筋混凝土构件的截面设计和验算问题属于《结构设计原理》课程的内

容，本章内将着重阐明行车道板、主梁和横隔梁的受载特点和最不利内力(包括内力组合)的计算方法。关于支座的布置、构造和计算，将在后面章节中专门介绍。

5.2 行车道板计算

5.2.1 行车道板的类型

钢筋混凝土肋梁桥的行车道板是直接承受车辆轮压的钢筋混凝土板，它在构造上与主梁梁肋和横隔梁连结在一起，既保证了梁的整体作用，又将活载传于主梁。

从结构形式上看，在具有主梁和横隔梁的简单梁格(见图5-1a)以及具有主梁、横梁和内纵梁(或称副纵梁)的复杂梁格(见图5-1b)体系中，行车道板实际上都是周边支承的板。

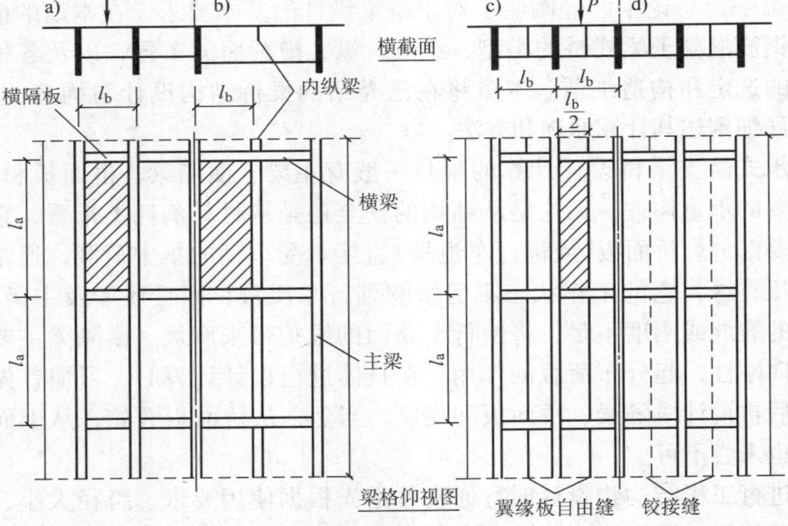

图5-1　梁格构造和行车道板支承方式

从受载特点来看，在矩形的四边支承板上当板中央作用一竖向荷载 P 时，虽然荷载 P 要向相互垂直的两对支承边传递，但由于板沿 l 和 l_b 跨径的相对刚度不同，因此传递的荷载也不相等。根据弹性薄板的研究，对于四边简支的板，只要板的长边与短边之比 $l_a/l_b \geqslant 2$，则荷载的绝大部分会沿短跨方向传递，而沿长跨方向传布的荷载将不足6%。l_a/l_b 之比值越大，向 l_a 跨度方向传递的荷载也越少。为了简明起见，如对图5-2所示十字形梁在荷载P作用下进行简单的受力分析(即求出P_a和P_b)，就不难领会这一概念的基本道理。因此，通常把边长比或长宽比等于或大于2的周边支承板看做单由短跨承受荷载的单向受力板(简称单向板)来设计，而在长跨方向只要适当配置一些分布钢筋即可。对于长宽比小于2的板，则称为双向板，需按两个方向的内力分别配置受力钢筋。对于常见的$l_a/l_b \geqslant 2$的装配式T形梁桥，也可有两种情形。当翼缘板的端边是自由边(见图5-1c)时，鉴于上述同样的原因，实际是三边支承的板，可以像边梁外侧的翼缘板一样作为沿短跨一端嵌固而另一端为自由端的悬臂板来分析；另一种是相邻翼缘板在端部互相做成铰接接缝的情况(见图5-1d)，则行车道板应按一端嵌固一端铰接悬臂板进行计算。

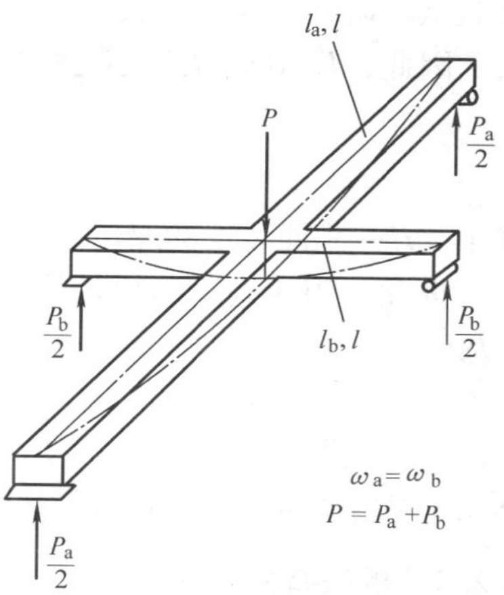

图5-2　荷载双向传递

综上所述，在实践中常遇到的行车道板受力图式为单向板、悬臂板和铰接悬臂板三种。下面将分别阐明它们的计算方法。至于双向板的行车道板，则由于用钢量稍大，构造也较复杂，目前已很少使用，这里就不作介绍。

5.2.2　车轮荷载在板上的分布

作用在桥面上的车轮压力，通过桥面铺装层扩散分布在钢筋混凝土板面上，由于板的计算跨径相对于轮压的分布宽度来说不是很大，故在计算中应将轮压作为分布荷载来处理，以免造成较大的计算误差，徒然增加桥面板的材料用量。

富于弹性的充气车轮与桥面的接触面实际上接近于椭圆，而且荷载又要通过铺装层扩散分布，故车轮压力在桥面板上的实际分布形状是很复杂的。然而，为了计算方便起见，通常可近似地把车轮与桥面的接触面看做是$a_2 \times b_2$的矩形面积，此处a_2是车轮(或履带)沿行车方向的着地长度，b_2为车轮(或履带)的宽度，如图5-3所示。各级荷载的a_2和b_2值可由《桥规》查得。至于荷载在铺装层内的扩散程度，

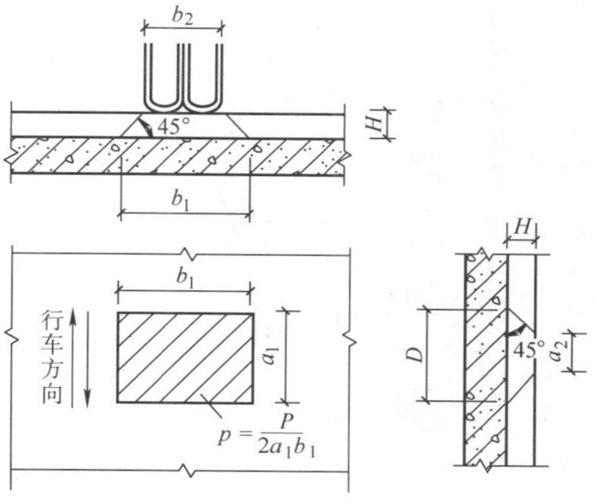

图5-3　车轮荷载在板上的分布

根据试验研究，对于混凝土或沥青面层，假定荷载偏安全地呈45°角扩散。

因此，作用于钢筋混凝土承重板顶面的矩形荷载压力面的边长为

$$\left.\begin{aligned}\text{沿纵向}\quad a_1 &= a_2 + 2H \\ \text{沿横向}\quad b_1 &= b_2 + 2H\end{aligned}\right\} \tag{5-1}$$

式中 H——铺装层的厚度。

据此，当加重车的后轮作用于桥面板上时，作用于板面上的局部分布荷载 p 为

$$p = \frac{P}{2a_1 b_1}$$

式中 P——加重车后轴的轴重。

5.2.3 板的有效工作宽度

众所周知，板在局部分布荷载 $\tilde{p}$ 的作用下，不仅直接承压部分(如宽度为 a_1)的板带参加工作，与其相邻的部分板带也会分担一部分荷载。因此，在桥面板的计算中，就有一个如何确定板的有效工作宽度(或称荷载有效分布宽度)的问题。下面分单向板和悬臂板来阐明板的有效工作宽度的概念和计算方法。

5.2.3.1 单向板

考察一块跨径为 l，宽度较大的梁式行车道板的受力状态(见图5-4)。当荷载以 $a_1 \times b_1$ 的分布面积作用在板上时，板除了沿计算跨径 x 方向产生挠曲变形 ω_x 外，在沿垂直于计算跨径的 y 方向也必然发生挠曲变形 ω_y(见图5-4b)。这说明荷载作用下不仅直接承压的宽度为 a_1 的板条受力，其邻近的板也参与工作，

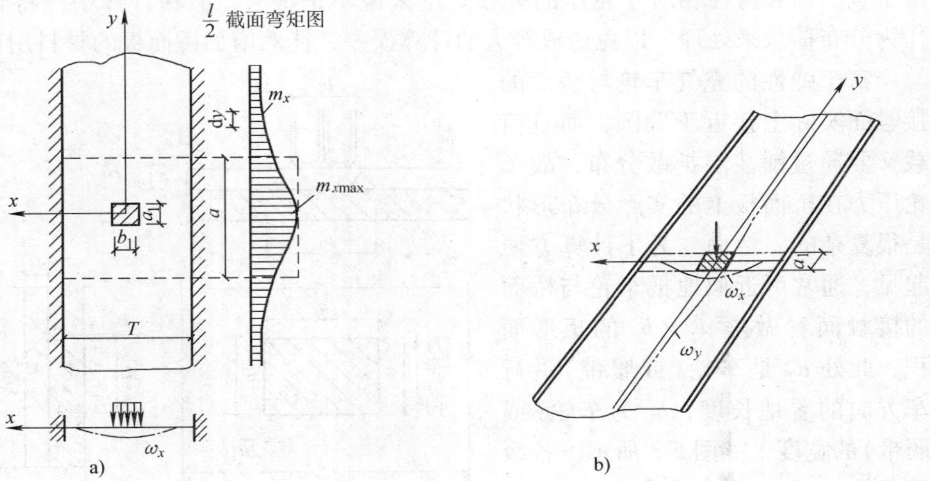

图5-4 行车道板受力状态

共同承受车轮荷载所产生的弯矩。图5-4a示出了沿y方向板条所分担弯矩m_x的分布图形。

那么在计算中究竟以多大的板宽来承受车轮荷载产生的总弯矩呢？从图5-4a可见，跨中弯矩m_x是呈曲线形分布的，在荷载中心处达到最大值$m_{x\max}$，离荷载越远的板条所承受的弯矩越小。如果设想以$a\times m_{x\max}$的矩形来替代此曲线图形，也即

$$a \times m_{x\max} = \int m_x \mathrm{d}y = M$$

则得弯矩图形的换算宽度为

$$a = \frac{M}{m_{x\max}}$$

式中　M——车轮荷载产生的跨中总弯矩；

$m_{x\max}$——荷载中心处的最大单宽弯矩值，可按弹性板的理论算得。

上式的a就定义为板的有效工作宽度，或荷载有效分布宽度，以此板宽来承受车轮荷载产生的总弯矩，既满足了弯矩最大值的要求，计算起来也较方便。

图5-5示出跨度为l的宽板在不同支承条件、不同荷载性质及不同荷载位置情况下随承压面大小变化的有效工作宽度与跨径的比值a/l（表中数值是按$a_1=b_1$算得的）。从图中可以看出，两边固结板的有效工作宽度要比简支的小30%～

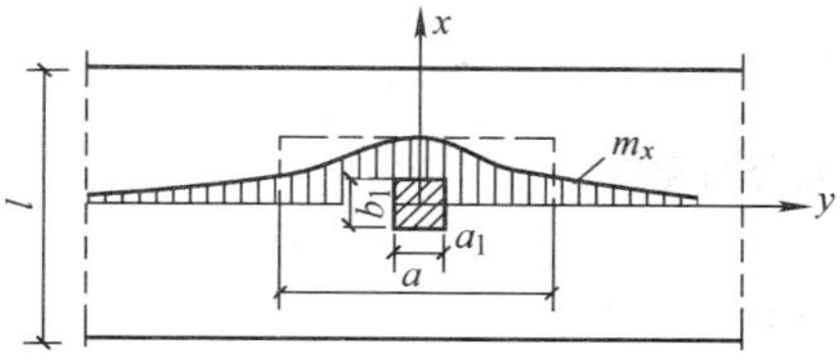

a_1/l	0.05	0.1	0.2	0.3	0.4	0.5	0.6	0.7	0.8	0.9	1.0
a_1/l	0.75	0.87	1.04	1.16	1.25	1.33	1.40	1.46	1.52	1.57	1.62

a)

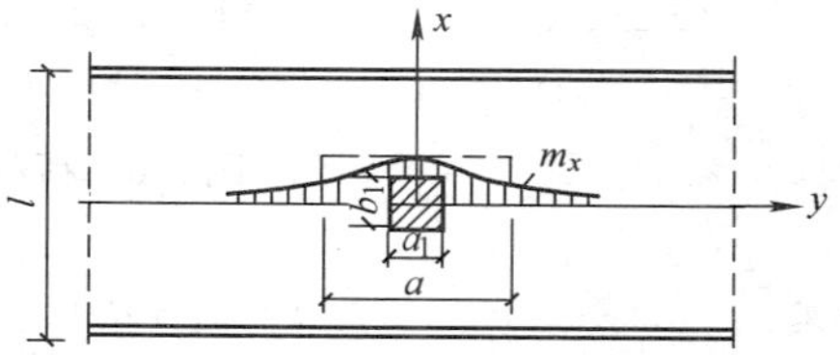

a_1/l	0.05	0.1	0.2	0.3	0.4	0.5	0.6	0.7	0.8	0.9	1.0
a_1/l	0.45	0.55	0.65	0.76	0.84	0.90	0.96	0.01	0.06	1.12	1.18

b)

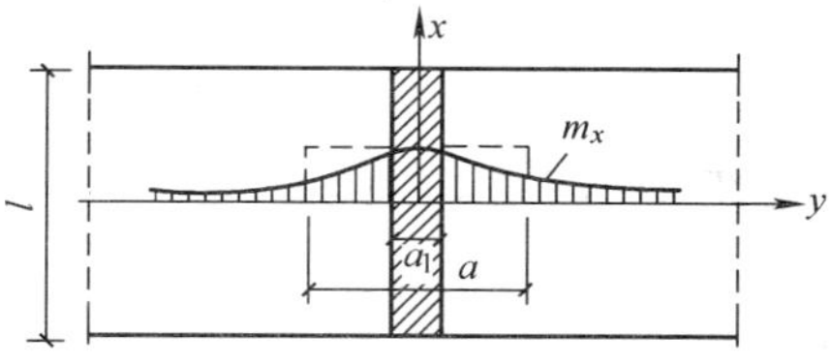

a_1/l	0.05	0.1	0.2	0.3	0.4	0.5	0.6	0.7	0.8	0.9	1.0
a_1/l	0.75	0.77	0.83	0.90	0.97	1.05	1.13	1.23	1.34	1.47	1.62

c)

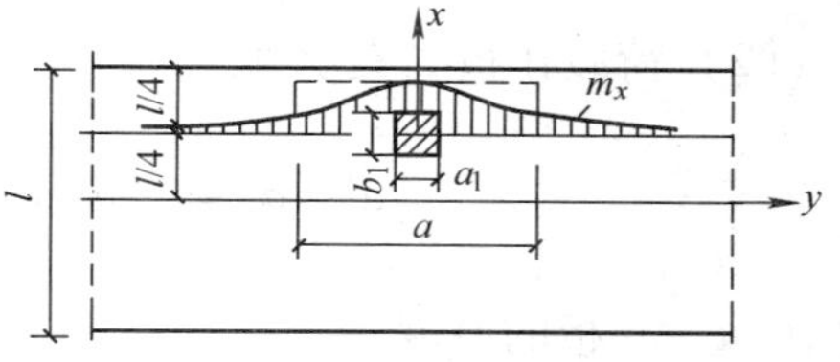

a_1/l	0.05	0.1	0.2	0.3
a_1/l	0.56	0.71	0.86	0.96

d)

图5-5　根据最大弯矩按矩形换算的有效工作宽度

a）简支板，跨中单个荷载　b）固结板，跨中单个荷载

c）简支板，全跨窄条荷载　d）简支板，1/4跨径处单个荷载

40%左右，全跨满布条形荷载的有效分布宽度也比局部分布荷载的小些。另外，荷载越靠近支承边时，其有效工作宽度也越小。

考虑到实际上 a_1/l 比值不会很小，而且桥面板属于弹性固结支承，因此为了计算方便，《桥规》中对于单向板的荷载有效分布宽度作了如下的规定：

（1）荷载在跨径中间　对于单独一个荷载（见图 5-6a）

$$a = a_1 + \frac{l}{3} = a_2 + 2H + \frac{l}{3}，但不小于\frac{2}{3}l$$

式中　l——板的计算跨径。

对于几个靠近的相同荷载，如按上式计算所得各相邻荷载的有效分布宽度发生重叠时，应按相邻靠近的荷载一起计算其有效分布宽度（见图 5-6b）

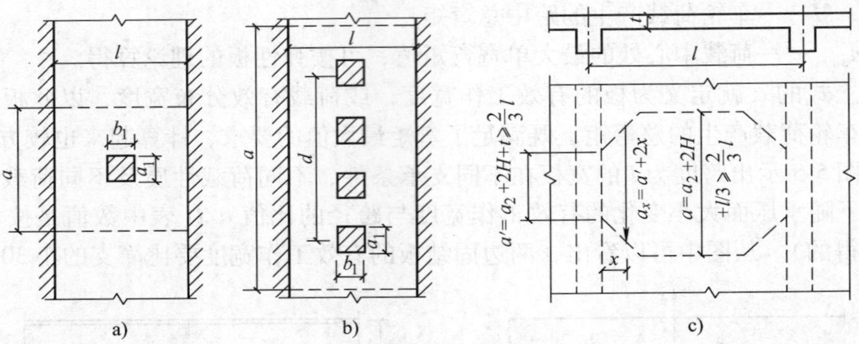

图 5-6　荷载的有效分布宽度

$$a = a_1 + d + \frac{l}{3} = a_2 + 2H + d + \frac{l}{3}$$

式中　d——最外两个荷载的中心距离，如果只有两个相邻荷载一起计算时，d 往往就是车辆荷载的轴距。

（2）荷载在板的支承处

$$a' = a_1 + t = a_2 + 2H + t，但不小于\frac{2}{3}l$$

式中　t——板的厚度。

（3）荷载靠近板的支承处

$$a_x = a' + 2x$$

式中　x——荷载离支承边缘的距离。

这就是说，荷载由支点处向跨中移动时，相应的有效分布宽度可近似地按45°线过渡。根据以上所述，对于不同荷载位置时单向板的有效分布宽度图形如图 5-6c 所示。

5.2.3.2 悬臂板

悬臂板在荷载作用下除了直接受载的板条（宽度为 a_1）外，相邻板条也发生挠曲变形（见图5-7中的 ω_y）而承受部分弯矩。沿悬臂根部在宽度（y）方向各板条的弯矩分布如图5-7中 m_x 所示。根据弹性板理论分析，当板端作用集中力 P 时，受载板条的最大负弯矩 $m_{x\max} \approx -0.465P$，而荷载引起的总弯矩为 $M_0 = -Pl_0$。因此，按最大负弯矩值换算的有效工作宽度为

$$a = \frac{M_0}{m_{x\max}} = \frac{-Pl_0}{-0.465P} = 2.15l_0$$

可见，悬臂板的有效工作宽度接近于两倍悬臂长度，也就是说，荷载可近似地按45°角向悬臂板支承处分布（见图5-7）。

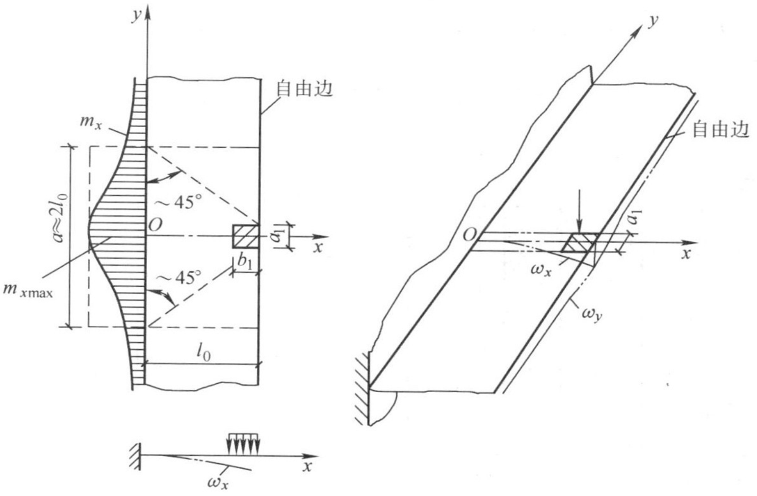

图5-7 悬臂板受力状态

《公桥规》对悬臂板规定的活载有效分布宽度为（见图5-8）

$$a = a_2 + 2H + 2b' = a_1 + 2b'$$

式中 b'——承重板上荷载压力面外侧边缘至悬臂根部的距离。

对于分布荷载靠近板边的最不利情况，b'就等于悬臂板的跨径 l_0，于是

$$a = a_1 + 2l_0$$

不管是单向板还是悬臂板，对于履带荷载来说，因为其接触地面较长，通常忽略荷载压力面以外的板条参与工作，故不论在跨中或支点均取1m宽板条按实际荷载强度来进行计算（见图5-9）。

5.2.4 行车道板的内力计算

实体的矩形行车道板通常由弯矩控制设计。设计时，习惯以每米宽板条来

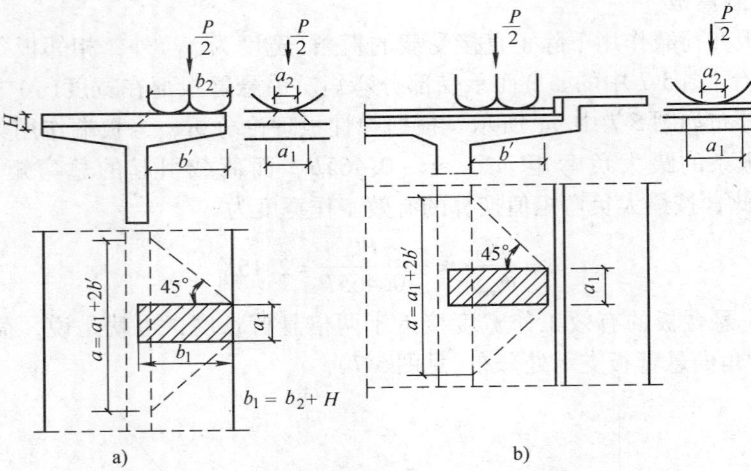

图 5-8　臂板的活载有效分布宽度

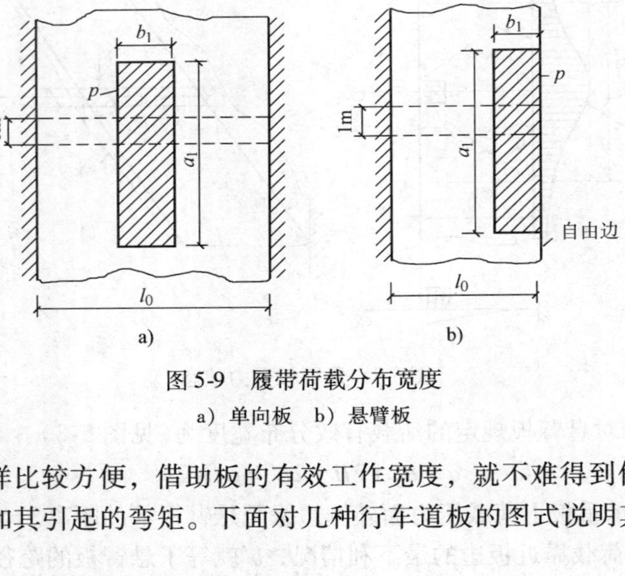

图 5-9　履带荷载分布宽度

a）单向板　b）悬臂板

进行计算，这样比较方便，借助板的有效工作宽度，就不难得到作用在每米宽板条上的荷载和其引起的弯矩。下面对几种行车道板的图式说明其内力的计算方法。

5.2.4.1　多跨连续单向板的内力

从构造上看，行车道板与主梁梁肋是整体连结在一起的，因此当板上有荷载作用时会促使主梁也发生相应的变形，而这种变形又影响到板的内力。如果主梁的抗扭刚度极大，板的工作就接近于固端梁（见图 5-10a）；如果主梁抗扭刚度极小，板在梁肋支承处为接近自由转动的铰支座，则板的受力就如多跨连续梁体系（见图 5-10c）。实际上行车道板和主梁梁肋的支承条件，既不是固端，也不是铰支，而应该考虑是弹性固结的，如图 5-10b 所示。

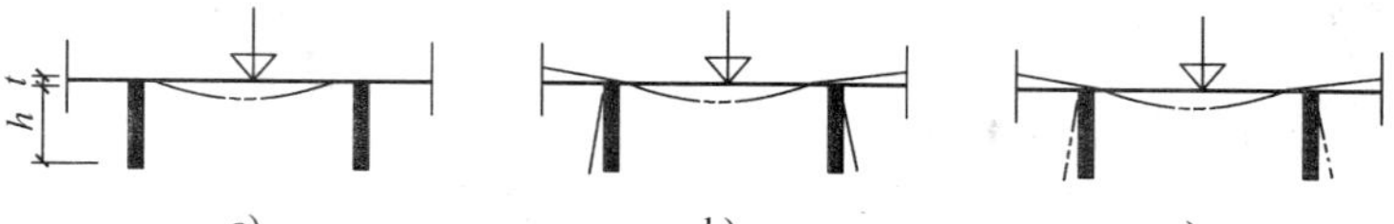

图 5-10 主梁扭转对行车道板受力的影响

鉴于行车道板的受力情况比较复杂，影响的因素比较多，因此要精确计算板的内力是有一定困难的，因此通常采用简便的近似方法进行计算。对于弯矩，先计算出一个跨度相同的简支板的跨中弯矩 M_0，然后再根据实验及理论分析的数据加以修正。弯矩修正系数可视板厚 t 与梁肋高度 h 的比值来选用。

当$\frac{t}{h}<\frac{1}{4}$时（即主梁抗扭能力大者）：

$$\left.\begin{aligned}&\text{跨中弯矩}\quad M_{\text{中}}=+0.5M_0\\&\text{支点弯矩}\quad M_{\text{支}}=-0.7M_0\end{aligned}\right\}\tag{5-2}$$

当$\frac{t}{h}\geqslant\frac{1}{4}$时（即主梁抗扭能力小者）：

$$\left.\begin{aligned}&\text{跨中弯矩}\quad M_{\text{中}}=+0.7M_0\\&\text{支点弯矩}\quad M_{\text{支}}=-0.7M_0\end{aligned}\right\}\tag{5-3}$$

式中 M_0——M_{0p}与M_{0g}按荷载组合原则组合而成。

M_{0p}为 1m 宽简支板条的跨中活载弯矩（见图 5-11a），对于汽车荷载

$$M_{0p}=(1+\mu)\frac{P}{8a}\left(l-\frac{b_1}{2}\right)\tag{5-4}$$

式中 P——轴重，对于汽车荷载应取用车辆荷载后轴的轴重计算；

a——板的有效工作宽度；

l——板的计算跨径，当梁肋不宽时（如窄肋 T 形梁）可取梁肋中距，当主梁的梁肋宽度较大时（如箱形梁等）可取梁肋间的净距加板的厚度，即 $=l_0+t$，但不大于 l_0+b，此处 l_0 为板的净跨径，t 为板厚，b 为梁肋宽度；

$(1+\mu)$——冲击系数。

M_{0g}为 1m 板宽的跨中恒载弯矩，可由下式计算

$$M_{0g}=\frac{1}{8}gL^2\tag{5-5}$$

式中 g——1m 宽板条每延米的恒载重力。

计算单向板的支点剪力时，可不考虑板和主梁的弹性固结作用，此时荷载必须尽量靠近梁肋边缘布置。考虑了相应的有效工作宽度后，每米板宽承受的分布荷载如图 5-11b 所示。对于跨径内只有一个车轮荷载的情况，支点剪力 $Q_{\text{支}}$

的计算公式为

$$Q_{支}=\frac{gl_0}{2}+(1+\mu)(A_1y_1+A_2y_2)$$

其中，矩形部分荷载的合力为

$\left(以\ p=\frac{P}{2ab_1}代入\right)$

$$A_1=pb_1=\frac{P}{2a}$$

三角形部分荷载的合力为

$\left(以\ p'=\frac{P}{2a'b_1}代入\right)$

$$A_2=\frac{1}{2}(p'-p)\cdot\frac{1}{2}(a-a')$$

$$=\frac{P}{8aa'b_1}(a-a')^2$$

式中 p、p'——对应于有效工作宽度 a 和 a' 处的荷载强度；

y_1、y_2——对应于荷载合力 A_1 和 A_2 的支点剪力影响线竖标值；

l_0——板的净跨径。

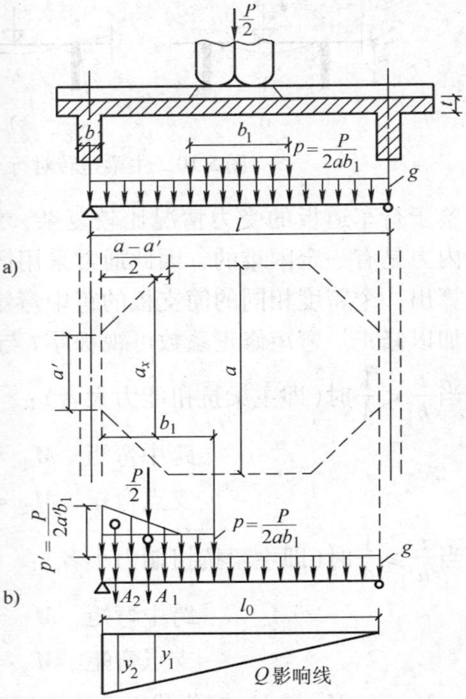

图5-11 单向板内力计算图式

a）求跨中弯矩 b）求支点剪力

如跨径内不止一个车轮进入时，尚应计及其他车轮的影响。

5.2.4.2 铰接悬臂板的内力

T形梁翼缘板作为行车道板往往用铰接的方式连接，最大弯矩在悬臂根部。

1. 铰接悬臂板的内力影响线

对于相邻翼缘板沿板边互相做成铰接的桥面板，按铰接悬臂板计算。对于常截面的板，假定悬臂板根部固结，则铰剪力的影响线、悬臂板根部的弯矩影响线和剪力影响线如图5-12所示。如为变截面板，则影响线坐标值应另行确定。

2. 铰接悬臂板最大弯矩

（1）利用影响线进行计算　计算板根部的活载弯矩 M_{sp} 时，按弯矩影响线进行最不利布载，将一个轮压面宽度 b_1 的车轮荷载（纵向一个车轮或几个车轮）放在弯矩影响线的峰值附近，使轮压下的影响线面积为最大，板跨较大时，两旁的车轮压力面可能有 c 宽度的部分荷载进入板跨内（见图5-13），则弯矩为

$$M_{sp}=-(1+\mu)\sum p_i\omega_i=-(1+\mu)(p_{b1}\omega_{b1}+p_{c1}\omega_{c1}+p_{c2}\omega_{c2}) \tag{5-6}$$

对于汽车荷载：

作用在计算点 A 处　$p_{c1}=\dfrac{P}{2a'b_1}$，$a'=2c_1$ 或 $a'=a_1+d+2c_1$

作用在板跨中部　$p_{b1}=\dfrac{P}{2ab_1}$，$a=a_1+2l_0$ 或 $a=a_1+d+2l_0$

作用在计算点 A 对面 B 处的荷载是通过铰接缝向 A 作用的，故 $p_{c2}=\dfrac{P}{2ab_1}$。

式中　p_i——根据板的有效工作宽度所计算的车轮分布荷载集度；

P——轴重，当前后几个车轮分布宽度发生重叠时，P 为几个轴重的总重；

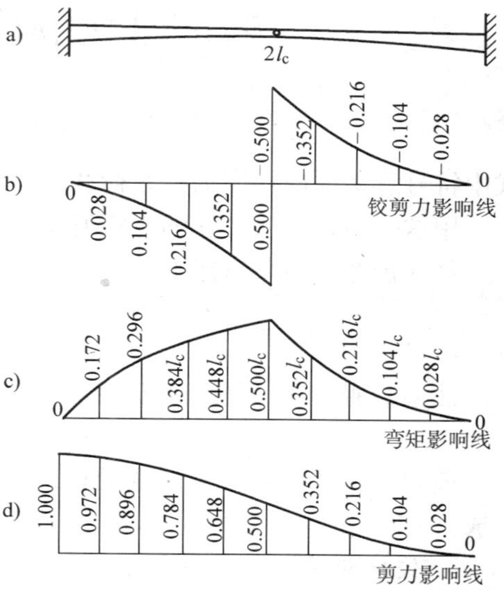

图 5-12　常截面铰接悬臂板内力影响线

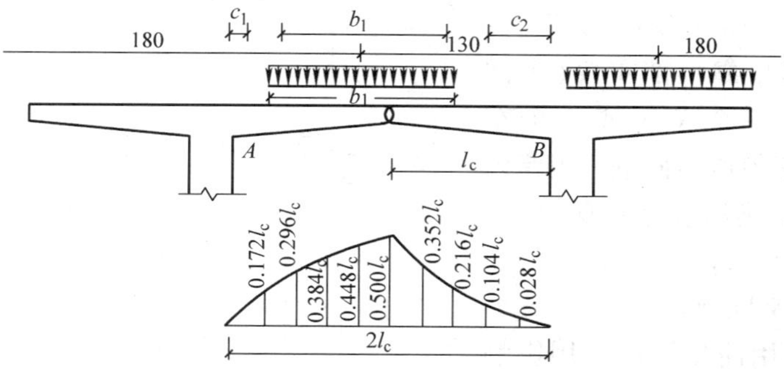

图 5-13　铰接悬臂板弯矩计算图式

ω_i——p_i 对应下的弯矩影响线面积；

μ——冲击系数。

（2）实用简化计算　用影响线计算，需要找最不利位置，求荷载下的影响线面积比较繁琐。由图 5-12 可见，弯矩影响线最大值在铰接缝处，为简化计算，可以将 b_1 长的荷载中心对中布置在铰接缝处、两旁的车轮压力面可能有 c_1 长和 c_2 长的部分荷载进入板跨内。

汽车荷载为非对称荷载，但由铰剪力影响线可见，进入板跨内 c 长度的荷载产生的铰剪力很小，故可忽略铰剪力的影响。因此，实用计算中可以按自由悬臂板来计算板根部的活载弯矩 M_{sp}（见图 5-14）

$$M_{sp} = -(1+\mu)\left[p_{b1}\frac{b_1}{2}\left(l_c - \frac{b_1}{4}\right) + p_{c1}c_1\frac{c_1}{2}\right]$$
$$= -(1+\mu)\frac{p}{2b_1}\left[\frac{b_1}{2a}\left(l_c - \frac{b_1}{4}\right) + \frac{c_1^2}{2a}\right] \tag{5-7}$$

式中符号意义同前。当为挂车荷载时，应将轮重 $P/2$ 改为 $P/4$。

用这一简化方法计算的弯矩值略偏小。

每米板宽的恒载弯矩为

$$M_{sg} = -\frac{1}{2}gl_0^2 \tag{5-8}$$

注意，此处 l_0 为铰接双悬臂板的净跨径。

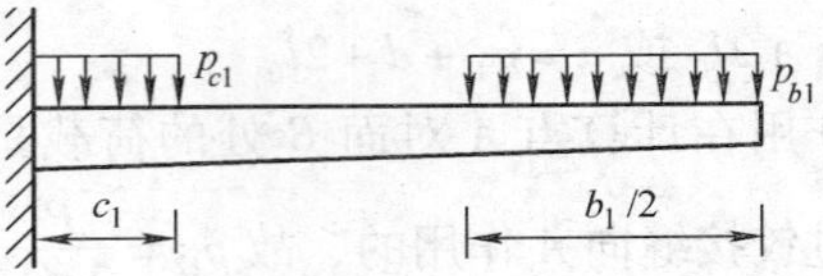

图 5-14 铰接悬臂板弯矩简化计算图式

最后，悬臂根部每米板宽的最大弯矩 M_s 为 M_{sp} 与 M_{sg} 按荷载组合原则组合而成。

3. 铰接悬臂板最大剪力

（1）利用影响线进行计算 利用剪力影响线计算铰接悬臂板根部的剪力时，将车轮压力面 $b_1 \times a_1$ 的荷载尽量靠根部布置（见图 5-15）（纵向一个车轮或几个车轮），旁边车轮压力面进入板跨内的长度为 0，则活载剪力 Q 为

$$Q = (1+\mu)\sum p_i\omega_i$$

式中符号意义同前。

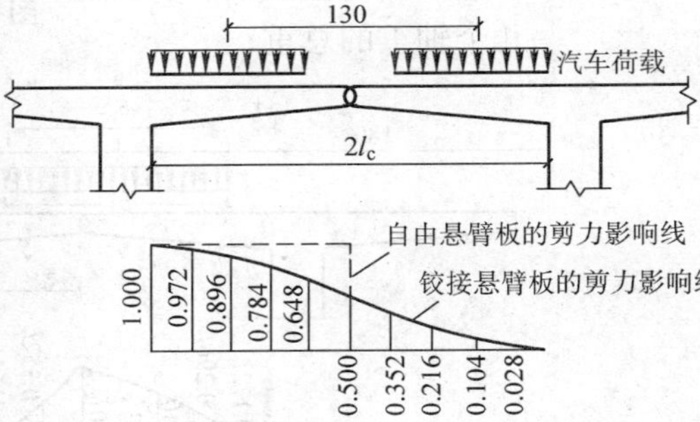

图 5-15 铰接悬臂板剪力计算图式

（2）实用简化计算 用影响线计算，需要求荷载对应下的影响线面积，比较繁琐。由图 5-15 可见，若在板跨内布满均布荷载时，影响线的总面积的 $\omega = l_c$，则板的剪力为

$$Q_{sp} = (1+\mu)p\omega = (1+\mu)l_c p \tag{5-9}$$

这种情况下，铰剪力为零，可按自由悬臂板计算，则板的剪力亦为

$$Q_{sp} = (1+\mu)l_c p$$

对于汽车荷载来说，车轮压力面之间的距离较大，约为 50cm 左右，但是靠近根部的压力面下的影响线面积约占总面积的 80% 以上，因此在按自由悬臂板计算时，计算结果略为偏大，这是偏于安全的。而且，一般情况，剪力不控制设计，为简化计算，铰接悬臂板也可以按自由悬臂板计算。

每米板宽的恒载剪力为

$$Q_{sg} = gl_c$$

于是，悬臂板根部每米板宽的最大剪力为

$$Q_s = Q_{sg} + Q_{sp} \tag{5-10}$$

5.2.4.3 悬臂板的内力

对于沿纵缝不相连结的悬臂板，在计算根部最大弯矩时，应将车轮荷载靠板的边缘布置，此时 $b_1 = b_2 + H$，如图5-16所示。则恒载和活载弯矩值可由一般公式求得。

汽车荷载弯矩

$$M_{sp} = -(1+\mu)\left[p_{b1}b_1\left(l_c - \frac{b_1}{2}\right) + p_c c\frac{c}{2}\right]$$

$$= -(1+\mu)\frac{P}{2b_1}\left[\frac{b_1}{a}\left(l_c - \frac{b_1}{a}\right) + \frac{c^2}{2a'}\right] \tag{5-11}$$

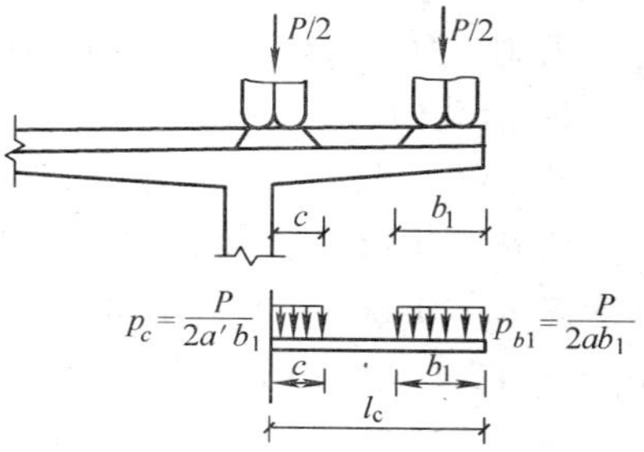

图5-16　自由悬臂板计算图式

式中，$p_{b1} = \dfrac{P}{2ab_1}$，当前后几个车轮分布宽度发生重叠时，$P$ 为几个车轴的总重；l_c 为悬臂板的长度。

恒载弯矩

$$M_{sg} = -\frac{1}{2}gl_0^2 \tag{5-12}$$

同理，最后可得每米宽板条的最大设计弯矩 M_s 为 M_{sp} 与 M_{sg} 按荷载组合原则组合而成。

剪力计算与铰接悬臂板的简化计算方法相同，这里从略。

5.2.5 行车道板的计算实例

［例5-1］　计算图5-17所示T形梁翼板所构成铰接悬臂板的设计内力。荷载为公路—I级。桥面铺装为2cm的沥青混凝土面层（其重度为21kN/m³）和平均9cm厚的C25混凝土垫层（其重度为23kN/m³）。T形梁翼板的重度为25kN/m³，试计算行车道板的设计内力。

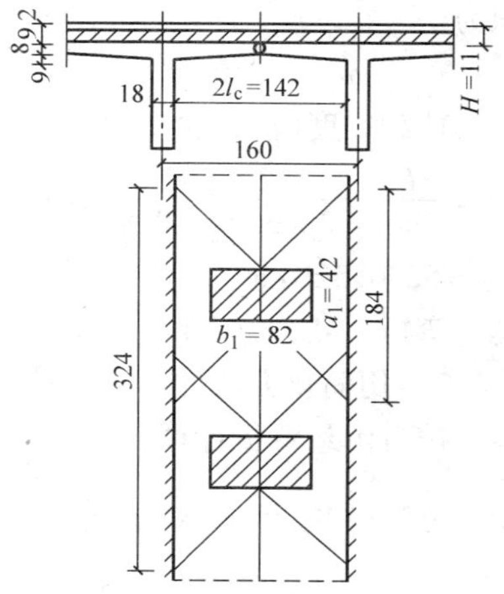

图5-17　铰接板计算（尺寸单位：cm）

解　1. 恒载及其内力（以纵向1m宽的板条进行计算）

（1）每延米板上的恒载 g

沥青混凝土面层 g_1 $=0.02\times1.0\times21\text{kN/m}$

$=0.42\text{kN/m}$

C25 混凝土垫层 $g_2 = 0.09 \times 1.0 \times 23\text{kN/m} = 2.07\text{kN/m}$

T 形梁翼板自重 $g_3 = \dfrac{0.08 + 0.14}{2} \times 1.0 \times 25\text{kN/m} = 2.75\text{kN/m}$

合计 $g = \sum g_i = 5.24\text{kN/m}$

（2）每米宽板条的恒载内力

弯矩 $M_{sg} = -\dfrac{1}{2} g l_0^2 = \dfrac{1}{2} \times 5.24 \times 0.71^2 \text{kN} \cdot \text{m} = -1.32\text{kN} \cdot \text{m}$

剪力 $Q_{sg} = g l_c = 5.24 \times 0.71\text{kN} = 3.72\text{kN}$

2. 活载内力

本例按公路—Ⅰ级车辆荷载计算内力。

公路—Ⅰ级车辆荷载两个后轴重各为 $P = 140\text{kN}$，车轮着地长度 $a_2 = 0.20\text{m}$ 和宽度 $b_2 = 0.60\text{m}$。作用在板上的压力面长度为

$a_1 = a_2 + 2H = (0.20 + 2 \times 0.11)\text{m} = 0.42\text{m}$，$b_1 = b_2 + 2H = (0.60 + 2 \times 0.11)\text{m} = 0.82\text{m}$

由于 $b_1 > l_c$，无论求弯矩时车轮作用在板跨中部或者求剪力时车轮靠板根部布置，悬臂板根部的有效分布宽度均为

$$a = a_1 + d + 2l_c = (0.42 + 1.40 + 2 \times 0.71)\text{m} = 3.24\text{m}$$

冲击系数 $\mu = 0.3$。

（1）每米宽板条的弯矩

1）用弯矩影响线按最不利布载计算。用 $l_c = 0.71\text{m}$ 乘图 5-12 所示的弯矩影响线坐标得到本例结构的弯矩影响线坐标（见图 5-18b），荷载对应下的影响线面积为

$$\omega = 0.2166\text{m}^2$$

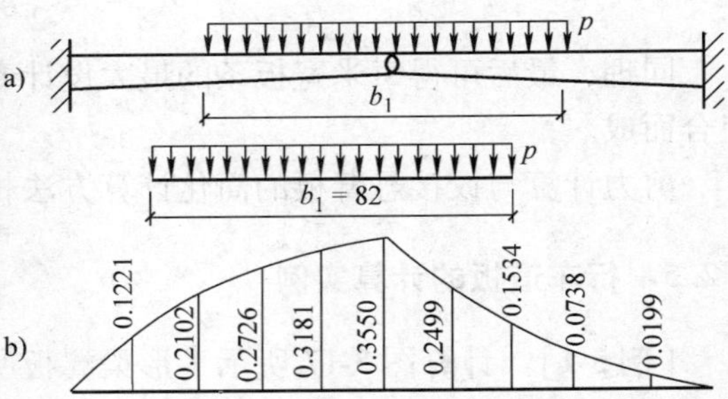

图 5-18　汽车荷载弯矩计算

荷载集度（前后轮重叠）

$$p = \frac{P}{2ab_1} = \frac{2 \times 140}{2 \times 3.24 \times 0.82}\text{kN/m} = 52.695\text{kN/m}$$

弯矩 $M_{sq} = -(1 + \mu) p \omega = -1.3 \times 52.695 \times 0.2166\text{kN} \cdot \text{m} = -14.84\text{kN} \cdot \text{m}$

2）用简化方法计算。将荷载对中布置在铰缝处（见图 5-18a），使铰剪力为零，按自由悬臂板计算。

$$M_{sq} = -(1 + \mu)\frac{2p}{4a}\left(l_c - \frac{b_1}{4}\right)$$

$$= -1.3 \times \frac{2 \times 140}{4 \times 3.24} \times \left(0.71 - \frac{0.82}{4}\right)\text{kN} \cdot \text{m} = -14.18\text{kN} \cdot \text{m}$$

简化计算结果比用影响线计算结果小$\frac{14.84-14.18}{14.18}\times100\%=4.64\%$

（2）每米宽板条的剪力

1）用剪力影响线计算。将 b_1 宽的荷载靠板根部布置，距离 1.30m 的另一个车轮荷载也有一部分 c 宽度的荷载进入跨内（见图 5-12），荷载对应下的影响线面积 ω 为：

b_1 对应的 $\omega_1=0.620\text{m}$，c 对应的 $\omega_2=0.0014\text{m}$，则 $\omega=\omega_1+\omega_2=0.6214\text{m}$

荷载集度 $q=45.167\text{kN/m}$

剪力　$Q_{sq}=(1+\mu)p\omega=1.3\times52.695\times0.6214\text{kN}=42.57\text{kN}$

2）用简化方法计算。不考虑铰剪力的影响，按自由悬臂板计算，各板承担其上的荷载，则自由悬臂板根部的剪力为 $Q_{sq}=(1+\mu)pl_c=1.3\times52.695\times0.71\text{kN}=48.64\text{kN}$

用简化方法计算结果比用影响线计算结果大$\frac{48.64-42.57}{48.64}\times100\%=12.47\%$。可见剪力用简化方法计算是偏于安全的。

3. 荷载组合

当桥面板按承载能力极限状态设计时，一般应采用基本组合，并根据《桥规》对相应荷载规定的荷载效应分项系数来求得计算内力。本例均为恒载对结构物承载不利情况，其计算内力为

$$\gamma_0 M_{ud}=\gamma_0(1.2M_{sg}+1.4M_{sq})=1.0\times(1.2\times(-1.32)+1.4\times(-14.84))\text{kN}\cdot\text{m}=-22.36\text{kN}\cdot\text{m}$$

$$\gamma_0 Q_{ud}=\gamma_0(1.2Q_{sg}+1.4Q_{sq})=1.0\times(1.2\times3.72+1.4\times42.57)\text{kN}=64.06\text{kN}$$

有了控制设计的计算内力，就可按钢筋混凝土板截面设计方法来设计板内的钢筋和进行相应的验算。

5.3　荷载横向分布计算

5.3.1　概述

作用在桥梁上的荷载包括恒载与活载。恒载的计算比较简单，除了考虑实际的结构自重外，通常可以近似地将桥面铺装、人行道、栏杆等重量分摊给各片主梁来承担。鉴于人行道、栏杆等构件一般是在桥梁连成整体后安装在边梁上的，必要时为了精确起见也可将这些恒载按以下所述荷载横向分布的方法来计算。

下面我们先以熟知的单梁内力计算作比较，来阐明一座梁式桥在活载作用

下内力计算的特点。

对于图 5-19 所示的单梁来说，如以 $\eta_1(x)$ 表示梁上某一截面的内力影响线，则就可方便地计算该截面的内力值 $S=P\eta_1(x)$。这里的 $\eta_1(x)$ 是一个单值函数。梁在 xOz 平面内受力和变形，它是一种简单的平面问题。对于一座梁式板桥或者由多片主梁通过桥面板和横隔梁组成的梁桥来说，如图 5-19b 所示，情况就完全不同了。当桥上作用荷载 P 时，由于结构的横向刚性必然会使荷载在 x 和 y 方向内同时发生传递，并使所有主梁都以不同程度参与工作。鉴于结构受力和变形的空间性，故求解这种结构的内力是属于空间计算理论问题。

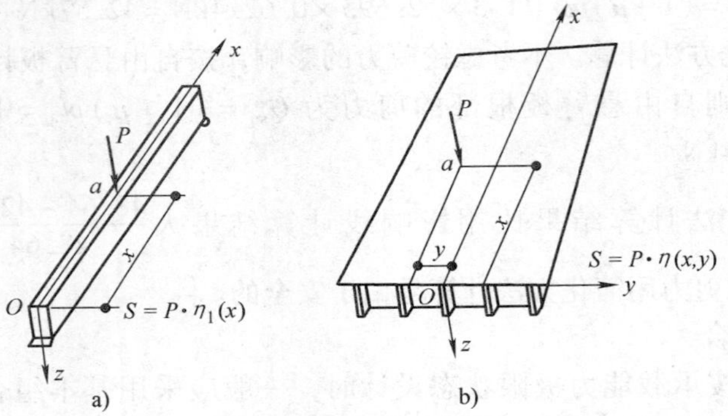

图 5-19　荷载作用下的内力计算

a）在单梁上　b）在梁式桥上

从 20 世纪 50 年代至今，国内外许多专家对这一问题进行过许多理论和实验研究，但由于实际结构的复杂性，完全精确的计算仍难实现。每一种理论都有一定的假设条件和适用范围。总的来说，作为空间计算理论的共同点是直接求解结构上任一点的内力或挠度，并且也可像单梁计算中应用影响线那样，借助理论分析所得的影响面来计算某点的内力值。如果结构某点截面的内力影响面用双值函数 $\eta(x,y)$ 来表示，则该截面的内力值可表示 $S=P\eta(x,y)$。

但是，鉴于作用于桥上的车辆荷载是沿纵横向都能移动的多个局部荷载，用影响面来求解最不利的内力值仍然是非常繁重的工作，因此上述这种空间计算方法实际上没有推广应用。

目前广泛使用的一种方法，是将复杂的空间问题合理转化成图 5-19 所示简单的平面问题来求解。这种方法的实质是将前述的影响面 $\eta(x)$ 分离成两个单值函数的乘积，即 $\eta_1(x)\eta_2(y)$，因此，对于某根主梁某一截面的内力值就可表示为

$$S=P\eta(x,y)=P\eta_1(x)\eta_2(y) \tag{5-13}$$

$\eta_1(x)$ 就是单梁某一截面的内力影响线（见图 5-19a）。如果我们将 $\eta_2(y)$ 看

做是单位荷载沿横向作用在不同位置时对某梁所分配的荷载比值变化曲线，也称为对于某梁的荷载横向分布影响线，则 $P\eta_2(y)$ 就是当 P 作用于 $a(x,y)$ 点时沿横向分布给某梁的荷载(见图5-19b)，暂以 P' 表示，即 $P' = P\eta_2(y)$。这样，就可完全像图5-19a所示平面问题一样，求得某梁上某截面的内力值，这就是利用荷载横向分布来计算内力的基本原理。

下面再进一步阐明当桥上作用车辆荷载时荷载横向分布系数的概念。图5-20a表示桥上作用一辆前后轴各重 P_1 和 P_2 的汽车荷载，相应的轮重为 $\frac{P_1}{2}$ 和 $\frac{P_2}{2}$。如欲求3号梁 k 点的截面内力，则可先用对于3号梁的荷载横向分布影响线求出桥上横向各排轮重对该梁分布的总荷载(按横向最不利荷载位置求最大值)，然后再用这些荷载通过单梁 k 点截面的内力影响线来计算3号梁该截面的最大内力值。显然，如果桥梁的结构一定，轮重在桥上的位置也确定，则分布至3号梁的荷载也是一个定值。在桥梁设计中，通常用一个表征荷载分布程度的系数 m 与轴重的乘积来表示这个定值，因此前后轴的两排轮重分布至3号梁的荷载可分别表示为 mP_1 和 mP_2(见图5-20b)。这个 m 就称为荷载横向分布系数，它表示某根主梁(这里指3号梁)所承担的最大荷载是各个轴重的倍数(通常小于1)。

这里需要说明的是，上述将空间计算问题转化成平面问题的做法只是一种近似的处理方法，因为实际上荷载沿横向通过桥面板和多根横隔梁向相邻主梁传递时情况是很复杂的，原来的集中荷载传至相邻梁的就不再是同一纵向位置的集中荷载了。但是，理论和试验研究指出，对于直线梁桥，当通过沿横向的挠度关系来确定荷载横向分布规律时，由此而引起的误差是很小的。如果考虑到实际作用在桥上的荷载并非只是一个集中荷载，而是分布在桥跨不同位置的多个车轮荷载，那么此种误差就会更小。关于这个问题，将在后面的“铰接板(梁)和刚接梁法”中再作详细说明。

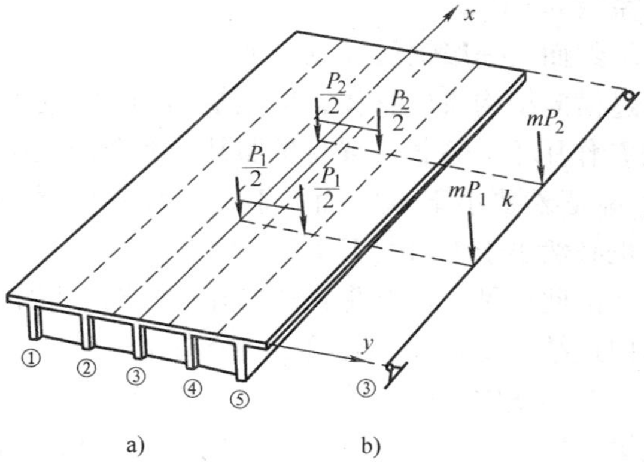

图5-20 车轮荷载在桥上的横向分布

显然，同一座桥梁内各根梁的荷载横向分布系数 m 是不相同的，不同类型的作用(如汽车、人群荷载等)其 m 值也各异，而且荷载在梁上沿纵向的位置对 m 也有影响。这些问题将在以后的各节中加以阐明。现在再来分析桥梁结构具有不同横向连结刚度时，对于荷载横向分布的影响。

设想图 5-21 表示五根主梁所组成的桥梁在跨度内承受荷载 P 的跨中横截面。图 5-21a 表示主梁与主梁间没有任何联系的结构，此时如中梁的跨中有集中力 P 作用，则全桥中只有直接承载的中梁受力，也就是说，该梁的横向分布系数 $m=1$，显然这种结构形式整体性差，而且是很不经济的。

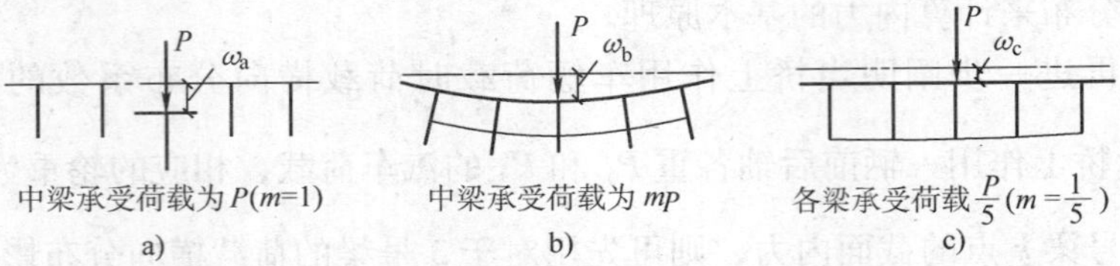

图 5-21　不同横向刚度时主梁的变形和受力情况

a）横向无联系　b）$\infty > EI_H > 0$　c）$EI_H \to \infty$

再看图 5-21c 的情况，如果将各主梁相互间借横隔梁和桥面刚性连结起来，并且设想横隔梁的刚度接近无穷大($EI_H \approx \infty$)，则在同样的荷载 P 作用下，由于横隔梁无弯曲变形，因此所有五根主梁将共同参与受力。此时五根主梁的挠度均相等，荷载 P 由五根梁均匀分担，每梁只承受 $\frac{1}{5}P$，也就是说，各梁的横向分布系数 $m=0.2$。

然而，一般钢筋混凝土或预应力混凝土梁桥实际构造情况是，各根主梁虽通过横向结构联成整体，但是横向结构的刚度并非无穷大。因此，在相同的荷载 P 作用下，各根主梁将按照某种复杂的规律变形(见图 5-21b)，此时中梁的挠度 ω_b 必然要小于 ω_a，而大于 ω_c，设中梁所受的荷载为 mP，则其横向分布系数 m 也必然小于1 而大于 0.2。

由此可见，桥上荷载横向分布的规律与结构的横向连结刚度有着密切关系，横向连结刚度越大，荷载横向分布作用越显著，各主梁的负担也越趋均匀。

在实践中，由于施工特点、构造设计等的不同，钢筋混凝土和预应力混凝土梁式桥上可能采用不同类型的横向结构。因此，为使荷载横向分布的计算能更好地适应各种类型的结构特性，就需要按不同的横向结构简化计算模型，拟定出相应的计算方法。目前常用以下几种荷载横向分布计算方法：

1）杠杆原理法——把横向结构(桥面板和横隔梁)视作在主梁上断开而简支在其上的简支梁。

2）偏心压力法——把横隔梁视作刚性极大的梁，当计及主梁抗扭刚度影响时，此法又称为修正偏心压力法。

3）横向铰接板(梁)法——把相邻板(梁)之间视为铰接，只传递剪力。

4）横向刚接梁法——把相邻主梁之间视为刚性连接，即传递剪力和弯矩。

5）比拟正交异性板法——将主梁和横隔梁的刚度换算成两向刚度不同的比

拟弹性平板来求解，并由实用的曲线图表进行荷载横向分布计算。

总的说来，上列各种实用计算方法的共同特点是，从分析荷载在桥上的横向分布出发，求得各梁荷载横向分布影响线，从而通过横向最不利荷载来计算荷载横向分布系数 m。有了作用于单梁上的最大荷载，就能按熟知的方法求得主梁的活载内力值。

钢筋混凝土和预应力混凝土梁桥的恒载一般比较大，即使在计算活载内力中会带来一些误差，然而对于主梁总的设计内力来说，这种误差的影响一般是不太大的。

下面分别介绍各种计算荷载横向分布系数方法的基本原理和举例。

5.3.2　杠杆原理法

5.3.2.1　基本假定

按杠杆原理法进行荷载横向分布的计算，其基本假定是忽略主梁之间横向结构的联系作用，即假设桥面板在主梁上断开，而当做沿横向支承在主梁上的简支梁或悬臂梁来考虑。

5.3.2.2　计算原理和适用场合

图 5-22a 所示即为桥面板直接搁在工字形主梁上的装配式桥梁。当桥上有车辆荷载作用时，很明显，作用在左边悬臂板上的各重$\frac{P_1}{2}$只传递至 1 号和 2 号梁，作用在中部简支板上者只传给 2 号和 3 号梁(见图 5-22b)，也就是，板上的轮重$\frac{P_1}{2}$各按简支梁反力的方式分配给左右两根主梁，而反力 R_i 的大小只要利用简支板的静力平衡条件即可求出，这就是通常所谓作用力平衡的“杠杆原理”。如果主梁所支承的相邻两块板上都有荷载，则该梁所受的荷载是两个支承反力之和，如图 5-22b 中 2 号梁所受的荷载为 $R_2 = R_2' + R_2''$。

为了求主梁所受的最大荷载，通常可利用反力影响线来进行，在此情况下，它也就是计算荷载横向分布系数的横向影响线，如图 5-23 所示。

有了各根主梁的荷载横向影响线，就可根据各种活载，如汽车和人群的最不利荷载位置求得相应的横向分布系数 m_{oq}、m_{or}，如图 5-23a 中所示，这里 m_o 表示按杠杆原理法计算的荷载横向分布系数，拼音字母下标 q 和 r 相应表示汽车和人群荷载。图中 $p_{or} = p_r \cdot a$，它表示每延米人群荷载的强度。

尚须注意，采用杠杆原理法计算时，应当计算几根主梁的横向分布系数，以便得到受载最大的主梁的最大内力作为设计的依据。

对于图 5-23b 所示的双主梁桥，采用杠杆原理法计算荷载的横向分布是足够精确的。

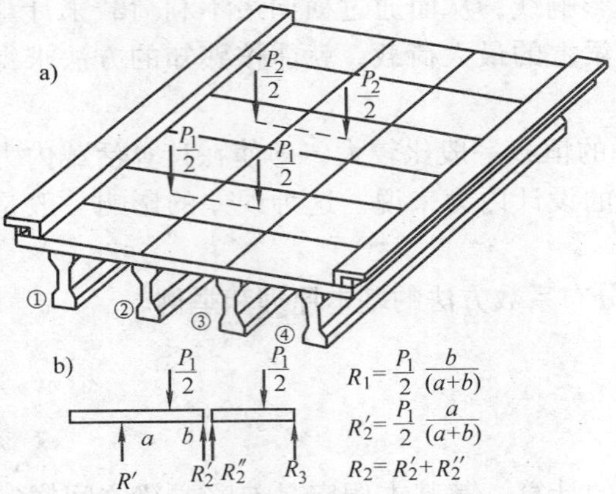

图 5-22 按杠杆原理受力图式

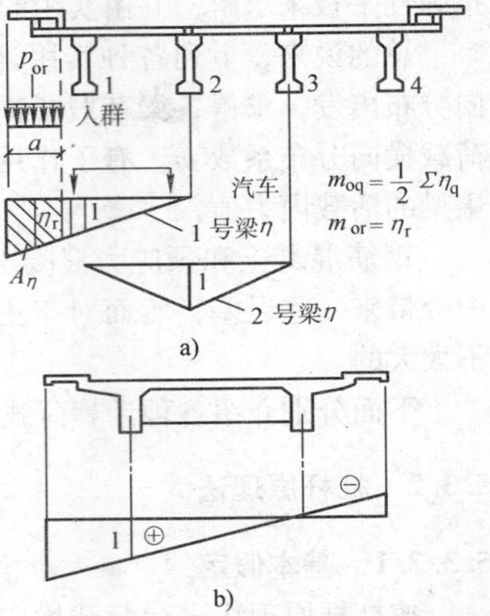

图 5-23 按杠杆原理法计算横向分布系数

对于一般多梁式桥，不论跨度内有无中间横隔梁，当桥上荷载作用在靠近支点处时，如当计算支点剪力时的情形，荷载的绝大部分通过相邻的主梁直接传至墩台。再从集中荷载直接作用在端横隔梁上的情形来看，虽然端横隔梁是连续于几根主梁之间的，但由于不考虑支座的弹性压缩和主梁本身的微小压缩变形，显然荷载将主要传至两个相邻的主梁支座，即连续端横隔梁的支点反力与多跨简支梁的反力相差不多。因此，在实践中人们习惯偏于安全地用杠杆原理分布法来计算荷载位于靠近主梁支点时的横向分布系数。

杠杆原理法也可近似地应用于横向联系很弱的无中间横隔梁的桥梁。但是这样计算的荷载横向分布系数，通常对于中间主梁会偏大些，而对于边梁则会偏小。对于无横隔梁的装配式箱形梁桥的初步设计，在绘制主梁荷载横向影响线时可以假设箱形截面是不变形的，故箱梁内的竖标值为等于 1 的常数，如图 5-24 所示。

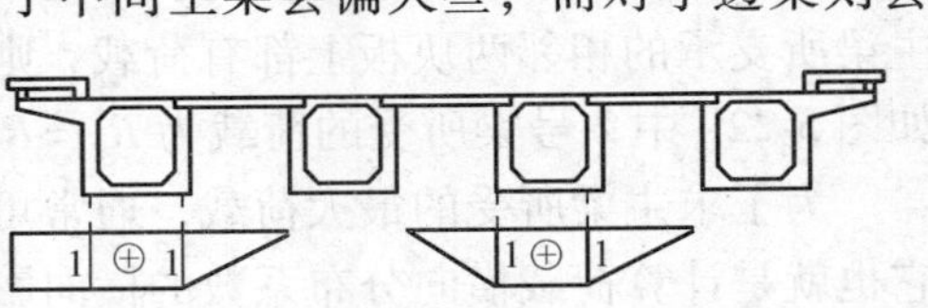

图 5-24 无中间横隔梁梁桥的主梁横向影响线

5.3.2.3 计算举例

［**例 5-2**］ 图 5-25 为一桥面净空为净 －7 ＋2 ×0.75m 人行道的钢筋混凝土 T 形梁桥，共设五根主梁，计算跨径 $l_j=19.5\text{m}$，主梁中距 $b=1.60\text{m}$。试求荷载位于支点处时 1 号梁和 2 号梁相应于公路—Ⅰ级荷载和人群荷载的横向分布系数。

解 当荷载位于支点处时，应按杠杆原理法计算荷载横向分布系数。

首先，绘制 1 号梁和 2 号梁的荷载横向影响线，如图 5-25b、c 所示。

再根据《桥规》规定，在横向影响线上确定荷载沿横向最不利的布置位置。

例如，对于公路—Ⅰ级汽车荷载，规定的汽车横向轮距为1.80m，两列汽车车轮的横向最小间距为1.30m，车轮距离人行道缘石最少为0.50m。人群为均布荷载，合力作用点位于人行道中间。求出相应于荷载位置的影响线竖标值后，就可得到1号梁荷载横向分布系数为

公路—Ⅰ级 $m_{oq}=\frac{1}{2}\sum\eta_i=\frac{1}{2}\times 0.875=0.438$

人群荷载 $m_{or}=\sum\eta_i=1.422$

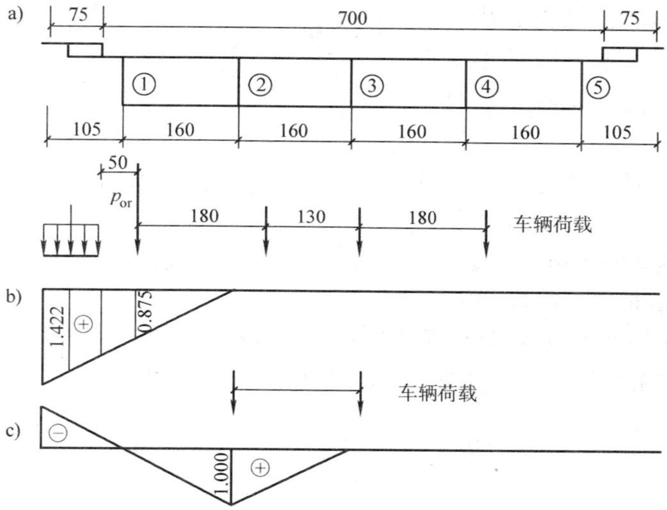

图5-25 杠杆原理计算横向分布系数(尺寸单位:cm)

a）桥梁横断面 b）1号梁横向影响线 c）2号梁横向影响线

同理，从图5-25c的计算，可得2号梁的最不利荷载横向分布系数为$m_{oq}=0.5$和$m_{or}=0$。这里，在人行道上没有布载，这是因为人行道荷载引起负反力，在考虑荷载组合时反而会减小2号梁的受力。

当各根主梁的荷载横向分布系数m_o求得后，通常就取m_o最大的这根梁按常规方法来计算截面内力，这在后文中还要详细介绍。

5.3.3 偏心压力法

5.3.3.1 适用条件

在钢筋混凝土或预应力混凝土梁桥上，通常除在桥的两端设置横隔梁外，还在跨度中央，甚至还在跨度四分点处，设置中间横隔梁，这样可以显著增加桥梁的整体性，并加大横向结构的刚度。根据试验观测结果和理论分析可知，当设置了具有可靠横向连结的中间横隔，且在桥的宽跨比$B/l\leqslant 0.5$时(一般称为窄桥)，车辆荷载作用下中间横隔梁的弹性挠曲变形同主梁的相比微不足道。

也就是说，中间横隔梁像一根刚度无穷大的刚性梁一样保持直线的形状，如图 5-26 所示，图中 ω 表示桥跨中央的竖向挠度。从桥上受荷后各主梁的变形(挠度)规律来看，它完全类似于一般材料力学中杆件偏心受压的情况，这就是偏心压力法计算荷载横向分布的基本前提。鉴于横隔梁无限刚性的假定，此法也称“刚性横梁法”。

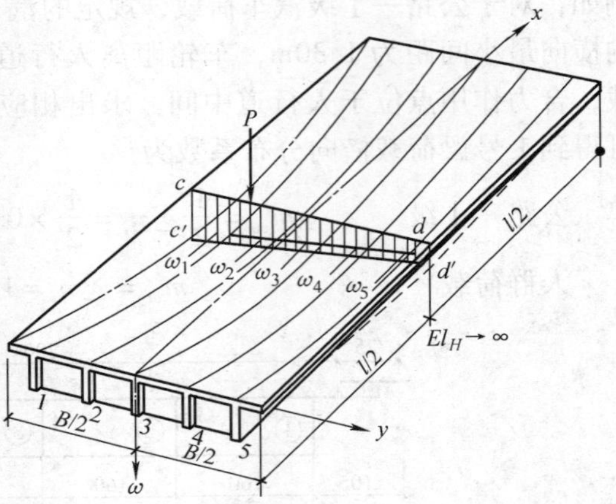

图 5-26　中间横隔梁为刚性假设下梁式桥的变形

此方法按计算中是否考虑主梁抗扭刚度的作用，又分为不考虑主梁抗扭刚度的“刚性横梁法”和考虑主梁抗扭刚度的“修正刚性横梁法”。

5.3.3.2　荷载横向分布影响线

因横梁的刚度为无穷大。所以各梁的挠度呈直线规律变化，因而各片梁的荷载横向分布影响线也为一条直线。影响线上任一点的竖标为

$$\eta_{ki} = \frac{I_k}{\sum_{i=1}^{n} I_i} \pm \beta \frac{e_i a_k I_k}{\sum_{i=1}^{n} a_i^2 I_i} \tag{5-14}$$

式中　β——抗扭系数，当 $\beta = 1$ 时，即为不考虑主梁抗扭刚度的“刚性横梁法”的计算公式，当取 $\beta = \dfrac{1}{1 + \dfrac{Gl^2 \sum I_{\mathrm{Ti}}}{12E \sum a_i^2 I_i}} < 1$ 时，即为考虑主梁抗扭刚度的“修正刚性横梁法”的计算公式；

I_k——第 k 号梁的抗弯惯性矩；

I_i——第 i 号梁的抗弯惯性矩($i = 1, 2, 3, \cdots$)；

a_k——梁位，第 k 号梁至桥梁横截面对称轴的距离；

a_i——梁位，第 i 号梁至桥梁横截面对称轴的距离；

e_i——荷载位置，单位荷载作用点至桥梁横截面对称轴的距离；

G——混凝土的切变模量，可取 $G = 0.43E$；

E——混凝土的弹性模量；

I_{Ti}——第 i 号梁的抗扭惯性矩，计算见表 5-1；

l——简支梁的计算跨径。

表 5-1　主梁抗扭惯矩的计算

矩形截面	T、I、冂形等截面	薄壁闭合截面	带悬臂的薄壁箱形截面
$I_T = cbt^3$	$I_T = \sum_{i=1}^{n} c_i b_i t_i^3$	$I_T = \dfrac{4\Omega^2}{\oint \frac{ds}{t}}$	$I_T = \dfrac{4\Omega^2}{\oint \frac{ds}{t}} + \sum_{i=1}^{n} a_i b_i t_i^3$
注：b_i——矩形长边的长度 t_i——矩形短边的长度 c_i——矩形截面抗扭刚度系数 $c=\frac{1}{3}\left[1-0.63\frac{t}{b}+0.052\left(\frac{t}{b}\right)^5\right]$或查表 5-2		注：Ω 为薄壁中线所包围的面积	注：公式前项为闭口薄壁部分，后项为二边悬出的开口部分

表 5-2　c 值

b/t	1.00	1.20	1.50	1.75	2.00	2.5	3.00	4.00	5.00	6.00	8.00	10.00	∞
c	0.141	0.166	0.196	0.214	0.229	0.249	0.263	0.281	0.291	0.299	0.307	0.313	0.333

如果主梁的截面均相同，即 $I_i = I$，$I_{Ti} = I_T$，则 k 号梁的横向影响线竖标为

$$\eta_{ki} = \frac{1}{n} \pm \beta \frac{e_i a_k}{\sum_{i=1}^{n} a_i^2} \tag{5-15}$$

式中　n——主梁根数。

计算时，式(5-14)、式(5-15)中等式右侧的正负号，当 e_i 和 a_k 在对称轴的同侧时取正，反之取负。

5.3.3.3　主梁荷载横向分布系数计算

为阐述具体起见，举例说明其计算步骤和计算方法。

[例 5-3]　计算跨径 $l = 19.50\text{m}$ 的简支梁桥，其横截面如图 5-27a 所示。考虑主梁抗扭刚度，求荷载位于跨中时 1 号边梁的荷载横向分布系数 m_{cq}（汽车荷载）和 m_{cr}（人群荷载）。T 形主梁的细部尺寸如图 5-27c 所示。

解　1. 计算 I 和 I_T

翼板的换算平均厚度 $h = \frac{8+14}{2}\text{cm} = 11\text{cm}$，则主梁截面重心位置 a_x（图 5-27c）

$$a_x = \frac{S}{A} = \frac{(160-18)\times 11 \times \frac{11}{2} + 130 \times 18 \times \frac{130}{2}}{(160-18)\times 11 + 130 \times 18}\text{cm} = 41.2\text{cm}$$

主梁抗弯惯性矩

$$I = \frac{1}{12}\times(160-18)\times 11^3 + (160-18)\times 11 \times \left(41.2 - \frac{11}{2}\right)^2\text{cm}^4 +$$

$$\frac{1}{12}\times 18\times 130^3+18\times 130\times\left(\frac{130}{2}-41.2\right)^2\text{cm}^4$$

$$=6627473\text{cm}^4=0.0662747\text{m}^4$$

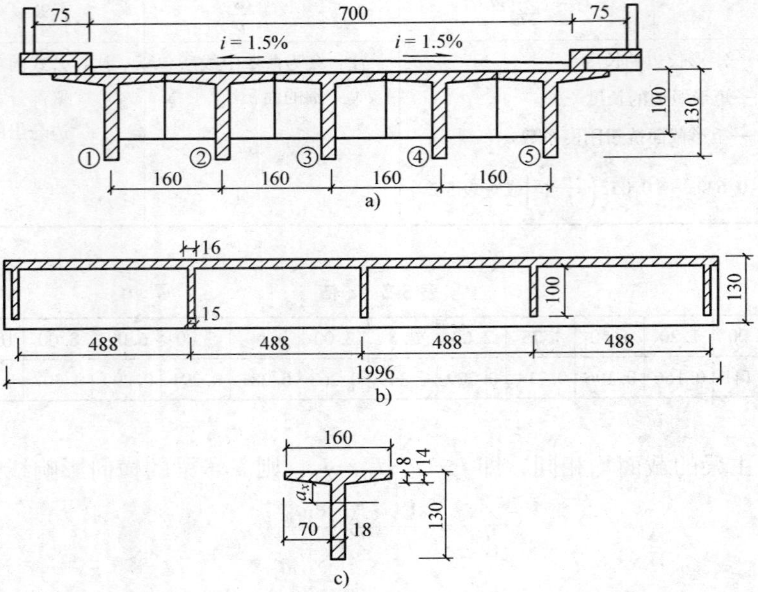

图 5-27 简支梁布置图(尺寸单位:cm)

a) 横断面图 b) 纵断面图 c) T 形梁截面

主梁抗扭惯性矩:

对于翼板 $b_1/t_1=1.60/0.11=14.88>10$，查表 5-2 得 $c_1=\frac{1}{3}$

对于梁肋 $b_2/t_2=0.19/0.18=6.611$，查表 5-2 得 $c_2=0.301$

$$I_T=\sum c_i b_i t_i^3=\frac{1}{3}\times 160\times 11^3\text{cm}^4+0.301\times 119\times 18^3\text{cm}^4$$

$$=279870\text{cm}^4=0.0027987\text{m}^4$$

2. 计算抗扭修正系数 β

本桥各主梁的横截面均相等，$\sum I_{Ti}=nI_T$，梁数 $n=5$；梁间距为 1.60m，则

$$\sum a_i^2 I_i=I\sum a_i=I\ [(2\times 1.60)^2+1.60^2+0+1.60^2+(2\times 1.60)^2]=25.60I$$

$$\beta=\frac{1}{1+\dfrac{Gl^2\sum I_{Ti}}{12E\sum a_i^2 I_i}}=\frac{1}{1+\dfrac{0.43E\times 19.5^2\times 5\times 0.0027987}{12E\times 0.0662747\times 25.6}}=0.899$$

3. 计算横向影响线竖标值

对于 1 号边梁考虑抗扭修正后的横向影响线竖标值为

$$\eta_{11}=\frac{1}{n}+\beta\frac{e_1a_1}{\sum_{i=1}^{n}a_i^2}=\frac{1}{5}+0.899\frac{3.20\times3.20}{25.60}=0.56$$

$$\eta_{15}=\frac{1}{n}-\beta\frac{e_1a_1}{\sum_{i=1}^{n}a_i^2}=\frac{1}{5}-0.899\frac{3.20\times3.20}{25.60}=-0.16$$

刚性横梁法的横向分布影响线为直线，设影响线零点离1号梁轴线的距离为 x，则

$$\frac{x}{0.56}=\frac{4\times1.60-x}{0.16}$$

解得 $x=4.98\text{m}$。

4. 计算荷载横向分布系数

1号边梁的横向影响线和布载图式如图5-28所示。

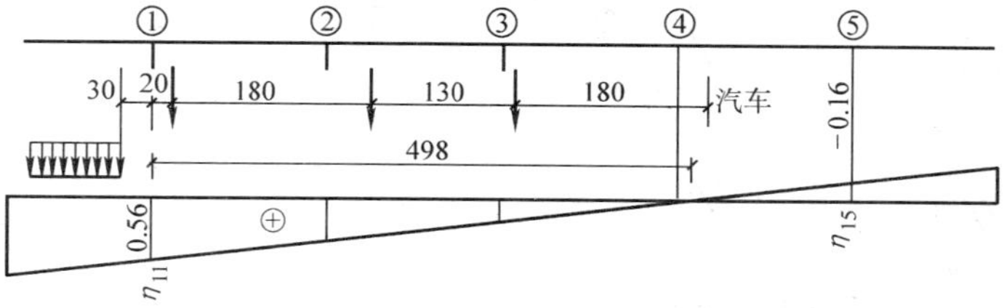

图5-28 横向分布系数计算图示(尺寸单位:cm)

汽车荷载

$$m_{cq}=\frac{1}{2}\sum\eta_q=\frac{1}{2}(\eta_{q1}+\eta_{q2}+\eta_{q3}+\eta_{q4})=0.524$$

人群荷载

$$m_{cr}=\sum\eta_r=0.636$$

由于横向影响线是直线，故刚性横梁法在求荷载的横向分布系数时，也可以直接求出荷载合力作用点处的竖标值来计算。例如，对汽车荷载，合力作用点距1号梁肋2.65m，距影响线零点2.33m，则

$$m_{cq}=2\times\frac{0.56}{4.98}\times2.33=0.524$$

5.3.4 铰接板(梁)法和刚接梁法

对于用现浇混凝土纵向企口缝连结的装配式板桥以及仅在翼扳间用焊接钢板或伸出交叉钢筋连结的无中间横隔梁的装配式桥，由于块件间横向具有一定的连结构造，但其连结刚性又很薄弱，因此对于跨中荷载横向分布的计算，上面所述的“杠杆原理法”和“偏心压力法”均不适用。鉴于这类结构的受力状

态实际接近于数根并列而相互间横向铰接的狭长板(梁)，故对此专门拟定了横向铰接板(梁)理论来计算荷载的横向分布。本节中将着重阐明铰接板(梁)法的基本假定、计算理论和计算参数的确定，最后并给出荷载横向分布系数的计算实例。至于刚接梁法，可以看做是铰接板(梁)理论的一种推广。

5.3.4.1 铰接板(梁)法

1. 基本假定

为了便于分析问题，首先作如下的基本假定：

1）板块之间的铰仅传递竖向剪力 $q(x)$，而略去图 5-29 中所示的横向弯矩 $M(x)$、纵向剪力 $\tau(x)$ 和法向力 $N(x)$。

2）作用在桥跨上的集中荷载，近似地用沿桥跨连续分布的正弦等效荷载 $P\sin\dfrac{\pi x}{L}$来代替。

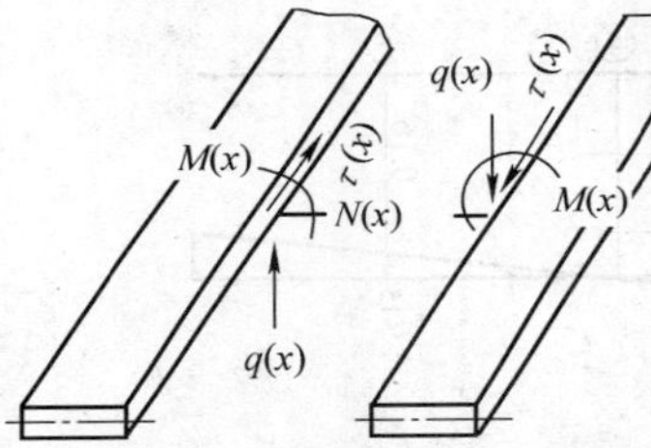

图 5-29 铰接板受力示意图

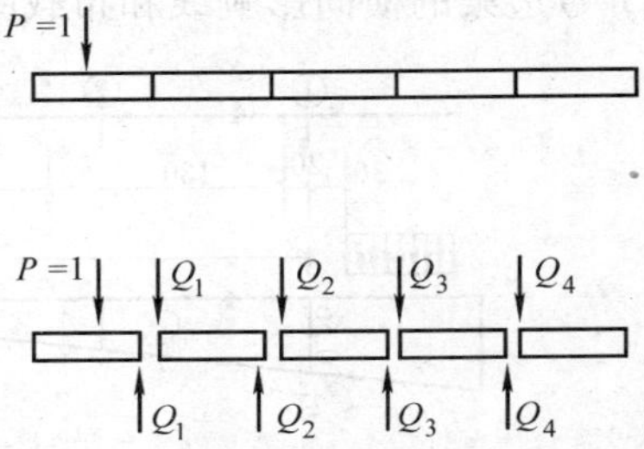

图 5-30 铰接板计算图式

3）略去材料泊松比 ν 的影响。

2. 横向分布影响线

当单位集中力作用于板块上时，同样可以用一个等效正弦荷载来代替，取跨径中央峰值处一单位长度的横向板带来分析，如图 5-30 所示。单位力峰值 $P=1$作用于板块 1 上时，每个铰接处将产生一对竖向剪力 Q_i。将单位力 $P=1$ 分布到各块板上，各块板受到的力为

$$\left.\begin{aligned}\eta_{11}&=1-Q_1\\ \eta_{21}&=Q_1-Q_2\\ \eta_{31}&=Q_2-Q_3\\ \eta_{41}&=Q_3-Q_4\\ \eta_{51}&=Q_4\end{aligned}\right\}\tag{5-16}$$

将 η_{11}、η_{21}、η_{31}、η_{41}、η_{51} 值按比例描绘在 1 ~ 5 块板的下面，以光滑的曲线连接，若结构形式、支承条件、材料性质等均不发生改变时，按变位互等定理知其即为板块 1 的横向分布影响线。同理，$P=1$ 分别作用于 2、3、4、5 块板上时，便以此得到各块板的横向分布影响线。如果能求得 Q_1 ~ Q_4 则问题便得到了解决。

为了求得 $Q_1 \sim Q_4$ 的值，我们需要利用相邻两块板在铰接缝处的竖向相对位移(沿跨径方向亦为正弦函数)为零的变形协调条件，其位移正则方程为

$$\left.\begin{aligned}\delta_{11}Q_1+\delta_{12}Q_2+\delta_{13}Q_3+\delta_{14}Q_4+\Delta_{1P}=0\\\delta_{21}Q_1+\delta_{22}Q_2+\delta_{23}Q_3+\delta_{24}Q_4+\Delta_{2P}=0\\\delta_{31}Q_1+\delta_{32}Q_2+\delta_{33}Q_3+\delta_{34}Q_4+\Delta_{3P}=0\\\delta_{41}Q_1+\delta_{42}Q_2+\delta_{43}Q_3+\delta_{44}Q_4+\Delta_{4P}=0\end{aligned}\right\}\tag{5-17}$$

式中　Q_i——在单位正弦函数的外力作用下，铰接缝处所产生的正弦函数铰接力的峰值；

δ_{ik}——单位正弦函数荷载作用在 i 号板上时对铰点处的竖向变位；

Δ_{iP}——外荷载 P 使 i 铰点处所产生的竖向变位。

正则方程中的常系数 δ_{ik}、Δ_{iP} 可参照图5-31来确定。

当第一个铰接缝处的剪力为 $1\cdot\sin\dfrac{\pi x}{L}$时，则在跨中各板边的相对位移为

$$\delta_{11}=2\left(\omega+\frac{b_1}{2}\varphi\right)$$

$$\delta_{21}=\delta_{12}=-\left(\omega-\frac{b_1}{2}\varphi\right)$$

$$\delta_{31}=\delta_{13}=0$$

$$\delta_{41}=\delta_{34}=0$$

$$\Delta_{1P}=-\omega$$

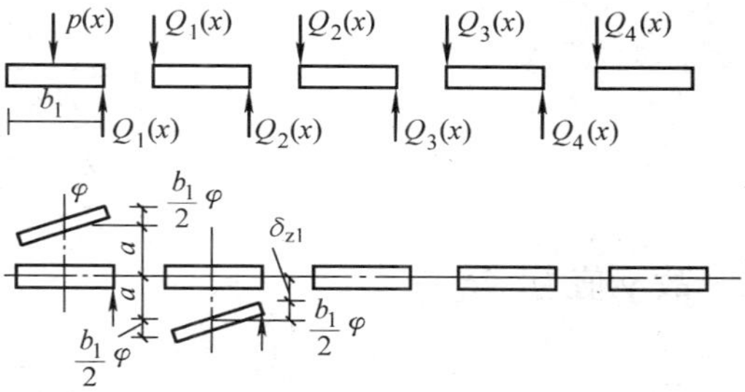

图5-31　板梁的典型受力图式

式中的 δ_{21} 与 $Q_2(x)$ 方向相反，Δ_{1P} 与 $Q_1(x)$ 方向相反，故 δ_{21} 与 Δ_{1P} 均取负值。将以上值代入式(5-17)的第一式中得

$$2\left(\omega+\frac{b_1}{2}\varphi\right)Q_1+\left(-\omega+\frac{b_1}{2}\varphi\right)Q_2-\omega=0$$

全式除以 $-\omega$，并且令 $\gamma=\dfrac{\frac{b_1}{2}\varphi}{\omega}$，则得

同理可得

$$\left.\begin{aligned}1-2(1+\gamma)Q_1+(1-\gamma)Q_2=0\\(1-\gamma)Q_1-2(1+\gamma)Q_2+(1-\gamma)Q_3=0\\(1-\gamma)Q_2-2(1+\gamma)Q_3+(1-\gamma)Q_4=0\\(1-\gamma)Q_3-2(1+\gamma)Q_4=0\end{aligned}\right\}\tag{5-18}$$

当板的扭转位移与其挠度的比值 γ 已知时，便很容易地从方程(5-18)中解得 Q_1、Q_2、Q_3、Q_4。再将这些值代入式(5-16)中去便可得到所求板块的横向分布影响线。

3. 横向分布系数及计算用表

简支板梁在正弦荷载作用下所产生的挠度 ω 和扭转角 φ，由材料力学可知

$$\left.\begin{aligned}\omega(x)&=\frac{P_1L^4}{EI\pi^4}\sin\frac{\pi x}{L}\\ \varphi(x)&=\frac{P_1b_1L^2}{2\pi^4GI_{\mathrm{T}}}\sin\frac{\pi x}{L}\end{aligned}\right\}\tag{5-19}$$

当 $x=\dfrac{L}{2}$时，跨中的峰值为

$$\left.\begin{aligned}\omega&=\frac{P_1L^4}{EI\pi^4}\\ \varphi&=\frac{P_1b_1L^2}{2\pi^4GI_{\mathrm{T}}}\end{aligned}\right\}\tag{5-20}$$

故 γ 值为

$$\gamma=\frac{\frac{b_1}{2}\varphi}{\omega}=\frac{\pi^2EI}{4GI_{\mathrm{T}}}\left(\frac{b_1}{L}\right)^2\approx5.8\,\frac{I}{I_{\mathrm{T}}}\left(\frac{b_1}{L}\right)^2\tag{5-21}$$

当板宽 $b_1=1$ 时

$$\gamma=5.8\,\frac{I}{I_{\mathrm{T}}}\left(\frac{1}{L}\right)^2=\frac{5.8}{L^2}\frac{I}{I_{\mathrm{T}}}\tag{5-22}$$

从中可以看出参数 γ 实质上是板块的截面抗弯惯性矩 I 与抗扭惯性矩 I_{T} 的比值。式中 L 为计算跨径。

有了荷载横向分布影响线，就不难求得任意荷载作用下的横向分布系数；只需在影响线上按规范所规定的尺寸限制来加载求极值，如图 5-32 所示。2 号板的横向分布影响线如图 5-32b 求 2 号板的横向分布系数。

各类荷载的最不利位置示于图 5-32a。据此求出相应位置影响线的竖标或面积。

对于汽车

$$m_2=\frac{1}{2}(\eta_1+\eta_2+\eta_3+\eta_4)=\frac{1}{2}\sum\eta_i\tag{5-23}$$

人群

$$m_2'=\frac{1}{b''}(\Omega_1+\Omega_2)\tag{5-24}$$

式中　η_1、η_2——相应荷载位置下的横向分布影响线竖标值；

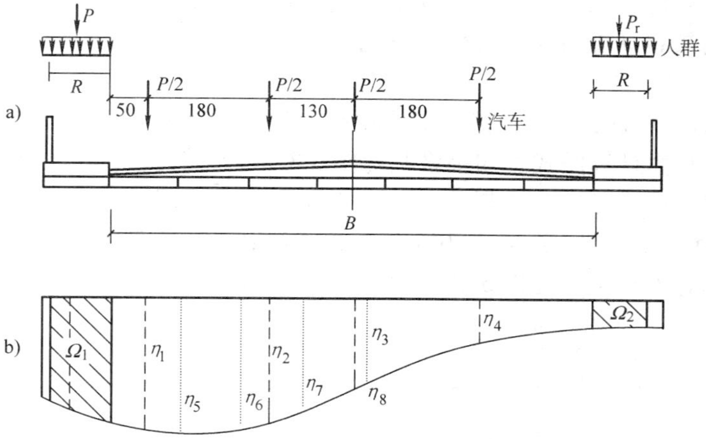

图 5-32　荷载最不利位置图及横向分布影响线

注：P_r 为单位长度人群荷载集度。

Ω_1、Ω_2、b''——分布荷载所对应的横向分布影响线面积及宽度；

m_2、m_2'——2 号板块在汽车和人群荷载下的横向分布系数。

求 m_2、m_2'' 时，若 η_3、η_4、Ω_2 为负数时可以减少一列车或行人。依上述方法，结合常用车道及人行道宽度进行组合，分别求出在各组合下的汽车、人群荷载在各组合宽度中的每块板的横向分布系数，并从中取出各板块中的最大值，见附录Ⅰ。

当荷载位于支点附近时，例如，求支点最大剪力，由于板块直接支承在刚度很大的墩台帽上，荷载不可能扩散开，所以，应只考虑通过铺装层后的车轮宽度 $b_1=b_2+2H$ 所作用的部分来承受。若 b_1 不是作用在一块板上时，则按比例分配计算。

例如，一个汽车车轮的分布宽度 b_1 全部位于第 i 块板内时，则第 i 块板的支点处横向分布系数为

$$m_{io}=\frac{1}{2}\sum\eta=0.5$$

假如在第 i 块板上的分布宽度仅为 b_1' 时，则

$$m_{io}=\frac{1}{2}\sum\eta\frac{b_1'}{b_1} \tag{5-25}$$

式中　b_1'——作用于 i 号板上的荷载扩散宽度。

4. 铰接 T 形梁桥的计算特点

小跨径的钢筋混凝土 T 形梁桥，为了便于预制施工，往往不设中间横隔梁，仅对翼板的板边适当连结，或者仅由现浇的桥面板使各梁连结在一起。这种梁桥的横向连结刚度很弱，其受力特点就像横向铰接的结构。此外，对于无横隔

梁的组合式梁桥，也因横向连结刚度小而可以近似作为横向铰接来计算。下面将阐明横向铰接T形梁桥与铰接板桥相比，在计算荷载横向分布方面的不同特点。

图5-33a、b表示一座铰接T形梁桥在单位正弦荷载作用下沿跨中单位长度截割段的铰接力计算图式。如果将其与图5-31a、b相比较，可见两者对于荷载横向分配的表达式是完全一样的。唯一不同之处是利用式(5-17)的正则方程求铰接力 g_i 时，在所有主系数 δ_{ii} 中除了考虑 ω 和 φ 的影响外，还应计入T形梁翼板悬臂端的弹性挠度 f(见图5-33c、d)。

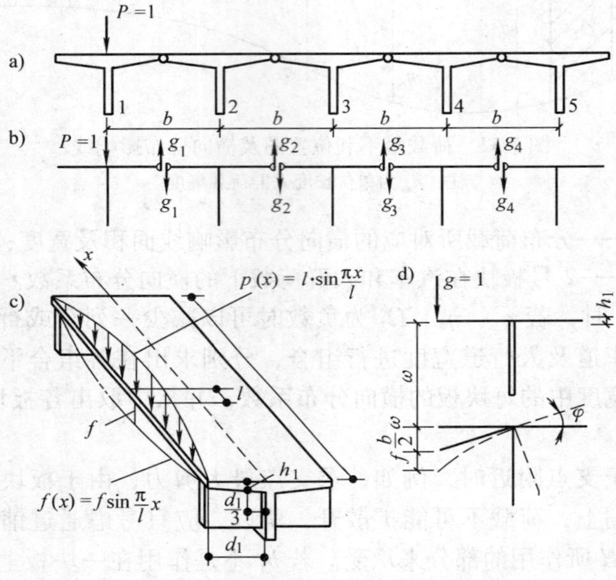

图5-33 铰接T形梁桥计算图式

鉴于翼缘板边缘有单位正弦荷载作用时，翼板可视为在梁肋处固定的悬臂板，其板端挠度接近于正弦分布，即 $f(x)=f\sin\frac{\pi x}{l}$。$f$ 为挠度峰值，如图5-33c所示，则

$$f=\frac{d_1^3}{3EI_1}=\frac{4d_1^3}{Eh_1^3}$$

式中 d_1——翼板的悬出长度；

h_1——翼板厚度，对于变厚度的翼板，可近似地取距离梁肋 $\frac{d_1}{3}$ 处的板厚来计算(图5-33c)；

I_1——单位宽度翼板的抗弯惯性矩，$I_1=\frac{h_1^3}{12}$。

因此，对于铰接T形梁桥，正则方程(5-17)中只有 δ_{ii}应改为

$$\delta_{11}=\delta_{22}=\delta_{33}=\cdots=2\left(\omega+\frac{b}{2}\varphi+f\right)$$

如令 $\beta=\dfrac{f}{\omega}$，则

$$\beta=\frac{\dfrac{4d_1^3}{Eh_1^3}}{\dfrac{l^4}{\pi^4 EI}}\approx 390\frac{I}{l^4}\left(\frac{d_1}{h_1}\right)^3$$

将改变后的 δ_{ii}代入式(5-17)并经与铰接板的类似处理后，就得铰接T形梁的正则方程

$$\left.\begin{aligned}1-2(1+\gamma+\beta)Q_1+(1-\gamma)Q_2=0\\(1-\gamma)Q_1-2(1+\gamma+\beta)Q_2+(1-\gamma)Q_3=0\\(1-\gamma)Q_2-2(1+\gamma+\beta)Q_3+(1-\gamma)Q_4=0\\(1-\gamma)Q_3-2(1+\gamma+\beta)Q_4=0\end{aligned}\right\}\tag{5-26}$$

由此可见，只要确定了刚度参数 γ 和 β，就可像在铰接板桥中一样，解出所有未知铰接力的峰值，并利用 $\eta_{ki}=p_{ik}$的关系绘制荷载横向影响线。

北京市政设计院曾对无横隔梁的梁肋式结构，用刚度系数 γ 编制了荷载横向影响线计算用表，f_c 值以下式表达

$$f_c=\frac{2(1+\gamma+\beta)}{1-\gamma}$$

值得指出的是，当悬臂不长(在0.7～0.8m左右)和跨度 $l\geqslant10$m 时参数 γ 一般比 β 值显著增大$\left(\dfrac{\beta}{1+\gamma}\text{不足}5\%\right)$，因而在不影响计算精确度的条件下，可忽略 β 的影响而直接利用铰接板桥的计算用表以简化铰接梁桥的计算。

在有必要计入 β 的影响时，也可利用 $\beta=0$ 的 η_{ii}和 η_{ik}计算用表，按下式近似地计算计及 β 值影响的荷载横向影响线坐标值 $\eta_{ii(\beta)}$和 $\eta_{ki(\beta)}$

$$\left.\begin{aligned}\eta_{ii(\beta)}=\eta_{ii}+\frac{\beta}{1+\gamma}(1-\eta_{ii})\\\eta_{ik(\beta)}=\eta_{ik}+\frac{\beta}{1+\gamma}(1-\eta_{ik})\end{aligned}\right\}\tag{5-27}$$

5. 计算举例

[**例5-4**] 图5-34所示为跨径 $L=12.60$m 的铰接空心板桥的横截面布置，桥面净空为净—7和2×0.75m人行道。全桥跨由9块预应力混凝土空心板组成，欲求1、3和5号板的公路—Ⅰ级荷载和人群荷载作用的跨中荷载横向分布系数。

解 1. 计算空心板截面的抗弯惯性矩 I

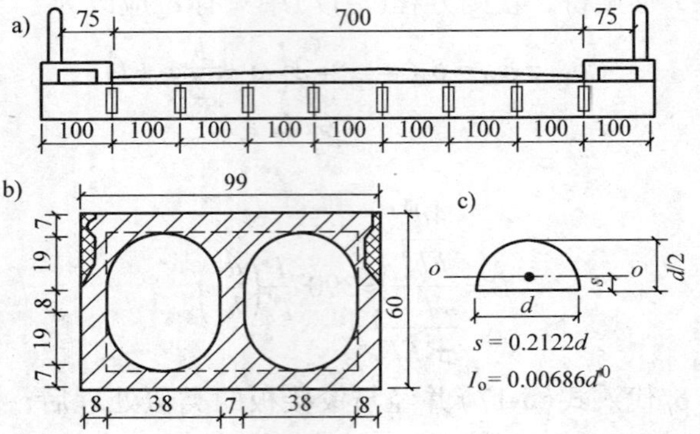

图 5-34　空心板桥横断面

本题空心板是上下对称截面，形心轴位于高度中央，故其抗弯惯性矩为(参见图 5-34c 所示半圆的几何性质)

$$I=\frac{99\times60^3}{12}\text{m}^4-2\times\frac{38\times8^3}{12}\text{m}^4-4\times\left[0.00686\times38^4+\frac{1}{2}\cdot\frac{\pi\times38^2}{4}\left(\frac{8}{2}+0.2122\times38\right)^2\right]\text{m}^4$$

$$=(1782000-3243-4\times96828)\text{m}^4=1391\times10^3\text{m}^4$$

2. 计算空心、板截面的抗扭惯性矩 I_T

本例空心板截面可近似简化成图 5-34b 中虚线所示的薄壁箱形截面来计算 I_T，查表 5-1 得

$$I_T=\frac{4\times(99-8)^2\times(60-7)^2}{(99-8)\times\left(\frac{1}{7}+\frac{1}{7}\right)^2+\frac{2\times(60-7)}{8}}\text{cm}^4=\frac{93045000}{26+13.25}\text{cm}^4$$

$$=2.37\times10^6\text{cm}^4$$

3. 计算弯扭参数 γ

$$\gamma=5.8\frac{I}{I_T}\left(\frac{b}{L}\right)^2=5.8\times\frac{1391\times10^3}{2370\times10^3}\times\left(\frac{100}{1260}\right)^2=0.0214$$

4. 计算跨中荷载横向分布影响线

从铰接板荷载横向分布影响线计算用表(见附录Ⅰ)中表Ⅰ-19、表Ⅰ-21、表Ⅰ-25，在 $\gamma=0.02$ 与 0.04 之间按直线内插法求得 $\gamma=0.0214$ 的影响线竖标值 η_{1i}、η_{3i}、η_{5i}。计算见表 5-3(表中的数值为实际 η_{ki} 的小数点后三位数字)。

表 5-3　η_{ki} 计算表

板　号	γ	单位荷载作用位置(i 号板中心)									$\sum\eta_{ki}$
		1	2	3	4	5	6	7	8	9	
1	0.02	236	194	147	113	088	070	057	049	046	≈1000
	0.04	306	232	155	104	070	048	035	026	023	
	0.0214	241	197	148	112	087	068	055	047	044	

（续）

板　号	γ	单位荷载作用位置（i号板中心）									$\sum\eta_{ki}$
		1	2	3	4	5	6	7	8	9	
3	0.02	147	160	164	141	110	087	072	062	057	≈1000
	0.04	155	181	195	159	108	074	053	040	035	
	0.0214	148	161	166	142	110	086	071	060	055	
5	0.02	088	095	110	134	148	134	110	095	088	≈1000
	0.04	070	082	108	151	178	151	108	082	070	
	0.0214	087	094	110	135	150	135	110	094	087	

将表中η_{1i}、η_{3i}、η_{5i}之值按一定比例尺，绘于各号板的轴线下方，连接成光滑曲线后，就得1号、3号和5号板的荷载横向分布影响线，如图5-35b～d所示。

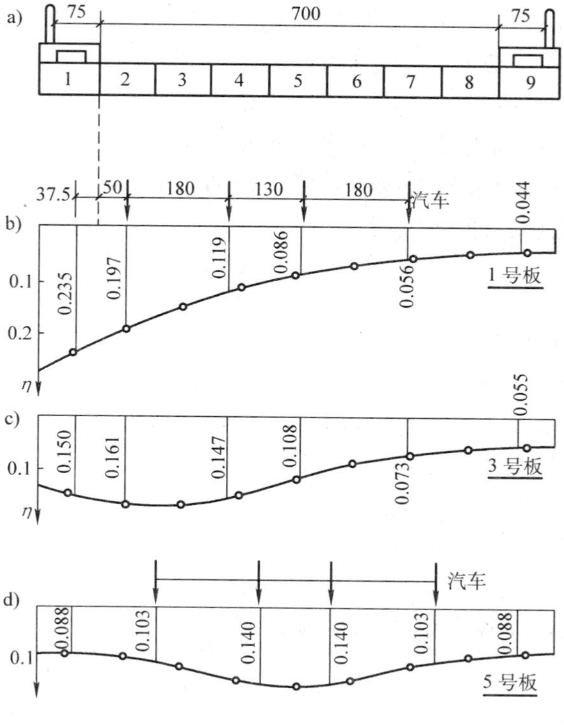

图5-35　1、3、5号板的横向分布影响线

5. 计算荷载横向分布系数

按《桥规》规定沿横向确定最不利荷载位置后，就可计算跨中荷载横向分布系数。

对于 1 号板：

公路—Ⅰ级　　$m_{cq}=\frac{1}{2}\sum\eta_i=\frac{1}{2}\times(0.197+0.119+0.086+0.056)=0.229$

人群　　$m_{cr}=\sum\eta_i=0.235+0.044=0.279$

对于 3 号板：

公路—Ⅰ级　　$m_{cq}=\frac{1}{2}\sum\eta_i=\frac{1}{2}\times(0.161+0.147+0.108+0.073)=0.245$

人群　　$m_{cr}=\sum\eta_i=0.150+0.055=0.205$

对于 5 号板：

公路—Ⅰ级　　$m_{cq}=\frac{1}{2}\sum\eta_i=\frac{1}{2}\times(0.103+0.140+0.140+0.103)=0.243$

人群　　$m_{cr}=\sum\eta_i=0.088+0.088=0.176$

综上所得，汽车荷载的横向分布系数的最大值为 $m_{cq}=0.245$，人群荷载的为 $m_{cr}=0.279$。在设计中通常偏安全地取这些最大值来计算内力。

从图 5-35 所作各板的横向分布影响线可以看出，鉴于铰接空心板或实心板的抗扭能力比较大，故影响线竖标值在横桥方向还是比较均匀的。再考虑到通常在桥宽方向较大范围内要布置好多个车轮荷载，这样又导致各号板的受力比较均匀，因此通过计算分析，我们还可以归纳成下述近似公式作为初估车辆荷载横向分布系数之用，即

$$m_c=C\frac{k}{n}$$

式中　n——横截面内板的块数；

k——车辆荷载列数；

C——修正系数，对于汽车荷载 $C=1.15$，对于挂车荷载 $C=1.30$（若需要按旧规范考虑时）。

[例 5-5]　无中横隔梁的横向铰接 T 形梁桥，跨径 $L=10.0$m，桥面净空为净—7 附 2×0.25m 护轮带，由间距 $b=1.5$m 的 5 根主梁组成。主梁的截面尺寸如图 5-36 所示。试计算各主梁的汽车荷载横向分布系数。

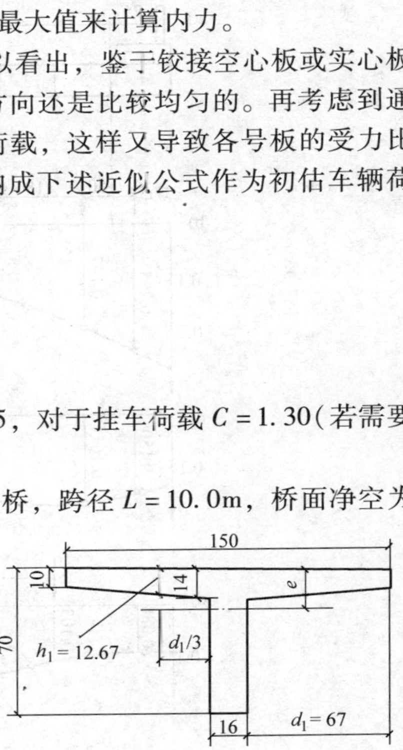

图 5-36　T 形梁截面尺寸(尺寸单位:cm)

解　1. 计算截面特性

主梁翼板的平均厚度为 12cm，则截面形心、距翼板顶面的距离 e 为

$$e=\frac{16\times70\times\frac{70}{2}+(150-16)\times12\times\frac{12}{2}}{16\times70+(150-16)\times12}\text{cm}=17.91\text{cm}$$

抗弯惯性矩为

$$I=\frac{1}{12}\times16\times70^3\text{cm}^4+(16\times70)\left(\frac{70}{2}-17.91\right)^2\text{cm}^4+\frac{1}{12}\times(150-16)\times12^3\text{cm}^4+$$
$$(150-16)\times12\times\left(17.91-\frac{12}{2}\right)^2\text{cm}^4$$
$$=1031800\text{cm}^4$$

由表 5-1 和表 5-2 计算抗扭惯性矩 I_T。对于翼板，$\frac{t_1}{b_1}=\frac{12}{150}<0.1$，可得 $c_1=0.333$，对于梁肋，$\frac{t_2}{b_2}=\frac{16}{70-12}=0.276$，可得 $c_2=0.275$。抗扭惯性矩为

$$I_\text{T}=\sum c_i b_i t_i^3=\frac{1}{3}\times150\times12^3\text{cm}^4+0.275\times58\times16^3\text{cm}^4=(86400+65330)\text{cm}^4$$
$$=151700\text{cm}^4$$

2. 求弯扭参数 γ 和 β

$$\gamma=5.8\frac{I}{I_\text{T}}\left(\frac{b_1}{L}\right)^2=5.8\times\frac{1031800}{151700}\times\left(\frac{150}{1000}\right)^2=0.8880$$

$$\beta=390\frac{I}{l^4}\left(\frac{d_1}{h_1}\right)^3=390\times\frac{1031800}{1000^4}\left(\frac{67}{12.67}\right)^3=0.0315$$

$$\frac{\beta}{1+\gamma}=\frac{0.0595}{1+0.8880}=0.0315$$

由计算结果可见，β 值对正则方程(5-26)的系数的影响只有 3% 左右，因此可以忽略不计。

3. 绘制跨中荷载横向分布影响线

由附录Ⅰ表Ⅰ-5 ~ 表Ⅰ-7，在 $\gamma=0.60$ 与 $\gamma=1.00$ 之间内插求 $\gamma=0.888$ 的影响线竖标值 η_{1i}、η_{2i}、η_{3i}，并绘成各梁的荷载横向分布影响线，如图 5-37b ~ d 所示。

4. 计算各主梁的荷载横向分布系数

汽车荷载的横向最不利布置如图 5-37 所示，则得各主梁的横向分布系数为：

1 号梁　$m_\text{cq}=\frac{1}{2}\times(0.731+0.216)=0.474$

2 号梁　$m_\text{cq}=\frac{1}{2}\times(0.257+0.440+0.248+0)=0.473$

3 号梁　$m_\text{cq}=\frac{1}{2}\times(0.384+0.100)\times2=0.484$

挂车荷载或履带车荷载的横向分布系数也可仿照此法求得。

本例的计算结果表明，中间主梁对汽车荷载的横向分布系数比边主梁的要稍大一些，而且各主梁的横向分布系数均较接近。

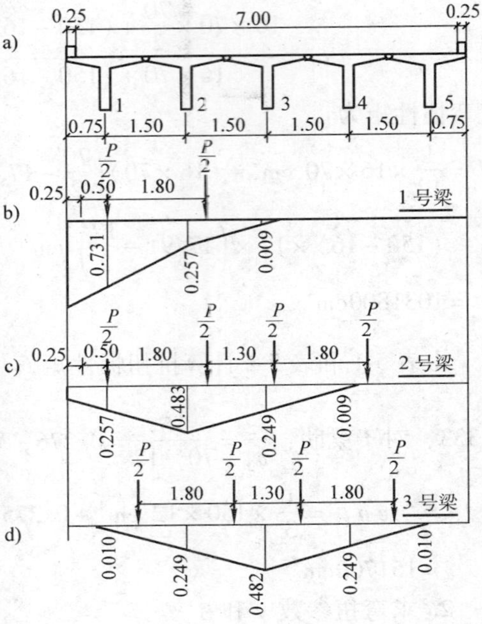

图5-37 1、2、3号梁的横向分布影响线（尺寸单位：cm）

5.3.4.2 刚接梁法的计算特点

对于翼缘板刚性连结的肋梁桥，只要在铰接板(梁)桥计算理论的基础上，在接缝处引入赘余弯矩 m_i，就可建立具有横向刚性连结特点的赘余力正则方程。用这一方法来求解各梁荷载横向分布的问题，就称为**刚接梁法**。

1. 适用条件

对于相邻两片主梁的接合处可以承受弯矩的，或虽然桥面系没有经过构造处理，但设有多片内横隔梁的，或桥面浇筑成一块整体板的桥跨结构，都可以看做是刚接梁系。它们的荷载横向分布计算都可以采用此法。

2. 计算原理

刚性连接的桥面板，当在半波正弦分布的峰值为 P 的分布荷载作用下，在纵向切口处的赘余力也是正弦分布的。这些赘余力应该有五个：竖向剪力(峰值 g)、弯矩(峰值 m)、桥面板内纵向剪力流(峰值 t)、由于相邻主梁弯曲后不同曲率引起的横向扭矩(峰值 m_T)以及由于扭转中心不在桥面上而引起邻梁对它的阻力(峰值 n)，如图5-38所示。通过精确分析，发现在竖向荷载作用下，t、m_T

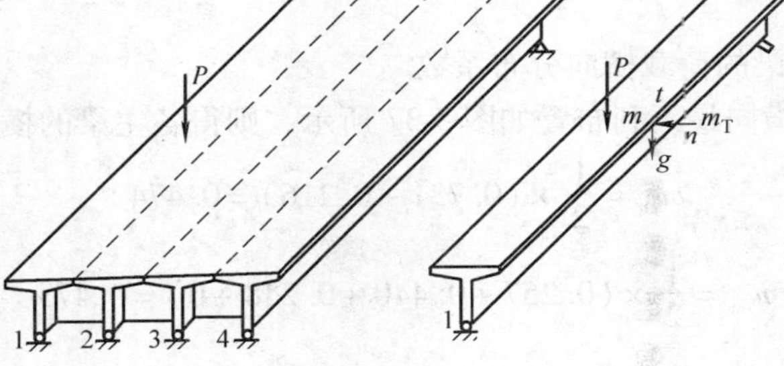

图5-38 刚性连接的主梁的内力

和 n 对荷载横向分布的影响很小，可以忽略不计，因此只考虑赘余力 g 和 m。利用切口处位移协调条件可建立以 $g_1, g_2, \cdots, g_n, m_{n+1}, m_{n+2}, \cdots, m_{n+n}$ 为赘余力的力法方程。解得 g_i 后，各片主梁的荷载分布影响线坐标也就确定了。

除了直接受载的主梁所分配到的荷载为 $P-(g_{左}+g_{右})$ 外，其他主梁所分配到的荷载则为左右两片主梁上赘余剪力 $g_{左}$ 和 $g_{右}$ 的代数和。

有关刚接梁法的详细阐述和计算表格可参阅《公路桥涵设计手册—梁桥》一书。

5.3.5 比拟正交异性板法

前面介绍的几种计算荷载横向分布系数的方法都有一个共同的特点，就是把全桥视作一系列并排放置的主梁所构成的梁系结构来进行力学分析。各种方法的不同之处就在于，根据各种不同桥梁结构的具体特点对横向结构的连结刚性作了不同程度的假设。然而，由于实际的钢筋混凝土梁式桥结构的多样性，这些方法还不足以反映与上述梁系力学图式差别较大的桥梁结构的受力情况。例如，对于由主梁、连续的桥面板和多道横隔梁所组成的钢筋混凝土梁桥，当其宽度与其跨度之比较大时，为了能比较精确地反映实际结构的受力情况，还可把此类结构简化成为纵横相交的梁格系，按杆件系统的空间结构来求解，也可设法将其比拟简化为一块在两个正交方向截面单宽刚度不同的矩形平板，作为弹性薄板按古典弹性理论来进行分析，并且作出计算图表便于实际应用。目前最常用的是后一种方法，即所谓“比拟正交异性板法”或称“G-M 法”。

为了使读者能领会“比拟正交异性板法”的基本概念，并掌握其实用计算图表的具体应用，本节将介绍“G-M 法”的适用条件、计算原理，最后再详述应用图表的原理和实用计算方法，并且在节末给出了计算实例。

5.3.5.1 适用条件

对于由主梁、连续的桥面板和多道横隔梁所组成的梁桥，当其宽度与其跨度之比值较大时，可将其简化比拟为一块矩形的平板，作为弹性薄板按古典弹性理论来进行分析，即所谓“比拟正交异性板法”或称“G-M 法”。

5.3.5.2 计算原理

正交各向(材料)异性板的挠曲面微分方程为

$$D_x\frac{\partial^4\omega}{\partial x^4}+2H\frac{\partial^4\omega}{\partial x^2\partial y^2}+D_y\frac{\partial^4\omega}{\partial y^4}=p(x,y) \tag{5-28}$$

式中 $H=D_1+D_{xy}$

D_x、D_y——x 和 y 方向的单宽抗弯刚度，$D_x=\frac{E'_xh^3}{12}$，$D_y=\frac{E'_yh^3}{12}$；

D_{xy}——单宽抗扭刚度，$D_{xy}=\frac{Gh^3}{6}$；

D_1——单宽相关抗弯刚度，$D_1 = \frac{E''h^3}{12}$；

E'_x、E'_y、E''按下式计算

$$E'_x = \frac{E_x}{1-\nu_x\nu_y};\ E'_y = \frac{E_y}{1-\nu_x\nu_y};\ E'' = \frac{\nu_x E_y}{1-\nu_x\nu_y} = \frac{\nu_y E_x}{1-\nu_x\nu_y}$$

式中　E_x、E_y——材料沿 x、y 方向的弹性模量；

ν_x、ν_y——引起变形 ε_x、ε_y 的泊松比。

图 5-39a 表示具有多根纵向主梁和横向横隔梁的梁桥，纵向主梁的中心距离为 b，每片主梁的截面抗弯惯性矩和抗扭惯性矩分别为 I_x 和 I_{Tx}；横隔梁的中心距离为 a，其截面抗弯惯性矩和抗扭惯性矩为 I_x 和 I_y。将其比拟成如图 5-39b 所示的弹性薄板，比拟板在纵向和横向每米宽度的截面抗弯惯性矩和抗扭惯性矩为

$$\left.\begin{aligned} J_x = \frac{I_x}{b},\ J_{Tx} = \frac{I_{Tx}}{b} \\ J_y = \frac{I_y}{a},\ J_{Ty} = \frac{I_{Ty}}{a} \end{aligned}\right\} \tag{5-29}$$

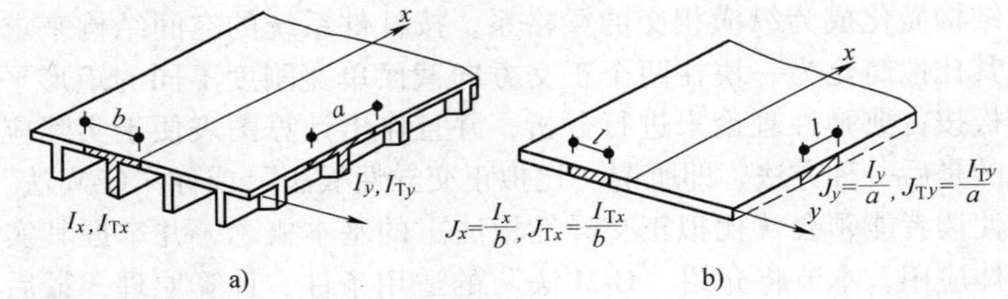

图 5-39　实际结构换算成比拟板的图式

a）实际结构　b）换算后的比拟异性板

对于钢筋混凝土或预应力混凝土肋梁式结构，为了简化理论分析，可近似地忽略混凝土泊松比 ν 的影响。这样便得到一块在 x 和 y 两个正交方向截面单宽刚度为 EJ_x、GJ_{Tx} 和 EJ_y、GJ_{Ty} 的比拟正交异性板。将应力式代入内力计算式，并注意到 $E_x = E_y = E$ 和 $\nu_x = \nu_y = 0$，再将内力计算式代入板微元的内力与荷载的平衡方程式中，便得到比拟正交（构造）异性板的挠曲微分方程

$$EJ_x\frac{\partial^4\omega}{\partial x^4} + G(J_{Tx}+J_{Ty})\frac{\partial^4\omega}{\partial x^2\partial y^2} + EJ_y\frac{\partial^4\omega}{\partial y^4} = p(x,y) \tag{5-30}$$

上式可改写成如下的形式

$$EJ_x\frac{\partial^4\omega}{\partial x^4} + 2\alpha E\sqrt{J_xJ_y}\frac{\partial^4\omega}{\partial x^2\partial y^2} + EJ_y\frac{\partial^4\omega}{\partial y^4} = p(x,y) \tag{5-31}$$

式中
$$\alpha=\frac{G(J_{Tx}+J_{Ty})}{2E\sqrt{J_xJ_y}} \tag{5-32}$$

α 称为**扭弯参数**，它表示比拟板两个方向的单宽抗扭刚度代数平均值与单宽抗弯刚度几何平均值之比。对于常用的 T 形梁或 I 形梁，α 一般在 0～1 之间变化。式(5-31)是一个四阶非齐次的偏微分方程，解得荷载作用下任意点的挠度值 ω 后，就可得到相应的内力值。

为了求荷载横向分布，设一个代表多主梁梁桥的两端简支、两边自由的正交异性板在 $y=y_1$ 处承受一个单位正弦荷载 $p(x,y)=1\cdot\sin\frac{\pi x}{l}$(见图 5-40)。在正弦荷载作用下，其沿桥跨方向的挠曲线和简支梁一样，也是正弦曲线 $\sin\frac{\pi x}{l}$。但在沿桥宽方向(y)的挠曲线则随板的结构特性和荷载在桥宽上的位置而不同，设以 $Y(y)$表示。因此，板的挠度 $\omega(x,y)$可以写成如下的形式

$$\omega(x,y)=\sin\frac{\pi x}{l}Y(y)$$

把上式代入式(5-31)，注意除在 $y=y_1$ 有单位正弦荷载外，在其左边($-B<y<y_1$)和右边($y_1<y<B$)的板区①和②内荷载都等于零，因此，得到这两个板区关于 $Y(y)$的常微分方程如下

$$\frac{d^4Y}{d\bar{y}^4}-2\pi^2\alpha\theta^2\frac{d^2Y}{d\bar{y}^2}+\pi^4\theta^4Y=0 \tag{5-33}$$

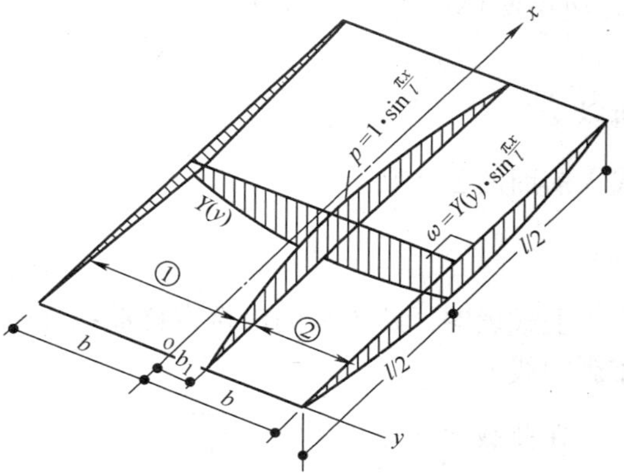

图 5-40　比拟正交各向异性板的受力与变位

其中　$\theta=\frac{B}{l}\sqrt[4]{\frac{J_x}{J_y}}$，$\bar{y}=\frac{y}{b}$

θ 参数表示桥的纵横方向抗弯刚度的比例。

式(5-33)是 $Y(y)$的四阶微分方程，利用板区①和②的边界条件就可以确定板在跨中央沿板宽的挠曲线 $Y(y)$。

从以上方程及其求解可见，$Y(y)$是和两个结构参数 α、θ 及荷载位置 y_1 相关的。$Y(y)$已知后，挠度 $\omega(x,y)$就可以得到，于是荷载横向分布问题就可以迎刃而解了。

在具体设计中，如果直接利用弹性挠曲面方程求解简支梁的各点内力值将是繁复而费时的。居易翁(Guyon)和麦桑纳特(Mas-sonnet)已根据理论分析编制了“G-M 法”曲线图表。下面介绍应用“G-M 法”计算图表的原理和方法。

1. 荷载横向分布影响线的绘制

图 5-40 表示一块纵、横向截面单宽惯性矩分别为 J_x、J_{Tx} 和 J_y、J_{Ty} 的简支比拟板。当板上在任意横向位置 k（y_1 处）作用单位正弦荷载 $p(x)=1\cdot\sin\frac{\pi x}{L}$ 时，各板条分配到的荷载峰值 η_{ik} 为

$$\eta_{ik}=CY_{ik}$$

式中　C——与跨度和截面刚度相关的常数；

Y_{ik}——与荷载峰值 1 相应的第 i 根板条的挠度峰值。

根据变位互等定理和反力互等定理，上式也可写成

$$\eta_{ki}=CY_{ki}$$

式中　η_{ki}——板条 k 的荷载横向分布影响线的坐标值。

设在桥跨中央全桥宽 $2B$ 的挠度横向分布图形的面积为 $A(Y)$、荷载横向分布图形的面积为 $A(\eta)$。由于全桥宽只有一个单位正弦荷载作用，其荷载峰值为 1，所以面积 $A(\eta)$ 应等于 1。因此，按照上式可得出

$$A(\eta)=CA(Y)=1$$

所以

$$C=\frac{1}{A(Y)}$$

代入前面的公式则有

$$\eta_{ki}=\frac{Y_{ki}}{A(Y)}$$

上式表明，跨中央的沿桥宽挠曲线 $Y(y)$ 除以其面积 $A(Y)$ 即为荷载横向分布影响线 η。

在荷载力 $p(x)=1\cdot\sin\frac{\pi x}{L}$ 作用下的挠度图面积 $A(Y)$ 可以用桥宽 $2B$ 乘每一板条承受等分荷载 $\frac{1}{2B}\sin\frac{\pi x}{L}$ 时的平均挠度 Y_0 来表示，即

$$A(Y)=2BY_0$$

所以

$$\eta_{ki}=\frac{Y_{ki}}{2BY_0}$$

将荷载作用在任意位置 i 时 k 点的挠度值 Y_{ki} 与同一荷载下设想的平均挠度值 Y_0 之比定义为影响系数 K_{ki}，即

$$K_{ki}=\frac{Y_{ki}}{Y_0}$$

则

$$\eta_{ki}=\frac{K_{ki}}{2B}\tag{5-34}$$

上式表明，k 点的荷载横向影响线的坐标值等于影响系数 K_{ki} 除以桥宽 $2B$。

由求解 Y_{ki} 不难看出，K_{ki} 是欲计算的板条位置 k、荷载位置 i、扭弯参数 α 以及纵、横向截面抗弯刚度之比 θ 的函数。对于实际计算，居易翁和麦桑纳特编制了 $K_0=f(\alpha=0,\theta,k,i)$ 和 $K_1=f(\alpha=1,\theta,k,i)$ 的曲线图表，对于一般从肋式结构所比拟成的正交各向异性板来说，α 的变化范围在 0 ~ 1 之间，而 K_α 可足够精确地由下式内插求得

$$K_\alpha = K_0 + (K_1 - K_0)\sqrt{\alpha} \tag{5-35}$$

参数 θ 和 α 为

$$\left.\begin{aligned}\theta &= \frac{B}{l}\sqrt[4]{\frac{J_x}{J_y}} = \frac{G(J_{\mathrm{T}x}+J_{\mathrm{T}y})}{2E\sqrt{J_xJ_y}}\\ \alpha &= \frac{G(J_{\mathrm{T}x}+J_{\mathrm{T}y})}{2E\sqrt{J_xJ_y}}\end{aligned}\right\}$$

式(5-34)中的 η_{ki} 是每米宽的板条的荷载横向分布影响线坐标值。对于中距为 b_1 的主梁，其荷载横向分布影响线可以近似以 b_1 乘 η_{ki} 来求。注意 $\frac{2B}{b_1}=n=$ 主梁根数，则得到一根主梁的荷载横向分布影响线坐标为

$$\eta_{ki} = \frac{K_{ki}}{n}$$

这里需要说明，"G-M 法" 曲线图表的 K_0 和 K_1 图表是将桥的全宽 8 等分共九个点的位置来计算的，以桥宽中间点为 O，向左（或向右）依次为正的（或为负）$\frac{1}{4}B$、$\frac{1}{2}B$、$\frac{3}{4}B$ 和 B（图 5-41）。如果需求的主梁位置不是正好在这九个点上，例如，欲求图 5-41 中①号梁（梁位 $f=\xi B$）处的 K 值时，则要根据相邻两个点的 K_{Bi} 和 $K_{\frac{3}{4}Bi}$ 值（由图表查得）进行内插，最后求得的 $K_{\xi Bi}$ 如图中虚线所示。

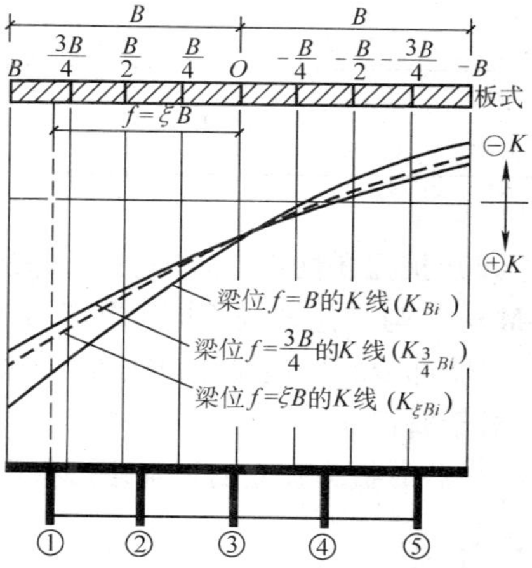

图 5-41 梁位 $f=\xi B$ 的 K 值计算

2. 关于 K 值的校核

为了简捷地校验查表、内插等的正确性，尚可对所得的各个 K 值进行快速检查。用下式

$$\sum_{i=2}^{8} K_i + \frac{1}{2}(K_1 + K_9) = 8 \tag{5-36}$$

就可校核所计算 K 值的准确性。

3. 关于截面抗弯和抗扭刚度的计算

在利用"G-M法"的图表计算荷载横向影响线坐标时，需要预先算出参数 θ 和 α，因此就要计算纵、横向的单宽惯性矩值

$$J_x=\frac{I_x}{b},\ J_{Tx}=\frac{I_{Tx}}{b};\ J_y=\frac{I_y}{a},\ J_{Ty}=\frac{I_{Ty}}{a}$$

（1）抗弯惯性矩　对于纵向主梁的抗弯惯性矩 I_x，就按翼板宽为 b 的T形截面用一般方法计算。对于横隔梁的抗弯惯性矩 I_y，由于肋的间距较大，受弯时翼板宽度为 a 的T形梁不再符合平截面假设，也就是说，翼板内的压应力沿宽度 a 的分布是很不均匀的，如图5-42所示。为了较精确地考虑这一因素，通常就引入所谓受压翼板有效宽度的概念。每侧翼板有效宽度的值，就相当于把实际应力图形换算成以最大应力 σ_{max} 为基准的矩形图形的长度 λ（见图5-42）。

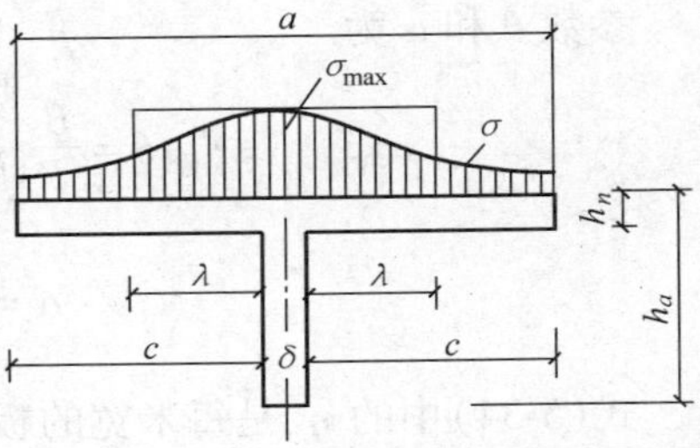

图5-42　沿桥横向翼板内的应力分布

根据理论分析结果，λ 值可按 c/l 之比值由表5-4计算。其中 l 为横隔梁的长度，可取两片边主梁的中心距计算。知道 λ 值后，就可按翼板宽度为 $(2\lambda+\delta)$ 的T形截面来计算 I_y 值。

表5-4　λ 值计算表

c/l	0.05	0.10	0.15	0.20	0.25	0.30	0.35	0.40	0.45	0.50
λ/c	0.983	0.936	0.867	0.789	0.710	0.635	0.568	0.509	0.459	0.416

（2）抗扭惯性矩　必须注意，关于纵向和横向单宽惯性矩 J_{Tx} 和 J_{Ty} 的计算，"G-M法"与其他方法不同。在"G-M法"中，需分成梁肋和翼板两部分来计算。梁肋部分的抗扭惯性矩按表5-1中矩形截面公式来计算。

对于翼板部分，考虑两种情况：

1）若翼板为独立的宽扁矩形截面，其单宽抗扭惯性矩为

$$J_{Tx}=J_{Ty}=\frac{1}{3}h^3$$

2）若沿桥横向翼板为连续的桥面板，则根据弹性薄板的分析，得出单位宽度板截面的抗扭惯性矩为

$$J_{Tx}=J_{Ty}=\frac{1}{6}h^3$$

式中　h——翼板的换算平均厚度。

可见连续桥面板的单宽抗扭惯性矩只有独立宽扁板者的1/2。

这样，对于连续桥面板的整体式梁桥以及对于翼缘板刚性连结的装配式梁板，在应用“G-M”法时，计算扭弯参数 α 所需的纵横向截面单宽抗扭惯性矩之和可由下式求得

$$J_{Tx}+J_{Ty}=\frac{1}{3}h^3+\frac{1}{b}I'_{Tx}+\frac{1}{a}I'_{Ty} \tag{5-37}$$

式中　h——桥面板的厚度；

I'_{Tx}、I'_{Ty}——表示主梁肋和内横梁肋的截面抗扭惯性矩。

5.3.5.3　计算步骤

用“G-M法”曲线图表计算荷载横向分布系数的一般步骤为：

（1）计算几何特性

1）求主梁、横隔梁的抗弯惯性矩 I_x、I_y 及比拟单宽抗弯惯性矩 J_x、J_y。

2）求主梁和横隔梁的抗扭惯性矩；按式(5-37)求出为计算扭弯参数 α 所需的纵横向截面单宽抗扭惯性矩之和($J_{Tx}+J_{Ty}$)。

（2）计算参数 θ 和 α

（3）计算各主梁横向影响线坐标

1）用已求得的 θ 值从“G-M法”计算图表上查影响系数 K_1 和 K_0 的值。

2）用内插法求实际梁位处的 K'_1 和 K'_0 值。

3）用 α 值和公式 $K_\alpha=K_0+(K'_1-K'_0)\sqrt{\alpha}$ 求 K_α 值。

4）用主梁数 n 除 K_α 得影响线坐标 η_{ki}。

（4）计算各梁的荷载横向分布系数　在影响线上按横向最不利位置布置荷载，从而算出跨中荷载横向分布系数 m_c。

5.3.5.4　计算示例

［**例5-6**］　一座与例5-3相同的五梁式装配式钢筋混凝土简支梁桥，主梁和横隔梁截面如图5-43所示，计算跨径 $L_j=19.50\text{m}$，主梁翼缘板刚性连结。求各主梁对公路—Ⅰ级荷载和人群荷载的横向分布系数。

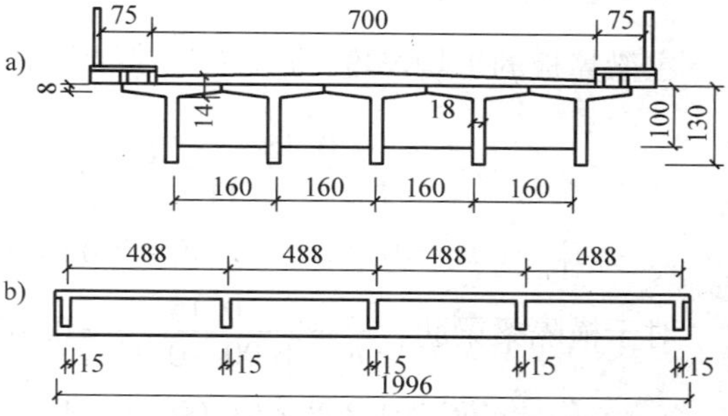

图5-43　主梁和横隔梁简图(尺寸单位：cm)
a）主梁　b）横隔梁

解　1. 计算几何特性

（1）主梁抗弯惯性矩　由例5-3得

$$I_x=0.06627\text{m}^4$$

主梁的比拟单宽抗弯惯性矩

$$J_x=\frac{I_x}{b}=\frac{0.06627}{1.60}\text{m}^4/\text{m}=0.04142\text{m}^4/\text{m}$$

（2）横隔梁抗弯惯性矩　每片中横隔梁的尺寸如图5-44所示。

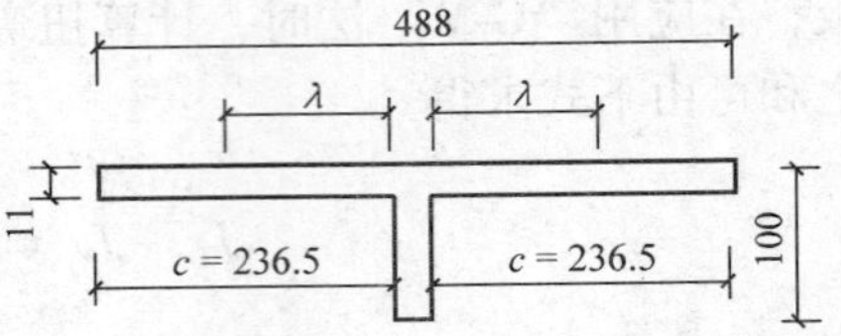

图5-44　横隔梁截面（尺寸单位：cm）

1）按表5-4确定翼板的有效作用宽度λ。横隔梁的长度取为两片边主梁的轴线距离，即

$$l'=4\times1.60=4\times1.60\text{m}=6.40\text{m}$$

$$c/l'=2.365/6.40=0.3695$$

查表5-4得 $c/l'=0.3695$ 时，$\lambda/c=0.545$，则 $\lambda=0.545\times2.365\text{m}=1.29\text{m}$

2）求横隔梁截面重心、位置 a_y

$$a_y=\frac{2\times1.29\times0.11\times\frac{0.11}{2}+0.15\times1.00\times\frac{1.00}{2}}{2\times1.29\times0.11+0.15\times1.00}\text{m}=0.21\text{m}$$

故横隔梁抗弯惯性矩为

$$I_y=\frac{1}{12}\times2\times1.29\times0.11^3\text{m}^4+2\times1.29\times0.11\times\left(0.21-\frac{0.11}{2}\right)^2\text{m}^4+\frac{1}{12}\times0.15\times1.00^3\text{m}^4+0.15\times1.00\times\left(\frac{1.00}{2}-0.21\right)^2\text{m}^4$$

$$=0.0322\text{m}^4$$

横隔梁比拟单宽抗弯惯性矩为

$$J_y=\frac{I_y}{a}=\frac{0.0322}{4.88}\text{m}^4/\text{m}=6.60\times10^{-3}\text{m}^4/\text{m}$$

（3）主梁和横隔梁的抗扭惯性矩　对于T梁翼板刚结的情况，应用式（5-37）计算抗扭惯性矩。

对于主梁梁肋：

主梁翼板的平均厚度　$h_1=\frac{0.08+0.14}{2}\text{m}=0.11\text{m}$

$$\frac{t}{b}=\frac{0.18}{1.30-0.11}=0.151\text{，查得 }c'=0.301\text{，则}$$

$$I'_{Tx}=c'bt^3=0.301\times(1.30-0.11)\times0.18^3\text{m}^4=2.09\times10^{-3}\text{m}^4$$

对于横隔梁梁肋，$\frac{t}{b}=\frac{0.15}{1.00-0.11}=0.1685$，查得 $c'=0.298$，则

$$I'_{Ty}=c'bt^3=0.298\times(1.00-0.11)\times0.15^3\text{m}^4=8.95\times10^{-4}\text{m}^4$$

$$J_{Tx}+J_{Ty}=\frac{1}{3}h^3+\frac{1}{b}I'_{Tx}+\frac{1}{a}I'_{Ty}$$

$$= \frac{1}{3} \times 0.11^3 \text{m}^4/\text{m} + \frac{1}{1.60} \times 2.09 \times 10^{-3} \text{m}^4/\text{m} + \frac{1}{4.88} \times 8.95 \times 10^{-4} \text{m}^4/\text{m}$$

$$= 19.33 \times 10^{-4} \text{m}^4/\text{m}$$

2. 计算参数 θ 和 α

$$\theta = \frac{B}{l}\sqrt[4]{\frac{J_x}{J_y}} = \frac{4.00}{19.50} \times \sqrt[4]{\frac{0.04142}{0.00660}} = 0.3247$$

式中，B 为桥梁承重结构的半宽，即 $B = \frac{5 \times 1.60}{2} = 4.00\text{m}$。

$$\alpha = \frac{G(J_{Tx} + J_{Ty})}{2E\sqrt{J_x J_y}} = \frac{0.43E \times 19.33 \times 10^{-4}}{2E\sqrt{0.04142 \times 0.00660}} = 0.025136$$

则

$$\sqrt{\alpha} = \sqrt{0.025136} = 0.1585$$

3. 计算各主梁横向影响线坐标

已知 $\theta = 0.3247$，从 G-M 法计算图表可查得影响系数 K_1 和 K_0 的值，见表5-5。

表 5-5　影响系数 K_0、K_1 计算表

	梁位	荷载位置									
		B	$\frac{3}{4}B$	$\frac{B}{2}$	$\frac{B}{4}$	0	$-\frac{B}{4}$	$-\frac{B}{2}$	$-\frac{3}{4}B$	$-B$	校核
K_1	0	0.94	0.97	1.00	1.03	1.05	1.03	1.00	0.97	0.94	7.99
	$\frac{B}{4}$	1.05	1.06	1.07	1.07	1.02	0.97	0.93	0.87	0.33	7.93
	$\frac{B}{2}$	1.22	1.18	1.14	1.07	1.00	0.93	0.87	0.80	0.75	7.98
	$\frac{3}{4}B$	1.41	1.31	1.20	1.07	0.97	0.87	0.79	0.72	0.67	7.97
	B	1.65	1.42	1.24	1.07	0.93	0.84	0.74	0.68	0.60	8.04
K_0	0	0.83	0.91	0.99	1.08	1.13	1.08	0.99	0.91	0.83	7.92
	$\frac{B}{4}$	1.66	1.51	1.35	1.23	1.06	0.88	0.63	0.39	0.18	7.97
	$\frac{B}{2}$	2.46	2.10	1.73	1.38	0.98	0.64	0.23	−0.17	−0.55	7.85
	$\frac{3}{4}B$	3.32	2.73	2.10	1.51	0.94	0.40	−0.16	−0.62	−1.13	8.00
	B	4.10	3.40	2.44	1.64	0.83	0.18	−0.54	−1.14	−1.77	7.93

注：校核栏按式(5-36)进行。

用内插法求实际梁位处的 K_1 和 K_0 值，实际梁位与表列梁位的关系如图5-45所示。因此，①号梁　$K' = K_{\frac{1}{4}B} + (K_B - K_{\frac{3}{4}B}) \times \frac{20}{100} = 0.2K_B + 0.8K_{\frac{3}{4}B}$

②号梁　$K' = K_{\frac{1}{4}B} + (K_{\frac{1}{2}B} - K_B) \times \frac{60}{100} = 0.6K_{\frac{1}{2}B} + 0.4K_{\frac{1}{4}B}$

③号梁　$K' = K_0$ 或 $K' = K_1$（这里 K_0、K_1 是指表列梁位在 0 号点的 K 值）

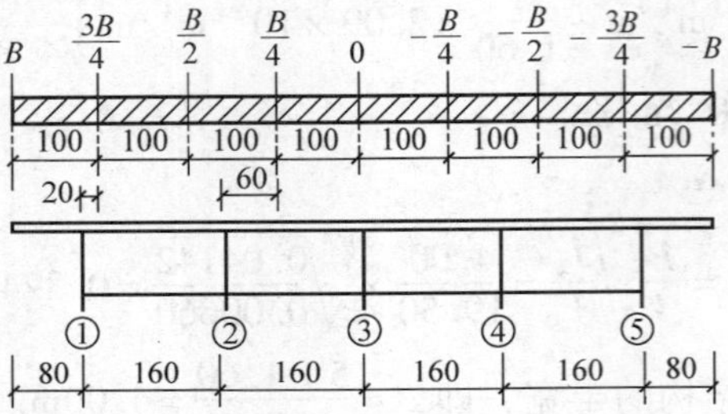

图 5-45 梁位关系图(尺寸单位:cm)

①~③号梁的横向影响线坐标值列表计算见表 5-6。

表 5-6 ①~③号梁的横向影响值计算表

梁号	算式	荷载位置								
		B	$\frac{3}{4}B$	$\frac{1}{2}B$	$\frac{1}{4}B$	0	$-\frac{1}{4}B$	$-\frac{1}{2}B$	$-\frac{3}{4}B$	$-B$
①	$K'_1=0.2K_{1B}+0.8K_{1\frac{3}{4}B}$	1.458	1.332	1.208	1.070	0.962	0.864	0.780	0.712	0.656
	$K'_0=0.2K_{0B}+0.8K_{0\frac{3}{4}B}$	3.476	2.864	2.168	1.536	0.918	0.356	−0.236	−0.724	−1.258
	$K'_1-K'_0$	−2.018	−1.532	−0.960	−0.466	0.044	0.508	1.016	1.436	1.914
	$(K'_1-K'_0)\sqrt{\alpha}$	−0.318	−0.242	−0.152	−0.074	0.007	0.080	0.161	0.227	0.302
	$K_\alpha=K'_0+(K'_1-K'_0)\sqrt{\alpha}$	3.158	2.662	2.016	1.462	0.925	0.436	−0.075	−0.497	−0.956
	$\eta_{11}=\frac{K_\alpha}{5}$	0.632	0.524	0.403	0.292	0.185	0.087	−0.015	−0.099	−0.191
②	$K'_1=0.6K_{1\frac{1}{2}B}+0.4K_{1\frac{1}{4}B}$	1.152	1.132	1.112	1.070	1.008	0.946	0.894	0.828	0.782
	$K'_0=0.6K_{0\frac{1}{2}B}+0.4K_{0\frac{3}{4}B}$	2.140	1.864	1.578	1.320	1.012	0.736	0.390	0.054	−0.258
	$K'_1-K'_0$	−0.988	−0.732	−0.466	−0.250	−0.004	0.210	0.504	0.774	1.040
	$(K'_1-K'_0)\sqrt{\alpha}$	−0.156	−0.115	−0.074	0.040	−0.001	0.033	0.080	0.122	0.164
	$K_\alpha=K'_0+(K'_1-K'_0)\sqrt{\alpha}$	1.984	1.749	1.504	1.280	1.011	0.769	0.470	0.176	−0.094
	$\eta_{21}=\frac{K_\alpha}{5}$	0.397	0.350	0.301	0.256	0.202	0.154	0.094	0.035	−0.019
③	$K'_1=K_{10}$	0.940	0.970	1.000	1.030	1.050	1.030	1.000	0.970	0.940
	$K'_0=K_{00}$	0.830	0.910	0.990	1.080	1.130	1.080	0.990	0.910	0.830
	$K'_1-K'_0$	0.110	0.060	0.010	−0.050	−0.080	−0.050	0.010	0.060	0.110
	$(K'_1-K'_0)\sqrt{\alpha}$	0.017	0.010	0.002	−0.008	−0.013	−0.008	0.002	0.010	0.017
	$K_\alpha=K'_0+(K'_1-K'_0)\sqrt{\alpha}$	0.847	0.920	0.992	1.072	1.117	1.072	0.992	0.920	0.847
	$\eta_{31}=\frac{K_\alpha}{5}$	0.170	0.184	0.198	0.214	0.223	0.214	0.198	0.184	0.470

4. 计算各梁的荷载横向分布系数

首先用表5-6中计算的荷载横向分布影响线坐标值绘制横向分布影响线图，如图5-46所示(图中带小圈点的坐标都是表列各荷载点的数值。

在影响线上按横向最不利位置布置荷载后，就可按相对应的影响线坐标值求得主梁的荷载横向分布系数：

对于①号梁：

汽车荷载

$$m_{cq}=\frac{1}{2}\sum\eta_q$$

$$=\frac{1}{2}(\eta_{q1}+\eta_{q2}+\eta_{q3}+\eta_{q4})$$

$$=\frac{1}{2}\times(0.524+0.313+0.177-0.005)$$

$$=0.504(0.524)[0.518]$$

人群荷载

$$m_{cr}=\sum\eta_r=0.620(0.636)[0.684]$$

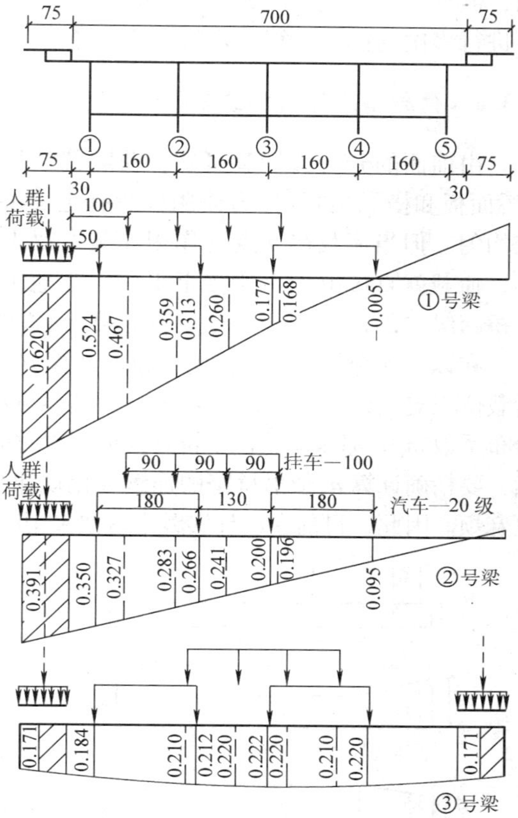

图5-46 荷载横向分布系数计算(尺寸单位：cm)

圆括弧内给出了考虑抗扭作用的修正刚性横梁法的计算数据，方括弧内是刚性横梁法的计算结果，以资比较。

对于②号梁：

汽车荷载 $m_{cq}=\frac{1}{2}\sum\eta_q=\frac{1}{2}(\eta_{q1}+\eta_{q2}+\eta_{q3}+\eta_{q4})$

$$=\frac{1}{2}(0.350+0.266+0.200+0.095)=0.455$$

人群荷载 $m_{cr}=\sum\eta_r=0.391$

对于③号梁：

汽车荷载 $m_{cq}=\frac{1}{2}\sum\eta_q=\frac{1}{2}(\eta_{q1}+\eta_{q2}+\eta_{q3}+\eta_{q4})$

$$=\frac{1}{2}(0.184+0.212+0.222+0.200)=0.409$$

人群荷载 $m_{cr}=\sum\eta_r=0.171+0.171=0.342$

"G-M 法"尤适用于密排主梁上多横梁的梁式结构中。此法在欧洲广泛应用，但其计算荷载横向分布系数时，因图表中的板位与实际结构的梁位不一致，要进行多次内插，计算不及梁系法简捷。

5.3.6 荷载横向分布系数沿桥跨的变化

由前面的分析与计算可知：荷载位于桥跨中间部分时，由于桥梁横向结构(桥面板和横隔梁)的传力作用，所有主梁都参与受力，因此荷载的横向分布比较均匀。但当荷载在支点处作用在某主梁上时，如果不考虑支座弹性变形的影响，荷载就直接由该主梁传至支座，其他主梁基本上不参与受力。因此，荷载在桥跨纵向的位置不同，对某一主梁产生的横向分布系数也各异。

在以上所介绍的荷载横向分布的计算方法中，通常用"杠杆原理法"来计算荷载位于支点处的横向分布系数 m_o，其他方法均适用于计算荷载位于跨中的横向分布系数 m_c。那么荷载位于桥跨其他位置时应该怎样确定横向分布系数 m 呢？显然，要精确计算 m 值沿桥跨的连续变化规律是相当冗繁的，而且也会使内力计算更麻烦。因此，目前在设计实践中习惯采用图 5-47 所示的实用处理方法：

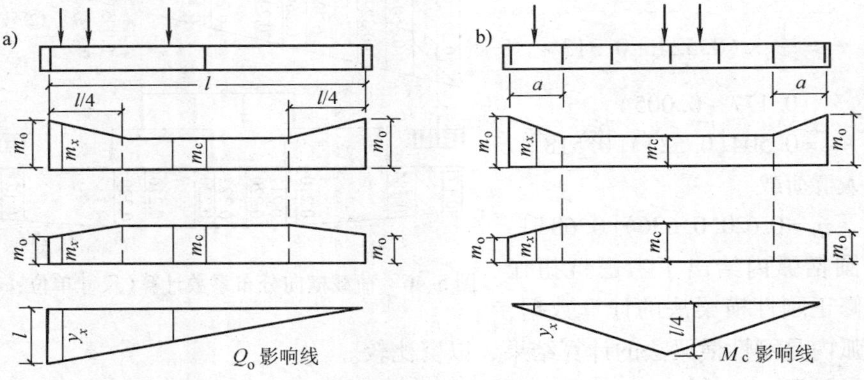

图 5-47　m 沿跨长变化图

1）对于无中间横隔梁或仅有一根中横隔梁的情况，跨中部分采用不变的 m_c，从离支点 $l/4$ 处起至支点的区段内 m 呈直线形过渡(见图 5-47a)。

2）对于有多根内横隔梁的情况，m_c 从第一根内横隔梁起向 m_o 直线形过渡(见图 5-47b)。

这样，主梁上的活载因其纵向位置不同，就应有不同的横向分布系数。图中 m_o 可能大于 m_c，也可能小于 m_c，如图 5-47 所示。

在实际应用中，当求简支梁跨中最大弯矩时，鉴于横向分布系数沿跨内部分的变化不大，为了简化起见，通常均可按不变化的 m_c 来计算。对于其他截面的弯矩计算，一般也可取用不变的 m_c。但对于中梁来说，m_o 与 m_c 的差值可能较大，且内横隔梁又少于三根时，以计及 m 沿跨径变化的影响为宜。

在计算主梁的最大剪力(梁端截面)时，鉴于主要荷载位于所考虑一端的 m 变化区段内，而且相对应的内力影响线坐标均接近最大值(见图5-47a)，故应考虑该段内横向分布系数变化的影响。对位于靠近远端的荷载，鉴于相应影响线坐标值的显著减小，则可近似取用不变的 m_c 来简化计算。对于跨内其他截面的主梁剪力，也可视具体情况计及 m 沿桥跨变化的影响。

5.4 主梁内力计算

主梁的内力计算，可分为运营和施工两个阶段的内力计算。本节主要介绍运营阶段内力计算。

根据作用于一片主梁的恒载和通过横向分布系数求得的计算活载，就可按一般工程力学的方法计算主梁的截面内力(弯矩 M 和剪力 Q)。有了截面内力，就可按钢筋混凝土和预应力混凝土结构的设计原理进行主梁各截面的配筋设计或验算其强度及应力等。

对于一般小跨径的简支梁，通常只需计算跨中截面的最大弯矩和支点截面及跨中截面的剪力。跨中及支座之间各截面的剪力可以近似地按直线规律变化，弯矩可假设按二次抛物线规律变化，即

$$M_x = \frac{4M_{\max}}{l^2}x(l-x) \tag{5-38}$$

式中 M_x——主梁在离支点 x 处任一截面的弯矩值；

$M_{\max}$——主梁跨中最大设计弯矩；

l——主梁的计算跨径。

对于较大跨径的简支梁，一般还应计算跨径1/4截面的弯矩和剪力。如果主梁沿桥轴方向截面有变化，则还应计算截面变化处的内力。

5.4.1 恒载内力的计算

主梁恒载内力包括主梁自重(前期恒载)引起的主梁自重内力 S_{G1} 和后期恒载(如桥面铺装、人行道、栏杆、灯柱等)引起的主梁后期恒载内力 S_{G2}。

由于简支梁桥在施工过程中通常不发生结构的体系转换，因而恒载内力的计算比较简便。当主梁为等截面时，它承受沿跨长的均布荷载 g，其截面恒载内力可用均布荷载 g 乘上所欲计算内力的影响线总面积。当然也可以用分析的方法来计算各截面的内力。

对于变截面的主梁，则需要按沿梁长变化的恒载集度 g_x 来计算各截面的内力，在一般恒载集度变化情况下，利用影响线计算恒载内力较为方便，其截面

恒载内力可按下式计算

$$S_G = \int_L g_x y_x \mathrm{d}x \tag{5-39}$$

式中 S_G——主梁恒栽内力(弯矩或剪力);

g_x——主梁恒载集度;

y_x——相应的主梁内力影响线坐标。

当影响线或荷载集度为线性时,上述积分可方便地用图乘法求出。

在确定恒载集度时,为简化起见,可将沿桥跨分点作用的横隔梁重量、沿桥横向不等分布的铺装层重量以及作用于两侧的人行道和栏杆等重量均匀地分摊给各主梁承受。因此,对于等截面梁桥的主梁,其计算恒载是简单的均布恒载。为了精确起见,也可根据施工安装的情况,将人行道、栏杆、灯柱和管道等重量像活载计算那样,按荷载横向分布的规律进行分配。

对于组合式梁桥,应按实际施工组合情况,分阶段计算恒载内力。例如,先按预制主梁和后加桥面板的重量计算由预制主梁承受的第一阶段恒载内力,再按桥面铺装、人行道、栏杆等重量计算由桥面板和预制主梁结合而成的组合梁所承受的第二阶段恒载内力。

对于预应力混凝土简支梁桥,在施加预应力阶段,往往要利用梁体自重(前期恒载)来抵消强大预应力钢筋(钢绞线)张拉力在梁体上翼缘产生的拉应力。在此情况下,也要将恒载分成两个阶段(即前期恒载和后期恒载)来进行分析。在特殊情况下,恒载可能要分成更多的阶段来考虑。

确定了恒载集度 g 之后,除了利用内力影响线外,也可按一般材料力学公式计算梁内各截面的弯矩 M 和剪力 Q,如式(5-40)及式(5-41)。当恒载分阶段计算时,应按各阶段的计算恒载集度 g,来计算内力,以便进行内力或应力组合。

$$M_x = \frac{gx}{2}(l - x) \tag{5-40}$$

$$Q_x = \frac{g}{2}(l - 2x) \tag{5-41}$$

下面用实例来阐明永久作用内力的计算方法。

[例 5-7] 计算例 5-6 中图 5-43 所示的五梁式装配式钢筋混凝土简支梁桥主梁的恒载内力;每侧的栏杆及人行道构件重量的作用力为 5kN/m。

解 1. 恒载集度

主梁 $g_1 = \left[0.18 \times 1.30 + \left(\frac{0.08 + 0.14}{2}\right)(1.60 - 0.18)\right] \times 25\text{kN/m} = 9.76\text{kN/m}$

横隔梁:

对于边主梁 $g_2 = \left\{\left[1.00 - \left(\frac{0.08 + 0.14}{2}\right)\right] \times \left(\frac{1.60 - 0.18}{2}\right) \times 0.15 \times 5 \times 25\right\} \Big/$

$$19.50\text{kN/m} = 0.61\text{kN/m}$$

对于中主梁　$g_2 = 2g_1 = 2 \times 0.61\text{kN/m} = 1.22\text{kN/m}$

桥面铺装层　$g_3 = \left[0.02 \times 7.00 \times 23 + \frac{1}{2}(0.06 + 0.1225) \times 7.00 \times 24\right] \Big/ 5\text{kN/m} = 3.71\text{kN/m}$

栏杆和人行道　$g_4 = 5 \times 2/5\text{kN/m} = 2.00\text{kN/m}$

作用于边主梁的全部恒载集度 g 为

$$g = \sum g_i = (9.76 + 0.61 + 3.71 + 2.00)\text{kN/m} = 16.08\text{kN/m}$$

作用于中主梁的全部恒载集度 g' 为

$$g' = \sum g_i = (9.76 + 1.22 + 3.71 + 2.00)\text{kN/m} = 16.69\text{kN/m}$$

2. 永久荷载内力

计算边主梁的弯矩和剪力，用材料力学公式计算，计算图式如图5-48所示。

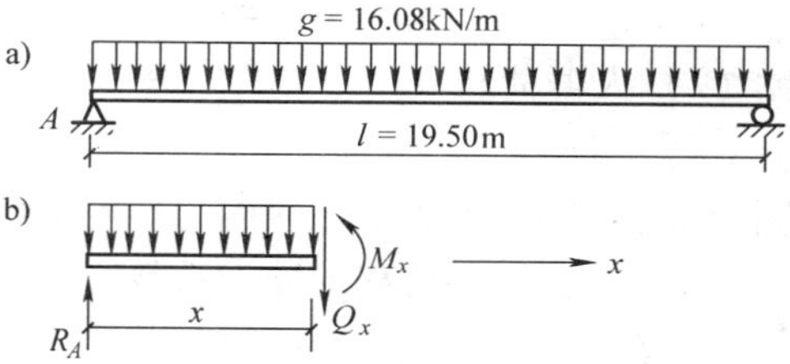

图5-48　恒载内力计算图式

各计算截面的剪力和弯矩值列于表5-7。

表5-7　边主梁恒载内力计算表

截面位置 x ＼ 内力	剪力 Q/kN	弯矩 M/kN·m
$x=0$	$Q = 157.0$	$M = 0$
$x = \frac{l}{4}$	$Q = \frac{16.08}{2}\left(19.50 - 2 \times \frac{19.50}{4}\right) = 78.4$	$M = \frac{16.08}{2} \times \frac{19.50}{4}\left(19.50 - \frac{19.50}{4}\right) = 573.2$
$x = \frac{l}{2}$	$Q = 0$	$M = \frac{1}{8} \times 16.08 \times 19.50^2 = 764.3$

5.4.2　活载内力计算

主梁活载内力由基本可变荷载中的车辆荷载和人群荷载产生。

主梁活载内力计算分为两步：第一步求某一主梁的最不利荷载横向分布系数 m；第二步应用主梁内力影响线，将荷载乘以荷载横向分布系数后，在纵向按最不利位置在内力影响线上加载，求得主梁最大活载内力。根据规范要求，主梁采用车道荷载及人群荷载布载，应将其均布荷载和集中荷载引起的内力进行叠加，求得总效应，同时对汽车荷载还必须考虑冲击力的影响。因此，主梁活载内力计算公式为：

（1）车道荷载

1）均布荷载

$$S_{qk}=(1+\mu)\xi m_i q_k \Omega \tag{5-42}$$

2）集中荷载

$$S_{pk}=(1+\mu)\xi m_i P_k y_k \tag{5-43}$$

3）作用总效应

$$S_{Qk}=S_{qk}+S_{pk}=(1+\mu)\xi(m_i q_k \Omega+m_i P_k y_k) \tag{5-44}$$

（2）人群荷载

$$S_{rk}=m_i q_r \Omega \tag{5-45}$$

式中 S_{Qk}——主梁所求截面内力（弯矩 M_{Qk} 或剪力 Q_{Qk}）；

μ——汽车荷载的冲击系数，按《桥规》规定计算取值；

ξ——多车道桥涵的汽车荷载折减系数，按《桥规》规定取用；

m_i——跨中荷载横向分布系数；

q_k、P_k——车道荷载的均布荷载和集中荷载标准值；

y_k——沿桥跨纵向与荷载位置对应的内力影响线坐标值；

q_r——纵向每延米人群荷载的标准值；

Ω——弯矩或剪力影响线的面积。

计算主梁弯矩和跨中最大剪力时，可以近似取用跨中荷载横向分布系数 m_c 代替全跨各点上的 m，在计算主梁支点截面剪力或靠近支点截面的剪力时，应考虑 m 沿跨内的变化。

[例 5-8] 例 5-6 中图 5-43 所示的五梁式简支梁桥，桥梁基频为 4.12Hz，人群荷载标准值为 3kN/m^2，试计算 1 号梁和 3 号梁在公路—Ⅰ级车辆荷载、车道荷载和人群荷载作用下的内力。

解 1. 荷载横向分布系数

跨中 m_c 用 G-M 法计算的结果，以及支点 m_o 用杠杆法计算的结果，参见例 5-6 及例 5-2，其值列于表 5-8。

表 5-8 m_c 及 m_o 计算结果

梁号	荷载分类	m_c	m_o	梁号	荷载分类	m_c	m_o
1	汽车	0.504	0.438	3	汽车	0.409	0.594
	人群	0.620	1.422		人群	0.342	0.000

2. 主梁跨中截面弯矩

如前所述，在计算主梁弯矩时，跨中荷载横向分布系数与跨内其他各点上的荷载横向分布系数是采用相同的值，这是实用方法基本原理的前提所决定的。目前在实用计算中，全跨采用统一的跨中荷载横向分布系数 m_c。图 5-49 所示为简支梁跨中截面弯矩影响线和设计荷载的最不利布置图。

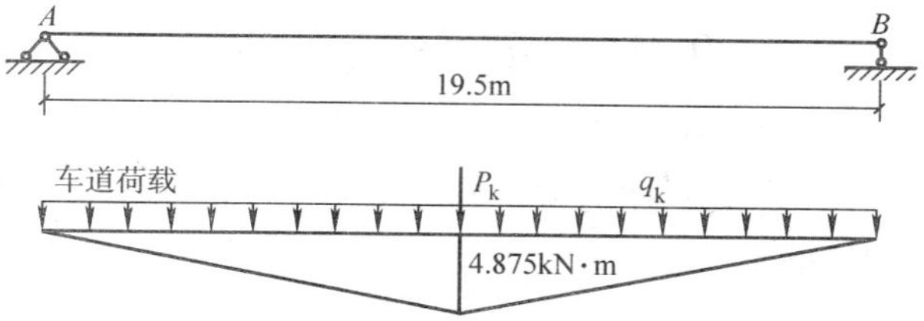

图 5-49　跨中弯矩计算

按式(5-42)～式(5-45)进行内力计算。

对于汽车荷载冲击系数，按《桥规》规定计算

$$1+\mu=1+0.1767\ln 4.12-0.0157=1.235$$

$\xi=1$，因系双车道，m_c 是按两行汽车计算出的。

设计荷载对应的弯矩影响线竖坐标值列于影响线图中。

（1）1 号梁跨中截面弯矩

1）公路—Ⅰ级车道荷载(max)。查《桥规》第 4.3.1 条，车道荷载之均布荷载标准值 $q_k=10.5\text{kN/m}$；而采用直线内插求得车道荷载之集中荷载标准值 $P_k=(4\times19.5+160.0)\text{kN}=238.00\text{kN}$，若计算剪力效应时，计算弯矩时再乘 1.2 的系数。

跨中弯矩影响线面积 $\Omega=\dfrac{1}{2}\times19.50\times4.875\text{kN}\cdot\text{m}^2=47.53\text{kN}\cdot\text{m}^2$

将以上数据代入式(5-44)得

$$\begin{aligned}M_{\frac{1}{2}q}&=(1+\mu)\xi(m_{cq}q_k\Omega+m_{cq}P_ky_k)\\&=1.235\times1\times0.504\times(10.5\times47.53+238\times4.875)\text{kN}\cdot\text{m}\\&=1032.82\text{kN}\cdot\text{m}\end{aligned}$$

2）人群荷载(max)

$$\begin{aligned}M_{\frac{1}{2}r}&=m_{cr}q_r\Omega\\&=0.620\times0.75\times3\times\frac{1}{8}\times19.50^2\text{kN}\cdot\text{m}\\&=66.3\text{kN}\cdot\text{m}\end{aligned}$$

（2）3 号梁的跨中弯矩

1）公路—Ⅰ级车道荷载(max)

$$\begin{aligned}M_{\frac{1}{2}q}&=(1+\mu)\xi(m_{cq}q_k\Omega+m_{cq}P_ky_k)\\&=1.235\times1\times0.409\times(10.5\times47.53+238\times4.875)\text{kN}\cdot\text{m}\end{aligned}$$

$$=838.15\text{kN}\cdot\text{m}$$

2）人群荷载（max）

$$M_{\frac{1}{2}r}=m_{cr}q_r\Omega$$

$$=0.342\times0.75\times3\times\frac{1}{8}\times19.50^2\text{kN}\cdot\text{m}$$

$$=36.6\text{kN}\cdot\text{m}$$

$l/4$ 截面的弯矩，可按同样的方法作出 $l/4$ 截面的弯矩影响线，布置最不利荷载来计算，本例从略。

3. 主梁跨端截面剪力

1 号梁跨端的设计荷载剪力计算；图 5-50a 为主梁纵断面图，图 5-50b 为荷载横向分布系数沿跨长分布图；图 5-50c 为跨端截面剪力影响线图。

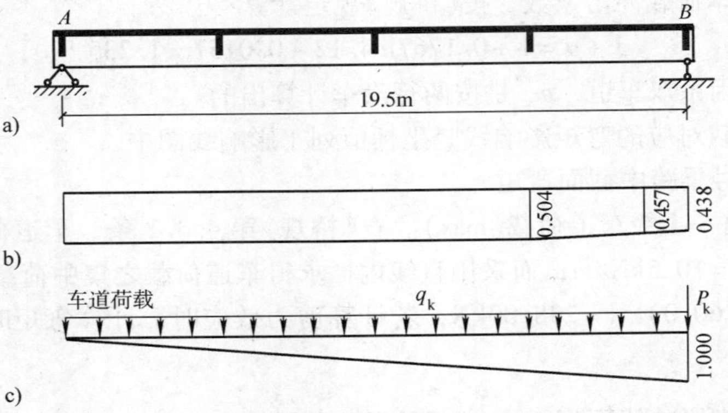

图 5-50 支点剪力计算

变化区段附加三角形重心处的影响线竖标为

$$\bar{y}=\frac{\left(19.5-4.875\times\frac{2}{3}\right)\times1.0}{19.5}=0.833$$

公路—Ⅰ级汽车荷载在支点处的剪力（max）

$$Q_{oq}=(1+\mu)\xi\left[m_{oq}P_k\bar{y}_k+m_{cq}q_k\Omega+\frac{1}{2}a(m_{oq}-m_{cq})q_k\bar{y}_k\right]$$

$$=1.235\times1\times\left[0.438\times1.2\times238.00\times1.0+0.504\times10.5\times\frac{1}{2}\times19.5\times1.0+\frac{1}{2}\times4.875\times(0.438-0.504)\times10.5\times0.833\right]\text{kN}$$

$$=216.47\text{kN}$$

图 5-51 所示为人群荷载作用下支点剪力的荷载横向分布系数沿跨长分布图以及剪力影响线。

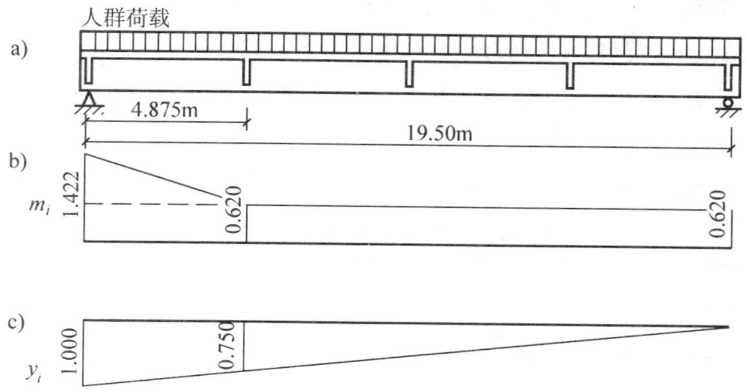

图5-51 人群荷载支点剪力计算图

变化区段附加三角形重心处的影响线竖标为

$$\bar{y}=\frac{\left(19.5-4.875\times\frac{1}{3}\right)\times1.0}{19.5}=0.917$$

支点处人群荷载的剪力为

$$Q_{\mathrm{or}}=m_{\mathrm{cr}}q_{\mathrm{r}}\Omega+\frac{1}{2}a(m_{\mathrm{or}}-m_{\mathrm{cr}})q_{\mathrm{r}}\bar{y}$$

$$=0.620\times0.75\times3.0\times\frac{1}{2}\times19.5\times1.0\mathrm{kN}+\frac{1}{2}\times4.875\times(1.422-0.620)\times0.75\times3.0\times0.917\mathrm{kN}$$

$$=17.63\mathrm{kN}$$

3号梁跨端截面剪力计算方法同上，此处从略。

5.4.3 内力作用效应组合

根据《桥规》规定，当永久作用与汽车荷载和人群荷载组合时，基本组合效应的表达式为

$$\gamma_0 S_{\mathrm{ud}}=\gamma_0(1.2S_{Gik}+1.4S_{Q1\mathrm{k}}+0.8\times1.4S_{Q2\mathrm{k}}) \tag{5-46}$$

式中 $S_{Q1\mathrm{k}}$、$S_{Q2\mathrm{k}}$——汽车荷载和人群荷载效应的标准值。

下面用算例来说明组合方法。

[例5-9] 利用例5-7和例5-8的计算结果对算例中的1号梁的跨中弯矩和梁端剪力进行组合。该桥结构设计安全等级为二级。

表5-9 1号梁跨中截面弯矩 (单位:kN·m)

荷载效应	M_G	$M_{\frac{1}{2}\mathrm{q}}$	$M_{\frac{1}{2}\mathrm{r}}$
M	764.3	1032.82	66.3

解 1号梁跨中截面的弯矩(见表5-9)

$$M_{\frac{1}{2}\mathrm{ud}} = 1.0(1.2M_G + 1.4M_{\frac{1}{2}\mathrm{q}} + 0.8 \times 1.4 \times M_{\frac{1}{2}\mathrm{r}})$$
$$= 1.0 \times (1.2 \times 764.3 + 1.4 \times 1032.82 + 0.8 \times 1.4 \times 66.3)\mathrm{kN \cdot m}$$
$$= 2437.36\mathrm{kN \cdot m}$$

1号梁跨端截面的剪力(见表5-10):

表5-10 1号梁跨端截面的剪力 (单位:kN·m)

荷载效应	Q_G	Q_{oq}	Q_{or}
Q	157.0	216.47	17.63

$$Q_{\mathrm{ud}} = 1.0 \times (1.2 \times 157.0 + 1.4 \times 216.47 + 0.8 \times 1.4 \times 17.63)\mathrm{kN}$$
$$= 511.20\mathrm{kN}$$

其他截面内力组合也按上述方法进行,在此从略。在实际计算工作中,必须通过对每一专项的结构强度验算去组合结构各截面的最大设计内力。

有了最大、最小控制设计值后,就可绘制内力包络图,即沿梁轴的各个截面处,将所采用的控制设计内力值按适当的比例尺绘成纵坐标,连接这些坐标点而得到的曲线图,即是内力包络图。图5-52所示为简支梁的主梁内力包络图。

内力包络图主要为在主梁内置配预应力筋、纵向主筋、斜筋和箍筋提供设计依据,并进行各种验算。

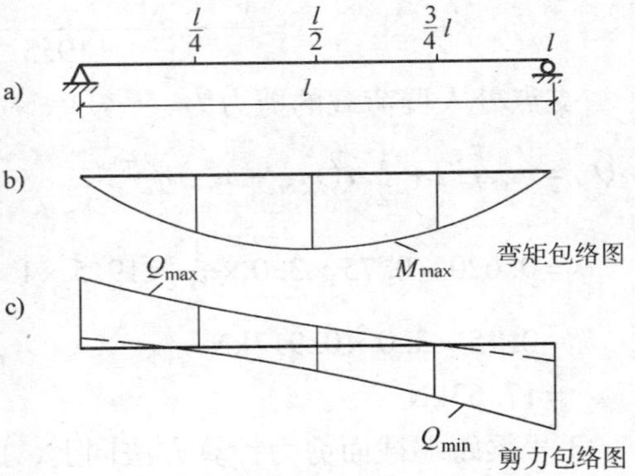

图5-52 简支梁的主梁内力包络图

5.5 横隔梁内力计算

在钢筋混凝土和预应力混凝土梁桥中,横隔梁(在梁的厚度不大时,有时称为横隔板)对于加强结构的横向联系和保证结构的整体性起着很大的作用,尤其是在车辆荷载和桥宽不断增大的情况下,横隔梁的设计计算已成为整个设计中比较重要的一部分。在设计计算时,可以偏安全地用中横隔梁的设计来代表所有其他横隔梁的设计,只需按求出的中横隔梁的剪力和弯矩进行配筋和强度验算即可。计算中横隔梁内力的方法有三种:刚性横梁法、刚接梁法和"G-M法"。本节介绍两种计算中横隔梁内力的方法:刚性横梁法和G-M法。

5.5.1　按刚性横梁法计算横隔梁内力

刚性横梁法也叫偏心压力法，其力学模型是将桥梁的中横隔梁近似地视作支承在多片弹性主梁上的多跨弹性支承连续梁，如图 5-53 所示。鉴于各片主梁的荷载横向影响线（即弹性支承反力影响线）已经求得，故支承连续梁内力可以简单地用静力平衡条件来求解。

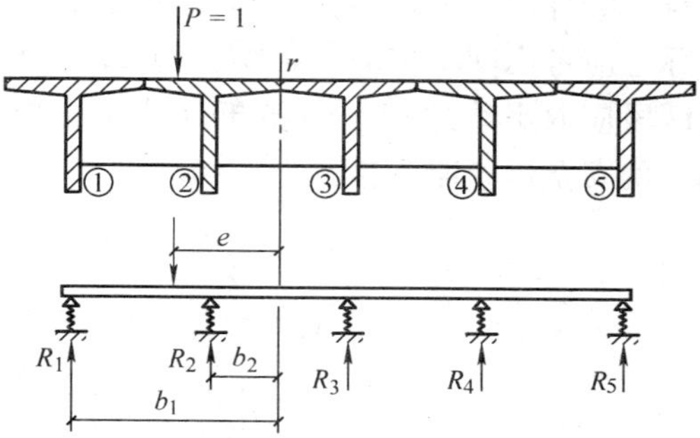

图 5-53　横隔梁内力计算图式

5.5.1.1　横隔梁的内力影响线

如图 5-53 所示，当桥梁在跨中有单位荷载 $P=1$ 作用时，各主梁所受的荷载将为 R_1，R_2，R_3，…，R_n，这也就是横隔梁的弹性支承反力。因此，由力的平衡条件可写出横隔梁任意截面 r 的内力计算公式。

（1）荷载 $P=1$ 位于截面 r 的左侧时

$$\left.\begin{aligned} M_r &= R_1 b_1 + R_2 b_2 - 1 \cdot e = \sum^{\text{左}} R_i b_i - e \\ Q_r &= R_1 + R_2 - 1 = \sum^{\text{左}} R_i - 1 \end{aligned}\right\} \tag{5-47}$$

（2）荷载 $P=1$ 位于截面 r 的右侧时

$$\left.\begin{aligned} M_r &= R_1 b_1 + R_2 b_2 = \sum^{\text{左}} R_i b_i \\ Q_r &= R_1 + R_2 = \sum^{\text{左}} R_i \end{aligned}\right\} \tag{5-48}$$

式中　M_r、Q_r——横隔梁任意截面 r 的弯矩和剪力；

e——荷载 $P=1$ 至所求截面 r 的距离；

b_i——支承反力 R_i 至所求截面的距离；

$\sum^{\text{左}}$——涉及所求截面 r 以左的全部支承反力的作用。

以上公式中对于确定的计算截面 r 来说，所有的 b_i 是已知的，而 R_i 则随荷载 $P=1$ 位置 e 而变化。因此，可以直接利用前面介绍的偏心压力法求得的 R_i 的横向影响线来绘制横隔梁的内力影响线。

通常横隔梁的弯矩在靠近桥中线的截面较大，剪力则在靠近桥两侧边缘处的截面较大。所以，以图 5-53 为例，一般可以只求③号梁处和②号与③号主梁之间（对于装配式桥即横隔板接头处）截面的弯矩，以及①号主梁右侧和②号主梁右侧等截面的剪力。

图 5-54 示出偏心压力法计算的横隔梁支承反力 R、弯矩 M 和剪力 Q 的影响线。鉴于 R_i 影响线呈直线规律变化，故绘制内力影响线时，只需要标出几个控制点的竖标值。尚需指出，对于非直接作用于横隔梁上的荷载，在计算内力时实际上应考虑间接传力的影响，例如图 5-54 中 M_{3-4} 影响线在③号梁和④号梁之间区段应取虚线之值，但鉴于计算中主要荷载作用于横隔梁上，为简化起见，仍可偏安全地忽略间接传力的影响。

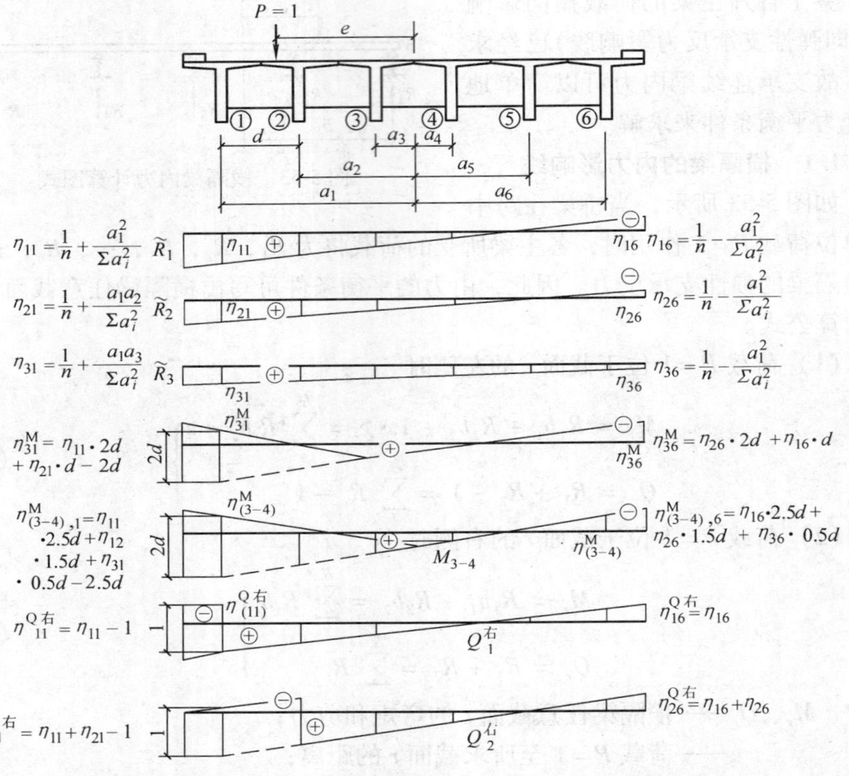

图 5-54 按偏心压力法计算横隔梁的 R、M 和 Q 的影响线

也可以按修正的偏心压力法来计算横隔梁内力影响线，计算方法同上，所不同的仅是反力 R_i 影响线竖向坐标的计算公式不同。

5.5.1.2 作用在横隔梁上的计算荷载

有了横隔梁内力影响线，即可直接在其上加载来计算内力。但须注意，对于跨中横隔梁来说，除了直接作用在其上的轮重外，前后的轮重对它也有影响，在计算中要假设荷载在相邻横隔梁之间按杠杆原理传布，如图 5-55 所示。因此，纵向一列车道荷载分布给该横隔梁的计算荷载为

$$P_{oq}=\frac{1}{2}(P_k y_k+q_k\Omega)$$

式中 P_{oq}——横隔梁的计算荷载；

P_k——车道荷载的集中荷载标准值；

y_k——车道荷载的集中荷载对应的内力影响最大峰值；

q_k——车道荷载的均布荷载标准值；

Ω——车道荷载范围内的影响线的面积。

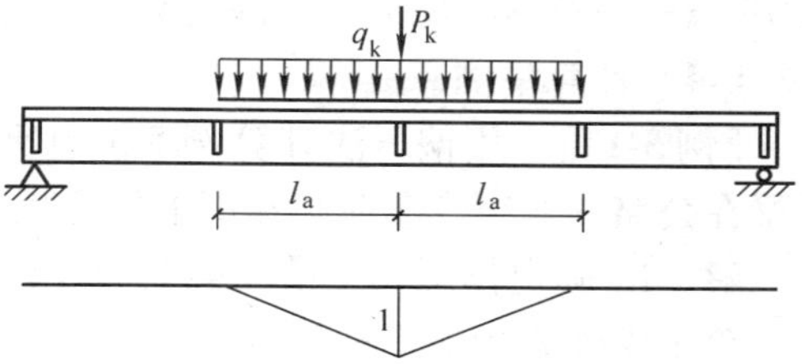

图5-55 横隔梁上计算荷载的计算图式

对于人群荷载，应在影响线上布满荷载，则计算荷载 P_{or}为

$$P_{or}=p_{or}\Omega_r=p_{or}l_a$$

式中 p_{or}——一侧人行道每延米的人群荷载；

Ω_r——人群荷载范围内的影响线面积；

l_a——横隔梁的间距。

5.5.1.3 横隔梁内力计算

用上述计算荷载在横隔梁内力影响线上按最不利位置加载，就可以求得作用在一根横隔梁上的最大内力值。在计算中对于汽车荷载应计入冲击作用，并按实际加载情况计入车道折减系数。

图5-56示出计算③号梁处截面和③号梁与④号梁之间截面弯矩的计算图式。对于影响线具有正、负号部分的内力，应该按相应的最不利荷载位置求出内力的最大值和最小值，如图中的人群荷载 P_{or}仅用于计算负弯矩值。

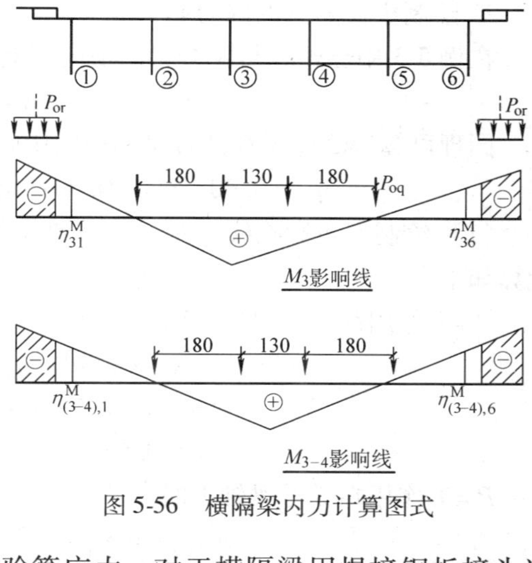

图5-56 横隔梁内力计算图式

求得横隔梁内力后，就可按钢筋混凝土或预应力混凝土结构的计算原理配置钢筋，并进行强度计算或验算应力。对于横隔梁用焊接钢板接头连接的装配式T形梁桥，应根据接头处的最大弯矩值来确定所需钢板尺寸和焊缝长度，此时钢板所承受的轴向力为

$$N=\frac{M}{z}$$

式中　z——横隔梁顶部和底部接头钢板之间的中心距离。

5.5.1.4　计算举例

[**例 5-10**]　用偏压法计算例 5-3 中所示装配式钢筋混凝土简支梁桥跨中横隔梁在公路—Ⅱ级汽车荷载作用下的弯矩 M_{2-3} 和剪力 $Q_{1右}$。

解　1. 确定作用在中横隔梁上的计算荷载

跨中横隔梁的最不利荷载布置如图 5-57 所示。

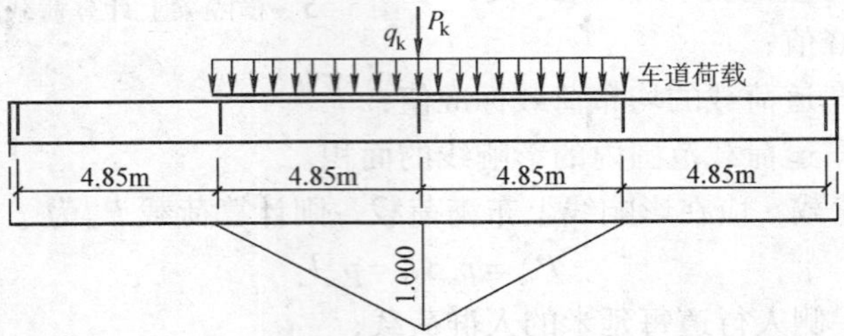

图 5-57　跨中横隔梁的受载图式

$$\text{汽车荷载}\quad P_{oq}=\frac{1}{2}\times\left(0.75\times238\times1.0+0.75\times10.5\times\frac{1}{2}\times1.0\times2\times4.85\right)\text{kN}$$
$$=108.35\text{kN}$$

2. 绘制中横隔梁的内力影响线

在例 5-3 中已经算得①号梁的横向影响线竖坐标值为

$$\eta_{11}=0.60,\ \eta_{15}=-0.20$$

同理可算得②号梁和③号梁的横向影响线竖坐标值为

$$\eta_{21}=0.40,\ \eta_{25}=0.00;\ \eta_{31}=0.20,\ \eta_{35}=0.20$$

（1）绘制弯矩影响线　对于②号和③号主梁之间截面的弯矩 M_{2-3} 影响线可计算如下。

$P=1$ 作用在①号梁轴上时

$$\eta^{M}_{(2-3)1}=\eta_{11}\times1.5d+\eta_{21}\times0.5d-1\times1.5d$$
$$=0.6\times1.5\times1.6+0.4\times0.5\times1.6-1.5\times1.6$$
$$=-0.64$$

$P=1$ 作用在⑤号梁轴上时

$$\eta^{M}_{(2-3)5}=\eta_{15}\times1.5d+\eta_{25}\times0.5d$$
$$=(-0.20)\times1.5\times1.6+0\times0.5\times1.6$$
$$=-0.48$$

$P=1$ 作用在③号梁轴上时（$\eta_{13}=\eta_{23}=\eta_{33}=0.20$）

$$\eta^{M}_{(2-3)3}=\eta_{13}\times1.5d+\eta_{23}\times0.5d$$
$$=0.20\times1.5\times1.6+0.20\times0.5\times1.6=0.64$$

有了这三个竖标值和已知影响线折点位置(即所计算截面的位置)，就可绘出 M_{2-3} 影响线，如图 5-58a 所示。

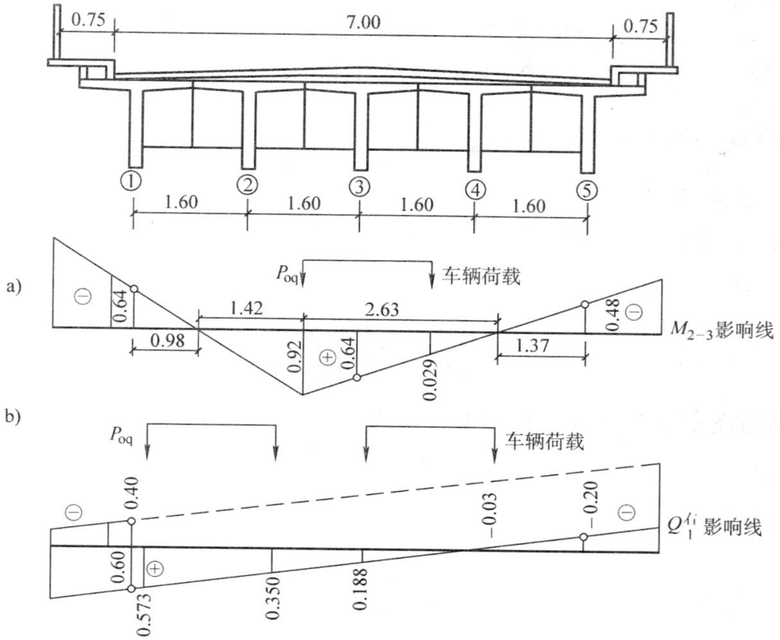

图 5-58　中横隔梁内力影响线

(2) 绘制剪力影响线　对于①号主梁处截面的 $Q_1^{右}$ 影响线可计算如下。

$P=1$ 作用在计算截面以右时

$$Q_1^{右}=R_1，\text{即}\quad \eta_{1i}^{Q右}=\eta_{1i}(\text{就是①号梁荷载横向影响线})$$

$P=1$ 作用在计算截面以左时

$$Q_1^{右}=R_1-1，\text{即}\quad \eta_{1i}^{Q右}=\eta_{1i}-1$$

绘成 $Q_1^{右}$ 的影响线如图 5-58b 所示。

3. 截面内力计算

将求得的计算荷载 P_{oq} 在相应的影响线上按最不利荷载位置加载，对于汽车荷载并计入冲击作用$(1+\mu)$，则得

弯矩 M_{2-3}：

汽车荷载　$M_{2-3}=(1+\mu)\xi P_{oq}\sum\eta=1.215\times1.0\times108.35\times(0.92+0.29)\text{kN}\cdot\text{m}=159.29\text{kN}\cdot\text{m}$

剪力 $Q_1^{右}$：

汽车荷载　$Q_1^{右}=(1+\mu)\xi P_{oq}\sum\eta=1.215\times1.0\times108.35\times(0.573+0.350+0.188-0.03)\text{kN}=142.31\text{kN}$

鉴于横隔梁的恒载内力甚小，计算中可略去不计，并考虑到汽车荷载效应占总效应的百分比，则按极限状态设计的计算内力为：

基本组合

$$M_{2-3,\max}=0+1.4\times159.29\text{kN}\cdot\text{m}=233.01\text{kN}\cdot\text{m}$$

$$Q_{1,\max}^{右}=0+1.4\times142.31\text{kN}=199.23\text{kN}$$

5.5.2 按 G-M 法计算横隔梁内力

5.5.2.1 计算原理

考虑到区别于横隔梁的弯矩的符号表示，比拟正交异性板的横向单宽弯矩表达式可写成

$$\overline{M}_y=-EJ_y\frac{\partial^2\omega}{\partial y^2}\tag{5-49}$$

再利用挠度 ω 与影响系数 K 的关系式

$$\omega=\overline{\omega}K$$

正弦荷载 $p_0\sin\frac{\pi x}{l}$作用下的平均挠度

$$\overline{\omega}=\frac{p_0}{2B}\frac{l^4}{\pi^4EJ_x}\sin\frac{\pi x}{l}$$

将上述关系式代入式(5-49)即得

$$\overline{M}_y=-\frac{p_0l^4}{2B\pi^4}\cdot\frac{J_y}{J_x}\cdot\sin\frac{\pi x}{l}\cdot\frac{\mathrm{d}^2K}{\mathrm{d}y^2}$$

式中，K 为已得出的函数，求导并经整理后引入横向弯矩影响系数 μ，则得

$$\overline{M}_y=p_0\sin\frac{\pi x}{l}B\mu_\alpha\tag{5-50}$$

式中的系数 μ_α 与扭弯参数 α 和 θ、所求弯矩点 f 的横向位置以及荷载偏离桥中线 x 轴的位置相关。对于 $\alpha=0$ 的 μ_0 和 $\alpha=1$ 的 μ_1 值已绘成曲线列于附录Ⅱ的图Ⅱ-12和图Ⅱ-13 内。

鉴于通常只需计算横隔梁跨中弯矩，故在图表中仅给出 $f=0$ 处的 μ_0 和 μ_1 值。

由式(5-50)不难看出，只要把任一横向单宽板条上的荷载 $p(x)=p_0\sin\frac{\pi x}{l}$看做集中力，把 $B\mu_\alpha$ 看做与荷载相应的$\overline{M}_y$ 影响线的坐标 $\eta(y)$，则该式就是一般的内力计算式

$$S=p(x)\eta(y)$$

图 5-59 中清楚地示出了式(5-50)的实际含义。需要指出的是，这里影响线

坐标值 $B\mu_\alpha$ 与 x 无关，而 $\overline{M}_y$ 沿 x 方向的变化完全依赖于正弦荷载的分布规律。

以上涉及的是单宽板条的 $\overline{M}_y$，对于内横隔梁来说，如果 f 点是该梁轴上的点，横隔梁的间距是 a，并且计入活载的冲击系数，则此梁承受的弯矩显然可近似地用下式表示

$$M_y=(1+\mu)\overline{M}_y a p_0 \sin\frac{\pi x}{l}B\mu_\alpha$$

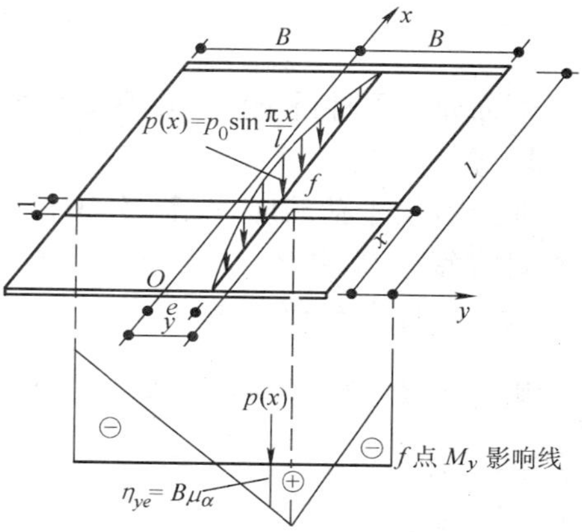

图 5-59　$\overline{M}_y$ 的计算图式

同样的道理，如果作用在桥上的荷载沿纵向的是几个集中力或局部的分布力，而且沿桥的横向有 m 行同类荷载作用时，则根据叠加原理并计入多车道折减系数 ξ 后可将上式改写成

$$M_y=(1+\mu)\xi p_s \sin\frac{\pi x}{l}B\sum_{i=1}^{m}\mu_{\alpha i} \tag{5-51a}$$

或

$$M_y=(1+\mu)\xi a p_s \sin\frac{\pi x}{l}\sum_{i=1}^{m}\eta_i \tag{5-51b}$$

式中　p_s——荷载函数，与荷载的形式及位置有关，它就是将各类实际荷载表达成正弦型荷载的荷载峰值；

$B\sum\limits_{i=1}^{m}\mu_{\alpha i}$——与各行荷载位置相对应的横向弯矩影响线坐标之和；

$\sum\limits_{i-1}^{m}\eta_i$——与 $B\sum\limits_{i=1}^{m}\mu_{\alpha i}$ 意义相同。

对于跨中横隔梁，代入 $x=l/2$，则得

$$M_y=(1+\mu)\xi a p_s\sum_{i=1}^{m}\eta_i \tag{5-51c}$$

5.5.2.2　p_s 值的计算

不同的荷载形式 $f(x)$ 可按傅里叶级数展成正弦函数

$$p(x)=\sum_{m=1}^{\infty}p_m\sin\frac{m\pi x}{l}$$

其中峰值 p_m 按下式计算

$$p_m=\frac{2}{l}\int l_0 f(x)\sin\frac{m\pi x}{l}\mathrm{d}x \tag{5-52}$$

通常可只取级数的首项，则正弦荷载可表达成一般形式

$$p(x)=p_s\sin\frac{\pi x}{l}$$

下面介绍几种桥梁设计中常见荷载形式的荷载函数 p_s。

1. 集中荷载

在分析集中荷载时（见图 5-60a）首先要将每个荷载 P_i 当做分布于微小区间 2ε 的均布荷载 p_{oi}，即 $p_{oi}=\frac{P_i}{2\varepsilon}$，则每个集中荷载的函数表达式为

$$f_i(x)=\begin{cases}p_{oi} & (\mu_i-\varepsilon\leqslant x\leqslant\mu_i+\varepsilon)\\0 & (\mu_i+\varepsilon<x<\mu_i-\varepsilon)\end{cases}$$

再按式(5-52)进行积分，最后使 ε 趋于 0（计算过程从略），就得

$$p_{si}=\frac{2}{l}P_i\sin\frac{\pi\mu_i}{l}$$

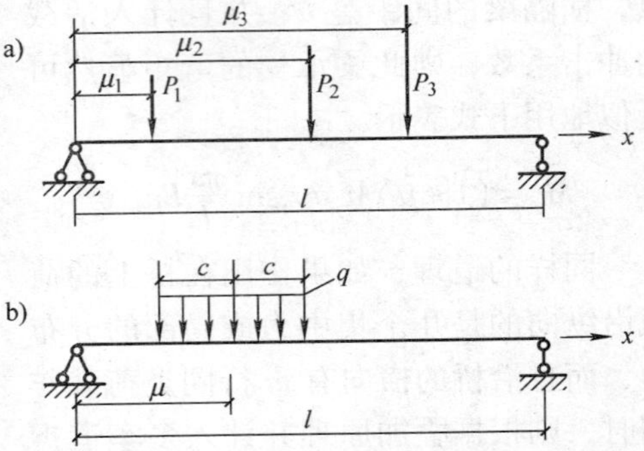

图 5-60 荷载峰值 p_s 计算图式

当跨径内有 n 个集中荷载作用时

$$p_s=\sum_{i=1}^{n}p_{si}=\frac{2}{l}\sum_{i=1}^{n}P_i\sin\frac{\pi\mu_i}{l}$$

式中 P_i——顺桥向作用的集中荷载；

μ_i——各集中荷载离支点的距离。

当一个集中荷载 P 作用在跨中时，以 $\mu=l/2$ 代入后，则得

$$p_s=\frac{2P}{l}$$

2. 均布荷载

对于荷载长度为 $2c$、荷载集度为 q 的均布荷载（见图 5-60b），其函数表达式为

$$f(x)\begin{cases}q & (\mu-c\leqslant x\leqslant\mu+c)\\0 & (\mu+c<x<\mu-c)\end{cases}$$

按式(5-52)积分后即得

$$p_s=\frac{4q}{\pi}\sin\frac{\pi\mu}{l}\sin\frac{\pi c}{l}$$

如果全跨布满荷载 q 时，以 $\mu=l/2$ 和 $c=l/2$ 代入，则得

$$p_s=\frac{4q}{\pi}$$

5.5.2.3 $\sum\mu_\alpha$ 值的计算

附录Ⅱ中的 μ_0 和 μ_1 值，与 K_0 和 K_1 值一样，也是将桥宽 $2B$ 分成八等分给

出的。鉴于横隔梁中间截面的弯矩最为不利，故可以利用图表中对于中点 $f=0$ 截面位置的各个 μ_0 和 μ_1 值。当 α 在0与1之间时，可采用下式计算 μ_α

$$\mu_\alpha=\mu_0+(\mu_1-\mu_0)\sqrt{\alpha}$$

这样可按9个荷载位置点求出相应的 μ_α 值，分别乘以 B 后，就可绘出横隔梁轴线处的横向弯矩影响线。

当用G-M法计算横隔梁的剪力时，可以根据按G-M法求得的各主梁的荷载横向影响线，仿照偏心压力法绘制横隔梁剪力影响线的方法进行。

5.5.2.4 计算举例

[例5-11] 试用G-M法计算例5-3中的跨径中央横隔梁在公路—Ⅱ级汽车荷载作用时的弯矩。

解 1. 计算跨中横隔梁的弯矩影响线坐标

根据已知参数 $\theta=0.3247$，可以从附录Ⅱ图Ⅱ-12和图Ⅱ-13中查得桥宽中点处(梁位 $f=0$)的横向弯矩影响系数 μ_0 和 μ_1 值，这样就可得到单宽横向板条跨中截面的弯矩影响线坐标值 $\eta_i=B\mu_\alpha$。显然，也可将 $B\mu_\alpha$ 乘以横隔梁间距 a 看做该横隔梁的弯矩影响线坐标，即 $\eta_i=aB\mu_\alpha$。其计算可列表(见表5-11)。

表5-11 跨中截面的弯矩影响线坐标计算

计算项目	荷载位置				
	B	$\frac{3}{4}B$	$\frac{1}{2}B$	$\frac{1}{4}B$	0
μ_0	-0.240	-0.120	-0.001	0.0120	0.244
μ_1	-0.098	-0.040	0.028	0.110	0.217
$\mu_1-\mu_0$	0.142	0.080	0.029	-0.010	-0.027
$(\mu_1-\mu_0)\sqrt{\alpha}$	0.0225	0.0127	0.0046	-0.0016	-0.0043
$\mu_0+(\mu_1-\mu_0)\sqrt{\alpha}$	0.2175	-0.1073	0.0036	0.1184	0.2397
$B\mu_\alpha$	-0.8700	-0.4292	0.0144	0.4736	0.9588
$aB\mu_\alpha$	-4.2456	-2.0945	0.0703	2.3112	4.6789

2. 计算荷载的峰值 p_s

车道荷载沿桥跨的布置，应使跨中横隔梁受力最大，如图5-61所示。

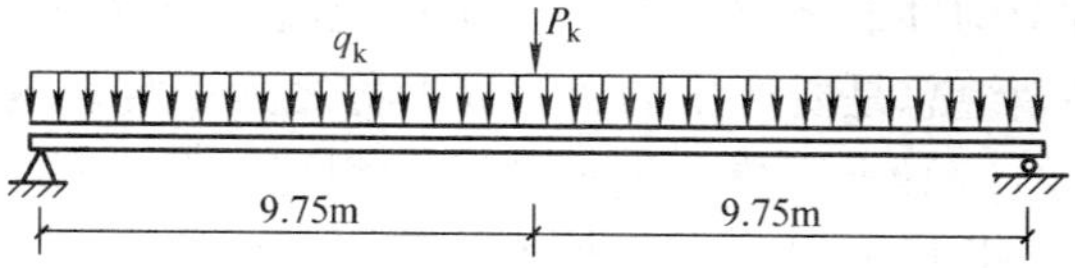

图5-61 p_s 的计算图式

对于纵向一列车道荷载的正弦荷载峰值为

$$p_s=\frac{1}{2}\left(\frac{2P_k}{l}+\frac{4q_k}{\pi}\right)=\frac{1}{2}\times\left(\frac{2\times178.5}{19.5}+\frac{4\times7.875}{\pi}\right)\text{kN/m}=14.15\text{kN/m}$$

3. 计算跨中横隔梁中间截面的弯矩

首先由 $aB\mu_\alpha$ 值绘出横隔梁弯矩影响线，然后按横向最不利位置布载，如图5-62所示。在车道荷载作用下，中间截面($f=0$)的最大正弯矩为

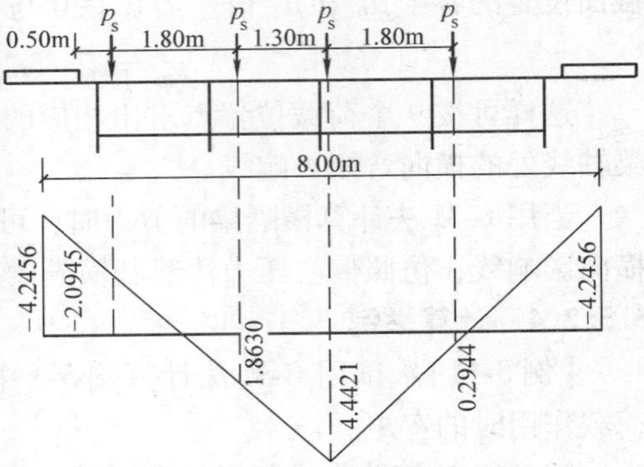

图5-62　横隔梁中间截面弯矩影响线

$$M_{y,\max} = (1+\mu)\xi p_s aB\sum\mu_\alpha$$
$$=1.215\times1\times14.15\times(4.4421+1.8630+0.2944-2.0945)\text{kN}\cdot\text{m}$$
$$=-76.8\text{kN}\cdot\text{m}$$

最大负弯矩(两列车道荷载分开靠两边排列)为

$$M_{y,\min} = (1+\mu)\xi p_s aB\sum\mu_\alpha$$
$$=1.215\times1\times14.15\times(-2.0945\times2+1.8630\times2)\text{kN}\cdot\text{m}$$
$$=-7.9\text{kN}\cdot\text{m}$$

5.6　变形与裂缝计算

5.6.1　受弯构件裂缝及计算

混凝土是一种耐久性较好的建筑材料，但是在钢筋混凝土结构中，如果混凝土出现较大的裂缝，水分的侵入会导致钢筋的锈蚀，这就大大地缩短了结构的寿命。桥梁结构处于露天环境，所以更需要控制裂缝的宽度。

5.6.1.1　裂缝的种类

钢筋混凝土结构的裂缝，按其产生的原因，大致可分为两类：

(1) 正常裂缝或荷载裂缝　这种裂缝是由荷载(即指永久荷载中的结构重力及基本可变荷载中的汽车荷载、人群荷载)所引起的裂缝。在正常荷载作用下，由于构件下缘拉应力早已超过混凝土抗拉强度而使受拉区混凝土产生裂缝。这些裂缝总是要产生的，习惯上称之为正常裂缝或荷载裂缝。

(2) 非正常裂缝或非荷载裂缝　它往往是由于混凝土的收缩、拆模时间不当、养护不周、构造形式不妥引起应力集中等原因造成的。这一类裂缝只要在设计与施工中采取一定的相应措施，大部分是可以加以限制并被克服的。例如，收缩引起的裂缝往往发生在混凝土的结硬初期，因此，需要良好的初期养护条件和合适的混凝土配合比设计，所以在施工操作规程规定要严格控制混凝土的配合比、保证混凝土的养护条件和时间等。

5.6.1.2 裂缝的限值

钢筋混凝土受弯构件的裂缝开展到一定程度，构件周围的水分侵入而导致钢筋锈蚀，因此必须对裂缝的宽度加以限制，也就是要对受弯构件进行裂缝宽度的验算。非正常裂缝，可以采取措施加以克服，而正常裂缝宽度则要通过计算确定，并加以控制。

实践证明，裂缝宽度小于0.3mm时，构件内的钢筋不致生锈。为了确保安全，《公桥规》规定，钢筋混凝土构件和B类预应力混凝土构件，其计算的最大裂缝宽度不应超过下列规定的限值：

1. 钢筋混凝土构件

1）Ⅰ类和Ⅱ类环境：0.20mm。

2）Ⅲ类和Ⅳ类环境：0.15mm。

2. 采用精轧带肋钢筋的预应力混凝土构件

1）Ⅰ类和Ⅱ类环境：0.20mm。

2）Ⅲ类和Ⅳ类环境：0.15mm。

3. 采用钢丝或钢绞线的预应力混凝土构件

1）Ⅰ类和Ⅱ类环境：0.10mm。

2）Ⅲ类和Ⅳ类环境不得进行带裂缝的B类构件设计。

5.6.1.3 裂缝开展的特点

沿构件截面高度上，混凝土的回缩并不是均匀的，钢筋对靠近其表面的混凝土的约束较强，故回缩小些，而远离钢筋表面的混凝土受钢筋的约束较弱，故回缩多一些。因此，裂缝的宽度在构件外表面处，要比靠近钢筋位置大一些。

《公桥规》所指的裂缝控制值是钢筋位置处构件侧表面的裂缝宽度值。在贴近钢筋处的裂缝宽度约为表面裂缝宽度的1/3～1/5。

5.6.1.4 影响裂缝宽度的因素

根据科研单位的试验结果分析，钢筋混凝土构件裂缝的产生和发展的因素主要有：

（1）受拉钢筋应力 σ_s　所有关于裂缝宽度的研究都认为，裂缝截面内的受拉钢筋应力 σ_s 是影响裂缝宽度的最重要因素。大连理工学院的研究成果指出，在使用荷载下的受拉钢筋应力 σ_s 与最大裂缝宽度 W_{fk} 为线性关系。

（2）受拉钢筋直径 d　试验表明，在受拉钢筋配筋率和钢筋应力大致相同的情况下，裂缝宽度随钢筋直径而变化，最大裂缝宽度 W_{fk} 与受拉钢筋直径 d 的关系近似于线性关系。

（3）受拉钢筋配筋率 ρ　试验表明，在钢筋直径相同、钢筋应力大致相等的情况下，裂缝宽度随受拉钢筋配筋率的增加而减小，但是，当受拉钢筋配筋率接近于某一数值（$\rho \geqslant 0.02$）时，裂缝宽度接近不变。

（4）混凝土保护层厚度　混凝土保护层厚度对裂缝间距及裂缝宽度是有影响的，保护层越厚，裂缝间距越大，裂缝越宽；但是，保护层越厚，外界有害物质入侵越困难，钢筋锈蚀的可能性越小。这两者的影响几乎可以相互抵消。因此，混凝土保护层厚度的因素可以略去。

（5）受拉钢筋粘结特征　受拉钢筋表面形状对钢筋与混凝土之间的粘结力影响颇大，这粘结力又对裂缝开展存在一定的影响。大连工学院整理出的计算公式中以不同的系数反映这种影响，即对带肋钢筋取 $C_1=1.0$，对光圆钢筋取 $C_1=1.4$。

（6）长期或重复荷载的影响　原南京工学院的试验资料指出，构件的平均及最大裂缝宽度会随荷载作用时间的延续，以逐渐减低的比率增加。中国建筑科学研究院的试验资料指出，重复荷载作用下发展的裂缝宽度是初始使用荷载作用下裂缝宽度的 1.0～1.5 倍。因而，人们又在裂缝宽度计算中取用作用(或荷载)长期效应系数 $C_2=1+0.5N_l/N_s$ 来考虑长期或重复荷载的影响，N_l 为按作用(荷载)长期效应组合计算内力值(弯矩或轴向力)，N_s 按作用(荷载)短期效应组合计算内力值(弯矩或轴向力)。

（7）构件形状的影响　实践证明，具有腹板的受弯构件抗裂性能比板式受弯构件稍好，因此，人们在裂缝宽度计算公式中，又引入了一个与构件形式有关的系数 C_3。

5.6.1.5　裂缝宽度的计算

1. 计算公式

从上述可知，影响裂缝出现和开展的因素很多，由于各种裂缝计算理论各自取不同的影响因素为主要参数，并采取不同的分析方法，因此各国规范中的裂缝宽度计算公式都不相同。

《公桥规》中对裂缝宽度计算规定如下：

1）对矩形、T形和I形截面的钢筋混凝土受弯构件和B类预应力混凝土受弯构件，其最大裂缝宽度 W_{fk}(mm)可按下式计算

$$W_{fk}=C_1C_2C_3\frac{\sigma_s}{E_s}\left(\frac{30+d}{0.28+10\rho}\right) \tag{5-53}$$

式中　C_1——钢筋表面形状系数，对于光圆钢筋 $C_1=1.4$，对于带肋钢筋 $C_1=1.0$；

C_2——作用(或荷载)长期效应影响系数，$C_2=1+0.5\frac{N_l}{N_s}$；

C_3——与构件受力性质有关的系数，当为钢筋混凝土板式受弯构件时，$C_3=1.15$，当为其他受弯构件时，$C_3=1.0$，轴心受拉构件 $C_3=1.2$，偏心受拉构件 $C_3=1.1$，偏心受压构件 $C_3=0.9$；

σ_s——受拉钢筋应力；

E_s——受拉钢筋弹性模量；

ρ——配筋率；

d——纵向受拉钢筋的直径（mm）。

应用式（5-53）计算时，应注意：

a. 当用不同直径的钢筋时，d 改用换算直径 d_e，$d_e=\dfrac{4A_s}{\mu}$或 $d_e=\dfrac{\sum n_i d_i^2}{\sum n_i d_i}$；当采用焊接骨架时，$d_e=\dfrac{4A_s}{0.75\mu}$。

对钢筋混凝上构件，n_i 为受拉区第 i 种普通钢筋的根数，d_i 为受拉区第 i 种普通钢筋的公称直径；对混合配筋的预应力混凝土构件，预应力钢筋为由多根钢丝或钢绞线组成的钢丝束或钢绞线束，d_i 为普通钢筋公称直径、钢丝束或钢绞线束的等代直径 d_{pe}，$d_{pe}=\sqrt{n}d$，此处，n 为钢丝束中钢丝根数或钢绞线束中钢绞线根数，d 为单根钢丝或钢绞线的公称直径。对于钢筋混凝上构件中的焊接钢筋骨架，式（5-53）中的 d 或 d_e 应乘以 1.3 系数。

b. ρ 按下式计算

$$\rho=\frac{A_s+A_p}{bh_0+(b_f-b)h_f} \tag{5-54}$$

式中　b_f——受拉翼缘宽度；

h_f——受拉翼缘厚度；

h_0——受压边边缘至受拉钢筋重心的距离；

A_s、A_p——受拉钢筋、受压钢筋的截面积。

当 $\rho>0.02$ 时，取 $\rho=0.02$，当 $\rho<0.006$ 时，取 $\rho=0.006$，对于轴心受拉构件，ρ 按全部受拉钢筋截面面积 A_s 的一半计算。

c. σ_s 按下列公式计算

$$\sigma_s=\frac{N_s}{A_s}$$

钢筋混凝土轴心受拉构件

$$\sigma_s=\frac{M_s}{0.87A_sh_0}$$

钢筋混凝土受弯构件

$$\sigma_s=\frac{N_se_s'}{A_s(h_0-a_s')}$$

钢筋混凝土偏心受拉构件

$$\sigma_s=\frac{N_s(e_s-z)}{A_sz}$$

其中

$$z=\left[0.87-0.12(1-\gamma_f')\left(\frac{h_0}{e_s}\right)^2\right]h_0 \tag{5-55}$$

$$e_s = \eta_s e_0 + y_s$$

$$\gamma'_f = \frac{(b'_f - b)h'_f}{bh_0}$$

$$\eta_s = 1 + \frac{l}{4000e_0/h_0}\left(\frac{l_0}{h}\right)^2 \tag{5-56}$$

式中 A_s——受拉区纵向钢筋截面面积，对轴心受拉构件，取全部纵向钢筋截面面积；对偏心受拉构件，取受拉较大边的纵向钢筋截面面积，对受弯、偏心受压构件取受拉区纵向钢筋截面面积；

e'_s——轴向拉力作用点至受压区或受拉较小边纵向钢筋合力点的距离；

e_s——轴向压力作用点至纵向受拉钢筋合力点的距离；

z——纵向受拉钢筋合力点至截面受压区合力点的距离；

η_s——使用阶段的轴向压力偏心距增大系数，当 $l_0/h \leqslant 14$ 时，取 $\eta_s = 1.0$；

y_s——截面重心至纵向受拉钢筋合力点的距离；

γ'_f——受压翼缘截面面积与腹板有效截面面积的比值；

b'_f、h'_f——受压区翼缘的宽度、厚度，在上式中，当 $h'_f > 0.2h_0$ 时，取 $h'_f = 0.2h_0$；

N_s、M_s——按作用(或荷载)短期效应组合计算的轴向力值、弯矩值。

对于预应力混凝土受弯构件按下式计算

$$\sigma_s = \frac{M_s \pm M_{p2} - N_{p0}(z - e_p)}{(A_s + A_s)z} \tag{5-57}$$

$$e = e_p + \frac{M_s \pm M_{p2}}{N_{p0}} \tag{5-58}$$

式中 z——受拉区纵向普通钢筋和预应力钢筋合力点至载面受压区合力点的距离，按式(5-55)计算，但式中的 e_s 以式(5-58)代入；

e_p——混凝土法向应力等于零时纵向预应力钢筋和普通钢筋的合力 N_{p0} 的作点至受拉区纵向预应力钢筋和普通钢筋合力点的距离；

N_{p0}——混凝土法向应力等于零时预应力钢筋和普通钢筋的合力，先张法构件和后张法构件均按《公桥规》中有关公式计算；

M_{p2}——由预加力 N_p 在后张法预应力混凝土连续梁等超静定结构中产生的次弯矩。

式(5-57)和式(5-58)中，当 M_{p2} 和 M_s 的作用方向相同时，取正号；相反时取负号。

对于箱形截面受弯构件的最大裂缝宽度可参照本条的规定计算。

2) 圆形截面钢筋混凝土偏心受压构件，其最大裂缝宽度 W_{fk}(mm)可按下列公式计算

$$W_{fk}=C_1C_2\left[0.03+\frac{\sigma_s}{E_s}\left(0.004\frac{d}{\rho}+1.52C\right)\right] \tag{5-59}$$

$$\sigma_s=\left[59.42\frac{N_s}{\pi r^2 f_{cu,k}}\left(2.80\frac{\eta_s e_0}{r}-1.0\right)-1.65\right]\rho^{-\frac{2}{3}} \tag{5-60}$$

式中　N_s——按作用(或荷载)短期效应组合计算的轴向力(N)；

C_1——钢筋表面形状系数，对于光圆钢筋 $C_1=1.4$，对于带肋钢筋 $C_1=1.0$；

C_2——作用(或荷载)长期效应影响系数，$C_2=1+0.5\dfrac{N_l}{N_s}$；

σ_s——截面受拉区最外缘钢筋应力(MPa)，当按式(5-59)计算的的 $\sigma_s\leqslant$ 24MPa 时，可不必验算裂缝宽度；

d——纵向钢筋直径(mm)；

ρ——截面配筋率，$\rho=A_s/(\pi r^2)$；

C——混凝土保护层厚度(mm)；

r——构件截面半径(mm)；

η_s——使用阶段的偏心矩增大系数，按式(5-56)计算，式中 h 以 $2r$ 代替，h_0 以 $(r+r_s)$ 代替，当 $l_0/2r\leqslant14$ 时，可取 $\eta_s=1.0$；

e_0——轴向力 N_s 的偏心距；

$f_{cu,k}$——边长为150mm的混凝土立方体抗压强度标准值，设计时取混凝土强度等级(MPa)；

r_s——构件截面纵向钢筋所在圆周的半径(mm)；

l_0——构件的计算长度，按《公桥规》第5.3.1条表注及工程经验确定。

2. 计算例题

[例5-12]　已知某装配式钢筋混凝土简支T形梁，采用焊接钢筋骨架，跨中截面恒载弯矩标准值 $M_{Gk}=912.52\text{kN}\cdot\text{m}$，汽车荷载弯矩标准值(包括冲击力) $M_{Q1k}=859.57\text{kN}\cdot\text{m}$，冲击系数 $(1+\mu)=1.19$，人群荷载弯矩标准值 $M_{Q2k}=85.44\text{kN}\cdot\text{m}$。跨中截面配置12 Φ 32钢筋，$A_s=9650.4\text{mm}^2$，$a_s=101.6\text{mm}$，$h_0=898.4\text{mm}$。

解　正常使用极限状态裂缝宽度计算，采用荷载短期效应组合，并考虑荷载长期效应的影响。

荷载短期效应组合

$$\begin{aligned}M_s&=M_{Gk}+0.7M_{Q1k}/(1+\mu)+M_{Q2k}\\&=(912.52+0.7\times859.57/(1.19)+85.44)\text{kN}\cdot\text{m}\\&=1503.59\text{kN}\cdot\text{m}\end{aligned}$$

荷载长期效应组合

$$M_l = M_{Gk} + 0.4[M_{Q1k}/(1+\mu) + M_{Q2k}]\text{kN}\cdot\text{m}$$
$$= \{912.52\text{kN}\cdot\text{m} + 0.4\times[859.57/(1.19) + 85.44]\}\text{kN}\cdot\text{m}$$
$$= 1235.63\text{kN}\cdot\text{m}$$

跨中截面裂缝宽度按式(5-53)计算，即

$$W_{fk} = C_1 C_2 C_3 \frac{\sigma_s}{E_s}\left(\frac{30+d}{0.28+10\rho}\right)$$
$$C_1 = 1,\ C_3 = 1$$
$$C_2 = 1 + 0.5\frac{M_l}{M_s} = 1 + 0.5\times\frac{1235.63}{1503.59} = 1.41$$
$$\sigma_s = \frac{M_s}{0.87A_s h_0} = \frac{1503.59\times10^6}{0.87\times9650.4\times898.4}\text{MPa} = 199.34\text{MPa}$$
$$d_e = \frac{4A_s}{0.75\mu} = \frac{4\times9650.4}{0.75\times(12\times3.14\times35.8)}\text{mm} = 38.15\text{mm}$$
$$\rho = \frac{A_s}{bh_0} = \frac{9650.4}{240\times898.4} = 0.0448 > 0.02$$

取 $\rho = 0.02$，$E_s = 2.0\times10^5\text{MPa}$，将以上数据代入，允许值0.2mm，满足规范要求。

5.6.2 结构挠度与预拱度的计算

5.6.2.1 概述

受弯构件在荷载作用下，如果变形过大，将会影响结构的正常使用。例如，桥梁上部结构的挠度过大，梁端的转角亦大，车辆通过时，不仅要发生冲击，而且要破坏伸缩缝两侧的桥面，影响结构的耐久性。桥面铺装的过大变形将会引起车辆的颠颠和冲击，起着对桥梁结构不利的加载作用。所以在设计这些构件时，必须根据不同要求，把它们的弯曲变形控制在规范规定的允许值以内。这就是所谓的刚度问题。

一般地说，满足梁的强度要求，应是问题的主要方面，可是对构件的刚度问题也不能忽视；特别是当使用要求对变形限制较严格或构件截面过于单薄时，刚度要求可能在梁的设计中起控制作用。

5.6.2.2 变形发展规律

变形发展分为三个阶段：

第Ⅰ阶段：构件工作接近弹性，荷载与挠度成正比。

第Ⅱ阶段：裂缝出现，受拉区混凝土逐步退出工作，受压区混凝土塑性发展，构件刚度迅速降低，挠度增长较荷载快。

第Ⅲ阶段：受拉钢筋的应力达到屈服，挠度在荷载几乎不变的情况下迅速

增长，直到构件破坏。

5.6.2.3　变形计算

钢筋混凝土和预应力混凝土受弯构件，在正常使用极限状态下的挠度，可根据给定的构件刚度用结构力学的方法计算。例如：

在均布荷载作用下，简支梁的最大挠度为

$$f=\frac{5}{48}\cdot\frac{Ml^2}{B} \tag{5-61}$$

当集中荷载作用在简支梁跨中时，梁的最大挠度为

$$f=\frac{5}{192}\cdot\frac{Pl^3}{B} \tag{5-62}$$

《公桥规》规定：钢筋混凝土和预应力混凝土受弯构件的刚度可按下述方法计算。

1. 钢筋混凝土受弯构件

$$B=\frac{B_0}{\left(\frac{M_{cr}}{M_s}\right)^2+\left(1-\frac{M_{cr}}{M_s}\right)^2\frac{B_0}{B_{cr}}} \tag{5-63}$$

$$M_{cr}=\gamma f_{tk}W_0 \tag{5-64}$$

式中　B——开裂构件等效截面的抗弯刚度；

B_0——全截面的抗弯刚度，$B_0=0.95E_cI_0$；

B_{cr}——开裂截面的抗弯刚度，$B_{cr}=E_cI_{cr}$；

M_{cr}——开裂弯矩；

γ——构件受拉区混凝土塑性影响系数，$\gamma=2S_0/W_0$，S_0 为全截面换算截面重心轴以上(或以下)部分而积对重心轴的面积矩，W_0 为换算截面抗裂边缘的弹性抵抗矩；

I_0——全截面换算截面惯性矩；

I_{cr}——开裂截面换算截面惯性矩；

f_{tk}——混凝土轴心抗拉强度标准值。

2. 预应力混凝土构件

1）全预应力混凝土和A类预应力混凝土构件

$$B_0=0.95E_cI_0 \tag{5-65}$$

2）允许开裂的B类预应力混凝土构件

在开裂弯矩 M_{cr} 作用下　$B_0=0.95E_cI_0$

在(M_s-M_{cr})作用下　$B_{cr}=E_cI_{cr}$

开裂弯矩 M_{cr} 按下式计算

$$M_{cr}=(\sigma_{pc}+\gamma f_{tk})W_0 \tag{5-66}$$

式中 σ_{pc}——扣除全部预应力损失预应力钢筋和普通钢筋合力 N_{p0} 在构件抗裂边缘产生的混凝土预压应力，先张法构件和后张法构件均按《公桥规》式(6.1.5-1)计算，但后张法构件采用净截面。

对变截面连续梁，当支座截面刚度不大于跨中截面刚度的两倍时，构件刚度仍可采用跨中截面刚度。

受弯构件在使用阶段的挠度应考虑荷载长期效应的影响，即按荷载短期效应组合和上述刚度计算挠度值，乘以挠度长期增长系数 η_θ。挠度长期增长系数可按下列规定取用：当采用 C40 以下混凝土时，$\eta_\theta = 1.60$；当采用 C40 ~ C80 混凝土时，$\eta_\theta = 1.45 \sim 1.35$，中间强度等级可按直线内插入取用。

5.6.2.4 预拱度设置与挠度限值

在使用荷载作用下，受弯构件的变形(挠度)系由两部分组成：一部分由永久作用产生的挠度，另一部分由可变作用所产生的。

永久作用产生的挠度，可以认为是在长期荷载作用下所引起的构件变形，它可以通过在施工时设置预拱度的办法来消除；而可变作用，即短期荷载所产生的挠度，则需通过验算来分析是否符合要求。

预应力混凝土受弯构件由预加力引起的反拱值，可用结构力学方法按刚度 E_cI_0 进行计算，并乘以长期增长系数。计算使用阶段预加力反拱值时，预应力钢筋的预加力应扣除全部预应力损失，长期增长系数取用 2.0。

1. 预拱度设置

受弯构件的预拱度可按下列规定设置：

(1) 钢筋混凝土受弯构件　当由荷载短期效应组合并考虑荷载长期效应影响产生的长期挠度不超过计算跨径的 $l/1600$(l 为计算跨径)时，可不设预拱度；当不符合上述规定时应设预拱度，且其值应按结构自重和 1/2 可变作用频遇值计算的长期挠度值之和采用。这里，汽车荷载频遇值为汽车荷载标准值的 0.7 倍，人群荷载频遇值等于其标准值。

(2) 预应力混凝土受弯构件

1) 当预加应力产生的长期反拱值大于按荷载短期效应组合计算的长期挠度时，可不设预拱度；当预加应力的长期反拱值小于按荷载短期效应组合计算的长期挠度时应设预拱度，其值应按该项荷载的挠度值与预加应力长期反拱值之差采用。

2) 对自重相对于活载较小的预应力混凝土受弯构件，应考虑预加应力反拱值过大可能造成的不利影响，必要时采取反预拱或设计和施工上的其他措施，避免桥面隆起直至开裂破坏。

3) 预拱度的设置应按最大的预拱值沿顺桥向做成平顺的曲线。

4) 预应力混凝土受弯构件当需计算施工阶段的变形时，可按构件自重和预加力产生的初始弹性变形乘以$[1+\phi(t,t_0)]$求得。此处，$\phi(t,t_0)$为混凝土徐变系数，可根据加载龄期t_0和计算所需龄期t按《公桥规》附录F方法计算。

2. 挠度限值

按上述计算的钢筋混凝土和预应力混凝土受弯构件长期挠度值，在消除结构自重产生的长期挠度后梁式桥主梁的最大挠度处不应超过计算跨径的1/600，梁式桥主梁的悬臂端不应超过悬臂长度的1/300。

应该注意到荷载在一个桥跨范围内移动产生正负不同的挠度时，计算挠度应为其正负挠度的最大绝对值之和。

[例5-13] 某装配式钢筋混凝土T形截面简支梁，计算跨径$l=19.5\text{m}$，跨中截面尺寸$b=24\text{cm}$、$h=100\text{cm}$、$b_i=178\text{cm}$、$h_i=12\text{cm}$，配置HRB400钢筋（12 Φ 32，$A_s=96.516\text{cm}^2$），跨中截面恒载弯矩标准值$M_{Gk}=912.52\text{kN}\cdot\text{m}$，汽车荷载弯矩标准值（包括冲击力）$M_{Q1k}=859.57\text{kN}\cdot\text{m}$，冲击系数$(1+\mu)=1.19$，人群荷载弯矩标准值$M_{Q2k}=85.44\text{kN}\cdot\text{m}$。试验算此梁跨中截面裂缝宽度。

解 荷载短期效应作用下的跨中截面挠度按下式近似计算

$$f=\frac{5}{48}\cdot\frac{M_s l^2}{B}$$

其中，荷载短期效应组合

$$\begin{aligned}M_s&=M_{Gk}+0.7M_{Q1k}/(1+\mu)+M_{Q2k}\\&=(912.52+0.7\times859.57/(1.19)+85.44)\text{kN}\cdot\text{m}\\&=1503.59\text{kN}\cdot\text{m}\end{aligned}$$

B按式(5-62)计算。首先确定全截面抗弯刚度B_0。取$b_f'=1780\text{mm}$，$\alpha_{E_s}=E_s/E_0=2\times10^5/3\times10^4\approx6.67$，换算截面重心至受压缘的距离$y_0'=386.2\text{mm}$，至受拉缘的距离$y_0=(1000-386.2)\text{mm}=613.8\text{mm}$，换算截面惯性矩$J_0=5.9881\times10^{10}\text{mm}^4$，对受拉边缘的弹性抵抗矩$W_0=J_0/y_0=(5.9881\times10^{10}/613.8)\text{mm}^3=9.7557\times10^7\text{mm}^3$，换算截面重心以上部分面积对重心轴的面积矩为

$$\begin{aligned}S_0&=240\times386.2^2/2\text{mm}^2+(1780-240)\times120\times(386.2-120/2)\text{mm}^2\\&=78179812.8\text{mm}^2\end{aligned}$$

取$E_c=3.0\times10^4\text{MPa}$，则

$$B_0=0.95E_cJ_0=0.95\times3.0\times10^4\times5.9881\times10^{10}\text{N}\cdot\text{mm}^2=17.0661\times10^{14}\text{N}\cdot\text{mm}^2$$

其次计算开裂截面的抗弯刚度B_{cr}。开裂截面的换算截面几何特征值，按有关公式计算求得：混凝土受压区高度$x_0=247.2\text{mm}$，换算截面惯性矩$J_{cr}=3.5202\times10^{10}\text{mm}^4$，则

$$B_{cr}=E_cJ_{cr}=3.0\times10^4\times3.5202\times10^{10}\text{N}\cdot\text{mm}=10.5607\times10^{14}\text{N}\cdot\text{mm}$$

最后计算开裂弯矩

$$\gamma=2S_0/W_0=2\times78179812.8/9.7557\times10^7=1.6028，f_{tk}=2.01\text{MPa}$$

$$M_{cr}=\gamma f_{tk}W_0=1.6028\times2.01\times9.7557\times10^7\text{N}\cdot\text{mm}=314.29\times10^6\text{N}\cdot\text{mm}$$
$$=310.29\text{kN}\cdot\text{m}$$

将以上数据代入式(5-62)得

$$B=\frac{B_0}{\left(\frac{M_{cr}}{M_s}\right)^2+\left(1-\frac{M_{cr}}{M_s}\right)^2\frac{B_0}{B_{cr}}}$$
$$=\frac{17.0661\times10^{14}}{\left(\frac{314.29}{1503.59}\right)^2+\left(1-\frac{314.29}{1503.59}\right)^2\frac{17.0661\times10^{14}}{10.5607\times10^{14}}}\text{kN}\cdot\text{mm}$$
$$=10.738\times10^{14}\text{kN}\cdot\text{mm}$$

荷载短期效应作用下跨中截面挠度为

$$f_s=\frac{5}{48}\cdot\frac{Ml^2}{B}=\frac{5}{48}\times\frac{1503.59\times10^6\times19500^2}{10.738\times10^{14}}\text{mm}=53.2\text{mm}$$

长期挠度为

$$f_l=\eta_\theta f_s=1.6\times53.2\text{mm}=85.2\text{mm}>l/1610=(19500/1600)\text{mm}=12.19\text{mm}$$

应设置预拱度，预拱度值按结构自重和1/2可变作用频遇值计算的长期挠度值之和采用。

$$f'_p=\eta_\theta\times\frac{5}{48}\times\frac{\{M_{Gk}+0.5[0.7M_{Q1k}/(1+\mu)+M_{Q2k}]\}l^2}{B}$$
$$=1.6\times\frac{5}{48}\times\frac{[912.52+0.5(0.7\times859.57/1.19+85.44)\times10^6\times19500^2}{10.738\times10^{14}}\text{mm}$$
$$=71.38\text{mm}$$

消除自重影响后的长期挠度为

$$f'_p=\eta_\theta\times\frac{5}{48}\times\frac{(M_s+M_{Gk})l^2}{B}$$
$$=1.6\times\frac{5}{48}\times\frac{(1503.59-912.52)\times10^6\times19500^2}{10.738\times10^{14}}\text{mm}$$
$$=34.9\text{mm}>l/600=(19500/600)\text{mm}=32.5\text{mm}$$

计算挠度略大于规范限值，但仅相差2.4mm，可以认为基本满足规范要求。

5.7 计算示例——装配式钢筋混凝土板桥计算

5.7.1 设计资料

（1）跨径　标准跨径8.0m，计算跨径$l=7.69$m。

（2）设计荷载　汽车荷载公路—Ⅱ级，人群荷载3kN/m^2。

（3）桥面净宽 行车道净宽7.00m，人行道宽度2×0.75m。

（4）主要材料 混凝土：预制矩形板及桥面铺装采用C25，填接缝采用C30小石子混凝土。钢筋：直径≥12mm时用HRB335钢筋，直径<12mm时用HRB235钢筋。

（5）横截面布置 横截面布置如图5-63所示。桥面横坡由墩台支承面形成。行车道板预制块件厚36cm，每块宽99cm；水泥混凝土铺装厚7cm（其中4cm计入行车道板有效厚度内，3cm作为磨耗层），沥青表处厚2cm。

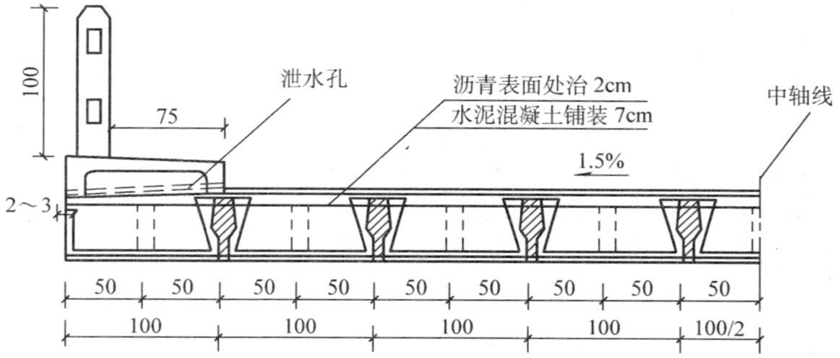

图5-63 桥梁横断面布置（尺寸单位：cm）

5.7.2 荷载横向分布系数的计算

5.7.2.1 桥梁跨中截面荷载横向分布系数计算

本桥系横向铰接，按铰接板法计算。

1. 刚度参数

板的有效厚度在计入混凝土4cm厚的铺装层后，每块板的抗弯惯性矩I（按矩形板计算）

$$I=\frac{bt^3}{12}=\frac{99\times40^3}{12}\text{cm}^4=528\times10^3\text{cm}^4$$

$b/t=99/40=2.457$，由表5-2查得，$c=0.247$，则抗扭惯性矩$I_T=cbt^3=0.247\times99\times40^3\text{cm}^4=1565\times10^3\text{cm}^4$

故弯扭参数

$$\gamma=5.8\frac{I}{I_T}\left(\frac{b}{l}\right)^2=5.8\times\frac{528\times10^3}{1565\times10^3}\times\left(\frac{0.99}{7.69}\right)^2=0.03309$$

2. 荷载横向分布影响线

根据横向共9块板，$\gamma=0.03309$，查附录Ⅰ“铰接板荷载横向分布影响线竖标表”中板9-1至板9-5，得到①~⑤号各块板的横向影响线坐标值，见表5-12，并据此绘制成荷载横向分布影响线图，如图5-64所示。

表 5-12 横向影响线坐标值表

板号	载位 γ	①号	②号	③号	④号	⑤号	⑥号	⑦号	⑧号	⑨号
		横向影响线坐标								
①号	0.02	236	194	147	113	88	70	57	49	46
	0.04	306	232	155	104	70	48	35	26	23
	0.03309	282	219	152	107	76	56	43	34	31
②号	0.02	194	189	160	122	95	75	62	53	49
	0.04	232	229	181	121	82	57	40	31	26
	0.03309	219	215	174	121	86	63	48	39	34
③号	0.02	147	160	164	141	110	87	72	62	57
	0.04	155	181	195	159	108	74	53	40	35
	0.03309	152	174	184	153	109	78	60	48	43
④号	0.02	113	122	141	152	134	106	87	75	70
	0.04	104	121	159	182	151	104	74	57	48
	0.03309	107	121	153	172	145	105	78	63	56
⑤号	0.02	88	95	110	134	148	134	110	95	88
	0.04	70	82	108	151	178	151	108	82	70
	0.03309	76	86	109	145	168	145	109	86	76

注：表中数值应乘以 10^{-3}。

3. 荷载横向分布系数

（1）荷载横向分布系数的计算　在图 5-63 上布置荷载，求出各块板的跨中横向分布系数 m_c。图 5-64 中已标出各块板的荷载横向最不利位置及相应的各轮重下的影响线坐标值，列表计算见表 5-13。

表 5-13 横向分布系数计算表

板号	荷载种类	计算式	横向分布系数
①号	汽车荷载 人群荷载 人行道板荷载	$\frac{1}{2}\times\frac{(0.219+0.116+0.074+0.044)}{0.227}$ $0.274+0.031$ $0.282+0.031$	0.227 0.305 0.313
②号	汽车荷载 人群荷载 人行道板荷载	$\frac{1}{2}\times(0.215+0.132+0.084+0.050)$ $0.218+0.035$ $0.219+0.034$	0.241 0.253 0.253

（续）

板　号	荷载种类	计算式	横向分布系数
③号	汽车荷载 人群荷载 人行道板荷载	$\frac{1}{2}\times(0.174+0.159+0.105+0.062)$ $0.155+0.044$ $0.152+0.043$	0.250 0.199 0.195
④号	汽车荷载 人群荷载 人行道板荷载	$\frac{1}{2}\times(0.127+0.172+0.133+0.077)$ $0.109+0.057$ $0.107+0.056$	0.255 0.166 0.163
⑤号 （中载）	汽车荷载 人群荷载 人行道板荷载	$\frac{1}{2}\times(0.099+0.153)\times2$ 0.0777×2 0.0767×2	0.252 0.154 0.152
⑤号 （偏载）	汽车荷载	$\frac{1}{2}\times(0.086+0.138+0.166+0.113)$	0.252

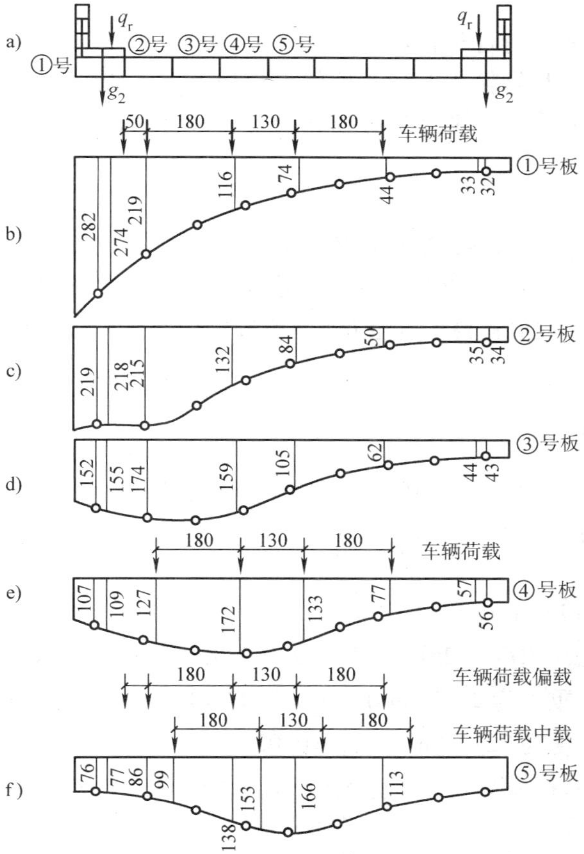

图5-64　跨中荷载横向分布影响线（尺寸单位：cm）

(2) 荷载横向分布系数用值　从上述计算结果中，偏安全地取同一荷载时各块板中最大的荷载横向分布系数值作为该荷载时的设计采用值；但考虑到人群荷载系与汽车荷载效应组合，故人群荷载及人行道板荷载则取与汽车荷载最大值相应板号的横向分布系数值作为设计采用值。

设计采用跨中荷载横向分布系数为：汽车荷载，$m_{cq}=0.255$；人群荷载，$m_{cr}=0.166$；人行道板荷载，$m_{cb}=0.163$。

5.7.2.2　支点截面荷载横向分布系数计算

1. 汽车荷载

汽车后轮通过铺装层及磨耗层后传至行车道板顶面沿行车方向的分布宽度为

$$a_1=a_2+2H=0.60\text{m}+2\times(0.02+0.03)\text{m}=0.70\text{m}$$

最不利情况为一个车轮全部位于一块板上，故汽车荷载的横向分布系数

$$m_{cq}=\frac{1}{2}\times1.0=0.5$$

2. 人群荷载及人行道板荷载

在支点处，人群荷载及人行道板位于边板上，不影响其他行车道板，亦即不与汽车荷载发生叠加。故汽车荷载在最不利位置时，人群及人行道板荷载的相应横向分布系数

$$m_{or}=m_{ob}=0$$

5.7.2.3　荷载横向分布系数沿跨径的变化

自 $l/4$ 至 l 的区段内，横向分布系数取跨中时的横向分布系数值；支点截面取支点横向分布系数值；自支点至 $l/4$ 区段按直线变化，如图 5-65 中的 d、e、f 所示。

5.7.3　内力计算

由于跨径较小，可只取跨中截面及支点截面计算内力。

5.7.3.1　恒载内力计算

1. 恒载集度

(1) 行车道板及铺装

预制行车道板(重度为 25kN/m^3)　$g_b=0.36\times1.0\times25.0\text{kN/m}=9.00\text{kN/m}$

混凝土铺装(重度为 24kN/m^3)　$g_p=0.07\times1.0\times24.0\text{kN/m}=1.68\text{kN/m}$

沥青表处(重度为 22kN/m^3)　$g_L=0.02\times1.0\times22.0\text{kN/m}=0.44\text{kN/m}$

一块板上的恒载集度　$g_1=g_b+g_p+g_L=(9.00+1.68+0.44)\text{kN/m}$
$=11.12\text{kN/m}$

(2) 人行道板及栏杆　按常用构造及尺寸计算，取每侧人行道及栏杆的荷

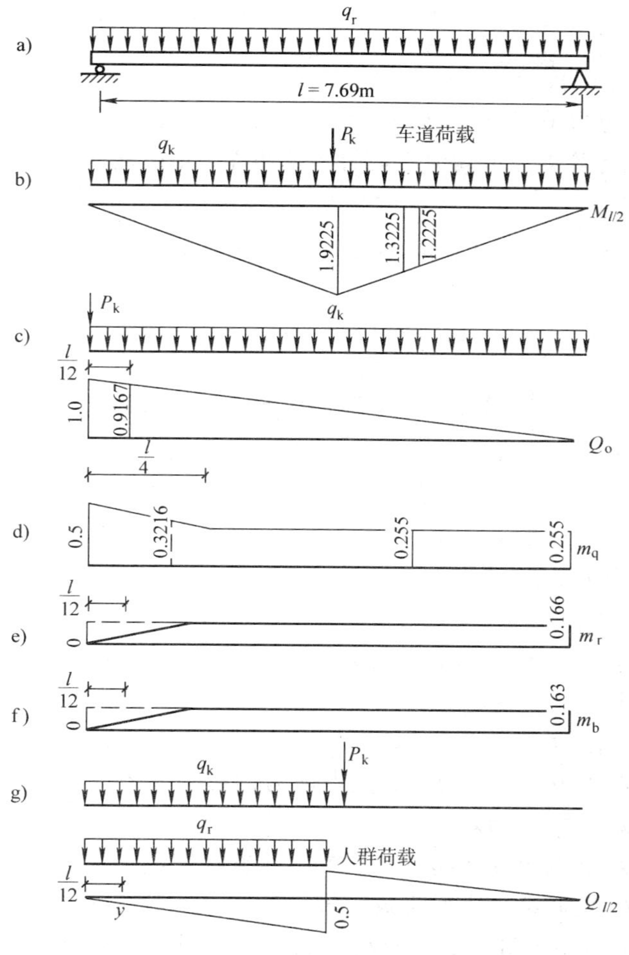

图5-65 活载内力计算图式

a）板的立面图及人群荷载布置 b）跨中弯矩影响线及车道荷载布置
c）支点剪力影响线及车道荷载布置 d）汽车荷载的横向分布系数
e）人群荷载的横向分布系数 f）人行道板的荷载横向分布系数
g）跨中剪力影响线及活载布置

载集度为

$$g_2=5.0\text{kN/m}$$

2. 恒载内力

（1）由行车道板及铺装层产生的内力

跨中弯矩 $M'_{g,l/2}=\frac{1}{8}g_1l^2=\frac{1}{8}\times11.12\times7.69^2\text{kN}\cdot\text{m}=82.199\text{kN}\cdot\text{m}$

支点剪力 $Q'_{g,o}=\frac{1}{2}g_1 l=\frac{1}{2}\times 11.12\times 7.69\text{kN}=42.756\text{kN}$

（2）由人行道板及栏杆产生的内力　在计算跨中弯矩时，由于支点附近的荷载对荷载的影响较小，故全跨偏安全地均取跨中的荷载横向分布系数 m_{cb}，计算。在计算支点剪力时，则计入支点至 $l/4$ 段横向分布系数的变化（见图 5-65f）。

跨中弯矩 $M''_{g,l/2}=m_{cb}\frac{1}{8}g_2 l^2=0.613\times\frac{1}{8}\times 5.0\times 7.69^2\text{kN}\cdot\text{m}=6.025\text{kN}\cdot\text{m}$

支点剪力
$$Q''_{g,o}=m_{cb}\frac{1}{2}g_2 l+\frac{l}{2}(m_{ob}-m_{cb})g_2\times\frac{l}{4}\bar{y}$$
$$=\left[0.163\times\frac{1}{2}\times 5.0\times 7.69-\frac{1}{2}\times 0.163\times 5.0\times\frac{7.69}{4}\times\left(\frac{11}{12}\times 1.000\right)\right]\text{kN}$$
$$=2.416\text{kN}$$

（3）恒载内力汇总

跨中弯矩 $M_{g,l/2}=M'_{g,l/2}+M''_{g,l/2}=(82.199+6.025)\text{kN}\cdot\text{m}=88.224\text{kN}\cdot\text{m}$

支点剪力 $Q_{g,o}=Q'_{g,o}+Q''_{g,o}=(42.756+2.416)\text{kN}=45.172\text{kN}$

恒载的跨中剪力为零。

5.7.3.2 活载内力计算

先绘出跨中弯矩、跨中剪力、支点剪力的影响线图，以及各项荷载的横向分布系数图，如图 5-65 所示。

根据内力影响线图及横向分布系数图的形状按最不利位置布置荷载。在求跨中弯矩时，汽车荷载及挂车荷载的轴重均未进入横向分布系数的变化区段；人群荷载的横向分布系数在近支点处有所减少，但考虑到位于这一区段的荷载对中弯矩影响甚小，故在求跨中弯矩时，偏安全地仍取跨中的横向分布系数值，以简化计算。各项活载内力分别计算如下。

1. 汽车荷载

汽车荷载的冲击系数 $\mu=0.34$；本例为双车道，车道折减系数 $\xi=1$。

（1）跨中弯矩　此时荷载在跨中，均取跨中的横向分布系数值，则

$$M_{l/2,q}=(1+\mu)\xi m_{cq}(P_k y_k+q_k\Omega)$$
$$=1.34\times 1\times 0.255\times\left(0.75\times 190.6\times 1.9225+0.75\times 10.5\times\frac{1}{8}\times 7.69^2\right)\text{kN}\cdot\text{m}$$
$$=113.9\text{kN}\cdot\text{m}$$

（2）支点剪力　此时荷载须布置在支点附近，而支点附近 1/4 区段内的荷载横向分布系数变化，则

$$Q_{o,q}=(1+\mu)\xi\left[m_c(P_k y_k+y_k+q_k\Omega)+\frac{1}{2}a(m_o-m_c)q_k\bar{y}\right]$$

$$=1.34\times1\times\left[0.5\times1.2\times0.75\times190.76\times1.0+0.255\times0.75\times10.5\times\frac{1}{2}\right.$$

$$\left.\times1.0\times7.69+(0.5-0.255)\times0.75\times10.5\times\frac{11}{12}\right]\text{kN}$$

$$=127.6\text{kN}$$

（3）跨中剪力　此时荷载在跨中，均取跨中的横向分布系数值，则

$$Q_{l/2,q}=(1+\mu)\xi m_{cq}(P_k y_k+q_k\Omega)$$

$$=1.34\times1\times0.255\times\left(1.2\times0.75\times190.76\times0.5+0.75\times10.5\times\frac{1}{2}\times0.5\times\right.$$

$$\left.\frac{1}{2}\times7.69\right)\text{kN}$$

$$=31.9\text{kN}$$

2. 人群荷载

每侧人群荷载集度　$q_r=0.75\times3.0\text{kN/m}=2.25\text{kN/m}$

（1）跨中弯矩

$$M_{r,l/2}=m_{cr}\frac{1}{8}g_r l^2=0.166\times\frac{1}{8}\times2.25\times7.69^2\text{kN}\cdot\text{m}=2.761\text{kN}\cdot\text{m}$$

（2）支点剪力

$$Q_{o,r}=m_{cr}\frac{1}{2}q_r l+\frac{1}{2}(m_{or}-m_{cr})\frac{l}{4}q_r\bar{y}$$

$$=\left(0.166\times\frac{1}{2}\times2.25\times7.69-\frac{1}{2}\times0.166\times\frac{7.69}{4}\times0.9167\times2.25\right)\text{kN}$$

$$=1.107\text{kN}$$

（3）跨中剪力

$$Q_{l/2,r}=m_{cr}\frac{1}{8}q_r l+\frac{1}{2}(m_{or}-m_{cr})\frac{l}{4}q_r\bar{y}$$

$$=\left(0.166\times\frac{1}{8}\times2.25\times7.69-\frac{1}{2}\times0.166\times\frac{7.69}{4}\times0.0833\times2.25\right)\text{kN}$$

$$=0.329\text{kN}$$

5.7.3.3　作用效应组合

按 JTG D62—2004 的规定，当永久作用与汽车荷载以及人群荷载组合时，基本组合为：

跨中弯矩　$M_{\frac{l}{2}\text{ud}}=(1.2\times88.22+1.4\times113.9+0.8\times1.4\times2.761)\text{kN}\cdot\text{m}$

$=268.36\text{kN}\cdot\text{m}$

跨中剪力　$Q_{\frac{l}{2}\text{ud}}=1.2\times0+1.4\times31.9+0.8\times1.4\times0.329=45.87\text{kN}$

支点剪力 $Q_{oud}=(1.2\times45.172+1.4\times127.6+0.8\times1.4\times1.107)\mathrm{kN}=233.2\mathrm{kN}$

本章小结

梁桥上部结构的计算包括主梁、横隔梁、桥面板、支座以及其他构造细部的计算，同时还要考虑结构变形、施工验算或其他特殊项目的验算。

钢筋混凝土和预应力混凝土肋梁桥的桥面板(也称行车道板)为直接承受车辆轮压的钢筋混凝土板。实践中常见的桥面板的受力图式有单向板、铰接板和悬臂板。

为计算方便，在桥面板的内力计算中引入了板的有效工作宽度的概念。借助板的有效工作宽度，可得到作用在每米板宽上的荷载引起的内力。

根据作用于一片主梁的恒载和通过荷载横向分布系数求得的计算活载，就可以按一般工程力学的方法计算主梁的截面内力(弯矩和剪力)。

主梁恒载内力，包括主梁自重(前期恒载)引起的主梁自重内力和后期恒载引起的主梁恒载内力。

主梁活载内力主要由可变作用中的汽车荷载和人群荷载产生。主梁跨内弯矩和剪力可采用式(5-44)和式(5-45)计算。

主梁沿桥跨各个截面的计算内力就是将各种作用效应乘以相应的组合系数后按《公桥规》规定进行效应组合得到的内力值。有了最大、最小的计算内力后，可绘制内力包络图，为在主梁内配置预应力筋、纵向钢筋、斜筋和箍筋提供设计依据，并进行各种验算。

横隔梁的弯矩在靠近桥中线的截面较大，剪力则在靠近桥两侧边缘处的截面较大。计算横梁内力主要有偏心压力法和G-M法。

计算中横隔梁内力，先计算作用在横隔梁上的计算荷载，然后计算中横隔梁某截面的最不利内力值。

桥梁挠度由恒载和活载产生。恒载挠度可通过设置预拱度加以抵消，活载挠度体现结构的刚度特性，其最大挠度值应限制在《公桥规》规定范围内。

思考题和习题

5-1 简述主梁内力计算的步骤。

5-2 偏心压力法计算横隔梁内力的基本假定是什么？哪个截面受力最大？

5-3 解释按G-M法计算横隔梁弯矩的公式中各因子的含义。

5-4 何为钢筋混凝土简支梁的设计弯矩包络图和抵抗弯矩图？在工程上如何应用？

5-5 T形梁行车道板结构形式有哪几种？各按什么力学模式计算？

5-6 如何确定行车道板中板的有效分布宽度？

5-7 恒载挠度和活载挠度有什么不同？

5-8 裂缝分为哪几种类型？产生的原因是什么？应分别采用何种措施来消除或减小裂缝宽度？

5-9 挠度分为哪几种类型？什么是预拱度？如何计算挠度和预拱度？

5-10 装配式钢筋混凝土简支板桥，设计荷载为汽车荷载公路—Ⅱ级，计算跨径为5.68m，某号板对于汽车荷载的跨中荷载横向分布系数 $m_{cq}=0.270$，汽车荷载的冲击系数 $\mu=0.295$，车道折减系数取1。试计算该板在汽车荷载作用下的跨中弯矩。

5-11 钢筋混凝土梁桥的桥面板为单向板，板的计算跨径为1.6m，桥面铺装层厚为10cm，桥面板厚 t 与主梁高度 h 之比小于1/4，每米板宽上每延米的结构重力 $g=5\text{kN/m}$，汽车荷载为公路—Ⅱ级，后轴重力为140kN，后轮着地宽度0.60m，车轮荷载位于跨中时的有效分布宽度为1.07m，汽车冲击系数为0.30。试按简便近似方法计算每米板宽的跨中弯矩和支点弯矩。

5-12 钢筋混凝土T形梁桥，边主梁的翼缘板末端支承着安全带，安全带与梁肋之间的水平方向净距为0.90m，桥面铺装层厚度为10cm，设计荷载为汽车荷载公路—Ⅱ级，后轴重力为130kN，后轮着地宽度和长度为0.60m和0.20m，汽车的冲击系数为0.30。求悬臂板根部每米板宽范围内的最大活载弯矩和活载剪力。

5-13 某装配式钢筋混凝土T形截面简支梁，跨中截面尺寸 $b=20\text{cm}$、$h=170\text{cm}$、$b_i=160\text{cm}$、$h_i=12\text{cm}$，配置HRB335钢筋（4 Φ18 + 8 Φ32, $A_s=10.9\text{cm}$），结构重力产生的跨中弯矩标准值 $M_{Gk}=990\text{kN}\cdot\text{m}$（不包括冲击力），汽车荷载引起的跨中弯矩标准值 $M_{Q1k}=870\text{kN}\cdot\text{m}$，人群荷载弯矩标准值 $M_{Q2k}=85.44\text{kN}\cdot\text{m}$。

1）试验算此梁跨中截面裂缝宽度。

2）试计算在荷载短期效应作用下此T形梁的跨中挠度。

第6章 其他体系桥梁的设计与构造

6

6.1 悬臂与连续体系梁桥的特点和一般构造

简支梁桥因构造简单、预制和安装方便，在桥梁建设中得到了广泛应用。然而，当跨径较大时，简支体系可能是不经济的。例如，跨径超过25m的钢筋混凝土简支梁桥、跨径超过50m的预应力混凝土简支梁桥，都显得不够经济。于是，人们就要寻找能减小跨中弯矩值的其他体系桥梁。悬臂体系、连续体系的梁桥开始进入人们的视线。

应当指出的是：在桥梁建设技术的发展过程中，悬臂体系和钢筋混凝土连续梁桥曾经有过一定的发展。但现阶段，由于预应力技术的发展和吊装大幅度提高，混凝土(不论是钢筋混凝土还是预应力混凝土)悬臂梁桥、钢筋混凝土连续梁桥在设计中已经较少使用，取而代之的是应用广泛的预应力混凝土简支(含桥面连续的简支体系)或连续梁桥。

由于悬臂体系的结构特性介于简支体系和连续体系之间，了解悬臂体系的特点，对于理解梁桥体系的选择与比较是很有帮助的。同时，钢筋混凝土连续梁的构造原理，很大程度上也适用预应力混凝土连续梁。因此，在本节中仍然对悬臂体系的特点、钢筋混凝土连续梁的构造作详细的介绍。

6.1.1 悬臂与连续体系的结构特性

图6-1为三跨简支、悬臂、连续体系恒载弯矩比较图。其中图6-1b为双悬臂锚跨(习惯上把悬臂梁的主跨称为“锚跨”)带挂梁的多孔悬臂梁桥。图6-1c是由单悬臂锚跨和挂梁组成的三跨悬臂梁桥。图6-1d是另一种悬臂梁体系，为悬臂梁与墩柱固结并带挂梁的T形悬臂梁桥，称T形刚构桥，该体系在竖向荷载作用下无水平反力，与一般所称的刚架体系是不同的。

从恒载弯矩图来分析，当跨径和恒载集度相同的情况下，简支梁的跨中弯

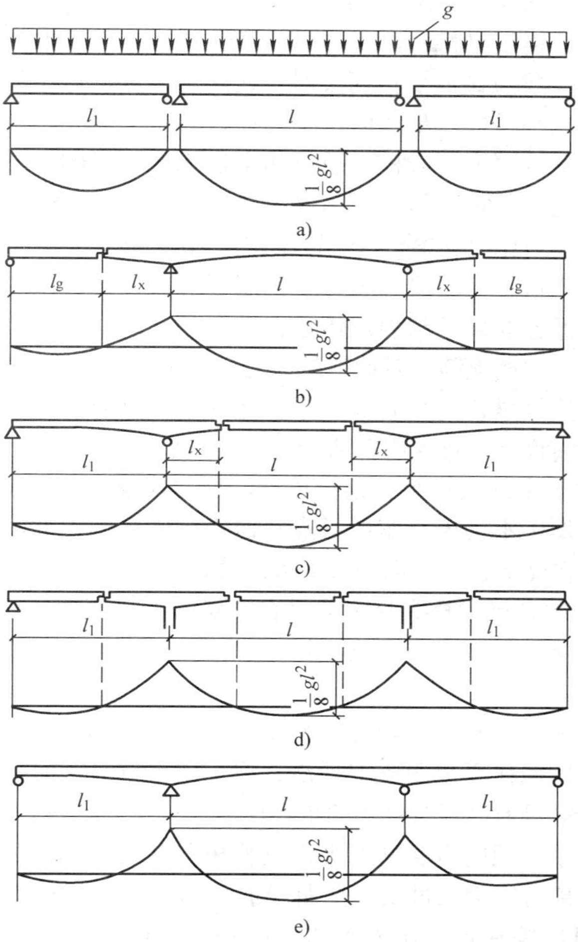

图 6-1　恒载弯矩比较图

a）简支梁桥　b）双悬臂梁桥　c）单悬臂梁桥

d）T形刚构桥　e）连续梁桥

矩值最大。悬臂体系与连续体系则由于支点负弯矩的存在，使跨中正弯矩值显著减小。从表征材料用量的弯矩图面积大小(绝对值)而言，悬臂和连续体系也比简支梁小得多。

再从活载方面来看，如果只在图6-1b的中孔布载，则其跨中最大活载正弯矩仍然与简支梁一样。但对于带有挂梁的多孔悬臂梁桥(见图6-1c)，活载对于中间孔只按较小跨径的简支挂梁产生正弯矩，因此它也比简支梁桥小得多。活载作用对于带挂梁的T形刚构桥和连续梁桥也产生同样的效果。

由此可见，与简支体系相比较，悬臂和连续体系可以减小跨度内主梁的高度，从而可降低钢筋混凝土数量和结构自重，这本身又导致恒载内力的减小。

对于超静定的连续梁桥，由于体系的弹性特征，当加大靠近支点附近的梁高(即加大了截面惯距)做成变截面梁时，还能以支点负弯矩的少量增加获得跨中正弯矩的大量减小，进一步降低跨中的设计弯矩。加大支点附近梁高对恒载引起的截面内力影响不大，对桥下通航净空也无大的影响；对应于支点处的很大剪力，它还能适应其抗剪需要。因此，加大支点附近梁高是合理的，这也是连续梁桥的跨越能力比简支梁桥、悬臂梁桥更大的原因。

从静力图式来说，简支梁和悬臂梁都属于静定体系，其内力不受基础不均匀沉陷的影响，而连续梁是超静定体系，墩台基础的不均匀沉降会使梁内产生不利的附加内力，因而连续梁对地基条件的要求较高。

悬臂梁桥、连续梁桥与多孔简支梁桥相比较，具有另一个重要特点：在纵桥向，桥墩上只需设置一排支座，从而可相应减小桥墩的尺寸。

从运营条件来说简支体系在梁衔接处、悬臂体系在悬臂端与挂梁衔接处的梁挠曲线，都会发生不利于行车的折点；而连续体系则无此缺陷。当然，现在的简支梁桥，大多做成连续桥面，可大大改善行车条件。

钢筋混凝土的悬臂梁桥和连续梁桥在支点附近负弯矩区段内，梁的上翼缘受拉，不可避免要出现裂缝，雨水易于侵入梁体，而且其构造也较简支梁为复杂。

从桥梁建筑现代化施工的角度来衡量，当跨度较大时，长而重的构件不利于预制安装施工，往往要采用支架现浇，施工成本较高，而这就是钢筋混凝土悬臂梁和连续桥梁目前已很少使用的重要原因。

在T形刚构中，预应力混凝土T形刚构桥曾经有过很大的发展。但由于其刚度差、悬臂根部弯矩增长过快、挠曲线形不利于高速行车、挂孔牛腿(或铰)处应力复杂易损坏等缺点，在进入20世纪90年代以后，在公路上便不再被采用。

总之，悬臂与连续体系从力学性质上分析，比简支体系具有明显的优点。但从体系上看，悬臂体系除了静定结构这一优点外，其他方面均不及连续体系，而钢筋混凝土梁桥的跨度局限性是明显的。因此，在现阶段，当梁式桥的跨径超过了预应力混凝土简支梁的经济跨径时，预应力混凝土连续梁桥就成为首选桥式。

6.1.2 钢筋混凝土悬臂与连续体系梁桥的一般构造

钢筋混凝土悬臂和连续体系梁桥的一般构造，除了某些具体尺寸(如跨高比、跨度比等)与预应力混凝土桥梁稍有不同外，大部分构造原理同样适用于预应力混凝土的悬臂和连续体系梁桥。

6.1.2.1　主要尺寸的拟定

图6-2示出各种悬臂体系T形截面梁桥的跨径布置和梁高尺寸。

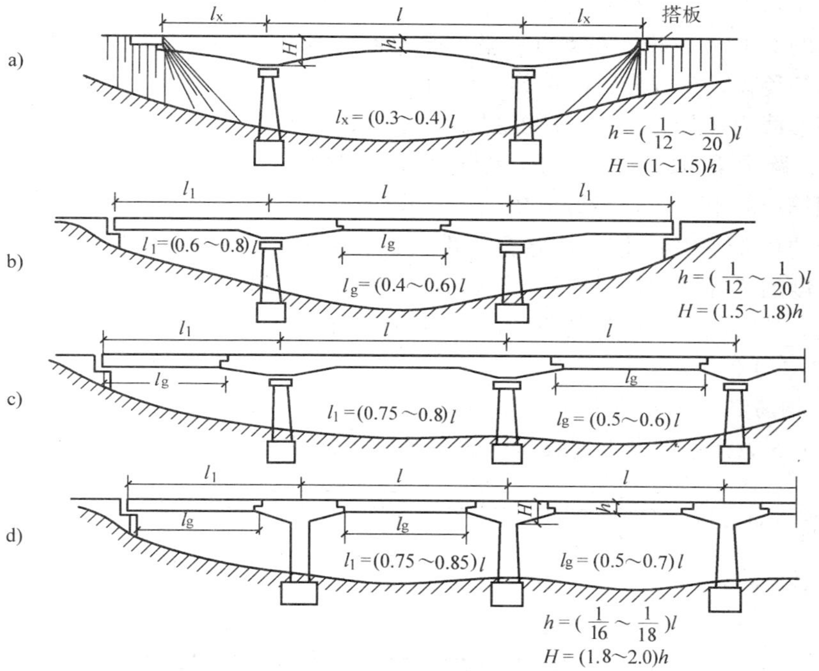

图6-2　悬臂梁板主要尺寸图

1. 钢筋混凝土悬臂梁桥

单孔双悬臂梁桥图6-2a的悬臂端伸入路堤可省去两个桥台，但需在悬臂与路堤衔接处设置搭板以利行车。主梁采用T形截面时，悬臂长度一般为中跨长度的0.3～0.4倍。主梁采用箱形截面时，应使跨中最大弯矩和最小弯矩的绝对值大致相等，以充分发挥跨中部分底板的受压作用，故悬臂长度甚至可达中跨长度的0.4～0.6倍；但悬臂过长则活载挠度就大，过车时跳动剧烈，将容易导致桥与路堤的连接构造损坏。T形梁的跨中梁高为跨径的1/12～1/20，支点处梁高通常加大到跨中梁高的1～1.5倍；当为大跨径箱形截面梁时，跨中梁高可减小至跨径的1/30～1/35，此时支点梁高一般为跨中梁高的2～2.5倍。

多跨悬臂梁桥的主孔跨径一般由通航净空确定，或与边孔一起由河床地形和地质等条件综合考虑来选定。当不受上述这些条件限制时，为节省材料，可根据“弯矩包络图面积最小”的原理，确定边孔与中孔的跨径布置。图6-2b为带挂梁的三孔悬臂梁桥，一般挂梁跨度取 $l_g=(0.4\sim0.6)l$，锚孔跨径取 $l_1=(0.6\sim0.8)l$，如因特殊情况而须进一步减小锚孔跨径时，应考虑活载作用在中孔时锚孔边支点可能出现负反力的情况，为此应采取加设平衡重或敷设拉力支座等特殊措施。图 6-2c 所示多跨双悬臂梁的两个悬臂一般都做成相同的尺寸，当为 T 形截面时，其挂梁长度约为 $l_g=(0.5\sim0.6)l$，中间各孔的跨中梁高 h 约为跨径的 1/12 ~ 1/20，在支点处梁高增大至(1.5 ~ 1.8)h。当跨径不太大时为便于预制和运输，带双悬臂的锚跨也可做成等高梁。

箱形截面多跨悬臂梁桥的悬臂长度也要比 T 形截面的长些，$l_g=(0.3\sim0.35)l$，跨中梁高的高跨比同样也可减小至 1/30 ~ 1/35。

钢筋混凝土的 T 形悬臂梁桥(图 6-2d)的每侧悬臂长度要稍短一些，约为中跨跨径的 0.25 ~ 0.15 倍，使悬臂根部装配接缝和墩柱内所受的弯矩适当减小；悬臂长度的选择还与挂梁长度(涉及吊装重量)和建筑高度(涉及引道标高)等因素有关。挂梁的梁高约为其跨径的 1/16 ~ 1/18，悬臂根部的高度约为跨中梁高的 1.8 ~ 2.0 倍。

2. 钢筋混凝土连续梁桥

图 6-3 为钢筋混凝土连续梁桥的主要尺寸布置图式。

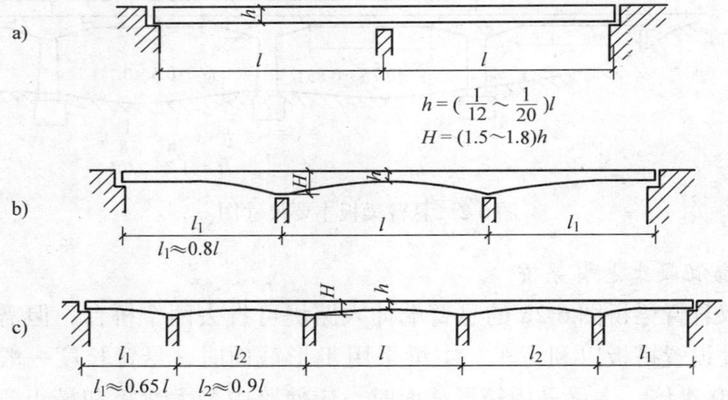

图 6-3 连续梁桥的主要尺寸

对于跨数不多的连续梁桥，从桥梁美学的角度来看，河中央的大桥墩与偶数孔将显得呆板、平淡；中孔大、两侧小的奇数孔布置，则具有节奏和韵律感，显得比较和谐。

当连续梁桥一联超过五跨时，其内力情况与一联五跨的相差不大，连续长度过长则会增大附加的温度内力，故连续孔数一般很少超过五跨。当连续梁的孔数较多时，通常可按 2 ~ 5 孔为一联的分联布置；联与联的衔接处，处理方法类似于简支梁桥，同一个桥墩上通过(纵桥向)两个支座支承。为使边跨与中跨的梁高和配筋协调一致，连续梁桥各孔跨径的划分，通常按照边跨与中跨的跨中最大弯矩趋于相等的原则来确定，由此也形成对称于中孔的不等跨布置。

在连续梁桥中，三跨连续梁最常用；其边跨与中跨的跨径比例，对于T形梁桥常为0.8:1.0(图6-3b)；而采用箱形截面时，常为(0.5:1.0)~(0.7:1.0)。对于五跨连续梁桥，常用的比例为0.65:0.9:1.0(见图6-3c)。

连续梁的梁高与悬臂梁的相仿，不再赘述。

6.1.2.2　截面形式及配筋特点

由于悬臂梁桥和连续梁桥的主梁除了在跨中部分承受正弯矩外，在支点附近还要抵抗很大的负弯矩，因此在截面设计时通常要加强截面底部的混凝土受压区。常用的形式有带马蹄的T形截面，它适用于中等跨径的桥梁。从跨中到支点截面，其负弯矩是逐渐增大的，为了适应这一变化，梁高及马蹄形均可相应的加大(见图6-4a)。

为加大混凝土的受压面积，也可在梁肋底部加设短翼板，翼板的宽度厚度沿梁长可随负弯矩数值变化(见图6-4b)。

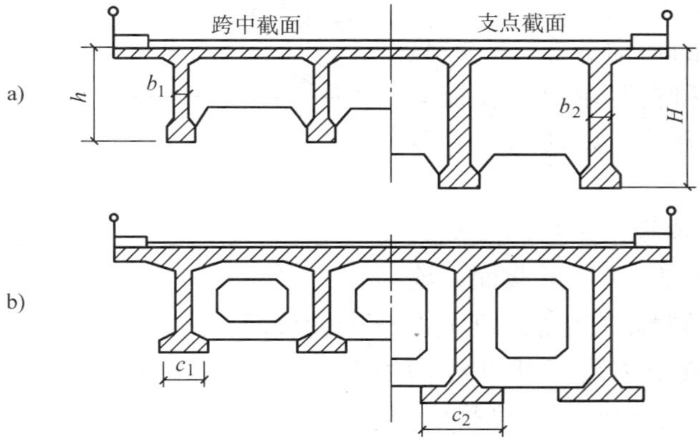

图6-4　连续梁桥截面形式——底部加强

箱形截面的整体性强，不但能提供足够的混凝土受压面积，而且闭合截面的抗扭刚度很大，是大跨径悬臂和连续体系桥梁常用的截面形式(见图6-5)。

根据桥面宽度、施工方式等方面的不同，箱形截面可采用不同的形式。

图6-5a是最简单的单箱单室截面，由于钢筋混凝土桥面板的跨度和悬臂长度受到限制，该截面仅适用于窄桥。

图6-5b是将人行道和行车道分两层布置的单箱单室截面，适用于城市高架跨线桥。从箱梁上两侧挑出足够长的悬臂，既能满足使用要求，又最大限度地缩减了墩台的尺寸。

对于宽桥，要采用多室的箱形截面(见图6-5c)。人行道通常敷设在两侧挑梁上，这样既能减小箱梁本身的宽度，还可获得较宽的人行道。箱梁的顶板主要按行车道板的要求设计。钢筋混凝土箱梁梁肋的间距通常不宜超过2.5~

3.0m，以使顶板跨径不致于过大并保证翼板与肋的共同受力。底板可尽量做得薄些，但从施工要求出发，不宜小于肋间净距的1/16或15cm，沿桥长可做成底板等厚的变高度梁，或者将底板在负弯矩逐渐加厚。肋厚一般也可沿桥长变化，跨中截面肋的总厚不宜小于桥宽的1/12～1/20，支点处不宜小于1/8～1/12。顶、底板与肋板连接处应设承托，以加强竖与水平板的联系，同时也避免了抗扭构件内角点处很高的集中应力。由于箱形截面抗扭性能好，且有利于荷载的横向分布，一般只在支点、跨中和悬臂端部设置横隔板；横隔板应开孔，以便施工、养护人员进出。

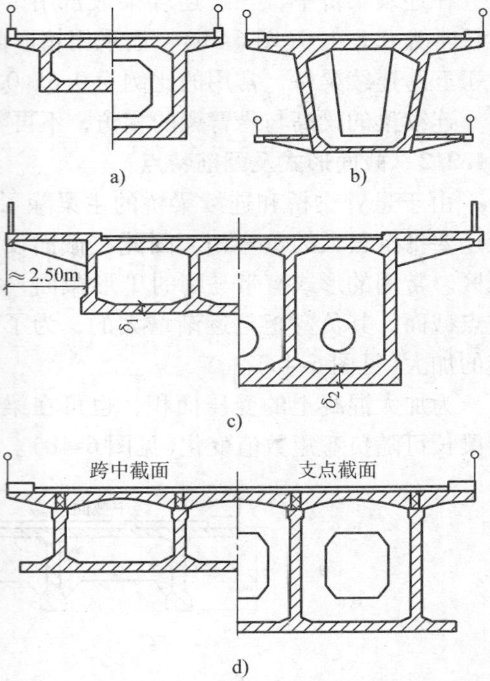

图 6-5　箱形截面形式

图6-5b是顶板采用预制装配式微弯板(也可现浇)的箱形截面，该构造的混凝土数量略有增加，但可显著节约桥面板的钢筋用量。

悬臂梁桥在支点附近可加大梁肋厚度并增设梁肋下缘翼板。为了适应支点逐渐增大的负弯矩和剪力，可采取以下措施：增大梁高；加厚梁肋；增设逐渐拓宽的下缘翼板。三种加强措施是否同时采用，视具体条件决定。

变高度梁的梁底曲线可以做成很多形式，如大半径圆弧线、抛物线、正弦曲线、折线等，也可采用曲线与直线相结合的混合线形。从与截面内力的配合和美观方面来看，抛物线或正弦曲线较理想；但从施工角度考虑，则以折线或圆弧线为好。

在配筋方面，连续梁与悬臂梁的配筋特点基本相似，仅悬臂端有所不同。悬臂梁和连续梁配筋的主要特点是：受力主筋的布置要满足正、负两种弯矩的要求。在悬臂部分和支点附近时负弯矩区，主钢筋布置在梁的顶部；跨中部分承受正弯矩，主钢筋布置在梁的底部；在正、负弯矩过渡区段，两个方向的弯矩都可能发生，故顶部和底部均要布置适量的钢筋；梁内抵抗主拉应力的斜钢筋，则类似于简支梁，根据受力需要由上下部主钢筋弯折形成。对于跨中正弯矩主钢筋密集的部位，往往敷设加强钢筋网来改善混凝土的裂缝分布。在支点负弯矩区，也可在桥面铺装层内敷设钢筋网并采取有效的防水措施，以免雨水渗入梁体。

在悬臂梁桥中，悬臂与挂梁的搁置构造称为“牛腿”。由于牛腿处的梁高骤变，导致牛腿处产生严重的应力集中现象，同时，牛腿还要承受较大的竖直和水平反力，故牛腿就成为上部结构的最薄弱部位，这也是导致悬臂体系被淘汰的其中一个原因。在牛腿的构造中，除了在直角处设置倒角以缓和应力集中处，还应该在配筋方面采取相应的措施予以加强。

6.2 预应力混凝土连续梁桥

6.2.1 结构特点

仅就超静定结构而言，预应力混凝土连续梁桥与普通钢筋混凝土连续梁桥具有相同的特点。仅就预应力结构而言，预应力混凝土连续梁桥能充分发挥材料的特性，使结构轻型化而具有更大的跨越能力，同时能有效地避免混凝土开裂(尤其是负弯矩区的桥面板开裂)。就此特性而言，预应力混凝土连续梁桥与预应力混凝土简支梁桥(乃至其他预应力结构)几乎没有区别。然而，在预应力的作用下，超静定的连续梁将产生“次内力(或称二次内力)”，这是预应力混凝土连续梁与普通钢筋混凝土连续梁不同的重要力学特点。以下通过简支梁、连续梁在预加力作用下的不同响应来说明“次内力”的概念。

就简支梁而言，在预加力的作用下，将自由地产生向上的挠曲变形，预加力不会在支座产生反力；也就是预加力在截面上的产生的内力仅“一次性地”影响梁的内部应力。但是，对于连续梁，由于多余约束的存在，在预加力的作用下，便不可能自由向上挠曲；由此就在多余约束处(支座)产生“额外的”反力，这种“额外的反力”就是“次反力(或称二次反力)”。“次反力”在梁内引起相应的内力就是“次内力”；当然，“次内力”也将影响梁的内部应力。可以这么理解：预加力作用在连续梁上，除了在截面上产生的内力影响了梁的内部应力外，次反力引起的次内力“再一次”影响了梁的内部应力。

此外，由于同样的原因，混凝土的收缩、徐变，除了导致预应力损失外，也将在连续梁内产生附加的二次内力。这些都必须在设计中予以考虑。

尚需说明的是，如果预应力混凝土连续梁桥采用悬臂施工方法，施工中必须在墩顶与梁段间采用临时固结措施，以承受施工时两侧梁段的不平衡力矩。待悬臂端达到前方墩台支座或在跨中央合拢后，再把临时固结措施拆除改为永久支座，梁体在施工过程中因支承条件的改变，必然会导致内力发生变化，故在设计中还应计及施工中的结构体系转化问题。

6.2.2 结构类型和立面布置

根据分类法的不同，预应力混凝土连续梁可分为：等跨与不等跨，等高与变高度，墩梁分离与墩梁固结，普通单式桥墩、V形墩、双薄壁柱式桥墩，实腹式主梁与空腹式桁架等不同类型。这些分类大部分也适用于普通钢筋混凝土连续梁。

如图6-6所示是目前较常见的立面布置形式。在立面布置上，与普通钢筋混凝土连续梁一样，预应力混凝土连续梁可以设计成等跨或不等跨、等高或不等高的结构形式。但是，由于预应力筋能调整结构内力（应力），故在孔径布置和截面设计等方面，预应力混凝土连续梁的选择范围比钢筋混凝土连续梁要大得多。此外，预应力混凝土连续梁桥的结构形式还与施工工艺密切相关。

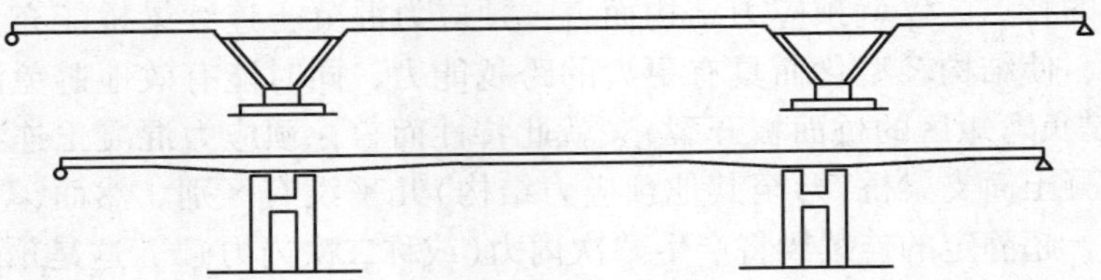

图6-6　连续梁立面布置示意图

以下介绍几种现阶段较常见的连续体系。

1. 等跨等高度连续梁桥

中等跨度的预应力混凝土连续梁桥，当采用顶推法施工时，往往设计成等跨等高度。顶推法施工的优点弥补了结构本身作为等跨等高度连续梁所具有的缺点。当桥梁的跨度不太大时，也可采用“先简支、后连续”的做法：先预制成简支梁→架设在临时支座上→在支点顶部张拉预应力筋以建立连续性；在此情况下，全桥竣工后也成为等跨等高度的连续梁桥。

2. 不等跨变高度连续梁桥

这是大跨度连续梁最常见的结构形式。对于三跨连续梁，边跨与中跨之比通常在0.5~0.8之间，这比普通钢筋混凝土连续梁桥（0.8左右）的选择范围要大得多。不过，如果采用悬臂法施工，由于边跨的末端一部分在脚手架上施工，为减小支架及现浇段长度，边跨与中跨之比不超过0.65为宜。减小边跨与中跨的比值，能够使中跨的中间梁段只有正弯矩，这就可将预应力筋布置成单筋形式，既简化了构造又比较经济。

3. 短边跨连续梁桥

对于城市桥梁或跨线桥，有时为了增大中跨跨径，可设计成边跨与中跨之比小于0.3的连续梁桥。在此情况下，端支点将出现较大的负反力，这就需要设置拉力支座，或者在跨端部分设置巨大的平衡重来消除负应力。

4. 连续刚构桥

连续刚构桥是部分墩梁固结的连续体系桥，它利用主墩的柔性来适应桥梁的纵向变形，故比较适合于大跨、高墩的连续梁桥，是目前大跨度连续梁常用的形式。墩梁固结点多设置在刚度较小的大跨桥墩、高桥墩上，而在较矮、刚度较大的边墩或部分中间墩的顶部(或底部)设置铰(铰支座)。

当跨径较大而桥墩不高时，为了增加墩的柔性，常采用双薄壁墩。双薄壁墩还具有削减墩顶负弯矩峰值的作用，为目前国内大多数连续刚构桥所采用。

采用悬臂法施工时，连续刚构桥能减小施工和运营阶段的内力差异，既有利于施工，也能改善因悬臂法施工的体系转换带来的材料浪费现象。

曾经还有过一种跨中带铰的连续刚构，因其跨中的铰造价高、难维修、不利于高速行车等原因，目前已基本不用。

5. V 形桥墩连续梁桥

V 形桥墩连续梁桥(见图 6-6)与同跨径的其他连续梁桥相比，计算跨径较小，降低了梁高，削掉了墩顶处梁的负弯矩尖峰，能节省造价且轻巧美观。其主要缺点是，支座位于 V 形墩下部，压低了设计洪水位，不宜在水位变化较大的河流中修建。

6.2.3 梁部构造

6.2.3.1 横截面形式和主要尺寸

前文介绍了普通钢筋混凝土连续梁的截面形式和主要尺寸，它基本也适用于预应力混凝土连续梁，兹不赘述。这里仅作一些简单的补充。

箱形截面是预应力混凝土连续梁桥最常用的截面形式。单箱单室截面以其受力明确、构造简单、施工方便等特点，在桥宽不大时(16m 以下)，往往是首选的截面形式，且通常采用直腹板。当桥宽更大时，便经常采用单箱多室、双箱或多箱结构；而腹板形式也多改为斜腹板。斜腹板能有效减少迎阳面、改善风的攻击角，从而改善温度应力和抗风性能；斜腹板还能减少底板的横向跨度，减少底板的厚度；它还能使主梁显得更加纤细、美观。但斜腹板的模板构造较复杂(见图 6-7)。

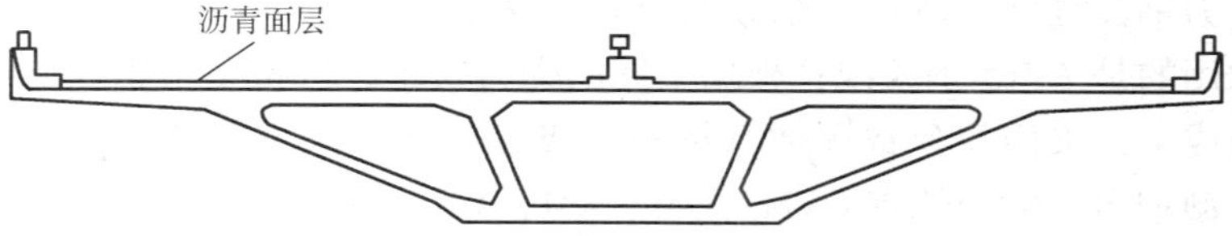

图 6-7 长悬梁斜腹板箱梁

6.2.3.2 横隔板

横隔板的作用、构造和设置位置、数量等，均与结构形式有较大关系。

1. 肋板截面梁的横隔板

对于T形梁等肋式结构，横隔板的主要作用是将主梁连接成整体，增加结构的整体性和横向刚度，保证各主梁共同受力，其构造、设置位置与简支梁相同。

2. 箱形截面梁的横隔板

（1）支点横隔板　各种箱形梁一般都在支点位置上设置横隔板，其作用是约束箱梁的畸变变形和扭转变形，并承担、传递支反力。当支座直接布置在箱梁腹板下时(双支座布置在箱梁双侧腹板的下方)，横隔板是以约束畸变变形和扭转变形为主，其厚度一般在0.3～1.0m之间，配筋按构造要求配置。当支座设置在横隔板中部时(不在腹板下方)，横隔板还承担着传递支反力的作用，是重要的受力结构，其厚度和配筋由受力要求确定，厚度比前者大，一般为1.0～2.0m，按深梁或一般梁进行抗弯、抗剪配筋。在与刚构墩对应的位置上都应设置横隔板，其构造应依据受力分析确定。

（2）中横隔板　对于整体式双箱结构，设置横隔板的目的是将两箱连为整体，应根据整体刚度的要求，由计算确定横隔板的位置和构造。在箱梁内部设横隔板，其主要作用是约束截面的畸变和扭转变形。但这种作用在直线箱梁上并不明显，现在倾向于不设。而对于弯、斜梁，中横隔板的效应明显；为了减轻自重，厚度较小，约为0.3～0.4m。箱梁内的横隔板通常采用板式结构，为满足施工、维修和通风要求，须在横隔伴上设置过人洞。

（3）加劲横梁　对于大悬臂单箱单室宽桥，要设置加劲横梁以改善箱梁的横向受力。此时横隔板一般为肋式结构，由受力要求确定其间距和构造。

6.2.4 预应力筋构造

6.2.4.1 预应力钢筋与锚具

常用的预应力钢筋分为预应力钢绞线、高强碳素钢丝和冷拉高强粗钢筋三大类。钢铰线和高强碳素钢丝常用作纵向和横向预应力筋，竖向预应力筋主要采用冷拉高强粗钢筋。

预应力钢铰线已经取代高强碳素钢丝成为桥梁中最常用的一种预应力筋形式，较常用的是7ф5钢绞线；根据不同的受力要求，可将单根钢铰线或由多根钢铰线组成束，采用拉丝锚固体系锚固；成束布置时采用群锚锚固体系，这类锚具的类型较多，常用的有OVM、QM、XM、YM、JM15等。

高强碳素钢丝采用钢质锥形锚具，目前主要采用墩头锚锚固形式，它属于拉锚体系。由于锚具应力损失小、接长方便，常用于顶推梁等结构中。

上述两类力筋的管道成形多用波纹管，一些预制构件和短索也可采用橡胶抽拔管。

预应力粗钢筋是竖向预应力的主要方式，采用轧丝锚锚固，管道一般采用铁皮管和力筋一起安装就位。

采用节段施工时，纵向力筋往往需要接长，力筋接长是通过连接器实现的。连接器是一种与锚具配套的定型钢制构件。图 6-8 为典型的连接器示意图，其中图 6-8a 用于平行钢丝镦头锚，图 6-8b 用于钢铰线群锚体系。

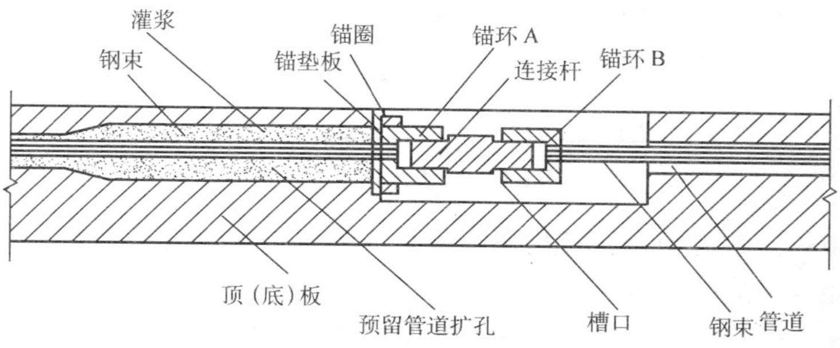

a）

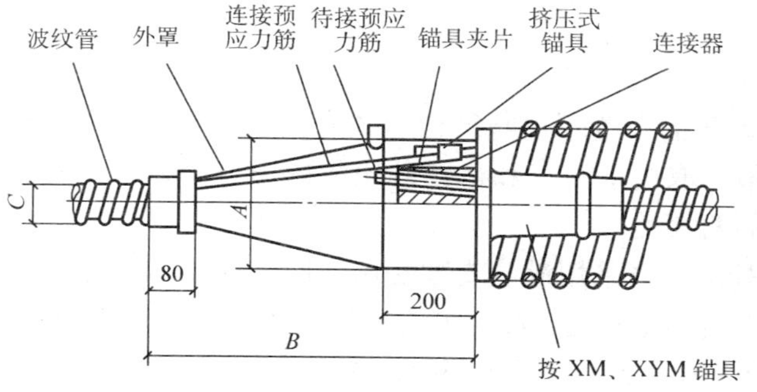

b）

图 6-8　连接器典型构造
a）平行钢丝镦头锚　b）钢铰线群锚

为了使锚下混凝土不至于因局部受压而破坏，锚下常用钢制锚垫板以扩散集中应力；锚垫板不宜太薄（不小于 12mm），否则受压后锚垫板将变成锅底形，影响应力扩散。在锚垫板的后方，埋设螺旋筋和钢筋网，以提高锚下混凝土的局部承压能力。

6.2.4.2　纵向主筋的布置方式

1. 纵向预应力筋的类型

当连续梁桥采用节段施工法时，其结构体系和结构内力随施工阶段发生变化，纵向力筋的配置必须确保结构在各施工阶段和运营阶段都具有良好的应力状态，因此必须针对具体阶段的内力需要，张拉或拆除一些预应力筋。

临时束：一些在施工阶段张拉的力筋，如在使用阶段将产生不利的作用，则必须在成桥时予以拆除，这类力筋称为“临时束”。为了便于用千斤顶张拉来拆除临时束，一般将“临时束”布置成短束，不使用连接器接长，也不压浆；并将其锚固在齿板上(图6-9)，使锚头露在梁体外。齿板的倾角不宜过大，以免预应力损失过大。

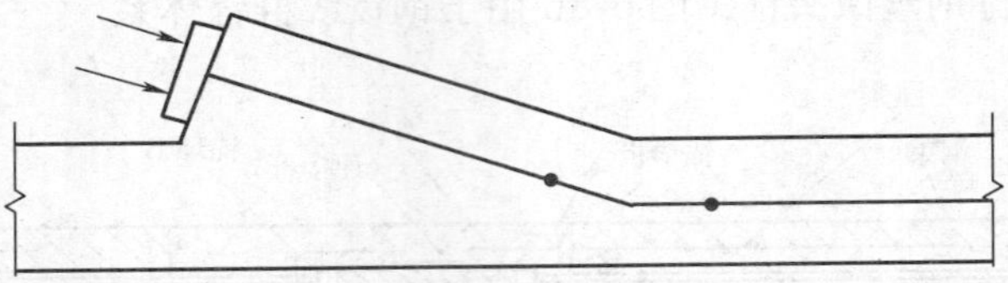

图6-9　齿板构造示意图

永久束：多数力筋在张拉后不拆除，成为永久束。这类束既用于抵抗施工阶段的弯矩，又能抵抗运营阶段的弯矩。

后期束：一些在施工阶段不需要、而运营阶段需要的力筋(如悬臂法施工时连续梁的底板力筋)，往往在合拢成桥后张拉，称为“后期束”。后期束一般锚固在齿板上。

2. 纵向预应力筋的布置

纵向预应力筋的布置不仅与结构形式有关，而且与施工方法及施工内力有很大的关系，最终取决于施工和运营阶段的内力分布，常用的布筋方式有连续配筋和分段配筋两大类。

(1) 连续配筋　当采用满堂支架法施工时，因结构为落架一次成桥，不存在施工阶段的内力变化问题，此时可直接根据成桥内力，采用连续配筋方式(见图6-10)。配合受力需要，这类力筋往往采用分段二次曲线和直线相结合的布置方式。这类布筋方式构造简单，曲线段力筋(弯筋)还具有抗剪作用，但力筋多次弯曲，尤其在连续跨数较多时，预应力损失大，穿束等施工难度也大。

a)

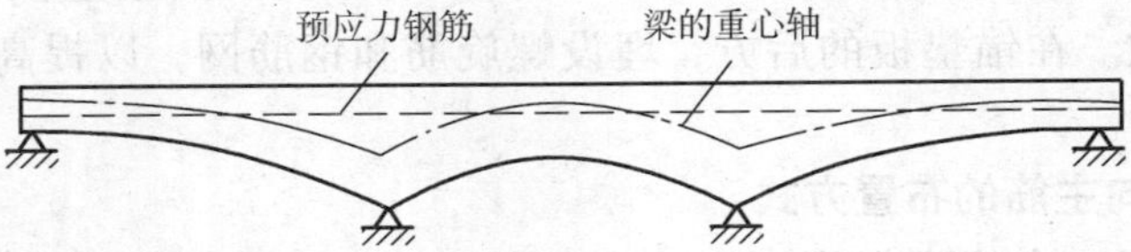

b)

图6-10　连续配筋示意图

（2）分段配筋　它是节段施工和“简支—连续”施工的连续体系梁最常用的配筋方式（见图6-11）。节段法施工中，永久束分直束和弯束。直束布置在截面的上、下翼缘；弯束布置在腹板宽度范围内，在抗弯不需要处起弯，按规范和有关资料由计算确定。顶推法施工一般不用弯束。

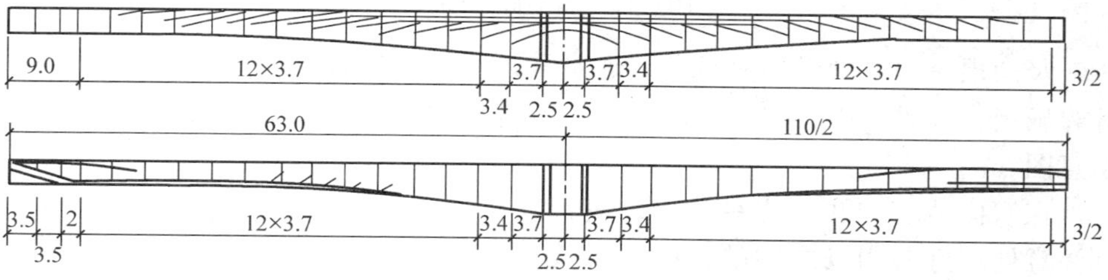

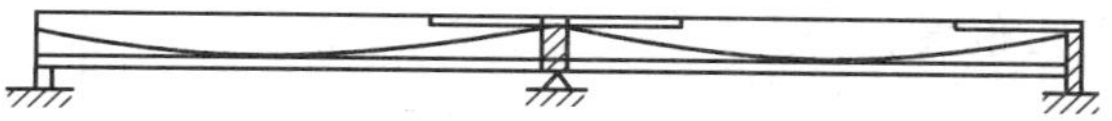

图6-11　分段配筋示意图（尺寸单位：m）

a）节段法施工　b）简支—连续施工

3. 纵向预应力筋在箱梁截面上的布置

纵向预应力筋在箱梁截面上的布置应遵循以下原则：

1）为避免梁体产生横向弯曲，力筋在截面上应对称布置。

2）弯束尽量布置在腹板及梗肋内，尽量减少或避免平弯，以简化构造和减少预应力损失。

3）顶、底板力筋应适当集中在腹板及梗肋等混凝土较厚的位置，而不宜采用均匀分散布置的方式。大量的调查结果表明：均匀分散布置时，箱梁顶、底板的纵向裂缝均发生在纵向力筋位置处；究其原因是预应力管道大大削弱了有效混凝土面积。将力筋布置在腹板及梗肋位置时，混凝土的面积大，横向弯曲应力小，可避免产生这类裂缝。

4）若因力筋数量较多而必须在顶、底板的中部布筋时，应尽量逼开横向正弯矩较大的区域或改用较小型号的预应力筋。

5）力筋较多时，可分层布置，先锚固或弯起靠近腹板中部的力筋。

6.2.4.3　横向和竖向力筋的布置

当横截面的悬臂宽度较大或箱梁腹板间距较大时，在荷载作用下截面横向受力较大。为了使横向不开裂或把裂缝宽度控制在容许范围，此时可以对行车道板施加横向预应力，其布置方式和数量应根据具体受力要求由计算确定（见图6-12）。根据结构受力需要，有时还要对横隔板施加横向预应力。横向预应力筋的数量和线形应视具体结构由受力要求确定。

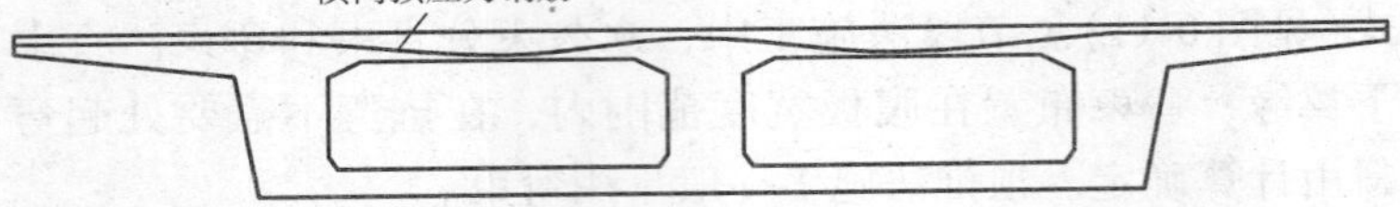

图 6-12 箱形截面形式

竖向预应力筋的作用是抗剪，通常采用粗钢筋，布置在腹板中，其间距由计算确定，一般在 0.3 ~ 1.0m 之间。图 6-13 为目前较常用的竖向预应力筋布置示意图。

在双向或三向预应力结构中，应特别注意处理好各力筋之间的空间位置关系。必要时，可采用无粘接力筋，以简化构造、工艺，方便布置。

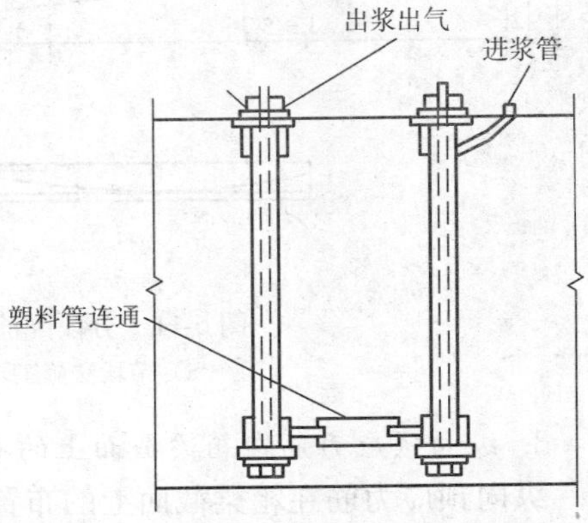

图 6-13 竖向预应力筋布置示意图

6.2.5 合拢段结构

采取悬臂法施工时存在合拢问题。合拢段是指各个 T 形刚构完成后，两相邻悬臂之间梁端的连接段。合拢段施工是悬臂施工技术中实现结构体系转换的一道非常关键的工序。因为合拢段混凝土从浇筑到张拉预应力筋，需要经过一定时间；在此期间内，由于昼夜温差、新浇混凝土的早期收缩、已成梁段混凝土产生的收缩和徐变、结构体系变化、施工荷载及外力变化等原因，必须要在结构中产生变形和内力，这对新浇筑的合拢段混凝土的质量有直接影响。如合拢段设计不合理或施工措施不力，势必引起合拢段混凝土的开裂，其后果非常严重。

从合拢段浇筑混凝土到张拉跨中段预应力筋期间，为了保证新浇混凝土不承受任何外力，同时使合拢所连接的梁体在各种因素影响下能协调变形，设计和施工都必须采取相应措施，具体如下：

1）在满足施工需要的前提下，尽量缩短合拢长度，以减少现浇混凝土数量。合拢长度一般取 1.4 ~ 2.0m。

2）锁定支撑。在合拢段采用设置临时劲性支撑和临时预应力束，以“锁定”左右“T 构”，使合拢段两端形成能承受一定弯矩、剪力和轴力的刚节点，保证合拢前后结构变形协调，防止在合拢尚未完成前由温度等影响因素产生的变形。“锁定”的结构措施很多，图 6-14 是用劲性型钢临时锁定的构造示意图。

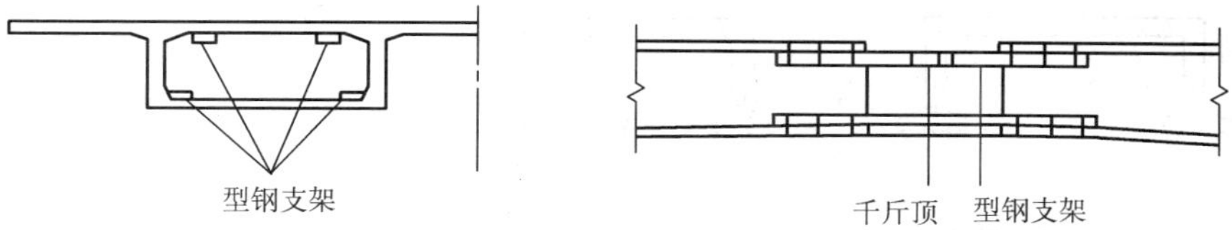

图 6-14　合拢时的临时劲性支撑

3）合拢顺序应与设计一致，使得体系转换产生的二次内力与设计相符。

4）为了避免新浇混凝土早期受到较大的拉力(降温收缩引起的)，通常在当天气温最低的时刻浇筑合拢段混凝土。

5）为顺利合拢，使成桥内力与设计相符，还应在混凝土配合比、预应力筋张拉、结构变位控制等方面采取必要的措施。

6.3　混凝土刚架桥

6.3.1　结构特点与结构类型

桥跨结构(主梁)和墩台(支柱)整体相连的桥梁叫做刚架桥。

6.3.1.1　结构特点

在竖向荷载作用下，由于主梁和支柱之间为刚性连接，主梁端部将产生负弯矩，负弯矩的代偿作用减少了跨中正弯矩，进而减少了跨中截面尺寸。因此，刚架桥的主梁高度可以较梁桥为小，在需要较大的桥下净空和建筑高度受限制时就具有明显的优势。

刚架桥在竖向荷载作用下，支柱除承受压力外，还要承受弯矩，并在柱脚产生水平推力。因此，刚架桥对地基条件要求较高，或者要以深基础和特殊构造措施来抵抗推力。

刚架桥大多数做成超静定的结构形式，在混凝土收缩、温度变化、墩台不均匀沉陷和预应力等因素的影响和作用下，会产生附加内力(次内力)。在施工过程中，当结构体系发生转换时，徐变也会引起附加内力。有时这些内力在整个内力中可占相当大的比例。

6.3.1.2　结构类型

刚架桥可是单跨或多跨的。多跨刚架桥可以做成非连续式和连续式两类。

单跨刚架桥的支柱可以做成直柱式或斜柱式。直柱式的称直腿刚架或门形刚架(见图 6-15a ~ c)，斜柱式的叫做斜腿刚架(见图 6-15d、e)。

单跨的刚架桥的水平反力一般较大。为了抵抗水平反力，可以用拉杠连接两根支柱的底端(见图 6-15b)，或做成封闭式刚架。

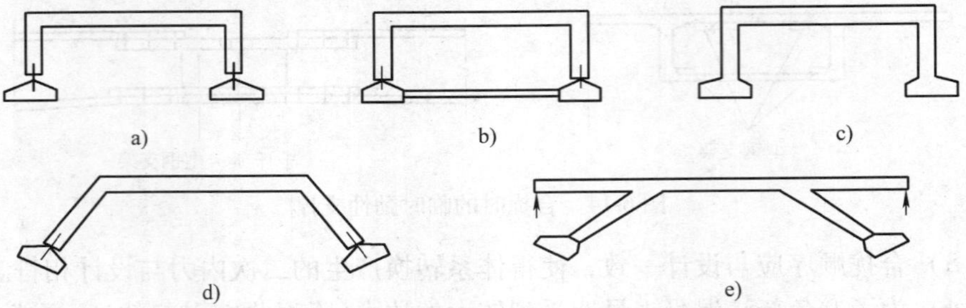

图 6-15　单跨刚架桥类型

门形刚架也可以两端带有悬臂（见图 6-16），这样可减少水平反力，改善基础的受力状态，也有利于和路基的连接。

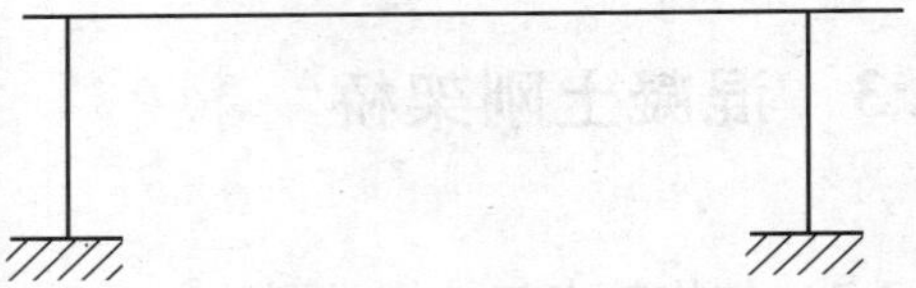

图 6-16　带悬臂的门形刚架桥示意图

斜腿刚架桥的压力线和拱桥相近，故其所受的弯矩比门形刚架要小；其主梁跨度缩短，但支承反力有所增加，且斜柱的长度也较大。当桥下净空要求为梯形时，采用斜腿刚架是有利的，它可用较小的主梁跨度来跨越深谷或其他路线。它不仅造型轻巧美观，施工也较拱桥简单。为减小斜腿肩部的负弯矩峰值，可将支柱做成 V 形墩，如图 6-17 所示。为了减少跨中的正弯矩和挠度，并有利于采用悬臂法施工，也可做成两端带斜拉杠的形式（见图 6-18），施工时可以在端部压重。

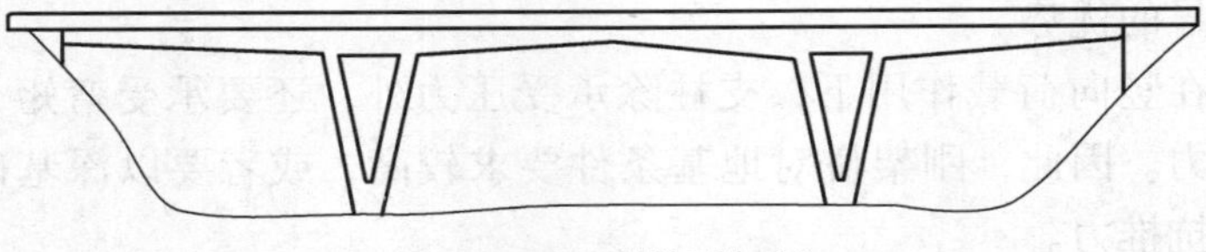

图 6-17　V 形墩刚架桥

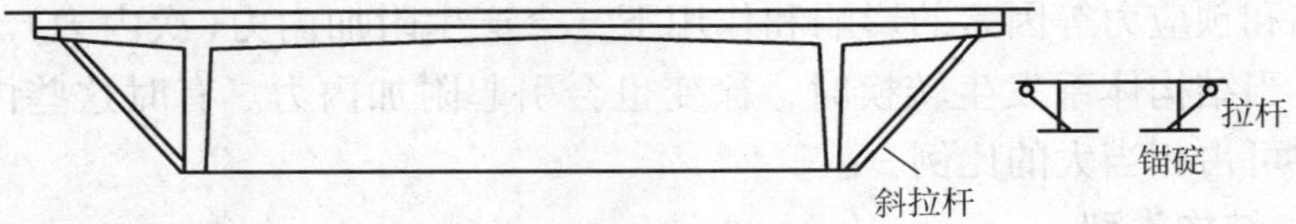

图 6-18　两端带斜拉杆的刚架桥

连续刚构为部分墩梁固结体系，其墩身刚度较小、水平推力较小；其结构性质更接近于连续体系。

T 形刚构桥的外形与门形刚架桥相似，但其内力分布规律与门形刚架桥、斜腿刚架桥不同，在竖向荷载的作用下不产生水平推力，属于无推力的悬臂结构。

也有一些书籍将T形刚构归入刚架桥，但本书以其内力分布规律归入悬臂体系。由于T形刚构存在体系与构造上的缺陷，现已被连续刚构所取代。

6.3.2 构造特点

6.3.2.1 一般构造

主梁截面形式与梁桥大致相同，可做成图6-19所示的各种形式。

主梁在纵桥向的变化可做成等截面、等高变截面和变高度三种。变高度主梁的底缘形状可是曲线、折线、曲线加直线等，重要应根据主梁内力的分布情况选定。为保证底板的刚度，一般均宜在下缘转折处设置横隔板。

大跨度预应力刚架桥均采用箱形截面。为吸收足够的负弯矩，尽可能减少跨中正弯矩的配索量，箱梁断面尺寸拟定基本同连续梁桥。跨中梁高约为跨径的1/50～1/60，支点梁高约为跨径的1/19～1/20。

支柱有薄壁式和立柱式，如图6-20所示。立柱式又可分为多柱式和单柱式。多柱式的柱顶通常都用横梁相连，形成横向框架，以承受侧向作用力；当立柱较高时，尚应在其中部用横撑将各柱连接起来。支柱的横梁面可以做成实体矩形、I形或箱形等。对于单柱式，其截面要与主梁截面相配合，腹板要尽可能与主梁腹板布置一致，以利传力。

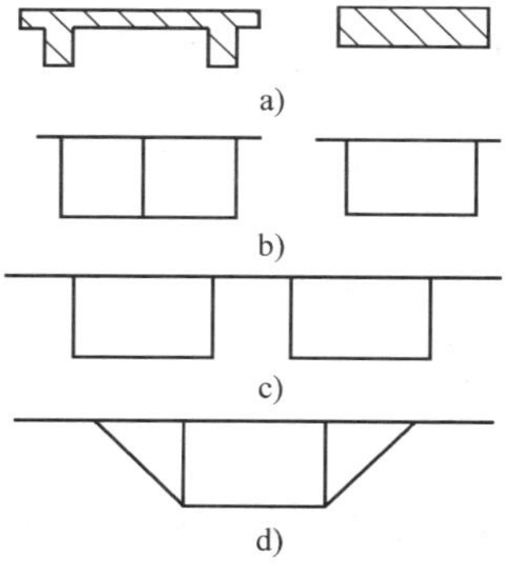

图6-19 主梁截面形式

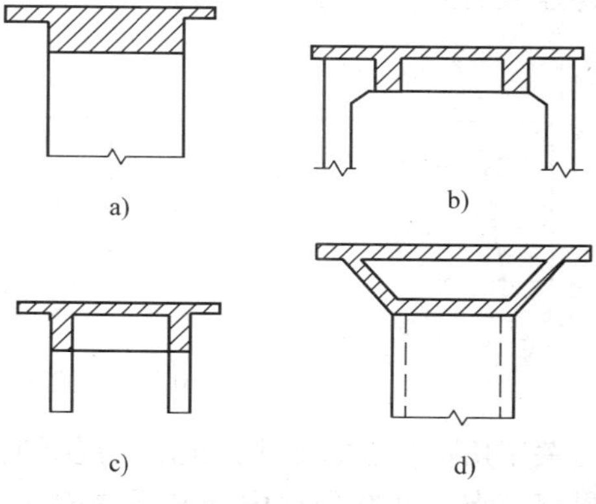

图6-20 刚架桥支柱形式

连续刚构因对温度、混凝土收缩徐变、制动力等因素产生的次内力敏感，通常选择抗压刚度较大、抗推刚度较小的双薄壁式柔性墩。立柱厚度约为跨径的1/70～1/80，个别可达到1/100，但与墩身高度也有一定的关系。

6.3.2.2 单跨刚构的节点构造

单跨刚构桥的节点是指立柱（或斜支撑腿）与主梁相连接的部位，又称角隅节点。该节点必须具有强大的刚性，以保证主梁和立柱的可靠连接。角隅节点与主梁、立柱相连接的截面上有很大的负弯矩，因此节点内缘混凝土承受很高的压应力，而节点外缘的拉应力则由钢筋承担；压力和拉力形成一对巨大的对角压力，对节点产生劈裂作用(见图6-21)。

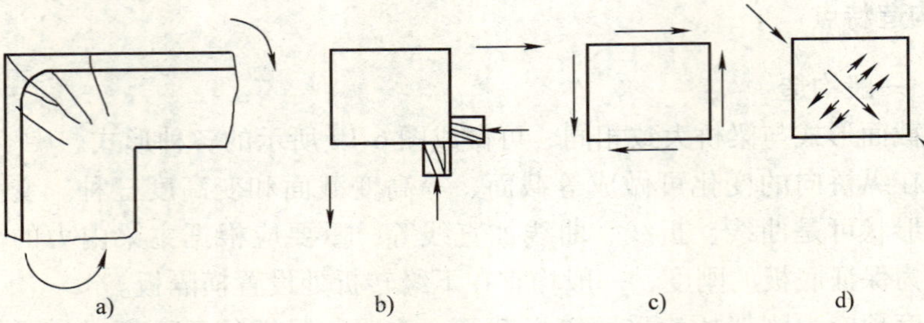

图6-21 角隅节点受力示意图

当主梁和立柱都是箱形截面时，角隅节点可做成三种形式(见图6-22)；①如图6-22a所示，仅在箱形截面内设置斜隔板，斜隔板抵抗对角压力最有效，传力直接，施工简单，但中主筋布置不便；②如图6-22b所示，设竖隔板和平隔板，其传力直接，受力情况较差，但构造和施工较简单；③如图6-22c所示，设竖隔板、平隔板和斜隔板，其节点刚性强，布置主筋也较方便，但施工很麻烦。如果只设置斜隔板，应保证斜隔板的厚度足够。如果将角隅节点做成实体，可获得强大的刚性并简化施工。

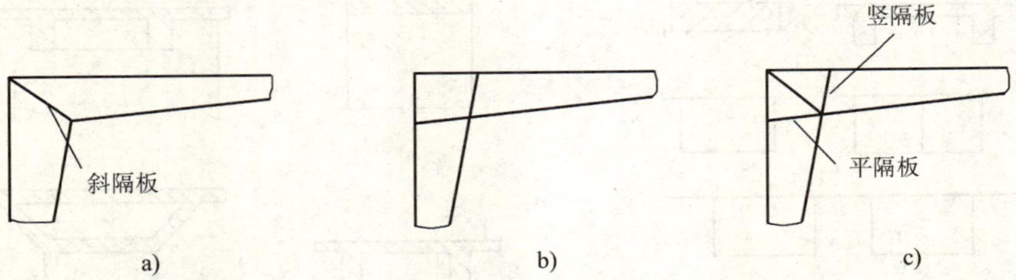

图6-22 箱形截面角隅节点形式

关于角隅节点的配筋：预应力混凝土刚架桥，与节点相邻截面的预应力钢筋宜贯穿节点，并在隅角内交叉后锚固在梁顶和端头上。锚下局部应力区内应设置箍筋或钢筋网，以承受局部拉应力。设有梗腋的角隅节点，要设置与梗腋外缘相平行的钢筋。普通钢筋混凝土刚架桥，要有足够的连续钢筋绕过节点外缘；否则，外缘将因受拉产生裂缝。节点受力较大时，在对角力的方向要设置受压刚筋，在与对角力垂直的方向要设置防劈裂钢筋(见图6-23)。

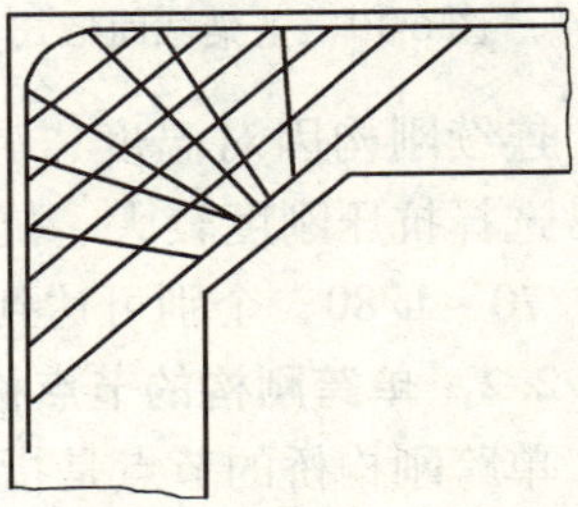

图6-23 角隅节点普通钢筋设置

6.3.2.3 预应力混凝土门形刚架的构造及特点

门形刚架桥一般对刚架桥的主梁和支柱分别配束。主梁的钢束布置与连续梁相仿，即跨中钢束布置在梁的下缘，然后随弯矩的变化往两端弯起。支柱为压弯构件，预应力钢束原则上布置在受拉一侧；对于承受正负弯矩的支柱，往往在两侧布束。

刚架桥主梁通常采用变高度的形式，支柱边缘的梁高和跨中截面的梁高之比在1.2~2.5之间。加大端部梁高，可使跨中正弯矩减小。由于主梁承受正负弯矩，截面形式常采用箱形截面。

多跨连续门形刚架桥的边跨，一般为中跨跨度的0.7倍或布置成等跨。

对于单孔箱形截面刚架桥，其支柱顶部截面的纵向宽度可与支柱处的梁高一样或略小些，支柱顶部横向宽度一般与梁的底宽相同。至于支柱厚度和宽度在支柱高度方向的变化，可根据其内力变化和刚架横向刚度等因素确定。

门形刚架主梁与支柱的刚度比对整个结构受力影响很大。当主梁与支柱的刚度比很大(支柱相对很柔)时，支柱承担的弯矩很小，主梁端部负弯矩很小，跨中正弯矩很大，其内力分布趋近于简支梁(单跨)或连续梁(多跨)；相反，如果此刚度比较小(主梁相对变柔)，则主梁端部负弯矩增大，跨中正弯矩减小，其内力分布趋近于固端梁。显然，刚度比还影响到基础的水平推力、结构次内力、位移等。

6.3.2.4 预应力混凝土斜腿刚架的构造及特点

通常，在三跨预应力混凝土斜腿刚架桥的总体布置中，其分跨布置、主梁结构尺寸等与连续刚构体系基本类似。

考虑到斜腿对主梁变形的约束要比竖直的刚构墩要差一点，主梁支点处的高度一般比相同跨度的连续刚体系的主梁略大，跨中梁高与支点梁高之比以2~2.5为宜。斜腿的倾斜度一般在40°~50°之间。斜腿与基础的连接往往采用铰接。支柱的横桥向尺寸要与主梁相配合，并依据受力情况、刚架的横向刚度等因素综合考虑确定。

斜腿刚架桥除在主梁上布置预应力筋外，根据斜腿的受力需求，也可在斜腿上施加预应力。

斜腿刚架桥的施工要比连续刚架构件系复杂。斜腿一般采用支架法施工。主梁的施工则依据具体情况可采用不同的施工方法，如在拱架上施工中跨和斜腿，之后用悬臂法施工边跨；也可利用施工斜腿的支架作为临时支承，采用悬臂法施工。

6.3.3 刚架桥内力计算的原则与假定

目前，超静定体系桥梁的内力，仍按在运营荷载作用下结构为弹性的假定进行计算，然后用算得的内力进行截面强度的验算。

计算刚架桥内力时，可遵循以下原则和假定：

1）计算图式的轴线，一般支柱取厚度的中分线，主梁取平分跨中截面高度的水平线。但对于截面高度或厚度变化较大的刚架桥，则以各截面高度(厚度)中分点的连线作为计图式的理论轴线。

2）计算内力时，截面包括全部混凝土截面(包括全拉区)，不考虑钢筋。对于T形和箱形截面，不论其顶板、底板厚度如何，均应全部计入计算截面。

3）计算变位时，一般可略去轴向力和剪力，仅计弯矩的影响。但在计算张拉力作用所产生的次内力时，则必须计入轴向力对变位的影响。

4）当采用变截面的主梁和支柱时，如果在同一构件中最大截面惯性矩超过最小截面惯性矩的两倍时，则应考虑此项变化的影响。

5）当刚架基础位于压缩性很小的土壤中时，支柱底端可认为是固定的。若刚架基础位于中等坚实的土壤时，则仅在下列情况下，支柱底端可认为是固定的，即由于基础有足够大的尺寸，致使基础底面的一边的土压力与另一边之比不大于三倍时。

6）混凝土的弹性模量 E_h，按现行规范选用。截面刚度按 $0.8E_hI$ 计，其中惯性矩 I 为换算截面惯性矩(对于静定结构，不计混凝土受拉区，但计入钢筋；对于超静定结构，包括全部混凝土截面，但不计钢筋)。

6.4 斜拉桥

斜拉桥又称斜张桥(见图6-24)，上部结构由索、梁、塔三个主要组成部分构成；从其力学特点看，属于组合体系桥。斜拉桥依靠斜拉索支承梁跨，类似于多跨弹性支承梁，梁内弯矩与桥梁的跨度基本无关，而与拉索间距有关。

斜拉桥的构想由来已久，可追溯到17世纪。但由于结构计算手段以及材料等方面的局限性，人们对斜拉桥的尝试多以失败告终。第一座真正意义上的现代斜拉桥，是1955年建成的瑞典Stromsund桥。我国的斜拉桥虽然起步较晚，但发展迅速。

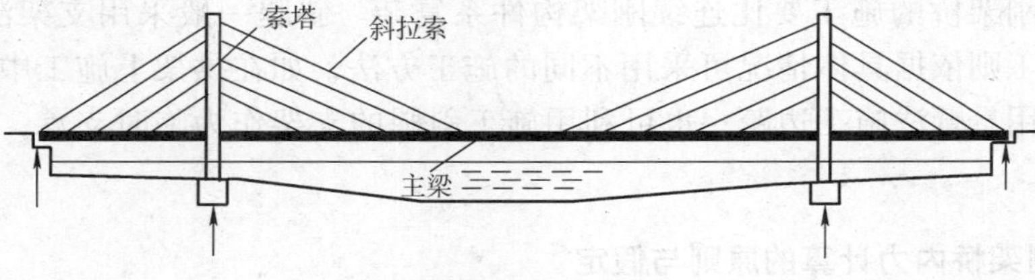

图6-24 斜拉桥简图

6.4.1　斜拉桥的构造特点与总体布置

根据拉索、主梁、索塔的构造、连接形式及材料的不同，斜拉桥有多种体系及相应的不同特点。下面以索、塔、梁为主线，介绍斜拉桥的构造和总体布置。

6.4.1.1　拉索

1. 拉索的纵向布置

拉索索面的布置有三种基本的形式(见图6-25)：辐射形、竖琴形、扇形。

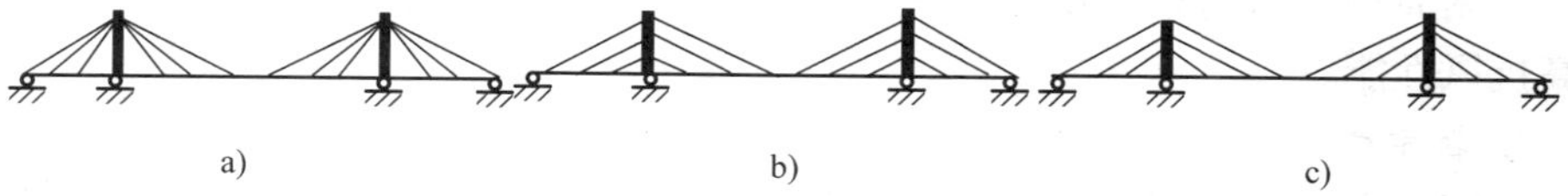

图6-25　拉索纵向布置形式

a）辐射形　b）竖琴形　c）扇形

（1）辐射形　所有拉索集中于塔顶，使各根拉索具有可能的最大倾角。由于能够获得最大的索力垂直分量，故拉索效率最高，拉索用量最省。其主要缺点是，拉索汇交于塔顶且倾角不等，使构造处理困难。这种布置方式目前逐渐少用。

（2）竖琴形　各拉索平行，倾角相同。由于各拉索的倾角较小，对主梁的支承效果较差，拉索用量多。其突出的优点是，平行拉索的视觉效果好，比较整齐美观。这种布置方式一般在中、小跨径的斜拉桥中使用。

（3）扇形　索面内呈扇形布置，可兼具辐射形与竖琴形的优点。现在的斜拉桥绝大多数均采用这种布置方式。为获得较大的索力垂直分量，在满足锚头布置与张拉空间要求的前提下，塔上的锚固间距应尽量减小。

早期的斜拉桥，还曾有过星形布置的索面，即把塔上分散的拉索合并锚固于边跨的梁端或墩台上(拉索在中跨合并于梁上一点的做法则更早被淘汰)，因其构造复杂且不符合尽量减小支承跨度的原则，现已极少使用。此外，还可以把以上几种布置方式综合起来使用。

2. 拉索的横向布置

拉索的横向布置通常有两种基本形式，即双面索和单面索。双面索又可分双垂直平面与双斜面(见图6-26)。有时为了减小索的截面和张拉吨位，将一根拉索改为沿横桥向短距离布置的两根拉索，这样就形成两个横向间距很小的索面，此时仍然算作一个索面。

单索面设于桥的中央，形成分隔带。单索面具有结构外形简洁、视线好等特点，而且基本不会导致桥宽增大，能使墩尺寸最小。但单索面结构对抗扭没

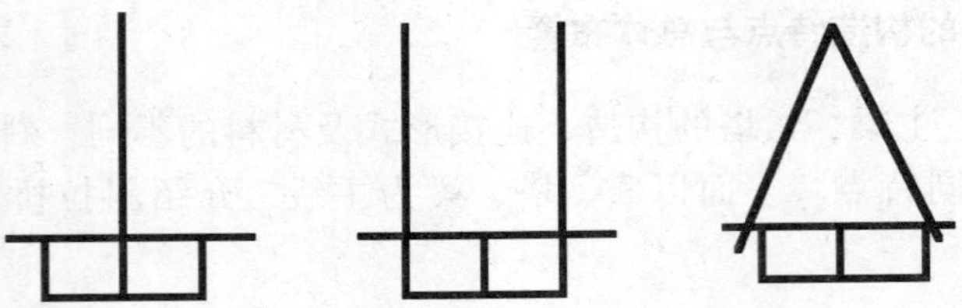

图 6-26　拉索横向布置形式

有帮助，故要求主梁有较大抗扭刚度。

双索面是常用的布置形式。双索面能使结构具有强大的抗扭刚度，能显著提高抗风性能。

3. 拉索索距

索距指索面内相邻两根拉索的间距。索距的选择应根据主梁内力、拉索张拉力、锚固构造、施工吊装能力、材料规格及经济等因素，并结合施工方法综合考虑。

早期的斜拉桥多为稀索型，索距达到15~30m(混凝土主梁)或30~50m(钢主梁)。因为索距大，主梁的弯矩、剪力仍然较大，仍需要较大的主梁高度，其相应的跨径也不大。

现在的斜拉桥多为密索型，索距可为4~12m(混凝土主梁)或8~24m(钢主梁)。因为索数多、索距小，使主梁的由受弯为主转为受轴向压力为主，主梁高度降低，其相应的跨径也增大很多。索数多使每根拉索的的索力相对降低，能简化锚固构造且便于张拉，同时也有利于施工控制。

4. 拉索的构造

拉索有钢绞线索(平行/半平行)、钢丝索(PWS-平行钢丝股索、PWC-平行钢丝索、半平行钢丝索)、预应力钢筋、封闭式钢缆等多种类型；其中PWS、封闭式钢缆主要用于钢斜拉桥，在混凝土斜拉桥中使用不多。锚具也有多种。以下仅介绍相对较常用的拉索与锚具。

每根拉索包括钢索、锚具和过渡段三个部分(见图6-27)。钢索承受拉力，设置在两端的锚具用来传递拉力。过渡段埋设在塔和梁的内部，对穿过梁和塔体内的钢索起密封作用，且使之不与混凝土接触。而其中的减振器则对钢索起减振作用；对于由平行的钢绞线组成的钢索，因其在过渡段内呈扩散状，故减振器还对钢索起约束、夹紧的作用。

(1) 钢索　钢索宜采用抗拉强度高、抗疲劳性能好、弹性模量大、截面密度大的高强钢丝制成；弹性模量小的钢索变形大，会影响结构刚度和梁的内力。

较常用的钢索有三种类型(见图6-28)：封闭钢缆、平行高强钢丝索、平行

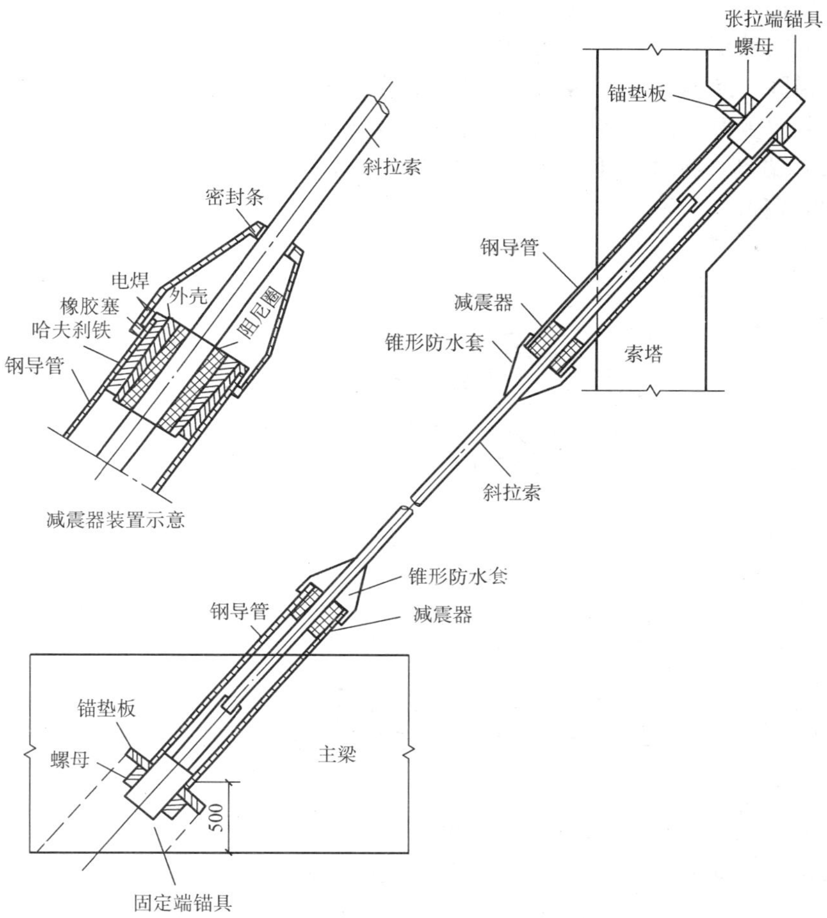

图 6-27　拉索构造

钢绞线索。封闭钢索截面中心由若干根圆截面的钢丝排列而成，在其外有 1 ~ 2 圈梯形截面钢丝和 1 ~ 2 圈 Z 形截面钢丝；这种截面密度最大，表面封闭，防腐简便，抗拉弹性及弹性模量比平行钢丝略小。平行钢丝或钢绞线索由若干平行钢丝或钢绞线组合而成；为便于盘绕，常将平行钢丝索作同心扭绞 2° ~ 4°；平

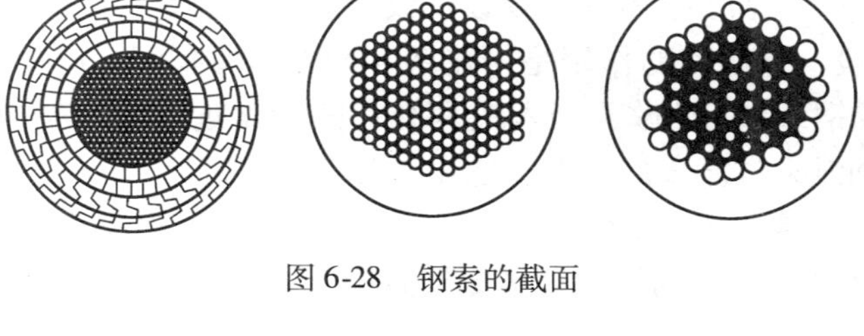

图 6-28　钢索的截面

行钢丝或钢绞线的抗拉强度和弹性模量大，抗疲劳性能较好，便于制造，是目前常用的两种钢索。平行钢绞线索可单根防护处理、单根更换，容许逐根穿挂、张拉、锚固，能消除平行钢丝索由于刚度较大引起二次应力问题，且制作、运输、安装也更方便；这些优点使平行钢绞线索比平行钢丝更受欢迎。

（2）锚具　我国采用的锚具主要有冷铸墩头锚（见图6-29）、夹片群锚（见图6-30）两种。

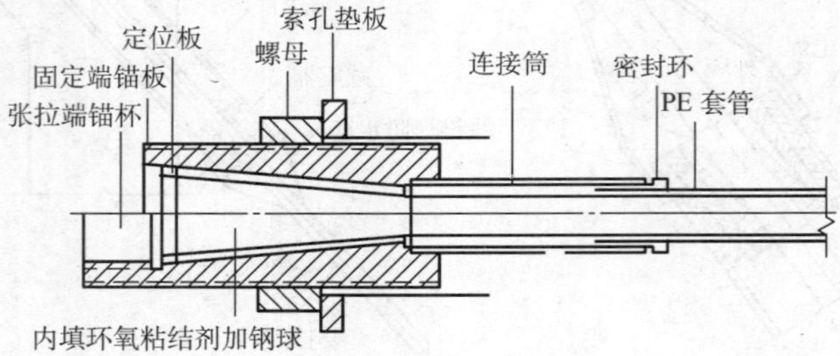

图6-29　冷铸墩头锚

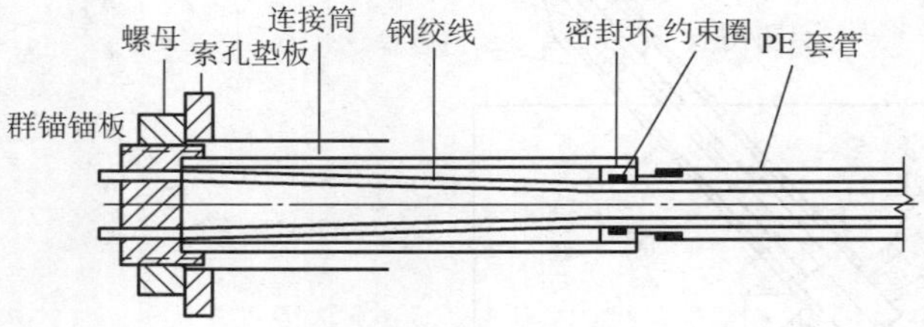

图6-30　夹片群锚

冷铸墩头锚用于平行钢丝索。钢丝由丝板穿入，通过锚杯内腔后从定位板的孔眼中穿出，然后将钢丝墩头。钢丝的拉力通过墩头传到定位板上。在锚杯空隙中填满有 $\phi1.5 \sim \phi2.0$m 的钢球、锌粉、环氧树脂组成的混合物，在室温下浇注（故称冷铸，它能防止热铸高温对锚头性能的影响）。混合物的作用是传递钢丝与锚杯间的力，减少墩头疲劳受力。千斤顶通过与锚杯内缘螺纹连接进行张拉，张拉后拧紧锚杯外缘螺母即可传力。

夹片群锚用于平行钢铰线索，锚具构造基本同预应力混凝土连续梁中常用的锚具。由于调索等需要，锚具外缘设螺纹，通过螺母支承在垫板上。

（3）过渡段　过渡段的作用是：在塔、梁内预留孔洞，以便进行穿索、张拉；将钢丝（或钢绞线）扩散，穿入锚具孔；减少索（尤其是索端）的振动。图6-27示出平行钢线索过渡段的构造，它由承压板（锚垫板）、索导管（预留）及减振装置组成。索导管顶端与承压板焊接，可以改善锚下混凝土应力。减振器内外周与索导管密贴，使索的振动直接传到混凝土的结构上，起到有效减振作用。

5. 钢索防护

拉索均由钢材组成，对拉索的防护十分重要。拉索的防护方法因其构造不同而不同。拉索的防护可分为钢丝防护和拉索防护两方面，主要是防止锈蚀。

（1）钢丝防护　钢丝防护可以采用镀锌、镀防锈底漆等措施，防止钢丝在拉索施工过程中锈蚀。防护之前应除掉将表面油脂或锈蚀。

（2）拉索防护　常用的拉索防护方法可归为四类：涂料保护、卷带保护、套管保护及拉索外施加塑料缠绕保护层等。对于封闭式钢缆，由于截面紧密，封闭性较好，空隙率很小，可以只对各组成索的钢丝镀锌，并对钢缆表面施加涂料进行防护。但对于由钢丝索组成的拉索，由于拉索空隙率大，封闭性差，必须进行钢丝和拉索两部分防护。

国内已建成的斜拉桥，其拉索的防护方法有以下几种：

1）在拉索外面用多层玻璃纤维缠绕并加涂沥青或环氧树脂形成玻璃钢外壳。

2）拉索外套钢套管，管内压注水泥浆，套管内的拉索表面用多层玻璃纤维缠绕，加涂沥青膏及聚氨脂橡胶，钢套管外涂防锈漆。

3）拉索套在高密度聚乙烯套管内（即PE套），管内再压注水泥浆填满空隙。

4）拉索套在PE管内，除在管内压注水泥浆外，管外再缠包环氧树脂玻璃纤维布形成玻璃钢外壳。

5）在拉索外面热挤压高密度聚乙烯套管。

6）在热挤压高密度聚乙烯套管前，对拉索表面用铝粉或锌进行金属喷涂（或用聚脂带缠包）后，进行热挤压PE管。

目前最常用也较有效的拉索防护方法是热挤压高密度聚乙烯套管，它不仅成本低，防腐效果好，而且可以工厂化生产，在制索时同时完成拉索的防护工作。

6.4.1.2　索塔

索塔的布置与跨径布置相配合，现代斜拉桥最典型的跨径布置有双塔三跨式、独塔双跨式两种。特殊情况下也可布置成多塔多跨式、双塔单跨式或独塔单跨式。

索塔是以受压为主的压弯构件。使用混凝土材料能发挥其承压的优点，且养护维修费用少，故索塔大多采用钢筋混凝土材料。索塔也可以是钢结构的，如山东东营黄河大桥和建设中的南京长江三桥，前者为钢塔，后者为人字形钢—混凝土塔。

索塔的结构形式根据拉索布置、主梁跨度、桥面宽度等因素确定。

索塔在顺桥方向的形式有单柱形、A形和倒Y形等几种，如图6-31所示。单柱塔构造简单，应用最广。A形和倒Y形塔在顺桥向的刚度大，有利于承受

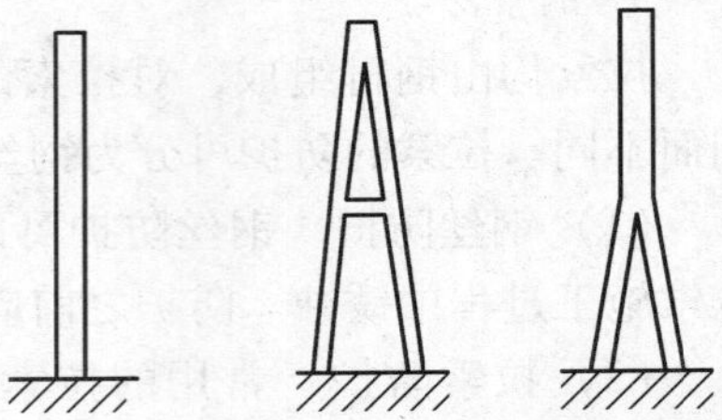

图 6-31 索塔顺桥向结构形式

索塔两侧的不平衡拉力，能抵抗较大的弯矩并减少塔顶的纵向位移，能减少梁的挠度；但因其施工复杂，故较少采用。

索塔在横桥方向的形式有单柱形、双柱形、门形、H 形、梯形、A 形、倒 V 形、倒 Y 形、菱形(含宝石花形)等，如图 6-32 所示。

柱式塔构造简单，但承受横向水平荷载能力差。单柱形仅用于单索面斜拉桥，双柱形则用于双索面。A 形、倒 Y 形、菱形索塔的横向刚度大，但构造复杂、施工难度大，多用于对抗风、抗震要求较高的大跨径或漂浮体系斜拉桥，可适用于单索面或双斜索面布置。

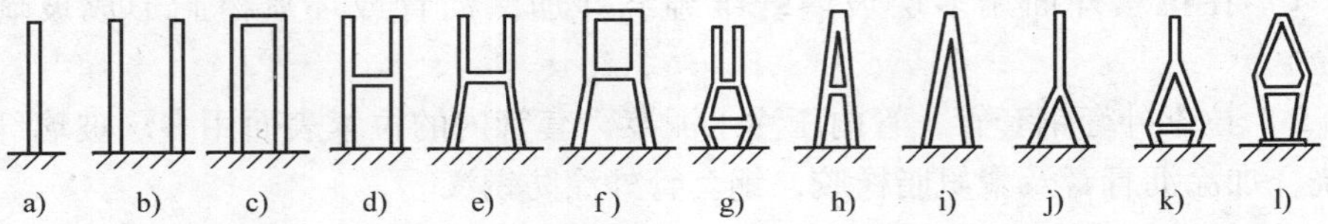

图 6-32 索塔横桥向结构形式

塔柱的截面可以是实心矩形，截面尺寸较大时可采用 I 形或箱形截面。塔柱截面形式一般应与拉索在塔上的锚固形式相对应。

6.4.1.3 主梁类型

主梁材料一般有钢和混凝土两种，这两种材料可组合成以下几种类型的主梁。

1. 钢主梁

其主要特点是自重轻、跨越能力大、构件可在工厂制作、质量可靠、便于安装、施工速度快，但养护工作量大。据有些学者分析认为，使用钢主梁，斜拉桥跨径有望突破 1300m。

钢主梁以箱形截面为主，其抗扭刚度大、抗风性能好；目前钢桁梁一般仅在双层桥面、公铁两用桥中使用。

2. 混凝土主梁

混凝土主梁的特点是刚度大、挠度小、阻尼效果好、抗振动性能好，但自重大。目前看来，混凝土主梁一般适用于跨度不超过 450m 的斜拉桥。但有些学者分析认为，混凝土斜拉桥的最大跨径可达 700m。

常用的混凝土主梁截面形式如图所示。

图 6-33a 为实心混凝土板梁，构造简单，建筑高度小，比较轻巧，抗风性能好，适用于小跨径(150m 以内)、桥宽不超过 20m 的公路桥梁。

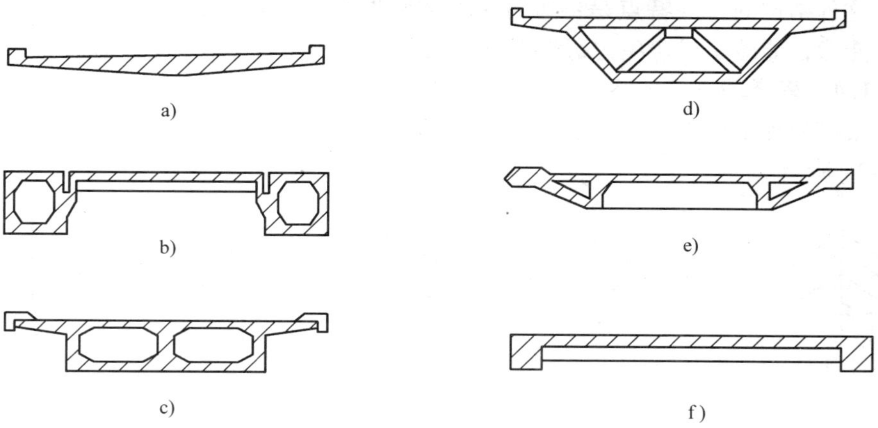

图 6-33　常用主梁截面形式

图 6-33b 是我国早期采用的截面形式之一，它由两个分离箱梁组成，中间设桥面系，施工时可化整为零。

图 6-33c、d 是单箱截面的典型示例，工程实践中有单箱单室、单箱多室、直外腹板、斜外腹板等多种形式；单箱截面的抗扭刚度大；单索面桥应采用单箱截面。

图 6-33e 为半封闭双三角形或双室梯形箱形截面，外缘做成风嘴状，以减少迎风阻力，端部加厚以便锚固拉索；风洞试验证明这种截面具有最佳空气动力性能。

图 6-33f 是双主肋截面，肋之间为整体桥面板，这种截面形式简单，施工方便；这种截面配以双斜索面，能够适用于一般不由风动力稳定性控制设计的跨径 400m 以下的斜拉桥。

3. 钢—混凝土结合(叠合)梁

结合梁是在钢主梁上用混凝土桥面代替正交异性钢桥面板，它兼有混凝土主梁和钢主梁的优点，是近来大跨斜拉桥常用的主梁型式之一。我国的福州闽江大桥、上海杨浦大桥等都采用结合梁。

由于主梁可能出现负弯矩，设计时要防止混凝土桥面板受拉开裂。一般认为结合梁适用于跨径 500 ~ 700m 的斜拉桥，也有些学者分析认为，结合梁斜拉桥的最大跨径有望达到 1000m。

4. 混合型主梁

在斜拉桥的中跨(大跨)采用钢主梁或结合梁，两侧边跨(小跨)采用混凝土主梁，这种主梁便为称混合型主梁。法国诺曼底大桥的中跨采用钢梁，而边跨采用混凝土梁，是典型的混合型(主梁)斜拉桥。

这种结构的主要特点是：边跨主梁的刚度和重量较大，有利于减小中跨内力及变形，能减小或避免边跨端支点的负反力；它特别适用于小边跨的斜拉桥。

6.4.1.4　索塔的支承体系

索塔的支承体系一般可分为四种，由此也形成斜拉桥的不同结构体系，如图6-34所示。

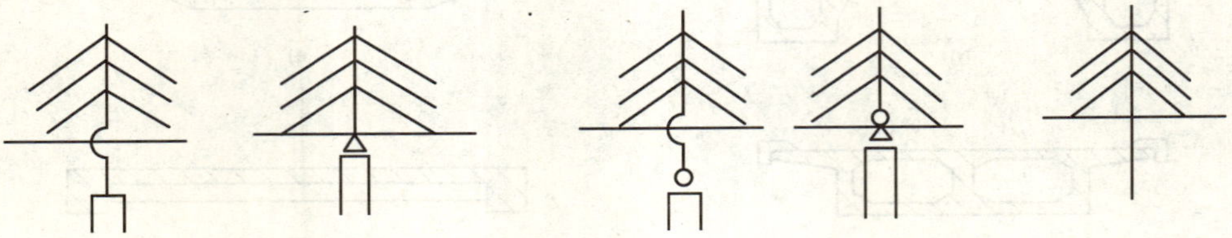

a)　b)　c)　d)

图6-34　索塔支承体系

1. 塔墩固结、塔梁分离(见图6-34a)

塔柱下端与桥墩固结。这种索塔的整体刚度较大，对施工有利，但对地基要求高。当主梁连续通过塔墩处时，可以在墩顶或塔柱横梁上设置竖向、横向或顺桥支承。

当塔墩处主梁下未设竖向支承，允许主梁在纵向浮动时，就是成为漂浮体系。漂浮体系的抗震消能效果较好，但横向动力性能较差。为改善横向动力性能，必须在横向施以一定的约束；通常是在塔柱和主梁间设置橡胶支座(板式或盆式)，形成横向柔性约束。现代大跨径混凝土斜拉桥多用漂浮体系。当采用悬臂施工时，塔柱处的梁段需临时固结。

当塔墩处主梁下设置竖向弹性支承，对主梁的纵向位移作弹性约束时，就成为半漂浮体系。

2. 塔梁固结，塔墩分离(见图6-34b)

塔柱下端与主梁固结，并通过支座支承在桥墩顶部，因此也称支座支承体系或塔梁固结体系。这种支承体系可减小塔柱弯矩，对地基要求低，可在软土地基上建造。但这种支承体系在塔梁固结处主梁出现负弯矩峰值，主梁必须加强；索塔处主梁还需要设置竖向支承；对支座吨位要求高，使支座的设计、养护、更换较困难；在主跨满载时因索塔随主梁挠曲变形而发生向主跨方向的倾斜，使主跨的跨中挠度和主梁负弯矩显著增大。大跨径斜拉桥较少采用该体系。

3. 塔墩(或塔梁)铰结、梁墩分离(见图6-34c)

塔柱下端铰结于墩顶或主梁顶部。这种索塔支承体系可减少塔柱的弯矩，降低结构的静定次数。当地基条件极差时，采用这种支承可改善地基的受力条件，但需在塔底设置大吨位的铰支座，并需在施工期间采取措施以保证索塔结构的整体稳定性。

4. 塔、梁、墩固结(见图6-34d)

塔、梁、墩固结也称刚构体系。这种支承体系，由于索塔刚度大，对施工有利，但因为温度内力较大，故在双塔三跨式斜拉桥中较少采用；一般适用于中小跨径的独塔双跨式斜拉桥。因其对塔墩抗震不利，故宜在地基条件好、地震烈度低的地区采用。

6.4.1.5　主梁的支承体系

斜拉桥的主梁除了以拉索作为弹性支承外，在主梁与塔的交叉部位和梁端支承部位，一般都应设置顺桥向、横桥向及竖向支承构造。

1. 拉索的锚拉体系

按拉索的锚拉体系不同，斜拉桥可分为自锚式斜拉桥、地锚式斜拉桥、部分地锚式斜拉桥。

(1) 自锚式斜拉桥　塔的前侧(中跨一侧)拉索分散锚固在主梁体上；塔的后侧拉索，除了最后一根锚于主梁端部的支点上以外，其余拉索锚于主梁上(分散锚于主梁或将一部分拉索集中锚于靠近端支点附近的主梁上)；这种拉索的水平分力由主梁轴力来平衡的体系，称自锚体系。在自锚体系中，锚于主梁端部支点处的拉索力最大，一般需要较大的截面，而且对控制塔顶变位起重要作用，是最重要的一根(组)拉索，称为端锚索(或边索、背索)。绝大多数的斜拉桥均为自锚体系。

(2) 地锚式斜拉桥　单跨式斜拉桥只有一个索塔，没有边跨，塔后索只能采用地锚形式。这时，拉索的水平分力引起的梁内轴力由地锚承担(见图6-35)。

(3) 部分地锚式斜拉桥　当边跨与主跨的比值很小时，可将边跨部分拉索锚于主梁，而另一部分拉索采用地锚，此时索塔两侧的不平衡水平分力直接由边跨主梁传递给桥台(地锚)。

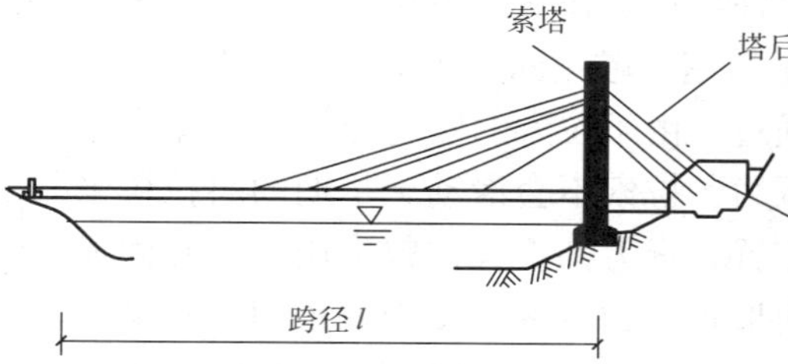

图6-35　地锚式斜拉桥

2. 主梁支承构造的设置

(1) 竖向支承　在主梁与塔柱的交叉部位、梁端及辅助墩处，一般均需设置竖向支承。塔墩处主梁的竖向支承有三种方式：支承于索塔上或塔柱间横梁上、支承在墩顶、梁塔墩三者固结。

在塔柱位置设置竖向刚性支承将导致该处主梁产生较大的负弯矩。飘浮体系的斜拉桥在塔与主梁交叉处一般不设竖向刚性支承，而采用拉索垂吊或等效弹性竖向约束，以避免在塔梁处出现较大的负弯矩，但此时需在塔与主梁之间设置主梁的横向限位装置。采用何种竖向支承，应结合水平方向的支承条件、支座的构造、主梁的抗弯刚度及拉索的布置等因素综合考虑决定。

梁端及边跨辅助墩处的竖向支承，要考虑会产生正、负双向反力的情况，应设置拉压支承构造或在梁端支承处采用平衡压重。

(2) 横向支承　一般在梁端及主梁与塔连接处均应设置横向支承，以共同承受横向水平力；边跨辅助墩上仅设竖向支承而不设横向支承，使辅助墩只承受垂直力而不承担横向水平力，横向支承可设在梁体侧面，位于主梁与塔柱之间，或梁体下的桥轴线上。横向固定支座只起约束横向变位的作用。横向支承一般采用板式橡胶支座。

(3) 顺桥向支承　选择顺桥向支承形式，要考虑各因素，如地震惯性力、温度变化，制动力、风力等因素的影响及其引起的顺桥向移动量等。其中地震惯性力随支承条件的不同有较大的变化，而温度变化的影响要考虑结构的温度应力和伸缩缝处的伸缩量。

顺桥向支承有四种布置形式：①一处设固定支承，其余各处均可移动；②多处设固定支承；③采用水平弹性固定支承，可以在梁端设置水平弹性固定约束或在索塔与梁之间设置水平拉索；④采用悬浮式支承，即主梁下不设任何顺桥向水平约束，此时应设置足够的水平伸缩构造装置，必要时在梁端设置纵向水平限位装置，同时还应设置横向限位构造。

6.4.1.6 拉索与索塔、主梁的连接

1. *拉索与索塔的连接*

拉索与索塔的连接是指索塔上索锚固构造，这也是重要部位，要保证索锚固的可靠性。拉索在塔上的锚固形式主要有三种：

(1) 鞍座　鞍座固定于塔顶，拉索在鞍座上连续通过。由于拉索的竖直分力对鞍座产生很大的压力，拉索不会滑动。早期的斜拉桥采用稀索布置，索力都很大，曾采用这种锚固形式；放射形布置的拉索汇交于塔顶面，则多用鞍座。现代密索布置的斜拉桥已不采用这种形式。

(2) 交叉锚固　交叉锚固形式用于矩形、I形截面索塔。为了保证塔柱不产生扭转，拉索的合力应通过塔柱轴心；故每侧的索面实际为两个小间距的并列索面；塔柱两侧的拉索交叉锚固于截面两侧的锯齿块上(见图6-36)。将一根索分成两根锚固、减小了每根索的截面积及张拉吨位，是该锚固形式的主要特点，曾经

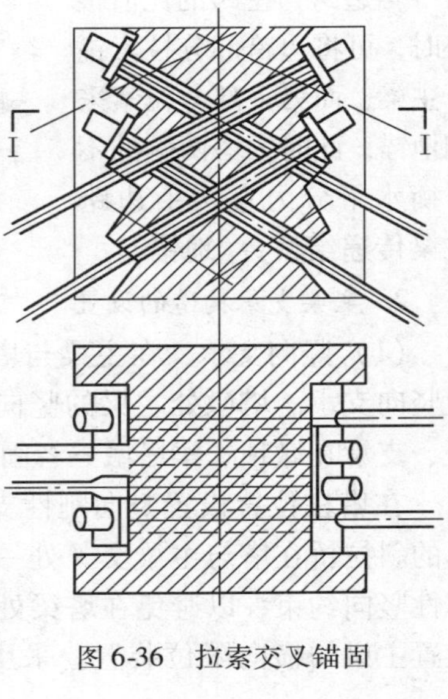

图6-36　拉索交叉锚固

在我国应用较多；随着大吨位拉索、锚固体系、千斤顶的出现，现在已越来越少用。

（3）拉索对称锚固形式　该形式用于塔柱为箱形截面，拉索对称锚固于箱形截面两侧的横向腹板内（见图 6-37）。因拉索水平分力在腹板引起很大的拉力、剪力和弯矩，为此一般采用两种构造措施：①采用钢横梁（纵桥向），钢梁支承于牛腿上，钢梁上焊有钢锚固箱，拉索锚头支承在锚固箱上（见图 6-37a）；②在塔柱箱形截面的纵、横向均设置预应力钢束（见图 6-37b）。

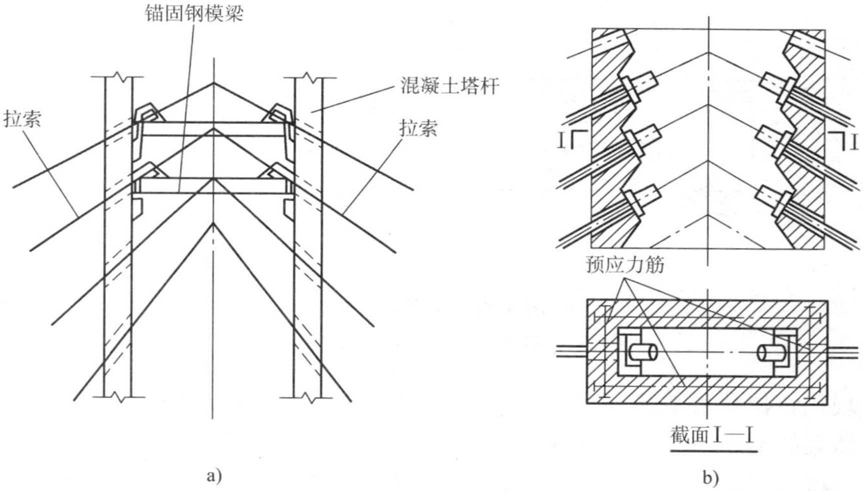

图 6-37　拉索对称锚固

2. 拉索与混凝土主梁的连接

主梁上的索锚固构造是一个重要部位，它要承担集中应力并将其分散到全截面。因此，要保证其连接的可靠性，要防止索端锈蚀及拉索产生颤振应力腐蚀，要便于拉索的养护和更换。如需在此端张拉，则还应具备足够的操作空间。

主梁上的拉索锚固构造有锚固于主梁内与主梁外两类。锚头不外露，比较美观；不论是箱梁还是实体梁，都可锚固于主梁内，但两者的构造措施有所不同：图 6-38a 为锚固于箱梁内的示意图，锚固于梁外的构造处理比较简单，对梁体受力有利；图 6-38b 为锚固于箱梁外的示意图，在锚固处要设置斜向横隔板，而对每对拉索所对应的横隔板斜度可能不一样。

6.4.2　斜拉桥的主要尺寸拟定

6.4.2.1　主梁

主梁通常为等高度梁，但对于主梁支承于塔墩的支承体系，为承受支承截面的较大弯矩，局部区段可加大梁高或加厚下翼缘厚度。

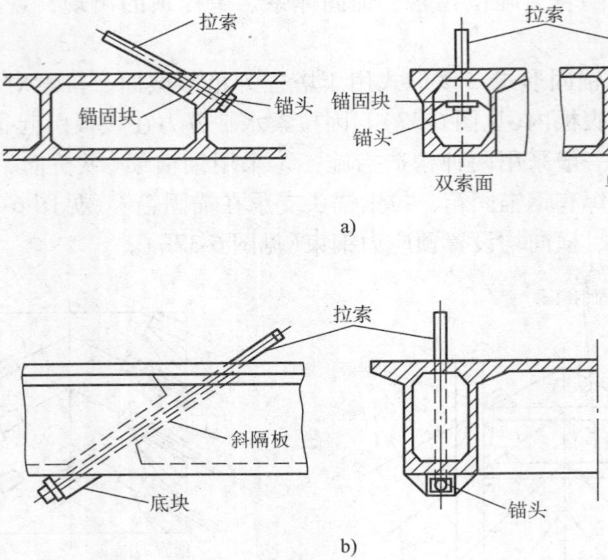

图 6-38　箱梁锚固构造
a）锚固于箱梁内　b）锚固于箱梁外

现代斜拉桥都为密索体系，主梁高度越来越小，并逐渐向桁式体系转化。密索体系的梁高一般为跨径的 1/70 ~ 1/200，或为节段长度的 1/15 ~ 1/13。单索面斜拉桥的高度要适当加大，梁高与跨径之比可取上限，以提高梁的抗扭刚度。

在选择梁高时，要考虑以下因素：索间距、主梁承受的压力、横梁跨度、索与梁的锚固要求等。主梁内弯矩决定于弹性支承位移、索间距及梁的刚度。梁的刚度越大，梁内弯矩越大。主梁承受的拉索水平分压力与桥的距度有关，一般靠墩塔处压力最大，必要时可局部加大截面。主梁高度要大于等于横梁高度，而横梁高度取决于横梁的跨度，对于双索面斜拉桥，横梁高度约为索面横向间距的 1/20。

主梁宽度取决于行车道宽度、人行道宽度、拉索布置、横截面布置及抗风稳定性要求等。为提高横向抗风稳定性。主梁全宽与主梁高度之比宜大于 8，低限不应小于 6。为保证桥的横向刚度及抗风稳定性，宽跨比不宜小于 1/30。

6.4.2.2　索距

索距的选择应考虑主梁内力、拉索张拉力、锚固构造、施工吊装能力、材料规格、经济性以及施工方法等因素。

现代斜拉桥均采用密索体系。密索有以下优点：有利于降低梁高，便于悬臂法施工，索力小、锚固构造简单便于换索。但在索距很小时，为满足索与梁的锚固要求并使主梁截面能承受拉索的水平压力，梁截面就不可能太小。因此，过密的索并不能充分利用梁的强度。

混凝土主梁上的索距一般取6～10m，多为8m；钢主梁上的索距一般取12～16m，多为12m。中孔最中间的两根拉索，其间的梁段一般没有拉索水平分压力的作用，可以采用较大的间距，一般取1.2～1.3倍的索距。

除跨中一段外，中孔索距一般为等距。为了有利于对称施工，边孔索距也要尽量安排成与中孔同等的索距。如果边孔较短，尾部几根索可用较小的索距或集中锚固在梁端。

现在的拉索布置多数为扇形，故还要拟订拉索在塔上的间距。从主梁的受力要求出发，或者为了减小索的截面积，拉索的竖直分力越大越好。为此应尽量减小拉索在塔上的间距，一般取1.6～2.2m，它主要取决于拉索锚头布置及张拉空间的要求。

6.4.2.3 拉索的倾角

拉索的倾角指拉索与梁轴线之间的夹角。拉索的倾角与拉索的受力情况有关，倾角增大则索力可减小，但塔高及索长要增加，而索塔截面积可相应减小。较合理的拉索倾角，应控制在25°～40°左右，竖琴形布置多取26°～30°，辐射形布置一般在21°～30°(多为25°)。

6.4.2.4 索塔高度与索塔截面尺寸

拉索最小倾角一旦确定，塔高就基本上确定了。如主跨梁上最靠跨中一根拉索的倾角(最小倾角)为α，该索在主梁上的位置距塔中心距离为S，则索塔在桥面上的高度大致为$h = S\tan\alpha$，具体的数值与塔顶细部构造有关。对于双塔三跨式斜拉桥，索塔在桥面上的高度与主跨之比一般为1/4.5～1/5。

索塔的载面尺寸应满足塔身的稳定性及抗压弯强度的要求。

6.4.3 斜拉桥计算要点

斜拉桥为高次超静定的空间结构，其结构计算相当复杂，要采用有限元法并借助计算机进行。以下仅就一些问题作扼要介绍。

6.4.3.1 计算图式与计算原则

1. 关于计算图式的规定

1）结构计算简图、几何特性、边界条件必须与实际结构一致。

2）结构计算简图必须能反映结构分阶段形成的特点，正确反映各重要工况下的结构特性及荷载，如结构形成、体系转换、拉索张拉与索力调整、永久荷载、可变荷载及施工荷载等。

2. 结构计算原则

1）对于一般跨径的混凝土斜拉桥，可按经典结构力学或有限元法计算。

2）对于跨径较大的斜拉桥，应计入结构几何非线性及材料非线性影响。

3）斜拉桥为空间结构体系，静力分析时可简化为平面结构进行计算，但动力分析应按空间结构计算。

4）必须计入拉索垂度对结构的非线性影响，可采用拉索换算弹性模量的方法计入其影响。

5）除了对结构总体进行计算外，还应对一些特殊部位进行局部分析。

6.4.3.2 非线性影响

不论计算图式是否简化，都必须注意结构的非线性影响，主要表现为：①结构刚度较小，变形较大；②索塔、主梁受弯矩与轴力的共同作用，结构非线性使弯矩有增大趋势；③拉索自重产生垂度，由此引起索力与变形之间的非线性变化。

6.4.3.3 恒载与活载内力计算

斜拉桥的恒载内力计算要比普通的梁式桥复杂得多：首先，斜拉桥的施工都不是一次成桥，体系在施工过程中逐渐变化，必须按施工程序分阶段计算其内力和变形；其次，拉索索力的大小直接影响主梁和塔的内力，在一定范围内调整索力，可使结构的恒载内力重新分布而变得更加理想。

按平面杆系分析斜拉桥时，活载内力的计算是采用在内力、挠度影响线上动态加载的方法，并计入横向分布影响。横向分布系数的计算方法，可根据结构的构造特点选择。公路斜拉桥的活载内力占总内力的比重不大，活载计算可不考虑非线性影响，可按一般线性结构对待。

6.4.3.4 风振问题

大跨径桥梁的风动力稳定问题至关重要，但风振的计算目前尚无完善的纯理论方法。对于斜拉桥与悬索桥，一般通过风动试验的方法来获得或验证结构的风动特性。一般可采取以下方法来改善结构的风动稳定性：控制宽跨比；迎风面采用流线性；通过结构进行横向导航、减少桥面局部真空；使用双索面以增加抗扭刚度；减小索距；主梁采用连续梁等。

6.5 悬索桥

6.5.1 悬索桥的一般特点

现代悬索桥是由古老的索桥演变而来，其主要承重结构由缆索(含吊杆)、塔、锚碇三者组成。其缆索几何形状由力的平衡条件决定，一般接近抛物线；从缆索垂下许多吊杆，把桥面吊住。在桥面各吊杆之间通常设置加劲梁，同缆索形成组合体系，以减小活载所引起的挠度变形。悬索桥的跨越能力无以伦比，是至今为止跨径超过1000m的主要桥型。

6.5.1.1 悬索桥的主要结构类型

悬索桥的主要结构类型有以下几种(见图6-39)：

1) 柔式悬索桥(见图6-39a)：不设加劲梁，只在活载与恒载的比值不大时适用，如人行桥或早期的一些主缆很大的悬索桥等。

2) 单跨悬吊(见图6-39b)：仅主跨悬吊，并在主跨上设加劲梁；如存在边跨，则边跨独立(简支于桥塔)。

3) 三跨悬吊简支体系(见图6-39c)：加劲梁为三跨简支梁。

4) 三跨悬吊连续体系(见图6-39d)：加劲梁为三跨连续梁。

5) 自锚式悬索桥(见图6-39e)：与组合体系中的系杆拱相似，悬索的水平拉力不传给锚碇而传给加劲梁。

6) 缆索中段同加劲桁架上弦合为一体(见图6-39f)。

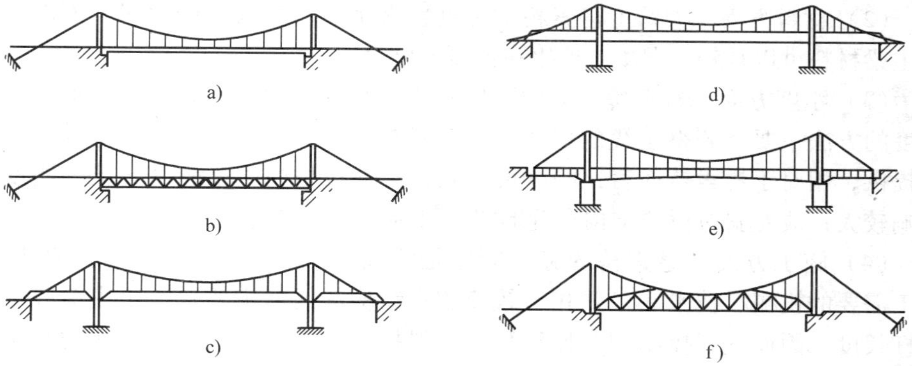

图6-39 悬索桥的主要结构类型

a) 柔式 b) 单跨悬吊 c) 三跨悬吊简支体系 d) 三跨悬吊连续体系

e) 自锚式 f) 缆索中段同加劲桁架上弦合为一体

根据地形、地质、水文等情况，还可采用双跨不对称悬吊方式。在世界范围内，单跨悬吊(如江阴长江大桥)的悬索桥最多，其次是三跨简支悬吊(如明石海峡大桥)和双跨不对称悬吊(如青马大桥)。三跨悬吊连续体系较少，但丹麦的大带东桥是其中的佼佼者；我国厦门海沧大桥(230m+648m+230m,1999年)的主跨在三跨悬吊连续体系中曾仅次于大带东桥，列世界第二位。

此外，悬索桥的吊杆有竖直吊杆和斜吊杆两类；加劲梁则以钢桁梁与扁平钢箱两种为主；而在锚碇方面，则有重力式锚碇和隧道(坑洞)式锚碇两大类。

斜吊杆配加劲钢筋梁的悬索桥在欧洲较为常见，竖直吊杆配加劲钢桁梁的悬索桥在美国较常见；我国的悬索桥多为竖直吊杆配加劲钢筋梁。

6.5.1.2 悬索桥与斜拉桥的比较

悬索桥与斜拉桥都属于缆索承重结构(或称缆支体系)，以高强度的缆索受拉来承重，在力学特点和经济性能方面都有很大的优越性。因此，这两种桥型都具有很大的跨越能力，都非常适于大跨度桥梁。但以缆索承重的结构，其柔度、变形较大，都必须充分重视抗风和振动的问题。

悬索桥与斜拉桥的区别，显见的是前者跨越能力更大，但这只是悬索桥与斜拉桥不同之处的一种具体表现。悬索桥与斜拉桥的区别主要有以下几个方面：

（1）结构受力方面　悬索桥主要靠主缆承受荷载，并通过主缆将拉力传给锚固体系，加劲梁仅仅起到局部承受荷载的作用；采用地锚时，加劲梁中不受轴向力作用，由加劲梁自重引起的恒载内力较小。斜拉桥由斜拉索与主梁共同承受荷载，斜拉索的纵桥向水平分力在主梁中引起较大的轴向力，恒载内力所占比重很大。悬索桥只有通过调整垂跨比才能改变主缆的恒载内力，而斜拉桥可直接通过张拉斜拉索就能调整索、梁的恒载内力。

（2）材料方面　大跨度悬索桥的加劲梁多采用自重较轻的钢材，而斜拉桥的主梁材料可以是钢、混凝土或钢—混凝土结合。

（3）刚度方面　悬索桥的竖向刚度较小，且基本由主缆提供；调整其竖向刚度的方法主要靠调整主缆的恒载拉力。斜拉桥的竖向刚度由斜拉索与主梁共同提供，相对于悬索桥而言，刚度可以较大；斜拉桥的主梁刚度对结构刚度的影响较大；改变斜拉桥的结构布置形式，可调整其竖向刚度。

（4）施工方面　悬索桥的施工顺序是锚碇、桥塔、主缆、吊索、加劲梁，施工需要的机械、技术和工艺相对较简单；结构的线形主要取决于主缆线形和吊杆长度，因而施工控制相对比较简单。斜拉桥在施工中将发生多次的结构体系转换，必须严格控制结构的线形和拉索索力，施工控制较复杂、技术难度相对较大。

6.5.2　悬索桥的构造特点

1. 主缆

主缆是吊桥的主要承重构件，以前在跨径 500m 以下的悬索桥中曾使用过钢丝绳钢缆作为主缆，现在的悬索桥基本使用平行钢丝作为主缆。

平行钢丝主缆由高强度镀锌平行钢丝束组成，其架设方法分为空中编缆法[AS 法，Air Spinning，也称空纺线（编丝、送丝）法]和预制平行钢丝束股法（PP-WS 法，Prepare Parallel Wire Spinning，有人称之为 PPS 法或 PWS 法）两种。

主缆的数量一般为全桥 2 根，分别布置在加劲梁两侧吊点之上。只有早期的极少数悬索桥采用 4 根主缆或 1 根主缆。

2. 加劲梁

加劲梁的主要功能是提供桥面并防止桥面发生过大的挠曲和扭曲变形，是承受风荷载和其他横向水平力的主要构件。

加劲梁主要有扁平钢箱梁和钢桁架两种。扁平钢箱加劲梁(见图6-40)建筑高度小、较轻、用钢量省、结构抗风性能好。钢桁架加劲梁的刚度较大，它能布置成双层桥面，能适应于交通量较大或公铁两用的桥梁。

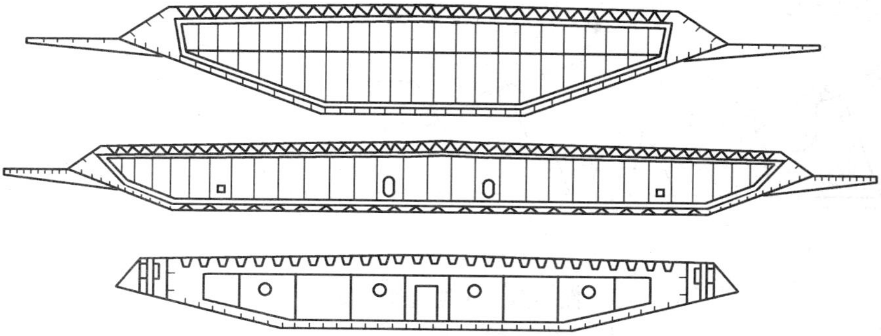

图6-40　扁平钢箱加劲梁示意图

3. 桥塔

桥塔是支承主缆的重要构件；塔高主要由垂跨比确定。

早期的桥塔多用石塔，后来发展为以钢塔为主。随着预应力混凝土和爬模技术的发展，钢筋混凝土塔逐渐增多。桥塔的外部形状，在纵桥轴向多为变截面(从塔顶向塔底逐渐扩大)，而横桥向刚多为等宽度；桥塔的断面形状有多种形式。

4. 锚碇

锚碇是主缆的锚固体，将主缆中的拉力传递给地基基础。锚碇有重力式锚碇和隧洞式(隧道式、岩隧式)锚碇两种(见图6-41)，一般由基础、锚块、锚碇架及固定装置等部分组成。重力式锚碇为一庞大的混凝土结构，依靠自重实现对主缆拉力的锚固。隧洞式锚碇为在坚固的天然岩体上开凿隧洞，然后再浇筑混凝土形成，利用岩体强度对混凝土锚体形成嵌固作用，达到锚固主缆拉力的目的，因而

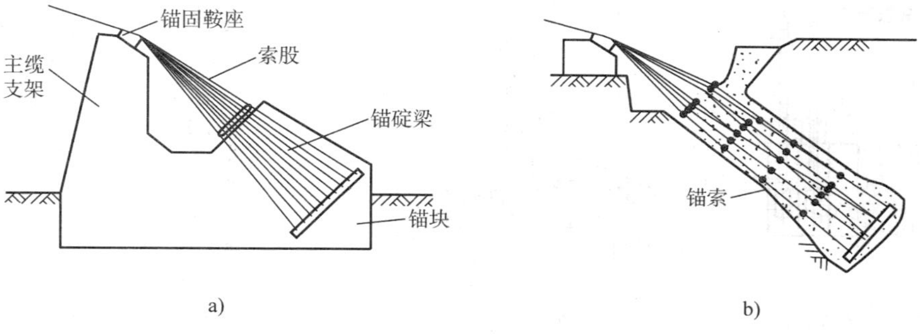

图6-41　锚碇形式
a）重力式　b）隧洞式

其锚碇混凝土用量较为节省；在条件具备时，使用隧洞式锚碇比较经济。

当主缆在锚碇处改变方向时，则需设置主缆支架。主缆支架是主缆的支点，可以独立地设置于锚碇之前，也可以设置在锚碇之内。主缆支架的主要形式有钢筋混凝土刚性支架、钢制柔性支架和钢制摇杆支架等(见图6-42)。

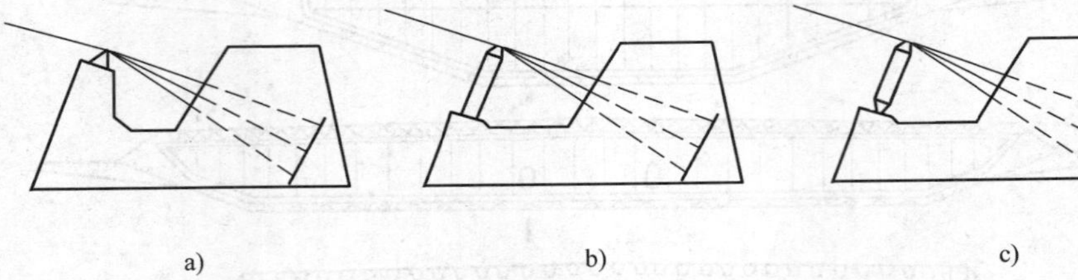

图6-42 主缆支架示意图

a）刚性支架 b）柔性支架 c）摇杆支架

5. 吊索及索夹

吊索也称吊杆，是将活载和加劲梁的恒载传递到主缆的构件。吊索上端通过索夹与主缆连接，下端与加劲梁连接(见图6-43)。

吊索可用钢丝绳、平行钢丝束或钢铰线等材料制成。吊索与主缆的连接方式有骑挂式(见图6-44a)和销连接式(见图6-44b)两种。

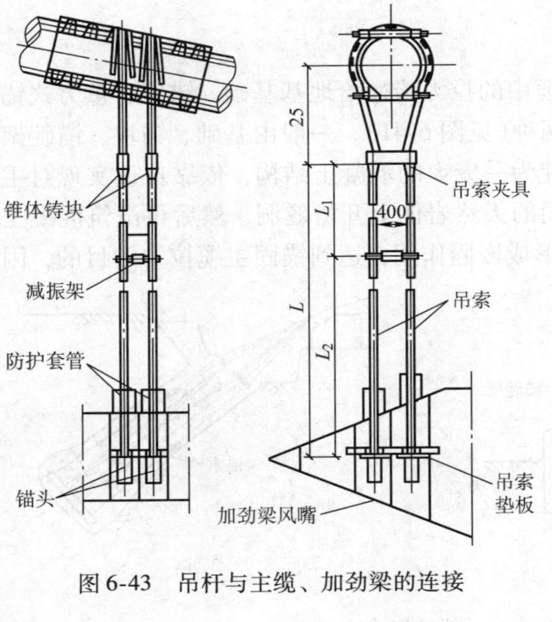

图6-43 吊杆与主缆、加劲梁的连接

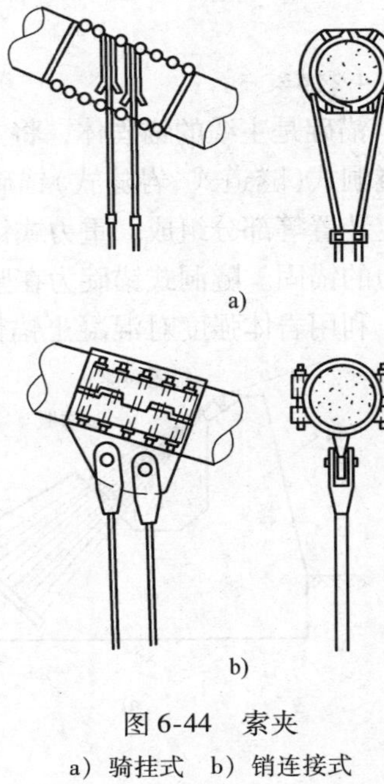

图6-44 索夹

a）骑挂式 b）销连接式

6. 鞍座

鞍座是支承主缆的重要构件，它将主缆中的拉力传递到塔顶或锚碇。设置在塔顶的鞍座称为主鞍，设置在锚碇处的鞍座一般为散索鞍。

塔顶鞍座(主鞍)的结构主要有鞍槽、座体和底板三大部分组成(见图6-45)。鞍槽用以容纳和支承主缆束股，座体的主要作用是传递竖向压力，而底板则使反力均匀分布。

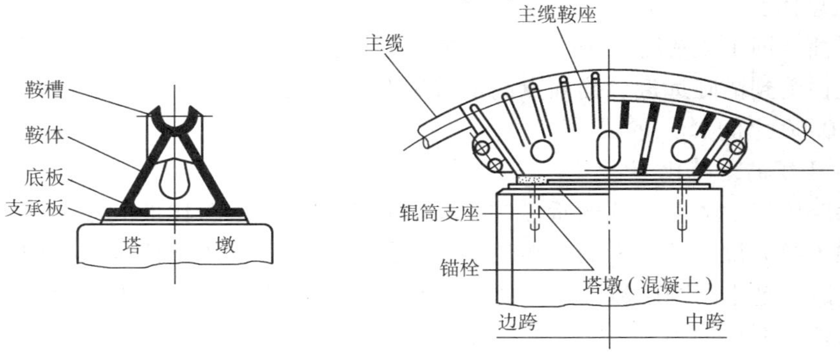

图6-45　塔顶鞍座

靠近锚碇处的主缆，需散开成束股锚固。当主缆在散开的同时有一向下的转折角时，就需要在此处设置散索鞍(展索鞍)，如图6-46所示。散索鞍的功能一是改变缆索方向，二是将主缆的束股分散后引入各自的锚固位置。散索鞍在主缆受力或温度变化时要随主缆同步移动，其结构形式主要有摇柱式和滑移式两种。

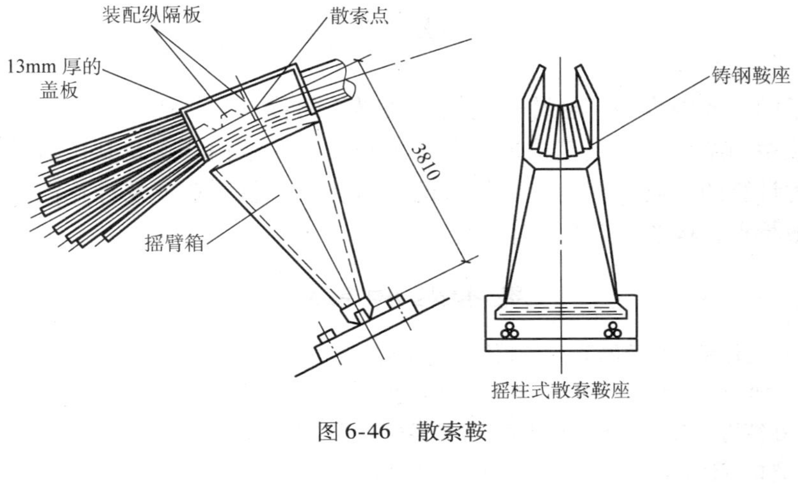

图6-46　散索鞍

6.5.3 悬索桥的总体设计

总体设计首先是选定悬索桥的结构类型，这主要根据地形、地质、水文及接线等条件限制进行选择；然后要确定跨度比(主边间的比例)、垂跨比、加劲梁尺寸等。

1. 边跨与主跨的跨度比例

从总体受力角度出发，希望塔顶处主缆的水平分力在边跨一侧和主跨一侧互相平衡，即主缆在塔顶两侧夹角相等，此时边跨与主跨比值接近于0.5。但实践中往往受到锚碇远近、锚固点高低等客观条件的限制，因此边跨的比例多在0.25~0.50之间。

2. 主缆的垂跨比

垂跨比指主缆在主孔的垂度与主孔的跨度之比。垂跨比的大小，一方面直接影响主缆的拉力进而影响主缆用钢量；另一方面对桥的整体刚度有明显的影响，垂跨比越小则刚度越大。因此，实践中应结合刚度要求和主缆用钢量来选取，通常取1/9~1/12。

3. 加劲梁的尺寸拟定

对大跨度悬索桥而言，加劲梁的尺寸一般与跨度并无固定的比例关系，主要取决于抗风稳定性的要求。实践中要对所选择的加劲梁高度、宽度进行抗风理论分析和风洞试验验证，以判断其是否具备优良的动力特性。通常，加劲梁宽度则由车道及桥面构造布置决定，桁式加劲梁梁高一般为6~14m，箱形加劲梁的梁高一般为2.5~4.5m。

本章小结

本章的主要内容是：悬臂与连续体系梁桥的特点和一般构造；预应力混凝土连续梁桥的结构特点及其构造；混凝土刚架桥的结构特点及其构造类型、刚架桥内力计算的原则与假定；斜拉桥的构造特点、总体布置及计算简介；悬索桥的一般特点、构造特点及总体设计。

思考题和习题

6-1 简支体系、悬臂体系、连续体系的结构特性有何不同？

6-2 悬臂梁和连续梁的配筋主要特点是什么？它如何与结构的力学特点相适应？

6-3 在结构特点上，预应力混凝土连续梁桥与预应力混凝土简支梁桥、钢筋混凝土连续梁桥有何异同点？

6-4 现阶段有哪些较常见的连续体系？各有何特点？

6-5　预应力混凝土连续梁桥的支点横隔板与中横隔板的作用有何不同？

6-6　什么是临时束、永久束、后期束？

6-7　预应力混凝土连续梁桥的纵向预应力筋在箱梁截面上的布置应遵循哪些原则？

6-8　预应力混凝土连续梁桥采用悬臂施工法时，为什么要特别重视合拢段的设计与施工？为此应采取哪些相应的措施？

6-9　何为刚架桥？它在结构上有哪些特点？

6-10　计算刚架桥内力时，应遵循哪些原则和假定？

6-11　斜拉桥拉索的纵、横向布置分别有哪些基本形式？

6-12　斜拉桥索塔的支承体系有哪几种？各有何特点？

6-13　斜拉桥按拉索的锚拉体系可分为哪几类？各有何特点？

6-14　斜拉桥采用密索体系有何优点？索距选择要考虑哪些因素？

6-15　悬索桥的主要结构类型有哪些？

6-16　悬索桥与斜拉桥的主要区别有哪些？

6-17　悬索桥加劲梁的主要功能有哪些？

第三篇

拱　　桥

7

第7章

拱桥的设计与构造

拱桥(Arch Bridge)是人类最早也是最广泛使用的一类桥型。拱桥与梁式桥在构造形式上不同，最明显的区别在于两者的受力性能不同。根据力学知识可以知道，拱式结构在竖向荷载作用下，支承处需要相应的水平推力，而梁式桥结构在竖向荷载作用下，支承处不需要相应的水平推力。由于这个水平推力的存在，导致拱结构截面内的弯矩要比同等跨径梁的弯矩小得多，致使整个拱架结构主要承受压力。由于拱桥是以抗压特性为主的结构，因此不仅可以利用钢材、钢筋混凝土等材料来建造，而且还可以使用廉价的圬工材料，如砖、石和混凝土等材料来建造，这种由圬工材料修建的拱桥称为圬工拱桥。为了减少拱的截面尺寸，减轻拱的重量，在混凝土拱中配置有受力钢筋的拱桥称为钢筋混凝土拱桥。钢筋混凝土拱桥也是现代拱桥建设中常用的一类桥型。

保留至今的古代名桥绝大多数是属于圬工拱桥，充分说明拱桥是一种最为坚固耐用的桥型。近代由于建筑材料的不断发展与进步，拱桥建设已经突破了单纯以圬工拱桥为主的范围，混凝土拱桥、钢筋混凝土拱桥、钢拱桥、钢管混凝土拱桥、提篮拱桥等越来越多的新型拱桥不断涌现，施工方法不断创新，成为了我国桥梁建设中的一类主要桥型。据统计，在我国的公路桥梁中拱桥约占60%，已成为200~600m跨径范围内具有相当竞争优势的桥型。

7.1 拱桥的主要特点

拱桥有以下一些明显的优点：①造型美观，能够做成与周围的环境相协调的曲线形式，体现出一种韵律之美、柔和之美、曲线之美；②构造简单，尤其是中、小跨径的圬工拱桥，不需要大型设备和复杂技术，建桥技术容易掌握和推广，对于大跨径拱桥，近年来，转体施工法和劲性骨架拱的应用，使得其建造过程比同跨径的其他桥型(如斜拉桥、悬索桥)更加便捷；③跨越能力大，在200~600m跨径范围内，拱桥具有相当大的竞争优势，目前石拱桥跨径的世界纪录已达155m(山西晋城丹河桥），混凝土拱桥跨径已达460m（重庆巫山长江大桥），钢拱桥跨径已达550m（上海卢浦大桥）；④耐久性好，养护、维修费用相对较少。

拱桥主要缺点有：①自重大，相应的水平推力较大，需要增加下部结构的工程量；②可能的基础变位或沉降所产生的附加内力很大，使得工程师精心设计的拱轴线难以处于一种理想的受力状态，对基础的要求更高；③建筑高度较大，施工时常需要搭支架等也使得拱桥建设受到限制；④多跨连续多孔整体安全度不高，容易出现一孔破坏而影响全桥的安全，造成不良后果。

优点与缺点是相对的，只要优点突出，在条件许可的情况下，拱桥建设方案往往是经济合理的。一般来说，在地质条件较好的山区，中、小型跨径拱桥是最具有竞争力的；在地质条件较差或平原地区，往往可以选择无推力拱的方案；在跨径100～600m范围的中、大型跨径桥梁中，拱桥也具有较强的竞争力。随着技术的不断进步，拱桥的缺点正在逐步得到改善和克服。例如，在地质条件不好的地区修建拱桥，可以从结构体系上、构造形式上采取措施，或采用轻质材料来降低结构的自重，或设法改善或提高地基的承载力等。此外，现代化的施工手段和节段装配式构件的采用也将不断提高拱桥施工进度。上述措施扩大拱桥的使用范围，提高拱桥的跨越能力。

修建大跨径钢筋混凝土拱桥需关注的主要问题是施工问题。过去建造拱桥常采用拱架施工法，随着建桥技术的发展，无支架施工技术逐渐成熟，从而促进了大跨径拱桥的建设。拱桥跨径的增大，又激发了减轻拱桥结构自重、高强混凝土开发及不断改进施工方法等问题的解决，如近年来出现的刚架拱桥、预应力混凝土组合桁架拱桥、钢管混凝土拱桥及劲性骨架混凝土拱桥的建设。特别是钢管混凝土拱桥，由于先安装钢管拱，再向内泵送混凝土，使得安装重量减少，施工快捷，同时由于钢管的套箍作用，使得其抗压强度得到很大提高，成为目前较为流行的一类拱桥。

今后拱桥仍将是我国公路桥梁的主要形式之一，特别是在西部山区公路建设中，拱桥将发挥重大的作用。同时结合我国的国情，拱桥在发展中应进一步研究拱桥的设计理论，关注结构的耐久性，关注施工建设与环境保护之间的关系，力争使得结构构造和施工工艺更加完善，同时应进一步关注结构向装配化、轻型化和机械化方向发展，提高桥梁建设的速度。

7.2　拱桥的组成与分类

7.2.1　拱桥的主要组成

拱桥和其他桥梁一样，也是由桥跨结构（即上部结构）和桥墩桥台（下部结构)两部分组成。传统圬工拱桥的主要部分如图7-1所示。

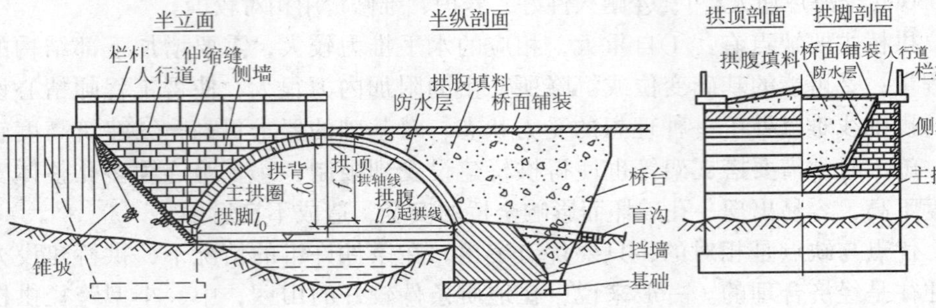

图7-1 拱桥的主要组成部分

拱桥根据行车道的位置，可以分成上承式、中承式和下承式三种类型。上承式拱桥是较为常见的一类桥型，其桥跨结构通常由主拱圈(简称主拱)及拱上建筑(或称拱上结构)两部分组成。主拱圈是主要承重结构，承受桥上的全部荷载，并通过它把荷载传给拱桥墩台及基础。由于主拱圈是曲线形，车辆无法直接在弧面上行驶，所以在桥面系和主拱圈之间需要有传递荷载的构件或填充物，桥面系和传递荷载的构件或填充物统称为拱上建筑(或拱上结构)。拱上建筑可做成实腹式的或空腹式的，分别称为实腹式拱桥、空腹式拱桥。桥面系包括行车道、人行道及两侧的栏杆或砌筑的矮墙等构造。

拱桥的下部结构由桥墩、桥台及基础等组成，用以支撑上部结构，并将上部结构的荷载传递到基础。桥台还起到与两岸路堤相连接的作用，使得路桥形成一个协调的整体。

7.2.2 拱桥的主要类型

由于拱桥建造的历史长，使用又极其广泛，因此，拱桥的型式多种多样，构造也是各有差异，可以按照不同的方式对拱桥进行分类。

按拱上建筑的型式，拱桥可分为实腹式拱桥和空腹式拱桥。

按桥面的位置，拱桥可分为上承式拱桥、中承式拱桥和下承式拱桥。

按主拱圈的拱轴线线型，拱桥可分为圆弧拱桥、抛物线拱桥和悬链线拱桥，这三种曲线形拱桥受力性能较好，也较美观，最为常用。

按主拱圈采用的结构材料，拱桥可分为木拱桥、圬工拱桥、钢筋混凝土拱桥、钢拱桥等。

按照对下部结构有无水平推力，拱桥可分为有推力拱桥和无推力拱桥。

按照结构受力图式可分为简单体系拱桥、组合体系拱桥和拱架桥。

按照主拱圈截面形式可分为板拱桥、肋板拱桥、肋拱桥、双曲拱桥、箱型拱桥、钢管混凝土拱桥、劲性骨架混凝土拱桥等。

此外在城市或公园里还有一些用于装点景色的各种异形拱桥等。下面仅从拱轴线形式分类、结构体系分类和主拱圈截面分类等三个方面来阐述拱桥的主要类型。

1. 按照拱轴线形式分类

拱轴线常用的形式有圆弧线、抛物线和悬链线。从受力分析来看，悬链线拱轴线受力最为合理，理论上拱桥可以设计成只受轴向压力，不受弯曲的合理拱轴线；其次较为合理的线形是抛物线，它和悬链线很相似，计算较为简单。工程实际中的中、大跨径拱桥常设计成悬链线形或抛物线形。圆弧线形受力较差，但由于自身所具有的美学效果以及设计、施工均较为容易实现而吸引设计者考虑，通常在小跨径拱桥中广泛使用。

2. 按照结构体系分类

（1）简单体系拱桥　简单体系拱桥的主拱圈以裸拱作为主要承重结构，拱上建筑不与主拱圈共同受力。按照主拱圈的静力特点，简单体系拱桥可以分为三铰拱、两铰拱、无铰拱三种形式，如图 7-2 所示。

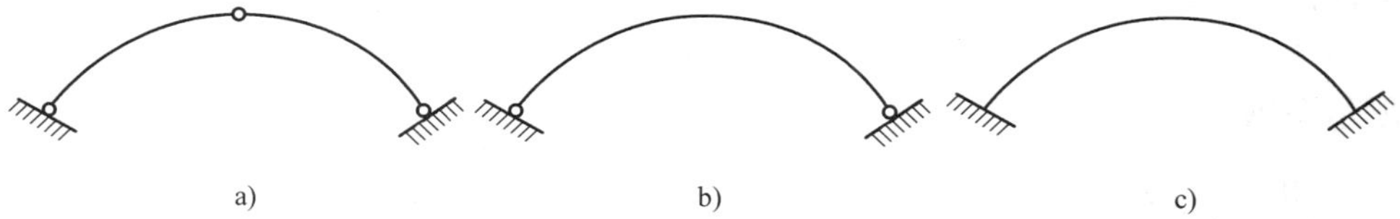

图 7-2　简单体系拱圈的静力图式

a）三铰拱　b）两铰拱　c）无铰拱

三铰拱桥为静定结构。由于温度变化、制作沉陷、混凝土收缩、徐变等原因引起的变形不会在主拱圈内产生附加内力，计算时不必考虑结构的弹性变形对内力的影响。因此在地基条件较差时，可采用三铰拱形式。但是由于铰的存在，使其结构复杂，施工较困难，维护费用增高。它的整体刚度小，不利于抗震。又由于拱的挠曲线在拱顶铰处有转折，对行车不利。因此，三铰拱较少采用。目前国外最大跨径的三铰拱桥是德国的莫塞尔乔，跨径 107m。我国仅在一些小跨径的拱桥上采用，公路空腹式拱桥的拱上建筑的边腹拱则常采用三铰拱。

两铰拱桥属于一次超静定结构。由于取消了拱顶铰，使结构整体刚度较三铰拱大。常在地基条件较差、墩台基础可能发生差异沉降或坦拱中采用，与无铰拱桥相比，由于基础位移、温度变化等引起的附加内力较小。目前世界上最大跨径的两铰拱桥是日本 1974 年建造的外津桥，跨径为 170m。

无铰拱桥属于三次超静定结构。在自重和外荷载作用下，主拱内的弯矩分布比两铰拱均匀，材料用料省，并且无铰拱结构刚度大，构造简单，施工方便，养护费用少，因此无铰拱用的最广泛。由于无铰拱桥超静定次数高，致使由温度变化、材料收缩、结构变形，尤其是墩台位移在主拱内产生的附加内力较大，所以无铰拱桥一般建造在地基良好的地域下，这使它的适用范围受到一定的限制。不过，随着跨径的增大，附加内力的影响也相对地减少，因而无铰拱桥仍是国内采用最多的一种拱桥形式。目前世界上最大跨径的无铰拱桥就是我国重庆的万县长江大桥，跨径为420m。

除了以上三种拱桥外，单铰拱桥在理论上是可行的，但实际建造的很少，法国有座单铰拱桥跨径达110m。

（2）组合体系拱桥　在拱式桥跨结构中，将行车系的行车道梁与主拱圈按不同的构造方式组合成一个整体，共同受力，这种拱桥称为组合体系拱桥。根据行车道梁与主拱圈的组合方式和静力图式的不同，组合体系拱桥可分为无推力的和有推力的两种。组合体系拱桥也可建成上承式、下承式。

1）无推力的组合体系拱桥。此类拱桥主拱的推力由系杆提供，墩台不承受水平推力。根据主拱和系杆的刚度大小及吊杆的布置形式可分为：具有竖直吊杆的柔性系杆刚性拱，又称为系杆拱桥(见图7-3a)；具有竖直吊杆的刚性系杆柔性拱，又称为朗格尔拱(见图7-3b)；具有竖直吊杆的刚性系杆刚性拱，又称为洛泽拱(见图7-3c)。以上三种拱桥，采用斜吊杆来代替竖直吊杆时，则称为尼尔森拱，如图7-3d、7-3e、7-3f所示。

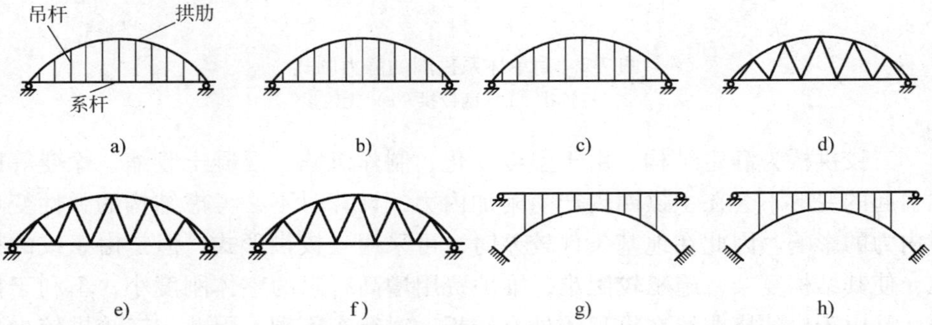

图7-3　无推力的组合体系拱

a）系杆拱　b）朗格尔拱　c）洛泽拱　d）~f）尼尔森系杆拱　g）倒朗格尔拱　h）倒洛泽拱

2）有推力的组合体系拱。有推力的组合体系拱没有系杆，它由单独的梁和拱共同受力，拱的水平推力则由墩台提供，图7-3g所示为刚性梁柔性拱，也称倒朗格尔拱；图7-3h所示为刚性梁刚性拱，也称倒洛泽拱。

（3）拱架桥　拱桥的上部结构在横桥方向被制作成一片片的承重结构。拱片之间依靠横向联结体系形成整体。桥面板铺装在拱片及其横向联系之上。此类形式的拱桥仅限于上承式拱桥使用。拱片的上缘与桥面纵向平行，其下缘是拱形推力结构。根据上下之间的不同联结方式，又分为桁架拱桥和刚架拱桥。

3. 按照主拱圈截面形式分类

拱桥的主拱圈，沿拱轴线可以做成等截面拱或变截面拱的形式（见图 7-4）。所谓等截面拱是指沿拱轴线方向主拱圈的横截面尺寸保持不变，变截面拱则是指拱的主拱圈横截面尺寸，从拱顶到拱脚是逐渐变化的。一般对于无铰拱，常采用由拱顶向拱脚逐渐增大的形式，而在三铰拱或两铰拱中，由于最大内力的截面位置大约在四分之一跨径或跨中，因此可采用在四分之一跨径或跨中截面变大的形式。实际工程中，由于等截面拱构造简单、施工方便，因此是目前采用最为普遍的形式。

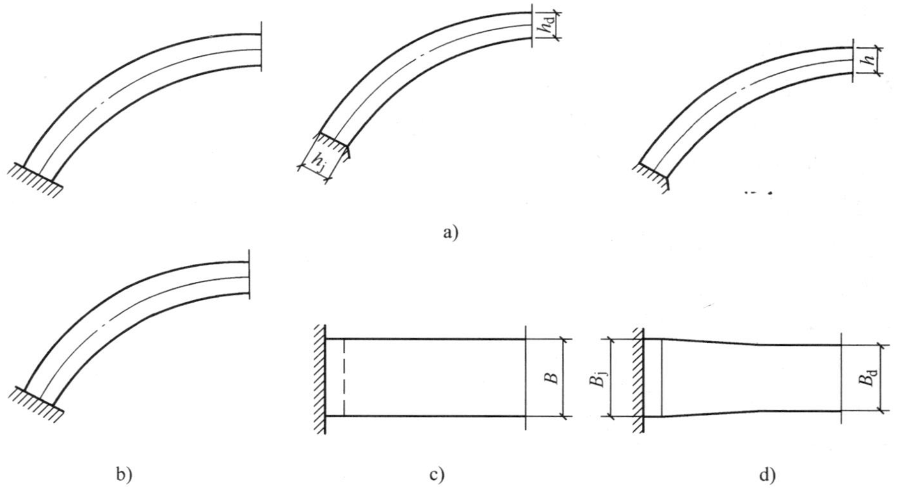

图 7-4　主拱圈截面变化形式

通常按主拱圈的截面形式可将拱桥分为板拱桥、板肋拱桥、肋拱桥、双曲拱桥、箱形拱桥等五种，如图 7-5 所示。

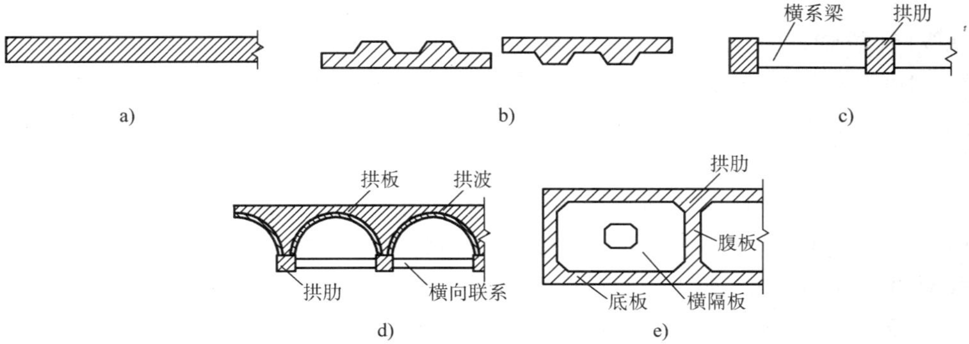

图 7-5　主拱圈横截面形式

a）板拱　b）板肋拱　c）肋拱　d）双曲拱　e）箱形拱

（1）板拱桥　板拱桥是最古老的拱桥形式，其主拱圈截面是整块的实心矩形截面，宽度和与之相配的道路宽度大体相当(见图7-5a)。板拱桥构造简单，施工方便，至今仍在使用。但是在截面积相同的条件下，由于实心矩形截面较其他形式截面的截面抵抗矩小，导致在弯矩作用下的材料强度没有得到充分利用，故采用板拱是不太经济的。通常，只在地基条件较好的中小跨径圬工拱桥中才采用板拱截面；有时为了减小主拱圈的截面高度，使拱桥显得轻巧美观，又可简化施工，在跨径100m以下的混凝土拱桥中，也常采用板拱截面。

（2）板肋拱桥　板肋拱桥是指拱圈截面由板和肋组成的拱桥，如图7-5b所示。它是在较薄的拱板上增加几条纵向肋，以提高拱圈的抗弯刚度。根据主拱圈弯矩的分布情况，在跨径中部，肋宜布置在下面；在拱脚区域，肋宜布置在上面，以符合力学计算图式。但在实际应用中，通常为了简化模板和钢筋的工作，往往沿整个拱跨将肋布置在主拱圈截面的上面或下面。

（3）肋拱桥　为了在相同截面积条件下获得较大的截面抵抗矩，将实心矩形截面划分成两条(或多条)分离的肋，以加大主拱的高度，肋与肋之间由横系梁相连结，这就形成了由几条拱肋组成的拱桥，称为肋拱桥(见图7-5c)。肋拱桥的拱肋可以是实心截面、箱形截面或桁架截面。拱肋可以采用混凝土、钢筋混凝土或钢材等建造，也可以由石料砌筑拱肋，形成石肋拱桥，最大跨径的石肋拱桥为湖南乌巢河大桥，其跨径为120m。

由于肋拱桥较多地减轻了拱桥结构自重，一般比板拱经济，但由于在内力中由活载产生的内力占较大比例，故宜用钢筋混凝土建造。肋拱桥构造比板拱桥复杂，多用于大中跨径拱桥中。近10多年来，钢管混凝土拱桥在我国呈不断发展趋势，使得拱桥的跨径有了较大的突破。钢管混凝土拱桥采用一根、一束或多个大直径的钢管内注(或外包)混凝土组成，施工时钢管可以起到支架的作用，为大跨径拱桥的建造带来了方便。

（4）双曲拱桥　双曲拱桥的主拱圈横截面由数个横向小拱组成，使主拱圈在纵向(桥轴线方向)和横向(桥宽方向)均呈曲线形，故称为双曲拱桥(见图7-5d)。在相同截面面积的情况下，双曲拱截面的抵抗矩比实心板拱的大得多，因此可节省材料，减小结构自重，特别是双曲拱桥施工时预制构件划分得细，吊装质量轻。

双曲拱桥在中小跨径的公路桥梁上曾经得到了广泛的应用，最大跨径达到150m。从理论上讲，其受力最为合理，也最省料。但由于主拱圈截面划分过细，截面的整体受力性能较差、也易开裂，耐久性差，目前已经很少修建。

（5）箱形拱桥　将实心板拱截面挖空形成箱形截面的拱桥，称为箱形拱桥(或空心板拱桥)(见图7-5e)。由于箱形截面比相同截面积的实体板拱截面抵抗矩大得多，因而大大减小了弯矩应力，节省材料较多。又由于箱形拱桥的主拱圈截面是闭合截面，截面抗扭刚度大，横向整体性和结构稳定性均较好，故特别适用于大跨径无支架施工。但箱形截面施工制作较麻烦。由于箱形截面良好的力学性能，箱形拱桥是国内外大跨径钢筋混凝土拱桥主拱圈截面的基本形式。

7.3 拱桥的总体布置

7.3.1 桥梁长度及分孔的确定

拱桥和梁桥一样，其总体布置也应按照安全、适用、经济、美观的基本原则，根据拱桥的使用任务、性质和将来的发展需要，结合建桥现场的水文、地质、地形地貌等具体情况进行。拱桥总体设计主要包括确定桥梁的长度、跨径、孔数、设计标高、主拱圈矢跨比等，确定桥长、跨径、孔数、设计标高等可参见总论的有关内容，这里不再赘述。

拱桥类型多种多样，同一个桥址也可采用不同的桥型，应根据桥梁的使用任务和性质、将来的发展情况、桥址所处位置、当地建筑材料、设计施工的技术和工艺及工程投资等因素综合考虑确定桥型。

对于跨径在100m以内的山区公路桥梁，若桥址附近地区具有丰富的石料资源时，一般以选石拱桥(板拱或肋拱)为宜，以便于地方施工，降低投资。对于跨径大于80~100m的跨河桥，如无法搭设支架施工时，一般采用钢筋混凝土箱板拱或箱肋拱。箱板拱具有设计施工经验成熟、构造简单等优点，但材料用量较箱肋拱大。

公路桥梁从行车效果考虑，以选择上承式拱桥为好，但根据桥面标高、桥梁跨径和桥下净空等因素的综合要求，也可采用中承式或下承式拱桥。对于多跨拱桥还可采用上承式与中承式相合的桥型。在平原地区及地基较差的地方，常采用无推力的下承式系杆拱桥、三铰拱桥或两铰拱桥，以满足桥下净空要求和简化基础处理。

对于小跨径石拱桥，常采用实腹式圆弧拱桥以简化设计和施工，而对于大中跨径拱桥，一般采用空腹式悬链线拱桥。石拱桥的拱上建筑可采用拱式腹孔，而混凝土或钢筋混凝土拱桥的拱上建筑则以梁式腹孔为主要形式。在地基承载能力较弱时，可考虑采用结构与施工均较复杂的轻型拱桥，如桁架拱桥或刚架拱桥。

对具有水平推力的拱式结构，宜选用单孔结构，但根据河床断面及经济合理性的要求，也可采用多孔式。建造多孔拱桥时，宜采用等跨连续拱以简化桥墩的处理，必要时也可采用不等跨式。

7.3.2 拱桥设计标高及矢跨比的确定

1. 拱桥设计标高和矢跨比的确定

拱桥的设计标高主要有四个，即桥面标高、拱顶底面标高、起拱线标高和基础底面标高，如图7-6所示，合理地确定这几个标高是拱桥结构设计方案的一个重要问题。

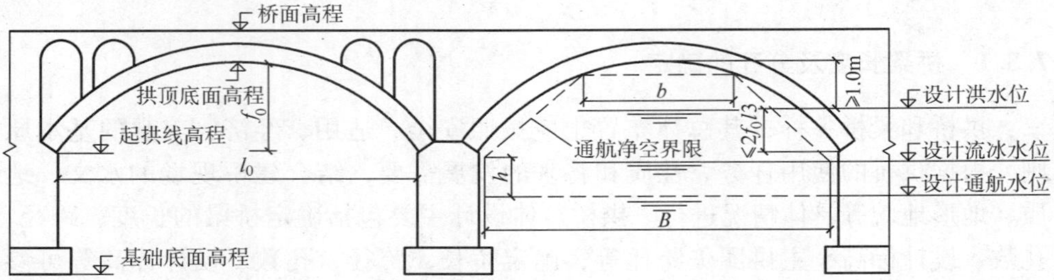

图7-6　拱桥主要标高示意图

拱桥的桥面标高一方面要考虑两岸线路的纵断面设计要求，另外还要保证桥下净空能满足泄洪和通航的要求。桥面标高反映了建桥的高度，相同纵坡条件下，桥高会使两岸接线工程量显著增加，桥梁总造价提高(特别是在平原地区)。而桥面标高也不能定低了，那会影响正常通航和安全宣泄洪水，造成不可弥补的缺陷。故应综合考虑有关因素合理确定桥面标高。一般来说，山区河流上的拱桥，由于两岸公路路线的位置较高，桥面标高常由两岸线路的纵断面设计控制。跨越平原区河流的拱桥，桥面的最低标高一般由桥下通航及排洪要求控制。对于无铰拱桥，拱脚可以设在设计洪水位以下，但淹没深度不得超过净矢高的2/3，并且在任何情况下，拱顶底面都应高出设计洪水位1.0m。

对于有淤积的河床，桥下净空要求适当加高，桥面标高将相应抬高。对于在河流中有形成流冰阻塞的危险或有漂流物通过时，桥下净空应按当地具体情况确定，确定桥面标高时应予注意。

对于通航河流，通航孔的最低桥面标高，除了满足以上要求外，还应满足通航净空高度的要求。设计通航水位一般按一定的设计洪水频率(1/20)进行计算，并与航道部门具体协商确定。

桥面标高确定后，由桥面标高减去拱顶处的建筑高度，就可得到拱顶底面的标高。

拟定起拱线标高时，为减小墩台基础底面的弯矩以节省下部结构的圬工用量，一般宜选择低拱脚设计方案。但对于有铰拱桥，拱脚需高出设计洪水位至少0.25m。为防止冰害，不论是无铰拱桥还是有铰拱桥，拱脚均应高出最高流冰水位至少0.25m。若拱上建筑采用排架式(立柱式)腹孔墩，则宜将起拱线标高提高，使主拱圈不致淹没过多，以防止漂流物对排架立柱的撞击或挂留。有时从美观考虑，不宜就地起拱，应使墩台露出地面以上一定高度。总之，拱桥起拱线标高的确定要综合考虑通航净空、排洪、流冰、拱上建筑形式等条件，并符合《公桥规》的有关规定。

基础标高主要根据冲刷深度、地质条件及地基承载能力等因素来确定。

在拱顶和拱脚标高确定后，根据分孔时拟定的跨径就可确定矢跨比。拱桥主拱圈的矢跨比是拱桥设计的主要参数之一，它不仅影响主拱圈、墩台基础的受力状况，还影响着拱桥桥型和施工方法的选择。同时，矢跨比对拱桥的外形能否与周围景观相协调，也有很大关系。计算结果表明，恒载作用下，拱的水平推力与垂直反力的比值，随主拱圈矢跨比的减小而增大，即当矢跨比减小时，拱的水平推力增大，反之则水平推力减小。众所周知，拱的水平推力大，相应地在主拱圈内产生的轴向压力也大，这对主拱圈本身的受力状况是有利的，但对墩台和基础的受力不利。同时当主拱圈受力后，因自身的弹性压缩，或因温度变化、混凝土收缩及墩台位移等因素都会在无铰拱的主拱圈内产生附加内力，对主拱圈不利，而矢跨比越小，附加内力越大，对主拱圈就越不利。在多孔拱桥中，矢跨比小的连拱作用比矢跨比大的显著，对主拱圈也不利。但矢跨比小能增加桥下净空，降低桥面纵坡，也有利于施工。

拱的矢跨比除了根据地形、地基条件选择外，还应考虑施工的难易程度。当主拱圈矢跨比过大时，拱脚区段过陡会给主拱圈的砌筑或混凝土的浇筑带来困难。因此，在设计时矢跨比的大小应经过综合比较合理选择。矢跨比大于1/4的拱尽管水平推力相对较小，但拱轴线较长，对稳定不利；矢跨比小于1/8的拱水平推力较大，弹性压缩和收缩、温度变化效应也增加，对拱圈和墩台也不利。因此，矢跨比宜在1/4～1/8之间选择。从受力强度和稳定综合考虑，除小跨径桥涵外，矢跨比在1/5～1/6最为合适。

通常，对于砖、石、素混凝土板拱桥和双曲拱桥，矢跨比取1/4～1/8，不宜小于1/8；肋拱桥、箱形拱桥的矢跨比一般为1/6～1/10，不宜小于1/10；桁架拱桥一般为1/6～1/10，刚架拱桥一般为1/7～1/10，桁式组合拱桥一般为1/6～1/9，但拱桥的最小矢跨比都不宜小于1/12；拱式组合体系桥柔性系杆刚性拱一般为1/4～1/5，刚性系杆柔性拱一般为1/5～1/7，刚性系杆刚性拱一般为1/5～1/6.5。一般将矢跨比等于或大于1/5的拱桥称为陡拱，而矢跨比小于1/5的称为坦拱。

国外曾将跨度的平方与矢高之比，即l^2/f称为“大胆度”，用来作为比较和评价拱桥的规模、设计和施工的复杂和难易程度指标。一般认为，大胆度在1000以上的拱桥具有较高水平，且是比较复杂的大型拱桥。据资料统计，全世界范围内大胆度在1000以上的混凝土拱桥还不足20座，其中南斯拉夫克尔克I

号桥的大胆度达2270。

2. 不等跨连续拱桥分孔的处理方法

为了便于施工和平衡桥墩上所受的推力，多孔连续拱桥最好采用等跨分孔的方案。但当受到地形、地质、通航、美观、经济等因素的限制时，也可考虑采用不等跨分孔的方案。如某一座跨越水库的拱桥，全桥长376m，谷底至桥面高达80m。根据地形、地质条件和技术经济比较等综合考虑，采用了跨越深谷的主孔跨径为116m，两边孔均为72m的不等跨分孔方案，如图7-7所示。

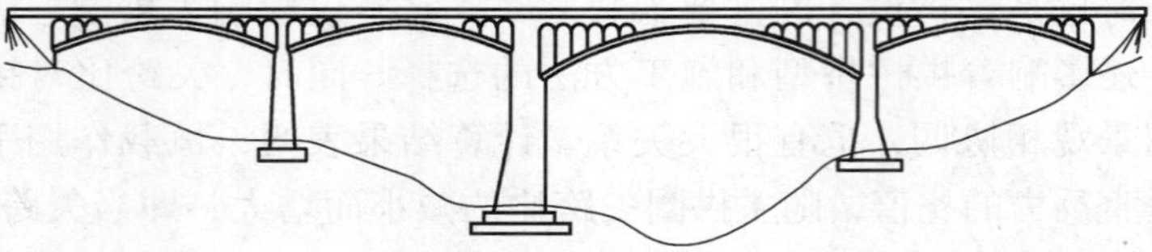

图7-7　不等跨分孔示意图

由于恒载作用下，不等跨拱桥相邻孔的水平推力不相等，使桥墩和基础承受由两侧主拱圈传来的水平推力不能平衡。这种不平衡的推力不仅使桥墩和基础的受力极为不利，而且在采用柔性墩的多孔连续拱桥中产生连拱作用，使拱桥的计算和构造趋于复杂。为了减小这个不平衡推力，改善桥墩和基础的受力状态，可以采取下列五项措施：

（1）采用不同的矢跨比　利用在跨径一定时，矢跨比与水平推力成反比的关系，在相邻两孔中，大跨径采用较陡的拱（矢跨比较大），小跨径采用较坦的拱（矢跨比较小），以使两相邻孔在恒载作用下的不平衡推力尽可能的减小。

（2）采用不同的拱脚标高　由于采用不同的矢跨比，使两相邻孔的拱脚标高不在同一水平线上。因大跨径的矢跨比大，拱脚降低，减小了拱脚水平推力对基底的力臂，使大跨与小跨的恒载水平推力对基底产生的弯矩得到平衡，如图7-8所示。采用不同的拱脚标高，由于拱脚不在同一水平线上，使得拱桥外形不够美观，构造上也要复杂些。

（3）调整拱上建筑的恒载　某些拱桥相邻孔的拱脚因为美观的要求，需要将拱脚布置在相同的标高上，可以考虑在相邻两孔中通过调整拱上建筑的恒载来减小相邻孔间的不平衡推力。如大跨采用轻质的拱上填料或空腹式拱上建筑，而小跨采用重质的拱上填料或实腹式拱上建筑，即用增加小跨一孔拱桥的恒载来增大其拱脚的恒载水平推力，使恒载下相邻孔的水平推力得以平衡。

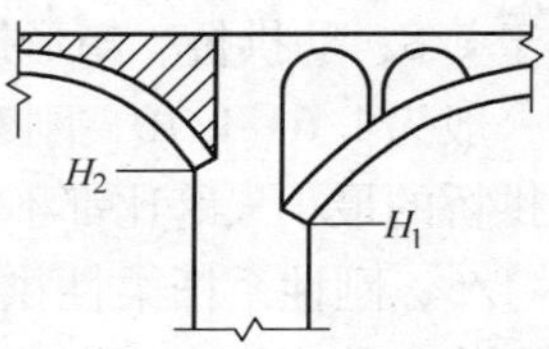

图7-8　采用不同拱脚标高示意图

（4）采用不同类型的拱跨结构　通常小跨径孔采用板拱结构，大跨径孔采用分离式肋拱结构，以减轻大跨径拱的恒载，从而减小恒载水平推力。有时，为了进一步减小大跨径拱的恒载水平推力，可加大大跨径拱的矢高，做成中承式肋拱桥形式。

（5）设计成体型不对称的或加大尺寸的桥墩和基础　在具体设计时，可采用上述几项措施中的一种或几种，如果仍达不到完全平衡两相邻孔在恒载作用下的水平推力，则可设计成体型不对称的，或设计成加大尺寸的桥墩和基础。

在实际工程中，上述几种方法的综合使用，往往会取得更佳的效果。

7.4　拱桥主拱圈构造

7.4.1　普通上承式拱桥

普通上承式拱桥的主拱圈截面形式通常由板拱、板肋拱、肋拱、双曲拱、箱形拱等几种形式。

1. 板拱

根据拱轴线型，板拱可以是等截面圆弧拱、等截面或变截面悬链线拱以及其他拱轴线形式；板拱按照静力学图式，可分为无铰拱、两铰拱、三铰拱以及平铰拱等；板拱按照所用的建筑材料，可分为石板拱、素混凝土板拱和钢筋混凝土板拱等。

石板拱桥是最简单的一类板拱桥。石板拱具有悠久的历史，由于它构造简单、施工方便、造价低，在盛产石料的地区它是中小跨径拱桥的主要桥型。按照砌筑主拱圈的石料规格，又可分为料石板拱、块石板拱、片石板拱和乱石板拱等。用粗料石砌筑拱圈时，拱石需要随拱轴线和截面形式不同而分别进行编号，以便进行加工，并确保砌筑符合主拱圈的构造要求。

用于砌筑主拱圈的石料应石质均匀、不易风化、无裂纹。石料标号不得低于C30，拱石形状应根据跨径大小和当地石料供应情况分别采用。对于等截面圆弧拱，如小跨径的等截面圆弧拱，因截面沿拱轴线方向相等，又是同心圆，故拱石规格少，编号简单，如图7-9所示。中等跨径的等截面圆弧拱拱圈，拱石类

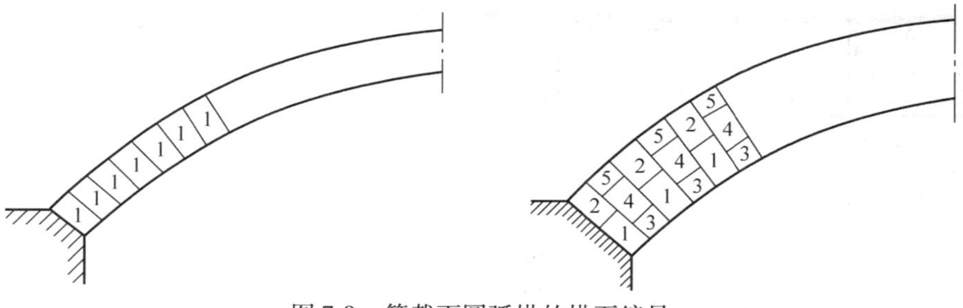

图7-9　等截面圆弧拱的拱石编号

型较多，编号复杂，施工不便；当采用变截面悬链线拱时，由于沿拱轴线主拱圈截面变化，曲率半径变化，故拱石类型多，编号更为复杂，如图 7-10 所示。对于等截面悬链线拱，因主拱圈内外弧线与拱轴线平行，拱石编号得以简化，还可采用多心圆弧线代替悬链线放样。目前，采用最多的还是等截面拱桥。

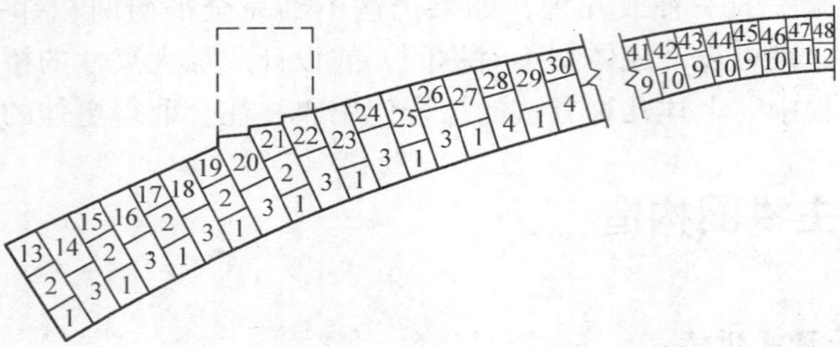

图 7-10　变截面拱圈的拱石编号

根据主拱圈主要承压，其次受弯的特点，石板拱主拱圈砌筑时应注意在错缝、限制砌缝宽度和设置五角石等方面满足规范规定的相关构造要求。

素混凝土拱板适合于缺乏合格天然石料的地区。素混凝土板拱可采用整体现浇，也可采用预制块砌筑。整体现浇建成的板拱桥，主拱收缩应力大，对受力不利，且拱架和模板材料用量多，费工，施工工期也长，施工质量不易保证，故较少采用。用预制块砌筑时将板拱划分成若干块件，先预制混凝土块件然后把预制块件砌筑成拱。预制块件的混凝土标号一般采用 C15 ~ C25，砌筑块件的砂浆标号采用 M7. 5 ~ M10。为节省水泥用量，在预制混凝土块件时可渗入不多于 25% 的片石，做成片石混凝土砌块，片石标号应不低于 MU25，并将棱角敲去分层掺入混凝土中。预制块件在砌筑前应有足够的养护期，以消除或减小混凝土收缩的影响。

钢筋混凝土板拱与石板拱相比，具有构造简单、外表整齐、可设计成最小的板厚及轻巧美观等特点。钢筋混凝土板拱可根据不同桥宽做成单条整体式拱圈或多于平行板拱圈(肋)，拱圈之间可不设横向连接杆，如图 7-11 所示。借此可反复利用一套较窄的拱架和模板完成整座拱桥的施工。

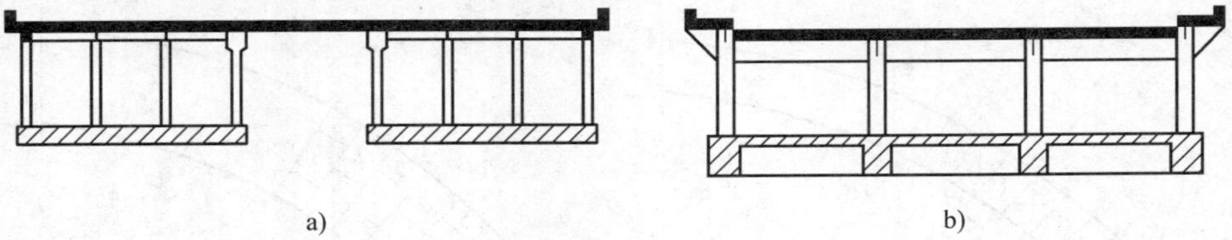

a)　　b)

图 7-11　钢筋混凝土板拱的横截面

a）分离式板拱　b）板肋式拱

钢筋混凝土板拱的配筋应按计算需要和构造要求确定。主拱圈纵向配置拱形的受力钢筋，即主筋，其最小配筋率为0.2%~0.4%，通常上、下缘对称通长布置，以适应主拱圈各截面弯矩的变化。主拱圈横向配筋与纵向受力钢筋垂直，分布钢筋设在纵向主筋的内侧，箍筋应将上、下主筋连系起来，以防止主筋在受压时发生屈曲和在拱腹受拉时发生外甭，箍筋沿半径方向布置（垂直于拱轴线），在拱背的间距应不大于150mm，无铰拱的纵向主筋应锚固在墩台帽中，其锚入长度应不小于拱脚截面高度的1.5倍。

2. *肋拱*

主拱圈有两条或多条分离、平行的窄拱圈（即拱肋）组成的拱桥，成为肋拱桥，如图7-12所示。可以把肋拱看成是板肋将肋间的板全部挖去而成，为了保证个拱肋的横向稳定性和整体受力，需在肋拱之间设置足够数量和一定刚度的横系梁。

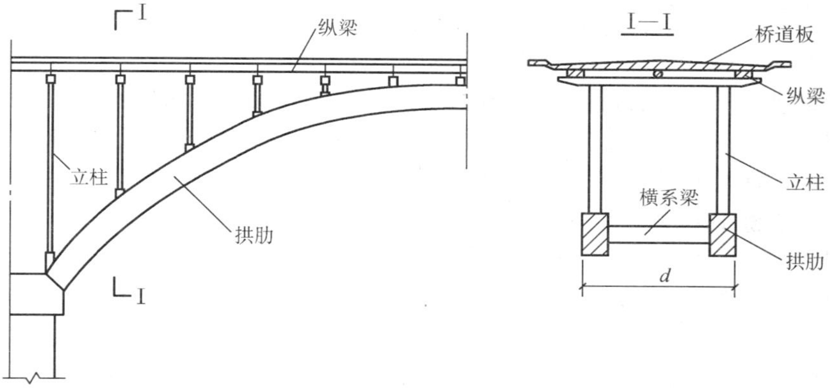

图7-12　肋拱桥立面布置图

肋拱比板拱质量轻，由恒载产生内力小，而由活载产生的内力增大，可充分发挥钢筋等材料的受力性能，具有良好的经济性，故拱肋桥已在大中跨径拱桥中广泛采用，并逐渐取代板拱。

拱肋是肋拱桥的主要承重结构，通常由混凝土或钢筋混凝土做成。肋拱的数目和间距以及拱肋的截面形式主要根据桥梁宽度、所用材料、施工方法和经济性等条件综合考虑来确定。在吊装能力许可时，一般宜采用数量较少的拱肋，使构造简单，外观清晰。通常，桥宽在20m以内均可考虑采用双拱肋式（双肋式），当桥宽在20m以上时，为了避免因拱肋中距增大而使肋间横系梁、拱上结构的跨度和尺寸增大太多，可采用三肋、多肋或分离的双肋拱。对于三肋式拱，由于其受力比较复杂，且中间一根拱肋长期处于高负荷状态，实际已很少采用。为了保证肋拱桥的横向整体稳定性，肋拱桥两侧拱肋最外缘的间距不宜小于跨径的1/20。

拱肋的截面形式可分为实体矩形、工字形、箱形和管形等，如图7-13所示。

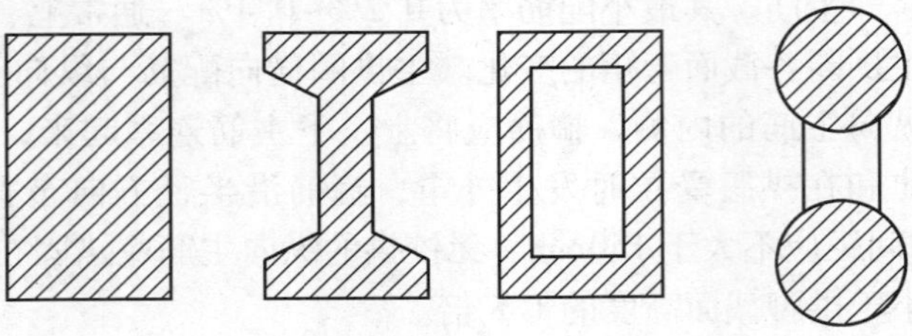

图7-13 肋拱拱肋截面形式

矩形截面拱肋构造简单、施工方便，但在弯矩作用时不能充分发挥材料的作用，经济性差，一般仅用于中小跨径的肋拱桥中。初拟尺寸时，矩形截面拱肋的肋高约取跨径的1/40～1/60，肋宽可取肋高的0.5～2.0倍。

工字形截面的核心距比矩形截面大，具有更大的抗弯能力，因而常用于大、中跨径的肋拱桥中。工字形拱肋截面的肋高一般为跨径的1/25～1/35，肋宽约为肋高的0.4～0.5倍，腹板厚度常采用0.3～0.5m。

管形拱肋采用钢管混凝土作为拱肋，又称钢管混凝土肋拱桥，其肋高与跨径之比常在1/45～1/65之间。钢管混凝土具有强度高、质量轻、延性好、耐疲劳和抗冲击性能好等优点，已广泛在中承式、下承式拱桥中广泛采用，并开始在上承式拱桥中采用。

当肋拱桥的跨径大、桥面宽时，肋拱还可以做成箱形截面，这样可以减少更多的圬工体积。箱形肋拱拱肋尺寸根据受力需要确定，初拟时一般肋高取为跨径的1/50～1/70，肋宽取为肋高的1.0～2.0倍。箱形肋之间的横系梁除了具有增强肋拱横向整体稳定性外，还可有横向分布荷载的作用，要求具有足够的强度和刚度，并与拱肋固结。箱形肋拱通常采用等截面形式，以方便施工。对于特大跨径的箱形肋拱也可采用受力更为合理的变截面形式。

矩形截面肋拱和工字形截面肋拱的配筋应综合考虑受力和施工要求。当采用支架现浇时，若按素混凝土计算能满足要求，则仅按构造要求进行配筋。否则，应按钢筋混凝土结构进行计算和配筋。当采用无支架吊装时，若按素混凝土拱验算已能通过的，则其纵向受力钢筋主要按吊装施工阶段受力计算确定，否则，应同时考虑吊装施工和使用阶段的要求配筋。纵向主筋一般上下对称通长布置，并弯制成拱形。对于无铰拱，拱肋中的纵向主筋应与墩台可靠锚固，其锚入深度应满足：矩形肋不小于拱脚截面高度的1.5倍，工字形肋不小于拱脚截面高度的一半。其余钢筋按构造要求设置。工字形截面的翼板和腹板中的箍筋应分别设置。箍筋在拱轴方向的间距必须满足规范要求。

3. 双曲拱

双曲拱桥的主拱圈在桥纵向和横向均呈曲线形。施工时将主拱圈划分成拱肋、拱波、拱板及横向联系梁或横隔板四部分，如图7-14所示。先预制拱肋、拱波和横向连结系，将钢筋混凝土拱肋吊装成拱并与横向连结构件组成拱形框架，以此作为施工支架在拱肋间安装拱波，然后在其上现浇拱板混凝土形成主拱圈。所以双曲拱桥主拱圈的特点是先化整为零，再集零为整以适应无支架或少支架施工及无需大型起吊设备的情况。

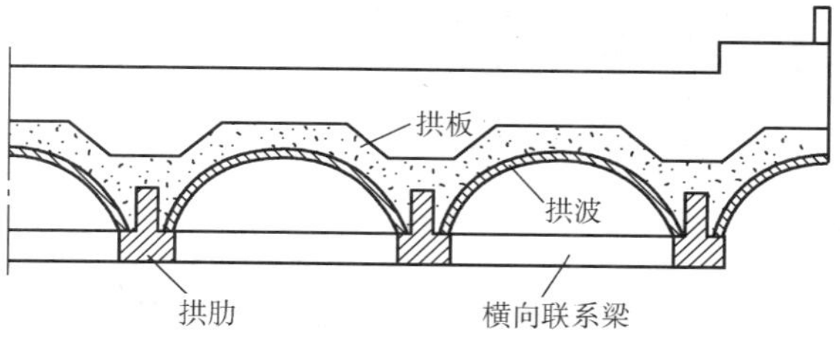

图7-14　双曲拱桥主拱圈横截面

双曲拱桥的主拱圈截面，根据桥梁的跨径、宽度及设计荷载的大小、材料类型和施工工艺等，选用不同的形式。工程实际中一般采用多肋多拱的截面形式(见图7-15a、b、c)；在小跨径拱桥中，有时也采用单波的形式(见图7-15d)。双曲拱桥主拱圈截面高度一般为跨径的1/40～1/55，跨径大者取小值。

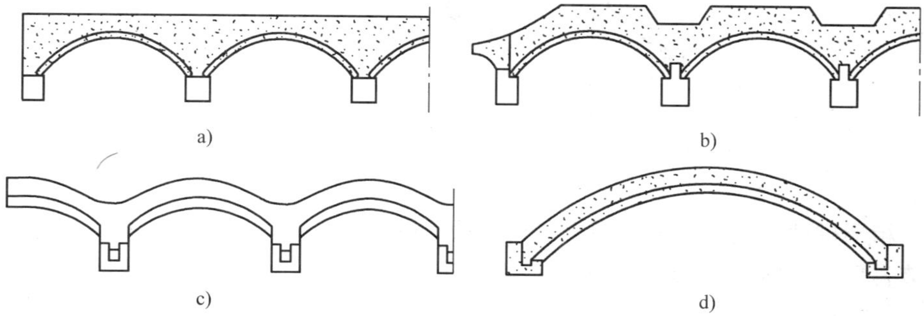

图7-15　双曲拱桥主拱圈的横断面形式

双曲拱桥的拱肋断面分为倒T形、L形、I形、槽形以及开口箱等。拱波一般为预制圆弧板，矢跨比一般为1/4～1/5，单波的矢跨比为1/3～1/6，拱波跨径由拱肋间距确定，以1.3～2.0m为宜，单波截面以3～5m为宜，板厚为6～8cm，拱波的宽度为0.3～0.5m。横向联系有系梁式和横隔板式两种。拱肋是双曲拱桥主拱圈的骨架，它不仅参与拱圈共同承受全部恒载和活载，对主拱圈重量有重大影响，而且在施工过程中还要作为砌筑拱波和浇筑拱板的支架作用。拱板采用混凝土现浇，以使得拱肋和拱波结合成整体。拱板有填平式和波形两种，因为它是由几个部分按照一定顺序组合而成，故截面受力复杂，整体性差。

这类桥型曾在我国流行了一个时期，但经过实际使用证明，该桥型存在不少问题，易开裂，耐久性差，存在一定的安全隐患，目前已很少采用。

4. 箱形拱

箱形拱是指主拱圈截面由单个箱室或多个箱室构成，因为箱形拱主拱圈截面外观如同板拱，故也称为箱板拱。箱形拱的拱圈，可以由一个闭合箱（单室箱）或几个闭合箱（多室箱）组成，每一个闭合箱又由箱壁（侧板）、顶板（盖板）、底板及横隔板组成，如图 7-16 所示。

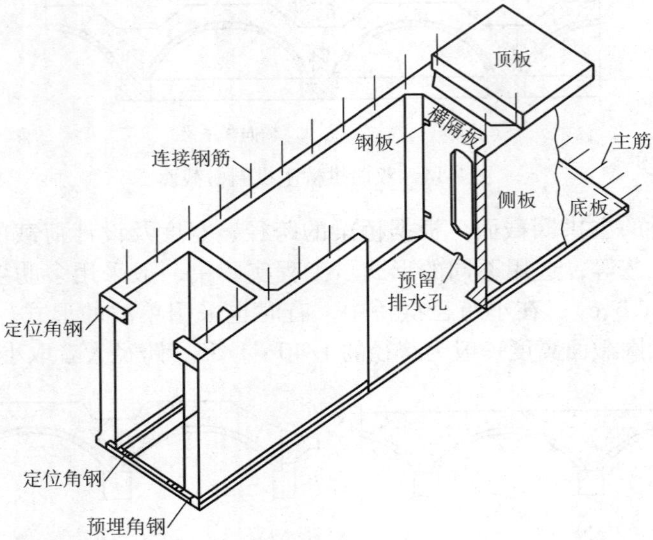

图 7-16　箱形闭合拱箱的构造

箱形拱截面挖空率大，通常可达全截面的 50%~60%，与板拱相比，可以大量节省圬工材料，降低结构自重。箱形截面的中性轴大致居中，显然对于抵抗正、负弯矩的能力几乎相当，进而能较好地适应各截面正、负弯矩的变化。一般箱形均是闭合空心截面，抗弯、抗扭刚度大，应力分布较为均匀，对于保持主拱圈的整体性具有重要作用。在施工方面，单根箱肋的刚度较大，稳定性好，可单片成拱，便于无支架吊装；预制拱箱的宽度较大，施工操作方便，易保证施工质量；但对于大跨径拱桥，制作要求较高，需要的起吊设备较多。

主拱圈箱形断面具有多种形式，如多条 U 形肋组成的多室箱形截面、多条工字形肋组成的多室箱形截面、多条闭合箱肋组成的多室箱形截面、单箱多室截面等，各具特点，并与施工方法有密切的关系。

拟定箱形拱截面尺寸主要包括拱圈的高度、宽度、箱肋的宽度以及顶底板及腹板的尺寸。拱圈的高度主要取决于拱的跨径，并与拱圈所用的混凝土强度有很大的关系。提高混凝土的强度，可以减少截面的尺寸，降低拱圈本身自重或增大跨径，目前常用C40~C50混凝土，对于特大跨径拱桥应尽量采用强度等级更高的混凝土。

在主拱圈设计中，拟定拱圈宽度可以考虑悬挑桥面，减小拱圈宽度，即采用窄拱圈形式。拱圈的宽度一般可选为桥宽的0.6~1.0倍，桥面悬挑可达到4.0m，但为了保证结构的横向稳定性，拱宽不应小于跨径的1/20。但对大跨径桥梁来说，拱圈宽度难以满足该条件，此时只要保证横向稳定性满足要求即可。

箱形拱的构造与施工方法有密切的关系。一般可采用预制拱箱无支架吊装或有支架现场浇筑等施工方法。当采用无支架施工时，拱箱可分段预制，若现场吊装能力很大，可采用封闭式拱箱，以增强施工过程中拱箱的整体稳定性，减少施工步骤。

7.4.2 主拱圈截面变化规律及尺寸拟定

1. 拱圈截面的变化规律

拱桥主拱圈截面有等截面和变截面两种形式。所谓等截面拱就是指拱圈任意一个横截面的形状和尺寸都是相同的。而变截面拱则是指主拱的横截面，从拱顶到拱脚是变化的。变截面的拱圈通常有两种做法：①拱圈沿拱轴方向不变宽度只变厚度；②拱圈厚度不变而变宽度，如图7-17所示。

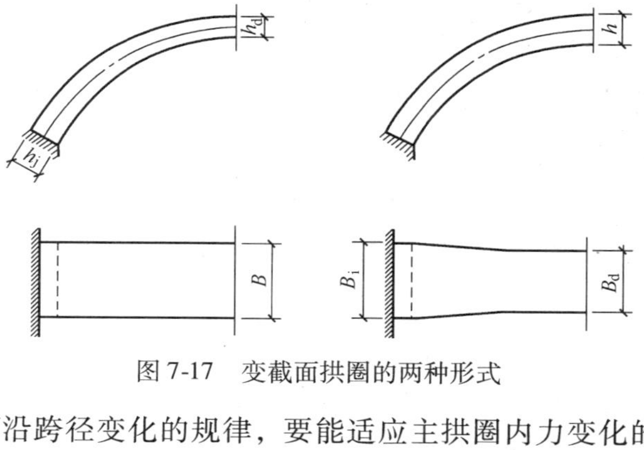

图7-17 变截面拱圈的两种形式

拱圈横截面沿跨径变化的规律，要能适应主拱圈内力变化的情况，便于充分发挥主拱圈每个截面的材料强度。同时，截面变化的形式还应兼顾构造是否尽量简单，便于设计和施工。

一般情况下，拱圈的内力有轴力 N、弯矩 M 和剪力 Q。轴向力可以表示为 $N \approx H/\cos\varphi$，式中 H 为水平推力，φ 为任意截面处的拱轴线与水平方向的夹角。显然，$\cos\varphi$ 从拱顶向拱脚逐渐减小，故轴向力 N 就由拱顶向拱脚逐渐增大。弯矩 M 和剪力 Q 沿拱轴线的变化比较复杂，但一般情况下拱脚处的弯矩常常比拱顶的弯矩大些，因此，为了保持各截面的应力数值尽量相等，可使拱圈的截面自拱顶向拱脚逐渐增大。相同的跨径、矢高和荷载条件下，虽然变截面拱的圬工数量较等截面拱的圬工数量少、拱圈的稳定性好，但是施工较麻烦，特别是料石拱，所需要的料石规格较多，给备料、砌筑或制模等都可能带来一定的困难。

为了方便施工，一般情况下拱桥宜采用等截面形式。目前，在无铰拱桥设计中，对于跨径小于50m的石板拱桥，跨径小于100m的双曲拱桥、箱形拱桥或钢筋混凝土肋拱桥等，均可采用等截面形式。只有在更大跨径或很陡的圬工拱桥中，为了节省圬工，减轻拱圈自重，可考虑采用拱圈截面由拱顶向拱脚增厚的变截面形式，截面变化规律可采用下式(见图7-18)。

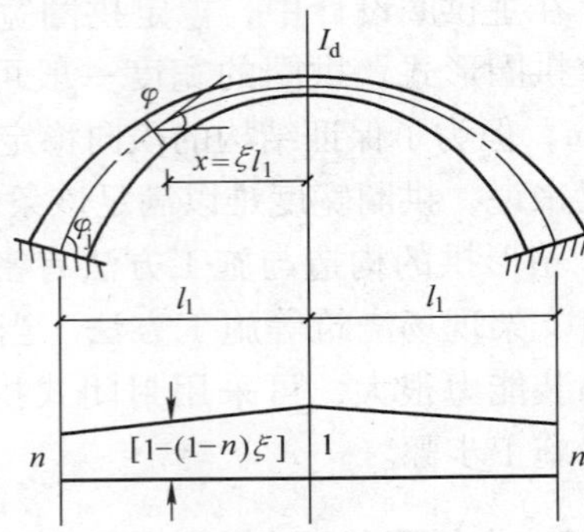

图7-18 变截面拱圈的截面变化规律

$$\frac{I_d}{I\cos\varphi}=1-(1-n)\xi$$

$$n=\frac{I_d}{I_j\cos\varphi_j}$$

式中 I——拱圈任意截面的惯性矩；

I_d——拱顶截面的惯性矩；

φ——拱圈任意截面的拱轴切线与水平线的倾角；

I_j——拱脚截面惯性矩；

φ_j——拱脚截面的拱轴切线与水平线的倾角；

ξ——拱圈截面横坐标系数，$\xi=\frac{x}{l_1}$，l_1 为拱圈计算跨径的一半；

n——拱厚系数。

拱厚系数根据恒载和活载的比值确定，n 越小，拱厚变化就越大。在公路圬工拱桥中，空腹式拱桥的 n 值一般可取用0.3~0.5；实腹式拱桥一般采用0.4~0.6；钢筋混凝土拱桥一般采用0.5~0.8。对于矢跨比较小的拱桥，可采用上述较小的 n 值；矢跨比较大的拱桥，采用上述较大的 n 值。

设计中，可先拟定拱顶和拱脚两截面的尺寸，求出 n，再求其他截面的 I；也可先拟定拱顶截面尺寸的拱厚系数 n，再求 I。

2. 截面尺寸的拟定

拱圈的尺寸拟定包括拱圈宽度、拱圈高度及相关主要构造尺寸的确定。

拱圈的宽度，决定于桥面的宽度。一般情况下，对于小跨径拱桥，因恒载占设计荷载的比例不大，故应将拱圈宽度设计成与桥宽相等，并简化人行道和栏杆的布设；对于大跨径拱桥，因恒载占设计荷载比重较大，减轻结构自重便成为优化设计的主要途径。所以，常常减小拱圈的宽度，采用悬臂式的人行道结构；中等跨径的拱桥则应根据人行道宽度、桥面净宽、基础形式等因素确定，考虑适当减小拱圈宽度。

公路拱桥的主拱圈宽度一般均大于跨径的1/20。若主拱的宽跨比小于1/20，为了确保拱的安全可靠，应进行拱的横向稳定性验算。

对于中小跨径的石板拱桥，其拱圈高度 d 可用如下经验公式计算

$$d = mk\sqrt[3]{l_0}$$

式中　l_0——拱圈净跨径(cm)；

m——系数，一般为4.5～6.0，取值随矢跨比的减小而增大；

k——荷载系数，汽车荷载为公路—Ⅱ级时取1.2。

对于大跨径拱桥，其拱圈高度可参照已建成拱桥的设计资料或相关经验公式进行估算。

对于双曲拱桥，当拱肋中距不大于2.0m时，拱圈高度 d 可用如下经验公式估算

$$d = \left(\frac{l_0}{100} + 35\right)k$$

式中　l_0——主拱圈净跨径(cm)；

k——荷载系数，汽车荷载为公路—Ⅱ级时取1.4。

当拱肋中距大于2.0m及主拱圈矢跨比小于1/10时，d 值应适当加大。

拱波的跨径一般为1.2～1.6m，对于有支架施工的双曲拱桥，拱波的跨径还可适当增大。拱波的宽度，在采用预制及人工安装时，一般为0.3～0.5m；采用预制设备吊装时，可适当增大，但要考虑拱肋的弧形对拱波宽度的影响。拱波厚度一般为6～8m，矢跨比为1/3～1/5。

双曲拱桥中，现浇混凝土拱板的厚度不宜小于预制拱波的厚度，一般为8～10cm。拱板截面积以占主拱圈全截面积的1/4为宜。

对于箱形拱桥，主拱圈高度 d 的经验公式为

$$d = \left(\frac{l_0}{100} + \alpha\right)k$$

式中　l_0——拱圈净跨径；

α——系数，单室箱 $\alpha = 70$，多室箱 $\alpha = 60$；

k——荷载系数，汽车荷载为公路—Ⅱ级时取1.4。

箱形拱拱圈的截面形式有单室箱和多室箱两种。单室箱考虑到顶板的横向受力，其顶板的跨径不宜过大，箱的宽度与高度之比在2.5～3.5之间，且单室

拱箱宽度不宜大于6.0m，顶板厚度应大于10cm，底板厚度应大于8cm，需要时可设置纵、横向加劲肋。拱脚区段的底板由于压应力较大，应适当加厚。腹板厚度一般为20～40cm。对于多室箱的截面，拱圈宽度确定后，在横向划分为几个箱，主要取决于所采用的施工方法。采用无支架吊装时，每个拱箱的宽度一般为1.3～1.6m，箱壁厚度一般为8～10cm，底板厚度视跨径大小确定，中小跨径箱拱的底板厚度一般为6～8cm，大跨径箱拱一般为12～15cm。顶板厚度因箱形截面组成方式不同而不同。采用预制盖板的形式时，预制盖板的厚度可用8cm，其上现浇的整体混凝土层厚度不宜小于预制盖板的厚度，一般为8～12cm，并布置有直径为6～10cm的钢筋网；采用闭合式预制拱箱时，顶板厚度一般为12～14cm。相邻箱壁间需留现浇混凝土缝隙(10～14cm)，一方面可增强拱箱的横向整体性，另一方面可防止吊装时拱箱中线的横向偏移。

采用在拱架上现浇的大跨径箱形拱桥，多室箱拱的箱宽一般为2.5～4.0m，顶板厚度大于10cm，底板厚度大于8cm，腹板厚度一般为20～35cm。

为了加强箱壁的局部稳定性，提高箱拱的抗扭刚度，拱箱内需设置横隔板。横隔板的布置视拱桥跨径大小及桥宽而定，除了宜在腹孔墩布置外，一般间距为2.0～3.5m，不宜大于5.0m。横隔板的厚度在6～8cm左右，中间可挖空，以减轻重量，方便施工及养护人员通行。

7.5 拱上建筑的构造

拱上建筑是普通上承式拱桥的组成部分，选择拱上建筑的构造形式时，不仅要考虑桥型美观，更要考虑与主拱圈受力及变形的适应性。因为在普通的上承式拱桥中，虽然不考虑拱上建筑参与主拱圈受力，但它与主拱圈连在一起，使得拱上建筑在一定程度上会约束主拱圈由于温度变化、混凝土收缩等因素引起的变形，而主拱圈的变形又将在拱上建筑中产生附加内力。

普通上承式拱桥分为实腹式和空腹式两种。实腹式拱上建筑构造简单，施工简便，填料数量较多，恒载较大，适用于小跨径拱桥。空腹式拱上建筑恒载小，结构轻巧美观，适用于大、中跨径拱桥。

7.5.1 实腹式拱上建筑

实腹式拱上建筑由拱腹填料、侧墙、护拱、变形缝、防水层、泄水管及桥面系组成，如图7-19所示。

拱腹填料分为填充式和砌筑式。填充式拱腹填料应尽量就地取材，通常采用透水性好、土侧压力小的砾石、碎石、粗砂或卵石类粘土等材料，分层夯实，也可采用炉渣、陶粒混凝土等轻质材料填充，以降低拱上建筑的重量，使其适

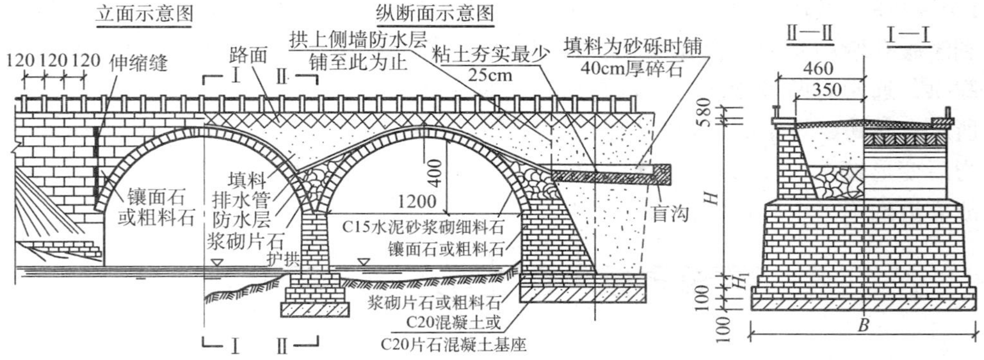

图7-19 实腹式拱桥构造示例图

用于地质条件较差的地区。砌筑式拱腹填料是在填充材料不易获得时的一种干砌圬工方式。

侧墙设置在拱圈两侧，用于维护拱腹上的散粒填料，通常采用浆砌块、片石，如需考虑美观，可考虑料石镶面。对混凝土或钢筋混凝土板拱，也可以采用钢筋混凝土扶壁式侧墙，可与主拱浇筑成一体。侧墙一般要求要承受填料土侧压力和车辆作用下的土侧压力，可按挡土墙设计。对于浆砌圬工侧墙，顶面厚度一般为50～70cm，向下逐渐增厚，墙角厚度取用该处墙高的0.4倍。

护拱设于拱脚段，通常采用浆砌块、片石或混凝土结构，以便加强拱脚段的拱圈的强度，同时在多孔拱桥上还可便于设置防水层和泄水管。

7.5.2 空腹式拱上建筑

空腹式拱桥除了具有与实腹式拱上建筑相同的构造外，还设有腹孔和腹孔墩。其中腹孔可做成拱式腹孔或梁式腹孔；腹孔墩可做成横墙式或立柱式。拱式拱上建筑一般为圬工结构，梁式拱上建筑一般为钢筋混凝土结构。

1. 拱式腹孔

拱式腹孔建筑构造简单，外形美观，但自重较大，一般用于圬工拱桥。腹孔的形式和跨径的选择，可按照既能减轻拱上建筑的重量，又不至于因荷载过分集中在腹孔墩处而给主拱圈的受力带来不利的影响，同时兼顾结构造型美观协调。

腹孔一般对称布置在靠拱脚侧的一定区段内，如图7-20所示，长度为跨径的1/3～1/4，跨中可为实腹段，也可为全空腹段。对于中小跨径的拱桥，腹孔跨数以3～6孔为宜。空腹式拱上建筑采用拱式腹孔构造时，其腹孔圈可采用石砌、混凝土预制或现浇的圆弧形板拱，矢跨比一般为1/2～1/6；也可采用双曲拱、微弯板和扁壳等各种形式的轻型腹拱，通常双曲拱腹拱圈的矢跨比采用

1/4～1/8，微弯板的矢跨比用1/10～1/12。腹孔构造宜统一，以便于施工和有利于腹孔墩的受力。腹孔拱腹填料与实腹拱相同。注意仅靠桥墩(台)的第一个腹拱，通常有两种做法：①将腹拱的拱脚直接支撑在墩(台)上，如图7-21a、b所示；②跨越桥墩，使得桥墩两侧的腹拱圈相连，如图7-21c所示，由于拱圈受力后变形较大，而墩(台)变形较小，容易造成第一个腹拱因拱脚变位而开裂，故靠近的第一个腹拱宜做成三铰拱。

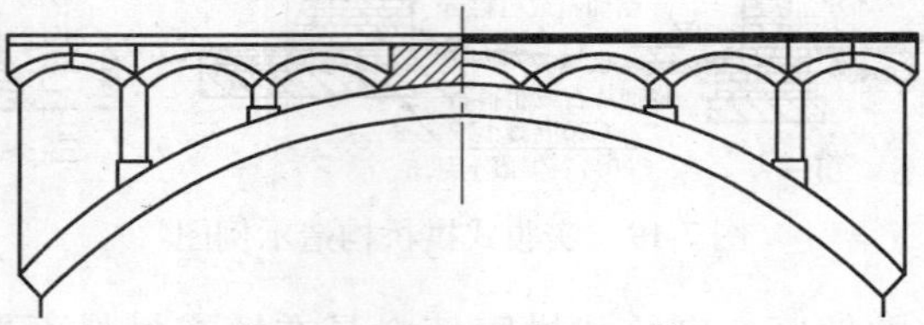
a)　　b)

图7-20　拱式腹孔式拱上建筑
a）带实腹段的空腹拱　b）全空腹拱

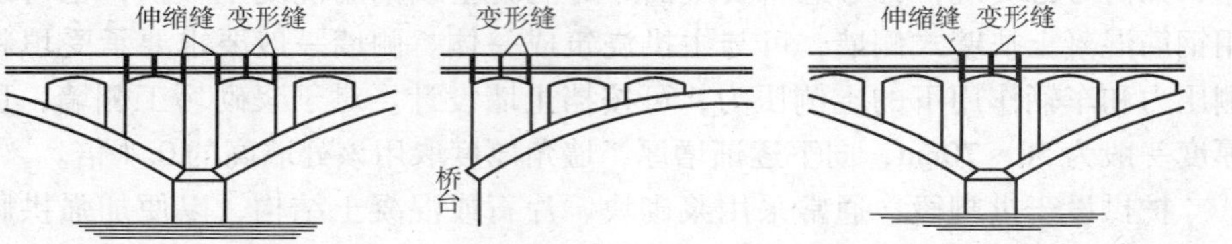

a)　　b)　　c)

图7-21　桥墩(台)上腹拱布置示意图

2. 梁式腹孔

梁式腹孔拱上建筑可以减轻拱上重量，降低拱轴系数，即使得拱上建筑的恒载分布接近于均布荷载，改善拱圈在施工过程中的受力状况，获得更好的经济效果。空腹式拱上建筑采用梁式腹孔构造时，梁式腹孔结构可以做成简支、连续和连续刚架等形式，如图7-22所示，截面可做成箱形、T形、空心板或微弯板等形式。

简支腹孔构造简单，基本上不存在拱与拱上结构的联合作用，受力明确，是大跨径拱桥拱上建筑主要采用的形式，并且采用全空腹式拱上建筑。全空腹式腹孔数宜采用奇数，避免拱顶设有立柱，导致拱顶受力不利。通常先确定两拱脚的立柱位置，然后将其间距除以某个奇数后，即可确定各立柱位置和腹孔跨径。若腹孔跨径不恰当，可适当调整孔数以满足受力要求。

连续腹孔主要用于肋拱桥，桥面板横置，拱顶上只有一个板厚及桥面铺装厚，建筑高度很小，适合于建筑高度受限制的拱桥。

刚架腹孔在横桥向可根据需要设置多片，每片通过横系梁形成整体。

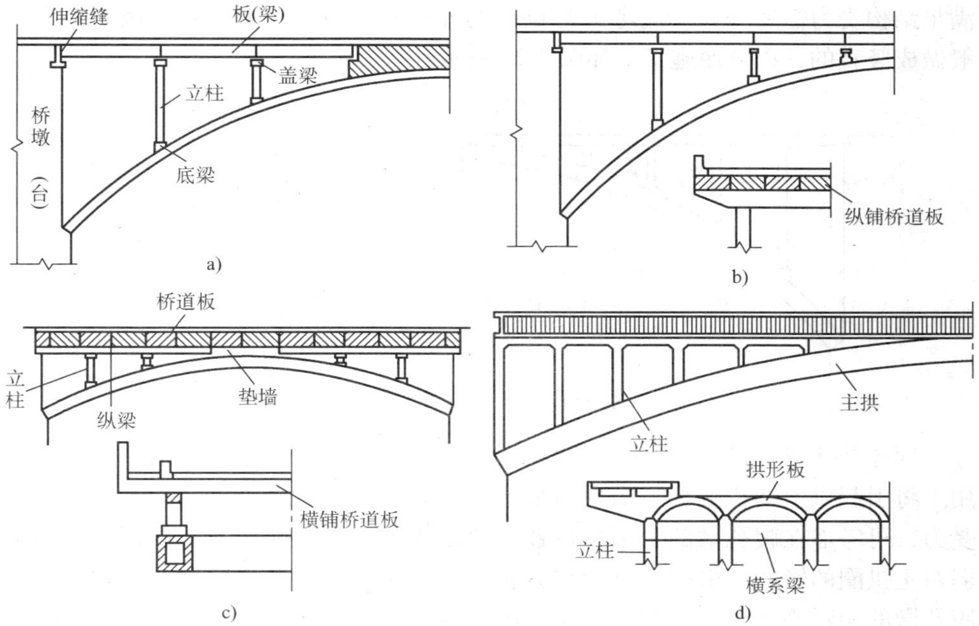

图 7-22　梁式空腹拱上建筑布置

3. 横墙式腹孔墩

横墙式腹孔墩一般用圬工材料砌筑或现浇混凝土形成，施工方便，如图7-23所示。为了便于维修、降低自重，可在横向挖空一个或几个过人孔。横墙式腹孔墩，自重大，省钢材，多用于砖、石拱桥中。腹孔墩的厚度，用浆砌片、块石时，不宜小于0.60m；用混凝土砌筑时，一般应大于腹孔圈厚度的一倍。底梁的尺寸应能使横墙传递下来的压力较均匀地分布到主拱圈的横向全宽度上，通常其每边较横墙宽5cm，其高度则以使得较矮一侧为5~10cm为原则来确定。底梁一般采用素混凝土结构。墩帽宽度宜大于墙宽5cm，也采用素混凝土。

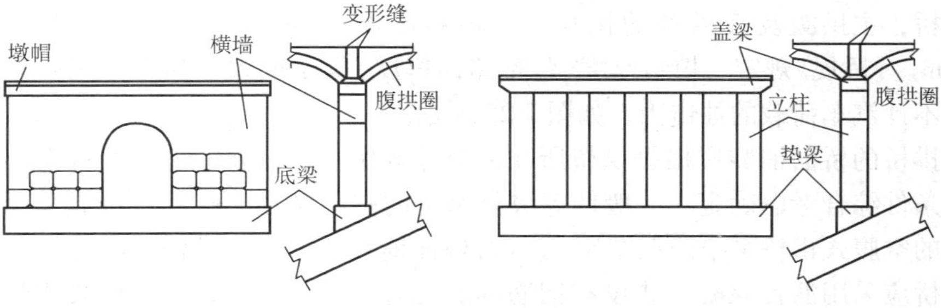

图 7-23　横墙式腹孔墩构造

4. 立柱式腹孔墩

立柱式腹孔墩中的立柱和盖梁常采用矩形截面。截面尺寸及钢筋配置除了满足结构受力需要外，还应考虑与拱桥的外形及构造相协调。腹孔墩的侧面一般做成竖直的，以方便施工，如图 7-24 所示。

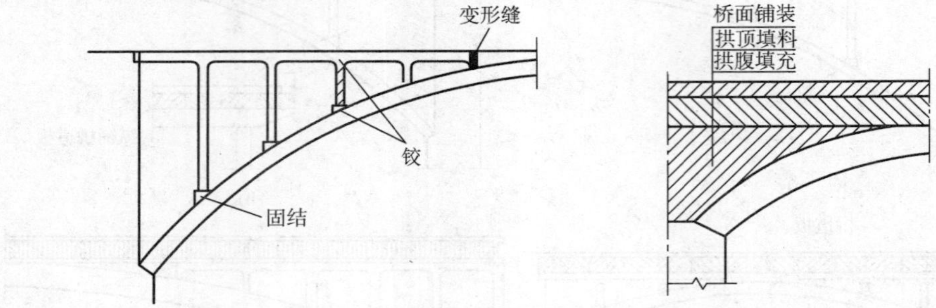

图 7-24　立柱式腹孔墩构造

对于拱上建筑与主拱圈连成整体的钢筋混凝土空腹式拱桥，活载及温度作用下将引起拱上结构变形，出现附加弯矩及裂缝。为了使拱上结构不参与主拱受力，可考虑在腹孔墩的上下部设铰，使之成为仅受轴向压力的构件，从而削弱对主拱圈的影响。根据力学知识分析，腹孔墩截面尺寸相同时，高度较大的腹孔墩的相对刚度要比矮腹孔墩小，因此附加内力影响也小。故为了简化构造和施工，一般高立柱仍采用固结形式，而只在靠近拱顶处的 1 ~ 2 根高度较小的矮立柱上下端分别设铰。

7.6　拱桥的其他细部构造

7.6.1　拱上填料、桥面及人行道

拱上填料有两个作用：①扩大车辆荷载的分布面积；②减小车辆荷载的冲击作用。但是填料也增大了拱桥的恒载。一般情况下，无论是实腹式还是空腹式拱桥，主拱圈及腹拱圈的拱顶处，填料厚度（包括路面厚度）均不宜小于 0.30m。《桥规》规定，填料厚度（包括路面厚度）等于或大于 0.50m 的拱桥，设计时不计汽车荷载的冲击力，如图 7-25 所示。

拱桥的桥面铺装应根据拱桥所在的公路等级、使用要求、交通量大小及桥型等条件综合考虑确定。一般低等级公路上的中小跨径实腹式拱桥或采用拱式腹孔的空腹式拱桥可采用泥结碎（砾）石桥面铺装，大跨径拱桥及高等级公路上的拱桥应采用沥青混凝土或设有钢筋网的混凝土桥面铺装，而采用梁式腹孔的空腹式拱桥，其桥面铺装的选择与梁桥相同。为便于排水，桥面铺装应设置 1.5%~2.0% 的横坡。

拱桥行车道两侧，根据需要可设人行道及栏杆，其构造与梁桥相似，不再赘述。

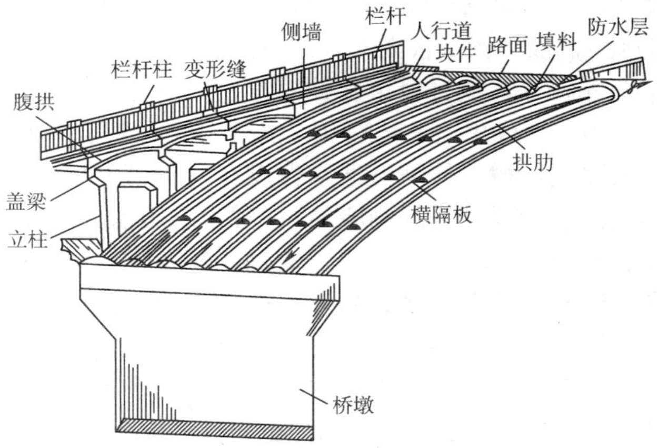

图 7-25 拱桥的细部构造示意图

7.6.2 拱上建筑的伸缩缝和变形缝

普通的上承式拱桥，主拱圈是主要承重结构，拱上建筑不参与主拱圈受力，主要起传递荷载的作用，但由于构造上是连在一起的，因此拱上建筑和主拱圈存在着不同程度的联合作用。为了使主拱圈和拱上建筑的实际受力情况与设计计算时的计算图式相符，避免拱上建筑开裂，保证桥梁的安全使用，除了在设计计算时作充分的考虑外，还必须采取必要的构造措施，即在拱上建筑上设置伸缩缝和变形缝。

在荷载作用、温度变化和材料收缩等因素影响下，主拱圈因伸缩将上升或下降，拱上建筑将随之变形。由变形分析知道，除采用简支腹孔的拱桥拱上建筑可适应主拱圈的变形外，其余形式的拱上建筑都会因主拱圈变形而产生局部变形。当拱上建筑与桥墩、台整体相连时，因其受桥墩、台的约束而不能自由变形，就会在拱上建筑中产生过大的拉应力而开裂。为了避免开裂，应将拱上建筑与桥墩、台设缝分开，即在相对变形(位移或转角)较大的位置设置伸缩缝，而在相对变形较小处设置变形缝(见图 7-26)。

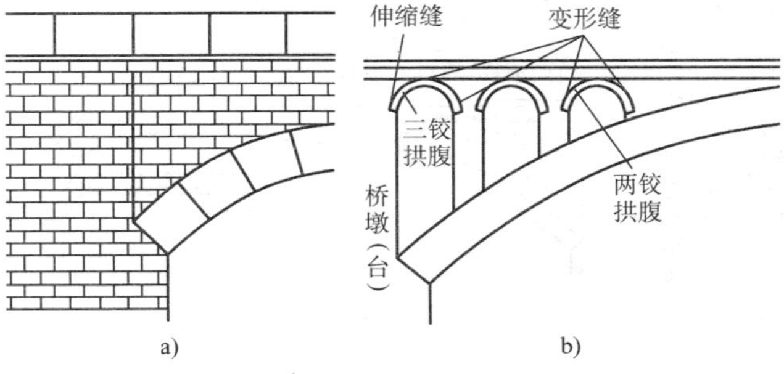

图 7-26 拱桥伸缩缝与变形缝的布置

伸缩缝和变形缝通常做成直线形。伸缩缝缝宽 2 ~ 3cm，缝内可用锯木屑与沥青按 1:1(质量比)制成的预制板嵌入，并在伸缩缝上缘设置能活动但不透水的覆盖层。也可用沥青砂等其他材料填塞伸缩缝，以适应主拱圈的变形。变形缝不留缝宽，其缝可用干砌或用油毛毡隔开，也可用低强度等级砂浆砌筑。

对于小跨径实腹式拱桥，伸缩缝通常仅设在两拱脚上方，并在横桥向贯通全桥宽(包括行车道、人行道、栏杆、侧墙等)；对于采用拱式腹孔的空腹式拱桥，通常将紧靠桥墩、台的第一个腹拱做成三铰拱，并在紧靠桥墩、台的拱铰上方设置伸缩缝，在其余两拱铰上方设置变形缝；对于特大跨径拱桥，还应将靠近拱顶的腹拱做成两铰拱或三铰拱，并在其上方设置变形缝，使拱上建筑更好地适应主拱圈的变形；对于采用梁式腹孔的空腹式拱桥，通常在桥台和墩顶立柱处设置标准的伸缩缝，而在其余立柱处采用桥面连续构造。

7.6.3 排水及防水层

与其他类型的桥梁一样，雨雪等自然因素对拱桥的耐久性、美观均有较大影响。因此，拱桥也要求将桥面雨水及时排除，将透过桥面铺装渗入到拱腹内的雨水也及时排出桥外，以免因为拱腹内渗水过多，导致结构承载力下降，或因为寒冷导致结构发生冻融损伤。

排除桥面雨水除了要求在拱桥桥面上设置纵、横坡外，还应设置一定数量的泄水管，其构造如图 7-27、图 7-28 所示。泄水管的平面布置与梁桥相同。

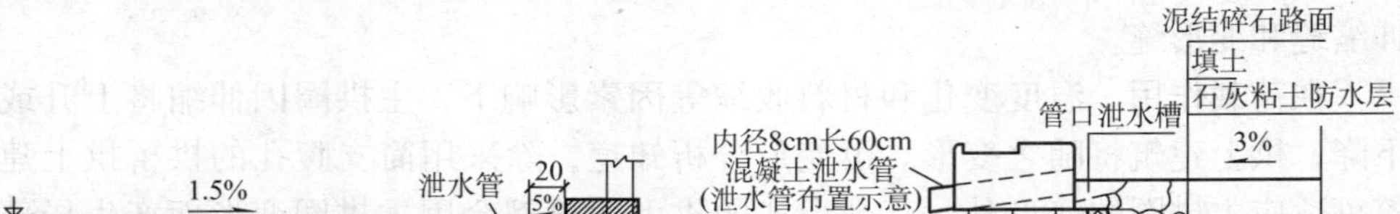

图 7-27 拱桥桥面排水布置(尺寸单位:cm)

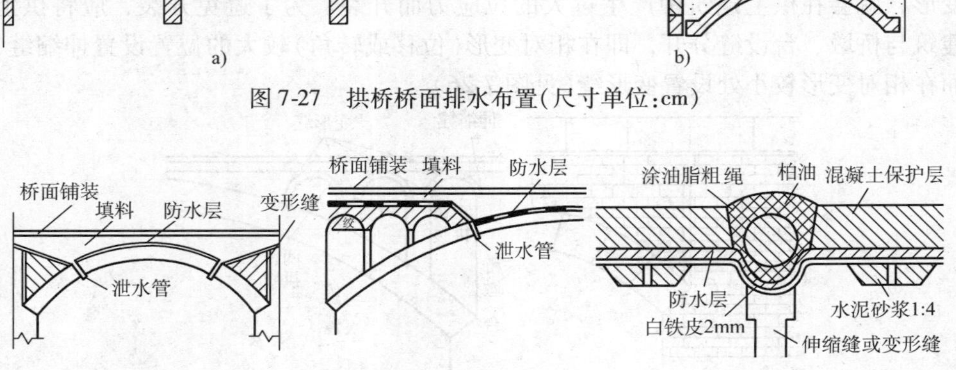

图 7-28 拱桥泄水管、防水层及伸缩缝处防水层布置

拱桥的泄水管可采用铸铁管、混凝土管、陶瓷(或瓦)管或塑料管。泄水管的内径一般为6~10cm，在严寒地区及雨水丰富的地区需适当加大。泄水管应伸出结构表面5~10cm，以免雨水顺着结构物的表面流淌。为便于泄水，泄水管应尽可能采用直管，并减少管节的长度。排水管不宜设置在墩、台边缘附近，以免排水集中冲刷砌体。排水管在横桥向的位置，以离人行道(缘石)边缘20cm左右为宜，也可在缘石侧面开孔斜向设置。排水管的数目，以每平米桥面不少于$4cm^2$的排水面积为宜。排水管进口处周围的桥面应做成集水坡度，以便于雨水及时向排水管汇集；同时，桥面上的排水管口还应有保护设施，在拱腹内的进水口应围以大块碎石做成倒滤层，以免杂物堵塞。

防水层在全桥范围内不宜断开，在通过伸缩缝或变形缝处应妥善处理，使它既能防水又能适应变形。拱桥的防水层有粘贴式与涂抹式两种。粘贴式防水层由2~3层油毛毡与沥青胶交替贴铺而成，防水效果较好，但费工费时，造价也高。涂抹式防水层则采用沥青涂抹，施工简单造价低，但防水效果差，适用于雨水较少的地区。当防水要求较低时，可就地取材选用石灰三合土、石灰粘土砂浆、粘土胶泥等代替粘贴式防水层。

7.6.4 拱桥中铰的设置

拱桥中有以下四种情况需要设铰：①按两铰拱或三铰拱设计的主拱圈；②按照构造要求需要采用两铰拱或三铰拱的腹拱圈；③需要设置铰的矮小腹孔墩，即将铰设置在墩上端与顶梁及其下端与底梁的连接处；④在施工过程中，为了消除或减小主拱圈的部分附加内力，以及对主拱圈内力作适当调整时，需要在拱脚处设置临时铰。

拱铰有永久性拱铰和临时性拱铰两种。上述四种情况中的前三种属于永久性拱铰，它必须满足设计要求，并且能保证结构的长期正常使用，故要求较高，构造也较复杂，需要经常养护，费用较高。最后一种情况属于临时铰，一般待施工结束后，就将其封固，故构造较简单，但必须可靠。

拱铰形式的选择，应按照其所处的位置、作用、受力大小和所使用的材料等条件综合考虑，常用的拱铰形式有弧形铰、铅垫板铰、平铰、不完全铰和钢铰。

1. 弧形铰

弧形铰可由钢筋混凝土、素混凝土或石料等材料做成。它由两个具有不同半径弧形表面的块件组成，如图7-29所示，一个为凹面(半径为R_1)，一个为凸面(半径为R_2)。R_1与R_2的比值常在1.2~1.5范围内。铰的宽度应等于构件的宽度，铰沿拱轴线的长度取为拱厚的1.15~1.20倍。铰的接触面应精加工，以保证其紧密结合。弧形铰由于构造复杂，加工铰面既费工又难以保证质量，故主要用作主拱圈的永久性拱铰。弧形铰一般用钢筋混凝土、混凝土或石料等做成。在转体施工的拱桥中，在拱脚处设置的临时拱铰，鉴于它是桥体施工的关键，故也采用弧形铰。

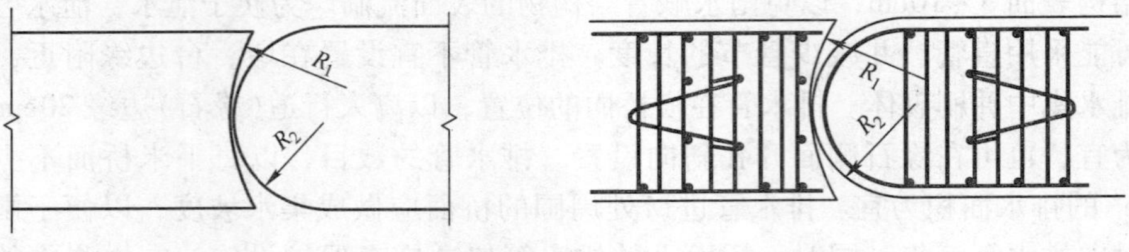

图 7-29 弧形铰

2. 铅垫板铰

铅垫板铰由厚度为 1.5 ~ 2.0cm 的铅垫板，外包有锌、铜薄片(厚 1.0 ~ 2.0cm)构成，如图 7-30 所示。铅垫板宽度为主拱圈厚度的 1/4 ~ 4/3，在主拱圈的全部宽度上分段设置。铅垫板铰主要用于中小跨径的板拱或肋拱中，可作永久性拱铰，也可作临时拱铰用。

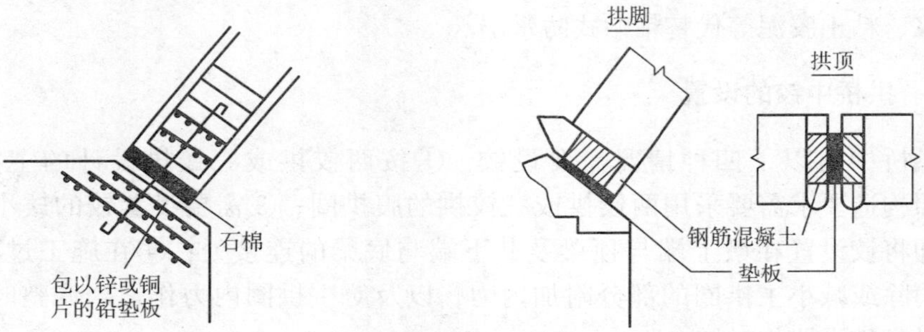

图 7-30 铅垫板铰

铅垫板铰是利用铅的塑性变形使支承面能自由转动来完成铰的功能的。为了使主拱压力对正铰中心，并能承受剪力，应设置穿过铅垫板中心且不妨碍拱铰转动的锚筋。为提高局部承压能力，应在墩台帽以及邻近铰的拱段内设置螺旋钢筋或钢筋网加强。直接贴近铅垫板铰的主拱圈混凝土强度等级应不低于 C25。在计算铅垫板铰时，假定其压力沿铅垫板全宽均匀分布。

3. 平铰

空腹式拱桥的腹拱圈，由于跨径小，可以采用构造简单的平铰，如图 7-31 所示。平铰就是两构件的端部是平面相接、直接抵承的铰。接缝处可铺一层低

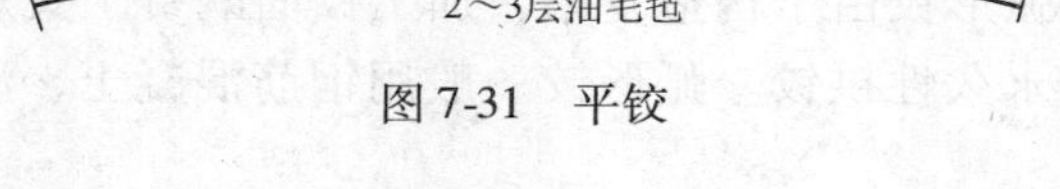

图 7-31 平铰

标号砂浆，也可垫衬油毛毡或直接干砌。

4. 不完全铰

对于小跨径或轻型的拱圈，以及空腹式拱桥的腹孔墩柱铰，目前常用不完全铰(见图7-32)，它属于永久性拱铰。图7-32a为小跨主拱圈的不完全铰，由于铰处拱圈截面急剧地减小，保证了该截面的转动功能而起到铰的作用。在施工时拱圈不断开方便了整体预制吊装，而使用中又能起铰的作用，这是不完全铰的突出优点。由于拱铰处截面突然变小，一般为全截面的1/3~2/5，应力很大容易开裂，故该处必须配置斜钢筋。斜钢筋应根据总的纵向力和剪力由计算确定。图7-32b、c为腹孔墩柱的不完全铰。

5. 钢铰

钢铰通常做成理想铰，如图7-33所示。钢铰除用于大跨径有铰刚拱桥作为永久性拱铰外，大多用作施工过程中的临时铰。当采用劲性骨架施工钢筋混凝土拱桥时，在钢骨架吊装过程中拱脚处常采用钢铰，钢铰通常做成带有圆柱形销轴(或不设销轴)的理想铰形式。

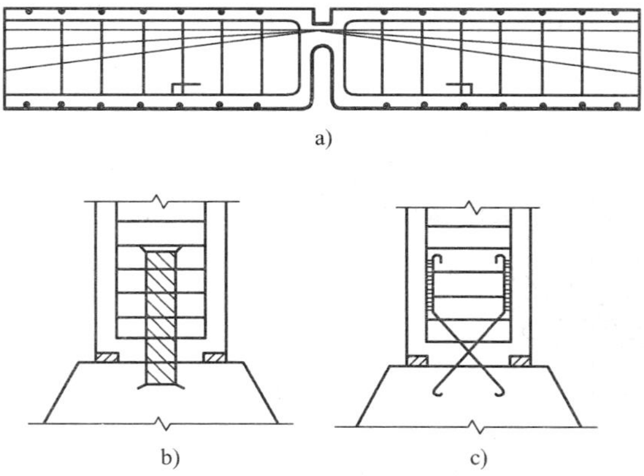

图7-32　不完全铰

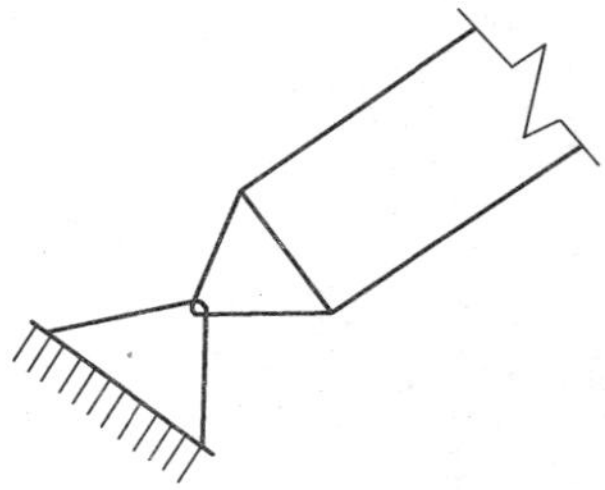

图7-33　钢铰

7.7　其他上承式拱桥

其他上承式拱桥包括桁架拱桥和刚架拱桥。其在构造上进一步减轻了拱桥的自重，增强了拱桥结构的整体性，能够充分发挥现代装配式结构施工的优势，施工进度快，从而扩大了拱桥的使用范围。

7.7.1　桁架拱桥

桁架拱桥也称为拱形桁架桥，是一类具有水平推力的桁架结构。桁架拱桥的上部结构一般由桁架拱片、横向联系和桥面系三部分组成。桁架拱片是桁架拱桥的主要承重结构，由上弦杆、腹杆、下弦杆和拱顶实腹段组成，其主要主要部分如图 7-34 所示。桁架拱片在施工期间单独受力，竣工后则与桥面结构合为一体共同承受活载与其他荷载。横向联系将各桁架拱片连成整体，共同受力，并保证其横向稳定性。下弦杆为拱形，上弦杆一般与行车道结构组成一个整体而共同工作；在跨中部分，因上、下弦杆很靠近而做成实腹段。桁架拱桥通常采用钢筋混凝土结构或压应力混凝土结构。

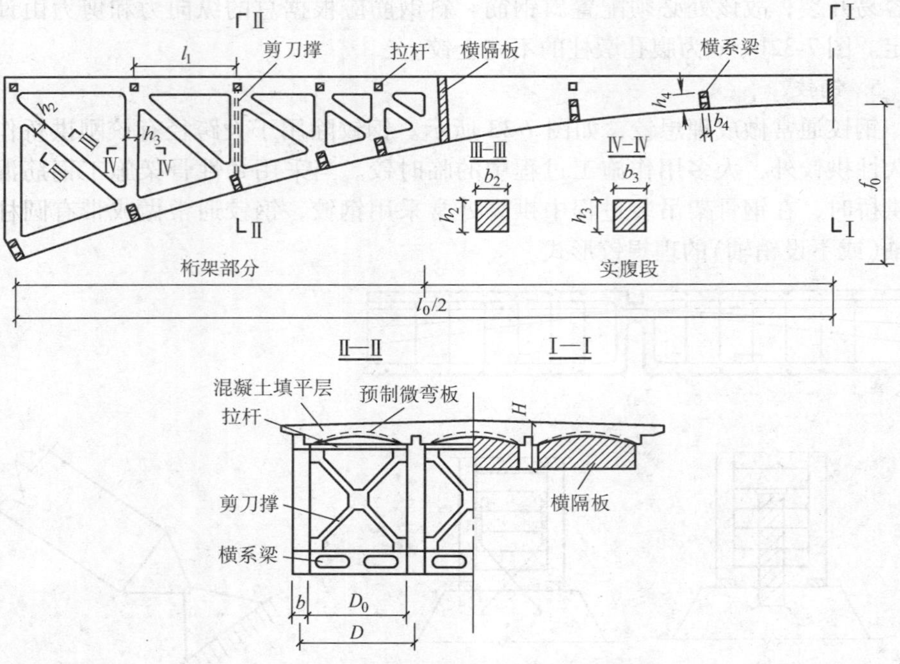

图 7-34　桁架拱桥的主要组成部分

桁架拱桥由拱和桁架两种结构体系组合而成，故具有拱和桁架的受力特点。拱形结构的水平推力大大降低了跨间的弯矩，同时利用拱上结构与拱圈形成桁架，使之整体受力，以充分发挥各部分构件的作用。因此，桁架拱桥具有结构受力合理、整体性强、节省材料、自重较轻等特点，同时由于大部分构件采用预制安装，故还具有施工工序少、吊装适应能力强、工期较短等优点。

桁架拱桥存在以下不足：拱脚有推力，对地基要求较高；构件纤细，施工和运输均需仔细小心；模板较复杂；钢筋混凝土结构的结点处、拉杆及实腹段下缘易出现裂缝。在加大跨径的桁架拱桥建造中，已越来越多地采用预应力混凝土结构，利用预加应力的方式来改善桥梁的受力特点，消除裂缝，增强结构的整体性，增大跨越能力，但同时也增加了结点构造的复杂程度。

桁架拱桥结构很早就出现了，但是由于存在上述较为明显的缺点，没能得到广泛的使用，一般只适用于跨度不大的城市桥梁或次等级公路，给人们提供另外一种桥梁景观。钢筋混凝土普通桁架拱桥的应用范围以 20～50m 的中等跨径为宜。

7.7.2 刚架拱桥

刚架拱桥是由拱与斜腿刚构组合而成的一种复合结构，故称为刚架拱桥。它的上部结构由刚架拱片、横向联结系和桥面系等部分组成。刚架拱片是刚架拱桥的主要承重结构，由跨中实腹段的主梁、空腹段的次梁、主拱腿(主斜撑)、次拱腿(斜撑)等构成，如图 7-35 所示。刚架拱桥的总体布置形式主要与桥梁跨径、荷载大小等有关。当跨径小于 30m 时，可采用只设主拱腿，不设次拱腿的最简单形式；当跨径在 30～50m 时，为了减小腹孔段次梁的跨径，可以设置一根次拱腿。随着跨径的增大，为了减小次梁和斜撑的内力，可设置多根斜撑，这些斜撑都可以直接支撑在桥墩台上，也可以将次拱腿支撑在主拱腿上，以减小次拱腿的长度。

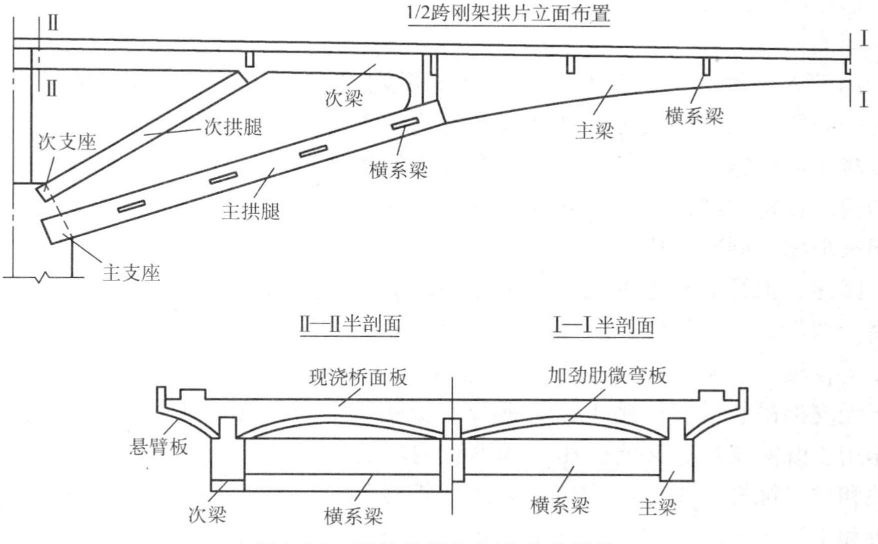

图 7-35 刚架拱桥的主要组成部分

刚架拱桥的特点有：在顺桥方向，将常规的主拱圈与拱上建筑部分组成为整体受力的结构，拱上建筑不是单纯传递荷载，而是参与承受荷载；在横桥向，通过加腋板或微弯板将拱肋与现浇桥面组成整体受力结构。刚架拱桥线条简单，造型美观；与桁架拱桥相比，混凝土用量和钢筋用量均可以减少，经济效益较明显；刚架拱桥虽为拱式体系，但恒载推力比常规拱桥要小，为了控制桥梁建筑高度，可将矢跨比选择小些，一般取 1/7 ~ 1/10 之间。刚架拱桥施工方法的适应性较强，可采用预制吊装、有支架现浇、悬臂拼装和转体施工方法等。

刚架拱桥也存在类似于桁架拱桥的缺点。但因为刚架拱桥属于推力的高次超静定结构，具有整体性好、刚度大、构件少、重量轻、可在软土地基上修建、施工方便、造价低、造型美观等优点，被广泛低用于跨径为 25 ~ 70m 的桥梁。

7.8 钢管混凝土拱桥

7.8.1 钢管混凝土结构的特点

钢管混凝土是在薄壁圆形钢管内填充混凝土而形成的一类复合材料，属于钢-混凝土组合结构中的一种。根据钢管和混凝土之间的组合关系，分为内填型和内填外包型两种。

内填型钢管混凝土管壁外露，结构含筋率较高，适用于以受压为主的结构。它可以借助于内填混凝土增强钢管壁的稳定性，同时又利用钢管对核心混凝土的套箍作用，使得核心混凝土处于三向受压状态，从而具有更高的抗压强度和抗变形能力。

内填外包型钢管混凝土主要用于大跨度拱桥建造中，主要解决大跨度拱桥的支架问题。采用自重轻、刚度和强度均较大的钢管作为骨架，然后向管内浇筑混凝土形成钢管混凝土，再在外面外挂模板浇筑外包混凝土，形成钢筋混凝土结构。在这类结构中，钢管和随后形成的钢管混凝土主要是作为施工的劲性骨架来考虑，同时成桥后参与受力。

因此，钢管混凝土本质上属于套箍混凝土，除了具有一般套箍混凝土的强度高、塑性好、质量轻、耐疲劳、耐冲击等优点外，还具有以下几个独特的优点：①在施工方面，空心钢管作为劲性骨架和模板，施工吊装质量轻，进度快，便于无支架吊装或转体施工；②钢管本身就是钢筋，兼有纵向钢筋和横向箍筋的作用，既能受拉，又能受压；③钢管内填混凝土可以提高钢管壁受压时的稳定性和抗腐蚀性；④受压构件中采用钢管混凝土，可以大幅度节省材料。理论分析和工程实践均表明，与钢结构相比，钢管混凝土结构在保持结构自重和承载力相同的情况下，约节省钢材 50%，且焊接工作量也显著减少；与钢筋混凝土结构相比，在保持钢材用量相当和承载力相同的情况下，可以减少构件的截面积约 50%，且结构自重、混凝土及水泥用量相应减少一半左右。

钢管混凝土在钢管制造及安装、钢管内填混凝土密实性、钢管表面防腐处理等方面，由于结构自身的需要，要求较高。同时与所有建筑材料一样，也相应存在一些不足：①管壁外露的钢管混凝土在阳光照射下，钢管膨胀，容易造成钢管与内填混凝土之间的出现脱空现象；②泵送管内混凝土常出现不能完全饱满的情况，这些都可能引起拱圈受力改变，从而降低钢管混凝土结构的安全度。目前，常在混凝土浇筑施工过程中，在混凝土中添加膨胀剂，增强混凝土的密实度。

7.8.2 钢管混凝土拱桥的基本构造

钢管混凝土拱桥是一种新型的拱桥构造，20世纪90年代我国开始开发采用，1990年在四川旺苍建成了跨度115m的国内第一座公路钢管混凝土拱桥。由于其具有省材、轻便、美观及无支架施工的特点，很快得到推广和应用，在几年内已建成和在建钢管混凝土拱桥已达40余座。钢管吊装重量比钢筋混凝土拱肋轻得多，解决了大跨径拱桥施工问题，因而适用跨径可以增大。钢管混凝土拱桥不仅应用于山区，在平原河网地区也得到推广(多数为带系杆的中下承式拱桥)。大跨桥钢管混凝土拱(包括钢管混凝土系杆拱)，无论在经济性或施工技术等方面，已开始与斜拉桥式方案竞争。目前钢管混凝土拱桥都为公路桥，铁路正在迎头赶上，铁路钢管混凝土拱桥已在设计中。

钢管混凝土拱桥一般由钢管混凝土拱肋、立柱或吊杆、横撑、行车道系和下部结构组成，如图7-36所示。根据行车道的位置，钢管混凝土拱桥可以分为上承式、中承式和下承式三种类型。

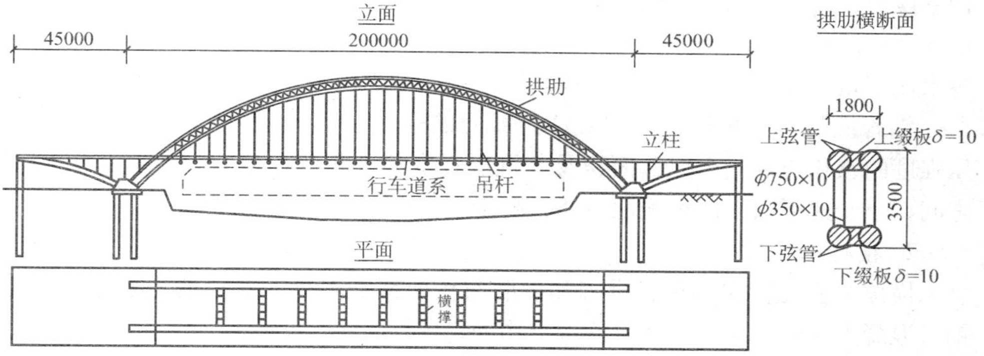

图7-36 钢管混凝土拱桥构造组成(尺寸单位:cm)

钢管混凝土拱桥结构新颖，永久作用集度均衡，故拱轴系数较小，一般在1.167～2.240之间。跨径较小者取较大值，跨径大者取较小值。矢跨比在1/4～1/8之间比较合理。拱轴线通常采用悬链线或二次抛物线。

1. 钢管混凝土拱肋

钢管混凝土拱肋截面形式，按照钢管的根数及布置方式，通常分为单管形、双肢哑铃形、四肢格形、三角形格构形和集束形，如图7-37所示。

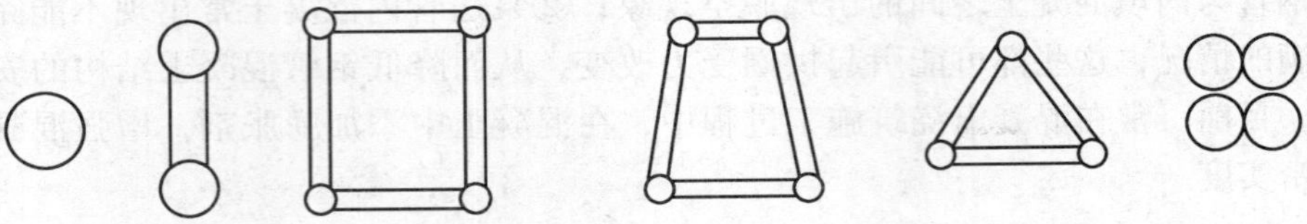

图 7-37 钢管混凝土拱肋横截面形式

钢管混凝土拱肋通常做成等高、等宽的截面，便于加工制作。若拱脚会淹没于水中，或者拱脚段受力较大，或者有防撞要求等情形，可将拱脚段做成钢管混凝土实腹结构。

选定钢管断面后，考虑到防腐及强度方面的要求，钢管的壁厚不宜小于1.2cm。钢管与混凝土面积之比定义为含钢率α_s，其数值不宜小于0.05，否则难以发挥钢管混凝土的套箍作用，也不宜大于0.10，以免钢材耗费过多，造成浪费。钢管一般采用16Mn钢、15Mn或A_3钢，可直接采用成品无缝钢管，也可由钢板卷制加工而成。当钢管直径较大或者壁厚超过常用规格时，可用钢板冷卷或热压后焊接成相应的空钢管。在实际工程中，要注意焊接质量的保证，应对焊缝进行超声波或X射线检测，以保证最终桥梁结构的安全。

钢管混凝土结构施工中还应注意，所填充的高强混凝土应与钢管钢号和含钢率匹配，以最大限度地发挥钢管混凝土构件的套箍作用。混凝土应采用泵送，添加适当的减水剂、膨胀剂和掺入适量的粉煤灰，以降低混凝土的水化热，减少水泥用量，提高混凝土的和易性和可泵性，减少收缩。

钢管混凝土拱桥在设计中应注意截面的套箍指标，即钢管截面面积及其抗压强度的乘积与混凝土截面面积及其抗压强度的乘积的比值宜控制在0.3~3.0之间，小于此下限易出现脆性破坏，高于此上限易出现塑性变形。

2. 横撑

横撑主要设置在拱顶、拱脚和拱肋与桥面系交接处。横撑的主要作用是将钢管混凝土拱肋连接成整体，确保结构的稳定性。

钢管混凝土拱肋的横撑多采用钢管桁架，钢管可以是空心的，也可以内填混凝土，做成钢管混凝土横撑。横撑在拱脚段多做成桁式K形撑或X形撑，以获得更好的稳定性。拱顶处的横撑作用较大。在桥面系以上，则多做成直撑、K形撑或H形撑，且桥面以上的横撑一般设置为奇数撑，具有美观的效果。

3. 吊杆

中、下承式钢管混凝土拱桥需要设置吊杆。吊杆的张拉端上端通常设置在缀板处或钢管弦杆内，下端为固定端，以方便拆卸更换。吊杆可采用柔性吊杆和刚性吊杆两种。中、下承式钢管混凝土拱一般采用柔性吊杆，其材料可采用平行钢丝、平行钢绞线或平行钢丝束、单根钢铰缆和封闭钢缆等，外面再套以无缝钢管或用热挤聚乙烯层防护。吊杆锚具常采用冷铸锚、冷铸镦头锚和夹片锚。

目前均有专门的生产厂家做成的成品索供应。刚性吊杆采用钢筋混凝土或预应力钢筋混凝土结构。为了防止吊杆受到车辆的撞击，可在行车道一侧设置防撞栏杆。

4. 横梁

横梁应根据吊杆间距和桥宽不同选用，一般常采用钢筋混凝土横梁及钢横梁。钢横梁有箱形和工字形等不同种类，钢横梁具有强度高、重量轻和吊装方便等优点，缺点是与桥面铺装不易粘结，一般采用工字形横梁，便于维护；混凝土横梁特点则正好相反。因此，在选定材料和结构形式时，应根据受力、施工等综合因素来选择。

5. 桥面系

桥面板一般用混凝土空心板或槽形板，根据桥跨大小也有用钢结构形式的桥面板。

7.9　拱桥构造示例

澜沧江大桥(见图7-38)位于思茅地区思茅市和澜沧交界处，属滇东北横断山脉，为跨越澜沧江而设，桥位地形较好，江面窄，河谷呈“V”字形峡谷，两岸山势较陡。经地质勘探，桥位处地质为完整的花岗岩，对修建拱桥较为有利。

图7-38　澜沧江大桥

该桥为钢筋混凝土箱形拱桥。主拱净跨 $L_0=150m$，净矢跨比 $F_0/L_0=1/5$，计算跨径 $L=151.572m$，计算矢高 $f=30.240m$，拱轴系数 $m=1.543$，拱轴线形为等截面悬链线箱形无铰拱，拱圈高 2.40m，拱圈全宽 11.24m，由六箱组成。拱圈为 40 号钢筋混凝土，先预制为 U 形拱肋，肋高 2.2m，分七段吊装施工，单节最大吊重(拱脚段)520kN，六片 U 形拱肋吊装就位后，焊好横向连接钢筋及接头钢板，现浇好接头横隔板及肋间混凝土，安好肋顶预制盖板，盖板伸出钢筋与 U 形肋伸出钢筋焊接，铺设好拱板钢筋网，现浇拱板形成封闭钢筋混凝土箱形断面。

设计荷载：汽车—超 20 级，挂车—120，人群荷载 $3kN/m^2$；桥面净宽：净 $9+2\times1.75m$ 人行道；地震烈度：8 度。全桥总体布置图如图 7-39 ~ 图 7-41 所示。

主拱施工预留拱度：拱顶处采用 $L/1000=0.152m$，拱顶处采用 0.152m，其他各点的预拱量以二次抛物线计算设置。为方便施工，设计采用引孔预制装配式 T 形梁与主拱上腹孔跨度相同。两岸主拱桥台均置于岩层，台基斜面与基岩层抵紧，两岸主拱台基础为扩大基础。为了减轻拱上构造重量，降低主孔水平推力，经多种比较后，拱上构造，两侧腹孔各为 6 孔 10m 预制 T 形梁，腹孔墩为排架墩，拱上实腹部分，每边各设有 8 孔 2.5m 板梁作为暗孔。桥位处景洪电站 1% 回水位(最高通航水位)标高为 618.00m，跨中桥面边缘设计标高为 653.218m，桥梁全长 219.042m。

拱上构造中，拱上腹拱采用 7 梁式预制装配式 T 形梁，T 形梁水平投影长纵向中至中为 10m，最大吊装重量 117kN；支座为 200mm × 250mm × 42mm 板式橡胶支座，伸缩缝处为 200mm × 250mm × 44mm 滑板支座；全桥 T 形梁共 17 孔(含引孔)，共 119 根；腹拱墩采用排架式，盖梁采用矩形截面，立柱为工字形截面，均采用预制装配式钢筋混凝土构件，安装就位后湿接头连接。结合我国已建成的几座大跨径箱形拱桥的施工经验，为减少排架立柱吊装次数，本桥排架墩采用两根立柱为一品预制吊装，立柱与柱座连接，采用立柱下端预留角钢与柱座预埋钢板焊接，然后在柱座上浇一层厚 350mm 的混凝土封填。

主拱上实腹部分暗孔，每边为 8 孔 2.5m 钢筋混凝土板梁，用 10mm 厚砂浆支放于横墙上，然后板上再与全桥一起现浇混凝土桥面。

U 形拱肋分 7 节预制，每节采用两点起吊。U 形箱肋按单肋吊装合拢，其横向稳定依靠缆风索保证。在 U 形拱肋分段接头Ⅰ、Ⅱ、Ⅲ附近，每边设缆风索一道。全拱设缆风索 6 对(即上、下游各设缆风索 6 道)，缆风索与拱轴线的夹角不小于 50°；当 6 片 U 形箱肋全部合拢调整就位，焊好横向连接钢筋，焊好接头、现浇好接头处横隔板后，才能解除缆风索。

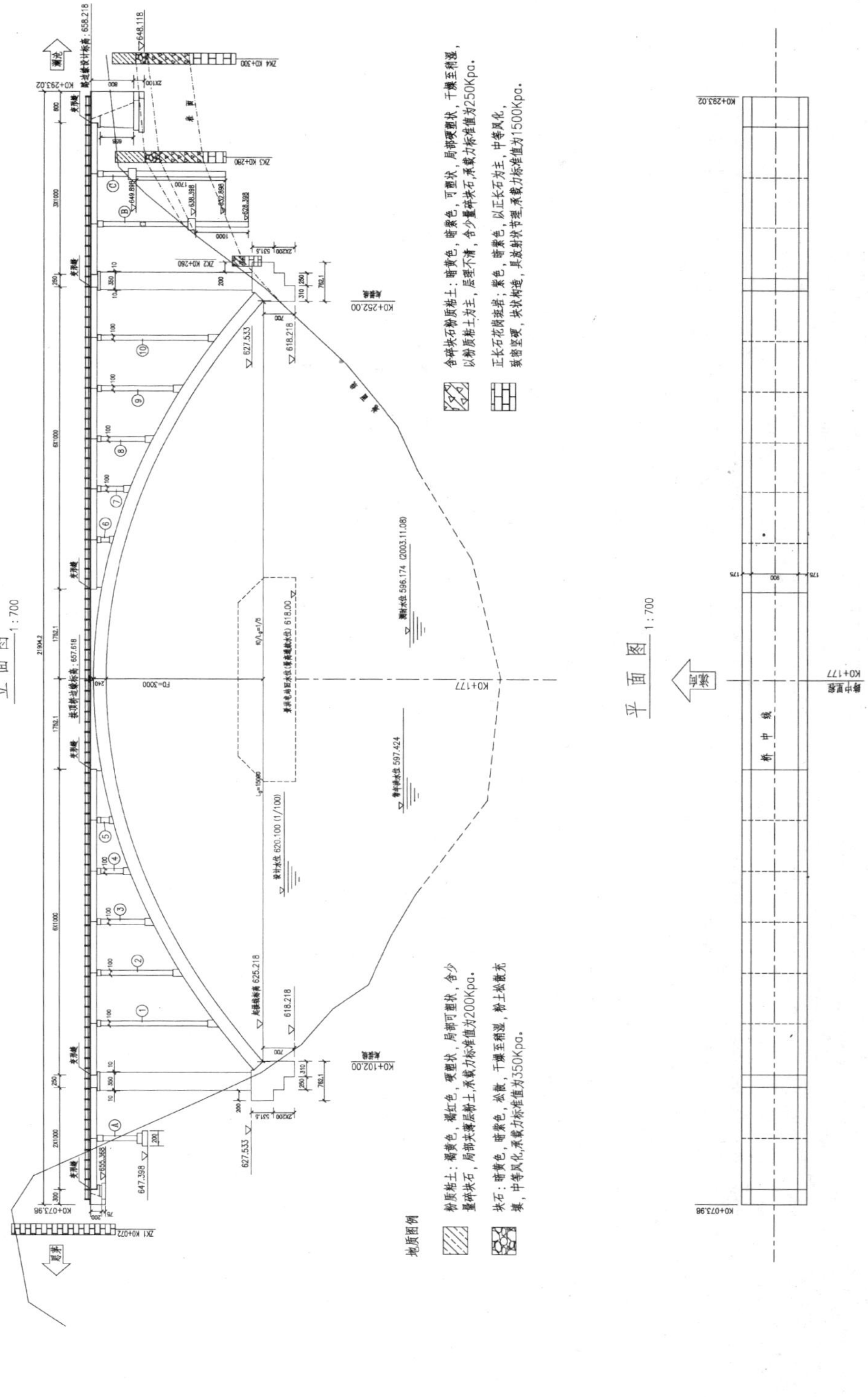

图7-39 澜沧江大桥总体布置图

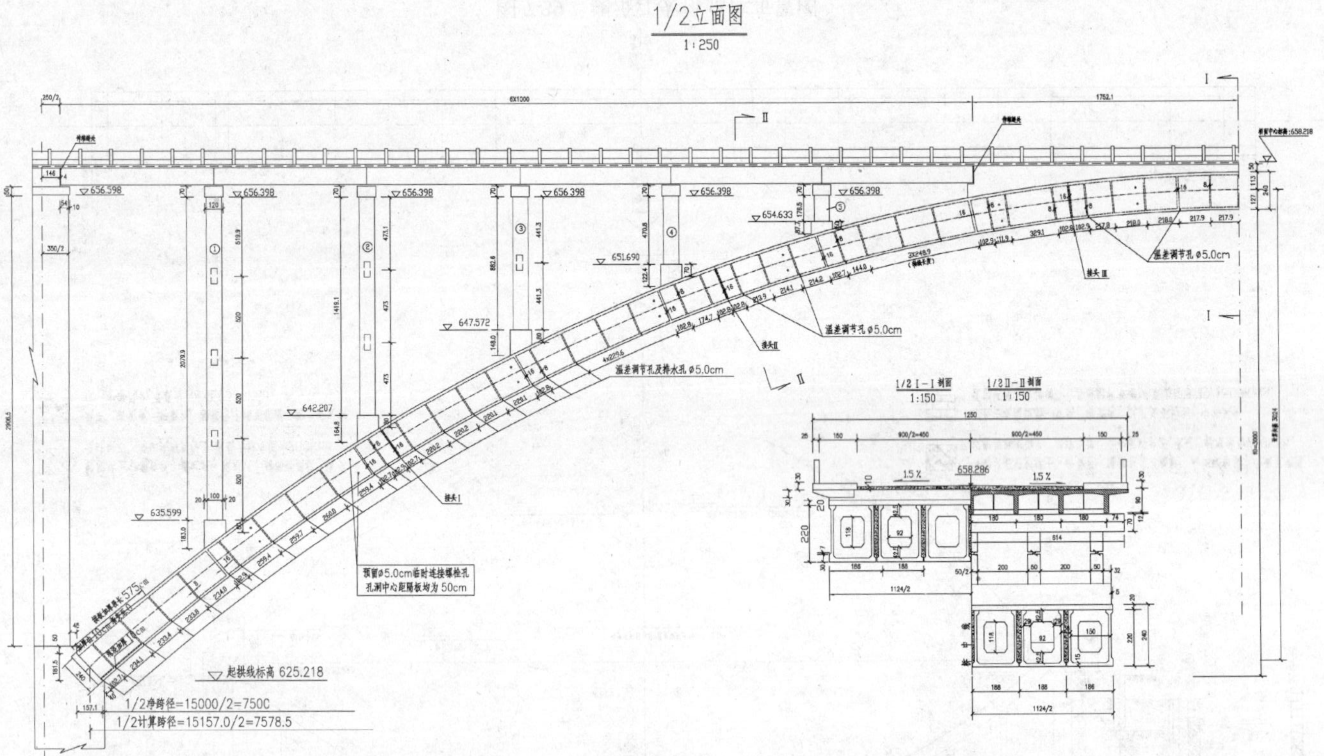

注：

1.图中尺寸除标高和里程桩号以米计外，余均以厘米计。

2.每箱肋设置横隔板87个，除6个接头横隔板现浇外，其余均为预制，预制横隔板中，14个为厚16厘米，其余为8cm。

3.每箱设温差调节及排水孔54个，各箱肋设置临时连接孔14个。横向钢筋连接孔布置及吊孔、扣孔布置，详见箱肋施工构造图。

4.桥面铺装为30号现浇防水混凝土，桥面边缘厚10cm。

5.桥面纵坡为0.0%，箱拱一般构造图左右半拱为对称结构。

图7-40 澜沧江大桥箱拱一般构造图

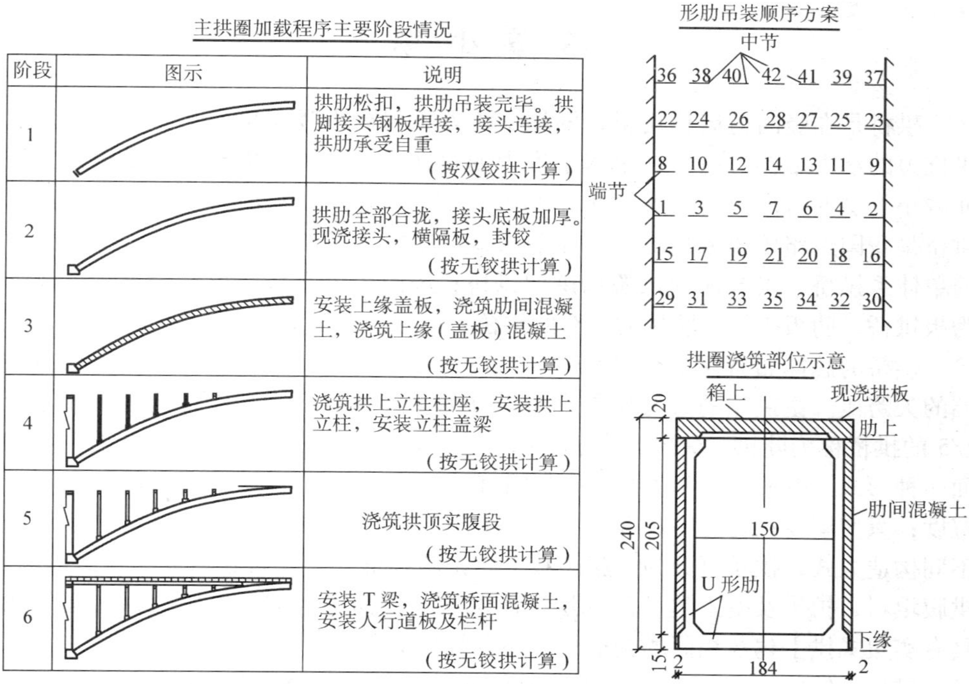

图7-41　澜沧江大桥拱肋施工加载示意图

桥位处年最高温度35℃，年平均气温10℃，设计封拱温度为20℃。因此，U形箱肋接头混凝土、肋间混凝土、箱拱上缘现浇混凝土封拱温度，应控制在设计温度附近，宜不高于设计温度。为降低主拱圈箱内外温差，在箱拱底板应设温差调节孔（直径ϕ50mm）。

桥长范围内桥面均采用上层40mm沥青混凝土铺装；下层采用边缘厚60mm的C30防水混凝土。为防止桥面开裂，桥面混凝土内设ϕ8mm 10×10cm钢筋网，且在混凝土中掺入1.0%~1.25%的强拉结构钢扭曲型钢纤维（LHSF）。在拱顶实腹段、腹孔、引孔连接处均设60mm的伸缩缝。伸缩缝规格为FD—80型。全桥共6道伸缩缝其余均为桥面连续。

本桥位处地质情况良好，基岩出露完整，主拱桥台基坑开挖后，基底平面及台背斜面应置于完整的基岩下1.5m，地基承载力要求不小于1500kPa。主拱桥台采用C40混凝土，采取U形箱肋插入拱座一段40cm。用U形箱肋端预留槽钢，角钢直接抵紧在拱座预埋钢板上，就位后焊接，然后现浇混凝土封填，拱座上缘预埋钢筋与箱拱上缘钢筋网相连接，使箱拱与拱座连结成整体。引孔台帽及腹孔与引孔间横墙上墩帽为C20混凝土。引孔墩及帽为C25混凝土，墩基础为C20混凝土。

本章小结

拱桥是在竖向荷载作用下，两端支承处不仅产生竖向反力，而且还产生水平推力的承力结构。由于这个水平推力的存在，导致拱结构主要承受压力，从而减小了拱的弯矩作用。拱桥可以利用圬工材料、钢及钢筋混凝土等材料建造。拱桥是我国道路桥梁采用的一种主要形式。拱桥按照结构体系分类，可以分为简单体系拱桥、组合体系拱桥和拱架拱桥；按照主拱圈截面形式分类，可以分为板拱桥、肋板拱桥、肋拱桥、双曲拱桥、箱形拱桥等形式。

拱桥的总体布置主要包括拟定桥梁的长度、跨径、孔数、桥面标高和主拱圈的矢跨比。主拱圈的矢跨比是拱桥设计的主要参数之一。矢跨比大于或等于1/5的拱桥称为陡拱，矢跨比小于1/5的成为坦拱。拱桥主拱圈有变截面和等截面两种形式。变截面主拱圈的做法通常有两种：一种是拱圈沿着拱轴方向不变宽度，只变厚度；另外一种是厚度不变，而改变拱圈的宽度。按照拱上建筑的不同构造方式，拱桥可分为实腹拱和空腹拱两种形式。实腹式拱上建筑由侧墙、拱腹填料、护拱及变形缝、防水层、泄水管及桥面等组成。空腹拱拱上建筑除具有实腹式拱上建筑相同的构造外，还有腹孔不和腹孔墩。

拱桥中铰的设置可以分为永久性铰和临时铰。拱桥常用的形式有弧形铰、铅垫板铰、平铰、不完全铰和钢铰等。

思考题和习题

7-1 拱桥与梁桥的主要区别是什么？

7-2 拱桥的优缺点有哪些？

7-3 拱桥分类形式有哪些？

7-4 拱桥按照结构体系分类有哪几种类型？试解释每一种类型的特性。

7-5 拱桥的总体布置包括哪些内容？

7-6 拱桥主拱圈截面形式有哪几种？

7-7 按照静力图式划分，拱桥可以分为哪几种类型？

7-8 拱桥设计中主要确定哪几个标高？

7-9 简述板拱桥、肋拱桥、双曲拱桥和箱形拱桥的主要构造。

7-10 钢管混凝土拱桥具有哪些优缺点？

7-11 空腹式拱上建筑的腹孔墩主要有哪两种形式？

7-12 简述伸缩缝和变形缝的作用。它们主要设置在什么位置？

8

第 8 章

拱桥的计算

8.1　概述

在拱桥总体布置、细部尺寸、施工方案等确定后，需进行计算。拱桥计算包括成桥状态受力分析和强度、刚度、稳定验算以及必要的动力分析，施工阶段结构受力分析和验算。

拱桥通常为超静定的空间结构，当活载作用于桥跨结构时，拱上建筑参与主拱圈受力，其间承受活载的作用，这种现象被称为“拱上建筑与拱的联合作用”，简称“联合作用”。在横桥方向，不论活载是否作用在桥面的中心，在桥梁的横断面上都会出现应力分布不均匀现象，称为“活载的横向分布”。

研究表明，普通型上承式拱桥的联合作用程度大小与拱上建筑的形式、构造以及施工程序有关。通常，拱式拱上建筑的联合作用较大，梁式拱上建筑的联合作用较小。在拱式拱上建筑中，联合作用程度大小又与许多因素有关，例如，腹拱圈、腹孔墩对主拱圈的相对刚度越大，联合作用就越显著。拱上腹拱全部采用无铰结构时，其联合作用亦较有铰结构大得多。梁式拱上建筑联合作用程度大小则与其构造形式及刚度有关。对简支腹孔，由于其对主拱的约束很小，联合作用亦很小；对连续或框架式腹孔，其联合作用随其连续纵梁、立柱的刚度增大而增大。联合作用与施工程序也有关，例如，有支架施工中，若在主拱合拢后即落架，然后再建拱上建筑，则拱与拱上建筑的自重及材料收缩影响的大部分由主拱单独承受，只有后加恒载(如腹孔拱上恒载)、活载以及温度变化等影响时才存在联合作用；若拱架是在拱上建筑完成后才拆除，则在所有影响力作用下都存在联合作用。此外，在同一拱桥中，对不同的截面(主拱)，其受到联合作用的影响程度也不一样。例如，拱脚、1/8 等截面受联合作用的影响较大，而拱顶则较小。在拱桥计算时应根据拱上建筑联合作用的大小，选择不同的计算图式进行受力分析。例如，对简支梁式拱上建筑可选择不计联合作用的裸拱圈作为计算图式；而对于其他形式的拱上建筑，应选择拱圈与拱上结构整体受力的图式。多孔连续拱桥计算时还应计入连拱的影响。

实际上，由于主拱在不计拱上建筑的联合作用时是偏安全的，所以，多数情况下都以单拱为计算对象。但拱上结构的计算则不同，不考虑联合作用（即不考虑主拱变形对其产生的影响）是不合理、不安全的，必须以共同受力的图式进行拱上结构分析。整体型上承式拱桥则必须考虑其整体受力。

与联合作用一样，活载的横向分布也与许多因素有关，主要与桥梁横向构造形式有直接关系。例如，对石（混凝土）板拱、箱（板）拱一般可忽略活载横向分布的影响，认为活载由主拱圈全宽均匀承担。事实上，不同主拱截面受活载横向分布的影响也不一样，拱脚、1/8 截面、1/4 截面不计横向分布影响一般是安全的，而对拱顶截面则偏于不安全，在设计时应予以注意。对横向由多个构件（部分）组成的肋拱、桁架拱、刚架拱等，必须考虑活载的横向分布影响，一般简化为平面结构进行计算，或进行整体分析（电算）。当桥梁恒载横向分布不均匀时，也需考虑其横向分布的影响。

拱桥计算是在结构尺寸确定后按照一定顺序进行的。例如，对不计联合作用的拱桥，应先对拱上结构进行受力分析与验算，在拱上结构计算通过后方能进行上拱或墩台计算，否则可能会由于拱上结构的尺寸改变（即自重改变）而需对主拱圈进行重新计算。拱桥计算手段包括手算和电算两种。本节主要介绍普通型上承式拱桥的主拱计算。

8.2 拱轴线的选择与拱轴系数的确定

拱轴线的形状直接影响主拱截面内力分布与大小，选择拱轴线的原则，也就是尽可能降低由于荷载产生的弯矩值。最理想的拱轴线是与拱上各种荷载的压力线相吻合，这时主拱截面上只有轴向压力，而无弯矩及剪力作用，应力均匀，能充分利用材料强度和圬工材料的良好抗压性能，这样的拱轴线称为合理拱轴线。但事实上不可能获得这样的拱轴线，因为主拱受到恒载、活载、温度变化和材料收缩等作用，当恒载压力线与拱轴线吻合时，在活载作用下其压力线与拱轴线就不再吻合了，又因为相应于活载的各种不同布置，压力线也是各不相同。根据混凝土拱恒载比重大的特点，实际上一般采用恒载压力线作为拱轴线，恒载作用越大，这种选择就越显得合理。对于活载较大的铁路混凝土拱桥，则可考虑采用恒载加一半活载（全桥均布）的压力线作为拱轴线。其实超静定拱在恒载作用下，主拱的轴线将产生压缩变形。因此，要选择一条能够使恒载作用下的截面弯矩为零的拱轴线是很困难的。此外，温度变化、材料收缩等影响也会使拱轴变化而引起一定弯矩，故选择拱轴线只能尽量将主拱截面的弯矩减小而已。选择拱轴线时，除了考虑主拱受力有利以外，还应该考虑外形美观、施工简便等因素。

8.2.1　圆弧线

圆弧线拱轴线线形简单，全拱曲率相同，施工方便。其拱轴方程为(见图8-1a)

$$\left.\begin{aligned}&x^2+y_1^2-2Ry_1=0\\&x=R\sin\varphi\\&y_1=R(1-\cos\varphi)\\&R=\frac{l}{2}\left(\frac{1}{4f/l}+\frac{f}{l}\right)\end{aligned}\right\}\qquad(8\text{-}1)$$

当计算矢高 f 和计算跨径 l 已知时，根据上述关系可算出各几何量(见《公路桥涵设计手册　拱桥》(上)[⊖][后文简称《拱桥》(上)]中表1、表2)。

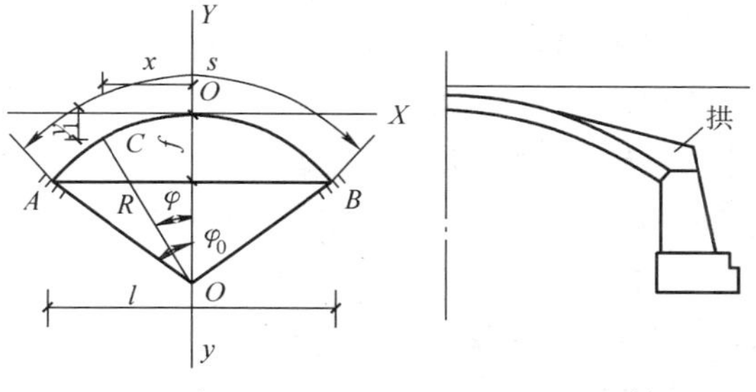

图8-1　圆弧线拱轴线

圆弧形拱轴线是对应于同一深度静水压力下的压力线，与实际的恒载压力线有偏离。当 f/l 较小时，两者出入还不算大，但当 f/l 接近1/2时，恒载压力线的两端将位于拱脚截面中心以上相当远(实践中常在拱脚处设置护拱，如图8-1b所示)，以帮助拱圈受力。因此，圆弧形拱轴线一般常用于跨径20m以下的小跨径拱桥。有些大跨径钢筋混凝土拱桥，为了方便各拱节段的预制拼装，简化施工，也采用圆弧线作为拱轴线。例如，1961年建成的法国Serriere桥，跨径125m，采用了等截面圆弧线拱圈。我国亦有200m跨径拱桥采用等截面圆弧拱轴线的设计方案。

⊖ 《公路桥涵设计手册　拱桥》，上册由顾懋清、石绍甫主编，下册由顾安邦、孙国柱主编，人民交通出版社出版，1994。

8.2.2 抛物线

在均匀荷载作用下，拱的合理拱轴线是二次抛物线。故对于恒载分布比较接近均匀的拱桥，可以采用二次抛物线作为拱轴线。其拱轴线方程为(见图 8-2)

$$y_1 = \frac{4f}{l^2}x^2 \tag{8-2}$$

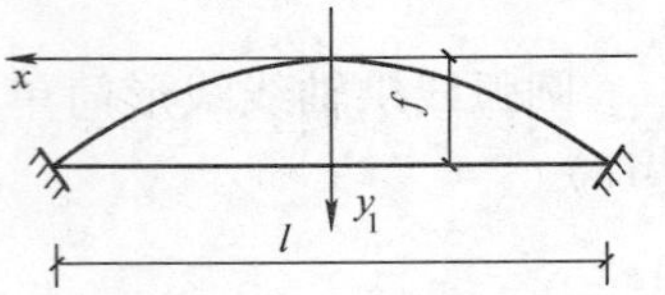

图 8-2 抛物线拱轴线

在一些大跨径拱桥中，为了使拱轴线尽量与恒载压力线相吻合，也常采用高次抛物线(三次或四次抛物线)作为拱轴线。例如，目前世界上最大跨径的钢筋混凝土拱桥——前南斯拉夫 KRK 桥采用的拱轴线即为二次抛物线，我国湖南省某跨径 107m 的双曲拱桥采用六次抛物线作为拱轴线。

8.2.3 悬链线

实腹式拱桥，其恒载集度(单位长度上的恒载)是由拱顶向拱脚连续分布、逐渐增大的(见图 8-3a)，其恒载压力线为一条悬链线。因此，一般认为悬链线是实腹拱桥的合理拱轴线。

空腹式拱桥的恒载从拱顶到拱脚不再是连续分布的(见图 8-3b)，它既承受拱圈的自重恒载，又承受拱上立柱(横墙)传来的集中恒载。其恒载压力线可采用数解法或图解法来确定，它是一条不光滑的曲线，难于用连续函数来表达。某些桥就直接采用此压力线作为拱轴线，或采用与恒载压力线相逼近的连续曲线作为拱轴线。例如，1942 年建成的跨径为 150m 的捷克 Podolsdo 桥、1930 年建成的法国 Plougastel 桥就采用了与压力线一致的有转折点的弧线，并在转折点处使之圆滑，作为拱轴线。但这些曲线计算麻烦，目前最普遍的还是采用悬链线作为空腹拱的拱轴线，仅需使拱轴线与恒载压力线在拱顶、跨径四分之一点和拱脚五个点相重合(称为“五点重合法”)即可。这样就可利用现成的完整的悬链线拱计算用表来计算各项内力。计算表明，采用悬链线拱轴对空腹拱主拱的受力是有利的。因此，悬链线是目前大、中跨径拱桥采用最普遍的拱轴线形。

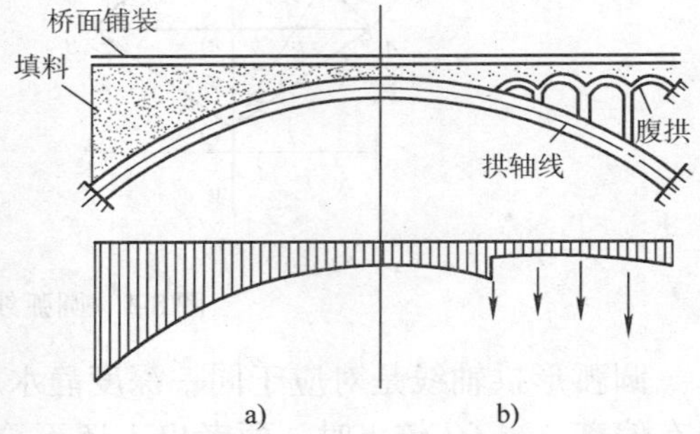

图 8-3 悬链线拱桥

a）实腹拱 b）空腹拱

下面介绍悬链线拱轴方程及几何性质。

8.2.3.1 拱轴方程的建立

取图8-4所示坐标系，设拱轴线即为恒载压力线，故在恒载作用下，拱顶截面的弯矩 $M_d=0$，由于对称性，剪力 $Q_d=0$，于是拱顶截面仅有恒载推力 H_g。对拱脚截面取矩，则有

$$H_g=\frac{\sum M_j}{f} \tag{8-3}$$

式中 $\sum M_j$——半拱恒载对拱脚截面的弯矩；

H_g——拱的恒载水平推力(不考虑弹性压缩)；

f——拱的计算矢高。

对任意截面取矩，可得 $$y_1=\frac{M_x}{H_g} \tag{8-4}$$

式中 M_x——任意截面以右的全部恒载对该截面的弯矩值；

y_1——以拱顶为坐标原点，拱轴上任意点的坐标。

式(8-4)即为求算恒载压力线的基本方程，对其两边对 x 两次取导数得

$$\frac{d^2y_1}{dx^2}=\frac{1}{H_g}\cdot\frac{d^2M_x}{dx^2}=\frac{g_x}{H_g} \tag{8-5}$$

式(8-5)为求算恒载压力线的基本微分方程。为了得到拱轴线(即恒载压力线)的一般方程，必须知道恒载的分布规律。

由图8-4b，任意点的恒载强度 g_x 可以下式表示

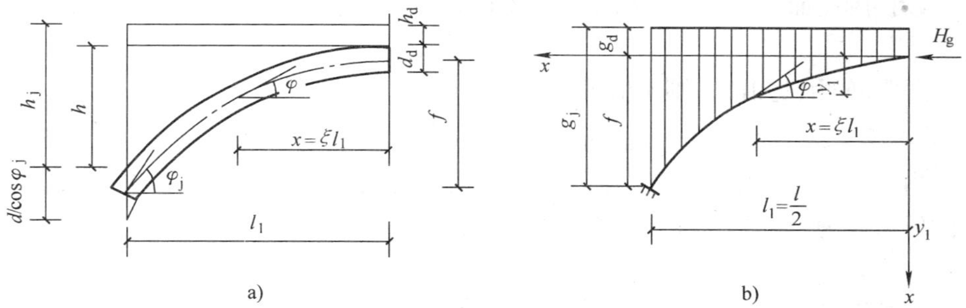

图8-4 悬链线拱轴计算图式

$$g_x=g_d+\gamma y_1 \tag{8-6}$$

式中 g_x——拱顶处恒载强度；

γ——拱上材料的重度。

由式(8-6)得 $$g_j=g_d+\gamma f=mg_d \tag{8-7}$$

式中 g_j——拱脚处恒载强度；

m——拱轴系数(或称拱轴曲线系数)，按下式计算

$$m=\frac{g_j}{g_d} \tag{8-8}$$

由式(8-7)得

$$\gamma=\frac{(m-1)g_d}{f} \tag{8-9}$$

将式(8-9)代入式(8-6)可得

$$g_x=g_d+(m-1)\frac{g_d}{f}y_1=g_d\left[1+(m-1)\frac{y_1}{f}\right] \tag{8-10}$$

再将式(8-10)代入基本微分方程(8-5)，为使最终结果简单，引入参数

$$x=l_1\xi，则\ \mathrm{d}x=l_1\mathrm{d}\xi$$

可得

$$\frac{\mathrm{d}^2y_1}{\mathrm{d}\xi^2}=\frac{l_1^2}{H_g}g_d\left[1+(m-1)\frac{y_1}{f}\right]$$

令

$$k^2=\frac{l_1^2g_d}{H_gf}(m-1) \tag{8-11}$$

则

$$\frac{\mathrm{d}^2y_1}{\mathrm{d}\xi^2}=\frac{l_1^2g_d}{H_g}+k^2y_1 \tag{8-12}$$

式(8-12)为二阶非齐次常系数线性微分方程。解此方程，则得拱轴线方程为

$$y_1=\frac{f}{m-1}(\cosh k\xi-1) \tag{8-13}$$

即为悬链线方程。

以拱脚截面 $\xi=1$、$y_1=f$ 代入式(8-13)得：

$$\cosh k=m$$

通常 m 为已知值，则 k 值可由下式求得

$$k=\operatorname{arccosh}m=\ln(m+\sqrt{m^2-1}) \tag{8-14}$$

当 $m=1$ 时，则 $g_x=g_d$，表示恒载是均布荷载。不难理解，在均布荷载作用下的压力线为二次抛物线，其方程为

$$y_1=f\xi^2$$

由悬链线方程(8-13)可以看出，当拱的矢跨比确定后，拱轴线各点的纵坐标将取决于拱轴系数 m。各种 m 值的拱轴线坐标可直接由《拱桥》(上)附录Ⅲ表Ⅲ-1 查出，一般无需按式(8-13)计算。

当拱的跨径和矢高确定之后，悬链线的形状取决于拱轴系数 m，其线形特征可用1/4 点纵坐标 $y_{1/4}$ 的大小表示(见图8-5)。

当 $\xi=1/2$ 时，$y_1=y_{1/4}$，代入式(8-13)得

$$\frac{y_{1/4}}{f}=\frac{1}{m-1}\left(\cosh\frac{k}{2}-1\right)$$

而
$$\cosh\frac{k}{2}=\sqrt{\frac{\cosh k+1}{2}}=\sqrt{\frac{m+1}{2}}$$

则
$$\frac{y_{1/4}}{f}=\frac{\sqrt{\frac{m+1}{2}}-1}{m-1}=\frac{1}{\sqrt{2(m+1)}+2} \tag{8-15}$$

由式(8-15)可见，$y_{1/4}$ 随 m 的增大而减小(拱轴线抬高)，随 m 减小而增大(拱轴线降低)(见图 8-5)。

在一般的悬链线拱桥中，恒载从拱顶向拱脚增加，$g_j > g_d$，因而 $m > 1$。只有在均布荷载作用下，即 $g_j = g_d$ 时，方能出现 $m = 1$ 的情况。由式(8-15)可得，在这种情况下 $y_{1/4} = 0.25f$(见图 8-5)。

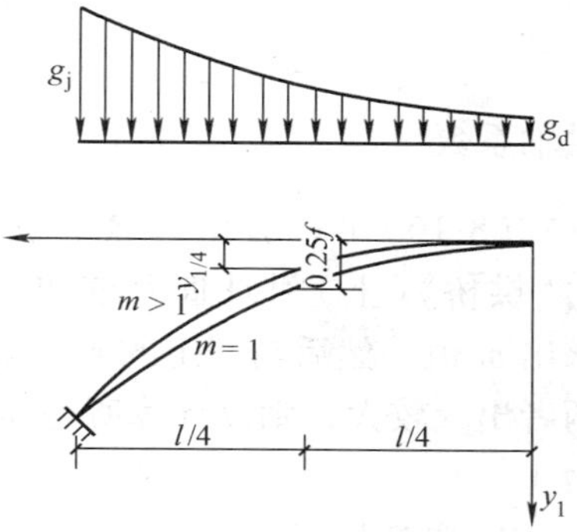

图 8-5　拱跨 1/4 点纵坐标与 m 的关系

在《拱桥》(上)附录的计算用表中，除了可以根据拱轴系数 m 查得所需的表值之外，亦可借助相应的 $y_{1/4}/f$ 查得同样的表值，见表 8-1，读者可以根据计算的方便，利用 m 值或者 $y_{1/4}/f$ 的数值查表，其结果是一致的。

表 8-1　拱轴系数 m 与 $y_{1/4}/f$ 的关系

m	1.000	1.167	1.347	1.543	1.756	1.988	2.240	2.514	2.814	…	5.321
$y_{1/4}/f$	0.250	0.245	0.240	0.235	0.230	0.225	0.220	0.215	0.210	…	1.180

8.2.3.2　拱轴系数 m 的确定

如前所述，悬链线拱轴方程的主要参数是拱轴系数 m。m 确定后，悬链线拱轴的各点纵坐标就可求得。确定拱轴线一般采用无矩法，即认为拱圈截面仅承受轴力。

1. 实腹拱拱轴系数 m 的确定

实腹拱的恒载分布规律完全符合推导拱轴方程式关于荷载的基本假定。其拱顶及拱脚处的恒载分布集度分别为(见图 8-6)

$$\left.\begin{aligned} g_d &= \gamma_1 h_d + \gamma_2 d \\ g_j &= \gamma_1 h_d + \gamma_2\frac{d}{\cos\varphi_j} + \gamma_3 h \end{aligned}\right\} \tag{8-16}$$

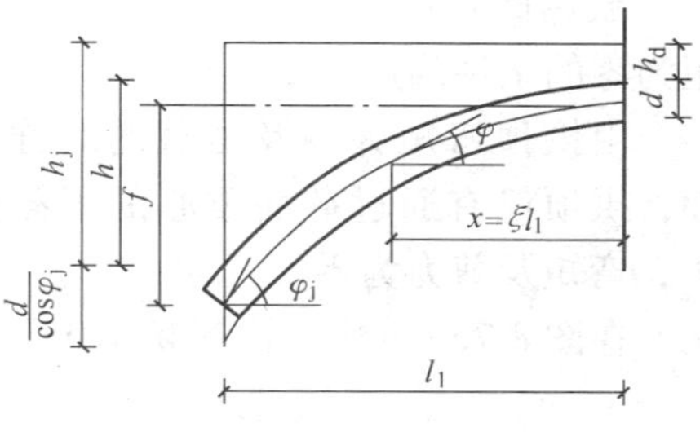

图 8-6　实腹拱拱顶和拱脚恒载集度

式中 γ_1、γ_2、γ_3——拱顶填料、拱圈及拱腹填料的重度；

h_d——拱顶填料厚度；

d——拱圈厚度；

φ_j——拱脚处拱轴线的水平倾角。

$$h = f + \frac{d}{2} - \frac{d}{2\cos\varphi_j}$$

拱轴系数 $$m = \frac{g_j}{g_d}$$

从式(8-16)可以看出，除了 φ_j 为未知数外，其余数值均为已知。先假定 m，由《拱桥》(上)附录Ⅲ表Ⅲ-20 查得 $\cos\varphi_j$ 值，代入式(8-16)求得 g_j 后，即可求出 m 值。然后与假定的 m 值比较，如两者相符，即假定的 m 即为真实值；如两者出入较大，则以计算所得 m 值作为假定值，重新进行计算，直到两者接近为止。

2. 空腹拱拱轴系数 m 的确定

空腹式拱桥中，桥跨结构的恒载可视为由两部分组成，即主拱圈与实腹段自重的分布力与空腹部分通过腹孔墩传下的集中力(见图 8-7a)。由于集中力的存在，拱的恒载压力线是一条在集中力作用点处有转折的曲线，它不是悬链线，甚至也不是一条光滑的曲线。在设计空腹式拱桥时，由于悬链线的受力情况较好，又有完整的计算表格可供利用，故多用悬链线作为拱轴线。为使悬链线拱轴与其恒载压力线接近，一般采用“五点重合法”确定悬链线拱轴的 m 值，即要求拱轴线在全拱有五点(拱顶、两 $l/4$ 点和两拱脚)与其三铰拱恒载压力线重合(见图 8-7b)。

欲达此目的，可以根据上述五点弯矩为零的条件确定 m 值。

由拱顶弯矩为零及恒载的对称条件知，拱顶仅有通过截面重心的恒载推力 H_g，弯矩及剪力为零。

在图 8-7a、b 中，由 $\sum M_A = 0$，得

$$H_g = \frac{\sum M_j}{f} \tag{8-17}$$

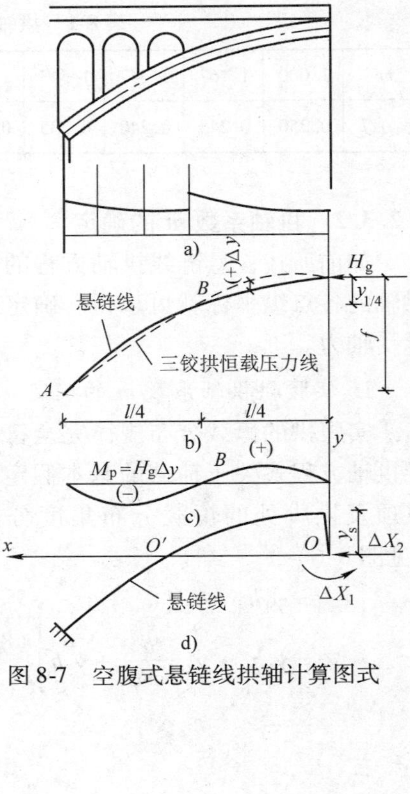

图 8-7 空腹式悬链线拱轴计算图式

由 $\sum M_B = 0$，得

$$H_g y_{1/4} - \sum M_{1/4} = 0$$

$$H_g = \frac{\sum M_{1/4}}{y_{1/4}}$$

将式(8-17)代入上式可得

$$\frac{y_{1/4}}{f} = \frac{\sum M_{1/4}}{\sum M_j} \tag{8-18}$$

式中　$\sum M_{1/4}$——自拱顶至拱跨 1/4 截面点的恒载对 1/4 截面的力矩。

等截面悬链线拱主拱圈恒载对 1/4 截面及拱脚截面的弯矩 $M_{1/4}$、M_j 可由《拱桥》(上)附录Ⅲ表Ⅲ-19 查得。

求得$\frac{y_{1/4}}{f}$之后，可由式(8-15)反求 m，即

$$m = \frac{1}{2}\left(\frac{f}{y_{1/4}} - 2\right)^2 - 1 \tag{8-19}$$

空腹式拱桥的 m 值，仍可按逐次渐近法确定：先假定一个 m 值，定出拱轴线，作图布置拱上建筑；然后计算拱圈和拱上建筑恒载对 1/4 截面和拱脚截面的力矩 $\sum M_{1/4}$ 和 $\sum M_j$，利用式(8-19)算出 m 值，如与假定的 m 值不符，则应以求得的 m 值作为假定值，重新计算，直至两者接近为止。

用上述方法确定的空腹拱拱轴线，仅保证了全拱有五点与恒载压力线(不计弹性压缩)相吻合，在其他各点上两者均存在着偏离(见图 8-7b)。实际上结构重力的分布及其压力线均可视为由两段组成——实腹段和空腹段。由实腹段结构重力决定的拱轴系数 $m_{实}$ 比空腹段结构重力决定的拱轴系数 $m_{空}$ 要大。而用“五点重合法”确定拱轴线，实际采用拱轴系数 $m_{轴}$ 要兼顾实腹和空腹两部分，故 $m_{轴}$ 必然介于 $m_{实}$ 与 $m_{空}$ 之间，即 $m_{实} > m_{轴} > m_{空}$。鉴于从拱顶到 1/4 截面点附近结构重力压力线是与实腹段部分的结构重力相对应的，其拱轴系数比 $m_{轴}$ 大，故此段压力线在拱轴线之上；而从 1/4 截面点到拱脚的结构重力压力线是与空腹段部分的结构重力相对应的，其拱轴系数比 $m_{轴}$ 小，故此段压力线在拱轴线之下。

由结构力学知，压力线与拱轴线的偏离会在拱中产生附加内力。对于静定三铰拱，各截面的偏离弯矩值 M_p 可以三铰拱压力线与拱轴线在该截面的偏离值 Δy 表示($M_p = H_g \Delta y$)，如图 8-7c 所示。对于无铰拱，偏离弯矩的大小，不能以三铰拱压力线与拱轴线的偏离值表示，而应以该偏离值 M_p 作为荷载，算出无铰拱的偏离弯矩值。

由结构力学知，荷载作用在基本结构(见图 8-7d)上引起弹性中心的赘余力为

$$\Delta X_1=-\frac{\Delta_{1\mathrm{p}}}{\delta_{11}}=-\frac{\int_s\frac{\overline{M_1}M_\mathrm{p}\mathrm{d}s}{EI}}{\int_s\frac{\overline{M_1^2}\mathrm{d}s}{EI}}=-\frac{\int_s\frac{M_\mathrm{p}\mathrm{d}s}{I}}{\int_s\frac{\mathrm{d}s}{I}}=-H_\mathrm{g}\frac{\int_s\frac{\Delta y\mathrm{d}s}{I}}{\int_s\frac{\mathrm{d}s}{I}} \tag{8-20}$$

$$\Delta X_2=-\frac{\Delta_{2\mathrm{p}}}{\delta_{22}}=-\frac{\int_s\frac{\overline{M_2}M_\mathrm{p}\mathrm{d}s}{EI}}{\int_s\frac{\overline{M_2^2}\mathrm{d}s}{EI}}=H_\mathrm{g}\frac{\int_s\frac{y\Delta y\mathrm{d}s}{I}}{\int_s\frac{y^2\mathrm{d}s}{I}} \tag{8-21}$$

其中 $M_\mathrm{p}=H_\mathrm{g}\Delta y,\ \overline{M_1}=1,\ \overline{M_2}=-y$

式中 M_p——三铰拱恒载压力线偏离拱轴所产生的弯矩；

Δy——三铰拱恒载压力线与拱轴线的偏离值(见图 8-7b)。

由图 8-7b 可见，Δy 有正有负，沿全拱积分 $\int\frac{\Delta y\mathrm{d}s}{I}$ 的数值不大，由式(8-20)知，ΔX_1 数值较小。若 $\int_s\frac{\Delta y\mathrm{d}s}{I}=0$，则 $\Delta X_1=0$。

大量计算表明，由式(8-21)决定的 ΔX_2 恒为正值(压力)。

任意截面之偏离弯矩为

$$\Delta M=\Delta X_1-\Delta X_2 y+M_\mathrm{p} \tag{8-22}$$

式中 y——以弹性中心为原点(向上为正)的拱轴纵坐标。

对于拱顶、拱脚截面 $M_\mathrm{p}=0$，偏离弯矩为

$$\left.\begin{aligned}\Delta M_\mathrm{d}&=\Delta X_1-\Delta X_2 y_\mathrm{s}<0\\ \Delta M_\mathrm{j}&=\Delta X_1+\Delta X_2(f-y_\mathrm{s})>0\end{aligned}\right\} \tag{8-23}$$

式中 y_s——弹性中心至拱顶的距离。

空腹式无铰拱桥采用“五点重合法”确定的拱轴线，与相应的三铰拱的恒载压力线在拱顶、两 1/4 点和两拱脚五点重合，而与无铰拱的恒载压力线(简称恒载压力线)实际上并不存在五点重合的关系。由式(8-23)可见，由于拱轴线与恒载压力线有偏离，在拱顶、拱脚都产生了偏离弯矩。研究证明，拱顶的偏离弯矩 ΔM_d 为负，拱脚的偏离弯矩 ΔM_j 为正，恰好与这两截面控制弯矩的符号相反。这一事实说明，在空腹式拱桥中，用“五点重合法”确定的悬链线拱轴，其偏离弯矩对拱顶、拱脚都是有利的。因此，在现行设计中，一般不计偏离弯矩的影响，是偏于安全的。对于大跨径空腹式拱桥，压力线与拱轴线偏离较大，则应计入此项弯矩影响，这时实际压力线将不通过上述五点。

3. 拱轴系数 m 的初步选定

对实腹拱而言，拱轴系数 m 值的大小决定于拱脚处荷载强度与拱顶处荷载强度之比。当拱顶填土厚度不变，即拱顶荷载强度不变时，要增加 m 值，必须

增加拱脚处荷载强度，即增加拱脚处的填土厚度，这样势必需要增加矢高。因此，坦拱的拱轴系数可以选得小一些，陡拱的拱轴系数可以选得大一些。当矢跨比不变，随着拱上填土厚度的增加，拱顶荷载强度增加的速度比拱脚快。因此，高填土拱桥的拱轴系数可以选得小一些，低填土拱桥的拱轴系数可以选得大一些。

对于空腹拱，由于拱脚至拱跨1/4截面点之间拱上建筑挖空，结构重力对拱脚处的力矩减少，$\sum M_j/\sum M_{1/4}$值减少，所以空腹拱的拱轴系数比实腹拱小。如果拱桥采用无支架施工，裸拱的拱轴系数接近于1。一般在设计拱桥时，拱轴系数m值并不是根据裸拱重力选定，而是根据全桥结构重力确定的，因此，裸拱在重力作用下，拱轴线将与压力线发生偏离。随着设计m值的增大，偏离弯矩也就越大。为了改善裸拱阶段的受力状态，在设计时宜选用较小的m值(对无支架或早期脱架施工的拱桥,拱轴系数一般不宜大于2.814)。

8.2.3.3 拱轴线的水平倾角φ

将式(8-13)对ξ取导数得

$$\frac{dy_1}{d\xi}=\frac{fk}{m-1}\sinh k\xi \tag{8-24}$$

$$\tan\varphi=\frac{dy_1}{dx}=\frac{dy_1}{l_1 d\xi}=\frac{2dy_1}{l d\xi}$$

以式(8-24)代入上式得

$$\tan\varphi=\frac{2fk\sinh k\xi}{l(m-1)}=\eta\sinh k\xi \tag{8-25}$$

式中，$\eta=\dfrac{2kf}{l(m-1)}$。

由上式可见，拱轴水平倾角与拱轴系数m有关。拱轴线上各点的水平倾角$\tan\varphi$，可直接由《拱桥》(上)附录Ⅲ表Ⅲ-2查出。

8.2.3.4 悬链线无铰拱的弹性中心

在计算无铰拱的内力(恒载、活载、温度变化、混凝土收缩和拱脚变位等)时，为了简化计算，常利用拱的弹性中心。我们讨论的是对称拱，弹性中心在对称轴上。基本结构的取法有两种：图8-8a为以悬臂曲梁为基本结构，图8-8b为以简支曲梁为基本结构。在计算无铰拱的内力影响线时，为了简化计算手续，常用简支曲梁为基本结构。

$$y_s=\frac{\int_s \frac{y_1 ds}{EI}}{\int_s \frac{ds}{EI}} \tag{8-26}$$

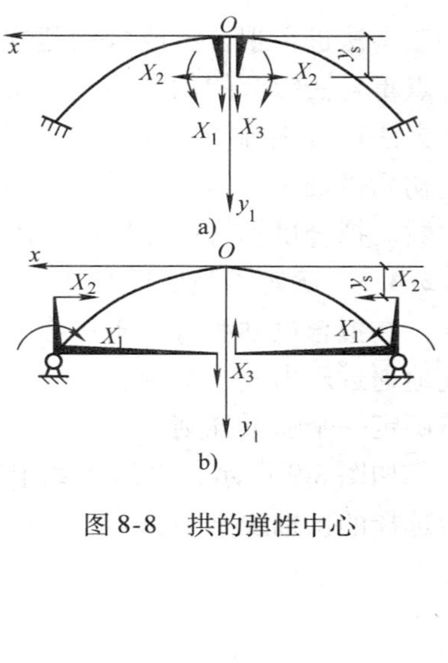

图8-8 拱的弹性中心

其中
$$y_1=\frac{f}{m-1}(\cosh k\xi-1)$$

$$\mathrm{d}s=\frac{\mathrm{d}x}{\cos\varphi}=\frac{l}{2}\cdot\frac{1}{\cos\varphi}\mathrm{d}\xi$$

其中
$$\cos\varphi=\frac{1}{\sqrt{1+\tan^2\varphi}}=\frac{1}{\sqrt{1+\eta^2\sinh^2 k\xi}}$$

则
$$\mathrm{d}s=\frac{l}{2}\sqrt{1+\eta^2\sinh^2 k\xi}\,\mathrm{d}\xi \tag{8-27}$$

以 y_1 及 ds 代入式(8-26)，并注意到等截面拱的 I 为常数，则

$$y_s=\frac{\int_s y_1\mathrm{d}s}{\int_s \mathrm{d}s}=\frac{f}{m-1}\cdot\frac{\int_0^1(\cosh k\xi-1)\sqrt{1+\eta^2\sinh^2 k\xi}\,\mathrm{d}\xi}{\int_0^1\sqrt{1+\eta^2\sinh^2 k\xi}\,\mathrm{d}\xi}=\alpha_1 f \tag{8-28}$$

系数 α_1 可由《拱桥》(上)附录Ⅲ表Ⅲ-3 查得。

8.2.4 拟合拱轴线

上述拱轴线的特点是通过少数几个点(如拱脚、$l/4$ 截面点、拱顶等)来逼近恒载压力线，这就可能存在拱圈在荷载(如活载)作用下某些截面的压力线与拱轴线偏差太大的情况，从而引起过大的偏离弯矩，对拱圈不利。随着拱桥跨径的不断增大，对其拱轴线合理性的要求越来越高。目前，随着结构分析理论的发展和计算机在桥梁设计中的广泛应用，使在拱桥设计中采用通过优化拟合而成的某条合理曲线作为拱轴线成为可能。拱桥在荷载(如活载)作用下的压力线是不定的，但总存在两条压力包络线，拱轴线优化拟合的基本思想就是找出一条在一定约束条件下与压力包络线偏差最小的曲线作为拱轴线，从方法上讲就是一种有约束条件的函数逼近，在这方面有许多学者作了研究。例如，可采用最小二乘法进行拟合，或采用建立内力与拱轴线变化函数的关系，以恒载压力线五点重合法拟合的曲线为初始曲线，叠加调整曲线，使截面合力偏心趋于均匀的方法进行拱轴线优化，或采用样条函数逼近压力线。拟合拱轴线时可任意假设初始拱轴线，但一个好的初始拱轴线可以减少拱轴线优化拟合中的结构分析次数。拟合拱轴线已开始在现代特大跨径拱桥中采用。

8.2.4.1 确定函数逼近准则

在拟合拱轴线时，通常希望所选择的曲线(拱轴线)在一定条件下能最大限度地逼近压力线，衡量逼近的好坏(或能否满足要求)需要有一个标准，也就是需确定一个逼近准则。

如图 8-9 所示，设压力线上有 $n+1$ 个点：(x_0,y_0)，(x_1,y_1)，…，(x_n,y_n)，所选择的拱轴线 $y=f(x)$ 上有 $n+1$ 个相应点：$(x_0,f(x_0))$，$(x_1,f(x_1))$，…，$(x_n,$

$f(x_n)$)。通常，$f(x_i) \neq y_i$。设

$$e_i = |f(x_i) - y_i| \quad (0 \leqslant i \leqslant n) \tag{8-29}$$

式中 e_i——残差，它的大小是衡量所选择的拱轴线与压力线逼近好坏的标志，因此，可根据残差 e_i 建立不同的逼近准则。

在拱桥设计中，最理想的是拱圈轴线与压力线在任何截面上的差值 e_i 均达到最小，以避免由于某个截面的 e_i 过大而使其成为危险截面。故可以取

$$\lambda = \max e_i \rightarrow \min \tag{8-30}$$

为函数逼近准则。

8.2.4.2 确定约束条件

以式(8-30)为准则拟合的拱轴线在拱圈的定义区间内并非是凸曲线，通常都是弯弯曲曲的，这是拱轴线选择不允许的，所以，在进行拱轴线拟合时必须满足一定的约束条件，在此即为拱形条件。

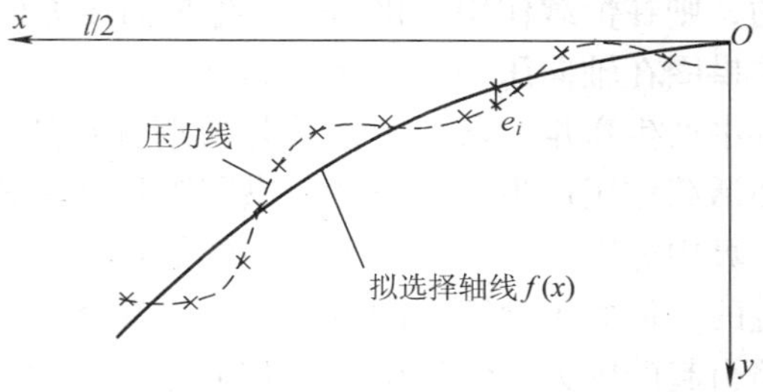

图 8-9 拱轴线拟合

如图 8-9 所示，设拱顶通过坐标原点，则可定义的约束条件为

$$\left.\begin{aligned} &f(0)=0,\ f'(0)=0 \\ &f''(x) \geqslant 0,\ x \in [0, x_n] \end{aligned}\right\} \tag{8-31}$$

通常还须满足 $f(x_n) = f$(拱矢高)，以保证矢高不变。

8.2.4.3 建立拟合数学模型并求解

设压力线和拟选的拱轴线 $f(x)$ 如图 8-9 所示，根据逼近准则式(8-30)和约束条件式(8-31)可建立拟合数学模型

$$\left.\begin{aligned} &\min\lambda = \max|f(x_i) - y_i| && 0 \leqslant i \leqslant n \\ &\text{s. t.}\ f''(x) \geqslant 0 && x \in [0, x_n] \\ &f(0)=0,\ f'(0)=0 \end{aligned}\right\} \tag{8-32}$$

众所周知，承受活载的拱桥拱圈只有压力包络线是明确的，拟选拱轴线应该同时对这两条压力包络线的最大残差 $\lambda = \max\limits_i e_i$ 为最小。按上述模型，就是对压力包络线中的某条曲线进行拟合，使所得结果满足对压力包络线的最大残差为 $\lambda = \max\limits_i e_i$ 为最小。通常可取压力包络线的中间曲线为对象，由式(8-32)求出拟合曲线 $f(x)$，以 $f(x)$ 为拱轴线作拱桥结构再分析，又可得到两条压力包络线，这样反复求解，直到求得较满意的拱轴线 $f(x)$。$f(x)$ 可以是常用拱轴线，如悬链线、抛物线或样条曲线。

8.3 拱桥内力计算

8.3.1 采用手算(手册)法计算拱桥内力

采用手算(手册)法计算拱桥内力就是利用现成计算表格进行内力计算或直接用解析法求解无表格可用的桥梁结构内力。

8.3.1.1 等截面悬链线拱恒载(自重)内力计算

当采用恒载压力线作拱轴线时，如果拱是绝对刚性的，即拱轴长度是不变的，则在恒载作用下拱内仅产生轴向压力而无弯矩和剪力。但拱并非绝对刚性，主拱圈在轴向压力作用下，将产生弹性压缩变形，拱轴要缩短，由此会在无铰拱中产生弯矩和剪力，这就是所谓弹性压缩影响。拱圈的轴向力主要是由恒载和活载作用产生的，因此，拱圈弹性压缩对内力的影响也要在恒载和活载内力计算中分别计入。拱圈弹性压缩影响与恒载、活载作用下产生的内力是同时发生的。但为了计算上的方便，先计算不考虑弹性压缩时的内力，再计算弹性压缩引起的内力，然后两者叠加起来。如果拱轴线和恒载压力线有偏离，则还要计算拱轴偏离引起的恒载内力。

上述叠加法计算主要是针对手算法(手册法)而言的。当采用电算时，内力计算则不需分步进行。

1. 不考虑弹性压缩的恒载内力——无矩法计算恒载内力

(1) 实腹拱　如前所述，此时实腹式悬链线拱的拱轴线与恒载压力线完全吻合，所以，在恒载作用下，拱圈任何截面上都只存在轴向力而无弯矩，此时，拱中的内力可按纯压拱的公式计算。

由式(8-11)得恒载水平推力为
$$H_g = \frac{m-1}{4k^2} \times \frac{g_d l^2}{f} = k_g \frac{g_d l^2}{f} \tag{8-33}$$

式中
$$k_g = \frac{m-1}{4k^2}$$

在恒载作用下，拱脚的竖向反力为半拱的恒载重力，即
$$V_g = \int_0^{l_1} g_x \mathrm{d}x = \int_0^1 g_x l_1 \mathrm{d}\xi$$

将式(8-10)、式(8-13)代入上式积分得
$$V_g = \frac{\sqrt{m^2-1}}{2\left[\ln(m+\sqrt{m^2-1}\right]} g_d l = k'_g g_d l \tag{8-34}$$

式中
$$k'_g = \frac{\sqrt{m^2-1}}{2\left[\ln(m+\sqrt{m^2-1}\right]}$$

系数 k_g、k_g' 可自《拱桥》(上)附录Ⅲ表Ⅲ-4 查得。

拱圈各截面的恒载弯矩和剪力均为零，轴向力 N 按下式计算

$$N=\frac{H_g}{\cos\varphi} \tag{8-35}$$

(2) 空腹拱　空腹式悬链线无铰拱，由于拱轴线与恒载压力线有偏离，拱顶、拱脚和 $l/4$ 截面点都有恒载弯矩[见式(8-23)]。在设计中，为了计算方便，空腹式无铰拱桥的恒载内力又可分为两部分，即先不考虑偏离的影响，将拱轴线视为与恒载压力线完全吻合，然后再考虑偏离的影响，按式(8-20)～式(8-22)计算由偏离引起的恒载内力，两者叠加，即得空腹式无铰拱不考虑弹性压缩时的恒载内力。

不考虑偏离的影响时，空腹拱的恒载内力亦按纯压拱计算。此时，拱的恒载推力 H_g 和拱脚竖向反力 V_g 可直接由静力平衡条件写出

$$H_g=\frac{\sum M_j}{f}$$

$$V_g=\sum P(\text{半拱恒载重力})$$

算出 H_g 之后，即可利用纯压拱的式(8-35)计算各截面的轴向力。此时，认为拱中的弯矩和剪力均为零。

在设计中、小跨径的空腹式拱桥时，可偏安全地不考虑偏离弯矩的影响。大跨径空腹式拱桥，恒载压力线与拱轴线的偏离一般比中、小跨径大。恒载偏离弯矩是一种可供利用的有利因素，因此，应当计入偏离弯矩的影响。计算恒载偏离弯矩的影响时，除了计算偏离弯矩对拱顶、拱脚的有利影响之外，还应计入偏离弯矩对 $l/8$ 截面和 $3l/8$ 截面的不利影响，尤其是 $3l/8$ 截面，往往成为正弯矩的控制截面。恒载压力线与拱轴线的偏离引起的弯矩、轴力及剪力根据式(8-20)、式(8-21)按静力平衡条件求得

$$\left.\begin{aligned}\Delta N&=\Delta X_2\cos\varphi\\ \Delta M&=\Delta X_1+\Delta X_2(y_1-y_s)+H_g\Delta y\\ \Delta Q&=\Delta X_2\sin\varphi\end{aligned}\right\} \tag{8-36}$$

偏离附加内力的大小与荷载的具体布置有关，一般是拱上腹孔跨度越大，偏离影响也越大。

将式(8-36)叠加到式(8-35)上去，即得不计弹性压缩时的恒载内力。

2. 弹性压缩引起的内力

在恒载产生的轴向压力作用下，拱圈的弹性压缩表现为拱轴长度的缩短。拱圈的这种变形会在拱中产生相应的内力。按照一般的分析方法，将拱顶切开，取悬臂曲梁为基本结构，弹性压缩会使拱轴在跨径方向缩短 Δl。由于实际结构中，拱顶并没有相对水平变位，则在弹性中心必有一水平拉力 ΔH_g(见图8-10a)，

使拱顶的相对水平变位变为零。

弹性压缩产生的赘余力 ΔH_g 可由拱顶的变形协调条件求得，即

$$\Delta H_g \delta'_{22} - \Delta l = 0$$

$$\Delta H_g = \frac{\Delta l}{\delta'_{22}} \tag{8-37}$$

从拱中取出一微段 ds（见图 8-10b），在轴向力 N 作用下缩短 Δds，其水平分量为 $\Delta dx = \Delta ds \cdot \cos\varphi$，则整个拱轴缩短的水平分量为

$$\Delta l = \int_0^l \Delta dx = \int_s \Delta ds \cdot \cos\varphi = \int_s \frac{N ds}{EA}\cos\varphi \tag{8-38}$$

将式(8-35)代入上式得

$$\Delta l = \int_0^l \frac{H_g dx}{EA\cos\varphi} = H_g \int_0^l \frac{dx}{EA\cos\varphi} \tag{8-39}$$

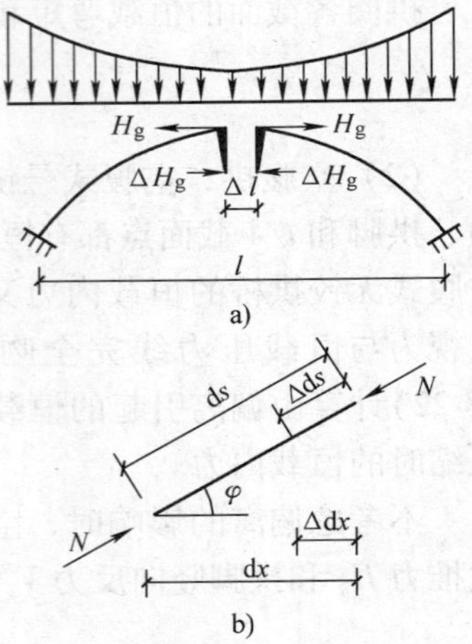

图 8-10 拱圈弹性压缩

由于单位水平力作用在弹性中心产生的水平位移（考虑轴向力影响）为

$$\delta'_{22} = \int_s \frac{\overline{M}_2^2 ds}{EI} + \int_s \frac{\overline{N}_2^2 ds}{EA} = \int_s \frac{y^2 ds}{EI} + \int_s \frac{\cos^2\varphi ds}{EA} = (1+\mu)\int_s \frac{y^2 ds}{EI}$$

式中
$$y = y_s - y_1 \tag{8-40}$$

$$\mu = \frac{\int_s \frac{\cos^2\varphi ds}{EA}}{\int_s \frac{y^2 ds}{EI}} \tag{8-41}$$

将式(8-39)、式(8-40)代入式(8-37)得

$$\Delta H_g = H_g \frac{1}{1+\mu} \cdot \frac{\int_0^l \frac{dx}{EA\cos\varphi}}{\int_s \frac{y^2 ds}{EI}} = H_g \frac{\mu_1}{1+\mu} \tag{8-42}$$

式中
$$\mu_1 = \frac{\int_0^l \frac{dx}{EA\cos\varphi}}{\int_s \frac{y^2 ds}{EI}} \tag{8-43}$$

为了便于制表计算，对于等截面拱，可将式(8-41)、式(8-43)的分子项改写为

$$\int_0^l \frac{\cos^2\varphi dx}{EA} = \frac{l}{EA}\int_0^l \cos\varphi \frac{dx}{l} = \frac{l}{EA}\int_0^1 \frac{d\xi}{\sqrt{1+\eta^2\sinh^2 k\xi}} = \frac{l}{E\upsilon A}$$

$$\int_0^1 \frac{dx}{EA\cos\varphi} = \frac{l}{EA}\int_0^1 \frac{1}{\cos\varphi}\frac{dx}{l} = \frac{l}{EA}\int_0^1 \sqrt{1 + \eta^2 \sinh^2 k\xi} d\xi = \frac{l}{E\upsilon_1 A}$$

于是：

$$\mu = \frac{l}{E\upsilon A\int_s \frac{y^2 ds}{EI}} \tag{8-44}$$

$$\mu_1 = \frac{l}{E\upsilon_1 A\int_s \frac{y^2 ds}{EI}} \tag{8-45}$$

以上诸式中，$\int_s \frac{y^2 ds}{EI}$可自《拱桥》(上)附录Ⅲ表Ⅲ-5 查得，υ_1、υ 可自《拱桥》(上)附录Ⅲ表Ⅲ-8、表Ⅲ-10 查得。等截面拱的 μ_1 和 μ 可直接由《拱桥》(上)附录Ⅲ表Ⅲ-9、表Ⅲ-11 查得。

由于 ΔH_g 的作用而在拱内产生弯矩、剪力和轴力，各内力的正向如图 8-11 所示。则在恒载作用下，弹性压缩引起的拱的内力为

$$\left.\begin{aligned} &\text{轴向力}\quad N = -\frac{\mu_1}{1+\mu}H_g\cos\varphi \\ &\text{弯　矩}\quad M = \frac{\mu_1}{1+\mu}H_g(y_s - y_1) \\ &\text{剪　力}\quad Q = \mp\frac{\mu_1}{1+\mu}H_g\sin\varphi \end{aligned}\right\} \tag{8-46}$$

式中，上边符号适用于左半拱，下边符号适用于右半拱。

从上式可见，考虑了弹性压缩后，主拱各截面将产生弯矩。例如在拱顶产生正弯矩，该处压力线上移，在拱脚产生负弯矩，压力线下移，即实际的恒载压力线将不可能与拱轴线重合了。

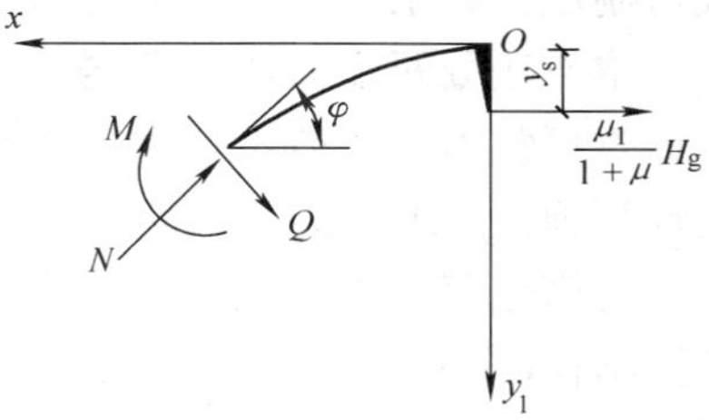

图 8-11 拱圈弹性压缩产生的内力

JTJ 022—1985《公路砖石及混凝土桥涵设计规范》[后文简称《桥规 022》]规定，对于跨度较小而矢跨比较大的拱桥，可不计弹性压缩的影响，即

$$L \leqslant 30\text{m},\ \frac{f}{l} \geqslant \frac{1}{3};\ L \leqslant 20\text{m},\ \frac{f}{l} \geqslant \frac{1}{4};\ L \leqslant 10\text{m},\ \frac{f}{l} \geqslant \frac{1}{5}。$$

3. 恒载作用下拱圈各截面的总内力

当不考虑空腹拱恒载压力线偏离拱轴线的影响时，拱圈各截面的恒载内力为：不考虑弹性压缩的恒载内力(仅有按式(8-35)计算的轴向力 N)加上弹性压缩产生的内力(式 8-46)，即

$$\left.\begin{aligned}&\text{轴向力}\quad N=\frac{H_g}{\cos\varphi}-\frac{\mu_1}{1+\mu}H_g\cos\varphi\\&\text{弯　矩}\quad M=\frac{\mu_1}{1+\mu}H_g(y_s-y_1)\\&\text{剪　力}\quad Q=\mp\frac{\mu_1}{1+\mu}H_g\sin\varphi\end{aligned}\right\}\tag{8-47}$$

式中，上边符号适用于左半拱，下边符号适用于右半拱。

由式(8-47)可见，考虑了恒载弹性压缩之后，即使是不计偏离弯矩的影响，拱中仍有恒载弯矩。这就说明，不论是空腹式拱还是实腹式拱，考虑弹性压缩后的恒载压力线将不可能和拱轴线重合。

在式(8-47)中按式(8-20)～式(8-22)计入偏离的影响之后，各截面的总内力公式为

$$\left.\begin{aligned}&N=\frac{H_g}{\cos\varphi}+\Delta X_2\cos\varphi-\frac{\mu_1}{1+\mu}(H_g+\Delta X_2)\cos\varphi\\&M=\frac{\mu_1}{1+\mu}(H_g+\Delta X_2)(y_s-y_1)+\Delta M\\&Q=\mp\frac{\mu_1}{1+\mu}(H_g+\Delta X_2)\sin\varphi\pm\Delta X_2\sin\varphi\end{aligned}\right\}\tag{8-48}$$

式中的 ΔX_2、ΔM 按式(8-21)、式(8-22)计算。

4. 用影响线加载法计算恒载内力

为简化计算，可用影响线加载法计算恒载内力。通过影响线和恒载布置形式可制成计算系数表格查用[见《拱桥》(上)附录Ⅲ表Ⅲ-17]。

本方法分两步完成恒载内力计算：第一步，在不计弹性压缩的内力影响线上计算恒载内力，得不计弹性压缩内力；第二步，在不计弹性压缩内力的基础上计算弹性压缩内力。这两部分内力叠加即为完整的恒载内力。

为简化第一步计算工作，通常把拱桥恒载分解为空腹段结构(集中力)、实腹段结构(分布力)和拱圈三大部分。再把实腹段结构重力分解为路面均布重力(见图 8-12)、实腹段填料重力(图 8-13 曲线三角形部分)、设置单向纵坡填料的修正重力(反对称三角形荷载，如图 8-14 所示)和集中荷载(见图 8-15)等。

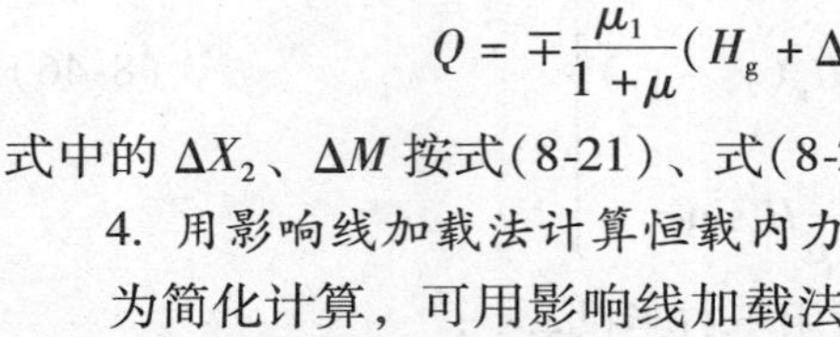

图 8-12　路面均布重力作用

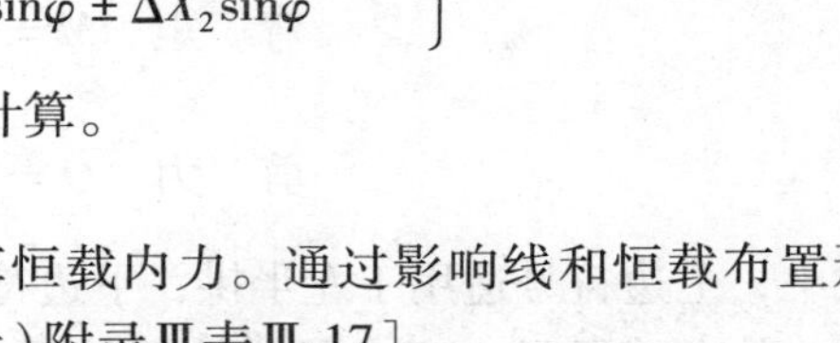

图 8-13　实腹段填料重力作用

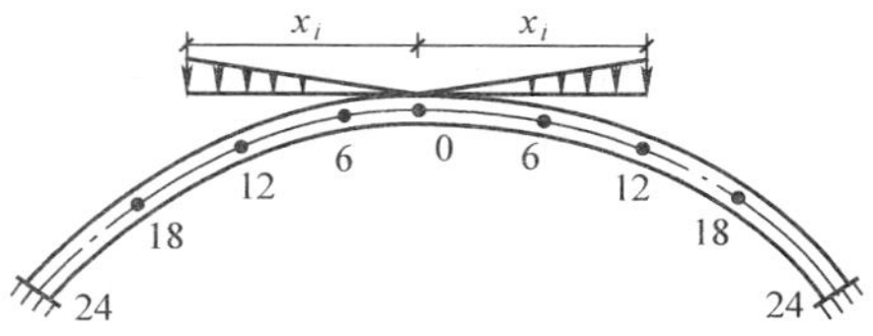

图 8-14　设置单向纵坡填料的修正重力作用

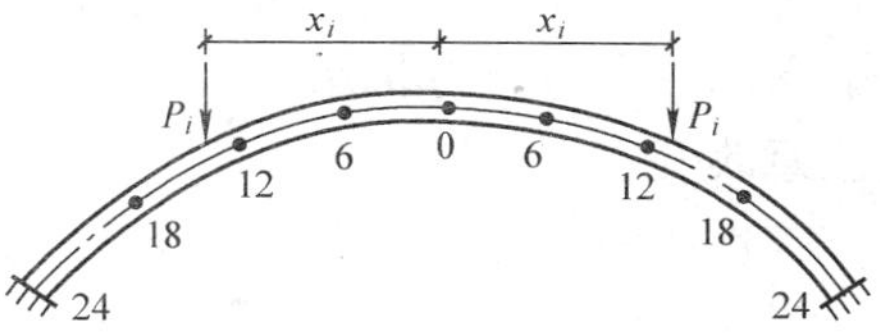

图 8-15　空腹墩重力作用

不计弹性压缩时恒载内力计算如下：

路面荷载　$M=\dfrac{k_{\mathrm{M}}h_{\mathrm{d}}B\gamma_1 l^2}{1000}$

$N=\dfrac{k_{\mathrm{N}}h_{\mathrm{d}}B\gamma_1 l}{1000}$

填料荷载　$M=\dfrac{k_{\mathrm{M}}B\gamma_2 l^3}{1000}$

$N=\dfrac{k_{\mathrm{N}}B\gamma_2 l^2}{1000}$

拱圈重力　$M=\dfrac{k_{\mathrm{M}}a\gamma_3 l^2}{1000}$

$N=k_{\mathrm{N}}A\gamma_3 l$

空腹段集中力　$M=k'_{\mathrm{M}}lP_i$

$N=k'_{\mathrm{N}}P_i$

式中　γ_1、γ_2、γ_3——路面、填料、拱圈材料重度；

B——拱圈宽度；

A——拱圈截面积；

k_{M}、k_{N}——拱圈内力系数，查《拱桥》(上)附录表Ⅲ-17；

k'_{M}、k'_{N}——两半拱相应立柱处内力影响线坐标之和。

将上述算出的内力叠加即得截面总内力。

在《拱桥》(上)附录Ⅲ表Ⅲ-17 中，实腹段填料是按桥面纵坡为零计算的。若拱顶设置竖曲线，则实腹段填料厚度将发生变化，因而表中实腹段填料对应的内力系数还应乘以修正系数 k，k 按下式计算

$$k=\frac{y'_1}{y_1}$$

式中　y_1——实腹段拱轴线的最大纵坐标；

y'_1——考虑拱顶设置竖曲线后实腹段的最大填料厚度。

在《拱桥》(上)附录Ⅲ表Ⅲ-17 中，设置单向纵坡的填料修正重力，是在桥面纵坡为零的基础上，按一侧增加填料另一侧减少填料，即按反对称三角形荷

载计算。由于荷载和内力成反对称形式，所以在表中仅列出左半跨内力系数。若需考虑右半跨受力状态时，与左半跨对应的截面仍可查取本表内力系数，但要注意改变内力符号。

弹性压缩内力则用不计弹压时拱顶水平推力 H_g，按式(8-35)计算。

当仅考虑拱圈重力时，即可得裸拱内力。

8.3.1.2 等截面悬链线拱活载内力计算

拱桥属于空间结构，在活载作用下受力比较复杂，在实际中常常通过荷载横向分布系数形式将空间结构简化为平面结构进行计算(必须进行空间分析者除外)。由于活载在桥梁上的作用位置不同，拱圈各截面产生的内力也不同，所以，计算活载内力最方便的方法就是影响线法。

1. *荷载横向分布系数*

过去在设计中，往往假定把活载均匀分布于主拱圈的全宽上，拱圈每米宽度(或每个单元)所受的活载相同，对于拱圈横向刚度较大的石拱桥、混凝土箱板拱来说，这种假定基本上还是符合实际情况的。然而，对于拱圈横向刚度较小的肋拱桥，这种假定是不符合实际情况的。在活载作用下，拱圈各单元所受的活载不同，桥面越宽，偏差也就越大。因此必须考虑荷载横向分布的不均匀性。

(1) 石拱桥、混凝土箱板拱桥荷载横向分布系数　石拱桥的拱圈横向刚度较大，横向分布系数计算可假定荷载均匀分布于拱圈全部宽度上。对于矩形截面拱圈，常取单位拱圈宽度进行计算，则横向分布系数为

$$\eta=\frac{C}{B} \tag{8-49}$$

箱板拱一般取单个拱箱为计算单元，则横向分布系数为

$$\eta=\frac{C}{n} \tag{8-50}$$

式中　η——荷载横向分布系数；

C——车列数；

B——拱圈宽度；

n——拱箱个数。

(2) 肋拱桥荷载横向分布系数　对双肋拱桥(包括上、中、下承式)，一般可偏安全地用杠杆法计算。对多肋拱，拱上建筑一般为排架式，其荷载横向分布系数类似于梁式桥。比较简单的计算方法是按弹性支承连续梁(横梁)计算荷载横向分布系数，计算结果与实际误差平均在10%左右。

2. *内力影响线*

(1) 赘余力影响线　为了便于编制影响线表，在求拱中内力影响线时，常采用简支曲梁为基本结构(见图8-16a)，赘余力为 X_1、X_2、X_3。根据结构力学和弹性中心的特性知，图8-16a中所有副变位均为零。设图8-16a、b所示内、外

力方向及与内力同向之变位均为正值，则典型方程为

$$\left.\begin{aligned}X_1\delta_{11}+\Delta_{1P}=0 \quad X_1=-\frac{\Delta_{1P}}{\delta_{11}}\\X_2\delta_{22}+\Delta_{2P}=0 \quad X_2=-\frac{\Delta_{2P}}{\delta_{22}}\\X_3\delta_{33}+\Delta_{3P}=0 \quad X_3=-\frac{\Delta_{3P}}{\delta_{33}}\end{aligned}\right\} \tag{8-51}$$

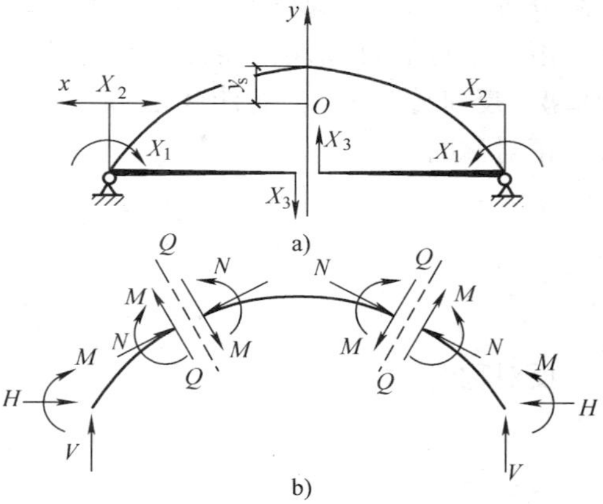

图 8-16 利用简支梁式结构求解内力

式中，分母部分为弹性中心的常变位值，分子部分为载变位值。

这里暂不考虑轴向力对变位的影响，亦不计剪力及曲率对变位的影响，则有

$$\left.\begin{aligned}\delta_{11}&=\int_s\frac{\overline{M_1^2}}{EI}ds\\\delta_{22}&=\int_s\frac{\overline{M_2^2}}{EI}ds\\\delta_{33}&=\int_s\frac{\overline{M_3^2}}{EI}ds\end{aligned}\right\} \tag{8-52}$$

$$\left.\begin{aligned}\Delta_{1P}&=\int_s\frac{\overline{M_1}M_P}{EI}ds\\\Delta_{2P}&=\int_s\frac{\overline{M_2}M_P}{EI}ds\\\Delta_{3P}&=\int_s\frac{\overline{M_3}M_P}{EI}ds\end{aligned}\right\} \tag{8-53}$$

式中 $\overline{M_1}$——当 $X_1=1$ 时在基本结构任意截面上所产生的弯矩，$\overline{M_1}=1$；

$\overline{M_2}$——当 $X_2=1$ 时在基本结构任意截面上所产生的弯矩，$\overline{M_2}=y_1-y_s$；

$\overline{M_3}$——当 $X_3=1$ 在基本结构任意截面上所产生的弯矩，$\overline{M_3}=\pm x$；

M_P——单位荷载作用在基本结构上时，任意截面所产生的弯矩（见图8-17a）。

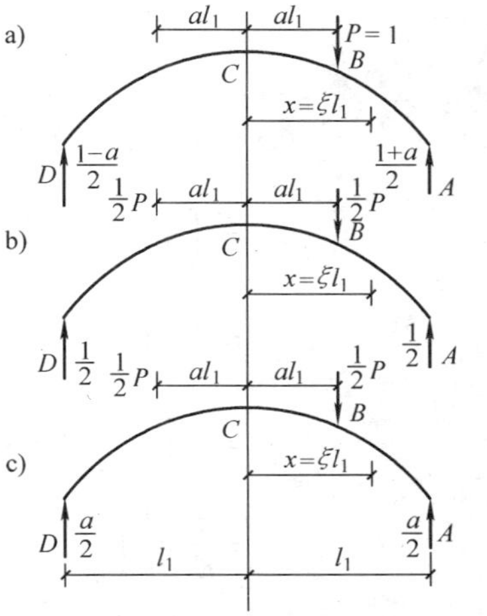

图 8-17 常变位与载变位的计算图式

为了便于计算载变位，在计算 M_P 时，可利用对称性，将图 8-17a 中的单位荷载分解成正对称和反对称两组荷载(图 8-17b、c)，并设荷载作用在右半拱。

由于结构的对称性，在计算载变位 Δ_{1P}、Δ_{2P}时，只需考虑正对称荷载作用的情况(反对称为零)；而计算 Δ_{3P}则只考虑反对称荷载的情况(正对称为零)。

正对称时：

$$AB\text{ 段}\quad M_P = \frac{1}{2}(l_1 - x)$$

$$BC\text{ 段}\quad M_P = \frac{l_1}{2}(1 - a)$$

反对称时：

$$AB\text{ 段}\quad M_P = \mp\frac{a}{2}(l_1 - x)$$

$$BC\text{ 段}\quad M_P = \mp\frac{x}{2}(1 - a)$$

式中，上边符号适用于左半拱，下边符号适用于右半拱。

将$\overline{M_1}$、$\overline{M_2}$、$\overline{M_3}$及 M_P 代入常变位及载变位式(8-52)、式(8-53)可得

$$\delta_{11} = \int_s \frac{\overline{M_1^2}}{EI}\mathrm{d}s = \int_s \frac{1}{EI}\mathrm{d}s = \frac{1}{EI}\int_0^1 \sqrt{1 + \eta^2\sinh^2 k\xi}\,\mathrm{d}\xi = \frac{1}{EI}\frac{1}{\gamma_1}$$

$$\delta_{22} = \int_s \frac{\overline{M_2^2}}{EI}\mathrm{d}s = \int_s \frac{(y_1 - y_s)^2}{EI}\mathrm{d}s$$

根据弹性中心的特性，即 $\int_s (y_1 - y_s)\frac{\mathrm{d}s}{EI} = 0$，则

$$\left(y_s + \frac{f}{m-1}\right)\int_s (y_1 - y_s)\frac{\mathrm{d}s}{EI} = 0$$

故

$$\begin{aligned}
\delta_{22} &= \int_s \left[(y_1 - y_s)^2 + (y_1 - y_s)\left(y_s + \frac{f}{m-1}\right)\right]\frac{\mathrm{d}s}{EI} \\
&= \int_s (y_1 - y_s)\left(y_1 - y_s + y_s + \frac{f}{m-1}\right)\frac{\mathrm{d}s}{EI} \\
&= \int_s (y_1 - y_s)\left(y_1 + \frac{f}{m-1}\right)\frac{\mathrm{d}s}{EI} \\
&= \int_s \left[\frac{f}{m-1}(\cosh k\xi - 1) - y_s\right]\left[\frac{f}{m-1}(\cosh k\xi - 1) + \frac{f}{m-1}\right]\frac{\mathrm{d}s}{EI} \\
&= \frac{1}{EI}\int_0^1 \left[\frac{f}{m-1}(\cosh k\xi - 1) - y_s\right]\left[\frac{f}{m-1}\cosh k\xi\right]\sqrt{1 + \eta^2\sinh^2 k\xi\mathrm{d}\xi} \\
&= \theta\frac{lf^2}{EI}
\end{aligned}$$

$$\delta_{33}=\int_s\frac{\overline{M_3^2}\mathrm{d}s}{EI}=\int_s\frac{x^2\mathrm{d}s}{EI}=\frac{l^3}{EI}\int_0^1\xi^2\sqrt{1+\eta^2\sinh^2k\xi}\mathrm{d}\xi$$
$$=\gamma\frac{l^3}{EI}$$

以上三式中，系数$\frac{1}{\gamma_1}$、θ、γ的值可分别由《拱桥》(上)附录表Ⅲ-8、表Ⅲ-5和表Ⅲ-6查得。显而易见，$l\cdot\frac{1}{\gamma_1}=S$(拱轴线的弧长)。

$$\Delta_{1P}=\int_s\frac{\overline{M_1}M_P}{EI}\mathrm{d}s$$
$$=\frac{(1-a)l^2}{4EI}\int_0^a\sqrt{1+\eta^2\sinh^2k\xi}\mathrm{d}\xi+\frac{l^2}{4EI}\int_a^1(1-\xi)\sqrt{1+\eta^2\sinh^2k\xi}\mathrm{d}\xi$$

$$\Delta_{2P}=\int_s\frac{\overline{M_2}M_P}{EI}\mathrm{d}s$$
$$=\frac{l^2}{4EI}\left\{(1-a)\int_0^a\left[\frac{f}{m-1}(\cosh k\xi-1)-y_s\right]\sqrt{1+\eta^2\sinh^2k\xi}\mathrm{d}\xi+\int_a^1\left[\frac{f}{m-1}(\cosh k\xi-1)-y_s\right](1-\xi)\sqrt{1+\eta^2\sinh^2k\xi}\mathrm{d}\xi\right\}$$

$$\Delta_{3P}=\int_s\frac{\overline{M_3}M_P}{EI}\mathrm{d}s$$
$$=\frac{l^3(1-a)}{8EI}\int_0^a\xi^2\sqrt{1+\eta^2\sinh^2k\xi}\mathrm{d}\xi-\frac{l^3a}{8EI}\int_a^1\xi(1-\xi)\sqrt{1+\eta^2\sinh^2k\xi}\mathrm{d}\xi$$

将上述常变位值与载变位值代入式(8-51)后，即得$P=1$作用在E点时赘余力X_1、X_2、X_3的值。

为了计算赘余力的影响线，一般将拱圈沿跨径方向48(或24)等分。相邻两分点的水平距离为$\Delta l=l/48$(或$l/24$)，当$P=1$从图8-18a中的左拱脚($a=-24\times\Delta l$)以Δl为步长移到右拱脚($a=24\times\Delta l$)时，即可利用式(8-52)算出P在各个分点上X_1、X_2、X_3的影响线竖标。三个赘余力影响线图形如图8-18b、c、d所示。

(2) 内力影响线　有了赘余力的影响线之后，拱中任何截面的内力影响线均可利用静力平衡条件建立计算公式并借助叠加法求得。

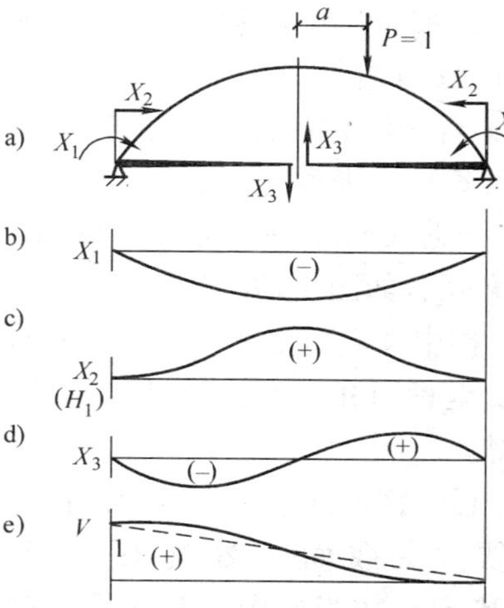

图8-18　拱中赘余力影响线

1）拱中水平推力 H_1 的影响线。由 $\sum X=0$ 知，拱中任意截面的水平推力 $H_1=X_2$，因此，H_1 的影响线与赘余力 X_2 的影响线是完全一致的。H_1 影响线的图形如图 8-18c 所示，各点的影响线竖标可由《拱桥》(上)附录表Ⅲ-12 查得。

2）拱脚竖向反力 V 的影响线。将 X_3 移至两支点后，由 $\sum Y=0$ 得

$$V=V_0\mp X_3 \tag{8-54}$$

式中 V_0——简支梁的反力影响线；

上边符号适用于左半拱，下边符号适用于右半拱。

由 V_0 与 X_3 两条影响线叠加而成的竖向反力影响线 V 如图 8-18e 所示(图中虚线为左拱脚的竖向反力影响线)，显而易见，拱脚竖向反力 V 影响线之总面积为 $\omega=l/2$。

3）任意截面的弯矩影响线。由图 8-19a 可得任意截面的弯矩为

$$M=M_0-H_1y\pm X_3x+X_1 \tag{8-55}$$

式中 M_0——简支梁弯矩；

上边符号适用于左半拱，下边符号适用于右半拱。

现以拱顶弯矩 M_d 影响线为例，说明利用已知影响线相叠加求解未知影响线的方法。

在式(8-55)中，因拱顶截面 $x=0$，故 $X_3x=0$。拱顶截面之弯矩 M_d 为

$$M_d=M_0-H_1y+X_1 \tag{8-56}$$

先绘出相应简支梁跨中弯矩影响线 M_0，然后叠加上 X_1 影响线，得 M_0+X_1 影响线。在图8-19c中，以水平线为基线绘出 M_0+X_1 影响线，再将此图与 H_1y 影响线叠加，图中阴影部分即为拱顶弯矩影响线。再以水平线为基线，绘出 $M_0+X_1-H_1y$ 影响线，即得 M_d 影响线，如图 8-19d 所示。

同理可得，拱中任意截面 i 的弯矩影响线 M_i，如图 8-19e 所示。

拱中各截面不考虑弹性压缩的弯矩影响线坐标可由《拱桥》(上)附录表Ⅲ-13 查得。

任一截面的轴向力 N_i 及剪力 Q_i 的影响线，在截面 i 处均有突变(见图 8-19f、g)。故当集中荷载作用在截面 i 的左、右两边时，轴向力 N 及剪力 Q 均有

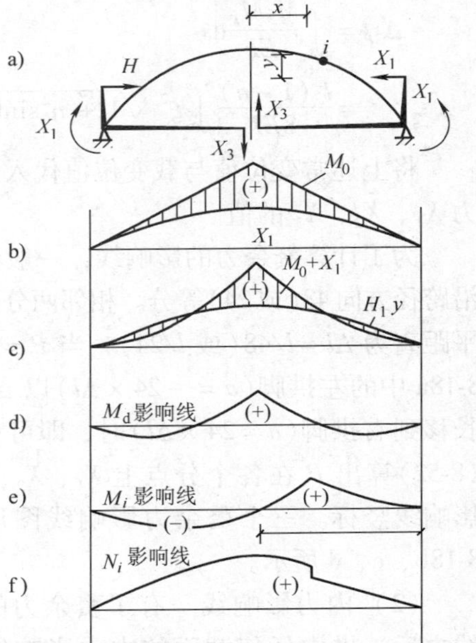

图 8-19 拱中内力影响线

较大的差异，不便于编制等代荷载，一般也不利用 N、Q 的影响线计算其内力。通常，先算出该截面的水平力 H_1 和拱脚的竖向反力 V，再按下式计算轴向力 N 和剪力 Q

轴向力：

$$\left.\begin{aligned}&\text{拱顶}\quad N=H_1\\&\text{拱脚}\quad N=H_1\cos\varphi_j+V\sin\varphi_j\\&\text{其他截面}\quad N\approx\frac{H_1}{\cos\varphi}\end{aligned}\right\}\tag{8-57}$$

剪力：

$$\left.\begin{aligned}&\text{拱顶}\quad \text{数值很小，一般不计算}\\&\text{拱脚}\quad Q=H_1\sin\varphi_j-V\cos\varphi_j\\&\text{其他截面}\quad \text{数值很小，一般不计算}\end{aligned}\right\}\tag{8-58}$$

拱的内力影响线坐标也可通过电算求得。

3. 内力计算

拱是偏心受压构件，最大正应力是弯矩 M 和 N 共同决定的，但荷载布置往往不可能使 M 和 N 同时达到最大，严格地讲，应当绘制核心弯矩影响线，求出最大和最小核心弯矩值，但计算核心弯矩影响线十分繁琐。在实际计算中，考虑到拱桥的抗弯性能远差于抗压性能的特点，一般可在弯矩影响线上按最不利情况加载，求得最大(或最小)弯矩，然后求出与这种加载情况相应的 H_1 和 V 的数值，以求得与最大(或最小)弯矩相应的轴向力。

在影响线上按最不利情况加载计算内力的方法可分为直接布载法和等代荷载法。直接布载法就是以荷载值(车辆轴重等)乘以相应位置的内力影响线坐标求得；等代荷载法则是以等代荷载(车辆等)乘以相应的影响线面积求得。下面以拱脚为例，说明如何用等代荷载法求算内力。

将荷载布置在影响线正弯矩区段(见图8-20)，根据设计荷载和计算跨径可查得最大正弯矩 M_{max} 的等代荷载 K_M，及相应推力和竖直反力的等代荷载 K_H、K_V，分别乘以正弯矩及与其相应的 H_1 和 V 的影响线面积的 ω_M、ω_H 和 ω_V，即可求得其内力为

最大正弯矩 $M_{max}=\phi\eta K_M\omega_M$

与 M_{max} 相应的推力 $H_1=\phi\eta K_H\omega_H$

与 M_{max} 相应的竖直反力 $V=\phi\eta K_V\omega_V$

式中 ϕ——车道折减系数；

η——荷载横向分布系数。

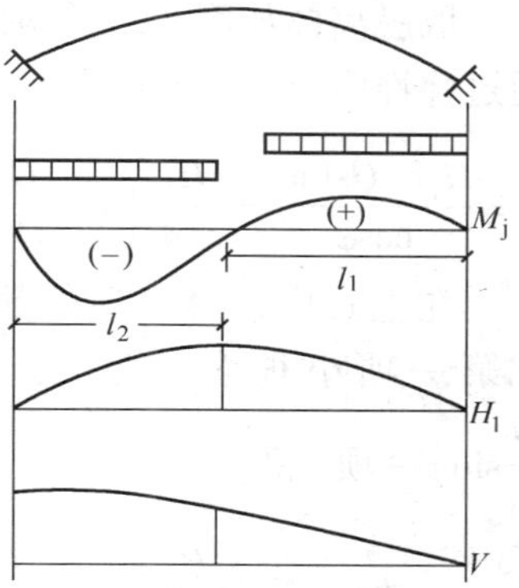

图8-20 拱脚截面内力影响线

同理，再将荷载布置在负弯矩区段，可求得

最大负弯矩 $M_{\min}$ 及与其相应的 H_1 和 V 值。

拱顶截面的轴向力 $N=H_1$，其他截面的轴向力，则应按下式计算

$$N=H_1\cos\varphi+V\sin\varphi \tag{8-59}$$

对于拱脚截面，$N_j=H_1\cos\varphi_j+V\sin\varphi_j$；对于 $l/4$ 截面，理应按式(8-59)计算，但由于缺少相应 V 的等代荷载，其轴向力可近似按下式计算

$$N_{1/4}\approx\frac{H_1}{\cos\varphi_{1/4}}$$

应注意：计算拱脚截面的弯矩 $M_{\max}$ 或 $M_{\min}$ 相应的竖向反力 V 时，应以 V 的等代荷载乘以影响线 V 的全面积，即 $\omega=l/2$；而计算人群荷载产生的内力时，拱脚竖向反力影响线面积则采用与 $M_{\max}$ 或 $M_{\min}$ 相对应的面积，不能采用全面积。

当作用有特殊荷载而无相应等代荷载表可供查用时，可按最不利荷载位置，在影响线上直接布载计算内力。计算与等代荷载法相似，仅需将等代荷载改为实际荷载(集中或分布荷载)影响线面积改为与荷载对应的影响线坐标值或面积值。

有时虽然作用荷载不特殊，但结构本身无内力影响线可查，这时也只有在求出内力影响线后采用直接布载法求内力。

从拱内力影响线的建立过程看，没有考虑弹性压缩的影响，即通过手册中的影响线资料求出的内力仅为不计弹性压缩的内力，与计算恒载一样，可通过不计弹压的结果求出弹压影响引起的内力。

活载弹性压缩与恒载弹性压缩相似，亦在弹性中心产生赘余水平力 ΔH(拉力)，如图 8-10a 所示。由典型方程得

$$\Delta H=\frac{\Delta l}{\delta'_{22}}=\frac{\int_s\frac{N\mathrm{d}s}{EA}\cos\varphi}{\delta'_{22}} \tag{8-60}$$

取脱离体如图 8-21 所示，拱脚作用有三个已知力：弯矩 M、竖向反力 V 和通过弹性中心的水平力 H_1。将各力投影到水平方向上得

$$N=\frac{H_1-Q\sin\varphi}{\cos\varphi}=\frac{H_1}{\cos\varphi}\left(1-\frac{Q}{H_1}\sin\varphi\right)$$

在上式中，第二项的数值常比第一项小很多，近似地略去 $\frac{Q}{H_1}\sin\varphi$ 一项，得

$$N=\frac{H_1}{\cos\varphi}$$

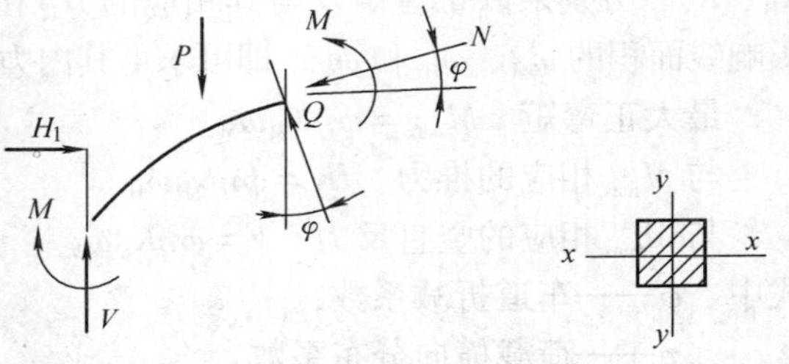

图 8-21　活载弹性压缩引起的内力

于是
$$\Delta l=\int_s \frac{N\mathrm{d}s}{EA}\cos\varphi=H_1\int_0^l \frac{\mathrm{d}x}{EA\cos\varphi}$$

将上式代入式(8-60)得

$$\Delta H=-\frac{H_1\int_0^l \frac{\mathrm{d}x}{EA\cos\varphi}}{\delta'_{22}}=-\frac{H_1\int_0^l \frac{\mathrm{d}x}{EA\cos\varphi}}{(1+\mu)\int_s \frac{y^2\mathrm{d}s}{EI}}=H_1\frac{\mu_1}{1+\mu} \tag{8-61}$$

考虑弹性压缩后的活载推力(总推力)为(引入规定正负号后)

$$H=H_1+\Delta H=H_1-H_1\frac{\mu_1}{1+\mu}=H_1\frac{1+\mu-\mu_1}{1+\mu} \tag{8-62}$$

考虑到 $\Delta\mu=\mu_1-\mu$，远比 μ_1 要小，实际应用时尚可将上式进一步简化为

$$H=H_1\frac{1+\mu-\mu_1}{1+\mu}=H_1\frac{1-\Delta\mu}{1+\mu_1-\Delta\mu}\approx H_1\frac{1}{1+\mu_1} \tag{8-63}$$

活载弹性压缩引起的内力为

$$\left.\begin{aligned}&\text{弯　矩}\quad \Delta M=-\Delta Hy=\frac{\mu_1}{1+\mu}H_1y\\&\text{轴向力}\quad \Delta N=\Delta H\cos\varphi=-\frac{\mu_1}{1+\mu}H_1\cos\varphi\\&\text{剪　力}\quad \Delta Q=\pm\Delta H\sin\varphi=\mp\frac{\mu_1}{1+\mu}H_1\sin\varphi\end{aligned}\right\} \tag{8-64}$$

将不考虑弹性压缩的活载内力与活载弹性压缩产生的内力叠加起来，即得活载作用下的总内力。不考虑弹性压缩的活载内力可以很方便地利用等代荷载计算，活载弹性压缩产生的内力可根据 μ 与 μ_1 由式(8-64)直接求出。若将弹性压缩的影响一并考虑，则在计算内力影响线时，必须考虑 μ 与 μ_1 的影响，这样会使绘制内力影响线表的工作大大增加。

采用电算求出结构内力影响线并用直接布载法求出的内力，因考虑了弹压影响，故此内力即为最终活载内力。

8.3.1.3 等截面悬链线拱其他内力计算

在超静定拱中，温度变化、混凝土收缩和拱脚变位都会产生附加内力。我国许多地区温度变化幅度大，温度变化产生的附加内力不容忽视。尤其是就地浇筑的混凝土在结硬过程中由于收缩变形可使拱桥开裂。在软土地基上建造圬工拱桥，墩台变位的影响比较突出，水平位移的影响更为严重，根据观测资料分析，在两拱脚的相对水平位移 $\Delta H>l/1200$ 时，拱的承载能力就会大大降低，甚至破坏。

1. 温度变化产生的附加内力计算

根据热胀冷缩的道理，当大气温度比成拱时的温度(即主拱圈施工合拢时的

温度,称为合拢温度)高时，称为温度上升，引起拱体膨胀；反之，当大气温度比合拢温度低时，称为温度下降，引起拱体收缩。不论是拱体膨胀(拱轴伸长)还是拱体收缩(拱轴缩短)，都会在拱中产生内力，只不过两者的符号不同而已。

在图 8-22 中，设温度变化引起拱轴在水平方向的变位为 Δl_t，与弹性压缩同样道理，必须在弹性中心产生一对水平力 H_t。由典型方程得

$$H_t = \frac{\Delta l_t}{\delta'_{22}} = \frac{\Delta l_t}{(1+\mu)\int_s \frac{y^2 \mathrm{d}s}{EI}}$$

$$\Delta l_t = \alpha l \Delta t$$

式中 Δt——温度变化值，即最高(或最低)温度与合拢温度之差，温度上升时，Δt 和 H_t 均为正，温度下降时，Δt 和 H_t 均为负；

α——材料的线膨胀系数，混凝土或钢筋混凝土结构 $\alpha = 1\times10^{-5}$，混凝土预制块砌体 $\alpha = 9\times10^{-6}$，石砌体 $\alpha = 8\times10^{-6}$。

由温度变化引起拱中任意截面的附加内力为(见图 8-23)：

$$\left.\begin{aligned} &弯\quad 矩\quad M_t = -H_t y = -H_t(y_s - y_1) \\ &轴向力\quad N_t = H_t\cos\varphi \\ &剪\quad 力\quad Q_t = \pm H_t\sin\varphi \end{aligned}\right\} \tag{8-65}$$

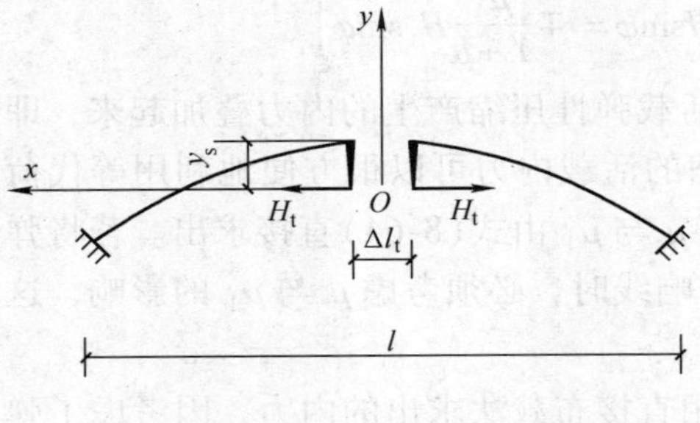

图 8-22 温度变化引起余赘力计算图式

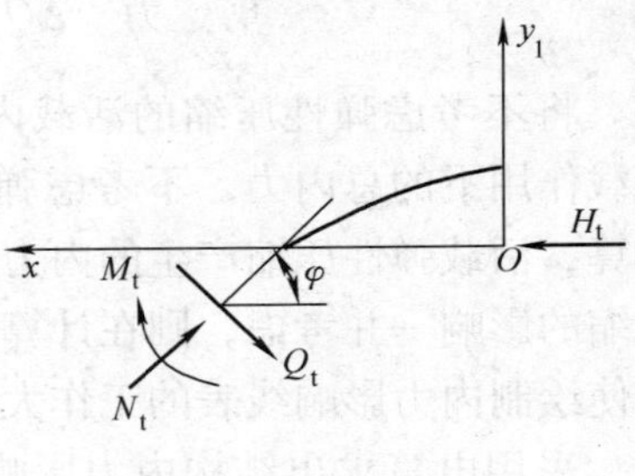

图 8-23 温度变化引起拱中的内力

2. 混凝土收缩引起的内力

混凝土在结硬过程中的收缩变形，其作用与温度下降相似。通常将混凝土收缩影响折算为温度的额外降低。JTJ 023—1985《公路钢筋混凝土及预应力混凝土桥涵设计规范》[后文简称《桥规 023》]建议：

1) 整体浇筑的混凝土结构的收缩影响，对于一般地区相当于降低温度 20℃，干燥地区为 30℃；整体浇筑的钢筋混凝土结构的收缩影响，相当于降低温度 15～20℃。

2) 分段浇筑的混凝土或钢筋混凝土结构的收缩影响，相当于降低温度 10～15℃。

3）装配式钢筋混凝土结构的收缩影响，相当于降低温度5～10℃。

计算拱圈的温度变化和混凝土收缩影响时，可根据实际资料考虑混凝土徐变的影响，如缺乏实际资料，计算内力可乘以下列系数：温度变化影响力为0.7；混凝土收缩影响力为0.45。对于由聚变温差引起的内力参见有关资料。

3. 拱脚变位引起的内力计算

在软土地基上修建的拱桥以及桥墩较柔的多孔拱桥，拱脚变位是难以避免的。拱脚的变位包括拱脚的水平位移、垂直位移（沉降）和转动（角变），每一种变位都会在拱中产生内力。

（1）拱脚相对水平位移引起的内力　在图8-24中，两拱脚发生的相对水平位移为

$$\Delta_H = \Delta_{HB} - \Delta_{HA}$$

式中　Δ_{HA}、Δ_{HB}——左、右拱脚的水平位移，自原位置右移为正、左移为负。

由于两拱脚发生相对水平位移Δ_H，在弹性中心产生的赘余力为

$$X_2 = -\frac{\Delta_H}{\delta_{22}} = -\frac{\Delta_H}{\int_s \frac{y^2 ds}{EI}} \tag{8-66}$$

如两拱脚相对靠拢（Δ_H为负），X_2为正，反之为负。

（2）拱脚相对垂直位移引起的内力　在图8-25中，拱脚相对垂直位移为

$$\Delta_V = \Delta_{VB} - \Delta_{VA}$$

式中　Δ_{VA}、Δ_{VB}——左、右拱脚的垂直位移，均以自原位置下移为正，上移为负。

由两拱脚相对垂直位移引起弹性中心的赘余力为

$$X_3 = -\frac{\Delta_V}{\delta_{33}} = -\frac{\Delta_V}{\int_s \frac{x^2 ds}{EI}} \tag{8-67}$$

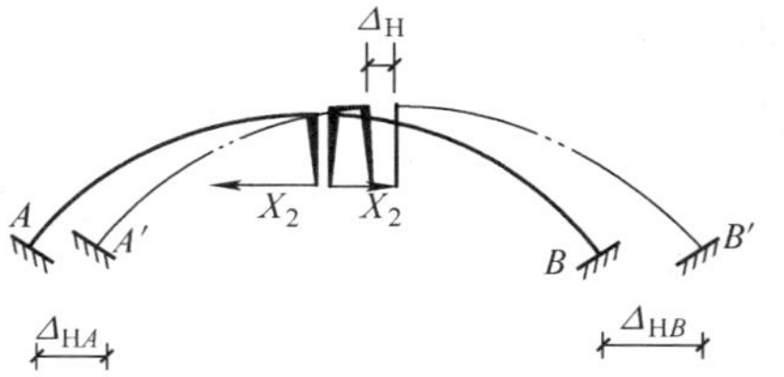

图8-24　拱脚水平位移引起内力计算图式

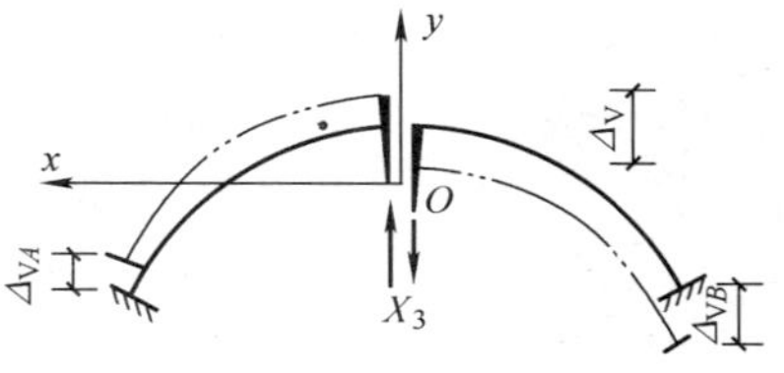

图8-25　拱脚相对垂直位移引起的内力

等截面悬链线拱的$\int_s \frac{x^2 ds}{EI}$可由《拱桥》（上）附录Ⅲ表Ⅲ-6查得。

（3）拱脚相对角变位引起的内力　在图8-26中，拱脚B发生转角θ_B（θ_B顺时针为正）之后，在弹性中心除产生相同的转角θ_B之外，还引起相对水平位移

Δ_H 和垂直位移 Δ_V。因此，在弹性中心会产生三个赘余力 X_1、X_2、X_3。其典型方程为

$$\left.\begin{aligned} X_1\delta_{11}+\theta_B&=0\\ X_2\delta_{22}+\Delta_H&=0\\ X_3\delta_{33}+\Delta_V&=0 \end{aligned}\right\} \tag{8-68}$$

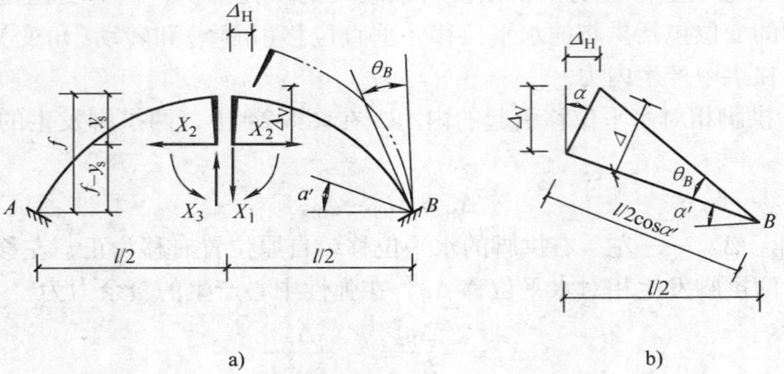

图 8-26　拱脚相对角变位引起的赘余力

式(6-68)中 θ_B 为已知，Δ_H、Δ_V 不难根据图 8-26b 的几何关系求出。

由 $\Delta=\theta_B l/2\cos\alpha'$，$\tan\alpha'=(f-y_s)l/2$ 得，

$$\Delta_H=\Delta\sin\alpha'=\theta_B(f-y_s)$$

$$\Delta_V=\Delta\cos\alpha'=\theta_B l/2$$

将 Δ_H 及 Δ_V 代入式(8-68)得

$$\left.\begin{aligned} X_1&=\frac{\theta_B}{\delta_{11}}\\ X_2&=\frac{\theta_B(f-y_s)}{\int_s \frac{y^2\mathrm{d}s}{EI}}\\ X_3&=\frac{\theta_B l}{2\int_s \frac{x^2\mathrm{d}s}{EI}} \end{aligned}\right\} \tag{8-69}$$

式中
$$\delta_{11}=\int_s\frac{\overline{M_1}^2\mathrm{d}s}{EI}=\int_s\frac{\mathrm{d}s}{EI}=\frac{l}{EI}\int_0^1\frac{\mathrm{d}\xi}{\cos\varphi}=\frac{l}{EI}\times\frac{1}{\gamma_1}$$

$\frac{1}{\gamma_1}$可自《拱桥》(上)附表Ⅲ-8 查得。

拱脚相对角变位引起各截面的内力为(见图 8-27)

$$\left.\begin{aligned} M &= X_1 - X_2 y \pm X_3 x \\ N &= \mp X_3 \sin\varphi + X_2 \cos\varphi \\ Q &= X_3 \cos\varphi \pm X_2 \sin\varphi \end{aligned}\right\} \quad (8\text{-}70)$$

以上公式是假设左半拱顺时针转动 θ_B 推导出来的，若反时针转动 θ_B，则式(8-69)中的 θ_B 均应以负值代入。如左拱脚顺时针转动 θ_A，则式(8-69)应改为

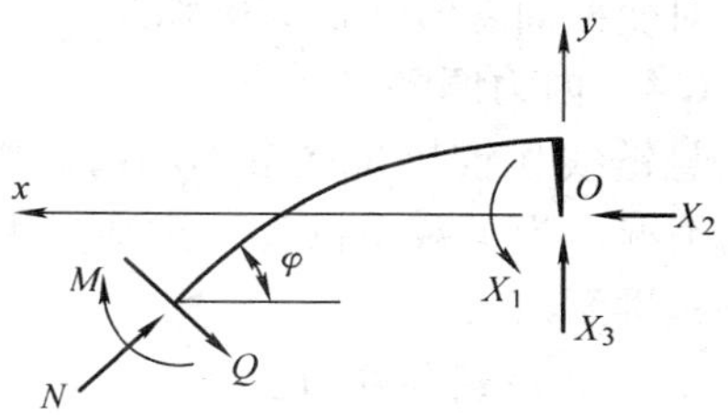

图 8-27 拱脚相对角变位引起的各截面内力

$$\left.\begin{aligned} X_1 &= \frac{\theta_A}{\delta_{11}} \\ X_2 &= \frac{\theta_A(f - y_s)}{\int_s \frac{y^2 \mathrm{d}s}{EI}} \\ X_3 &= \frac{\theta_A l}{2\int_s \frac{x^2 \mathrm{d}s}{EI}} \end{aligned}\right\} \quad (8\text{-}71)$$

（4）水的浮力引起的内力计算　当拱圈有一部分被水淹没时，在设计中应考虑浮力的作用(见图8-28)。若水位变化较小，则浮力对拱圈的作用作为“永久荷载”来考虑；若水位变化幅度较大，即拱圈仅在一段时间内被水淹没，那么，浮力对拱圈的作用可作为“其他可变荷载”来考虑。

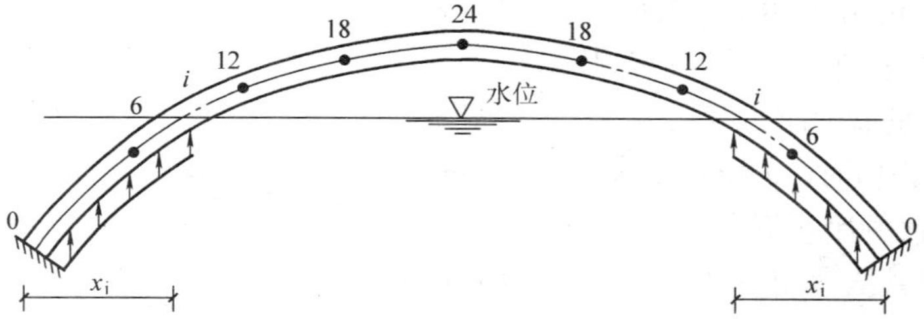

图 8-28 浮力作用

不计弹压时，浮力产生的弯矩和轴力分别为

$$M = \frac{k_M A \gamma_4 l^2}{1000}$$

$$N = \frac{k_N A \gamma_4 l}{1000}$$

式中 k_M、k_N——弯矩及轴力系数；

A——拱圈外轮廓面积；

γ_4——水的重度；

l——拱圈计算跨径。

在《拱桥》(上)附录Ⅲ表Ⅲ-17中已列出部分拱圈在浮力作用下，拱圈各截面的弯矩与轴力系数。

对变截面悬链线拱和圆弧拱，请参考《拱桥》及有关资料进行计算。

8.3.1.4 内力调整

悬链线无铰拱桥在最不利荷载组合时，常出现拱脚负弯矩或拱顶正弯矩过大的情况。为了减小拱脚、拱顶过大的弯矩，可从设计或施工方面采取一些措施调整拱圈内力。

1. 假载法调整内力

所谓假载法调整内力，就是在计算跨径、计算矢高和拱圈厚度保持不变的情况下，通过改变拱轴系数 m 的数值来改变拱轴线形状。m 的调整幅度一般为半级或一级。

(1) 实腹拱的内力调整　设调整前的拱轴系数 $m=g_j/g_d$，调整后的拱轴系数 $m'=g_j'/g_d'$。必须注意：拱轴系数调整前后，拱顶截面的实际荷载强度没有变化，拱脚截面，由于几何尺寸略有变化，对实际荷载强度有影响，但影响甚微，可认为不变。那么，调整后的拱轴系数 m' 亦可认为是从调整前的荷载强度减去或增加一层均布的虚荷载 q_x（见图 8-29），荷载 q_x 是虚构的，实际上并不存在，仅在计算过程中加以考虑，所以称为“假载”。于是

$$m'=\frac{g_j'}{g_d'}=\frac{g_j\mp q_x}{g_d\mp q_x} \tag{8-72}$$

由于 m'、g_j、g_d 均为已知值，假想的均布荷载 q_x 可由式(8-72)求得。

当 q_x 取负值时，g_j'和 g_d'值均减少，不过 g_d'值减少的比例比 g_j'值大，因此，$m'>m$；当 q_x 取正值时，g_j'和 g_d'值均增加，不过 g_d'值增加的比例比 g_j'值大，因此，$m'<m$。

采用假载法调整内力时，调整后的拱轴线与实际结构重力压力线是不重合的。为了简化计算，先将 q_x 视为实际荷载，于是在结构重力和假载的共同作用下，拱轴线与压力线重合，因而可以根据 m'查表计算内力（包括弹性压缩），这时拱顶产生正弯矩，拱脚产生负弯矩。然后加上（$m'>m$）或减去（$m'<m$）用均布假想荷载 q_x，乘以用 m'绘制的影响线所算得的内力值（包括弹性压缩），即得真实的结构重力内力。当 $m'>m$ 耐时，q_x 在拱顶、拱脚处产生的弯矩为正值（因为拱顶、拱脚的影响线面积和均为正值），可以抵消拱脚的负弯矩，但加大了拱顶的正弯矩；当 $m'<m$ 时，q_x 在拱顶、拱脚处产生的弯矩为负值，可以抵消拱顶的正弯矩，但加大了拱脚的负弯矩（见图 8-30）。

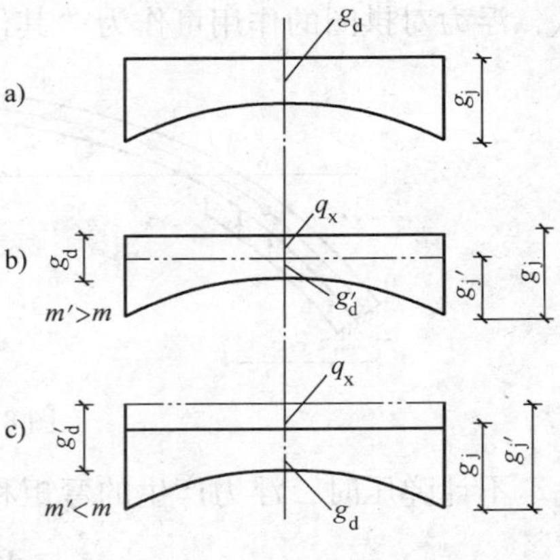

图 8-29　实腹拱的假载内力计算

活载、温度变化等产生的内力也和调整前不同，必须重新计算，方法同前。

（2）空腹拱的内力调整　对于空腹拱，拱轴线的变化是通过改变 $l/4$ 截面处的纵坐标 $y_{1/4}$ 来实现的。设拱轴系数为 m 时，$l/4$ 截面处的纵坐标为 $y_{1/4}$，拱轴系数为 m' 时，$l/4$ 截面处的纵坐标为 $y'_{1/4}$，于是

$$\frac{y'_{1/4}}{f}=\frac{\sum M_{1/4}\mp\frac{q_x l^2}{32}}{\sum M_j\mp\frac{q_x l^2}{8}} \tag{8-73}$$

式中的符号“∓”，当 $m'>m$ 时为负；当 $m'<m$ 时为正。

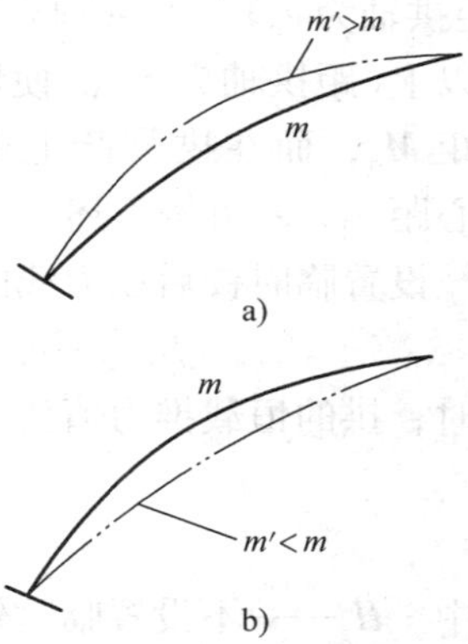

图 8-30　拱轴随 m 变化的情况

a）提高 m 改善拱脚

b）降低 m 改善拱顶

拱轴系数调整后，拱的几何尺寸和内力计算应根据 m'确定。空腹拱的结构重力内力计算方法和实腹拱相同。先计算结构重力和假载 q_x 共同作用下的不计弹性压缩的水平推力 H_g 和拱圈截面内力，其中

$$H_g=\frac{\sum M_j\mp\frac{q_x l^2}{8}}{f} \tag{8-74}$$

以及计入弹性压缩后的水平推力 H'_g 和截面内力，其中

$$H'_g=\left(1-\frac{\mu_1}{1+\mu}\right)H_g \tag{8-75}$$

然后加上或减去假载 m 作用下的内力（包括弹性压缩）即得调整拱轴系数后的拱圈截面内力。活载、温度变化内力必须重新计算，方法同前。

应当指出，用假载法调整拱轴线，不能同时改善拱顶、拱脚两个控制截面的内力。同时，对其他截面内力也产生影响。如提高 m 值时，减少了 $3l/8$ 截面处拱轴线与压力线的偏离，但增加了 $l/8$ 截面处拱轴线与压力线的偏离；减低 m 值时，情况则相反。因此在调整拱轴系数时应全面考虑。

2. 用临时铰调整内力

拱圈施工时，在拱顶、拱脚用铅垫板做成临时铰，拆除拱架后，由于临时铰的存在，拱圈成为静定的三铰拱，待拱上建筑完成后，再用高标号水泥砂浆封固，成为无铰拱。由于拱圈在恒载作用下是静定三铰拱，拱的恒载弹性压缩以及封铰前已发生的墩台变位均不产生附加内力，从而减小了拱中的弯矩。

如将临时铰偏心布置，尚可进一步消除日后因混凝土收缩引起的附加内力。设混凝土收缩在拱顶引起正弯矩 M_d，在拱脚引起负弯矩 M_j，为了消除此项弯矩，可将临时铰偏心布置（见图 8-31），即拱顶截面的临时铰布置在拱轴线以下

（距拱轴为 e_d），而拱脚截面的临时铰则布置在拱轴线以上（距拱轴为 e_j）。使恒载作用时在拱顶产生负弯矩 M_d，而在拱脚产生正弯矩 M_j，欲达此目的，偏心距 e_d、e_j 可按下述方法确定。

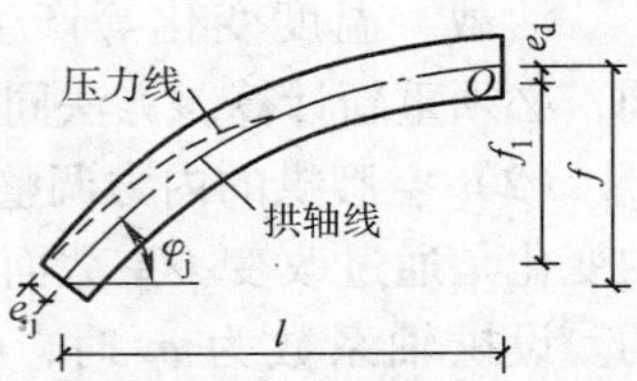

图 8-31　临时铰调整内力

设置临时铰后压力线的矢高为（见图 8-31）

$$f_1 = f - e_d - e_j\cos\varphi_j$$

此时，拱的恒载推力值变为

$$H'_g = H_g \frac{f}{f_1} \tag{8-76}$$

式中　H_g——不设置临时铰时拱的恒载推力。

根据需要调整的弯矩值 M_d、M_j 可求偏心距

$$e_d = \frac{M_d}{H'_g} = \frac{M_d}{H_g} \cdot \frac{f}{f_1}$$

$$e_j = \frac{M_j}{H'_g\cos\varphi_j} = \frac{M_j}{H_g\cos\varphi_j} \cdot \frac{f_1}{f}$$

故

$$f_1 = f - \frac{1}{H_g} \cdot \frac{f_1}{f}(M_d + M_j)$$

$$f_1 = \frac{H_g f^2}{H_g f + M_d + M_j}$$

国内外大跨径钢筋混凝土拱桥，大多采用千斤顶调整内力，即在砌筑拱上建筑之前，在拱顶预留接头处设置上、下两排千斤顶，形成偏心力，使拱顶产生负弯矩、拱脚产生正弯矩，达到消除弹性压缩、收缩及徐变产生的内力。对于用拱架施工的拱桥，设置千斤顶还能起脱架的作用。

用临时铰或千斤顶调整内力，效果相当显著，但其施工比较复杂。

3. *改变拱轴线调整内力*

用临时铰调整内力，实质上是人为地改变压力线，使恒载压力线对拱轴线造成有利的偏离，使拱脚、拱顶产生有利的恒载弯矩，以消除这两个截面的过大弯矩。反之，也可以有意识地改变拱轴线，使拱轴线与恒载压力线造成有利的偏离，同样也可以消除拱顶、拱脚截面的过大弯矩，达到调整拱圈内力之目的。

在前面图 8-7 中，由于悬链线拱轴线与三铰拱恒载压力线存在近似正弦波形的自然偏离，可以不同程度地减小拱顶、拱脚截面的过大弯矩。根据这个道理，可在三铰拱恒载压力线的基础上，根据每桥的实际需要叠加一个正弦波形的调整曲线作为拱轴线（见图 8-32），采用逐次渐近法调整，使恒载、弹性压缩和混凝土收缩等固定因素作用下，拱顶、拱脚两截面的总弯矩趋近于零。为了达到

上述目的，要求调整曲线的零点通过O'点，并使拱轴线与三铰拱恒载压力线具有相同的弹性中心。根据弹性中心的定义则有

$$\int_s \frac{(y-\Delta y)}{EI}ds = \int_s \frac{yds}{EI} - \int_s \frac{\Delta yds}{EI} = 0$$

因$\int_s \frac{yds}{EI}=0$，故$\int_s \frac{\Delta yds}{EI}=0$。

由式(8-20)、式(8-21)知，拱轴线偏离三铰拱恒载压力线在弹性中心产生的赘余力为(见图8-7b)

$$\Delta X_1 = 0,\ \Delta X_2 = H_g \frac{\int_s \frac{y\Delta yds}{EI}}{\int_s \frac{y^2ds}{EI}} \quad (8\text{-}77)$$

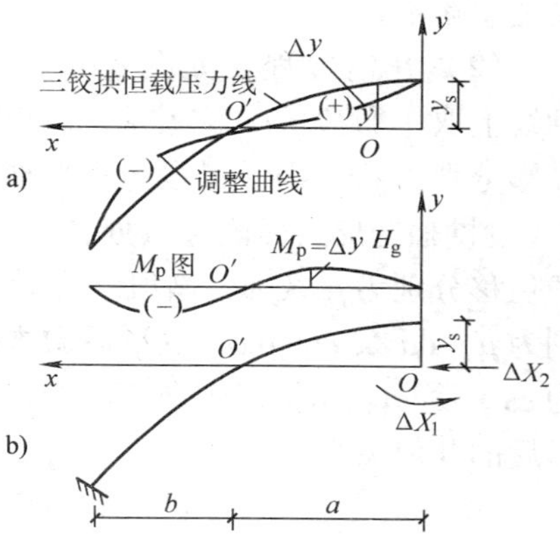

图8-32　改变拱轴线调整内力

由图8-7b知，式(8-77)中的y与Δy总是同号的，因而式中的ΔX_2必为正值(压力)。众所周知，弹性压缩和混凝土收缩在弹性中心产生一对水平拉力。通过适当地选取调整曲线竖标Δy，使按式(8-77)算得的水平力ΔX_2与弹性压缩等所产生的水平力大小相等，方向相反，即可抵消弹性压缩和混凝土收缩在拱顶、拱脚产生的弯矩值，起到类似于临时铰调整内力的作用。

8.3.1.5　考虑几何非线性的拱桥计算简介

以上所讲的计算方法均是以弹性理论为基础的，这对一般跨径的拱桥内力、变形等分析计算不会引起太大的偏差，但对大跨径拱，如果仍沿用传统分析方法，就会产生较大的误差，因为这种方法没有考虑拱脚推力与拱轴挠度相互作用产生的附加内力的影响，也没有在变位微分方程中计入轴向力的影响，而将轴力产生的拱圈弹性压缩变形对内力的影响分割出来计算。

有关资料说明，随着跨径的增大，这些影响引起的误差可达20%以上，且偏于不安全。尤其是大跨径混凝土拱桥还应计入由于时间因素(如混凝土徐变)等非线性因素引起的不容忽视的影响。除此之外，材料非线性也将对大跨径拱桥产生较大影响。下面主要从精确解析的角度讨论拱的几何非线性影响，即按挠度理论求解拱桥。

1. 考虑轴向力影响的拱的平衡方程

(1) 基本假定　为分析方便，在建立平衡方程时作如下假定：

1) 拱圈截面变形按平面变形考虑，截面法线方向与切线方向的夹角在变形前后保持不变，且拱圈截面变形符合胡克定律。

2) 弹性中心在变形前后的位置不变，即将拱轴变形引起的弹性中心位置的

改变忽略不计。

(2) 几何方程　如图 8-33 所示，在拱轴线上取一微段 ds，它在 x、y 坐标轴上的投影分别为 dx、dy，微段与水平轴之夹角为 φ。设拱轴变形后微段起点处在 x、y 方向上的位移分别为 μ 及 ω，微段终点处的位移分别为 $\mu+\mathrm{d}\mu$ 及 $\omega+\mathrm{d}\omega$，变形后微段倾角改变为 φ_1，令 ε 表示微段轴向正应变，则微段变形后的几何关系为

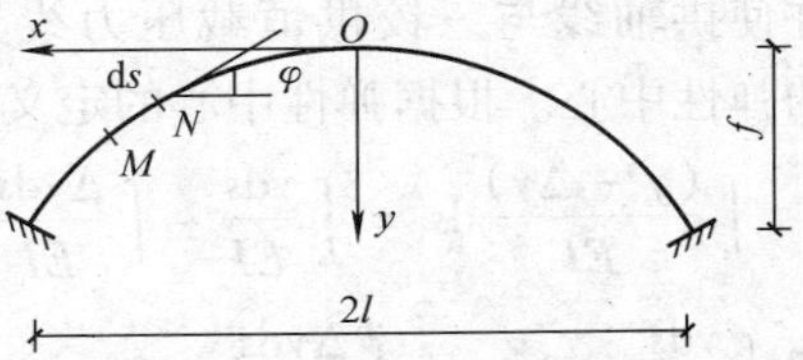

图 8-33

$$[(1+\varepsilon)\mathrm{d}s]^2=(\mathrm{d}x+\mathrm{d}\mu)^2+(\mathrm{d}y+\mathrm{d}\omega)^2$$

展开上式，并引入 $\frac{\mathrm{d}x}{\mathrm{d}s}=\cos\varphi$，$\frac{\mathrm{d}y}{\mathrm{d}s}=\sin\varphi$，略去二阶微量，则可得

$$\varepsilon=\frac{\mathrm{d}\mu}{\mathrm{d}s}\cos\varphi+\frac{\mathrm{d}\omega}{\mathrm{d}s}\sin\varphi \tag{8-78}$$

设微段角变位为 θ，则有

$$\sin\theta=\sin(\varphi_1-\varphi)=\sin\varphi_1\cos\varphi-\cos\varphi_1\sin\varphi$$

因 ε 为微量，$1/(1+\varepsilon)\approx1-\varepsilon$，则

$$\sin\varphi_1=\frac{\mathrm{d}y+\mathrm{d}\omega}{(1+\varepsilon)\mathrm{d}s}=(1-\varepsilon)\left(\sin\varphi+\frac{\mathrm{d}\omega}{\mathrm{d}s}\right)$$

$$\cos\varphi_1=\frac{\mathrm{d}x+\mathrm{d}\mu}{(1+\varepsilon)\mathrm{d}s}=(1+\varepsilon)\left(\cos\varphi+\frac{\mathrm{d}\mu}{\mathrm{d}s}\right)$$

则　$\sin\theta=(1-\varepsilon)\left(\frac{\mathrm{d}\omega}{\mathrm{d}s}\cos\varphi-\frac{\mathrm{d}\mu}{\mathrm{d}s}\sin\varphi\right)$

由于是小变形，$\varepsilon\ll1$，近似取 $1-\varepsilon=1$，$\sin\theta=\theta$，于是有

$$\theta=\frac{\mathrm{d}\omega}{\mathrm{d}s}\cos\varphi-\frac{\mathrm{d}\mu}{\mathrm{d}s}\sin\varphi \tag{8-79}$$

设沿法线方向距轴线为 z 的任意点 P 在拱轴变形后沿 x、y 轴的位移分量为 μ_z、ω_z，由图 8-34 可知

$$\mu_z=\mu-z\theta\cos\varphi$$
$$\omega_z=\omega-z\theta\sin\varphi$$

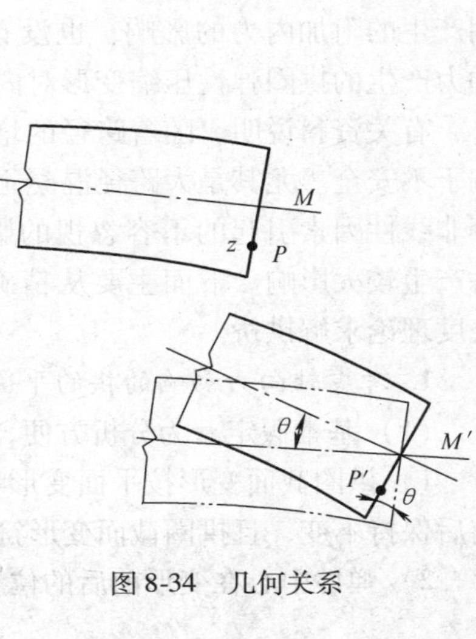

图 8-34　几何关系

则由式(8-79)得到 P 点的正应变为

$$\begin{aligned}\varepsilon_P &= \frac{\mathrm{d}\mu_z}{\mathrm{d}s}\cos\varphi + \frac{\mathrm{d}\omega_z}{\mathrm{d}s}\sin\varphi \\ &= \frac{\mathrm{d}\mu}{\mathrm{d}s}\cos\varphi + \frac{\mathrm{d}\omega}{\mathrm{d}s}\sin\varphi - z\frac{\mathrm{d}\theta}{\mathrm{d}s} \\ &= \varepsilon - z\frac{\mathrm{d}\theta}{\mathrm{d}s}\end{aligned} \tag{8-80}$$

(3) 广义力与广义位移的关系　根据虎克定律，截面上任一点的正应力为 $\sigma_P = E\varepsilon_P$，则:

截面力 $N = -\int_A \sigma_P \mathrm{d}A = -E\int_A\left(\varepsilon - z\frac{\mathrm{d}\theta}{\mathrm{d}s}\right)\mathrm{d}A = -EA\varepsilon$ （受压为正） (8-81)

截面弯矩 $M = \int_A \sigma_P z\mathrm{d}A = E\int_A\left(\varepsilon - z\frac{\mathrm{d}\theta}{\mathrm{d}s}\right)z\mathrm{d}A = EI\varepsilon$ （下缘受拉为正）

(8-82)

联立解式(8-78)及式(8-79)可得

$$\frac{\mathrm{d}\mu}{\mathrm{d}x} = \varepsilon - \theta\frac{\mathrm{d}y}{\mathrm{d}x},\quad \frac{\mathrm{d}\omega}{\mathrm{d}x} = \varepsilon\frac{\mathrm{d}y}{\mathrm{d}x} + \theta$$

将式(8-81)及式(8-82)中的 $\varepsilon = -\frac{N}{EA}$ 及 $\frac{\mathrm{d}\theta}{\mathrm{d}s} = -\frac{M}{EI}$ 代入上式，并引入 $\tan\varphi = \frac{\mathrm{d}y}{\mathrm{d}x}$，可得广义力与广义位移的关系式

$$\theta = \frac{\mathrm{d}\omega}{\mathrm{d}x} + \frac{N}{EA}\tan\varphi \tag{8-83}$$

$$\frac{\mathrm{d}\mu}{\mathrm{d}x} = -\frac{\mathrm{d}\omega}{\mathrm{d}x}\frac{\mathrm{d}y}{\mathrm{d}x} - \frac{N}{EA}(1 + \tan^2\varphi) \tag{8-84}$$

$$\frac{\mathrm{d}^2\omega}{\mathrm{d}x^2} = -\frac{M}{EI}\frac{1}{\cos\varphi} - \frac{\mathrm{d}}{\mathrm{d}x}\left(\frac{N}{EA}\tan\varphi\right) \tag{8-85}$$

展开式(8-85)即得

$$\frac{\mathrm{d}^2\omega}{\mathrm{d}x^2} = -\frac{M}{EI}\sec\varphi - \frac{\mathrm{d}}{\mathrm{d}x}\left(\frac{N}{EA}\right)\frac{\mathrm{d}y}{\mathrm{d}x} - \frac{N}{EA}\frac{\mathrm{d}^2y}{\mathrm{d}x^2} \tag{8-86}$$

2. 挠度理论的控制方程

取简支曲梁为无铰拱的基本结构，将赘余力简化到弹性中心上(见图8-35)。在恒载作用下，拱任一截面的弯矩

$$M = M_g^0 + M_g - H_g[y_0 - (y + \omega_g)] \tag{8-87}$$

将式(8-87)代入式(8-86)，可得

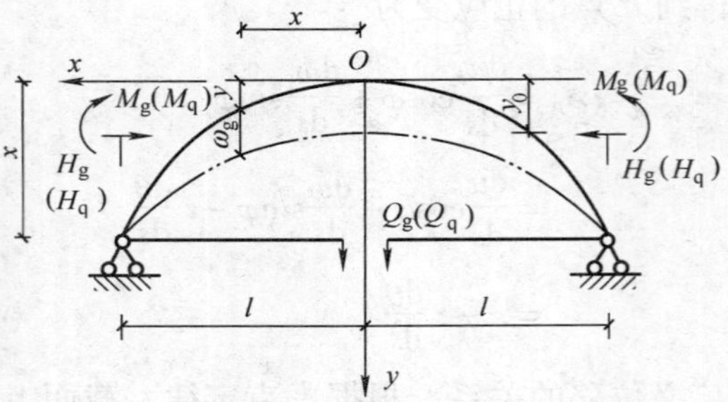

图 8-35　基本计算结构

$$\frac{d^2\omega_g}{dx^2}+\frac{H_g}{EI}\omega_g\sec\varphi=f_g(x) \tag{8-88}$$

式中 $$f_g(x)=-\frac{\sec\varphi}{EI}[M_g^0+M_g+H_g(y-y_0)]-\frac{d}{d\mu}\left(\frac{N_g}{EA}\tan\varphi\right)$$

其边界条件为

$$\omega_g(l)=\omega_g(-l)=\frac{d\omega_g}{dx}\bigg|_{x=0}=0 \tag{8-89}$$

在活载作用下，拱任一截面的弯矩

$$\begin{aligned}M=&M_g^0+M_q^0+M_g+M_q+Q_qx+H_g(y-y_0)+\\&H_q(y+y_0)+(H_g+H_q)\omega_g+(H_g+H_q)\omega_q\end{aligned} \tag{8-90}$$

将式(8-90)代入式(8-86)，并注意到式(8-88)，则有

$$\frac{d^2\omega_q}{dx^2}+\frac{\sec\varphi}{EI}(H_g+H_q)\omega_q=f_q(x) \tag{8-91}$$

式中

$$\begin{aligned}f_q(x)=&-\frac{\sec\varphi}{EI}[M_q^0+M_q+Q_qx+H_q(y-y_0)]-\\&\frac{d}{dx}\left(\frac{N_q}{EA}\tan\varphi\right)-\frac{H_q}{EI}\omega_g\sec\varphi\end{aligned} \tag{8-92}$$

其边界条件为

$$\omega_q(l)=\omega_q(-l)=0$$

式中 M^0——简支曲梁上的荷载弯矩，下标 g 表示恒载，q 表示活载；

M、H、Q——弹性中心赘余力，下标 g 表示恒载，q 表示活载；

y_0——弹性中心至坐标原点的距离；

l——拱轴计算跨径的 1/2。

式(8-88)及式(8-91)分别为恒载和活载作用时考虑水平推力与挠度相互作用对拱内力影响的控制方程。

3. 约束方程

无铰拱在取简支曲梁作为基本结构时，拱脚的三个位移(相对水平位移、左右拱脚转动)均受限。将这三个位移约束条件用拱的挠度及轴力来表示，即得求解控制方程的约束方程。

恒载时，约束方程为

$$\int_{0}^{1}\omega_{\mathrm{g}}\frac{\mathrm{d}^2 y}{\mathrm{d}x^2}\mathrm{d}x-\int_{0}^{1}\frac{N_{\mathrm{g}}}{EA}(1+\tan^2\varphi)\,\mathrm{d}x=0 \tag{8-93}$$

$$\frac{\mathrm{d}\omega_{\mathrm{g}}}{\mathrm{d}x}+\frac{N_{\mathrm{gj}}}{EA_{\mathrm{j}}}\tan\varphi_{\mathrm{j}}=0 \tag{8-94}$$

活载时，约束方程为

$$\int_{-1}^{1}\omega_{\mathrm{g}}\frac{\mathrm{d}^2 y}{\mathrm{d}x^2}\mathrm{d}x-\int_{-1}^{1}\frac{N_{\mathrm{g}}}{EA}(1+\tan^2\varphi)\,\mathrm{d}x=0 \tag{8-95}$$

$$\frac{\mathrm{d}\omega(l)}{\mathrm{d}x}+\frac{N_{\mathrm{q}l}}{EA_{\mathrm{j}}}\tan\varphi_{\mathrm{j}}=0 \tag{8-96}$$

$$\frac{\mathrm{d}\omega(-l)}{\mathrm{d}x}+\frac{N_{\mathrm{qr}}}{EA_{\mathrm{j}}}\tan\varphi_{\mathrm{j}}=0 \tag{8-97}$$

式中 N_{gj}、A_{j}、φ_{j}、$N_{\mathrm{q}l}$、N_{qr}——左拱脚恒载轴力、拱脚截面积、拱轴倾角、左拱脚活载轴力、右拱脚处活载轴力。

4. 求解

求解仍分恒载与活载两阶段进行，即先将拱的截面变化规律代入控制方程，解微分方程得控制方程的全解，然后将其代入边界条件和约束方程即可得到求解弹性中心处赘余力的方程及其解，通过赘余力就可求得各截面计人拱的变形后的内力值。

拱的挠度理论是非线性理论，拱的推力与挠度耦连在一起，因此，只能通过迭代法逐步逼近，直至先后两次迭代结果的误差达到精度要求为止。计算工作可通过电算完成，其初始推力值可取弹性理论时的推力值或任一大于零的数。

8.3.2 利用有限元法进行拱桥计算简介

8.3.2.1 有限元法在拱桥计算上的应用

有限元法是为适应计算机使用而发展起来的一种有效的数值方法。如今，工程师们已广泛采用有限元法进行拱桥结构分析与计算，究其原因：①计算机使用已基本普及，采用计算机程序进行结构分析可大大减轻劳动强度，缩短计算时间，提高工作效率；②桥梁结构属于空间结构，且结构越来越复杂，超静定次数高，如采用解析法手算，就必须进行结构简化，而这些简化与实际结构之间往往存在一定差别，在有的情况下，这些差别还会给结构分析结果产生不可允许的误差，只有采用有限元法才能得到较为精确的结果；③随着建桥材料性能的提高，拱桥跨度越来越大，对大跨径拱桥也采用中、小跨径拱桥分析计算所用的弹性结构线性分析法，已不能反映结构的真实受力情况，而必须考虑非线性的影响(包括材料方面、几何方面)，要进行结构非线性分析，靠手算是难以完成的，必须采用有限元法借助于计算机来完成；④大跨径拱桥除必须满足强度、刚度要求外，结构的稳定性、动力性能往往成为控制因素，大跨径拱桥的稳定与动力分析也必须依靠电算；⑤拱桥施工方法多种多样，在许多情况下，结构分析计算(包括静、动力及稳定性等)必须考虑结构形成过程(如劲性骨架施工的箱形拱桥主拱圈就是逐渐形成的)、施工加载程序、时间因素(如混凝土徐变、温度变化、荷载变异等的影响，这些分析计算复杂、量大，且需在施工过程中适时进行，这对手算来说是无法实现的；⑥大跨径拱桥施工必须进行专门的控制，为满足施工需要，也只有采用计算机才能实现。

拱桥结构分析计算可根据需要编制专门的结构有限元分析程序如 Bridge Docter、GQJS、MIDAS/Civil，也可直接使用如 Super SPA、ANSYS、ADINA、NASTRAN 等结构分析通用程序。

8.3.2.2 数据准备

数据是将拱桥结构与计算机联系起来的纽带，计算机只有通过数据才能“认识”结构。采用有限元程序分析拱桥需要大量的数据，如节点坐标、单元信息、荷载信息、边界条件信息等。

数据准备大致分四步进行：

1. 把实际结构理想化为有限单元的集合(模型化)

拱桥的实际结构形式多种多样，无论对哪种结构形式分析计算，都必须用某种单元的集合模型来替代原型结构。显然，计算模型建立的优劣将直接影响分析结果反映实际情况的好坏。如果计算模型建立不好，甚至有误，那么无论后续分析多精确都是毫无意义的，有时还可能使结构安全受到威胁。所以，我们必须对实际结构的受力情况有一个正确认识，并作出正确的定性结构分析(必要时还需进行试验研究)，用能反映实际情况的单元来模拟原型结构。只有计算模型建立正确，才能作出正确的分析计算。

有限元分析中有多种单元形式，如杆、梁单元(分直杆、曲杆、等截面与变截面杆等)、板单元、实体单元、空间复合梁单元等。

在进行拱桥分析时，通常可将其看成是由多个杆单元或梁单元组成的杆系结构，如果只考虑节点在结构平面内的位移(转角 θ、水平位移 μ、垂直位移 ν)就可按平面结构进行分析计算(即化空间结构为平面结构)。如果考虑空间作用，则每个节点就有六个自由度，这就需按空间结构进行分析。

对普通型上承式拱桥，当进行裸拱分析时，其计算模型如图 8-36 所示，可分别作为平面和空间结构看待，其单元可以是直杆，也可是曲杆，可以是等截面，也可是变截面。当考虑拱式拱上结构与主拱的联合作用进行整体分析时，计算图式如图 8-37a 所示。由于腹拱圈与腹孔墩不交于一点，所以需在该处增加刚臂(域)。至于梁式拱上结构，一般不计其联合作用，计算模型中将拱上结构计入时，对简支腹孔需将这部分单元约束作用略去，如图 8-37b 所示。当进行肋拱桥的空间分析时，其计算模型如图 8-38 所示。

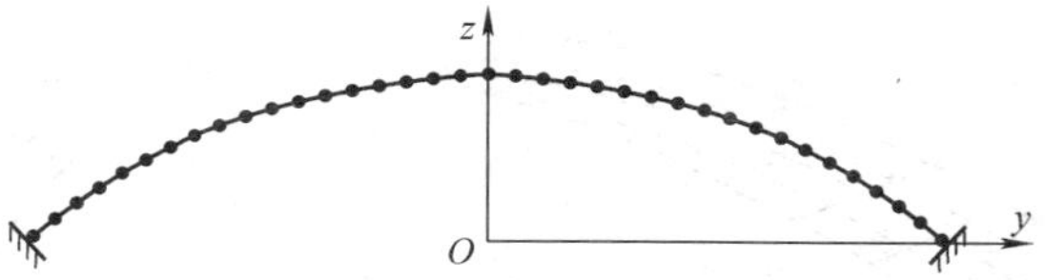

图 8-36 裸拱计算模型

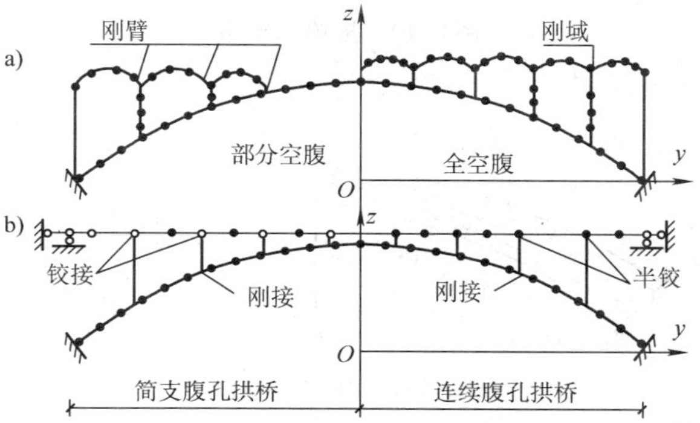

图 8-37 普通上承式拱桥计算模型

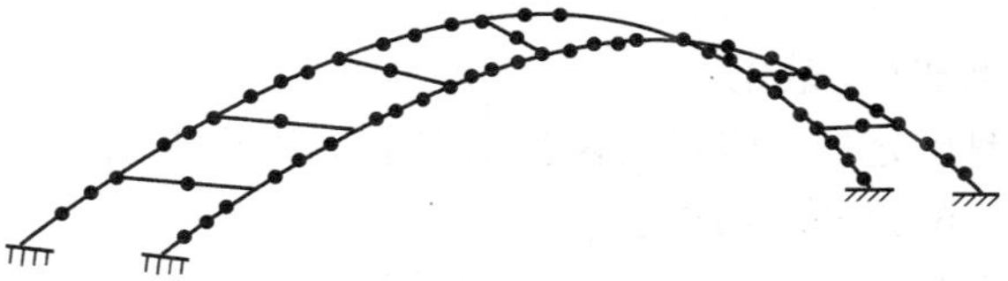

图 8-38 肋拱空间分析模型

对整体型上承式拱桥中的桁架拱，视其具体情况可认为各杆件之间为铰结或刚结，计算模型如图 8-39 所示。为了更准确地反映实际情况，在认为各杆件之间为刚结的计算模型中引入了带刚臂的单元。

在分析实体板拱及箱拱的拱箱时，可根据实际情况将其视为板壳结构，采用板单元进行分析计算，如图 8-40 所示。对厚度较大的实体板拱，还可采用实体单元作更为精确的分析，如图 8-41 所示。

空间复合梁单元是指单元的组成部分是变化的，单元的形心、扭心不固定

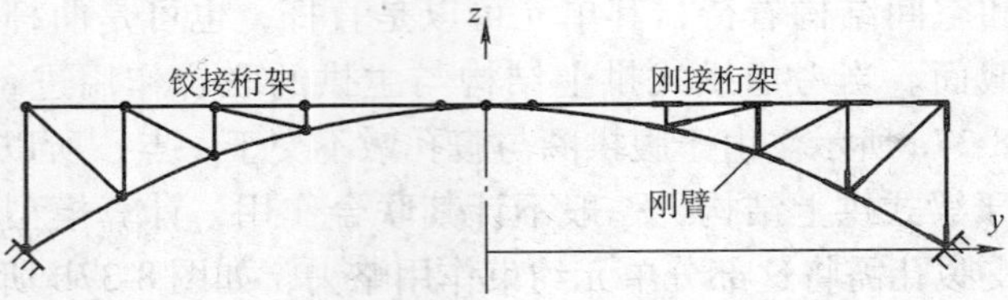

图 8-39　桁架拱计算模型

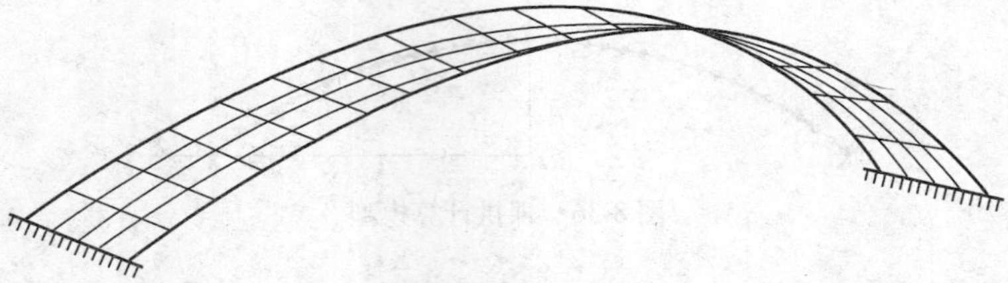

图 8-40　板单元模型

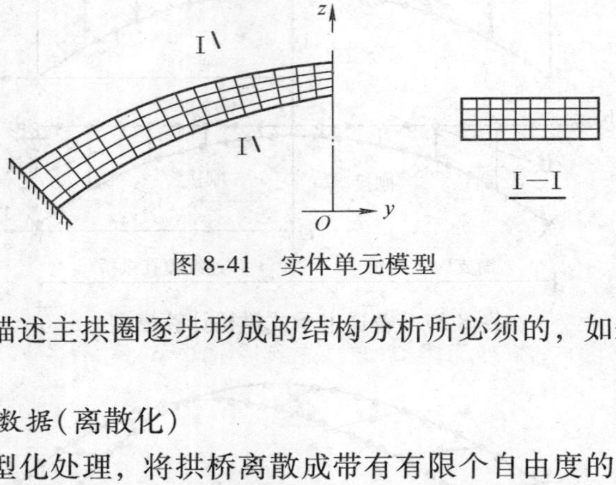

图 8-41　实体单元模型

且不重合。它是描述主拱圈逐步形成的结构分析所必须的，如劲性骨架施工拱桥分析等。

2. 准备结构数据(离散化)

通过上面模型化处理，将拱桥离散成带有有限个自由度的结构。结构数据主要包括节点数、单元数、约束数、节点坐标、单元编号、材料特性、几何特性、边界条件、荷载(工况)等。有了上述数据，就能从几何、物理、力学、边界等方面对结构进行正确描述。单元的划分可大可小，主要应根据计算精度要求、计算机容量等确定。通常在应力与位移变化比较剧烈的区域、杆件截面发生突变、原结构的杆件自然交接点以及边界比较曲折的部位，单元的划分应当加密或将其离散成节点。

3. 按所用计算程序的输入要求形成数据文件

4. 检查和校正数据

上面已提到，建立一个正确的计算模型是保证分析结果符合实际的关键。而建立一个正确的数据文件则是保证计算模型正确的关键。所以，对用于结构分析计算的数据，必须严格检查与校正。

8.3.2.3 运行程序

在数据文件准备无误后，就可执行程序进行结构分析计算。

8.3.2.4 计算结果分析

计算结果的输出对不同的程序有不同的形式。我们首先要根据分析计算的目的整理出计算结果，包括数据、图形等，然后对结果进行分析，提出最终成果，从而完成分析计算工作。

8.3.3 拱在横向水平力及偏心荷载作用下的计算

作用在拱上的横向风力、横向地震力和活载的离心力等横向水平力，将使拱产生平面外的弯曲和扭转。偏心的垂直荷载也引起拱的空间扭曲。在较大跨径的拱桥中，上述因素对内力的影响可能很大，因此必须加以计算。

8.3.3.1 横向水平力引起的内力

若桥梁及荷载对称于跨度中央时，则在横向水平力作用下，拱顶截面仍在拱的中央。将拱顶切开，取两个曲线形的悬臂半拱作为基本结构，由于对称关系，拱顶截面不产生水平剪力、竖直剪力和扭矩。垂直面内的赘余弯矩 X_b 和赘余推力 X_c 也等于零（见图 8-42）。只剩下水平面内的赘余弯矩 X_a，

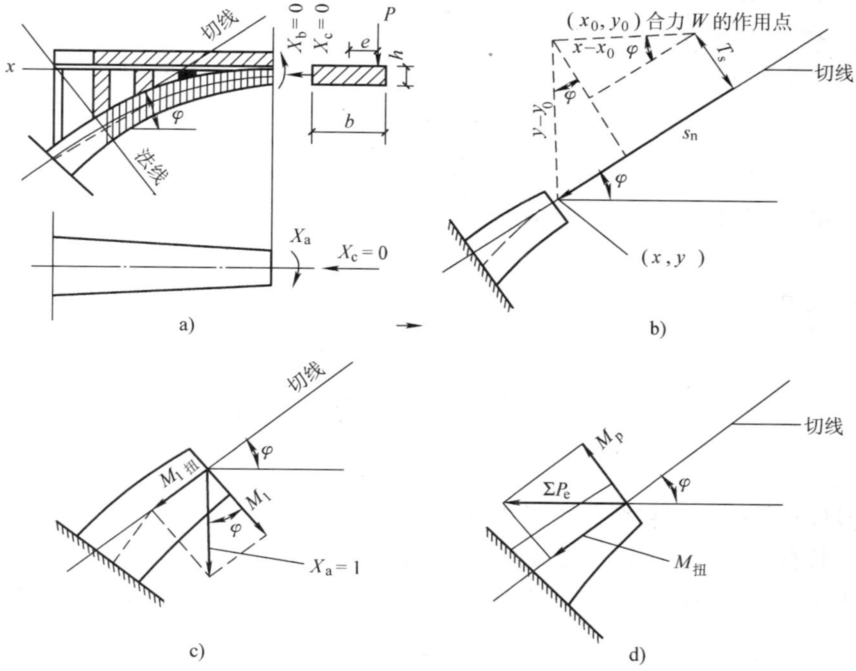

图 8-42 在横向水平力作用下的内力计算

其值为

$$X_a = -\frac{\Delta_{ap}}{\delta_{aa}} \tag{8-98}$$

式中 Δ_{ap}——在基本结构中由于外荷载引起的沿 X_a 方向的变位；

δ_{aa}——在基本结构中由 $X_a=1$ 作用引起的沿 X_a 方向的变位。

$$\Delta_{ap} = -\int_s \frac{M_p M_1}{EI}ds + \int_s M_{扭}\theta_1 ds$$

$$\delta_{aa} = -\int_s \frac{M_1^2}{EI}ds + \int_s M_{1扭}\theta_1 ds$$

式中 I——拱挠出其平面的惯性矩；

M_p、$M_{扭}$——基本结构中由于横向外力所引起的弯矩和扭矩；

M_1、$M_{1扭}$——基本结构中由于 $X_a=1$ 所引起的弯矩和扭矩；

θ_1——拱的两个距离为 1 的截面之间由于单位扭矩引起的扭角。

对于实体板拱

$$\theta_1 = \frac{M_{扭}}{GI_k},\ I_k \approx \frac{b^3h^3}{3.6(b^2+h^2)}$$

式中 I_k——扭转惯性矩；

G——剪切弹性模量。

由图 8-42b 得知

$$M_p = Ws_n,\ M_{扭} = Ws_t$$

$$M_1 = 1\times\cos\varphi,\ M_{1扭} = 1\times\sin\varphi$$

式中 W——作用在计算截面和拱顶之间桥跨上的横向分力的合力；

s_n、s_t——由计算截面处的拱轴法线和切线至合力作用点的距离。

将求得的量代入式(8-98)得

$$X_a = \frac{\int_s \frac{Ws_n}{EI}\cos\varphi ds + \int_s Ws_t\theta_1 ds}{\int_s \frac{\cos^2\varphi}{EI}ds + \int_s \sin\varphi\theta_1 ds}$$

具体计算时，常将桥分为拱圈部分、拱上立柱和行车道部分，并用分项总和法代替积分法。设 x 和 y 为截面的坐标，W 为横向外力的合力，x_0 和 y_0 为合力 W 作用点的坐标，则由图 8-42b 得

$$s_n = (x-x_0)\cos\varphi + (y-y_0)\sin\varphi$$

$$s_t = (x-x_0)\cos\varphi + (y-y_0)\sin\varphi$$

拱任意截面的内力为

$$\left.\begin{aligned}&\text{弯矩}\quad M_x = X_a\cos\varphi - Ws_n\\&\text{扭矩}\quad M_{x扭} = X_a\sin\varphi - Ws_t\\&\text{横向剪力}\quad Q_x = \sum_0^x P_w\end{aligned}\right\}\qquad(8\text{-}99)$$

式中　P_w——每延米桥长的横向力。

拱在横向力作用下的内力亦可近似计算，只需对拱脚截面进行验算。这时，先把无铰拱看作是两端固定的水平梁(见图8-43b)，跨径等于拱的跨径，荷载均匀分布在梁的全长上，求出其支点弯矩 M_1。然后再把拱看作是下端固定的垂直悬臂梁(见图8-43c)，悬臂长度等于拱的矢高，所受荷载为半跨拱上的横向力，且均匀分布于梁上，作用于行车道上的风力和离心力等则作为集中力加在悬臂端，求出固端弯矩 M_2。拱脚截面上的计算弯矩则为该两弯矩在拱脚处拱轴切线上的投影之和(见图8-43d)，即

$$M = M_1\cos\varphi_j + M_2\sin\varphi_j$$

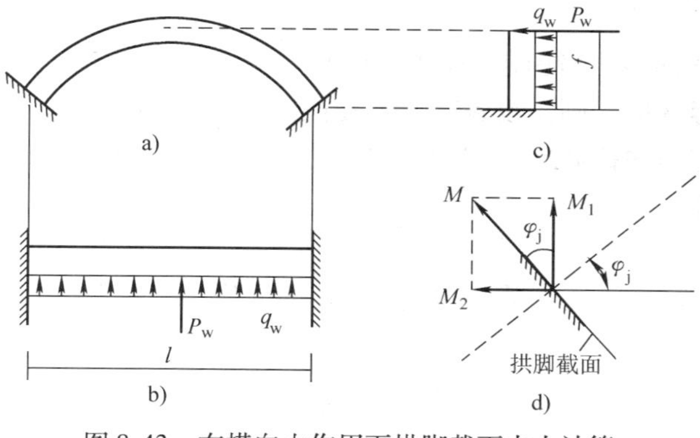

图8-43　在横向力作用下拱脚截面内力计算

8.3.3.2　偏心荷载引起的内力

偏心荷载的作用可化为一个中心荷载 P 和一个扭矩 P_e 的作用(图8-42a)。其中扭矩 P_e 将使拱挠出其平面。如果荷载对称于拱顶的横轴，则基本结构中只有拱顶的一个赘余弯矩 X_a。求 X_a 时，外力在计算截面上引起的横向弯矩将为 $\sum P_e$的矢量在计算截面的法线上的投影(图8-42d)，即　$M_p = \sum P_e\sin\varphi$

而计算截面上的扭矩将为该矢量在切线上的投影，即

$$M_{扭} = \sum P_e\cos\varphi$$

则

$$X_a = -\frac{\Delta_{ap}}{\delta_{aa}} = -\frac{\int_s \frac{\sin\varphi \sum P_e}{EI}\cos\varphi ds + \int_s \cos\varphi \sum P_e \theta_1 ds}{\int_s \frac{\cos^2\varphi \sum P_e}{EI} ds + \int_s \sin\varphi \theta_1 ds}$$

求得 X_a 后，即可按照式(8-99)计算任意截面的内力 M_x 和 $M_{x扭}$，此时 $Q_x = 0$。

8.3.3.3 斜弯曲时拱圈中的应力

斜弯曲和压缩所引起的法向应力为

$$\sigma = \pm\sigma_x \pm \sigma_y + \sigma_N = \pm\frac{M_{竖}}{W_x} \pm \frac{M_{横}}{W_y} + \frac{N}{A} \tag{8-100}$$

式中 $M_{竖}$——竖平面内的弯矩(竖向弯矩)；

$M_{横}$——水平面内的弯矩(横向弯矩)；

N——拱圈内的轴向力。

剪力和扭矩共同作用时的切应力为

$$\tau = \tau_{扭} + \tau_{剪} \tag{8-101}$$

式中 $\tau_{扭}$——扭矩引起的最大切应力，$\tau_{扭} = \frac{M_{扭}}{W_{扭}}$；

$\tau_{剪}$——横向剪力所引起的切应力。

如 τ 超过容许值，则需设置交叉箍筋网。

剪应力 τ 与竖向荷载所引起的法向应力 $\sigma_{max} = \sigma_x + \sigma_N$ 或 $\sigma_{min} = -\sigma_x + \sigma_N$ 组合成主应力，即

$$\left.\begin{aligned} \sigma_{主压} &= \frac{\sigma_{max}}{2} - \sqrt{\frac{\sigma_{max}^2}{4} + \tau^2} \\ \sigma_{主拉} &= \frac{\sigma_{min}}{2} - \sqrt{\frac{\sigma_{min}^2}{4} + \tau^2} \end{aligned}\right\} \tag{8-102}$$

8.3.3.4 肋拱在横向水平力作用下的计算

用横撑联结的肋拱，在横向水平力作用下的精确计算是一个解高次超静定空间结构的问题，计算甚繁。一般利用空间杆系计算程序进行计算。

对于较坦的拱，可将拱肋和横撑投影在水平面上而按同跨径的平面刚架来作近似计算(见图 8-44a)。假定横向荷载作用在节点上，结构图式和荷载布置都是对称的，所有

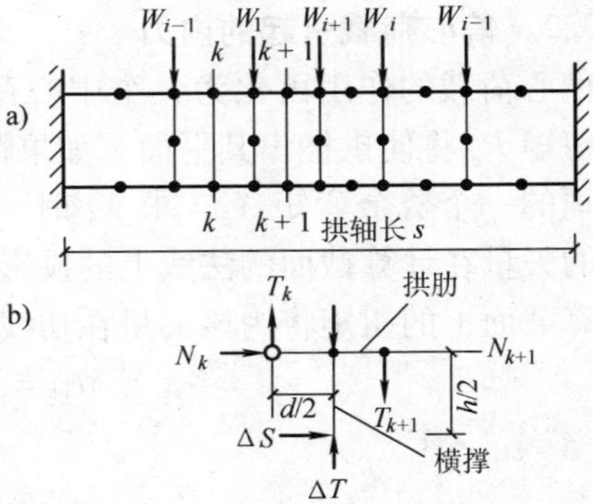

图 8-44 在横向力作用下拱肋内力近似计算

构件的反弯点都在该构件的中点。

拱肋构件中点处的轴向力 N_k 和剪力 T_k 可按下式求得

$$N_k = \frac{M_k}{h}, \quad T_k = \frac{Q_k}{2} \tag{8-103}$$

式中　M_k——$k-k$ 截面的梁式弯矩(把平面刚架当实体梁所求得的弯矩)；

Q_k——$k-k$ 截面的梁式剪力。

在节点处的拱肋还受到弯矩的作用，其值为：

$$M_i = T_k \frac{d}{2}$$

横撑中的内力为(见图 8-44b)：

$$\left.\begin{aligned} &\text{轴向力}\quad \Delta T = W_i - T_k + T_{k+1} = W_i - \frac{1}{2}(Q_k - Q_{k+1}) = \frac{W_i}{2} \\ &\text{剪力}\quad \Delta S = N_{k+1} - N_k \\ &\text{节点处的弯矩}\quad \Delta M = \Delta S \frac{h}{2} \end{aligned}\right\} \tag{8-104}$$

8.3.3.5　横向力作用下的简化计算

当拱圈宽度小于跨径的 1/20 时，应验算风力，对于弯桥并应验算离心力。计算风力或离心力引起的内力时，拱脚截面内力可近似按以下假定计算：

1）把拱圈视作两端固定的水平梁，其跨径等于拱的计算跨径，全梁平均承受风力或离心力。拱脚弯矩计算公式如下

$$M_1 = \frac{p_1 l^2}{12} \tag{8-105}$$

式中　p_1——单位长度上的风力，$p_1 = P/l$，或单位长度上的离心力，$p_1 = P'$，P 为整孔拱上构造(包括栏杆、侧墙、拱圈等)迎风面积的总风力，P 和 P' 值应按(JTJ 021—1985)《公路桥涵设计通用规范》第 2. 3. 3 条和第 2. 3. 8 条计算。

l——拱的计算跨径。

2）把拱圈视作下端固定的竖向悬臂梁，其跨径等于拱的计算矢高 f，悬臂梁平均承受 1/2 拱跨的风力，在梁的自由端承受集中的 1/2 拱跨的离心力。拱脚弯矩计算公式如下

在风力作用下
$$M_2 = \frac{1}{2} p_2 f^2 \tag{8-106}$$

在离心力作用下
$$M_2 = p_2' f \tag{8-107}$$

式中　p_2——单位长度上的风力，$p_2 = P/2f$，P 为整孔拱上构造迎风面积的总压力；

p_2'——集中的离心力，$p_2' = P'/2f$，P' 为作用在桥面上的总离心力。

3）计算上述两项弯矩在拱平面外且垂直于拱脚截面的投影之和（见图8-45），即

$$M_j = M_1\cos\varphi_j + M_2\sin\varphi_j \qquad (8\text{-}108)$$

式中 φ_j——拱轴线在拱脚的水平倾角。

地震力的计算见有关资料和（JTJ 004—1989）《公路工程抗震设计规范》。

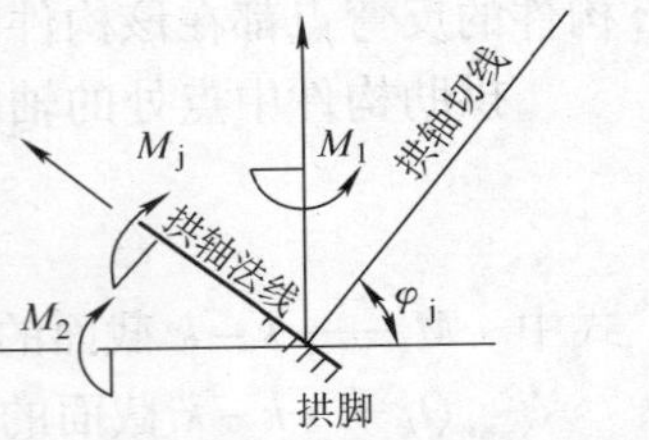

图8-45 拱平面外拱脚弯矩计

8.3.4 拱上建筑的计算

普通型拱桥计算一般分解为主拱计算与拱上建筑计算，并假定全部外荷载由主拱承受，而把拱上建筑当作将荷载传递给拱的局部受力构件，不与主拱共同工作。这种假定的目的是简化结构物的计算图式。但实际上主拱与拱上建筑会程度不同地联合一起受力。主拱的弹性变形影响到拱上建筑的内力，而拱上建筑又约束着主拱的变位。拱的实际内力显然不同于拱的一般计算结果。

理论计算与试验表明，计入拱上建筑联合作用影响后，主拱所受弯矩可降低，其降低值随桥梁与主拱抗弯刚度的比值增大而增大，随拱上建筑与主拱连结情况的不同而不同。

拱与拱上建筑的联合作用显著影响拱上建筑的内力。拱上建筑刚度越大，影响就越大。考虑与拱共同工作计算所得内力与分开计算的结果迥然不同，弯矩可能变号。如构造处理不妥而按分开计算配筋，则拱上建筑可能严重开裂甚至破坏。

基于上述分析，主拱的计算不考虑拱上建筑的联合作用是偏于安全的，而拱上建筑的计算不考虑联合作用的影响则是不安全的。

联合作用的计算必须与拱桥的施工程序相适应。若在拱合拢后拆架，然后再建拱上建筑，则拱与拱上建筑的自重及混凝土收缩影响的大部分仍由拱单独承受，只有后加的那部分恒载和活载及温度变化影响才由拱与拱上建筑共同承担。如果拱架是在拱上建筑建成后才拆除，那么大部分恒载和活载以及其他影响力可考虑都由拱与拱上建筑共同承受。对于无支架施工的拱桥，情况更复杂些。

拱与拱上建筑联合作用的计算属解高次超静定结构的问题，可以应用平面杆件系统程序，用计算机算出拱与拱上建筑各截面的弯矩、轴力和剪力影响线，也可根据具体情况采用简化计算方法。下面介绍几种实用的简化计算方法。

8.3.4.1 拱上建筑与拱分开各自单独计算

当拱上建筑刚度较小时，其腹孔部分用横断缝与拱隔开，且腹孔墩顶部和底部均设铰，或腹孔墩较柔，则可近似地认为主拱为主要承重结构，拱上建筑

只承受局部荷载，拱与拱上建筑可分解为两部分各自单独计算。这种计算假定只是为了简化计算，而实际上，拱上建筑还是会在一定程度上与拱共同受力的。

对于拱式拱上建筑(图8-46b)，可视为刚性支承在主拱上的多跨连续拱，按2~3跨连拱计算。

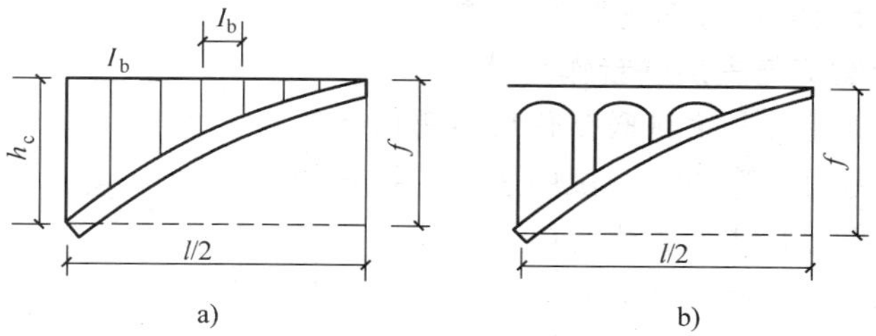

图8-46　拱上建筑计算图式

对于连续梁板式拱上建筑(图8-46a)，拱上建筑纵向是一个支承在拱上的多跨刚架。近似计算可忽略拱变形的影响，则行车道梁可视为在刚性支承上的多跨连续梁，并进一步简化为三跨连续梁计算。所有的中间节间均按三跨连续梁的中跨弯矩配筋。至于横向墙式刚架，由于它们和行车道梁之间多少有些刚性联系，为稳妥起见，在墙或刚架支柱顶部截面计算中，除了考虑由桥面荷载所产生的轴向压力外，还应考虑桥面传给它们的弯矩 M_c，并近似地认为

$$M_c = \left(0.2 - \frac{k-1}{30}\right) M_0 \tag{8-109}$$

$$k = \frac{I_b h_c}{I_c l_b}$$

式中　I_b、l_b——行车道梁(板)的惯性矩和跨径；

I_c、h_c——横向墙(支柱)的惯性矩和高度；

M_0——按三跨连续梁计算所得的行车道梁支点截面处的最大负弯矩。

当 $k \leqslant 1$ 时，取 $M_c = 0.2M_0$，当 $k \geqslant 4$ 时，取 $M_c = 0.1M_0$。

对于拱脚附近的边缘横向墙或支柱，其顶部弯矩可近似地取为

$$M = \frac{3}{4}\left(\frac{M_0'}{1+k}\right) \tag{8-110}$$

式中　M_0'——跨径等于 l_b 的简支梁中的最大弯矩；

k 的意义同前。

当为刚架时，还应该考虑在竖向荷载作用下所发生的横向刚架作用(见图8-47b)，按刚架进行分析。

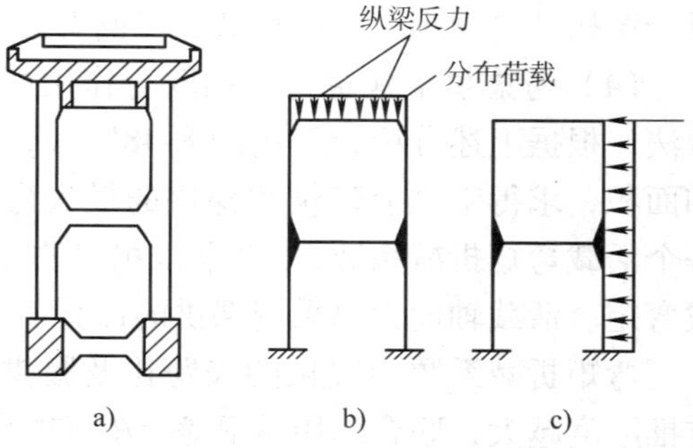

图8-47　拱上建筑横向按刚架分析

除了按竖向荷载计算外，还应按横向荷载计算拱上建筑。最简单的近似计算方法是：假定每个横向刚架只负担相邻的两个桥面节间上的横向力的1/2和该刚架本身上面的全部横向力(见图8-47c)，并认为刚架支柱底部是固定的，由此可算出各个刚架中各个构件的内力，以及刚架支柱和拱连结的反力。在作主拱的横向受力分析时再考虑这部分反力。

8.3.4.2 拱上建筑与主拱联合作用计算

1. 拱式拱上建筑与主拱联合作用的简化计算

(1) 活载内力计算图式　试验表明，拱式拱上建筑能显著降低主拱的活载弯矩。即使在拱上建筑开裂之后，主拱活载弯矩值虽比不开裂时略有增加，但比裸拱仍有较显著的折减。为简化计算，忽略腹拱填料和侧墙的影响，边腹拱不按抗推刚度等于零的三铰拱对待，而按平铰处理，将边腹拱近似当作具有一定抗推刚度的双铰拱。因此，可以采用图8-48a作为计算图式。为了更稳妥可靠，可采用边腹拱为双铰拱，其余腹拱为单铰拱的图式(见图8-48b)作为最后的计算图式。

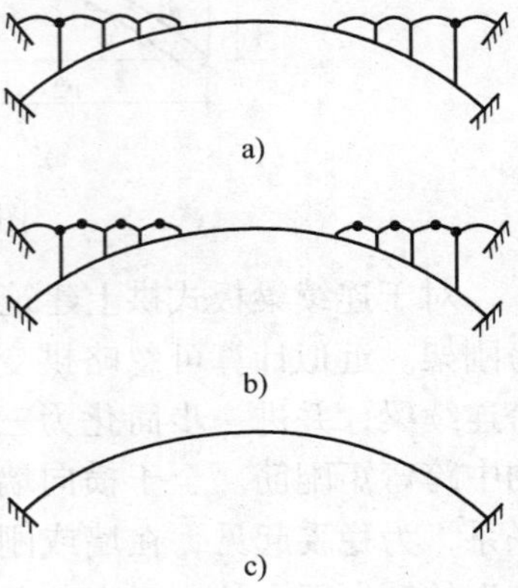

图8-48　拱式拱上建筑计算图式

(2) 附加力计算图式　试验表明，当拱座产生向外的水平位移时，设有平铰的边腹拱不传递拉力，主拱的弯矩与裸拱基本一致。但当拱座向内水平位移时，边腹拱却能传递推力，主拱的弯矩与裸拱有所不同。因此，在计算均匀降温、材料收缩和拱座向外水平位移的附加内力时，可不考虑拱上建筑的联合作用，仍采用裸拱图式。当升温时，由于边腹拱能传递推力，应考虑联合作用计算图式(见图8-48b)。这时，主拱脚正弯矩小于裸拱，主拱顶负弯矩大于裸拱。

(3) 恒载内力计算图式　采用无支架施工的拱桥，立柱和腹拱的重力是由裸拱承担的。但在腹拱安装完成后，侧墙、填料和路面的重力则由主拱和腹拱组合结构共同承担。为简化计算和偏安全计，这部分恒载仍可按裸拱计算。

(4) 考虑拱上建筑与主拱联合作用的活载内力简化计算法——弯矩折减系数法　根据上述分析，采用图8-48b、c，用杆件系统有限元法计算弯矩纵坐标和面积，求得带拱上建筑和裸拱的最大弯矩纵坐标比值和面积比值，从而求得一个活载弯矩折减系数β，β乘以相应的裸拱弯矩，即得考虑联合作用的主拱活载弯矩。活载轴向力仍采用裸拱的计算值，不必修正。

弯矩折减系数与腹拱的矢跨比及腹拱和腹拱墩的刚度有关。腹拱越坦，其抗推刚度越大，联合作用越显著，β值越小。腹拱、立柱或横墙对主拱的相对刚度越大，β值越小。

2. 梁板式拱上建筑与主拱联合作用计算

（1）主拱活载弯矩折减的近似计算　试验结果表明，拱上立柱上下端支承情况对联合作用的影响不大。立柱上下刚结与上下铰结对拱脚负弯矩和拱跨的1/4 截面正弯矩的折减率相差不过 6%，上端铰结下端刚结与两端铰结则相差不过 1%，故一律以上下端铰结进行分析计算。如拱上建筑为纵向等截面梁板，则可以采用图 8-49 作为计算图式。如拱上建筑截面是变化的，则可根据变形能当量的原则，换算成当量等截面拱上建筑梁板抗弯刚度。

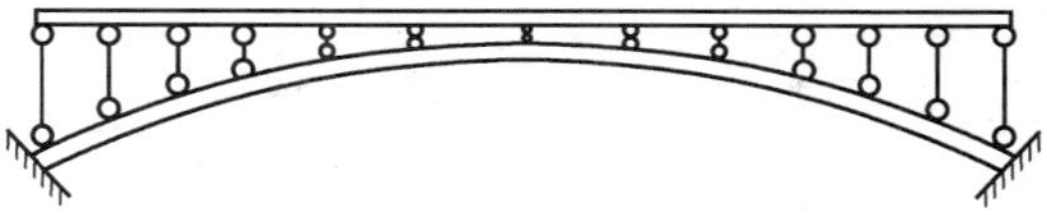

图 8-49　梁板式拱上建筑纵向计算图式

按照图 8-49 的拱梁组合体系，把拱上建筑看作是一根弹性支承连续梁，弹性支承的刚度取决于主拱各截面的刚性，沿拱轴而变化。通过公式推导，最后求得的等截面无铰拱拱脚和拱跨的 1/4 截面考虑联合作用的弯矩折减系数公式为

拱脚截面
$$\beta_j \approx \frac{1}{1+\frac{0.35}{m}C_n} \tag{8-111}$$

式中　m——主拱与梁板抗弯刚度之比，$m=\frac{E_{拱}I_{拱}}{E_{梁}I_{梁}}$；

C_n——与系数 n 有关的参数，等截面无铰拱时，$n \approx 1/\cos\varphi_j > 1$，$C_n$ 值见表 8-2。

表 8-2　等截面拱 C_n 值

f/l	1/6	1/8	1/10
n	≈1.24	≈1.15	≈1.10
C_n	1.08	1.05	1.03

拱跨的 1/4 截面
$$\beta_{1/4} \approx \frac{1}{1+\frac{0.68}{2m/(1+n)-0.29}} \tag{8-112}$$

（2）拱上建筑的近似计算　由于联合作用，主拱的变形将增加拱上建筑的负担，一般拱上建筑的弯矩包络图如图 8-50b 所示。

连续梁板式拱上建筑的主要控制截面在第二立柱处（最大负弯矩）和拱跨的1/4 截面附近的跨中（最大正弯矩），其弯矩影响线如图 8-50c、d 所示，其最不利加载位置与主拱脚和拱跨的 1/4 截面基本相近，因此可以建立主拱与拱上建筑的近似关系，通过主拱拱脚和拱跨的 1/4 截面的弯矩折减系数求得拱上建筑该两控制截面弯矩的近似解。

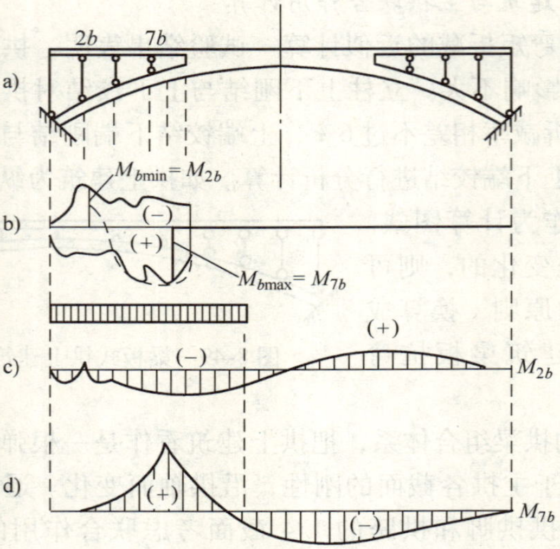

图 8-50　拱上建筑的近似计算

拱跨 1/4 截面附近的梁板跨中正弯矩

$$M_{7b}=C_{1/4}M_{1/4}^0-\beta_{1/4}M_{1/4}^0=(1.05-\beta_{1/4})M_{1/4}^0 \tag{8-113}$$

式中　$M_{1/4}^0$——裸拱拱跨 1/4 截面的弯矩；

$C_{1/4}$——拱跨 1/4 截面处弯矩增长系数，可偏安全地取 1.05。

第二立柱处板的支点负弯矩

$$M_{2b}=C_{\mathrm{j}}M_{\mathrm{j}}^0-\beta_{\mathrm{j}}M_{\mathrm{j}}^0=(1-\beta_{\mathrm{j}})M_{\mathrm{j}}^0 \tag{8-114}$$

式中　M_{j}^0——裸拱拱脚截面的弯矩；

C_{j}——拱脚弯矩总折减系数，可偏安全地取为 1。

上面两式算得的 M_{2b} 和 M_{7b} 仅是联合作用的附加弯矩，还要分别叠加拱上建筑作为刚性支承连续梁的支点负弯矩和跨中正弯矩。后者可利用一般有关连续梁计算资料算出。

（3）考虑联合作用的附加力计算　若裸拱拱脚弯矩为

$$M_{\mathrm{j}}=M_{\mathrm{jp}}+\Delta M_{\mathrm{j}}$$

则考虑联合作用的拱脚弯矩　$M_{\mathrm{j}}=\beta_{\mathrm{j}}M_{\mathrm{jp}}+\gamma_{\mathrm{j}}\Delta M_{\mathrm{j}}$　　(8-115)

式中　M_{jp}——活载引起的裸供拱脚弯矩；

ΔM_{j}——附加荷载引起的裸拱拱脚弯矩；

β_{j}——考虑联合作用的拱脚活载弯矩折减系数；

γ_{j}——考虑联合作用的拱脚附加力弯矩增长系数按下式计算

$$\gamma_{\mathrm{j}}=K_\theta K_\psi$$

其中　K_θ——考虑联合作用的抗推刚度增长系数；

K_ψ——考虑联合作用的弹性中心缩小系数。

K_θ 和 K_ψ 可查公路科研所编的《公路双曲拱桥上部构造设计计算》(第2版)(人民交通出版社,1980年)一书的有关表格。

从以上计算可以看出，联合作用可使主拱的拱脚活载弯矩较裸拱有所减小，但同时由于抗推刚度增加，在温度、材料收缩、徐变和桥台位移等产生的附加力的作用下，拱脚弯矩反而有所增加，使联合作用的效益减弱。在控制截面的总弯矩中，活载弯矩比例越大，附加力弯矩比例越小，考虑联合作用才有意义。而拱上建筑由于考虑联合作用，产生了附加弯矩，需要增加钢筋。由于主拱所获的收益不大，而拱上建筑却要付出代价，因此，对连续板梁式拱上建筑，考虑其与主拱的联合作用经济意义并不大，故一般梁板式拱上建筑常采用简单的简支梁板构造，不计其联合作用。

8.4　主拱的强度与稳定性验算

求出各种荷载作用下的内力后，即可进行最不利情况下的荷载组合，进而验算拱圈控制截面的强度、刚度及其稳定性。对于强度验算，小跨径无铰拱桥的控制截面通常在拱脚、拱跨1/4截面、拱顶等，而对于大中跨径无铰拱桥，除上述截面以外，1/8截面、3/8截面等处也可能成为控制截面，有必要进行验算。对于采用无支架施工的大跨径以及其他特大跨径拱桥，拱跨1/4截面往往不一定是控制截面，相反，拱跨1/8、3/8截面等处常常是控制截面，故必须对拱脚、1/8截面、1/4截面、3/8截面、拱顶以及其他不利截面进行验算。

8.4.1　拱圈强度验算

《桥规022》规定：拱圈采用分项安全系数的极限状态设计，其设计原则是：荷载效应不利组合的设计值小于或等于结构(截面)抗力效应的设计值。以方程式表示为

$$S_{\mathrm{d}}(\gamma_{S0}\psi\sum\gamma_{S1}Q)\leqslant R_{\mathrm{d}}\left(\frac{R^{\mathrm{j}}}{\gamma_{\mathrm{m}}},a_{\mathrm{k}}\right) \tag{8-116}$$

式中　S_{d}——荷载效应函数；

Q——荷载在结构上产生的效应；

γ_{S0}——结构的重要性系数，当计算跨径 $l<50\mathrm{m}$ 时，$\gamma_{S0}=1.0$，当 $50\mathrm{m}<l<100\mathrm{m}$ 时，$\gamma_{S0}=1.3$，当 $l>100\mathrm{m}$ 时，$\gamma_{S0}=1.05$；

γ_{S1}——荷载安全系数，对于结构自重，当其产生的效应与汽车(或挂车、履带车)产生的效应同号时，$\gamma_{S1}=1.20$，异号时，则 $\gamma_{S1}=0.90$，对于其他荷载，$\gamma_{S1}=1.40$；

ψ——荷载组合系数，对组合Ⅰ，$\psi=1.00$，对组合Ⅱ、Ⅲ、Ⅳ，$\psi=0.80$，对组合Ⅴ，$\psi=0.77$，其中，当荷载组合Ⅰ中考虑了水的浮力或基础变位影响力时，则应采用荷载组合Ⅱ的ψ值；

R_d——结构抗力效应函数；

R^j——材料或砌体的极限强度；

γ_m——材料或砌体的安全系数，见表8-3；

a_k——结构的几何尺寸。

表8-3 γ_m表

砌体种类	受力情况	
	受压	受弯、拉、剪
石料	1.85	2.31
片石砌体，片石混凝土砌体	2.31	2.31
块石、粗料石、混凝土预制块、砖砌体	1.92	2.31
混凝土	1.54	2.31

8.4.1.1 正截面小偏心受压

当主拱圈偏心受压时，为避免截面开裂而限制轴向力偏心，要求轴向力偏心距不超过表8-4规定的允许偏心值，其中，当混凝土结构截面受拉边设有不小于截面积0.05%的纵向筋时，表中规定值可增加0.1γ，γ为截面或换算截面重心至偏心方向截面边缘的距离；当截面配筋率达到一定值时(见《桥规022》表3.0.2-2)，按钢筋混凝土截面设计，偏心距不受限制；当荷载组合Ⅰ中考虑了水的浮力或基础变位影响力时，允许偏心距按组合Ⅱ采用。在满足表8-4时，主拱圈正截面受压强度按下式计算

$$N_j \leqslant \alpha A R_a^j / \gamma_m \tag{8-117}$$

式中 N_j——按式(8-116)不等号左边计算的纵向力；

A——构件的截面积，对于组合截面按强度比换算，即$A=A_0+\eta_1 A_1+\eta_2 A_2+\cdots$，$A_0$为标准层截面积，$A_1$、$A_2$、…为其他层的截面积，而

$$\eta_1=\frac{R_{a1}^j}{R_{a0}^j}、\eta_2=\frac{R_{a2}^j}{R_{a0}^j}、\cdots$$

(R_{a0}^j为标准层的极限强度，R_{a1}^j、R_{a2}^j、……为其他层的极限强度)

R_a^j——材料的抗压极限强度，对于组合截面为标准层的极限强度；

γ_m——材料安全系数(见表8-3)，对于组合截面，

$$\gamma_m=\frac{\gamma_{m0}A_0+\gamma_{m1}A_1+\gamma_{m2}A_2+\cdots}{A_0+A_1+A_2+\cdots},$$

γ_{mi}为第i层材料安全系数，A_i为第i层截面面积；

α——纵向力的偏心影响系数，

α 按下式计算

$$\alpha = \frac{1-\left(\frac{e_0}{\gamma}\right)^m}{1+\left(\frac{e_0}{\gamma_w}\right)^2}$$

式中 e_0——纵向力的偏心距，对于组合截面为纵向力到换算截面重心轴的距离，其值不得超过表8-4之规定；

γ_w——在弯曲平面内截面的回转半径；

m——截面形状系数，对圆形截面取2.5，对T形截面取3.5，对箱形截面或矩形截面取8。

表8-4 允许偏心距 e_0 表

荷载组合	结构名称	容许偏心距
组合Ⅰ	中、小跨径拱圈	≤0.6y
	其他结构	≤0.5y
组合Ⅱ、Ⅲ、Ⅳ	中、小跨径拱圈	≤0.7y
	其他结构	≤0.6y
组合Ⅴ		≤0.7y

8.4.1.2 正截面大偏心受压

对于圬工结构，当纵向偏心距超过允许值，即主拱圈在大偏心受压下工作时，为避免截面发生裂缝，规定正截面强度由材料弯曲抗拉控制设计。强度计算如下

$$N_j \leqslant \frac{AR_{w1}^j}{\left(\frac{Ae_0}{W}-1\right)\gamma_m} \tag{8-118}$$

式中 N_j——按式(8-116)不等号左边计算的纵向力；

γ_m——材料安全系数，取2.31；

A——截面面积，对于组合截面为换算截面积，其值按弹性模量比换算，即 $A=A_0+\eta_1A_1+\eta_2A_2+\cdots$，$A_0$ 为受拉边边层截面积，$\eta_1=E_1/E_0$，$\eta_2=E_2/E_0$，…，E_0 为标准层弹性模量，E_1、E_2、…为其他层的弹性模量；

W——截面受拉边缘的弹性抵抗矩，对于组合截面应按弹性模量比换算截面计算；

R_{w1}^j——受拉边边层的弯曲抗拉极限强度。

8.4.1.3 正截面直接受剪

正截面直接受剪时，强度计算公式如下

$$Q_j \leqslant A\frac{R_j^j}{\gamma_m} + \mu N_j \tag{8-119}$$

式中 Q_j——按式(8-116)不等式左边计算的剪力；

A——受剪截面面积；

R_j^j——砌体截面的抗剪极限强度；

μ——摩阻系数，对实心砖砌体，$\mu=0.7$。

8.4.2 拱圈稳定性验算

拱是以受压为主的结构，无论是施工过程中，还是成桥运营阶段，除要求其强度满足要求外，还必须对其稳定性进行验算。拱的稳定性验算分为纵向(面内)和横向(面外)两方面。

实腹式拱桥，跨径一般较小，常采用有支架施工法，其纵、横向稳定性可不验算。

大、中跨径拱桥是否验算纵、横向稳定性应视施工等具体情况而定。如果采用有支架施工，其稳定验算与落架时间有关。当拱上建筑砌完后再落架，则认为拱上建筑参与主拱共同受力，主拱的纵向稳定性可不验算(这种落架方式对拱上结构受力可能不利)。当主拱圈宽度较大(如不小于跨径的1/20)，则可不验算拱的横向稳定性。如果采用无支架施工或早脱架(即拱上建筑尚未砌完就拆除拱架)施工，则对其纵、横向稳定性均应进行验算。

随着拱桥所用材料性能的改善和施工技术的提高，其跨径不断增大，致使主拱的长细比越来越大，从而使其施工阶段以及成桥运营状态的稳定问题非常突出，常常控制其设计，必须引起高度重视。

拱的稳定性分析与验算对简单结构可通过手算完成，对复杂结构的稳定性以及主拱截面逐步形成的施工过程稳定性则需采用结构有限元方法进行分析。

8.4.2.1 纵向稳定性验算

对于长细比不大，且 $f/l \leqslant 0.3$ 的拱，其纵向稳定性验算一般可表达为强度校核的形式，即将拱圈(肋)换算为相当长度的压杆，按平均轴向力计算(见图8-51)，以强度校核形式控制稳定，对砖、石及混凝土拱圈(肋)，其验算公式为

$$N_j \leqslant \varphi\alpha A R_a^j / r_w \tag{8-120}$$

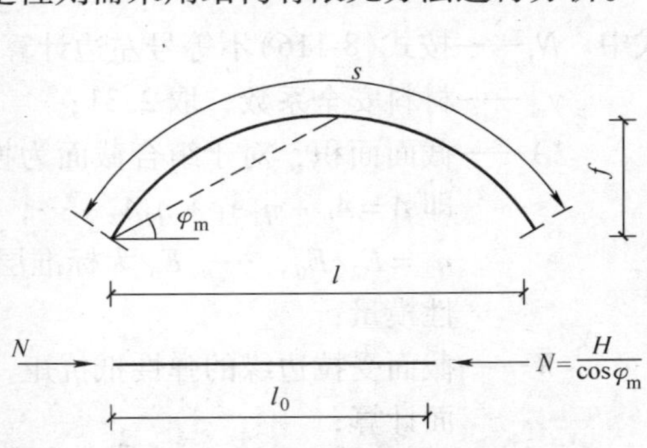

图8-51 拱圈纵向稳定验算

式中　N_j——按式(8-116)不等号左边计算的平均轴向力，其中荷载在结构上产生的效应可采用计算荷载作用下的平均轴向力，即 $N=H/\cos\varphi_m$，式中 H 为计算荷载作用下的拱的水平推力，φ_m 为半拱的弦与水平线的夹角，$\cos\varphi_m=\dfrac{1}{\sqrt{1+4\left(\dfrac{f}{l}\right)^2}}$；

α——与砌体砂浆有关的系数，对于 M5、M2.5、M1 砂浆，α 分别采用 0.002、0.0025、0.004，对于更高标号砂浆或小石子混凝土，需根据试验确定，对混凝土 α 通常采用 0.002；

r_w——在弯曲平面内构件截面的回转半径。

φ——受压构件的纵向弯曲系数。

应用式(8-120)计算时，中心受压构件的纵向弯曲系数 φ 按公路桥梁设计规范中的规定采用；主拱为偏心受压构件，弯曲平面内的纵向弯曲系数 φ 按下式计算

$$\varphi=\frac{1}{1+\alpha\beta^2\left[1+1.33\left(\frac{e_0}{r_w}\right)^2\right]} \tag{8-121}$$

式中　β——对于矩形截面，$\beta=\dfrac{l_0}{h_w}$，对于非矩形截面，$\beta=\dfrac{l_0}{r_w}$，h_w 为矩形截面偏心受压构件在弯曲平面内的高度；l_0 为拱稳定计算长度(换算直杆的自由长度)。

计算 l_0 时，无铰拱相当于一个正弦半波的长度，即 $0.7\times0.5s=0.35s$，偏安全地取 $l_0=0.36s$；同理，双铰拱取 $l_0=0.54s$；三铰拱取 $l_0=0.58s$，s 为拱轴长度。

若拱圈(肋)为钢筋混凝土构件时，其验算公式可采用钢筋混凝土受压构件计算公式。

当主拱(换算直杆)的长细比大于《桥规 022》中表 3.0.3-2 之规定时，则可按临界力控制稳定，其验算公式为

$$K_1=\frac{N_L}{N_j}\geqslant 4\sim5$$

$$N_L=\frac{H_L}{\cos\varphi_m},\quad H_L=k_1\frac{EI_x}{l^2}$$

式中　K_1——纵向稳定安全系数；

N_j——按式(8-116)不等号左边计算的平均轴向力；

N_L——拱丧失纵向稳定的平均轴向力(临界平均轴向力)；

H_L——临界水平推力；

E——主拱弹性模量；

I_x——主拱截面对水平主轴的惯性矩；

l——拱的计算跨径；

k_1——临界推力系数，与拱的支承条件及矢跨比等有关，如等截面悬链线拱在均布荷载下的 k_1 值可参照表8-5取用。

表8-5 k_1 值

f/l	0.1	0.2	0.3	0.4	0.5
无铰拱	74.2	63.5	51.0	33.7	15.0
双铰拱	36.0	28.5	19.0	12.9	8.5

对于变截面拱，可近似地用其1/4截面的惯性矩来估算临界力。

当连续式拱上建筑与主拱共同受力时，拱的稳定性比裸拱时有所提高。如要验算其纵向稳定性，则临界水平推力可近似地按拱、梁两者截面抗弯刚度之和与拱的截面抗弯刚度之比例增大，即将上述 k_1 增大$\left(1+\frac{EI_{\mathrm{b}}}{EI_{\mathrm{a}}}\right)$倍，其中 EI_{a} 和 EI_{b} 分别为拱和桥道梁的面内抗弯刚度。

以上计算中没有考虑拱轴在荷载下变形的影响。对于具有一般矢跨比的中小跨径拱桥，其变形相对来说不大，忽略其影响是可以的，但对于坦拱和大跨径拱，尤其是采用高强度材料时，变形的影响不容忽视。另外，建桥材料的非线性对拱的稳定性也有影响，故在分析稳定性时，应考虑非线性(几何与材料)的影响，通常采用结构有限元程序求出稳定系数 K_1，只要 $K_1 \geqslant 4 \sim 5$ 即可。

8.4.2.2 横向稳定性验算

宽跨比小于1/20的拱桥、肋拱桥、特大跨径拱桥以及无支架施工过程中的拱圈(肋)均存在横向稳定问题，设计时必须进行验算。目前，常用与纵向稳定性相似的公式来验算拱的横向稳定性，即

$$K_2=\frac{N'_{\mathrm{L}}}{N_{\mathrm{j}}}\geqslant 4\sim 5$$

式中 K_2——横向稳定安全系数；

N'_{L}——拱丧失横向稳定时的临界轴向力；

N_{j}——按式(8-116)不等号左边计算的平均轴向力。

(1) 对于板拱或采用单肋合拢时的拱肋 可以近似地用矩形等截面抛物线双铰拱在均布竖向荷载作用下的横向稳定公式来计算临界轴向力

$$N'_{\mathrm{L}}=\frac{H'_{\mathrm{L}}}{\cos\varphi_{\mathrm{m}}}$$

而

$$H'_{\mathrm{L}}=k_2\frac{EI_y}{8fl}$$

式中　I_y——拱截面对其自身竖直轴的惯性矩；

k_2——临界荷载系数，与f/l和λ有关，参见表8-6；

表8-6　k_2值

λ / f/l	0.7	1.0	2.0
0.1	28.5	28.5	28.0
0.2	41.5	41.0	40.0
0.3	40.0	38.5	36.5

注：λ为截面抗弯刚度与抗扭刚度之比，即$\lambda=EI_y/GI_k$，其中G为切变模量，可取$G=0.43E$，I_k为扭转惯性矩。

实验与计算表明，无铰拱的临界荷载比有铰拱的大，对于大量采用的悬链线无铰拱的横向稳定解析求解很复杂，设计中可偏安全地采用双铰拱的计算公式，也可采用圆弧无铰拱的公式计算临界轴向力(通常在$f/l<1/5$时)。在具备电算条件时，无论对什么样的拱轴形式、截面变化及支承条件的拱均可通过结构有限元程序求出临界轴力。

(2) 对于目前广泛采用的具有横向联结系的肋　拱桥，其横向稳定性计算较为复杂。在无电算条件时，可将拱展开成一个与拱轴等长的平面桁架，按组合压杆计算其稳定。如图8-52所示双肋拱，临界轴向力可按下式计算

$$N'_L=\frac{\pi^2E_aI_y}{l_0^2}\qquad(8\text{-}122)$$

式中　I_y——两拱肋截面对其公共竖直轴的惯性矩；

E_a——拱肋材料的弹性模量；

l_0——组合压杆计算长度，$l_0=\rho\alpha s$，α为与支承条件相关的系数，无铰拱为0.5，双铰拱为1；ρ为考虑剪力对稳定影响的系数。

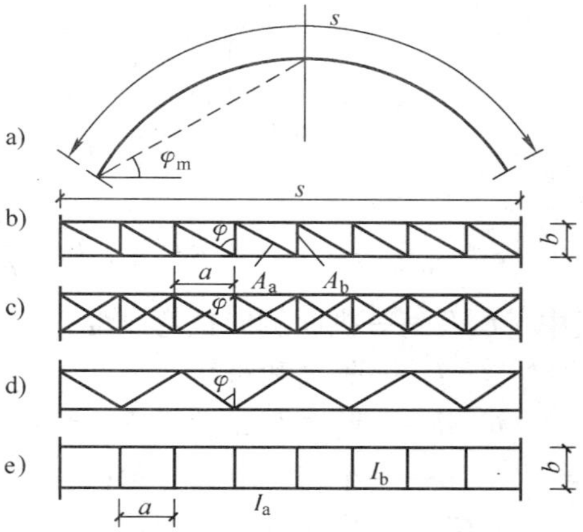

图8-52　具有横向联系的肋拱稳定性计算

ρ与拱肋横向联结系形式有关，对图8-52e所示的常见形式，按下式计算

$$\rho=\sqrt{1+\frac{\pi^2E_aI_y}{(\alpha s)^2}\left(\frac{ab}{12E_bI_b}+\frac{a^2}{24E_aI_a}\times\frac{1}{1-\beta}+\frac{na}{bA_bG}\right)}$$

式中 A_b——横系梁的截面积；

a——横系梁间距；

b——两拱肋中距，即横系梁的计算长度；

I_a、I_b——一个拱肋和一根横系梁对自身竖直轴的惯性矩；

E_b——横系梁材料弹性模量；

β——考虑节间局部稳定的有关系数，$\beta = a^2 N'_L / 2\pi^2 E_a I_a$，只能用试算法求解，没有足够数目的横系梁时，一般可以略去不计；

n——与横系梁截面形状有关的系数，对矩形截面 $n = 1.2$，对圆形截面 $n = 1.11$；

G——横系梁的切变模量。

除组合压杆法外，还可采用能量方法进行拱的横向失稳临界轴力分析，该法进一步考虑了拱肋扭曲效应和矢跨比的效应。

对圆弧拱，其临界轴力实用表达式为

$$N'_L = \left[\beta + m\left(\frac{l}{d}\right)^2\right]\frac{E_V I_V}{l^2} \tag{8-123}$$

其中

$$\beta = \left(\frac{8k}{1+4k^2}\right)^2\left[\left(\frac{\pi}{\alpha}\right)^2 + k_1\right]$$

$$m = \frac{6}{\alpha}\int_{-\alpha}^{\alpha}\left[k_2\frac{d\cos\varphi\sin^2\left(\frac{\pi\varphi}{\alpha}\right)}{b\left(1+\frac{dk_2}{2b\cos\varphi}\right)^2} + \frac{2\cos^2\varphi\sin^2\left(\frac{\pi\varphi}{\alpha}\right)}{\left(1+\frac{2b\cos\varphi}{dk_2}\right)^2}\right]\mathrm{d}\varphi$$

$$k = \frac{f}{l},\ k_1 = \frac{GT}{E_V I_V},\ k_2 = \frac{E_{bt}I_{bt}}{E_V I_V}$$

式中 $E_V I_V$——拱肋侧向抗弯刚度；

f、l——矢高和跨径；

b、d——肋中距和横系梁平距；

α——半跨对应圆心角；

GT——拱肋抗扭刚度；

$E_{bt}I_{bt}$——横系梁在切平面内的抗弯刚度。

m 值可制表备查。

8.4.2.3 刚度验算

主要验算桥跨在荷载下的挠度是否在规定范围内。

8.4.3 动力性能验算

根据需要，对主拱圈以及考虑拱上结构在内的整体结构进行动力分析，包括自由振动和强迫振动(车辆荷载下)，对其自振频率和振型进行分析，验算其是否满足要求。

8.5 连拱实用计算简介

8.5.1 连拱作用的基本概念

多孔拱桥在荷载作用下，各拱墩结点1,2,…会产生水平位移($\Delta_1,\Delta_2,\cdots$)和转角($\theta_1,\theta_2,\cdots$)，如图8-53a所示，考虑上述拱墩结点变位的计算，称为“连拱计算”。已经查明，在拱墩结点的两个变位未知数中，结点水平位移对拱、墩内力的影响大，而转角对拱、墩内力的影响一般较小，因此，从定性上可以用结点水平位移的大小来近似地反映连拱影响的程度，但在计算拱、墩内力时，不宜忽略结点转角的影响。

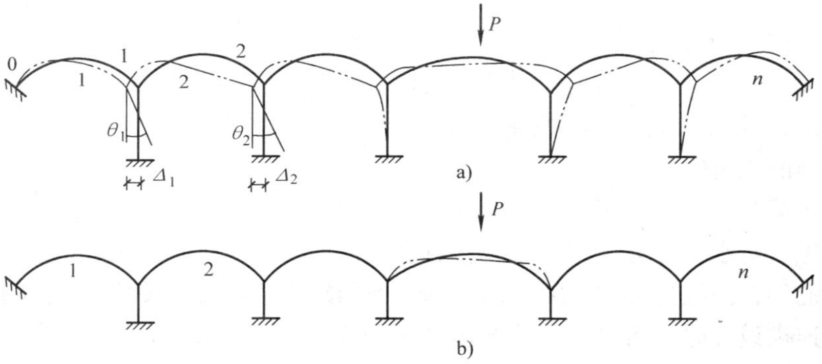

图8-53 连拱与固定拱的变位图式

一般而言，桥墩相对拱圈越细柔，拱墩结点的水平位移越大，连拱的影响越显著；反之，桥墩相对拱圈越刚劲，结点的水平位移越小，连拱的影响亦越小。仅当桥墩相对拱圈的刚度接近无限大时，在荷载作用下，各拱墩结点才不会产生变位，即不存在连拱的影响。此时，多孔拱桥可各自按拱脚固定的单跨拱计算(见图8-53b)，称为“按固定拱计算”，由此算得的内力称为“固定拱内力”。

在实际的拱桥中，桥墩相对拱圈的刚度不可能为无限大，即使是采用刚度较大的重力式桥墩的抗推刚度一般不超过拱圈抗推刚度的40倍。在这种情况下，仍有以后的连拱作用。目前，由于钻孔灌注桩的桩柱式桥墩和轻型桥墩的推广普及，下部构造日渐轻盈，连拱的作用相当显著。为了更准确地反映桥梁的实际受力情况，一般多孔拱桥均应考虑连拱作用的影响。

鉴于按连拱计算与按固定拱计算的根本区别在于墩顶(拱脚)是否产生变位，

因而，按连拱计算的内力可视为按固定拱计算的内力加上连拱作用的影响。对上部构造而言，连拱作用的影响主要是拱脚水平位移的影响，因而，从定性上分析，连拱的内力可视为固定拱内力加上拱脚水平位移产生的内力。

为了阐明连拱内力与固定拱内力的特性，图 8-54b ~ g 表示出了三孔连拱与相应固定拱的几种主要影响线。根据各截面连拱及相应固定拱影响线，可以看出如下几个问题：

1）连拱内力影响线与相应固定拱内力影响线不同。除了影响线的荷载长度和最大竖标位置不同(见图 8-54b ~ e)之外，还表现在按固定拱计算时，一孔布载，一孔受力，而按连拱计算时，一孔布载，全桥受力。

理论与实践证明，在多孔拱桥中，连拱作用影响最大的是荷载孔。离荷载孔越远，拱墩结点的变位越小，因而，连拱作用的影响也越小，远到一定程度时，连拱的影响可以略去不计。

2）计算拱脚、拱跨 1/8 截面最大负弯矩及拱中其他截面的最大正弯矩时，均以一孔(计算截面所在孔)布载不利(见图 8-54b ~ e)；计算拱脚、拱跨 1/8 截面的最大正弯矩及拱中其他截面的最大负弯矩时，以多孔布载不利。计算表明，多孔布载的情况，一般并不控制设计。经常控制设计的是：荷载孔拱脚的负弯矩和拱顶的正弯矩。

对于荷载孔而言，两拱脚均产生向外的水平位移，它的影响是在拱的弹性中心产生一对水平拉力，因而按连拱计算时，拱中水平力(见图 8-54)比按固定拱计算的小，而控制设计的拱脚负弯矩和拱顶正弯矩则比按固定拱计算的大。因而按连拱设计时，需要适当地增强拱圈以承受比固定拱更大的弯矩值。

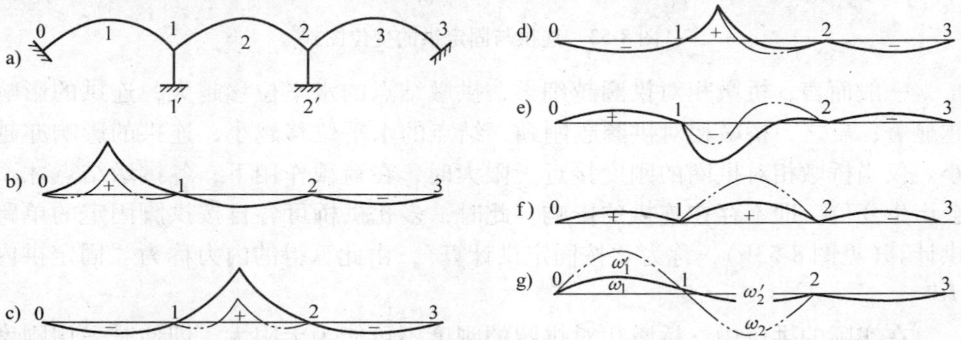

图 8-54　连拱内力影响线

a）三孔连拱　b）第 1 孔拱顶弯矩影响线　c）第 2 孔拱顶弯矩影响线

d）第 2 孔 $l/4$ 截面弯矩影响线　e）第 2 孔左拱脚弯矩影响线

f）第 2 孔水平力影响线 H_2　g）1 号墩水平力影响线 H_1

注：图中实线为按连拱计算的影响线，双点画线为按固定拱计算的影响线。

3）按连拱计算时，墩顶水平力影响线的正、负面积均比按固定拱计算的小（见图8-54g），而桥墩又需以墩顶水平力控制设计，故按连拱计算时，桥墩承受的水平力比固定拱小，可以显著地节省桥墩的材料。

假定在图8-54a中，三孔连拱跨径相等，拱轴线又相同，则在图8-54g中必有

$$\omega_1+\omega_2+\omega_3=0 \text{ 或 } \omega_1=|\omega_2+\omega_3| \tag{8-124}$$

要证明上式的正确性，只需将图8-54e中的三孔等跨连拱同时布以均布荷载，则因1号墩墩顶水平力自相平衡（即 $H_3=0$）而式（8-124）得证。

由式（8-124）知，计算1号墩墩顶最大水平力时，以荷载作用在第1孔（按 $\overline{H}_1$ 最大布载）为不利。同样，对于任意多孔等跨连拱，计算边墩最大水平力时，以荷载作用在边孔为不利；计算拱中最大弯矩时，则以荷载作用在中孔不利（当荷载作用在中孔时，两拱脚均产生向外的水平位移，左、右拱脚的相对水平位移为两拱脚水平位移之和；当荷载作用在边孔时，仅一个拱脚产生水平位移，其位移值比中孔布载时两拱脚的相对水平位移值小）。

不难证明，计算中墩的最大水平力时，不论是等跨或不等跨连拱，均以多孔按 $\overline{H}_{max}$ 布载不利。最不利布载情况一般有两种可能性：①墩左各孔布载，墩右各孔无载；②墩右各孔布载，墩左各孔无载。

计算连拱的方法可分为精确法和简化法（近似法）两大类。结构力学教材中介绍的“直接刚度法”属于精确法。采用这类方法分析无铰连拱时，每个拱墩结点有两个变位未知数（水平位移和转角）。当连拱的计算孔数在三孔以上时，由于未知数较多，若无电算条件，计算连拱内力影响线的手续相当繁琐，必要时可采用简化计算法。

8.5.2　符号规定

8.5.2.1　内力符号

1）各孔拱中水平力（以 $H_1,H_2,\cdots$ 表示）以使该孔拱圈产生压力为正；拱中弯矩（以 $M_1,M_2,\cdots$ 表示）以使拱圈内缘受拉为正（见图8-55a）。

2）墩顶水平力（以 $\overline{H_1},\overline{H_2},\cdots$ 表示）以向右为正；墩顶弯矩（以 $\overline{M_1},\overline{M_2},\cdots$ 表示）以顺时针转为正（见图8-55b）。

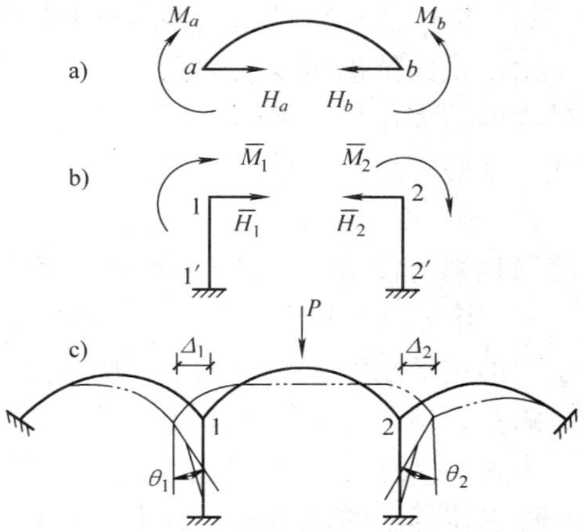

图8-55　内力和位移符号

8.5.2.2　变位符号

1）各拱墩结点的水平位移（以

$\Delta_1,\Delta_2,\cdots$表示）以远离荷载孔向河岸移动为正（见图 8-55c）。

2）各拱墩结点的转角（以 $\theta_1,\theta_2,\cdots$表示）以背离荷载孔向河岸转动为正（见图 8-55c）。

根据以上的符号规定，图 8-55 中的拱、墩内力和结点变位均为正。

8.5.3 连拱简化计算

8.5.3.1 计算简图

这种简化计算方法是根据墩的抗推刚度 $\overline{K}'$（按下端固定、上端铰结计算）与拱的抗推刚度 K 的不同比值，而采用不同的简化计算图式。经过计算对比分析，根据 $\overline{K}'/K$ 的不同比值，采用三种不同的简化计算图式（见表 8-7）：

表 8-7 连拱简化计算图式

	计算简图	适用范围
第一种	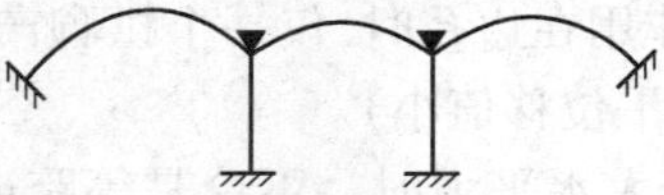	$\dfrac{\overline{K}'}{K}\leqslant\dfrac{2}{3}$
第二种	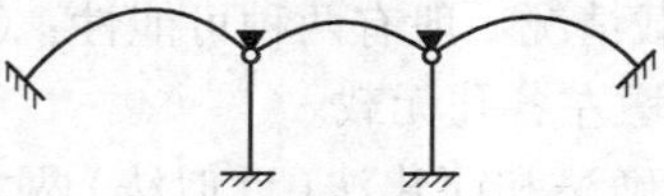	$\dfrac{2}{3}<\dfrac{\overline{K}'}{K}\leqslant 7$
第三种	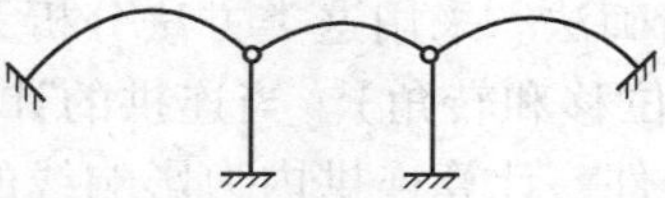	$\dfrac{\overline{K}'}{K}>7$

注：表中 $\overline{K}'$为下端固结上端铰结墩的抗推刚度。

1）当 $\overline{K}'/K\leqslant 2/3$ 时，无铰连拱可按表 8-7 中第一种连拱简化图式计算。此时，由于拱的抗推刚度较大而墩的抗推刚度较小，在拱墩结点变位中，拱对墩有较大的约束作用，阻碍了墩顶的转动。在这种情况下，拱墩结点采用固结的图式，并假定结点的转角为零。

2）当 $2/3<\overline{K}'/K\leqslant 7$ 时，无铰连拱可按表 8-7 中第二种连拱简化图式计算，即将墩顶视为铰结，并假定拱脚的转角为零。

3）当 $\overline{K}'/K>7$ 时，无铰连拱可按表 8-7 中第三种连拱简化图式计算。此时，由于墩的抗推刚度 $\overline{K}'$比拱的抗推刚度 K 大了许多倍，拱圈已不能制止墩顶的转动，略去墩顶的约束作用，则墩顶呈铰结状态。

表 8-7 中的三种连拱简化计算图式从结构力学角度看，它们有着明显的共性，即在位移法的基本未知数中，只有水平位移一个未知数，因而，可用位移法建立统一的计算公式，计算结点变位和拱、墩内力（参见《公路技术资料

(6)》,湖南省交通科研所等编,人民交通出版社,1975)。

8.5.3.2 内力计算

前已说明,按连拱计算的内力可视为按固定拱计算的内力加上连拱作用的影响。由于这种连拱简化计算方法只考虑了结点水平位移的影响,因而,连拱作用的附加力系由拱脚产生水平位移所引起。

对于荷载孔而言,两拱脚所产生的水平位移都是向外的,由此引起的附加力是在拱的弹性中心产生一对水平拉力 ΔH(见图8-56)。

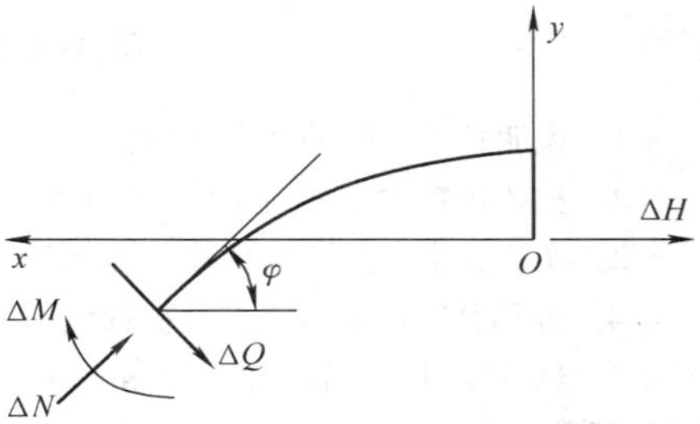

图8-56 连拱作用引起的附加内力

连拱作用(加载孔)引起的附加内力为

$$\Delta N = -\Delta H\cos\varphi,\quad \Delta M = -\Delta H y$$

式中 ΔH——连拱作用引起的水平力,对荷载孔而言,ΔH 又称为连拱作用引起的水平力损失。

连拱内力为固定拱内力和附加内力之和,即

$$\left.\begin{aligned}&\text{水平力}\quad H = H_F - \Delta H\\&\text{轴向力}\quad N = N_F - \Delta H\cos\varphi\\&\text{弯矩}\quad M = M_F + \Delta H y\end{aligned}\right\}\tag{8-125}$$

式中 H_F、N_F、M_F——按固定拱计算的水平力、轴向力和弯矩。

考虑连洪作用后,桥墩承受的水平力 $\overline{H}$ 为

$$\overline{H} = \bar{\xi} H_{Fmax} < H_{Fmax}\tag{8-126}$$

式中 H_{Fmax}——按固定拱计算的活载最大水平力;

$\bar{\xi}$——小于1的系数。

这种连拱简化计算方法的优点是结点未知数少,计算比较简单,对我国的拱桥设计从按固定拱计算进展到按连拱计算,起了积极的推动作用。但是,这种简化计算方法由于忽略了结点转角的影响,拱、墩内力难以达到精度要求,特别是计算墩顶内力与拱脚截面的内力时,常与精确值相差较多。

除上述简化计算方法外,还有(同时考虑拱墩结点位移和转角)∑法及换算刚度法等。

本 章 小 结

上承式拱桥上部结构的计算,包括拱轴线型的选择与拱轴系数的确定,恒载内力的计算,活载内力的计算,温度变化、混凝土收缩徐变及拱脚变位引起

拱圈的内力计算等。而每项计算又分为不考虑主拱圈的弹性压缩引起的内力和因主拱圈弹性压缩引起的内力两部分，最终将两部分计算结果叠加即为主拱圈的内力。拱圈采用分项安全系数的极限状态进行强度设计和稳定性验算。对于多孔拱桥则要考虑是否进行连拱计算。

思考题和习题

8-1 说明什么是拱的联合作用？

8-2 拱桥计算中是如何考虑荷载的横向分布问题的？

8-3 实腹式拱桥的拱轴系数 m 的表达式是什么？

8-4 推导并写出悬链线拱桥拱轴线方程的表达式。

8-5 悬链线拱的拱轴线，写出拱跨 $l/4$ 截面点的纵坐标 $y_{1/4}$ 与拱轴系数 m 的关系式并分析拱轴系数 m 是如何影响拱轴线的形状的？

8-6 简述空腹式拱桥的拱轴系数 m 的确定方法。

8-7 简述实腹式拱桥的拱轴系数 m 的确定方法。

8-8 一实腹式悬链线拱桥，假定拱轴系数 $m=2.814$，如何检验该系数的正确性。

8-9 什么是五点重合法？

8-10 无铰拱桥在计算内力时常采用的基本结构有哪两种？画出计算图式。

8-11 无铰拱桥当温度变化时在弹性中心产生怎样的赘余力？

8-12 什么是拱的弹性压缩？为计算方便，拱的内力计算一般分为哪两部分？

8-13 为什么要进行裸拱内力计算？

8-14 无铰拱桥当拱脚产生角变位时会在弹性中心产生几个赘余力？各是如何作用的？

8-15 主拱圈应力调整的方法有哪些？各适用于什么情况？

8-16 进行主拱圈的设计计算时，若出现拱脚负弯矩偏大而拱顶正弯矩偏小时可以采用什么方法进行内力调整？

8-17 什么是分项安全系数极限状态法？其设计原则是什么？

8-18 简述主拱圈分项安全系数极限状态法的设计原则及方程式。

8-19 拱桥在设计计算时应进行哪些项目的验算？

8-20 在什么情况下验算拱的纵向稳定性？在什么情况下验算拱的横向稳定性？

8-21 刚架拱计算的基本假定是什么？画出计算图式。

8-22 什么是连拱作用？

8-23 什么是连拱计算？什么是固定拱计算？在什么情况下采用连拱计算？在什么情况下采用固定拱计算？

8-24 无铰拱桥不考虑连拱作用时，按固定拱计算的前提条件是什么？

8-25 多孔拱桥从受力上来分析对主拱圈和拱墩是否有利？

8-26 简述多孔拱桥与单孔固定拱受力不同点。

8-27 什么是拱的抗推刚度？什么是拱的相干系数？

8-28 连拱计算的三种简化计算方法分别是什么？

8-29 什么是拱的抗弯刚度？什么是拱的传递抗弯刚度？

8-30 拱桥的设计计算主要包括哪些项目。

8-31 一无铰拱桥，$l=40\text{m}$，$f=8\text{m}$，$y_s=2.7105\text{m}$，拱脚截面 $\cos\varphi_j=0.71319$，弹性压缩系数 $\mu_1/(1+\mu)=0.01126$；不计弹性压缩影响，恒载产生的拱脚 $\sum M_j=10226.2397\text{kN}\cdot\text{m}$，求：

1）不计弹性压缩影响时，拱顶截面 H'_g、N'_g 及拱脚截面 N'_j、M'_j。

2）计入弹性压缩影响时，拱顶截面 H_g、N_g 及拱脚截面 N_j、M_j。

8-32 一无铰拱桥，$L=40.63087\text{m}$，计算矢高 $f=8.1291\text{m}$，计算荷载为公路Ⅰ级，1/4 截面处 $\cos\varphi_j=0.94212$，$\sin\varphi_j=0.33527$，$y=1.0034$，弹性压缩系数 $\mu_1/(1+\mu)=0.01126$；不计弹性压缩影响，汽车荷载在 1/4 跨截面产生的最大正弯矩 $M_{max}=155.9625\text{kN}\cdot\text{m}$，相应 $H_1=56.9135\text{kN}$，求：计入弹性压缩影响后，汽车荷载在 1/4 跨截面处产生的总 M、N。

8-33 一无铰拱桥，$L=40.63087\text{m}$，计算矢高 $f=8.1291\text{m}$，拱顶截面 $\cos\varphi_d=1.000$，$\sin\varphi_d=0.000$，$y=2.7105$，弹性压缩系数 $\mu_1/(1+\mu)=0.01126$；不计弹性压缩影响，汽车—20 对拱顶的等代荷载为 $K_{m+}=9.3436$，相应 $K_{h1}=5.9138$，影响线的面积分别为 $\omega_{m+}=11.9638$，$\omega_{h1}=14.0390$，求：

1）不计弹性压缩影响时，拱顶截面 M_+、H_1。

2）计入弹性压缩影响时，拱顶截面产生附加 ΔM、ΔH。

8-34 一无铰拱，$\cos\varphi_j=0.71319$，$\sin\varphi_j=0.70097$，$\mu_1/(1+\mu)=0.01129$，$y=-5.4186$，不计弹性压缩，$M=166$，相应 $H_1=85$，求计入弹性压缩时，相应的内力。

8-35 某一无铰拱，拱脚截面不计弹性压缩影响，汽—20 级荷载产生拱脚 $M_{j+}=166.5074\text{kN}\cdot\text{m}$，$H_1=85.4561\text{kN}$，$V=28.7519\text{kN}$，$\cos\varphi_j=0.71319$，$\sin\varphi_j=0.70097$，$y_s=2.7105$，$f=8.1291\text{m}$，$\mu_1/(1+\mu)=0.01129$，求计入弹性压缩影响后，拱脚截面总轴向力 N_p 和弯矩 M_p。

8-36 三孔连拱简化计算：某三孔连拱，按固定拱求得中孔水平推力为 H_F，拱脚弯矩为 M_F，主拱圈水平分配系数为 ξ，求中孔按连拱计算的内力 H、N、M（公式表示）。

第四篇

桥 梁 施 工

第 9 章 桥梁施工概述

9.1 桥梁施工方法的分类及特点

9.1.1 桥梁基础工程的施工方法简介

桥梁的基础工程有许多形式。其施工方法大致可按图 9-1 分类。

- 基础
  - 扩大基础
    - 机械开挖基坑浇筑法
    - 人工开挖基坑浇筑法
    - 土、石围堰开挖基坑浇筑法
    - 板桩围堰开挖基坑浇筑法
  - 桩基础
    - 沉入桩
      - 锤击法
      - 振动法
      - 静力压桩法
      - 辅助压桩法
        - 射水辅助沉桩
        - 钻孔辅助沉桩
      - 沉管灌注法
    - 灌注桩
      - 人工挖孔
      - 机械挖孔
        - 螺旋钻机成孔法
        - 潜水钻机成孔法
        - 冲水钻机成孔法
        - 正循环回转发
        - 反循环回转发
        - 冲抓钻机成孔法
        - 旋转锥钻孔法
      - 大直钻孔埋置空心桩
  - 沉井基础
    - 排水开挖下沉法
    - 不排水开挖下沉法
    - 空气幕下沉法
    - 泥浆润滑套下沉法
  - 管柱基础
  - 地下连续墙

图 9-1 桥梁基础的分类及施工方法

1. 扩大基础

所谓扩大基础，是将墩台及上部结构传来的荷载直接传递到较浅支承地基的一种基础形式，一般采用明挖基坑法施工，又称为明挖扩大基础或浅基础。其主要特点是：①支承地基的实际情况可由现场较直观地确认，施工质量可靠；②施工时的噪声、振动及对地下污染等建设公害较小；③与其他类型的基础相比，施工所需的操作空间较小；④在多数情况下，比其他类型的基础造价省、工期短；⑤易受冻胀和冲刷的影响，较为不利。

扩大基础施工的顺序是开挖基坑、地基处理(地基承载力不足时需进行加固)，然后砌筑圬工或立模、绑扎钢筋、浇筑混凝土。其中，开挖基坑是施工中的一项主要工作。在开挖过程中，必须解决挡土与排水的问题。当土质坚硬时，对基坑坑壁可不进行支护，仅按一定坡度进行开挖。在采用土、石围堰或土质疏松的情况下，一般应对开挖后的基坑坑壁进行支护加固，以防止坑壁坍塌。支护方法有挡板支护加固、混凝土及喷射混凝土加固等。

扩大基础施工的难易程度与地下水有关。当地下水位高于基础设计底面标高时，施工时需采取止水措施，如打钢板桩，或考虑采用集水坑用水泵排水、深井排水、井点降水法等措施使地下水位降低至开挖面以下，以使开挖工作能在干燥的状态下进行，还可采用化学灌浆法及围幕法(冻结法、硅化法、水泥灌浆法和沥青灌浆法等)进行止水或排水。但扩大基础的各种施工方法都有其适用条件，选择时应特别注意。

2. 桩基础

桩是深入土层的柱形构件，将作用于桩顶以上的荷载传递到土体深处，是相当常用的一种基础形式。

桩有多种不同的分类法，以下按成桩方法对其分类，并分述其施工方法、工艺。

(1) 沉入桩　沉入桩是将预制桩用锤击或振动的方法沉入地层至设计标高的一种桩。预制桩包括木桩、混凝土桩和钢桩，一般有如下特点：

1) 因在预制场内制造，故桩身质量易于控制，质量可靠。

2) 沉入施工工序简单，工效高，能保证质量。

3) 易于水上施工。

4) 多数情况下，施工噪声和振动较大，污染环境。

5) 受运输、起吊设备能力等条件的限制，其单节预制桩的长度不能过长；沉入长桩时要在现场接桩，而桩接头施工复杂、麻烦，且易出现构造上的弱点；如果不能保证接桩后的垂直度，则将降低桩的承载能力，甚至在沉入时造成断桩。

6) 不易穿透较厚的坚硬地层，当坚硬地层下仍存在较弱层而设计要求必须穿过时，需辅以其他施工措施，如射水或预钻孔等。

7）定型的预制桩可能超长，此时则需截除其超长部分，而截桩不仅较困难而且不经济。

沉入桩的施工方法主要有锤击沉入、振动沉入、静力压桩、辅助沉桩、沉管灌注以及锤底沉管法等。

（2）灌注桩　灌注桩是在现场采用钻孔机械（或人工）将地层钻挖成预定孔径和深度的孔后，将钢筋骨架放入孔内，然后在孔内灌入流动性混凝土而形成。水下混凝土多采用垂直导管法灌注。灌注桩的特点是：①与沉入桩的锤击法和振动法相比，施工噪声和振动要小得多；②比预制桩能适应更大的桩径；③受地基土质的影响不大，仅就技术方面而言，能在各种地基上使用；④施工时应特别注意护壁，防止坍孔、流砂，孔底沉淀的处理非常重要，施工质量对桩的承载力影响很大；⑤混凝土在泥水中灌注，质量较难控制。

按成孔机械的不同，通常有旋转锥钻孔、潜水钻机成孔、冲击钻机成孔、正循环回转法成孔、反循环回转法成孔、冲抓钻机成孔、人工挖孔等方法。

（3）大直径桩　一般认为，直径2.5m（现行桥涵施工规范相关的建议为2.0m）以上的桩可称为大直径桩。近年来，大直径桩在桥梁基础中得到广泛应用，桩径已达6m以上；结构形式也越来越多样化，除实心桩外，还发展了空心桩；施工方法上不仅有钻孔灌注法，还有预制桩壳钻孔埋置法等。根据桩的受力特点，大直径桩多做成变截面的形式。大直径桩与普通桩在施工上的区别主要反映在钻机选型、钻孔泥浆及施工工艺等方面，设计文件对施工质量的要求通常也更加严格。

3. 沉井基础

沉井基础是一种断面和刚度均比桩大得多的筒状结构，是在现场重复交替进行构筑和井内土方开挖，使之沉落到预定的地基上。在岸滩或浅水中建造沉井时，可采用“筑岛法”施工；在深水中建造时，则可采用浮运沉井，先将其浮运到预定位置，再进行下沉施工。按材料、形状和用途不同，可将沉井分成很多种类型，但各种沉井基础有如下的共同特点：①沉井基础的适宜下沉度一般为10～40m；②与其他基础形式相比，沉井基础水平方向、竖直方向的支承力均较大，由于刚度大，其变形较小。

沉井基础施工的难点在于沉井的下沉。沉井下沉主要通过从井孔内除土，以清除刃脚正面阻力及内壁摩阻力，依靠其自重下沉。沉井下沉的方法可分为排水开挖下沉和不排水开挖下沉；但其基本施工方法应为不排水开挖下沉。只有在稳定的土层中，而且渗水量不大时，才采用排水开挖法下沉。另外，还有压重、高压射水、炮震（必要时）、降低井内水位减少浮力以增加沉井自重、采用泥浆润滑套或空气幕等一些沉井下沉的辅助施工方法。

4. 管柱基础

管柱基础因其施工的方法和工艺相对较复杂，所需的机械设备也较多，一般的桥梁极少采用这种形式的基础；仅当桥址处的水文地区条件十分复杂，应用通常的基础施工方法不能奏效时，方采用这种基础形式。因此，对于大型的深水或海中基础，特别是深水岩面不平、流速大的地方采用管柱基础是比较适宜的。

管柱基础的施工一般包括管柱预制、围笼拼装浮运和下沉定位、下沉管柱、在管柱底基岩上钻孔、在管柱内安放钢筋笼并灌注水下混凝土等内容。管柱有钢筋混凝土、预应力钢筋混凝土和钢管三种。其下沉与前述的沉入桩类似，大多采用振动法并辅以射水、吸泥等措施。管柱的下沉必须要有导向装置，浅水时可用导向架，深水时则用整体围笼。

5. 地下连续墙

地下连续墙是用膨润土泥浆护壁，在防止开挖壁面坍塌的同时，按设计位置开挖一条狭长的深槽，形成一个单元槽段，将钢筋骨架放入槽内，并灌注水下混凝土，完成一个单元墙段，各单元墙段之间以特定的接头方式相互连接，形成一条地下连续墙体的一种基础形式。地下连续墙广泛应用于市政工程，在桥梁工程中的多应作临时支挡结构；也可以在基础开挖期作为挡土防渗结构，之后单独或与其他结构共同构成主体结构。

地下连续墙的施工方法种类甚多，其挖槽机械按工作原理分为抓斗式、冲击式和回转式三类。我国目前应用最多的是吊索式蚌式抓斗、导杆式蚌式抓斗等。

9.1.2　桥梁上部结构的施工

桥梁上部结构的施工方法，20世纪70年代以后随着预应力混凝土的广泛应用，已经得到了迅速发展，并发生了重大的变革。

在钢筋混凝土桥梁的时代，主要采用现场浇筑施工法。随着桥梁类型增加与跨径增大、构件生产的预制化、结构设计方法的进步、机械设备的发展，施工方法也得到发展，形成了多种多样的施工方法。

1. 就地浇筑法

就地浇筑法是在桥位处搭设支架，在支架上浇筑桥体混凝土，达到强度后拆除模板、支架。就地浇筑施工无需预制场地，而且不需要大型起吊、运输设备，梁体的主筋可不中断，桥梁整体性好。它的缺点主要是：工期长，施工质量不容易控制；预应力混凝土梁由于混凝土的收缩、徐变引起的应力损失比较大；施工中的支架、模板耗用量大，施工费用高；搭设支架影响排洪、通航，施工期间可能受到洪水和漂流物的威胁。

2. 预制安装法

在预制工厂或在运输方便的桥址附近设置预制场进行梁的预制工作，然后采用一定的架设方法进行安装。预制安装法施工一般是指钢筋混凝土或预应力混凝土简支梁的预制安装。

预制安装法施工的主要特点：①工场生产制作，构件质量好，有利于确保构件的质量和尺寸精度，并尽可能多地采用机械化施工；②上、下部结构可以平行作业，因而可缩短现场工期；③能有效利用劳动力，并由此而降低了工程造价；④施工速度快，可适用于紧急施工工程；⑤构件预制后要存放一段时间，因此在安装时已有一定龄期，可减少混凝土收缩、徐变引起的变形。

3. 悬臂施工法

悬臂施工法是从桥墩开始，两侧对称进行现浇梁段或将预制节段对称进行拼装。前者称悬臂浇筑施工，后者为悬臂拼装施工。

悬臂施工的主要特点：①桥梁在施工过程中产生负弯矩，桥墩也要承受由施工而产生的弯矩，因此悬臂施工宜在营运状态的结构受力与施工阶段的受力状态比较接近的桥梁中选用，如预应力混凝土 T 形刚构桥、变截面连续梁桥和斜拉桥等；②非墩梁固接的预应力混凝土梁桥，采用悬臂施工时应采取措施，使墩、梁临时固结，因而在施工过程中有结构体系的转换；③悬臂施工的机具设备种类多，就挂篮而言，也有桁架式、斜拉式等多种形式，可根据实际情况选用；④悬臂浇筑施工简便，结构整体性好，施工中可不断调整位置，常在跨径大于100m 的桥梁上选用，悬臂拼装法施工速度快，桥梁上、下部结构可平行作业，但施工精度要求比较高，可在跨径 100m 以下的大桥中选用；⑤悬臂施工法可不用或少用支架，不影响通航或桥下交通。

4. 转体施工法

转体施工是将桥梁构件先在桥位处岸边(或路边及适当位置)进行预制，待混凝土达到设计强度后旋转构件就位的施工方法。转体施工其静力组合不变，它的支座位置就是施工时的旋转支承和旋转轴，桥梁完工后，按设计要求改变支承情况。

转体施工的主要特点：①可以利用地形，方便预制构件；②施工期间不断航，不影响桥下交通，并可在跨越通车线路上进行桥梁施工；③施工设备少，装置简单，容易制作并便于掌握；④节省木材，节省施工用料，采用转体施工与缆索无支架施工比较，可节省木材 80%，节省施工用钢 60%；⑤减少高空作业，施工工序简单，施工迅速，当主要结构先期合拢后，给后期施工带来方便；⑥转体施工适合于单跨和三跨桥梁，可在深水、峡谷、平原区中建桥采用，同时也可用于城市跨线桥；⑦大跨径桥梁采用转体施工将会取得较好的技术经济效益，转体重量轻型化、多种工艺综合利用，是大跨及特大跨桥施工有力的竞争方案。

5. 顶推法施工

顶推法施工是在沿桥纵轴方向的台后设置预制场地，分节段预制，并用纵向预应力筋将预制节段与施工完成的梁体连成整体，然后通过水平千斤顶施力，将梁体向前顶推出预制场地。之后继续在预制场进行下一节段梁的预制，循环操作直至施工完成。

顶推法施工的特点：①顶推法可以使用简单的设备建造长大桥梁，施工费用低，施工平稳无噪声，可在水深、山谷和高桥墩上采用，也可在曲率相同的弯桥和坡桥上使用；②主梁分段预制，连续作业，结构整体性好，由于不需要大型起重设备，所以施工阶段的长度一般可取用10～20m；③桥梁节段固定在一个场地预制，便于施工管理改善施工条件，避免高空作业，同时模板、设备可多次周转使用，在正常情况下，节段的预制周期7～10d；④顶推施工时，梁的受力状态变化很大，施工阶段梁的受力状态与营运时期的受力状态差别较大，因此在梁截面设计和布索时要同时满足施工与营运的要求，由此而造成用钢量较高，在施工时也可采取加设临时墩、设置前导梁和其他措施，用以减小施工内力；⑤顶推法宜在等截面梁上使用，当桥梁跨径过大时，选用等截面梁会造成材料用量的不经济，也增加施工难度，因此以中等跨径的桥梁为宜，桥梁的总长也以500～600为宜。

6. 移动模架逐孔施工法

移动模架逐孔施工是中等跨径预应力混凝土连续梁中的一种施工方法，它使用一套设备从桥梁的一端逐孔施工，直到对岸。

采用移动模架逐孔施工的主要特点：①不需设置地面支架，不影响通航和桥下交通，施工安全、可靠；②有良好的施工环境，保证施工质量，一套模架可多次周转使用，具有在预制场生产的优点；③机械化、自动化程度高，节省劳力，降低劳动强度，上、下部结构可以平行作业，缩短工期；④通常每一施工梁段的长度取用一孔梁长，接头位置一般可选在桥梁受力较小的部位；⑤移动模架设备投资大，施工准备和操作都较复杂；⑥移动模架逐孔施工宜在桥梁跨径小于50m的多跨长桥上使用。

7. 横移法施工

横移法施工是在待安置结构的位置旁预制该结构物，并横向移运该结构物，将它安置在规定的位置。

横移法施工的主要特点是在整个操作期间与该结构有关的支座位置保持不变，即没有改变梁的结构体系。在横向移动期间，临时支座需要支承该结构的施工重量。

横向位移施工多用于正常通车线路上桥梁工程的换梁。为了尽量减少交通中断时间，可在原桥位旁预制并横移施工。横移施工也可与其他施工方法配合使用。如一座分离式箱梁桥，可先采用顶推法按单箱完成，再采用横移法就位，之后在原位置上继续进行另一单箱梁顶推施工，这样可以使用一套顶推设备完成全桥的施工。横移施工多采用卷扬机、液压装置并配以千斤顶进行。由于混凝土桥梁具有较大的自重，横移法施工常在钢桥上使用。

8. 提升与浮运施工

这是一种采用竖向运动施工就位的方法。提升施工是在未来安置结构物以下的地面上预制该结构并把它提升就位。浮运施工是将桥梁在岸上预制，通过大型浮船移运至桥位，利用船的上下起落安装就位的方法。

采用提升和浮运的方法常选取整体结构，重达数千吨，使用该法的要求是：①在该结构下面需要有一个适宜的地面；②被提升结构下的地面要有一定的承载力；③拥有一台支承在一定基础上的提升设备；④该结构应该是平衡的，至少在提升操作期间是平衡的；⑤采用浮运法要有一系列的大型浮运设备。

以上介绍了桥梁工程常用的施工方法。对于当前建造的特大桥梁，分主桥和引桥，有时主桥与引桥在结构体系、桥梁跨径、截面形式、桥梁高度、桥下环境等方面有较大差异，而常在一座大桥上采用两种或两种以上的组合施工方法。也有些桥型，如拱桥、斜拉桥、悬索桥等，其施工方法相对较复杂，很难将其归并在某一施工法中，为此本书在归纳常用桥梁施工法的基础上，对复杂桥型的施工也作了专题介绍。

9.1.3 下部结构施工方法简介

墩台是桥梁的重要结构，支承着桥梁上部结构的荷载，并将其传递给地基基础。桥墩除承受上部结构的竖向压力和水平力外，墩身还受到风力、流水水压力及可能发生的冰压力、船只和漂流物的撞击力。桥台设置在桥梁两端，它起着支承上部结构和连接两岸道路作用，同时还要挡住桥台背后填土。此外，桥梁墩台还要承受施工时的临时荷载，在某种情况下需要临时加固补强。因此，桥梁墩台应有足够的强度和稳定性，避免在荷载作用下发生过大位移和转动。

在桥梁的总体设计中，下部结构选型对整个设计方案有较大影响。合理的选型使上、下部结构协调一致，轻巧美观，特别是城市桥梁和立体交叉、高架桥。桥梁下部结构选型，更显示出它在桥梁美学方面的独特功能。

基于上述原因，桥梁墩台的结构形式多种多样。设计者在各自的设计方案中，对下部结构的功能和造型作了充分的体现，如澳大利亚的盖特威桥，是一座主跨 260m 的预应力混凝土连续梁桥，主墩高 40m 之多，采用中距 11m，壁厚 2.5m 的直立式双壁式墩身，因而使主梁在桥墩处削减了负弯矩高峰，提高了桥墩的抗弯能力，在造型上使目前最大跨径的预应力混凝土连续梁桥具有轻盈、和谐、庄重的外观。美国的长岛桥是一座由 103 跨组成的多联预应力混凝土连续梁桥，全长 3701m，标准跨径 36m，其下部结构采用预制的 V 形斜撑桥墩。它与上部的单箱截面构成了一幅长龙画面。

我国近年来建造的桥梁，下部结构造型也有了显著变化，改变了桥墩粗、大、实的躯体，向着轻型、薄壁、注意造型的方向发展，从而提高了桥梁下部结构的功能和结构的美感。座落在风景秀丽的桂林漓江桥，上部结构为变截面预应力混凝土连续梁桥，其桥墩选用顺桥宽 1.4m、横桥宽 4m 的两个矩形柱式墩，它们分别设置在在桥横向的两端，中间以隔板相连，形成桥墩总长 14m，平面上呈哑铃形，立面上不设墩帽的直立式桥墩。

确定桥梁下部结构应遵循安全耐久，满足交通要求，造价低，维修养护少，预制施工方便，工期短，与周围环境协调，造型美观等原则。桥梁的墩台设计与结构受力，土质构造和地质条件，水文、流速及河床性质有关。因此，桥梁墩台要置于稳定可靠的地基上，要通过设计和计算确定基础形式和埋置深度。从桥梁破坏的实例分析，桥梁下部结构要经受洪水、地震、桥梁活载等的动力作用，要确保安全、耐久，必须充分考虑上述各种因素的组合。

要重视下部结构与上部结构的合理组成。桥梁是一个整体，上、下部结构共同工作、互相影响，特别是在墩梁固结的预应力混凝土连续刚构桥中，桥墩与上部结构融合在一起，因此，桥梁的下部结构在某种情况下，很难与上部结构截然分开。桥梁下部结构施工有两个主要工序，一是制作与安装墩台模板；二是混凝土浇筑。桥梁的下部结构施工时模板一般用木材或钢料制成。木模重量轻，便于加工成结构物所需要的尺寸和形状，但装拆时易损坏，重复使用少。对于大量或定型的混凝土结构物，则多采用钢模板，钢模板可重复多次使用，且拼装拆卸方便。在墩台混凝土施工中，要严格控制技术标准，主要应切实保证混凝土的配合比、水灰比和坍落度等指标符合要求。

墩台的施工方法与结构形式有关，桥梁墩台的施工主要有在桥位处就地施工与预制装配两种。就桥墩来说，目前多采用滑动模板连续浇筑施工，它对于高桥墩、薄壁直墩和无横隔板的空心墩有较高的经济效益。而装配式墩常在带有横隔板的空心墩、V 形墩、Y 形墩等形式中采用。在墩台施工中，应从实际情况出发，因地制宜地提高机械化程度，大力采用工业化、自动化和施加预应力的施工工艺，提高工程质量，加快施工速度。

9.2 施工准备与施工组织设计

在施工单位得标并签订合同以后开工之前，要尽快做好施工的各项准备工作，创造有利的施工条件，使施工工作能连续、均衡、有节奏地进行，保证工程项目按质、按量、按期完成。

施工准备工作应对整个施工过程运筹帷幄，充分发挥人的主观能动性，合理组织人力、物力，加快施工进度，提高工程质量，节约资金和原材料的工作。现代桥梁设计计算，大都与拟采用的施工方法密切相关。即使同一类型的桥梁，采用不同的施工方法，就要采用不同的设计计算方法。施工单位应严格遵守设计要求，不可任意改变设计中提出的施工方法，除非变更设计。

实践证明：凡是重视施工准备工作，认真细致地执行施工准备工作计划，工程项目就能够顺利完成；反之，忽视施工准备工作，仓促上马，则在开工以后，缺东少西，延误时间，浪费力量，有的甚至被迫停工，最后不得不返过头来，补做各项准备工作。这种盲目施工的结果是，停工待料、窝工、窝机，施工现场混乱，施工进度滞缓、工程质量下降，不安全事故增多，工程成本提高，造成不应有的损失。

桥梁施工组织设计是桥梁施工准备工作的核心内容，是指导桥梁施工的基本技术经济文件，也是对施工实行科学管理的重要手段。编制桥梁施工组织设计必须统筹规划，科学地确定施工顺序、选择施工方法和施工机械，科学地组织人力和调配物资，建立正常的施工秩序，充分利用空间、争取时间，推广、采用先进的施工技术，用最少的人力、物力和财力取得最佳的经济效益。

施工组织设计是以工程项目、单项工程或单位工程为对象编制的。编制时，要将整个工程项目分解为各单项工程，将各单项工程分解为单位工程，将单位工程分解为各分部工程，将分部工程分解为各分项工程并进一步分解为各道工序。施工组织设计就是把这许许多多道工序用一定的技术作业链(工艺关系和组织关系)连接起来，合理确定各技术作业链之间的关系，即确定各道工序在什么时间、按什么顺序、使用什么材料、安排什么人员、选择什么施工方法和机具设备来完成。最终使整个工程项目以最低的消耗、最短的工期、最优的质量得以实现，达到最佳的技术经济效果。这种计划组织、运筹帷幄的全过程就称为施工组织设计。

编制施工组织设计的目的，就是在保证工程质量的前提下，尽可能地缩短工程工期、降低工程成本、尽早发挥工程项目的经济效益。

9.3 支架与拱架

支架按其构造分为支柱式、梁式和梁-柱式支架；按材料可分为木支架、钢支架、钢木混合支架和万能杆件拼装的支架等。通常支架按其构造划分，图 9-2 所示为各种支架的构造简图。

拱架按结构分有支柱式、撑架式、扇形、桁式拱架、组合式拱架等；按材

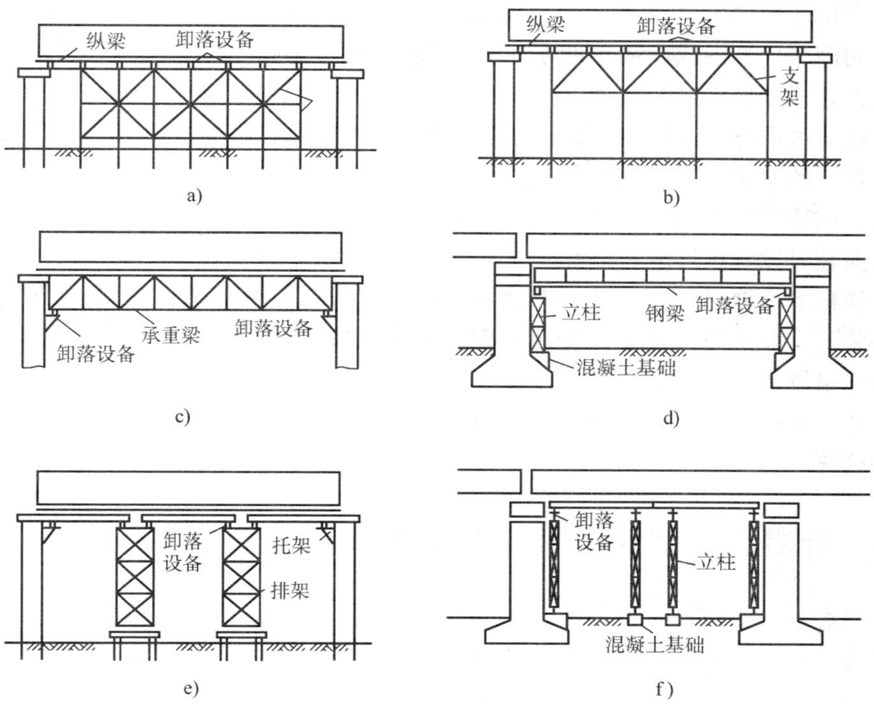

图9-2 常用支架的主要构造

a)、b）支柱式 c)、d）梁式 e)、f）梁-柱式

料分有木拱架架、钢拱架、竹拱架和土牛拱胎。所谓土牛拱胎是在缺乏钢木地区，先在桥下用土或砂、卵石填筑一个胎(俗称土牛），然后在上面砌筑拱圈，待拱圈完成后将填土清除。

木拱架的加工、制作简单，架设方便，但耗材较多，有时每立方拱圈要用 $0.7m^3$ 木材，在当前已不多用。目前多采取钢、木混合拱架，以减少木材用量。钢拱架多用常备构件拼装，虽一次投资大，但可多次周转使用，宜在多跨拱桥中选用。

就地浇筑桥梁的模板常用木模和钢模。对预制安装构件，除钢、木模外，也可采用钢木结合模板、土模和钢筋混凝土模板等。模板形式主要取决于同类桥跨结构的数量和模板材料的供应。当建造单跨或多跨不同桥跨结构，一般采用木模；当有多跨同样的桥跨结构时，为了经济可采用大型模板块件组装或用钢模。实践表明：模板工程的造价与上部结构主要工程造价的比值，在工程数量和模板周转次数相同的情况下，木模为4%~5%；钢筋混凝土模板为3%~4%；钢模为2%~3%。

模板、支架、拱架虽然是临时结构，但它要承受大部分恒载，为保证结构位置和尺寸的准确，因此必须有足够的强度、刚度和稳定性。支架、模板等受力要明确，计算图式应简单明了。为了减少变形，构件应主要选用受压或受拉形式，并减少构件接缝数量。

在河道中施工的支架，要充分考虑洪水和漂流物以及通过船只(队)的影响，要有足够的安全措施；同时在安排施工进度时，尽量避免在高水位情况下施工。支架、拱架在受荷载后会产生变形与挠度，在安装前要有充分的估计和计算，并在安装时设置预拱度，使就地浇筑的桥跨结构线形符合设计要求。

模板的接缝必须密合，如有缝隙，须用胶带纸、泡沫塑料等塞堵严密，以免漏浆。为减少施工现场的安装和拆卸工作，便于周转使用，模板、支架、拱架应尽量做成装配式或块件。

在进行模板、支架和拱架的受力计算，应参照相关规范的要求进行设计计算和验算。

9.4 混凝土、钢筋及预应力钢筋

混凝土是指用水泥浆、沥青或合成树脂等作胶凝材料固结而成的材料总称。而平常所说的混凝土主要指用水泥浆作为胶凝材料而形成的，其材料用水泥、砂、石料、水和外加剂经过合理混合硬化而成。

在整个混凝土施工过程中，应注意搅拌机的搅拌速度与混凝土浇筑速度的密切配合；注意随时检查与校正混凝土的坍落度，严格控制水灰比，不任意变更配合比。

混凝土浇筑前应对模板、钢筋作一次全面检查，对重点工程的关键部位应作隐蔽工程验收。因浇筑地点及构件形状的不同，混凝土浇筑方法有许多，均应保证混凝土在浇筑过程中不产生离析、中断，并保证混凝土搅拌料在短时间内有足够的数量供浇筑，使混凝土能充分振捣。

混凝土浇筑后，若天气干燥，混凝土表面水分蒸发过快，会产生网状收缩裂缝，破坏混凝土的耐久性，所以混凝土初期阶段的养护非常重要。

钢筋需要经过调直、除锈、切断、弯制、焊接、绑扎等工序形成骨架后，才可用于结构中。钢筋的规格、型号和加工工序比较多，各工序的质量在混凝土浇筑后又无法检查，因此必须给予足够重视，保证钢筋骨架的施工质量。

钢筋配料中，当长度不能满足需要时、就需将钢筋接长。接长方法有闪光接触对焊、竖向钢筋电渣压力焊接、电弧焊(搭接焊、绑条焊)、螺套及套筒挤压连接和绑扎等。一般均应使用焊接接头；当结构钢筋特别长，无法运输，可将钢筋用螺套及套筒挤压连接；当焊接有困难时，才可用绑扎接头。钢筋应按设计尺寸和形状冷弯成型。当弯制的钢筋较少时，可用人工弯筋器在成型台上弯制。弯制大量钢筋时，宜采用电动弯筋机。目前采用的电动弯筋机，能弯制直径6～40mm的钢筋，并可弯成各种角度。

弯制各种钢筋的第一根时，应反复修正，使其作为标准，用以检查以后弯起的钢筋。

预应力混凝土是在结构中设法克服混凝土裂缝的基础上发展起来的新型材料，即在钢筋混凝土构件中施加预应力，让其工作时抵消受荷载作用产生的拉应力，并用以限制混凝土裂缝。它的预应力是靠张拉（或其他形式）钢筋混凝土中的高强钢筋、钢丝束或钢绞线来实现的。

预应力混凝土材料比普通钢筋混凝土要求高，要求混凝土拌和料强度高，收缩率低，若用高强钢筋作预应力筋时，其强度等级不宜低于C30；用碳素钢丝，钢绞线作预应力筋时，其强度等级不宜低于C40。施加混凝土预应力的方法很多，主要有先张法和后张法。

先张法是先将预应力筋在台座上按构件设计要求张拉，然后浇筑混凝土，待混凝土达到一定强度后，放松预应力筋。先张法的优点：是张拉预应力筋时，只需夹具（夹具设在台座两端，构件制成后能回收重复使用），它的锚固是依靠预应力筋与混凝土的粘结力，自锚于混凝土之中。先张法的缺点：需要专门的张拉台座，基建投资大；构件中预应力筋一般只能采用直线配备，施加的张拉力较小，适用于长度25m以内的预制构件。

后张法是先制作钢筋混凝土构件；在浇筑混凝土之前，按预应力筋的设计位置预留孔道（直线形或曲线形），待混凝土达到设计强度后，将预应力筋穿入孔道，并利用构件本身张拉预应力筋，张拉后用锚具牢固地锚着在构件上，然后进行孔道灌浆，使混凝土得到预加应力。后张法优点：预应力筋可直接在构件上张拉，不需要专门台座；预应力筋可按设计要求配合弯矩和剪力变化布置；施加的张拉力较大，适合于预制或现浇的大型构件。后张法的缺点：每一束或每一根预应力筋两头都需要加设锚具；而锚具在施工中还增加留孔、穿筋、灌浆和封锚等工序，使施工工艺复杂化。

由于预应力混凝土结构具有很多优点，因此，在桥梁建设中，已逐步成为一个十分重要的施工工艺，并得到广泛的应用。如梁、板、墩、柱等及桁架拱、刚架拱、斜拉桥等及在基础工程中的沉井、沉箱等。随着预应力施工工艺的不断发展和完善，它在桥梁工程中将发挥更重要的作用。

本 章 小 结

本章主要介绍桥梁基础、下部结构、上部结构的施工方法的分类及特点，施工准备与施工组织设计的内容及其作用，支架、拱架、模板的常见类型及特点，混凝土与钢筋的基本施工工艺及其要求。在桥梁工程中，施工组织设计是非常重要的一环，决定着桥梁工程的质量和整个工程的造价等问题。因此，在桥梁施工中，合理地选择施工方法，正确地组织施工和科学地管理，具有十分重要的意义。

思考题和习题

9-1 桥梁基础的施工方法可分为哪几类？各有何特点？

9-2 桥梁上部结构的施工方法可分为哪几类？各有何特点？

9-3 选择桥梁施工方法时应考虑的主要因素有哪些？

9-4 施工组织设计的编制原则有哪些？

第 10 章

10

装配式梁桥构件制作与安装

10.1 概述

1. 装配式梁桥的特点

所谓装配式梁桥，一般将梁段横向分片或纵向分片在预制厂(场)预制，产品合格后运到桥头，安装就位。

装配式梁桥的施工包括分片或分段构件的预制、运输、安装三阶段。桥梁的预制构件一般在预制场或预制工厂内进行，再由运输工具运至桥位，横向分片预制件可采用起重机或架桥机架设；纵向分段在桥头串联张拉后，用起重机或架桥机架设。

采用预制安装法施工的装配式梁桥与就地浇筑的整体式梁桥相比较，有下列特点：

(1) 加速施工进度　由于装配式梁桥的梁片预制可与桥梁下部结构施工同时实施，可加速施工进度，缩短施工工期，效果明显。

(2) 节省支架、模板　装配式梁桥常采用无支架或少支架施工，预制场采用钢模板浇筑预制件，模板可反复使用，节约木材。高桥采用无支架安装可省去大量现场支架，节省工程投资。

(3) 提高工程质量　装配式梁桥的预制梁片可以标准化，采取钢模板使梁体表面光洁美观，生产流程可以达到自动化、机械化，梁体混凝土计量自动化，振捣及养生均能达到理想要求，对梁体质量有较高保证率。

(4) 需要吊装设备　预制梁片一般采用汽车式起重机、履带式起重机、浮式起重机进行吊装架设，桥梁较长可采用架桥机架设。

(5) 结构用钢量略为增大　装配式桥的造价与整体浇筑桥造价相比孰高孰低，不能一概而论，要对具体桥位进行具体分析。当桥址地形条件不可能设立支架，或者桥较高，支架施工时支架工程量大，施工单位有足够架梁设备时，采用装配式施工将是经济合理的。

近年来，随着吊运能力的不断提高，预应力工艺的渐趋完善，预制安装的施工方法在国内外得到迅速发展。据统计，在美国、前苏联和西欧各国，桥梁上部构造采用预制装配施工的已占80%~90%以上。我国公路、铁路、城市高架桥，已将中小跨径桥梁编制成定型化、标准化设计，使装配式施工得以广泛采用。

2. 预制构件的形式

装配式桥梁在设计时就应考虑将每孔桥梁分割成若干构件。预制构件形式随桥型不同而变化，一般可分为以下几种形式。

（1）按桥横截面方向划分的构件和联结　按桥横截面方向划分构件是板、梁桥常用的方法。装配式梁桥在横截面方向上由若干个构件组成，在桥的纵向则是整片的。这时构件之间需有纵向接缝。图 10-1 表示一种由预制空心板组成的桥梁上部结构和接缝形式。缝内用小石子混凝土填充，也可用横向伸出钢筋互相联结后，再填铰内及铺装层混凝土来加强。无中间横隔板 T 形梁的横向连接，一般采用翼缘边之间的钢板焊接和桥面铺装层内的钢筋网来形成铰缝，如图 10-2 所示。具有中间隔板的 T 形梁桥，横隔板连接采用钢板焊接，并用水泥砂浆填嵌接缝，操作时需用专门吊篮，如图 10-3 所示。装配式箱梁桥的预制构

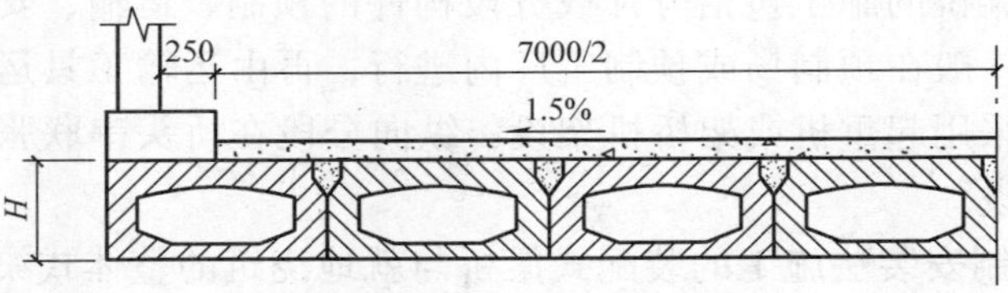

净宽 7m 行车道 +2×0.25m 安全带

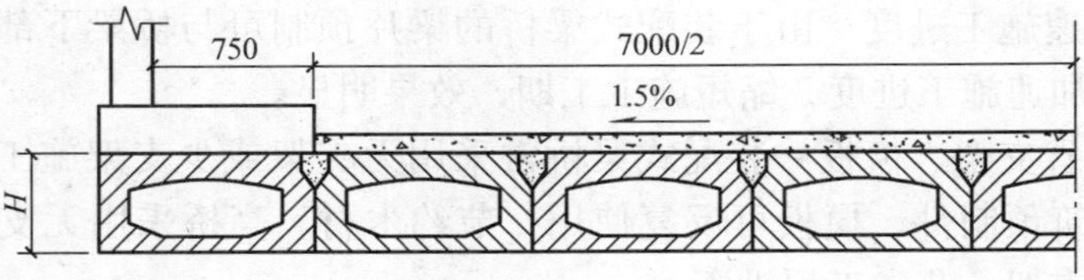

净宽 7m 行车道 +2×0.75m 安全带

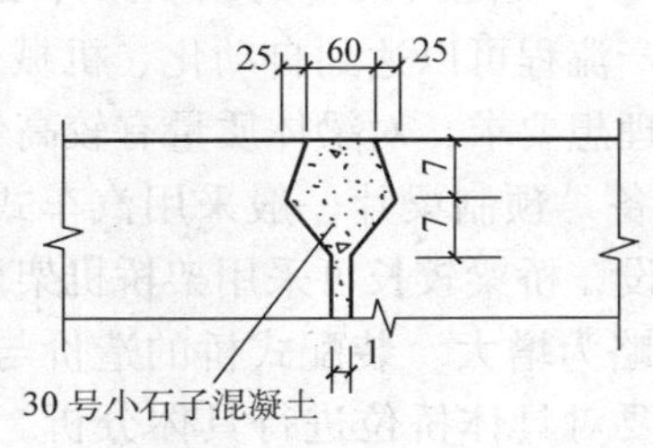

图 10-1　空心板梁的桥面结合截面

件按跨径和构件重量采用不同的划分方案。例如，箱梁桥沿桥横向的分割有图 10-4 所示的几种情况。

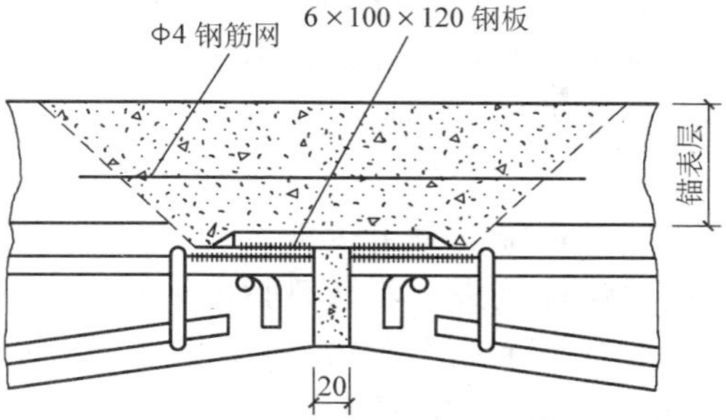

图 10-2　无中间横隔板的 T 形梁的横向连接

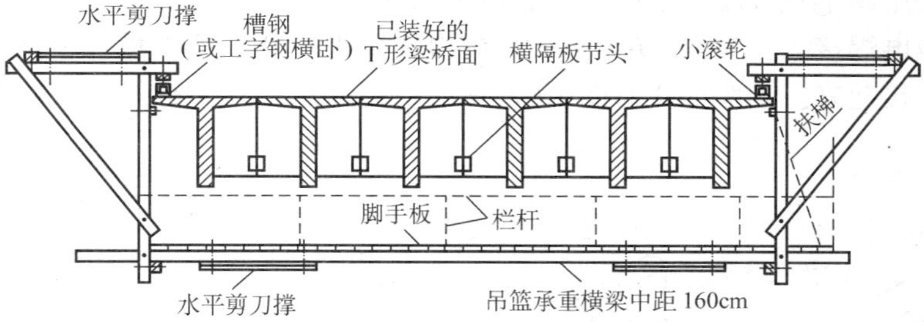

图 10-3　焊接横隔板时的活动吊篮

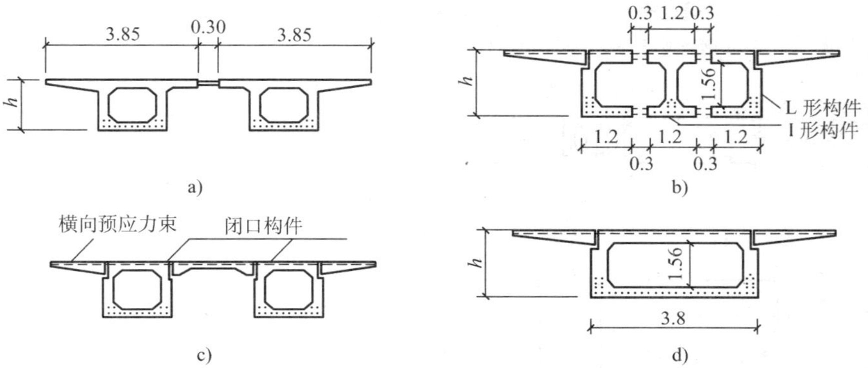

图 10-4　箱梁桥的构件断面划分方案(尺寸单位:m)

（2）按桥纵向分段的构件和接头　纵向分段是钢筋混凝土拱桥的主拱常采用的分段方法。为避免拱顶接头，分段为奇数，分段处设支架施工，既解决了拱肋分段过大受吊装能力限制，又可以保证施工期间通航要求。梁桥沿桥纵向分段，1967 年铁道部曾在成昆铁路海河大桥进行了试点。为了减少铺轨架梁的时间，改变预制梁体的长途运输状况，将标准跨度 23.8m 简支 T 形梁，分成 17

段预制块，每段重 30kN 左右，由桥位附近的预制场用汽车将预制块运到桥头，梁分段间涂环氧树脂混合物(厚度 0.3mm 左右)，再用钢丝索将梁体串联起来，按设计要求进行张拉，采用 YC—60 双作用千斤顶及 JM12—SA 型锚具。这种形式的梁称为串联梁。全线共生产 40 孔梁，串联梁采用装拆式架桥机架设，装拆式架桥机拆除后可用汽车运到另一工地。

(3) 构件的接头形式　预制块件间的接头有三种方式：湿接头、干接头及干湿混合接头。湿接头就是现浇混凝土接头，必须在有支架情况下实施。干接头有钢板电焊接头、法兰螺栓接头、环氧树脂水泥胶涂缝的预应力接头等。干湿混合接头先由干接头受力，待现浇接头混凝土获得强度后共同受力。

湿接头如图 10-5 所示，构件的端头有主筋伸出，互相焊接，并布置箍筋后浇筑混凝土。接头长度一般为 0.2 ~ 0.5m，接头混凝土标号一般比构件的高一级，或采用超早强混凝土，以达到尽快拆除支架的目的。

钢板电焊接头，如图 10-6 所示，在构件接头端部预埋钢板，在构件就位后将钢板焊接起来。接头形式有图 10-6 所示三种形式：第一种采用在端面预埋钢

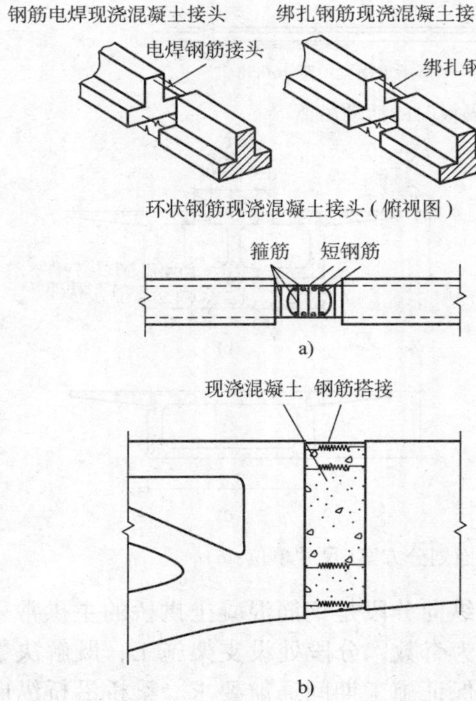

图 10-5　现浇混凝土接头

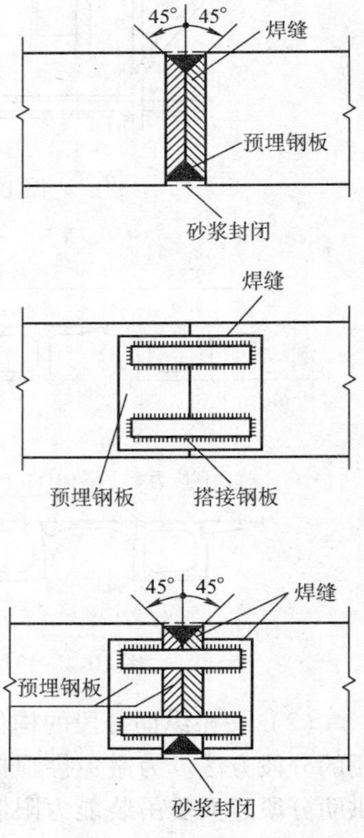

图 10-6　钢板电焊接头

板，接头时在钢板四周焊接；第二种采用在构件侧面预埋钢板与搭接钢板焊接；第三种在构件端部与侧面均预埋钢板，先焊接端部钢板，再加搭接钢板与侧面预埋钢板焊接。所有预埋钢板均要与锚固钢筋或与主筋相焊接。

法兰螺栓接头，如图 10-7 所示，即在构件接头端预埋法兰盘，在构件就位后用螺栓将法兰连接起来。构件预制时，为了保证安装精度，应将两构件接头端法兰盘先用螺栓连好，再将法兰盘与主筋焊接，浇筑构件混凝土，这样，在构件安装连接时就容易对准就位。

干湿混合接头，如图 10-8 所示，即在同一接头处既用现浇连接又用钢板电焊接头或法兰螺栓接头。干湿混合接头利用干接头部分尽快使构件拼接就位，现浇部分在拼接后再浇筑，这样使接头用钢量不致太多，又不影响施工的进展。

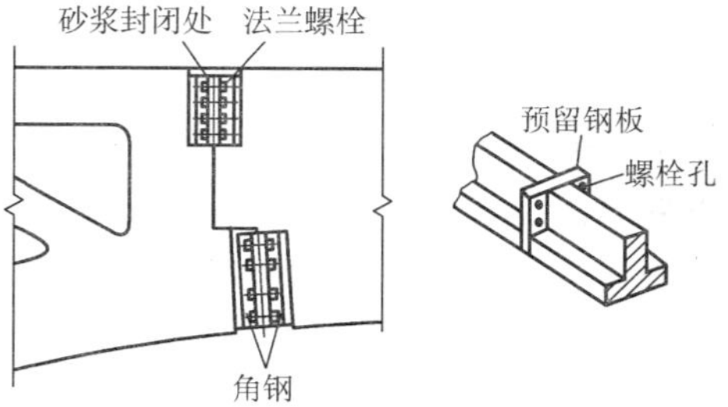

图 10-7　法兰螺栓接头

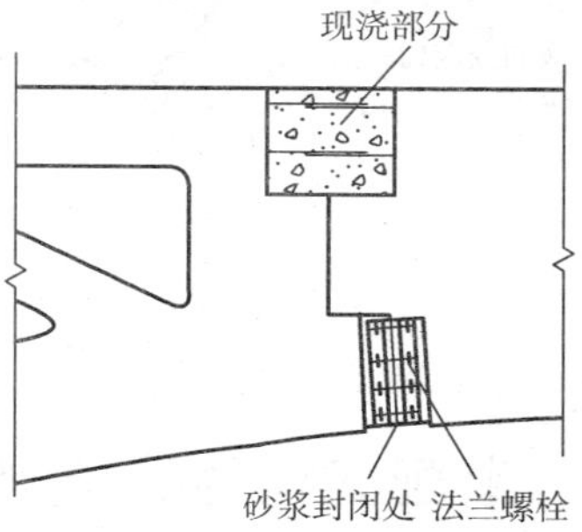

图 10-8　干湿混合接头

预应力接头，如图 10-9 所示。当预应力混凝土箱梁或 T 形梁由节段预制构件组成时，可利用结构所需要的预应力筋或预应力束串联成整体。拼接时在构件拼接端上涂环氧树脂水泥胶浆薄层，在胶浆硬化前拼接构件，使构件接头接触密贴，整体性好。

图 10-10 所示为英国伦敦西郊一座 16 孔变高度连续梁，施工时纵向分段预制构件用 4 根 16 股 $\phi 28.6\text{mm}$ 钢索施加预应力而组成整体。构件最大重力为 600kN，最小重力为 35kN。

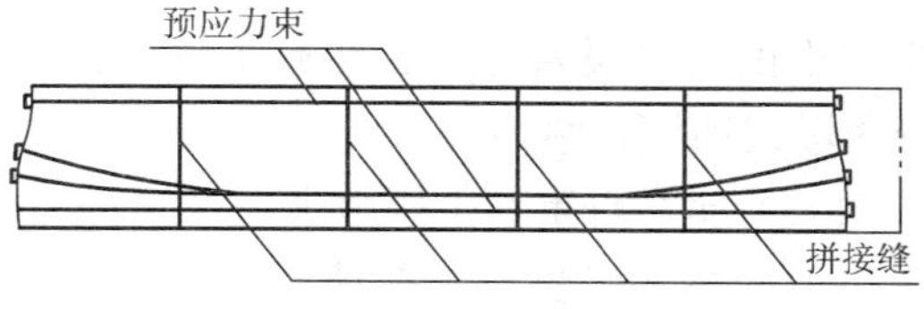

图 10-9　预应力接头示意图

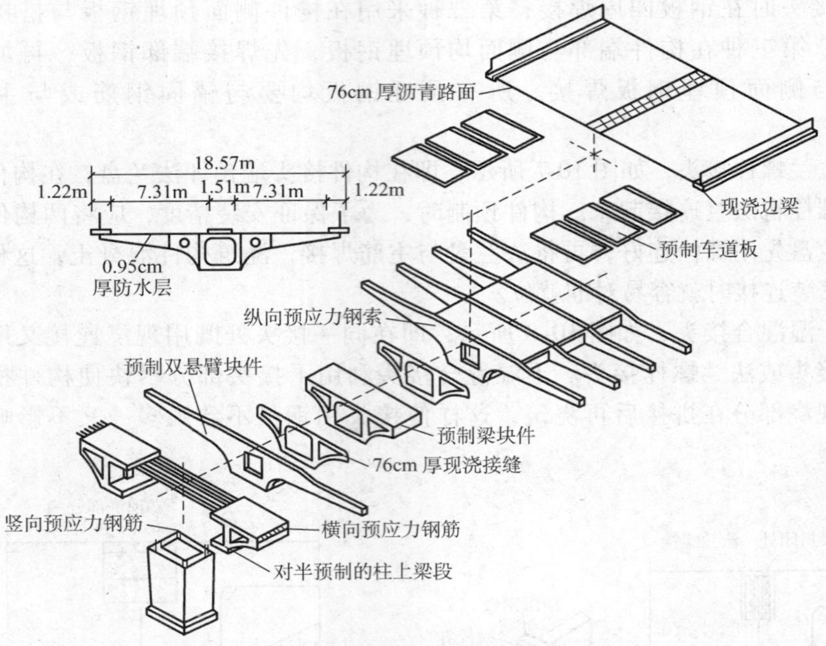

图 10-10　桥梁预制构件组合示意图

10.2　装配式构件的预制工艺

10.2.1　先张法预制工艺

先张法生产可采用台座法或流水机组法。采用台座法时，构件施工的各道工序全部在固定台座上进行。采用流水机组法时，构件在移动式的钢模中生产，钢模按流水方式通过张拉、浇筑、养护等各个固定机组完成每道工序。流水机组法可加快生产速度，但需要大量钢模和较高的机械化程度。且需配合蒸汽养护，因此适用于工厂内预制定型构件。

1. 台座法预制

台座是先张法生产中的主要设备之一，要有足够的强度和稳定性。台座按构造形式不同，可分为墩式和槽式两类。

（1）墩式台座　墩式台座靠自重和土压力来平衡张拉力所产生的倾覆力矩，并靠土壤的反力和摩擦力抵抗水平位移。在地质条件良好、台座张拉线较长的情况下，采用墩式台座可节约大量混凝土。图 10-11 所示为具有钢丝束定位设备的台座。

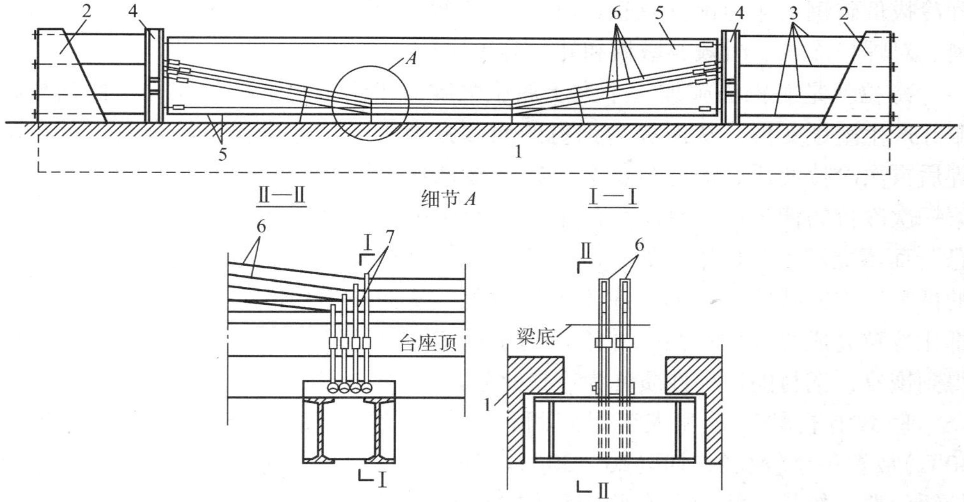

图 10-11　张拉折线形钢丝束的台座

1—台座　2—牛腿　3—钢拉杆　4—可动支架　5—直钢束　6—折线形钢束　7—定位器

（2）槽式台座　当现场地质条件较差、台座又不很长时，可采用槽式台座。槽式台座与墩式台座不同之处在于预应力筋张拉力是由承力框架承受而得到平衡，此承力框架可以是钢筋混凝土的(见图 10-12)，或是由横梁和压杆组成的钢结构。

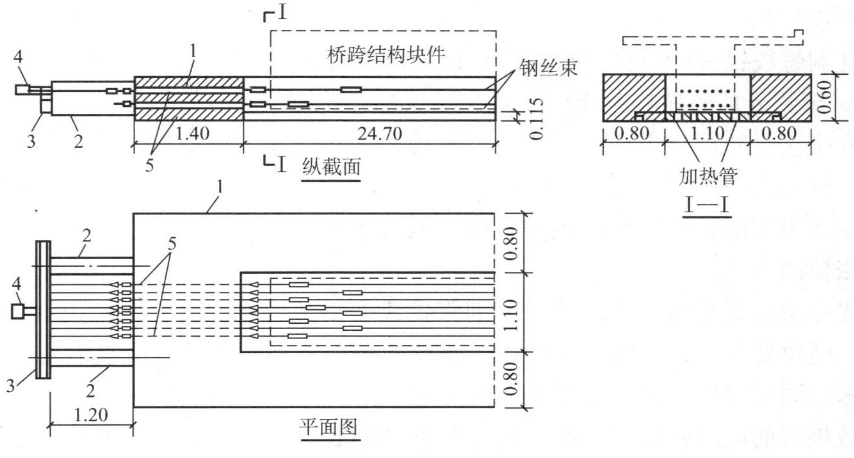

图 10-12　钢筋混凝土槽式台(尺寸单位:m)

1—承力框架　2—支柱　3—钢横梁　4—千斤顶　5—常备钢束

2. 预应力筋的制备

先张法预应力混凝土梁可用冷拉Ⅲ、Ⅳ级螺纹粗钢筋、高强钢丝、钢绞线和冷拔低碳钢丝作为预应力筋。粗钢筋(直径为12～28mm)的制备工作，包括下料、对焊、冷拉、时效、墩粗和轧丝等工序。

冷拉就是对钢筋施加一个大于屈服强度而小于抗拉强度的拉力，使钢材屈服并产生塑性变形，从而提高钢材的屈服强度。经过冷拉的钢筋余料，可在对焊后再次冷拉使用，但冷拉次数不得超过两次。同时在计算伸长值时，应扣除第一次冷拉的伸长值。冷拉后的钢筋，若在一定的温度下给予适当时间的“休息”而不立即加载使用，那么由冷拉引起的钢材晶格的歪曲便可得到一定程度的恢复。这样就使钢筋的内应力得以消除，从而使钢筋的屈服强度、抗拉强度都比冷拉完成时有所提高，并逐渐趋于稳定，钢筋冷拉时所降低的弹性模量也得到恢复，钢材的这种性质称为冷拉时效。

时效有自然时效和人工时效两种。待冷拉后的钢筋在自然温度下(20～30℃)放置一个较长的时间(20～30d)后使用，称为自然时效。自然时效的效应较缓而费时较长，特别是有些钢种如44Mn2Si等，冷拉后在自然条件下其强度的提高和弹性模量的恢复更为缓慢。因此，在有条件的情况下，应尽可能使用人工时效。

人工时效就是用加热的办法，使冷拉后的钢筋在100℃的恒温下保持2h左右。经过人工时效的冷拉钢筋，其屈服强度可较时效前提高10%～20%以上，其弹性模量基本上能恢复到冷拉前的数值。工程中常采用电热时效，即将冷拉后的钢筋通电加热，使温度维持在200～300℃之间，经20～30min即达时效目的。

钢筋端的张拉和锚固，除可采用焊接螺纹端杆的方法外，也可采用镦头锚具或轧制螺纹锚具(或称轧丝锚具)，以简化锚固方法，节约优质钢材。

3. 预应力筋的张拉和放松

先张法梁的预应力筋，是在底模整理好后在台座上进行张拉的。对于长线台座，预应力筋需要先用连接器串联后才能张拉。先张法梁通常采用一端张拉，另一端在张拉前要设置好固定装置或安放好预应力筋的放松装置。但也有采用两端张拉的方法。

先张法张拉钢筋，可以单根分别张拉或多根整批张拉。单根张拉设备比较简单，吨位要求小，但张拉速度慢。张拉的顺序应不致使台座承受偏心力的过大。多根同时张拉一般需有两个大吨位拉伸机，张拉速度快。

数根钢筋同时张拉时，必须使它们的初始长度一致，以便使每根钢筋张拉后的应力均匀。

预应力筋张拉的程序依预应力筋的类型而异。采用粗钢筋时的张拉程序为

$$0 \rightarrow \text{初应力(取张拉力的 }10\%\text{)} \rightarrow 105\%\sigma_k \xrightarrow{\text{持荷 5min}} 90\%\sigma_k \rightarrow \sigma_k\text{(锚固)}$$

采用高强度钢丝时需要预拉，以减少预应力损失，张拉程序为

$$0 \rightarrow (\text{初应力}) \rightarrow 105\%\sigma_k \xrightarrow{\text{持荷 5min}} 0 \rightarrow \sigma_k(\text{锚固})$$

采用钢绞线时，其张拉程序为

$$0 \rightarrow (\text{初应力}) \rightarrow 105\%\sigma_k \xrightarrow{\text{持荷 5min}} 0 \rightarrow \sigma_k(\text{锚固})$$

σ_k 为张拉时的控制应力值，包括预制预应力损失值。初应力应采用同一数值，施工时采用油压表应力值与预应力束(筋)的延伸量量测，进行双控。交通部新规范中要求钢绞线也需拉至 $105\%\sigma_k$ 后回零再张拉至 σ_k 锚固，目前广泛采用于钢绞线的 OVM 锚具，一旦张拉至 $105\%\sigma_k$ 后回油就自行锚固，所以施工中一般采用张拉至 $103\%\sigma_k$ 锚固。

钢筋在超张拉时，其张拉值不得大于钢筋的屈服强度，或钢丝、钢绞线抗拉强度的 75%。为施工安全，应在超张拉后放松至 90% 的控制应力，进行安装预埋件、模板和钢筋等工作。

当混凝土强度达到设计要求后，可在台座上放松受拉预应力筋(称为“放张”)，对预制梁施加预应力。当设计无规定时，一般应在混凝土强度大于设计强度的 70% 时进行。放松之后，切割梁外钢筋，即可移位准备再生产。放松预应力钢筋的办法有，用千斤顶先拉后松、砂箱放松、滑楔放松和螺杆放松等方法。

4. 流水机组法预制

所谓“流水机组法”是将若干个备有加力架的台车连在一起，顺生产线移动，在每一段上完成一道工序，最后一道工序完成后，台车转回至第一个位置，然后进行下一片梁的预制。图 10-13 表示有两条生产线的工艺流程。在车间内有三条标准轨道，其中两旁的两条为流水作业线，中间的一条为回车线。钢筋和钢丝的加工在车间的一端进行。每条流水线上划分为六个区段：在区段Ⅰ进行加力台车的准备，张拉钢束，编扎钢筋，立模板；在区段Ⅱ浇筑混凝土；在区段Ⅲ、Ⅳ、Ⅴ进行蒸汽养护；在区段Ⅵ进行拆模、截断钢束、吊梁、移梁及横移台车。台车在每一区段的作业时间约 16h，整个运行循环为 96h。

采用这种工艺，工作台座数量可降到最低限度，生产可集中在厂房内进行，不受季节影响，且工作集中，可以缩短材料及设备的运量和运距。

上述流水机组法制梁工艺所使用的加力台座的构造，只适于张拉力钢束。如果梁的上部有预应力钢束，则这部分仍须采用后张工艺，给工作带来不少麻烦。因此在国外应用流水机组法的制梁工艺中，也有使用图 10-14 所示的加力架。加力架的下部压杆是模板的一部分，上部压杆支于钢模板的支撑上，端部带一悬臂，以张拉上部钢丝束。为了简化悬臂的构造和改善其受力状况，在压杆中设一常备钢束拉住悬臂。加力架是分节装配式的，长度可以变更，以便制造跨度不同的桥跨结构。

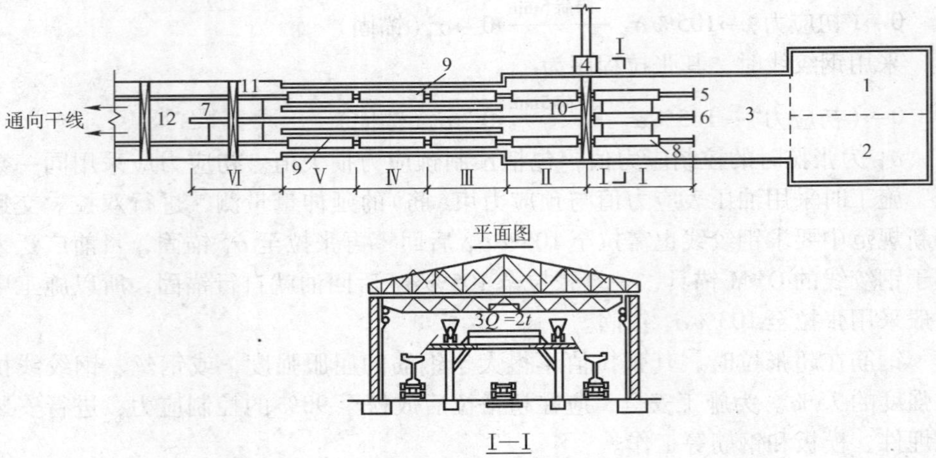

图 10-13　流水机组法的工艺流程

1—钢丝束制造工区　2—钢筋加工工区　3—预编钢筋骨架　4—混凝土搅拌工区　5—流水工艺作业线　6—加工台车回转线　7—横移加力台车作业线　8—加力台车　9—穿道式蒸汽养护室　10—天车　11—门式起重机　12—成品存放场

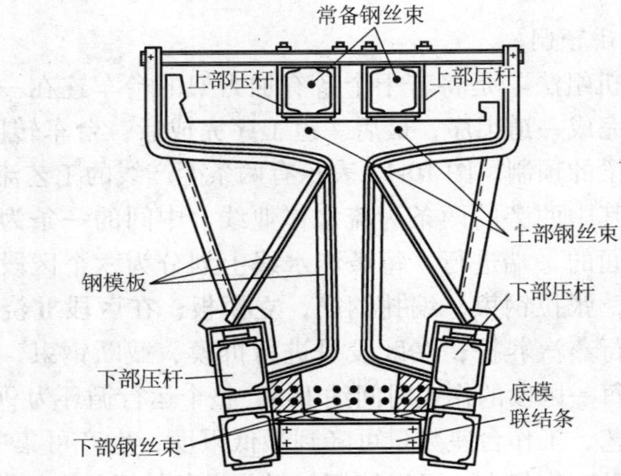

图 10-14　能同时张拉上下部钢束的加力架

a）截面（台车未表示）　b）正面

使用流水机组法的制梁工艺，台车及加力架必须有足够的刚度；机组的走行路线必须平直，否则易使构件产生裂缝。

5. 先张法工艺流程举例

先张法预应力混凝土空心板梁预制的工艺流程如图10-15所示。

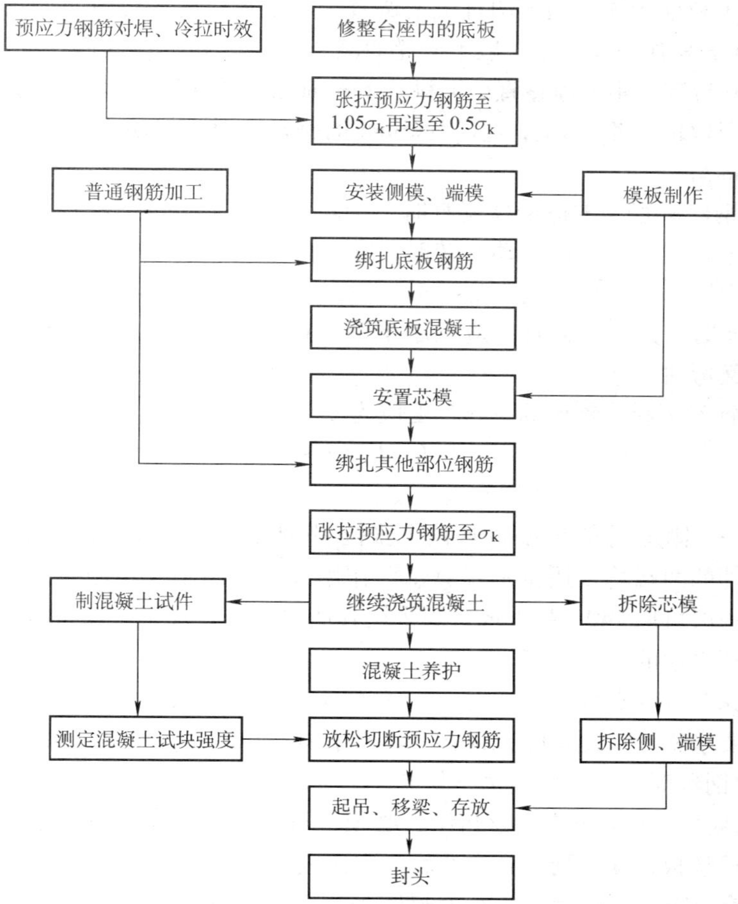

图10-15 先张法预应力板桥预制工艺流程

10.2.2 后张法预制工艺

后张法工序较先张法复杂，需要预留孔道、穿筋、灌浆等工序，耗用大量的锚具和埋设件等，增加了用钢量和投资成本。但后张法不需要强大的张拉台座，便于在现场施工，而且又适宜于配置曲线形预应力束(筋)的大型和重型构件制作，因此目前在铁路、公路桥梁上得到广泛的应用。

后张法预应力混凝土桥梁常用高强碳素钢丝束，钢绞线和冷拉，Ⅲ、Ⅳ级粗钢筋作为预应力筋。对于跨径较小的T形梁桥，也可采用冷拔低碳钢丝作为预应力筋。

1. 高强钢丝束的制备

钢丝束的制作包括下料和编束工作。高强碳素钢丝都是盘圆，若盘径小于1.5m，则下料前应先在钢丝调直机上调直。对于在厂内先经矫直回火处理且盘径为1.7m的高强钢丝，则一般不必整直就可下料。如发现局部存在波弯现象，可先在木制台座上用木锤整直后下料。下料前除应抽样试验钢丝的力学性能外，还要测量钢丝的圆度，对于直径为5mm的钢丝，其正负允许偏差为+0.8mm和-0.4mm。

（1）钢丝调直　进行钢丝调直时，钢丝从盘架上引出，经过调直机，用绞车牵引前进。钢丝调直机开动旋转时，在其内通过的钢丝受到反复的超过其弹限的弯曲变形而被调直。调直好了的钢丝最好让它成直线存放。如果需将钢丝盘直来存放时，其盘架的直径应不小于钢丝直径的400倍，否则钢丝将发生塑性变形而又弯曲。

（2）钢丝下料　钢丝的下料长度应为

$$L = L_0 + L_1$$

式中　L_0——构件混凝土预留孔道长度；

L_1——固定端和张拉端(或两个张拉端)所需要的钢丝工作长度。

当构件的两端均采用锥形锚具、双作用或三作用千斤顶张拉钢丝时，钢丝工作长度一般可取140~160mm。当采用其他类型锚具及张拉设备时，应根据实际需要计算钢丝的工作长度。

对于采用锥形螺杆锚具和镦头锚具的钢丝束，应保证每根钢丝下料长度相等，这就要求钢丝在控制应力状态下切断下料，控制应力为300MPa。因此直径为5mm的钢丝都在6.0kN拉力下切断。

（3）编束　为了防止钢丝扭结，必须进行编束。编束时可将钢丝对齐后穿入特制的梳丝板，使排列整齐，然后一边梳理钢丝一边每隔1~1.5m衬以长3~4cm的螺旋衬圈或短钢管，并在设衬圈处用2号铁丝缠绕20~30道捆扎成束。这种制束工艺对防锈、压浆有利，但操作较麻烦。

另一种编束方式是每隔1~1.5m先用18~20号铅丝将钢丝编成帘子状，然后每隔1.5m设置一个螺旋衬圈并将编好的帘子绕衬圈围成圆束。

绑扎好的钢丝束，应挂牌标出其长度和设计编号，并按编号分批堆放，以防错乱。

当采用环销锚锚具时，钢丝宜先绑扎成小束而后绑扎成大束。绑束完毕后，在钢丝束的两端按分丝的要求，将钢丝束分成内外两层，并分别用铅丝编结成帘状或做出明显的标志，以防两端内外层钢丝交错张拉。

2. 钢绞线的制备

低松弛高强度预应力钢绞线的产生背景是由于桥梁跨度越来越大，为了适应预应力大吨位群锚的需要，和为节省钢材及投资。1986 年江西省新余市成立了中外合资企业“新华金属制品有限公司”，并于 1987 年从欧洲全套引进了低松弛预应力钢绞线生产、检测设备及工艺操作技术。1988 年我国第一条高强度低松弛预应力钢绞线生产线建成投产，经产品检测，质量全部达到美国 ASTMA416—87a 及英国 BS5896—1980 标准的最高级别要求。该厂生产的钢绞线已在开封黄河大桥、厦门高集跨海大桥、上海吴淞大桥等工程成功使用。

低松弛是对普通松弛钢绞线而言。经在专门的松弛试验机上测定，在破坏荷载 70% 的荷载作用下，温度为(20 ±2)℃，1000h 后普通松弛钢绞线应力松弛值为 8%，而低松弛钢绞线≤2.5%。

国产低松弛高强度预应力钢绞线原料采用上海宝钢生产的日本钢号 SWRH82b，限制碳的质量分数为 0.8%~0.85%，锰的质量分数为 0.6%~0.9%，磷、硫的质量分数分别不大于 0.03%，并在钢中加入铬、钒、硅等合金元素，以提高强度。

钢绞线从原料到成品生产工艺流程如下：原料→原料检验→酸洗→涂润滑层→中和→烘干→拉丝打轴→半成品检验→绞线捻制→稳定化处理→重卷→成品检验→包装入库。

1）酸洗。普遍采用硫酸和盐酸酸洗两种办法，酸浓度控制在 14%~20% 范围。新华金属制品有限公司采用先硫酸酸洗，再采用盐酸酸洗的双酸酸洗方法。

2）涂润滑层。采用先进的中温磷化工艺，钢料盘条的磷化涂层具有良好的润滑性能，适宜于拉拔。

3）拉丝。钢绞线的半成品钢丝都是经拉丝机连续冷拉而成，通过加工硬化达到要求强度。

4）打轴。经拉丝机后，钢丝直接打轴收线在 ϕ4900mm 工字轮中。

5）绞线捻制。钢丝经绞线机绞成股线，一组绞线由七根钢丝组成。

6）稳定化处理。稳定化处理是实现低松弛、不松散的关键，采用热机械处理，是在 300 ~400℃温度范围，同时给钢绞线施加张力，使钢绞线内部应力得到消除，结构紧密。稳定化处理将张拉与回火工艺合一，应用于钢铰线连续生产中。

钢绞线运到现场后，下料长度由孔道长度和工作长度决定。钢绞线切割宜采用机械切割法。

3. 孔道形成

后张法施工的预应力梁，在浇筑梁体混凝土前，需在预应力筋的设计位置预先安放制孔器，以便梁体制成后在梁内形成孔道，将预应力筋穿入孔道，然后进行张拉和锚固。

孔道形成包括制孔器的选择、安装和抽拔以及通孔检查等工作。

（1）制孔器的种类　制孔器分为埋置式和抽拔式两类。埋置式制孔器主要有铁皮管和铝合金波纹管。埋置式制孔器在梁体制成后将留在梁内，形成的孔道壁对预应力筋的摩阻力小，但加工成本高，使用后也不能回收，金属材料耗用量大。铁皮管用薄铁皮制作，安放时分段连接，这种制孔器制作时费人工，速度慢，在接缝和接头处容易漏浆，造成以后穿束和张拉的困难。波纹管由铝合金片材用制管机卷制而成，横向刚度大，不易变形，不会漏浆，纵向也便于弯成各种线形，与构件混凝土的粘结也较好，故比较适用。

抽拔式制孔，是利用制孔器预先安放在预应力束的设计位置上，待混凝土终凝后将它拔出，构件内即具有孔道。这种方法制孔的量大优点是制孔器能够周转使用，省钢而经济，应用较广。常用的抽拔式制孔器（俗称抽拔管）有以下三种：

1）橡胶管制孔。分夹布胶管和钢丝网胶管两种。通常选用具有5~7层夹布的高压辅水（气）管作为制孔器，要求管壁牢固，耐磨性能好，能承受5kN以上的工作拉力，并且弹性恢复性能好，有良好的挠曲适应性。预应力混凝土T形梁的预留孔道长度一般在25m以上，而胶管的出厂长度却不到25m，考虑到制孔器安装和抽拔方便，故常采用专门的接头。接头要牢固严密，防止灌筑混凝土时脱节或进浆堵塞。胶管内如利用充气或充水来增加刚度，管内压力不得低于500kPa，充气（水）后胶管的外径应符合要求的孔道直径。

2）金属伸缩管制孔器。它是一种用金属丝编织成的可伸缩网套，具有压缩时直径增大而拉伸时直径减小的特性。为了防止漏浆和增强刚度，网套内可衬以普通橡胶衬管和插入圆钢（或ϕ5mm钢丝束芯棒）。

3）钢管制孔器。它是用表面平整光滑的钢管焊接制成。焊接接头应磨平。钢管制孔器抽拔力大，但不能弯曲，仅适用于短而直的孔道。混凝土灌筑完毕后要定时转动钢管。

无论采用何种制孔器，都应按设计规定或施工需要预留排气排水和灌浆用的孔眼。

（2）制孔器的抽拔　制孔器可由人工逐根地或用机械（电动卷插机或手摇绞车）分批进行抽拔。抽拔时先抽芯棒，后拔橡胶管；先拔下层橡胶管，后拔上层橡胶管。

混凝土浇筑后合适的抽拔时间，是是否能顺利抽拔和保证成孔质量的关键。如抽拔过早，混凝土容易塌陷而堵塞孔道；如抽拔过迟，则可能拔断橡胶管。因此，制孔器的抽拔要在混凝土初凝之后与终凝之前，待其抗压强度达4~8MPa时方为合宜。根据经验，制孔器的抽拔时间可参考表10-1或按下式估计

$$t=\frac{100}{T}$$

式中 t——混凝土灌注完毕至抽拔制孔器的时间(h);

T——预制构件所处的环境温度。

由于确定抽拔时间的幅度较大,施工中也可通过试验来掌握其规律。

表10-1 制孔器抽拔时间表

环境温度/℃	抽拔时间/h	环境温度/℃	抽拔时间/h
20~10	5~8	30以上	3
10以下	8~12	20~30	3~5

4. 穿钢丝束

当梁体混凝土的强度达到设计强度的70%以上时,才可进行穿束张拉。穿束前,可用空压机吹风等方法清理孔道内的污物和积水,以确保孔道畅通。穿束工作一般采用人工直接穿束,工地上也可用一根 ϕ5mm 钢丝作为引线,用卷扬机牵引较长的束筋进行穿束。穿束时钢丝束从一端穿入孔道。钢丝束在孔道两头伸出的长度要大致相等。

目前最新的穿束方法是用专门的穿束机,将钢绞线从盘架上拉出后从孔道的一端快速地(速度为3~5m/s)推送入孔道,当戴有护头的束前端穿出孔道另一端时按规定伸出长度截断(用电动切线轮),再将新的端头戴上护头穿第二根,直穿到达到一束规定的根数。

5. 预应力锚具

常用后张法预应力锚具有钢质锥形锚具、螺纹端杆锚具、JM12型锚具、镦头锚具、星形锚具、群锚体系(OVM锚具、YM锚具)。有关预应力锚具的构造、主要参数和使用方法,参见相关规范或文献。

6. 锚垫板

锚垫板是后张法体系中的一个部件,其作用是将锚具传来的集中力分布到较大的混凝土承压面积上去。

为便于加工和安装,锚垫板一般为矩形。通常情况下,一块锚垫板上锚固一根钢丝束。当预应力锚固束相距很近时,也可将多根钢束锚固于同一块锚板上,如图10-16所示。

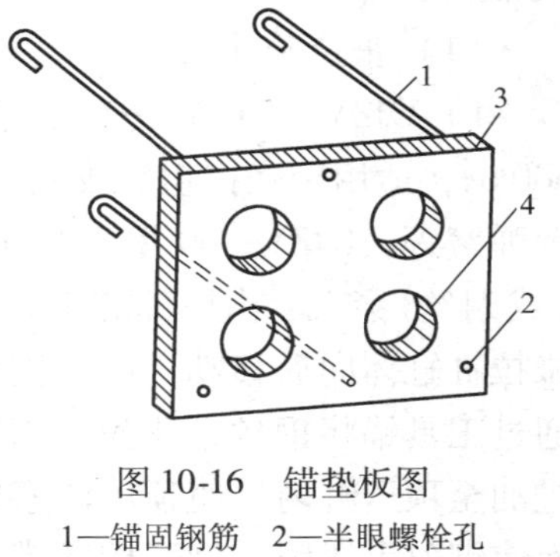

图10-16 锚垫板图

1—锚固钢筋 2—半眼螺栓孔 3—锚垫板 4—孔道

锚固垫板的厚度应不小于12mm,不宜太薄。太薄则受压后锚板将变形成锅底形,影响应力扩散,使混凝土局部挤压剧增,可能发生混凝土劈裂事故。锚固垫板的后方，应进行局部加强，加强的办法是设置螺旋式钢筋或附加横向钢筋网，其构造如图 10-17 所示。

施工时应严格控制使锚垫板与管道中心线垂直，否则，张拉时垫板将对混凝土产生侧向分力，也易使锚下混凝土劈裂。若锚垫板与管道中心线不垂直，应衬垫楔形垫板校正(见图 10-18)。

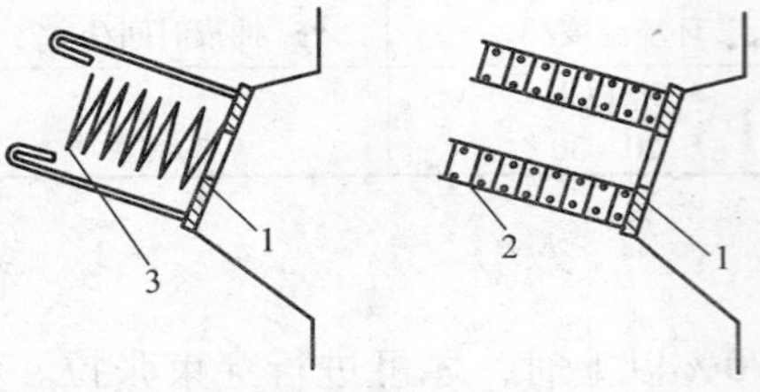

图 10-17　锚下放裂筋构造图

1—锚垫板　2—防爆式钢筋网　3—螺旋筋

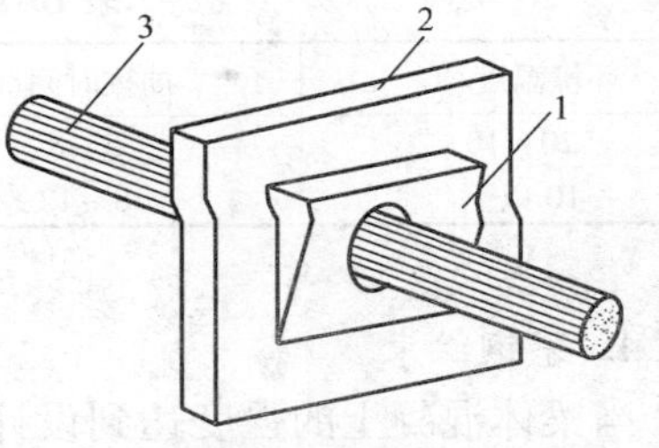

图 10-18　锚垫板上衬垫楔形垫板

1—楔形垫板　2—锚板　3—钢丝束

通常是将锚板浇筑在混凝上预制块件上。安装时事先将锚板用半眼螺钉固定在端头模板上，待混凝土浇筑完成后卸下与模板相连的螺钉，再脱去模板，此时锚垫板就固定在设计图所指定的位置。必须注意，因锚板后方带有螺旋筋或防爆裂钢筋网，浇筑混凝土时必须对板锚后的部分进行充分捣固，以避免蜂窝。

安装锚板的第二种方法是将其安放在预制块件的表面上。采用这种方法时，应该在锚板与混凝土之间干填砂浆。砂浆强度应不小于支承面混凝土强度，接缝厚度应限制在 5cm 之内。也可以采用环氧粘剂将锚板贴在支承面混凝土上。

7. 张拉设备

张拉设备包括张拉千斤顶、高压油泵和压力表，现就后张法预应力工艺中较常用的几种简介于下。

(1) 张拉千斤顶

1) GJZY—60(YC—60)型千斤顶。这是一种穿心式千斤顶，其张拉力为 600kN，适用于张拉粗筋或钢丝束。它的主要部分有张拉缸、顶压缸、顶压活塞及弹簧等。GJZY—60 型千斤顶的特点是：沿拉伸机轴心有一穿心孔道钢筋或(或钢丝)穿入后由尾部的工具锚锚固。张拉前由后油嘴进入张拉缸，这样迫使张拉缸缸体向后移动。由于钢丝束锚固在千斤顶尾部的工具锚上，因此千斤顶通过工具锚将钢丝束张拉。当钢丝束张拉所需长度时，关闭后油嘴，从前油嘴进油至顶压缸内。使顶压活塞向前伸移而顶住锚塞，并将锚塞压入锚圈中，从而使钢丝束锚固。打开后油嘴并继续从前油嘴进油，这时张拉缸向前移动，缸内油液回程。最后打开前油嘴，使顶压缸内的油液回程，顶压活塞由于复位弹簧的作用而复还原位。其工作原理如图 10-19 所示，主要技术指标列于表 10-2。

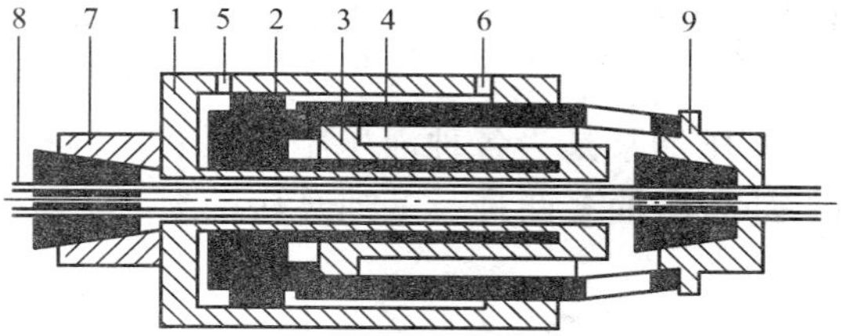

图 10-19　GJZY—60 型千斤顶

1—张拉缸　2—顶压缸　3—顶压活塞　4—弹簧　5—后油嘴
6—前油嘴　7—工具锚　8—钢丝　9—工作锚

表 10-2　张拉技术参数

型号	张拉力/kN	顶压力/kN	张拉行程/mm	顶压行程/mm	工作油压/MPa	外形尺寸(直径×长)/mm×mm	穿心孔径/mm	钳制钢丝数/根	生产厂
GJZY—60	600	350	200	50	32.0	ϕ220×500	55	24	柳州建筑机械厂
YC—170	635	330	180	60	28.0	ϕ360×875			西安筑路机械厂

2）YC—170 型三作用千斤顶。这是双作用千斤顶改进后的一种较适用的千斤顶。在构造上它比双作用千斤顶增加了一个退楔缸，同时由于在支撑体上设置了一组与楔体对应的翼板，从而使张拉、顶锚、退楔三项工作能全部由千斤顶承担。

三作用千斤顶使用于张拉用锥形锚具锚固的钢丝束。它主要由主缸套、主缸、小缸、退楔缸、大小活塞、弹簧、支撑体、夹盘、退楔翼板及对正套等组成。夹盘设在大缸套外，上有槽沟而用楔块将钢丝楔紧于夹盘内，如图 10-20 所示。

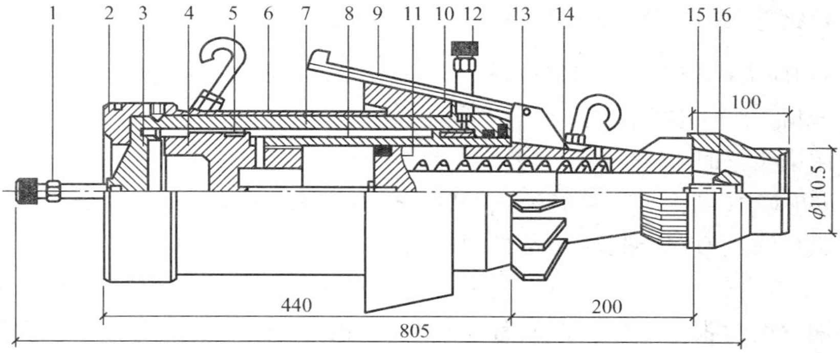

图 10-20　YC—170 型三作用千斤顶

1—后油嘴　2—主缸帽　3—主缸盖　4—活塞　5—主缸套　6—主缸
7—密封圈　8—小缸　9—楔块　10—夹盘　11—小活塞　12—前油嘴
13—支撑体　14—弹簧　15—对正套　16—球座

与 YC—170 型构造相似的尚有 850kN 三作用千斤顶、600kN 双作用千斤顶。另有 YCD—120、YCD—200 型千斤顶，可用于锚固钢绞线束，也可锚固高强钢丝束。

（2）高压油泵　高压油泵是为各种液压千斤顶及拉伸机供油用的，常用的有电动高压油泵和手动高压油泵两种。电动高压油泵又有立式和卧式两种。油泵又分柱塞式和齿轮式。

（3）油压表　对预应力筋（束）施加预拉力的过程，也就是张拉千斤顶在高压油液作用下进行工作的过程，正确测量和掌握油压的大小，不但直接影响预应力构件的质量，而且对安全生产也影响极大。油压表的种类很多。在预应力施工中，为了保证油压表读数有足够的准确度，并确保使用安全与不易损坏，一般均选用精度不低于 1.5 级的弹簧管油压表。其表面的最大读数，应为实际使用读数的 1.5～2.0 倍。

8. 张拉工艺

张拉前需做好千斤顶和压力表的校验，与张拉吨位相应的油压表读数和钢丝伸长量的计算、张拉顺序的确定和清孔、穿束等工作。应对千斤顶和油泵进行仔细检查，以保证各部分不漏油并能正常工作。画出油压表读数和实际拉力的标定曲线，确定预应力筋（束）中应力值和油压表读数间的直接关系。

后张式构件，长度等于或大于 25m 时及曲线预应力束宜用两端同时张拉工艺。只有短的构件时可用单端张拉，非张拉端用死锚头。

张拉程序随预应力筋（束）种类和锚具型式不同而不同。张拉高强钢筋和钢绞线时一般采用

0→初应力（画记号）→105% σ_k $\xrightarrow{\text{持荷 5min}}$ σ_k（量伸长、施锚）

张拉钢丝束（用弗氏锚）时

0→初应力（画记号）→105% σ_k $\xrightarrow{\text{持荷 5min}}$ σ_k→顶塞（施锚）→大小油缸回零（量伸长和回量）→给油退楔

采用镦头锚时

0→初应力（画记号）→105% σ_k→0→σ_k（量伸长、施锚）

采用自锚式 OVM 锚具、YM 锚具时

0→初应力（画记号）→σ_k（量伸长）→103% σ_k（施锚）

各钢丝束的张拉顺序，应对称于构件截面的竖直轴线，同时考虑不使构件的上下缘混凝土应力超过允许值。

张拉时钢筋或钢丝应力用油压表读数来控制，同时量伸长量作校核。根据应力与伸长的比例关系，实测的伸长量与计算的伸长量相差不应大于 5%。

为使油压表读数正确反映千斤顶拉力，应规定千斤顶、油压表标定制度，如千斤顶每月或张拉超过 100 次或多次出现断丝现象时要进行校验。换油压表后也要重新标定。

9. 孔道压浆和封锚

压浆目的是防护构件内的预应力筋（束）免于锈蚀，并使它们与构件相粘结而形成整体。

压浆是用压浆机（拌和机加水泥泵）将水泥浆压入孔道，务使孔道从一端到另一端充满水压浆，并且不使水泥浆在凝结前漏掉。为此需在两端锚头上或锚头附近的构件上设置连接带阀压浆嘴的接口和排气孔。

水泥浆内往往使用塑化剂（或掺铝粉），以增加水泥浆的流动性。使用铝粉能使水泥浆凝固时的膨胀稍大于体积收缩，因而使孔道能充分填满。

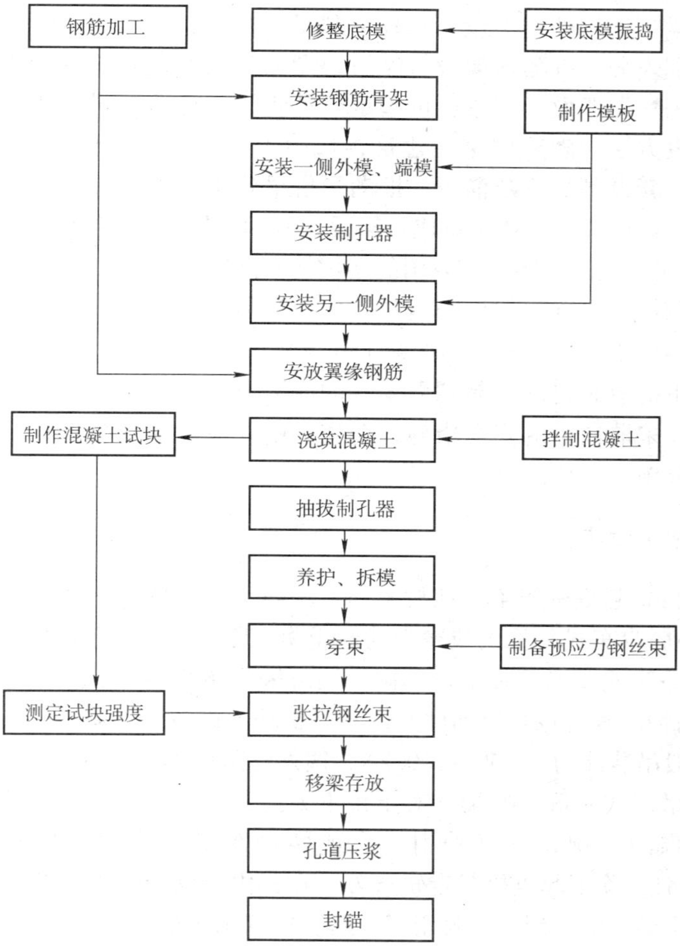

图 10-21　后张法 T 形梁预制工艺流程

压浆前先压水冲洗孔道，然后从压浆嘴慢慢压入水泥浆，这时另一端的排气孔有空气排出，直至有水泥浆流出为止，关闭压浆和出浆口的阀门。

施锚后压浆前需将预应力筋(束)露于锚头外的部分(张拉时的工作长度)截除。压浆后将所有锚头用混凝土封闭，最后完成梁的预制工作。

后张法T形梁构件预制的工艺流程表示如图10-21所示。

10.3 装配式简支梁(板)桥的安装

预制梁(板)桥的安装是装配式桥梁施工中的关键性工序。应结合施工现场条件、桥梁跨径大小、设备能力等具体情况，从节省造价、加快施工速度和充分保证施工安全等方面来合理选择架梁的方法。

简支式梁、板构件的架设，不外乎起吊、纵移、横移、落梁等工序。从架梁的工艺类别来分，有陆地架设、浮吊架设和利用安装导梁或塔架、缆索的高空架设等，每一类架设工艺中，按起重、吊装等机具的不同，又可分成各种独具特色的架设方法。随着国家在建筑领域中工业化和机械化程度的不断提高，架桥新工艺、新设备的不断涌现，推动了桥梁施工技术的进步。在修建洛阳黄河公路桥中，曾用大型架桥设备成功架设了67孔共355片跨度为50m、重量达1300kN的预应力混凝土梁，使我国的架桥技术接近了世界水平。

必须强调指出，桥梁架设既是高空作业又需要使用重而大的机具设备，在操作中如何确保施工人员安全和杜绝工程事故，这是工程技术人员的重要职责。因此，在施工前应研究制定周到而妥善的安装方案，详细分析和计算承力设备的受力情况，采取周密的安全措施，在施工中并应加强安全教育，严格执行操作规程和加强施工管理工作。

10.3.1 陆地架设法

(1) 自行式起重机架梁　在桥不高，场内又可设置行车便道的情况下，用自行式起重机(汽车式起重机或履带式起重机)架设中、小跨径的桥梁十分方便(见图10-22a)。此法视吊装重量不同，还可采用单吊(一台起重机)或双吊(两台起重机)两种。其特点是机动性好，不需要动力设备，不需要准备作业，架梁速度快。一般吊装能力为150~1000kN，国外已出现4100kN的轮式起重机。

(2) 跨墩门式起重机架梁　对于桥不太高，架桥孔数又多，沿桥墩两侧铺设轨道不困难的情况，可以采用一台或两台跨墩门式起重机来架梁(见图10-22b)。此时，除了起重机行走轨道外，在其内侧尚应铺设运梁轨道，或者设便道用拖车运梁。梁运到后，就用门式起重机起吊、横移，并安装在预定位置。当一孔架完后，起重机前移，再架设下一孔。在水深不超过5m、水流平缓、不

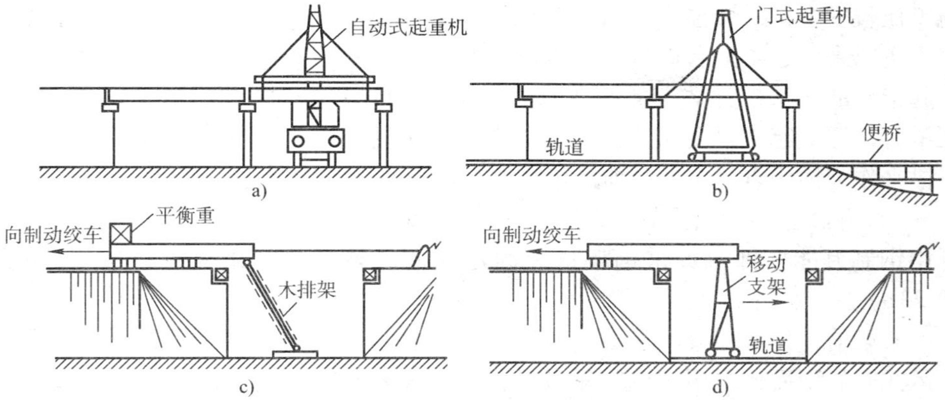

图 10-22　陆地架梁法

通航的中小河流上，也可以搭设便桥并铺轨后用门式起重机架梁。

（3）摆动排架架梁　用木排架或钢排架作为承力的摆动支点，由牵引绞车和制动绞车控制摆动速度。当预制梁就位后，再用千斤顶落梁就位。此法适用于小跨径桥梁（见图 10-22c）。

（4）移动支架架梁　对于高度不大的中、小跨径桥梁，当桥下地基良好能设置简易轨道时，可采用木制或钢制的移动支架来架梁（见图 10-22d）。随着牵引索前拉，移动支架带梁沿轨道前进，到位后再用千斤顶落梁。

10.3.2　浮式起重机架设法

（1）浮式起重机船架梁　在海上和深水大河上修建桥梁时，用可回转的伸臂式浮式起重机架梁比较方便（见图 10-23a）。这种架梁方法，高空作业较少，

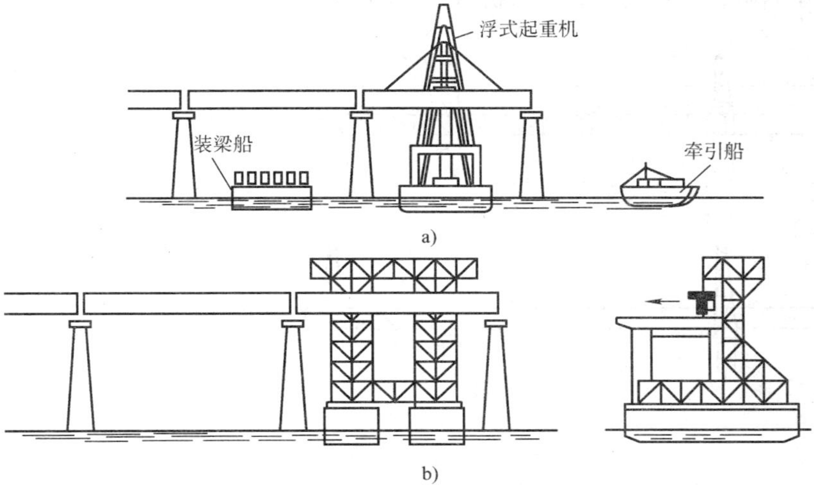

图 10-23　浮吊架梁法

施工比较安全，吊装能力也大，工效也高，但需要大型浮式起重机。鉴于浮式起重机船来回运梁航行时间长，要增加费用，故一般采取用装梁船储梁后成批一起架设的方法。浮式起重机架梁时需在岸边设置临时，码头来移运预制梁。架梁时，浮式起重机要认真锚固。如流速不大时，则可用预先抛入河中的混凝土锚来作为锚固点。国外目前采用浮式起重机的吊装能力已达30000kN。

（2）固定式悬臂浮式起重机架梁　在缺乏大型伸臂式浮式起重机时，也可用钢制万能杆件或贝雷钢架拼装固定式的悬臂浮式起重机进行架梁（见图10-23b）。

架梁前，先从存梁场吊运预制梁至下河栈桥，再由固定式悬臂浮式起重机接运并安放稳妥，再用拖轮将重载的浮式起重机拖运至待架桥孔处，并使浮式起重机初步就位。将船上的定位钢丝绳与桥墩锚系，慢慢调整定位，在对准梁位后就落梁就位。在流速不大，桥墩不高的情况下，用此法架设30m的T形梁或T形刚构挂梁都很方便。

不足之处是，每架一片梁浮式起重机都要拖至河边栈桥处去取梁，这样不但影响架梁的速度，而且也增加了浮式起重机来回拖运的经济耗费。

10.3.3　高空架设法

（1）联合架桥机架梁　此法适合于架设中、小跨径的多跨简支梁桥，其优点是不受水深和墩高的影响，并且在作业过程中不阻塞通航。联合架桥机由一根两跨长的钢导梁、两套门式起重机和一个托架（又称蝴蝶架）三部分组成（见图10-24）。导梁顶面铺设运梁平车和托架行走的轨道。门式起重机顶横梁上设有吊梁用的行走小车；为了不影响架梁的净空位置，其立柱底部还可做成在横向内倾斜的小斜腿，这样的门式起重机俗称拐脚龙门架。

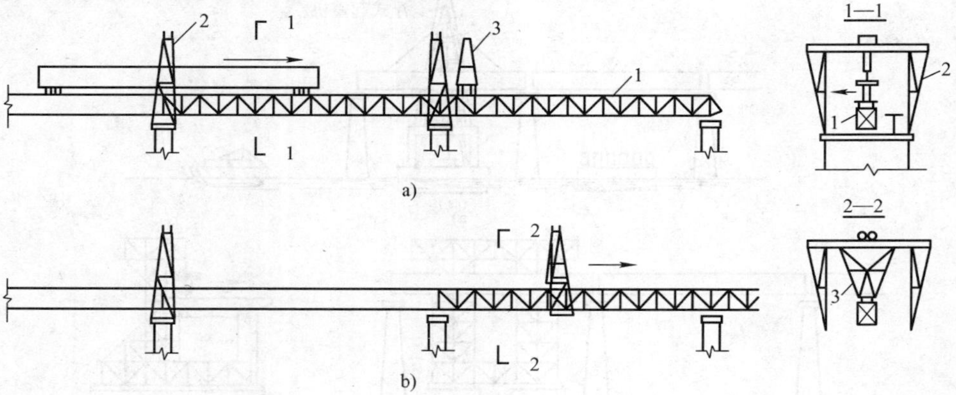

图10-24　联合架桥机架梁

1—钢导梁　2—门式起重机　3—托架（运送门式起重机用）

架梁操作工序如下：①在桥头拼装钢导梁，铺设钢轨，并用绞车纵向拖拉导梁就位；②拼装蝴蝶架和门式起重机，用蝴蝶架将两个门式起重机移运至架梁孔的桥墩(台)上；③由平车轨道运送预制梁至架梁孔位，将导梁两侧可以安装的预制梁用两个门式起重机起吊、横移并落梁就位(见图 10-24a)；④将导梁所占位置的预制梁临时安放在已架设的梁上；⑤用绞车纵向拖拉导梁至下一孔后，将临时安放的梁架设完毕；⑥在已架设的梁上铺接钢轨后，用蝴蝶架顺次将两个门式起重机托起并运至前一孔的桥墩上(见图 10-24b)。如此反复，直至将各孔梁全部架设好为止。

用此法架梁时作业比较复杂，需要熟练的操作工人，而且架梁前的准备工作和架梁后的拆除工作比较费时。因此，此法用于孔数多、桥较长的桥梁比较经济。

(2) 闸门式架桥机架梁　在桥高、水深的情况下，也可用闸门式架桥机(或称穿巷式起重机)来架设多孔中、小跨径的装配式梁桥。架桥机主要由两根分离布置的安装梁、两根起重横梁和可伸缩的钢支腿三部分组成(见图 10-25)。安装梁用四片钢桁架或贝雷桁架拼组而成，下设移梁平车，可沿铺在已架设梁顶面的轨道行走。两根型钢组成的起重横梁支承在能沿安装梁顶面轨道行走的平车上，横梁上设有带复式滑车的起重小车。

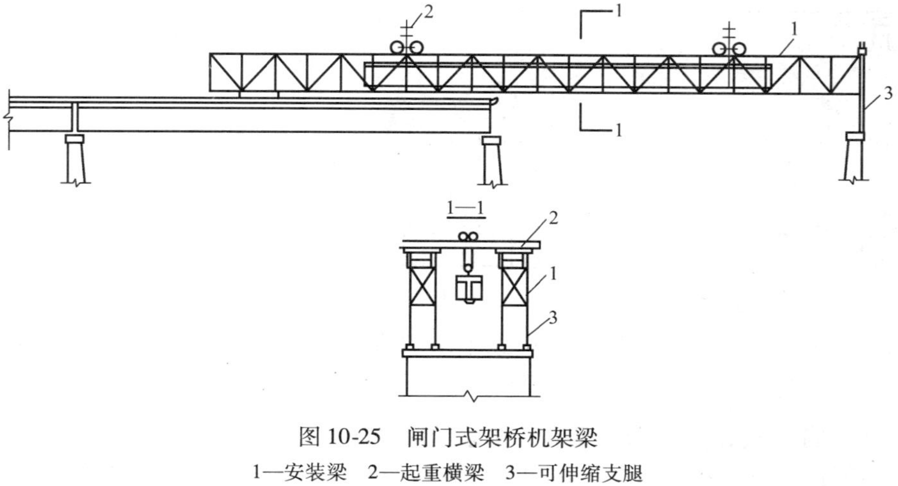

图 10-25　闸门式架桥机架梁
1—安装梁　2—起重横梁　3—可伸缩支腿

其架梁步骤为：①将拼装好的安装梁用绞车纵向拖拉就位，使可伸缩支腿支承在架梁孔的前墩上(安装梁不够长时可在其尾部用前方起重横梁吊起预制梁作为平衡压重)；②前方起重横梁运梁前进，当预制梁尾端进入安装梁巷道时，用后方起重横梁将梁吊起，继续运梁前进至安装位置后，固定起重横梁；③借起重小车落梁安放在滑道垫板上，并借墩顶横移将梁(除一片中梁外)安装就位；

④用以上步骤并直接用起重小车架设中梁，整孔梁架完后即铺设移运安装梁的轨道。重复上述工序，直至全桥架梁完毕。

用此法架梁，由于有两根安装梁承载，起吊能力较大，可以架设跨度较大较重的构件。我国已用这种类型的起重机架设了全长 51m、重 131t 的预应力混凝土 T 形梁桥。当梁较轻时用此法就可能不经济。

(3) 宽穿巷式架桥机架梁　图 10-26 表示用宽穿巷式架桥机架梁的示意图。其结构特点是：在起重机支点处用强大的倒 U 形支承横梁来支承间距放大布置的两根安装梁(见图 10-26,中剖面 1—1)。在此情况下，横截面内所有主梁都可由起重横梁上的起重小车横移就位，而不需要墩顶横移的费时工序。安装梁可用贝雷钢架或万能杆件拼组，当它前移行走时应将两台起重横梁移至尾端起平衡压重的作用。其他架梁步骤与闸门式架桥机架梁基本相同。由于宽穿巷架桥机的自重很大，所以当它沿桥面纵向移动时，一定要保持慢速，并注意观察前支点的下挠度，以保证安全。

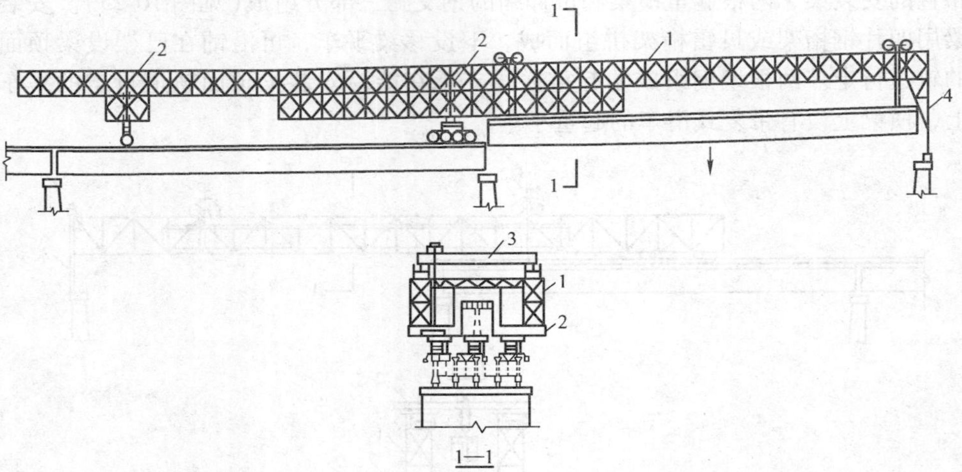

图 10-26　宽穿巷式架桥机架梁

1—安装梁　2—支承横梁　3—起重横梁　4—可伸缩支腿

(4) 自行式起重机桥上架梁　在梁的跨径不大、重量较轻、且预制梁能运抵桥头引道上时，直接用自行式伸臂起重机(汽车式起重机或履带式起重机)来架梁甚为方便(见图 10-27a)。显然，对于已架桥孔的主梁，当横向尚未联成整体时，必须核算起重机通行和架梁工作时的承载能力。此种架梁方法，几乎不需要任何辅助作业。

(5)“钓鱼法”架梁　利用设在一岸的扒杆或塔柱用绞车牵引预制梁前端，扒杆上设复式滑车，梁的后端用制动绞车控制，就位后用千斤顶落梁(见图

10-27b）。此法仅适用于架设小跨径梁，安装前应验算跨中的反向弯矩。

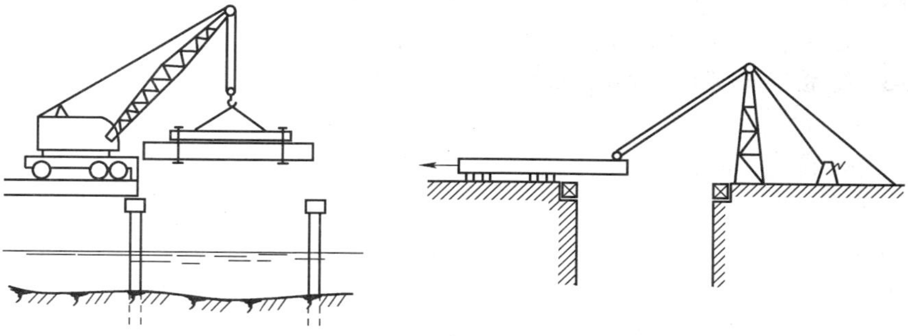

图 10-27　小跨径梁的架设

（6）木扒杆架梁　此法仅适用于小跨径较轻构件的架设，且其起吊高度和水平移动范围均不大，如图 10-28 所示。架梁时，在桥孔两边各设置一套人字摇头扒杆，将预制梁两端各系于摇头扒杆的起吊钢索上，用绞车牵引；后徐徐进入桥孔，然后落梁就位。预制梁在纵向移动时后端也应有制动绞车来控制前进速度，以策安全。

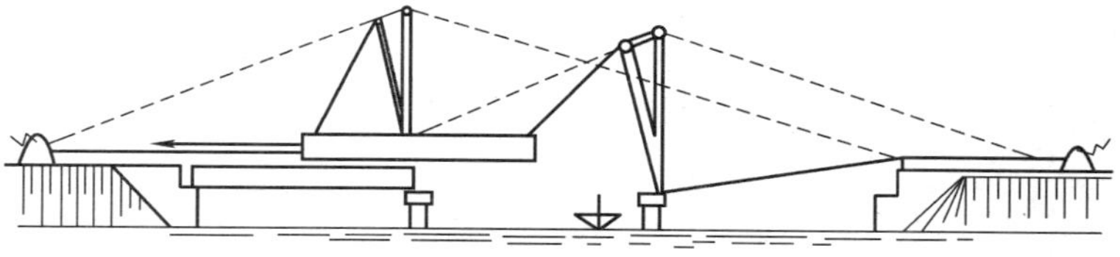

图 10-28　木扒杆吊装

本章小结

本章主要介绍：装配式梁桥的特点有加速施工进度，结构用钢量略为增大，提高工程质量和需要吊装设备；构件制作方法分类有立式预制与卧式预制，固定式预制与活动台车预制和先张法与后张法；构件运输方法有场内运输和场外运输；装配式简支梁桥的安装方法有联合架桥机架梁、闸门式架桥机架梁、宽穿巷式架桥机架梁、自行式起重机桥上架梁、“钓鱼法”架梁、木扒杆架梁、固定式悬臂浮式起重机架梁、浮式起重机船架梁、移动支架架梁、摆动排架架梁、跨墩门式起重机架梁、自行式起重机架梁。

思考题和习题

10-1　装配式梁桥有何主要特点？

10-2 常见的预制构件的分块方式有哪些？其特点有哪些？

10-3 常见的预制构件的接头(缝)形式有哪些？其特点如何？

10-4 简述先张法及后张法预应力筋张拉的程序。

10-5 简述几种较常用的吊用方法的特点，并描述其吊装过程。

第11章 拱桥施工

11

11.1 概述

拱桥施工的方法大体分为有支架施工法和无支架施工法两类。有支架施工法是指在事先设置的拱架上进行桥体的砌筑、浇注、安装。无支架施工法是指在无法设置拱架或设置拱架不合理的情况下，借助一定的设备直接架设桥梁，包括缆索吊装施工法、转体施工法、悬臂施工法、劲性骨架施工法、塔架施工法等。

不同形式的拱桥可采用不同的施工方法，主要根据跨径大小、桥梁所处环境、地形条件、施工技术能力与施工条件、施工工期及经费情况进行综合考虑。圬工拱桥，无疑是采用支架施工，有条件时也可采用“土牛拱胎”施工。钢筋混凝土肋拱、箱形板(肋)拱桥可采用支架法、缆索吊装法、转体法、悬臂法、劲性骨架法、塔架法施工。钢管混凝土拱桥，一般采用缆索吊装、转体法或支架法(对小跨径)架设骨架，然后灌注管内混凝土。桁架拱桥，根据跨径大小可考虑采用支架安装、缆索吊装、转体、悬臂安装施工。刚架拱桥，主要采用支架(或少支架)，吊装施工。钢拱桥施工可采用支架(拼装)法、缆索吊装法、转体法、悬臂法等。

11.2 有支架施工

石拱桥、混凝土预制块拱桥以及现浇混凝土(钢筋混凝土)拱桥，都采用有支架的施工方法修建，其主要施工工序有材料的准备、拱圈放样(包括石拱桥拱石的放样)、拱架制作与安装、拱圈及拱上建筑的砌筑等。本节着重介绍后两个内容。

拱桥材料的选择，应满足设计要求和有关施工规范(或规定)的要求。对于石拱桥，石料的准备(包括开采、加工和运输等)是决定施工进度的一个重要环节，也在很大程度上影响桥梁的造价和质量。特别是料石拱圈，拱石规格繁多，所费劳动力也很多。为了加快桥梁建设速度，降低桥梁造价，减少劳动力消耗，可以采用小石子混凝土砌筑片石、大卵石等多种方法修建拱桥。

拱圈或拱架的准确放样，是保证拱桥符合设计要求的基本条件之一。石拱桥的拱石，要按照拱圈的设计尺寸进行加工，为了保证尺寸准确，需要制作拱石样板。现在一般都是采用放出拱圈(肋)大样的办法来制作样板的，即在样台上将拱圈按 1:1 的比例放出大样，然后用木板或锌铁皮在样台上按分块大小制成样板，并注明拱石编号(见图 11-1)，以利加工。

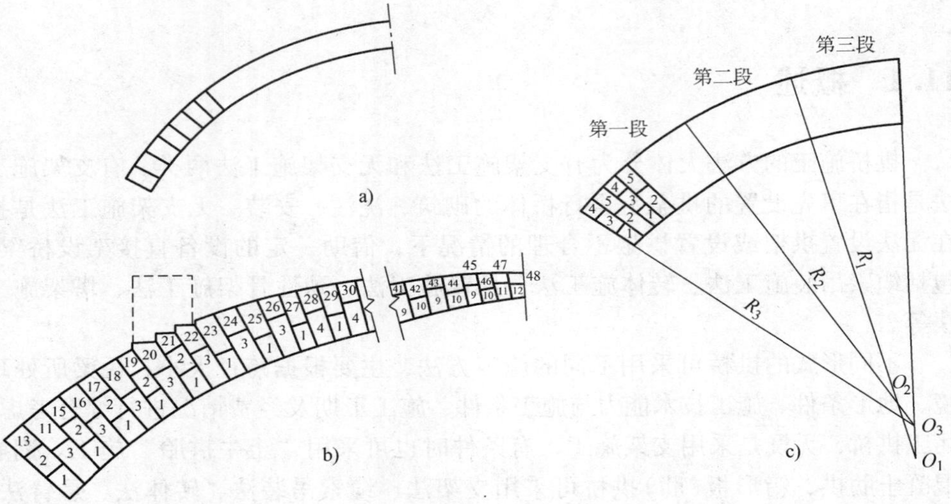

图 11-1 拱石编号

样台必须保证在施工期间不发生过大变形，便于施工过程中对样板进行复查，一般可以利用现成的球场或晒坪作样台。对于左右对称的拱圈，为了节省场地，可只放出半孔大样。常用的放样方法有直角坐标法、多圆心法等。拱弧分点越多，用这种方法放出的拱圈尺寸越精确(如某净跨径 100m 的箱形拱桥，为了提高放样精度，半跨拱圈由原设计的 12 分点增加到 32 分点)。

11.2.1 拱架构造及安装

11.2.1.1 木拱架

1. *木拱架的主要形式*

木拱架多用于可设中间支架的桥孔，一般有排架式、撑架式、扇形式及木桁架式等。前三者跨中或多或少设有支点，统称满布式，后者则可完全不设支点。

排架式木拱架如图 11-2 所示，其排架间距小，结构简单且稳定性好，适用于干岸、河滩上流速小、不受洪水威胁的、不通航的河流上的桥孔。

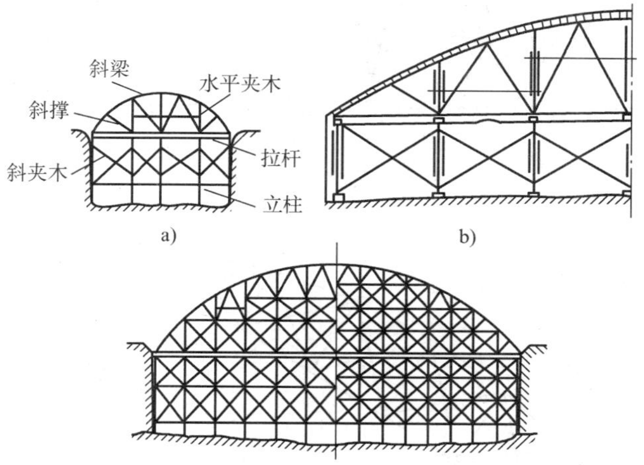

c)

图 11-2 排架式木拱架

撑架式木拱架，如图 11-3 所示，其结构较为复杂，但支点间距可较大，能节省木料。

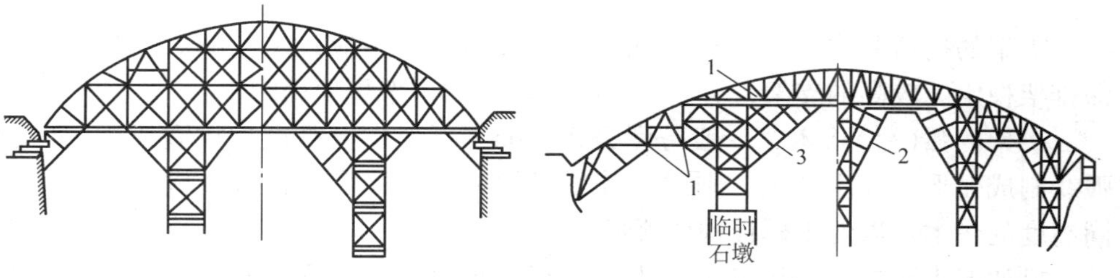

a) b)

图 11-3 撑架式木拱桥

a）$L=40\sim60$m b）$L=70\sim90$m

1—卸架装置 2—斜撑 3—横向斜夹木

扇形式木拱架比撑架式更复杂，但支点间距可以比撑架式加大些，当设置中间支架有困难，或者拱度很大时采用较为适宜，其构造形式如图 11-4 所示。

经常性通航、水域较深或墩台较高的桥孔，可采用木桁架式木拱架，其构造形式如图 11-5 所示。

2. 拱架的构造

满布式木拱架由上下两部分组成，下部为支架，上部为拱架，两者之间为卸架装置。

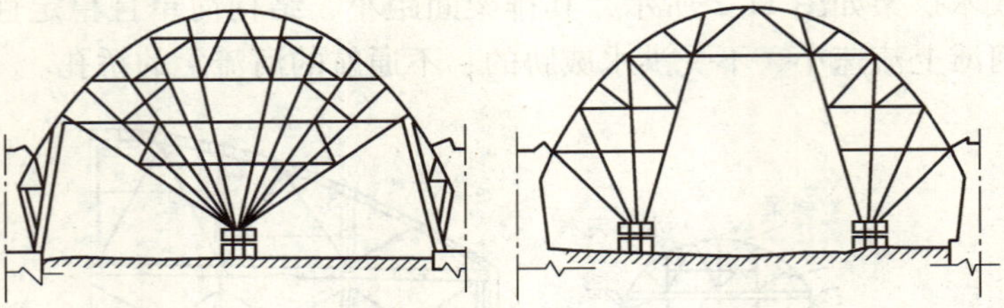

图 11-4 扇形拱架

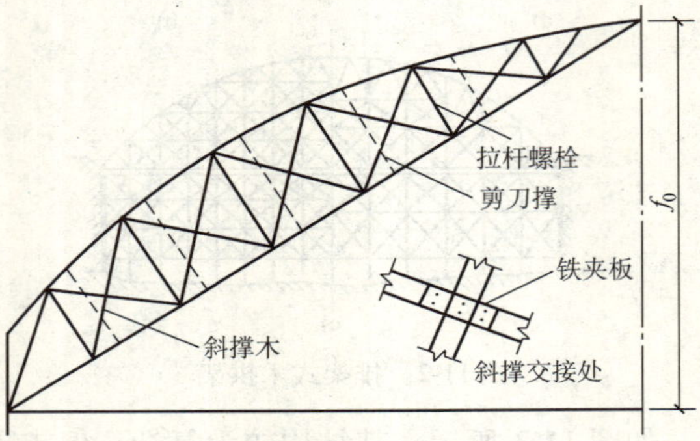

图 11-5 三铰木桁拱架($L=40\sim60$m)

注：下弦风钩未示出。

支架的构造基本上与木桥相同，但在纵横方向均应设水平撑和斜撑，以确保排架稳定。较高的支架，可采用方木；较轻的拱架可使用圆木。

拱架的弧(弓)形木，一般跨度为 2 ~ 3m。弧形木上缘应按拱圈或拱肋内侧弧线制成弧形。如用斜梁，则须在其顶缘加钉一块弧形盖板或在横梁下设置不同高度的垫木，以便于模板构成弧形。

拱架的水平拉杆，当跨度不大、矢高较小时，可设置于起拱线的水平位置上；当跨度和矢高均较大时，可提高拉杆的位置。

拱架横向间距依拱圈质量而定，一般为 1.2 ~ 1.7m。间距较大时，模板下须设置横梁，其间距一般可为 0.6 ~ 0.7m。各片拱架间须以水平夹木联结。

拱架的卸落设备，一般设置于拱架水平拉杆与支架帽木间上下立柱相对应处；跨径较大时，可设于弧形木下支点处，当为扇形拱架或木桁拱架时，则设置于拱架支点之下。

拱架各杆件的联结应紧密，可用铁夹板、硬木夹板或螺栓等铁件或硬木联结，桁式拱架尚须采用榫接。一般拱架上应力较小部位的杆件可用圆钉、扒锯钉等简易铁件联结。杆件用夹板和螺栓等的联结方法如图 11-6 所示。

3. 支架基础

支架基础必须稳固，承重后应能保持均匀沉降且沉降值不得超过预计范围。

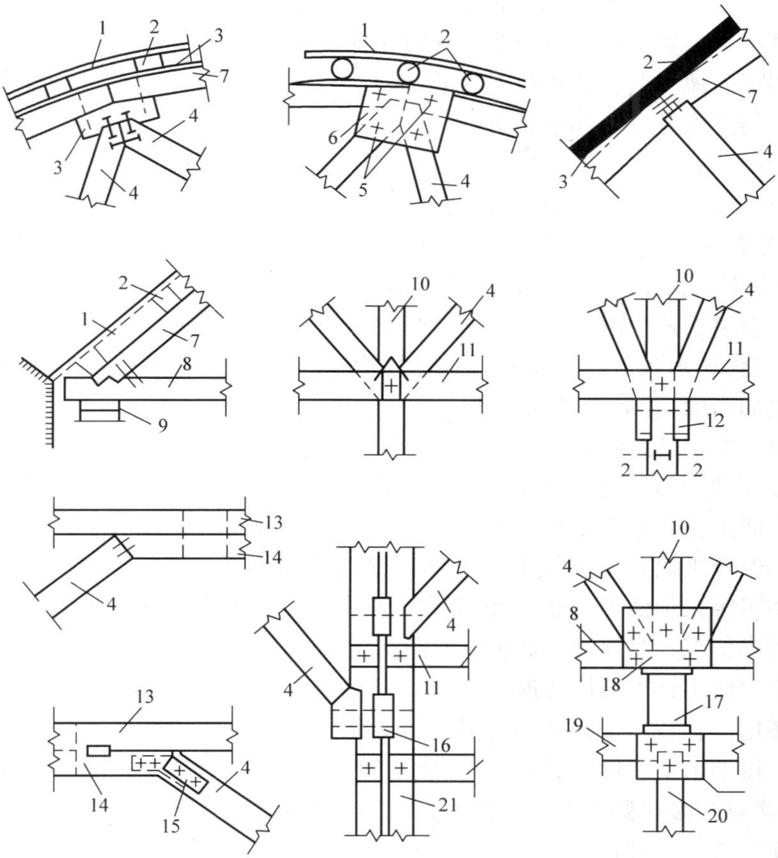

图 11-6 满布式木拱架节点构造

1—模板 2—横梁 3—填木 4—斜撑 5—螺栓 6—铁(木)板 7—弓形木 8—拉梁 9—卸架设备 10—立柱 11—水平夹木 12—垫木 13—纵梁 14—托梁 15—夹板 16—键 17—砂筒 18—夹板 19—模木 20—桩或柱 21—框架立柱

基础为石质时，应挖去表土，将柱根处岩面凿低、凿平。基础为密实土壤时，如在施工期间不致被流水冲刷，可采用枕木、石块铺砌或浇混凝土作基础，如施工期间可能被流水冲刷，或为松软土质时，须采用桩基或框架结构或其他加固措施。

基础承重后的预计沉降值可按载重试验确定，应不大于在计算预拱度时采用的基础下沉值。

4. 拱架的制作及安装

拱架的弧(弓)形木及立柱等主要杆件和木桁架的各杆件，应采用材质较强、无损伤及湿度不大的木材。拱桥制作及安装时，应以基础牢固、立柱正直、节点联结紧密为主要原则。高拱架应特别注意其横向稳定性。

拱架可就地拼装，或根据起吊设备能力，预拼成组件后再进行安装。满布式木拱架的制作及安装程序如下：

1）在平台上，按拱圈内弧线加预拱度放出拱模弧线，并将拱模弧线分成段，定出弧形木接头位置和排架、斜撑、拉杆的中心线。

2）在样台上量出各杆件尺寸，制作各杆件大样。

3）在支架及卸落设备上操平，定出拉杆水平线。

4）安装拉杆、立柱、斜撑、夹木及弧形木等杆件。

5）在弧形木各节点上操平(包括预拱度)，准确地按拱模弧线(减去模板、垫木和横梁的高度)控制弧形木高度。

11.2.1.2 工字梁钢拱架

工字梁钢拱架可采用两种形式：一种为有中间木支架的钢木组合拱架，一种为无中间木支架的活用钢拱架。

钢木组合拱架在木支架上用工字钢梁代替木斜梁，可加大斜梁的跨度，减少支架。工字梁顶面可用垫木垫成拱模弧线。但在工字梁接头处应适当留出间隙，以防拱架沉降时顶死。此种拱架的支架常采用框架式。

工字梁活用钢拱架构造形式如图11-7所示。此种构造构成简单，拼装方便，可重复使用。它适用于河流需保持畅通、墩台较高、河水较深或地质条件较差的桥孔。拱架由工字钢梁基本节(分成几种不同长度)、楔形插节(由同号工字钢截成)、拱顶铰及拱脚铰等基本构件组成。工字钢与工字钢或工字钢与楔形插节可在侧面用角钢和螺栓联结，在上下面用拼接钢板联结。基本节一般用两个工字梁横向平行组成。用基本节和楔形插节连成拱圈全长时即组成一片拱架。

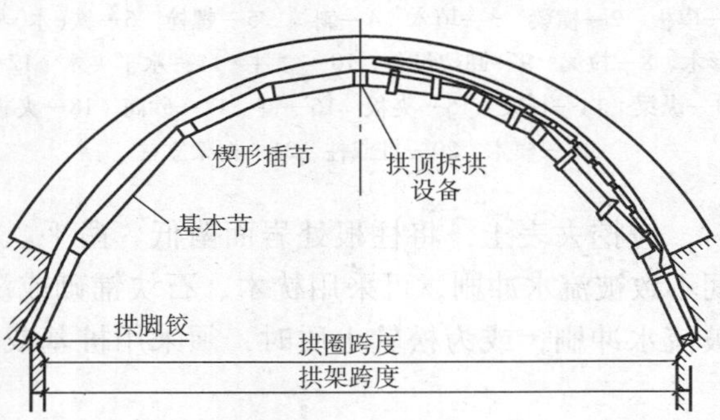

图11-7 工字梁活用钢拱架

选配适当的工字钢长度和楔形插节节数，可使拱架用于多种曲度和跨度的拱。横桥方向需用的拱架片数，应根据拱圈宽度和重量来确定。拱片间可用角钢或木杆等杆件联结，卸拱时，可采用拱顶复式楔、拱脚砂筒或弧形木下的木楔等卸拱设备。

工字梁活用钢拱架，一般是将每片拱架先组成两个半拱片，然后安装就位。在架设每个拱片时，应先同时将左半拱、右半拱两段拱片吊至一定高度，并将拱片脚纳入墩台缺口或预埋的工字梁支点上与拱座铰联结，然后安装拱顶卸顶设备进行合拢。拱片的吊装，可用设在墩台顶面的人字摇头扒杆联合起吊，其方法如图 11-8 所示。

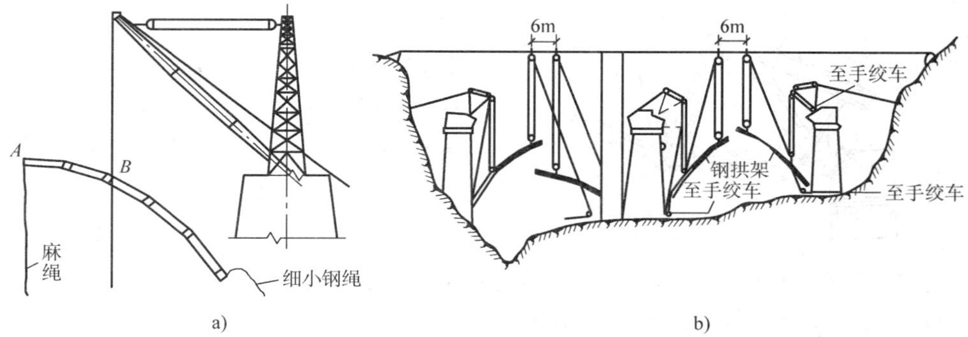

图 11-8 工字梁钢拱架吊装示意

a）活动扒杆吊装 b）缆索及人字摇头扒杆联合吊装

11.2.1.3 钢桁架拱架

1. 结构类型

（1）常备拼装式桁架型拱架 此种拱架由标准节、拱顶节、拱脚节及联结杆等以钢销联结组成。以纵横向联结将两拱架联结成一组，即可作为砌筑、浇注或吊装一片拱肋的支架。用变换联结杆长度的方法来调整曲度与跨度，其构造如图 11-9 所示。

（2）装配式公路钢桥桁节拼装拱架 在配装式公路钢桥桁节上弦接头处加上一个不同长度的钢铰接头，即可拼成用于多种曲度和跨度的拱架。拱架两端应另外加设拱脚节及支座，以构成双铰拱架，为使完工后卸架方便，应在弧形木下设置木楔。拱架的横向稳定则需依靠各片拱架间的抗风拉杆、撑木以及风缆等设备，拱架构造如图 11-10 所示。

（3）万能杆件拱架 万能杆件经补充一部分带钢铰的联结短杆后，可用它拼装拱架。拼装时先拼成桁节，再用长度不同的联结短杆连成折弧形。

（4）万能杆件桁架、装配式公路钢桥桁架或军用梁与木拱盔组合拱架 此种拱架由万能杆件桁架、装配式公路钢桥桁架或军用梁构成的支架及其上面的帽木、立柱、斜撑、横梁及弧形木等杆件构成。其挠度可通过试验求得或在拱架安装后进行预压实测。2000 年竣工的世界最大跨径（146m）石拱桥——山西丹

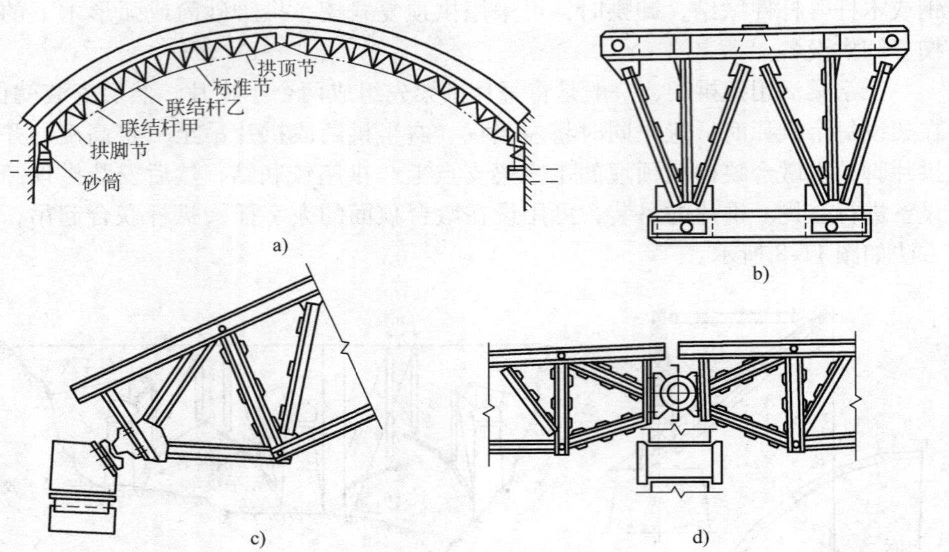

图 11-9 常备拼装式桁架型拱架

a）常备拼装式 b）标准节 c）拱脚节 d）拱顶节

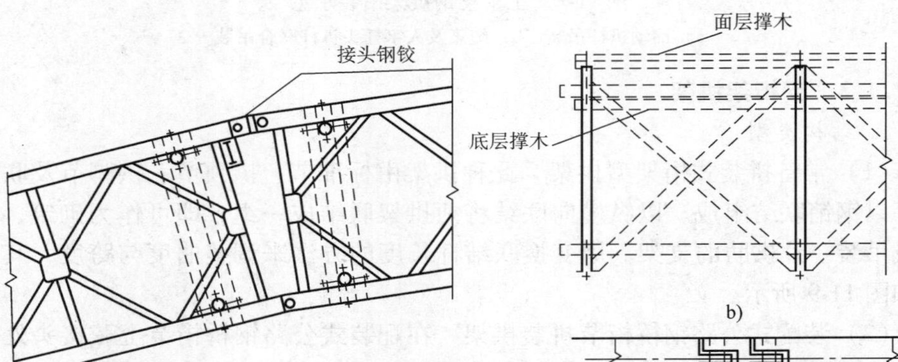

图 11-10 装配式公路钢桥桁节拼装拱架

a）桁节联结 b）拱架横向联结 c）钢铰接头平面

河大桥就是采用此种拱架，如图 11-11 所示。

（5）万能杆件桁架、装配式公路钢桥桁架或军用梁与钢管脚手架组合拱架 此种拱架由万能杆件桁架、装配式公路钢桥桁架或军用梁构成的支架与钢管脚手架拱盔组成。2001 年竣工的河南许沟大桥（220m 钢筋混凝土箱形拱）就是

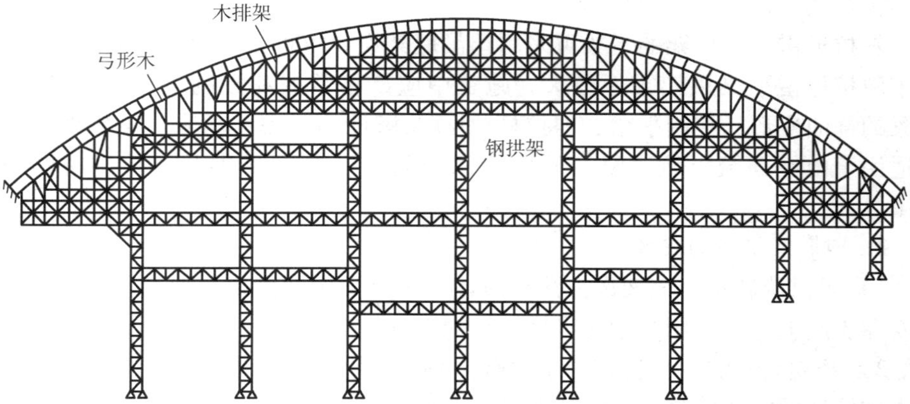

图 11-11 丹河大桥拱架

采用这种拱架进行现浇施工的，图 11-12 所示为某 60m 拱的组合拱架示意。

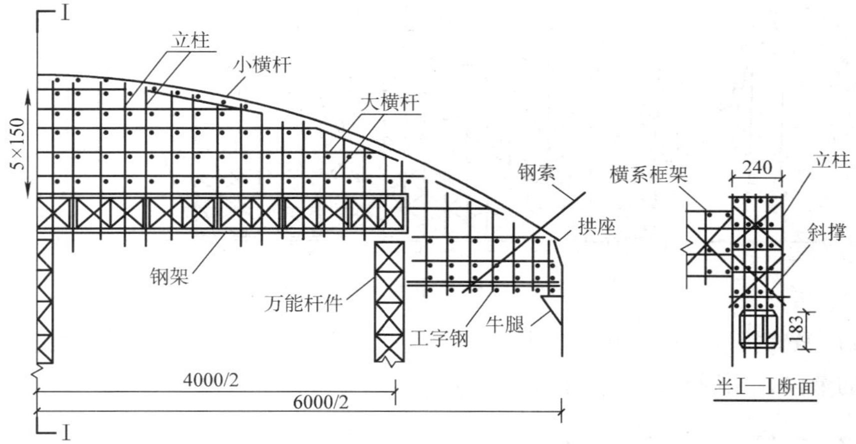

图 11-12 组合拱架

（6）斜拉贝雷平梁拱架 如图 11-13 所示，斜拉贝雷平梁拱架可用于一跨或几跨连续施工的情况。在距边墩一定位置设一临时墩，在中间墩墩顶各设一个塔柱，塔柱顶端伸出斜拉杆（索）拉住贝雷平梁，平梁上设拱盔，形成几孔连

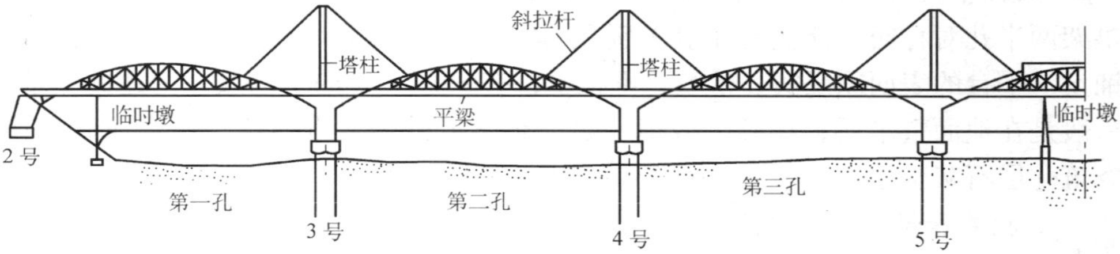

图 11-13 斜拉贝雷平梁拱架

续的斜拉式贝雷平梁拱架结构。

斜拉贝雷平梁拱架的平梁可采用浮吊船架设，也可采用悬臂扒杆节段拼装。由于斜拉贝雷平梁拱架柔性较大，施工中应严格掌握和控制对称加载及塔柱、平梁的挠曲变形，控制平梁、斜拉杆(索)及塔柱的受力不超限。该拱架能较好地适用于山区河流、航道复杂地段或深谷间施工的刚架拱及其他拱桥的现浇施工。

2. 钢桁架拱架的安装

1）半拱旋转法，该架设方法与前述工字梁活用钢拱架相似，但起吊前拱脚先安在支座上，然后用拉索使半拱拱架向上旋转合拢。

2）竖立安装法，在桥跨内于两端拱脚上，垂直地拼成两半孔拱架，再以绕拱脚铰旋转的方法安放至设计位置进行合拢。

3）浮运安装法，在水流比较平稳的河流上，可采用浮运安装法，钢拱架浮运安装就位如图 11-14 所示。

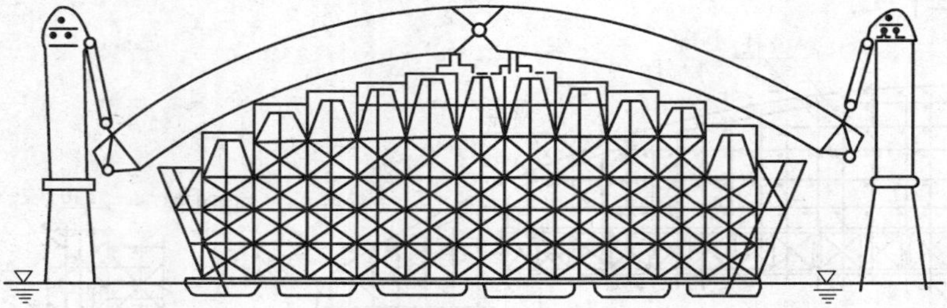

图 11-14　钢拱架浮运安装就位示意

4）悬臂拼装法，适用于拼装式桁架型拱架。拼装时从拱脚起逐节进行。拼装好的节段，用滑车组系吊在墩台塔架上。

11.2.2　拱架、拱圈施工放样

1. 放样平台的铺设

大、中悬链线拱桥施工，一般均须先在放样台上放出拱圈大样，以确定拱块形状尺寸、拱圈分段位置以及各种构件的位置和尺寸。大样比例一般采用 1:1。放样平台可选择桥位附近较为平坦和宽敞的场所。平台的面积，在拱圈和拱架两半孔对称时，能满足半孔的需要即可；两半孔不对称时须按全孔的需要铺设。平台的表面须坚实、平整、不积水，有 3% ~5% 的单向坡。为达此要求，一般是在地面整平后，在其上夯填一层三合土或砂砾，再铺抹一层水泥砂浆或夯筑一层石灰土。

2. 拱圈和拱肋放样方法

拱圈和拱肋一般用坐标法放样。放样主要步骤及注意事项如下：

1）如图 11-15 所示，以拱顶为原点，用经纬仪放出 x-x 及 y-y 两坐标基线及 A-A、B-B、C-C、D-D 等辅助线，并以对角线校核。

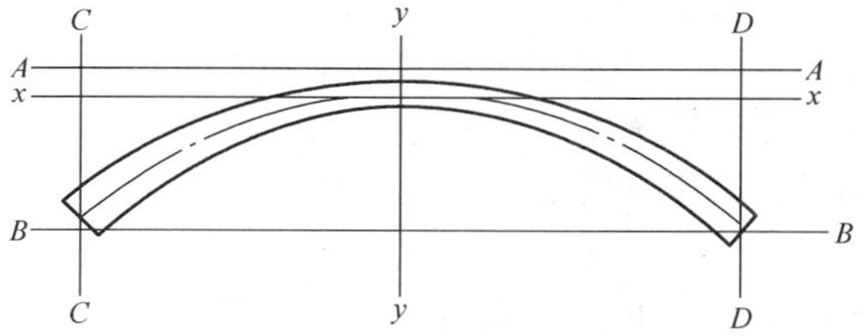

图 11-15　拱圈坐标法放样

2）按拱轴曲线方程算出拱轴线及内外弧线各预定点的纵横坐标。

3）以坐标基线及辅助线为基准，用经纬仪及钢尺（用标准的或统一的）放出或用细钢丝定出各预定点并量出加预拱度值后的各点。

4）预先制作的曲线板将各点联结起来即可绘出拱圈的设计弧线和加预拱度后的弧线。曲线板按拱弧线半径制作，当为悬链线拱圈时，可将弧线近似地换算为多心圆，然后算出各段弧线的圆心角及半径。图 11-16 所示为多心圆弧计算图式。

5）弧线绘出后，检查弧线长度和控制点坐标的对角线长度，拱圈和拱肋水平长度误差及拱轴线偏差均不宜大于计算跨度的 1/2000 或设计要求，否则须进行调整。

6）在使用期间能保持线条清晰，弧线应以不同颜色油漆标记牢固。

7）据放出的拱圈弧线即可设计拱架、确定拱块尺寸或计划混凝土拱圈分段、确定空缝位置以及安排预埋构件位置等。

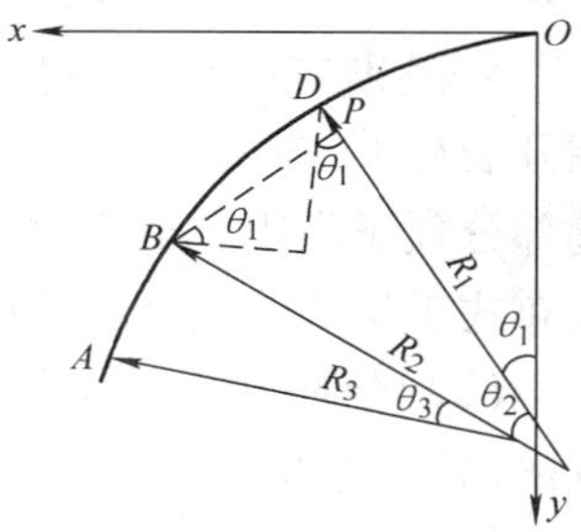

图 11-16　多心圆弧计算图式

根据放出的拱圈或拱肋大样和拱架大样即可制作各种样板。拱圈和拱肋样板，要求轻便、牢固和不变形，一般采用杉木制作桁架式样板。所用样板须刨薄、风干。

11.2.3　砖石拱圈及拱上建筑的砌筑

在拱架上砌筑拱圈时，拱架将随荷载的增加而不断变形，有可能使已砌筑圬工产生裂缝。为了保证在整个砌筑过程中，拱架的受力均匀，变形最小，使拱圈的质量符合设计要求，必须选择适当的砌筑方法和顺序。一般可根据跨径的大小分别采用不同繁简程度的砌筑方法。

在多跨连拱拱桥的施工中，应考虑与邻孔的对称均衡问题，以防桥墩承受过大的单向推力。因此，当为拱式拱架时，应适当安排各孔砌筑程序；当为满布式拱架时，应适当安排各孔拱架的卸落程序。

1. 拱圈按顺序对称砌筑

跨径16m以下的拱圈，当采用满布式拱架施工时，可以从拱脚至拱顶一次按顺序对称地砌筑，在拱顶合拢；当采用拱式拱架时，对跨径10m以下的拱圈，应在砌筑拱脚的同时，预压拱顶以及拱跨1/4部位。

2. 拱圈三分法砌筑

（1）分段砌筑　采用满布式拱架砌筑、跨径在16~25m的拱圈和采用拱式拱架砌筑、跨径在10~25m的拱圈，可采取每半跨分成三段的分段对称砌筑方法。每段长度不宜超过6m，分段位置一般在1/4点及拱顶(3/8点)附近。当为满布式拱架时，分段位置宜在拱架节点上。如图11-17所示，先对称地砌Ⅰ段和Ⅱ段，后砌Ⅲ段，或各段同时向拱顶方向对称地砌筑，最后砌筑拱顶石合拢。

跨径大于25m时，应按跨径大小及拱架类型等情况，在两半跨各分成若干段、均匀对称地砌筑。每段长度一般不超过8m。具体分段方法应按设计规定，无规定时应通过验算确定。

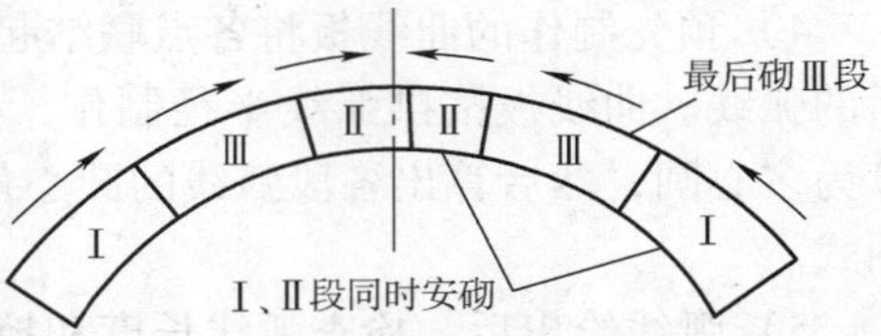

图11-17　分段砌筑(跨径小于25m)

分段砌筑时应预留空缝，以防拱圈开裂(由于拱架变形而产生的)，并起部分预压作用。空缝数量视分段长度而定。一般在拱脚附近、1/4点、拱顶及满布式拱架的节点处必须设置空缝。

（2）分环砌筑　较大跨径石拱桥的拱圈，当拱圈较厚、由三层以上拱石组成的(跨径146m的丹河桥分五层砌成)，可将全部拱圈分成几环砌筑，砌一环合拢一环。当下环砌完并养护数日后，砌缝砂浆达到一定强度时，再砌筑上环。按此方法砌筑时，下环可与拱架共同负荷上环之重量，因而可减轻拱架的荷载。其所能减轻拱架荷载的数值，须依所分环数、上下环厚度和砌缝砂浆硬化程序等情况而定。分环砌筑时各环的分段方法、砌筑程序及空缝的设置等，与一次砌筑完成时相同，但上下环间应相接。

（3）分阶段砌筑　砌筑拱圈时，为争取时间和使拱架荷载均匀、变形正常，有时在砌完一段或一环拱圈后的养护期间，工作并不间歇，而是根据拱架荷载平衡的需要，紧接着将下一拱段或下一环层砌筑一部分。此种前后拱段和上下环层分阶段交叉进行的砌筑方法，称为分段砌筑法。

不分环砌筑拱圈的分阶段方法，通常是先砌拱脚几排，然后同时砌筑拱顶、拱脚及1/4点等拱段。上述三个拱段砌到一定程度后，再均匀地砌筑其余拱段。

分环砌筑的拱圈，可先将拱脚各环砌筑几排，然后分段分次砌筑其余环层。在砌完一环后，利用其养护期。砌筑次一环拱脚之一段，然后砌筑其余环段。

图 11-18 所示为一孔净跨 30m、矢跨比 1/5 的单层拱圈分阶段砌筑示例，其中在第二段时应在 1/4 点下方压两排拱石。

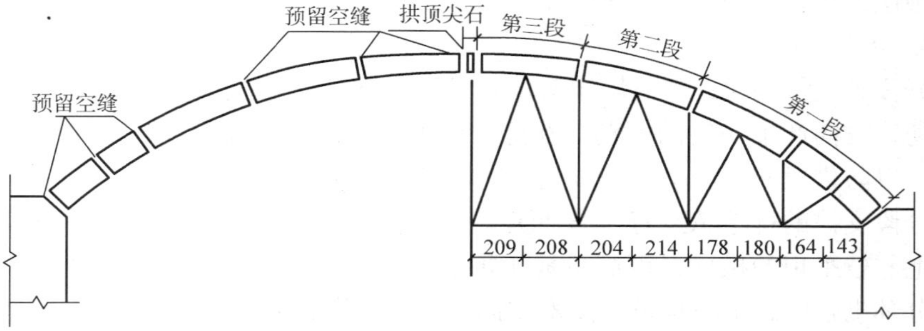

图 11-18 30m 单层拱圈分阶段砌筑

图 11-19 所示为一孔净跨 65m、矢跨比 1/6 的石拱圈分阶段砌筑实例。

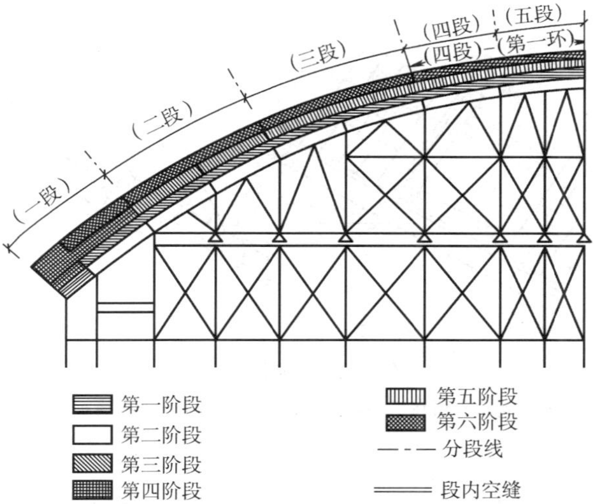

图 11-19 65m 石拱圈分阶段砌筑实例

较大跨径拱圈的分阶段砌筑方法，一般在设计文件中有规定，应按设计文件的规定进行。

3. 预加压力砌筑

预加压力砌筑是砌筑前在拱架上预加一定重量，以防止或减少拱架弹性和非弹性下沉的砌筑方法。此法对于预防拱圈产生不正常变形和开裂较为有效。所需压重材料以利用拱圈本身准备使用的拱石较为简便和节省。加压顺序应与计划砌筑顺序一致。砌筑时，应尽量利用附近压重拱石就地安砌，随撤随砌，使拱架保持稳定。在采用刚性较强的拱架时，可仅预压拱顶。预压拱顶时，可将拱石堆放在该段内，或当时即将该段砌筑完。

压重材料不能利用拱石时，也可采用砂袋等其他材料。对于刚性较差的拱架，预压须均匀地进行，不可单纯压顶。

4. 分段支撑

分段砌筑拱圈时，如拱段倾斜角大于石块与模板间摩擦角(约 20°)，则拱段将在切线方向产生一定的滑动。在这种情况下，必须在拱段下方临时设置分段支撑，以防拱段向下滑动。分段支撑所需强度应通过计算求出。

分段支撑的构造依支撑强度而定。强度较大时，须制成三角支撑并支撑于拱架上。较平坦的拱段，可简单地用横木、立柱、斜撑木等支撑于拱架或模板上。分环砌筑时，上环也可用撑木支撑在下环的拱石上。

三角撑应在拱圈放样平台上按拱圈弧形放样制作。三角撑的构造如图 11-20 所示，但各三角撑间之横挡木应在立柱处断开，以便于逐个拆除。三角撑在安装时，须防止螺栓孔过松，并须将螺栓拧紧。

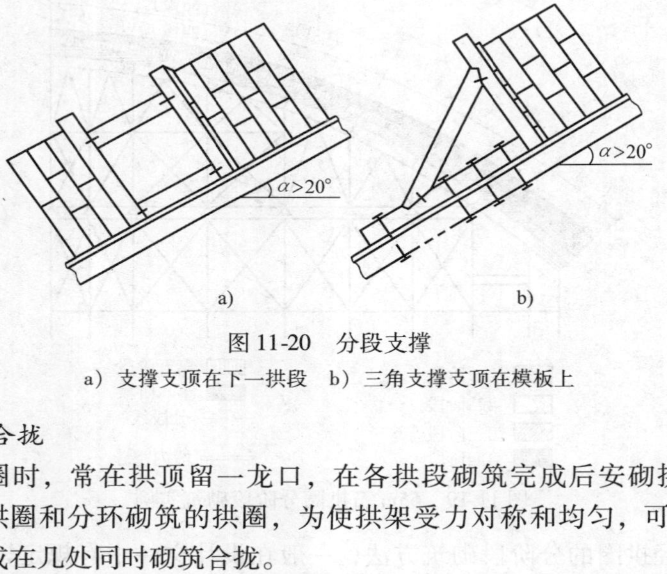

图 11-20　分段支撑

a）支撑支顶在下一拱段　b）三角支撑支顶在模板上

5. 拱圈合拢

砌筑拱圈时，常在拱顶留一龙口，在各拱段砌筑完成后安砌拱顶石合拢。分段较多的拱圈和分环砌筑的拱圈，为使拱架受力对称和均匀，可在拱圈两半跨的 1/4 处或在几处同时砌筑合拢。

为防止拱圈因温度变化而产生过量的附加应力，拱圈合拢应按设计规定的温度和时间进行。设计无规定时，宜选择在接近当地年平均温度时或昼夜平均温度(一般为 10～15℃)时进行。

6. 拱上砌体的砌筑

拱上砌体的砌筑，必须在拱圈砌筑合拢和空缝填塞后，经过数日养护，使砌缝砂浆强度达到30%时才能进行。养护一般不少于三昼夜，跨径较大时应酌情延长。

砌筑实腹式拱的拱上砌体时，如图11-21所示，应将侧墙等拱上砌体分成几部分，由拱脚向拱顶对称地作台阶式砌筑。拱腹填料可随侧墙砌筑顺序及进度进行填筑。填料数量较大时，宜在侧墙砌完后再分部进行填筑。实腹式拱应在侧墙与桥台间设伸缩缝使两者分开。多跨拱桥应在桥墩顶部设伸缩缝使两侧侧墙分开。

为防止空腹拱桥的腹拱受到主拱圈卸落拱架时的变形影响，可在主拱圈砌完后，先砌腹拱横墙，然后待卸落拱架后，再砌筑腹拱拱圈。腹拱上的侧墙，应在腹拱拱铰处设置变形缝。

较大跨径拱桥桥上砌体的砌筑程序，一般在设计文件中均有规定，应按设计文件的规定进行。

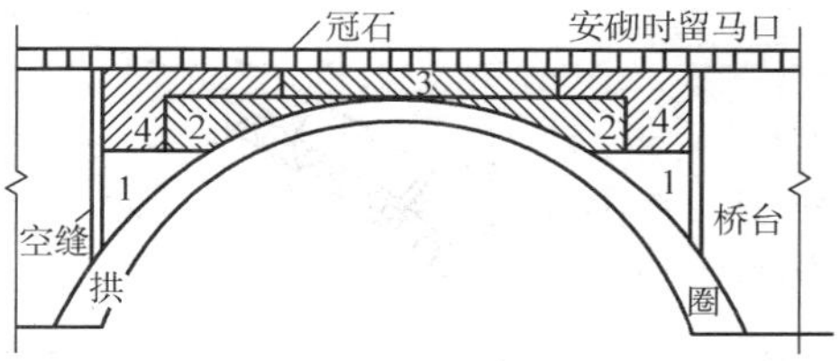

图11-21 砌筑实腹式拱的拱上砌体

11.2.4 钢筋混凝土拱圈就地浇注

11.2.4.1 浇注程序

1. 上承式拱桥

浇注一般可分三个阶段进行。第一阶段，浇注拱圈(拱肋)及拱上立柱的柱脚；第二阶段，浇注拱上立柱、联结系及横梁等；第三阶段浇注桥面系。后一阶段的混凝土应在前一阶段混凝土具有一定的强度后才能浇注。拱圈或拱肋的拱架，可在拱圈混凝土强度达到设计70%以上后，在第二阶段或第三阶段开始前拆除。但应事先对拆除拱架后拱圈的稳定性进行验算。

2. 下、中承式拱桥

按拱肋、桥面系及吊杆三个阶段进行浇注，并注意下列事项：

1）吊杆的钢筋或钢丝束、锚环应在上弦混凝土浇注前穿挂于上弦钢筋骨架上。

2）悬挂式的桥面系，应在上弦拱架拆除后才能浇注混凝土。

3）在桥面混凝土达到能承受荷载的强度后，拆除支架(吊架)横梁下的木楔，降落支架变为由吊杆的钢筋骨架式钢丝束系吊状态。然后在桥面上加上全部设计荷载，使吊杆钢筋或钢丝束产生应有的应力，以减少吊杆混凝土的拉应力。

4）吊杆钢筋或钢丝束产生应有的应力后，即可浇注吊杆混凝土。吊杆混凝土应对称浇注，待其强度达到设计的100%后，再进行钢丝束的张拉工作。

图 11-22 所示为一座中承式钢筋混凝土拱桥的浇注程序。

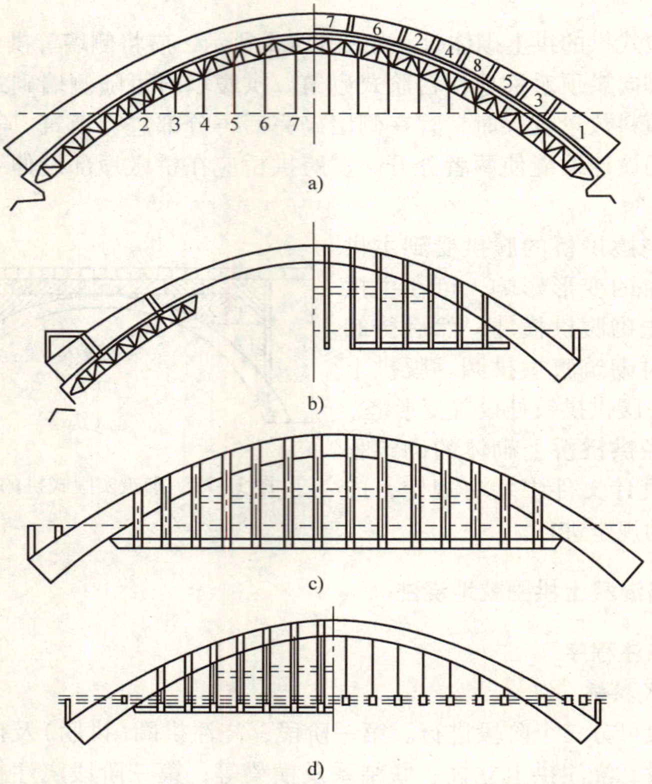

图 11-22　中承式钢筋混凝土拱桥的浇注程序

a）装吊杆钢丝束，工肋浇注，图中数字为浇注顺序

b）除拱架，浇注拱上刚架混凝土，安装桥面为支架

c）浇注桥面系，浇注吊杆混凝土　d）吊杆预加应力，拆除支架

3. 系杆拱桥

首先浇注拉杆（下弦）和桥面系混凝土，然后在桥面上安装拱架，浇注拱肋混凝土，最后浇注吊杆混凝土。吊杆钢筋应在浇注拉杆和拱肋混凝土之前安装完毕，并在浇注吊杆混凝土前承受全部设计荷载。

另一种程序为在全部拉杆钢筋安装完毕并联结两支点的情况下，首先浇注拱肋和两支点端节，在拱肋的拱架卸落与拉杆钢筋受力后，再浇注拉杆和桥面系混凝土。吊杆钢筋的安装和受拉条件与前相同。

11.2.4.2　拱部浇注

1. 连续浇注

跨度 15m 以内的拱圈（拱肋）混凝土，应自两侧拱脚向拱顶对称连续地浇注，且在拱脚处混凝土初凝以前完成。如预计不能在限定的时间内完成，则须在拱脚处留一隔缝最后浇注。

薄壳拱的壳体混凝土，一般由四周向中央进行浇注。

2. 分段浇注

跨度大于15m的拱圈(拱肋)，减少混凝土的收缩应力和避免因拱架变形产生裂缝，应采取分段浇注的方法。拱段的长度一般为6～15m。划分拱段时，必须使拱顶两侧能保持均匀和对称。在拱架挠曲线为折线的拱架支点、节点等处，一般宜设置分段点并适当预留间隙缝。如预计变形较小且采取分段间隔浇注时，也可以减少或不设间隔缝。间隔缝的位置应避开横撑、隔板、吊杆及刚架节点等处。间隔缝的宽度以便施工操作和钢筋联结为度，一般为30～100cm。间隔缝内的混凝土，为缩短拱圈合龙和拱架拆除时间，可采用标号比拱圈高一级的半干硬性混凝土。

拱段的浇注程序应符合设计规定，在拱顶两侧对称地进行，为使拱架变形保持均匀应事先按工作缝进行处理。填充间隔缝合拢的时间应符合下列条件；

1）拱圈混凝土强度应达到设计的50%以上。

2）合拢时温度应符合设计要求，一般应接近当地的年平均气温或在5～15℃。

3. 箱形截面拱圈或拱肋的浇注

箱形截面拱圈或肋拱，一般采取分环、分段的浇注方法。分段的方法与上述方法相同。分环的方法一般是分成两环或三环。分两环浇注时，先分段浇注底板，然后分段浇注肋墙、隔墙与顶板。分三环浇注时，先分环填充间隔缝合拢和全拱完成最后一次填充间隔缝合拢两种不同的合拢方法。分环填充间隔缝合拢时，已合拢的环层可产生拱架作用。在浇注上面环层时可减轻拱架作用和拱架负荷，但工期较一次合拢的方法较长。采用最后一次合拢方法时，仍必须一环一环地浇注，但不是浇完一环合拢一环，而是留待最后一起填充各环间隔缝合拢。此时，上下环间隔逢应互相对应和贯通。其宽度一般为2m左右，有钢筋接头的间隔缝为4m左右。

一孔146m跨径的箱形拱圈分环(三环)和分段(九段)浇注方法如图11-23所示。

4. 拱肋联结系浇注

对各拱肋同时浇注和卸落拱架的情况，各拱肋横向联结系应与拱肋浇注同时施工并卸落拱架；对各拱肋非同时浇注和卸落拱架的情况，应在各拱肋卸架后再浇注横向联结系。

拱上立柱的柱脚、接头钢筋以及横板底座和拉杆的接头钢筋或钢丝束的穿孔，应在浇注拱肋混凝土时按设计位置留置。

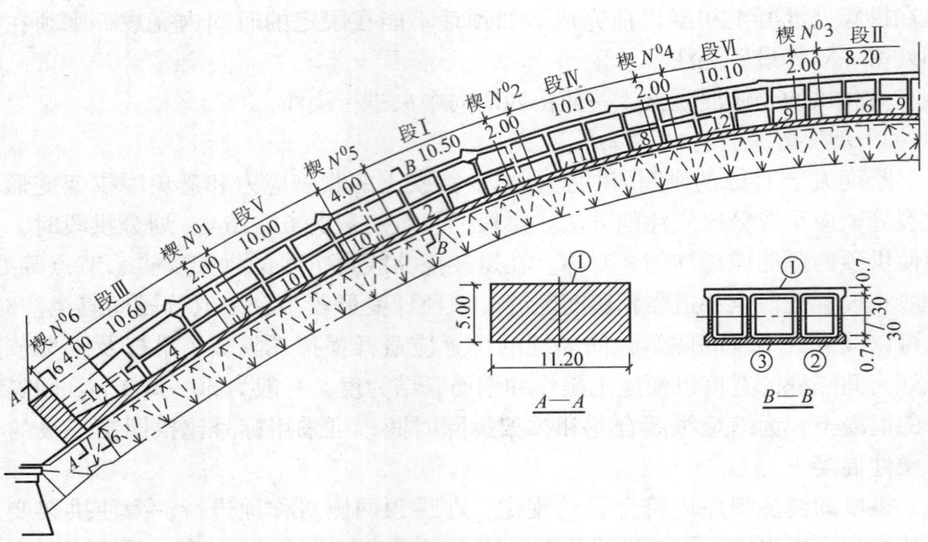

图 11-23 箱形拱圈分环分段浇注(尺寸单位:m)

5. 拱圈和拱肋钢筋的绑扎

1）拱脚钢筋绑扎。无铰拱钢筋混凝土拱圈(拱肋)的主钢筋常须伸入墩台内，因此在浇注墩台混凝土时应按设计要求的位置和深度将其端部预埋入混凝土内。为便于预埋，主钢筋端部可截开，但须使各根钢筋的接头按规定错开。

2）钢筋接头布置。为适应拱圈在浇注过程中的变形，主钢筋或钢筋骨架一般不应使用通长的钢筋，应在适当位置的间隔缝中设置接头。最后浇注的间隔缝则为必设接头之处。

3）绑扎顺序。分环浇注时，可分环绑扎。分环绑扎时，各项预埋钢筋应临时加以固定，并在浇注混凝土前进行检查和校正。

11.2.4.3 拱上建筑

1. 钢筋与模板

为简化在拱圈或拱肋上进行的作业，拱上结构的钢筋宜预先拼成骨架，模板宜预先组成整块或整体。钢筋骨架和整体式模板可用缆索式起重机运至拱上安装。

2. 混凝土浇注

拱上建筑应自拱顶向拱脚或自拱脚向拱顶对称地进行。大跨径拱桥拱上建筑的浇注程序，按拱肋最有利的受力情况进行。

立柱混凝土应从底到顶一次浇成，其顶端之施工缝应设在横梁承托之底面。当立柱上横梁与桥面板直接时，横梁应与立柱同时浇注。梁与板一般应同时浇注，当不得已先后分开浇注时，其工作缝应设在板肋底面上。桥面混凝土应在前后伸缩缝间一次浇完。

11.3 无支架施工

在峡谷或水深流急的河段上，或在通航河流上，或在施工中可能受到漂流物撞击威胁（洪水季节）等情况下修建拱桥，以及采用有支架的方法施工将会遇到很大困难或很不经济时，就宜考虑采用无支架施工方法，如缆索吊装施工、转体施工、悬臂施工、劲性骨架施工、塔架施工等。

11.3.1 缆索吊装施工

缆索吊装施工是指采用缆索结构（单跨或双跨）吊运、安装桥梁的施工方法。缆索吊装具有跨越能力大，水平和垂直运输机动灵活，适应性广（用途多样），施工稳妥、方便等优点，因而得到广泛采用，尤其在修建大跨径或连续多孔拱桥中更能显示这种施工方法的优越性。缆索吊装施工主要用于预制安装的钢筋混凝土拱桥，同时在劲性骨架施工拱桥的骨架安装、拱上结构安装、桁架、刚架拱桥施工，甚至一般跨径的悬索桥加劲梁安装中得到广泛运用。目前，缆索（吊装）跨度可达500m以上，并由单跨缆索发展到双跨连续缆索，最大连续跨径已达2×400m。最大吊装重量已超过100t，能够顺利地吊装跨径达160m的分段预制箱形拱桥以及跨径更大的其他形式拱桥。经过三十多年的工程实践，缆索架桥设备已配套、完善，并成套生产。下面主要针对钢筋混凝土拱桥加以说明。

在采用缆索吊装的拱桥上，为了充分发挥缆索架桥设备的作用，拱上建筑（结构）构件也应尽量采用预制，以提高桥梁工业化施工的水平，加快桥梁建设速度。例如，主桥全长1250m的长沙湘江大桥，17孔共408节拱肋和其中8孔76m跨径的拱上建筑预制构件（立柱、盖梁、腹拱圈等）全部由两套缆索式起重机吊装，仅用了65个工作日就完成安装。这对于加快大桥建设速度、减少施工用材、降低造价等方面都起了很大作用。

拱桥缆索吊装施工大致包括拱肋（箱）预制、移运和吊装，拱上结构构件预制与吊装、桥面系施工等主要工序。可以看出，拱桥缆索吊装施工除缆索吊装设备以及拱肋（箱）和拱上结构构件的预制、移运和吊装等几道工序外，其余工序与有支架施工方法相同（或相近）。因此本节主要介绍缆索吊装施工的特点，基本内容同样适用于其他无支架施工方法。

11.3.1.1 缆索吊装设备

缆索吊装设备适用于高差较大的垂直吊装和架空纵向运输，吊运量自几吨、几十吨至上百吨，纵向运距自几十米、几百米至上千米。常用于运送预制构件进入桥孔安装，其设备可自行设计，就地制造安装，亦可购置现成的缆索架桥设备(以下简称缆索设备)运往工地安装。

吊装梁式桥的缆索吊装系统是由主索、天线滑车、起重索、牵引索、起重机及牵引绞车、主索地锚、塔架、风缆等主要部件组成。吊装拱桥的缆索吊装系统则除了上述各部件之外，还有扣索、扣索排架、扣索地锚、扣索绞车等部件。其布置形式如图 11-24 所示。

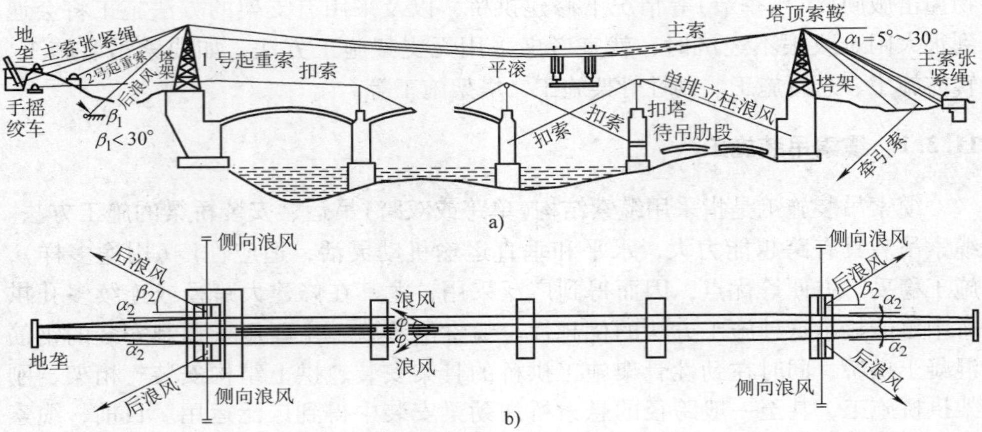

图 11-24　缆索吊装布置示意

(1) 主索(承重索)　主索常采用纤维芯钢绳。其直径、型号和根数可根据索塔距离(主索跨度)、起吊重量、设计垂度(通常为 $L/15\sim L/20$, L 为主索跨度)计算出主索所能承受的拉力选定。比如，缆索设备的主索吊装 30t 的拱肋时可采用一组四根 ϕ47.5mm 纤维芯钢丝绳。

主索一般用事先架好的工作索来安装。工作索直径较小，安装拉力不大，可依靠更细的钢丝绳或麻绳引导过河。为防止主索因自重下坠入水，增加拖拉阻力，须设置后捎绳，将主索后端拉紧，随着主索牵引前进，徐徐放松后捎绳。

从理论上考虑，增加钢丝绳根数可增大主索起吊重量。但实际使用时必须考虑每根钢丝之间受力分配的均匀性，并采取一定的措施。目前较好的办法是使多根主索联通联动。

缆索的安装垂度应符合设计要求，若小于设计值，则地锚、索塔、主索等重要部件会超载或严重超载，这是十分危险的。相反，若缆索安装垂度大于设计值，则会引起工作垂度过大，增大了构件吊运上下坡的坡度，影响构件安装工作的顺利进行。

(2) 起重索　起重索套绕于天线滑车组，用于起吊构件。起重索承受吊重拉力，宜选用柔软耐磨、不易打结的钢丝绳。

(3) 牵引索　牵引索为牵引天线滑车(跑车)沿主索前后移动的无级式拉绳，

宜选用柔性好的钢丝绳。

（4）扣索 暂时固定分段拱肋所用的钢丝索称为扣索。扣索用绞车或链滑车收紧，用拉紧器（花篮螺栓）微调。扣索分墩扣（扣固在墩台上）、塔扣（通过墩台顶上的塔架扣固在地锚上）、天扣（扣固在天线（主缆）上）、通扣等几种形式，如图11-25所示。用作扣索的钢丝绳可采用与起重索或牵引索相同的类型。其直径大小按计算所受拉力大小确定。

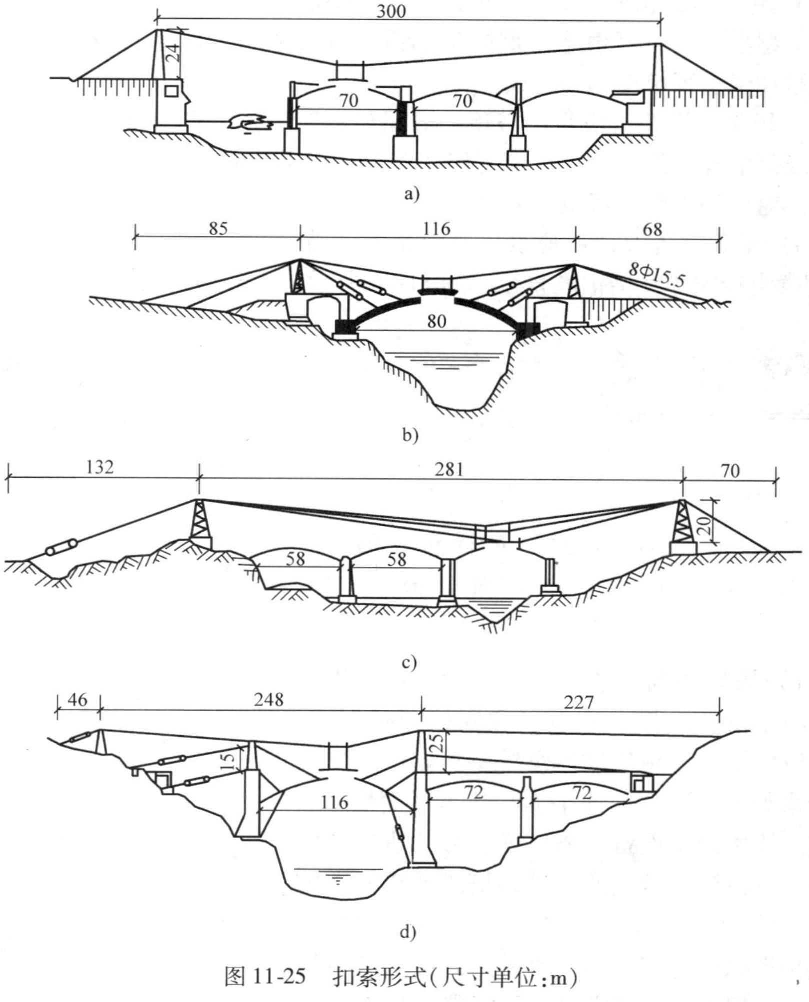

图11-25 扣索形式（尺寸单位：m）

a）墩扣 b）塔扣 c）天扣 d）通扣

（5）安全索 安全索是一种辅助索，它不与主索发生联系。一般可在主索之间设1～2根类型与起重索相同的钢丝索作安全索，其直径可小于主索。安全索也可作工作索用。

(6) 风缆 风缆又称缆风索、浪风索，用于稳定塔架(包括索架和墩上排架)，调整和固定拱肋的位置。风缆采用钢丝绳类型与牵引索、扣索相同，其直径大小按计算所受拉力大小确定。

(7) 横移索 若缆索吊装系统只设置一道主索，则预制构件需要通过横移索来实现横向移动就位。横移索的方向应尽可能与预制构件的轴线相垂直。横移索的直径大小、钢丝绳类型可与风缆相同。

(8) 跑车(天线滑车、骑马滑车) 跑车是在主索上运行和起吊重物的装置，可采用定型滑车，也可根据吊重的实际情况自行加工。跑车大都由跑车轮、起重滑轮组和牵引系统三部分组成。

(9) 塔架 塔架由塔身、塔顶、塔底和索鞍等几个主要部分组成。塔身常用型钢或万能杆件组拼而成，也可以用装配式公路钢桥桁节片(贝雷)等构件拼装而成。对个别小跨径桥也可采用木塔架。

(10) 索鞍 塔架顶部应设索鞍。主索通过索鞍时，要求索鞍半径 R 大于12倍钢索直径或300倍钢丝直径。图11-26所示为索鞍形式图。

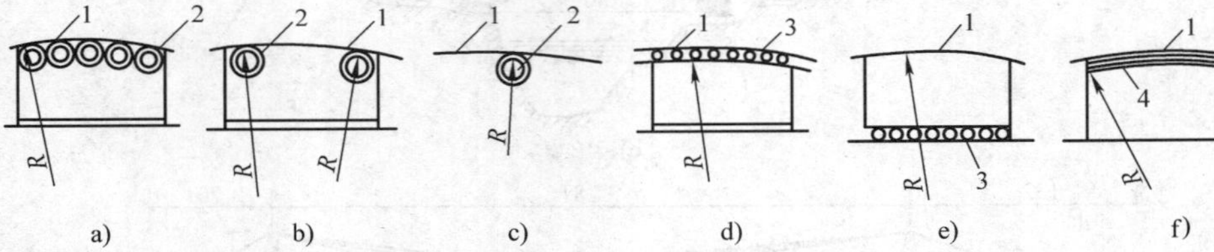

图11-26 索鞍形式

a) 多转轮式 b) 双转轮式 c) 单滑轮式 d) 上滚筒式 e) 下滚筒式 f) 弧形钢板滑动式

1—钢索 2—转轮或滑轮 3—滚筒 4—弧形钢板

(11) 塔架基础 塔架基础一般采用浆砌片石或片石混凝土。塔底有铰接和固接两种形式。底座设铰的塔架必须依靠风缆维持稳定。有的工地则于塔架下端设球面或平面与垫木平面接触的自由铰。缆索架桥设备的塔底是在分片拼装的锥形塔脚节下设筒形铰支座。简易塔脚铰接构造如图11-27所示。有些塔架脚底固定在基础混凝土中，或预埋螺栓与塔固接。这种形式的塔底可以承受弯矩。但塔架的稳定仍需用风缆帮助。

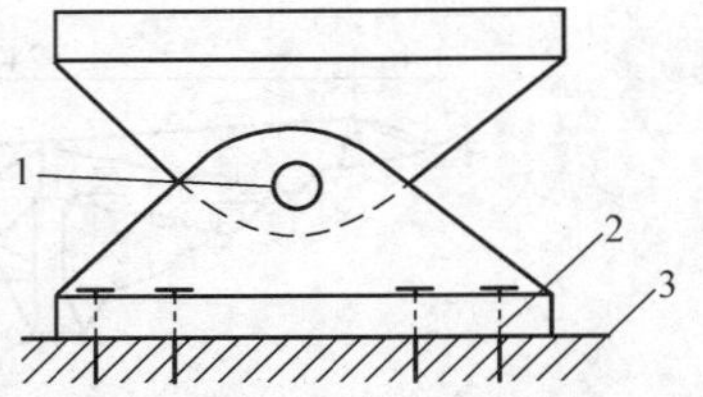

图11-27 简易塔脚铰构造

1—钢铰 2—预埋螺栓 3—基础混凝土

(12) 锚锭 锚锭为固定主索、起重索、扣索、铰磨、绞车、缆风绳、溜绳、导向滑车、各式扒杆、绳索吊机等不可缺少的设备。重要的锚锭应进行专门设计计算，并在正式使用前进行试拉。

锚碇的种类按构造形式可分为地垄、钢筋锚环、水中锚碇和其他锚固点等。图 11-28 所示为一种简易锚碇的构造。

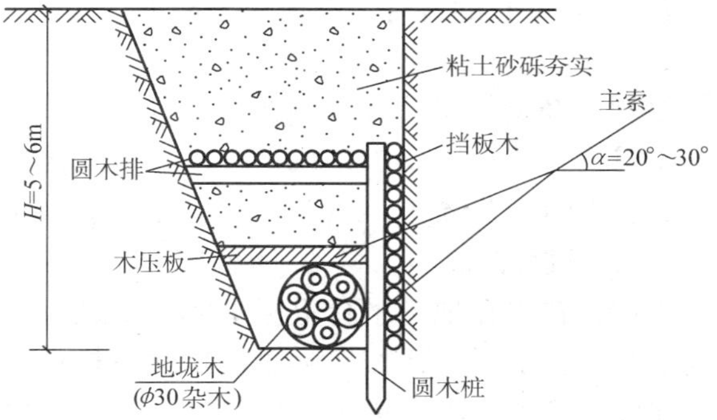

图 11-28 简易锚碇的构造

(13) 电动卷扬机及手摇绞车 电动卷扬机及手摇绞车为牵引、起吊的动力装置。电动卷扬机速度快，但不易控制，一般多用于起重索和牵引索。对于要求精细调整钢索的部位，多采用手摇绞车，以便于操作。

(14) 其他附属设备 主要包括如各种倒链葫芦、花篮螺栓、钢丝卡子(钢丝轧头)、千斤绳等。

缆索吊装设备的形式及规格都非常多，必须按照因地制宜的原则，结合各工程的具体情况合理地选用，才能取得良好的效果。

11.3.1.2 拱箱(肋、骨架)的预制、加工

1. 钢筋混凝土拱箱(肋)的预制

缆索吊装施工的箱板拱和箱肋拱的拱圈都由多条箱肋组成。

预制拱箱(肋)首先要按设计图的要求，在样台上用直角坐标法放出拱箱(肋)的大样。在大样上按设计要求分出拱箱(肋)的吊装节段，然后以每节段拱箱(肋)的内弧下弦为 X 轴，在此 X 轴上作垂线为 Y 轴，在 X 轴上每隔 1m 左右量出内外弧的 Y 坐标，作为拱箱(肋)分节放样的依据。拱箱(肋)的预制分别进行。在放样时，应注意各接头的位置，确保准确，避免安装困难。

拱箱(肋)的预制一般多采用立式预制，以便于拱箱(肋)的起吊及移运。预制场多用砂卵石填筑拱胎，其上浇注一层 50mm 厚的混凝土面层。

拱箱预制均采用组装预制，即将拱箱分成底板、侧板、横隔板等几个部件分别进行预制。首先预制侧板、横隔板，然后在拱箱节段的底模上组拼开口箱。先在拱胎面上放出拱箱边线，并分出横隔板中线，两侧钉好铁钉。为利于拱箱底板混凝土脱胎，可在拱胎面上铺油毛毡或塑料薄膜一层，然后铺设底板钢筋，将侧板与横隔板安放就位，并绑扎好钢筋，浇底板混凝土及接缝混凝土，组成开口箱。最后，在开口箱内立顶板的底模，绑扎顶板钢筋，浇注顶板混凝土，组成闭口箱。待达到设计强度后即可移运拱箱，进行下一节段拱箱的预制工作。

2. 钢管拱骨架的加工

成品钢管通常为8~12m长的直管，一般在工地进行接头、弯制、组装，形成拱肋。

（1）施工详图绘制　在钢管拱肋加工制作前，首先应根据设计图的要求绘制施工详图。施工详图按工艺程序要求绘成零件图、单元构件、节段构成图及试装图。为防止失误，明确工艺程序，还需绘制从零件至单元构件至节段单元的加工、组焊、试装工艺流程图。

（2）放样　加工前，首先在现场平台上对1/2拱肋进行1∶1放样，放样精度需达到设计和规范要求。根据大样按实际量取拱肋各构件的长度，取样下料和加工。拱肋放样方法与其他拱桥相同（一般为坐标法），使用经纬仪并配以Ⅰ级钢尺。量测时应考虑温度的影响。

（3）钢管接长　按拱肋加工段长度进行钢管接长。首先应对两管对接端进行校圆，一般圆度不得大于$3D/1000$（D为管径），达不到要求时应进行调校。校圆可采用比管径稍小的薄钢板弧形样板，内靠管口附近多处，若不密贴则表明该处不圆，可局部垂击直至密贴为止。接下来进行坡口处理，包括对接端平面度的检查、焊接。钢管对接焊缝质量直接影响拱的强度，施工时应严格控制。

（4）弯管

1）弯管设备。工地弯管一般采用加热方式，所需设备包括模架、反力架、加工设备等。其中模架台座采用钢筋混凝土结构，主要用于支承模架和装反力架。模架用钢材做成，其高度自两端向中间由小到大，且模架可沿台座纵向移动，以适应拟弯制的各段钢管线形变化需要；反力架用于对钢管两端施加压力。

2）弯管。首先根据拟弯管节的设计轴线形式调整模架，并对其反复测量，确保弯成的管节符合要求。然后将直管吊运至模架上，旋紧管两端螺杆，接着用气割枪对管进行加热。加热弯制前应进行现场实验，以确定加热范围、加热温度、加热速度与管端加压速度的匹配等。一般单处加热范围为管的周边，宽度5~8cm，从中间至两端，每隔20~50cm加热一处，加热温度严格控制在800℃以下，以免破坏钢管材质。随着加热的进行，不断旋紧螺杆，以对管两端施加压力，从而使管弯曲，直至成形，吊离模架，如图11-29所示。

（5）拱肋段拼装　钢管拱肋具有各种形式，从断面看，可以是单管、双管或多管，从立面看，可以是管型或由管组成的桁构型。拼装时按下列顺序（以构型为例）进行：

1）精确放样。

2）对于待拼装的钢管作除锈防护处理。要填充混凝土的上下弦管和腹杆管，管内需除锈（喷砂），管外需除锈与防护；不充填混凝土的腹杆管，需对其

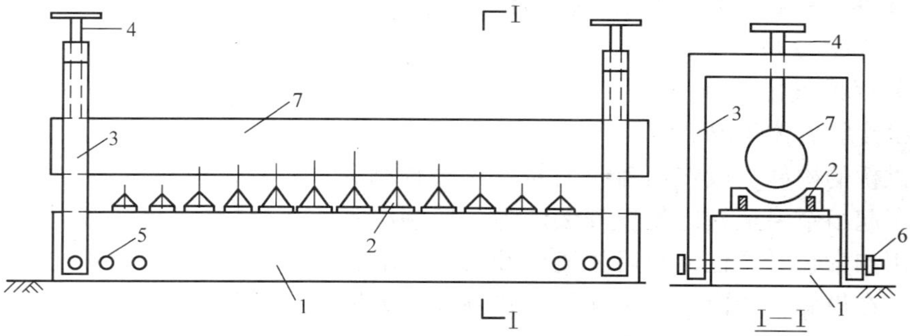

图11-29 弯管

1—模架台座 2—模架 3—反力架 4—螺栓 5—销钉孔 6—销钉 7—拟弯钢管

管内壁除锈并按要求进行防护，管外则与弦管在拼装完后一起防护。

3）在1∶1放样台上组拼拱肋。先进行组拼，然后作固定性点焊，在拱肋初步形成后，对其几何尺寸作详细检查，发现问题，及时调校，保证拼装精度达到设计要求。

4）焊接。焊接是钢管混凝土拱桥施工最重要的一环。由于拼装焊接多为现场手工操作，所以，对焊工技能要求严格，必须持证上岗，且在正式上岗前还需按规定进行管结构试焊并提供试件，以便检验焊工的现场焊接水平与质量。施焊工艺必须符合设计与规范要求，并需按要求进行检测（检测项目包括外观、超声波与X射线检测）。在拱肋一面焊接完后，对其进行翻身，以便焊接另一面，从而避免仰焊，确保焊接牢固。由于拱肋翻身是在未完成焊接情况下进行的，很容易造成拱肋结构杆件接头处的损坏，所以，必须正确设置吊点和严格按设计方案要求进行翻身。

5）精度控制。桥跨整体尺寸的精度由节段精度来保证，所以，制作精度的控制应着眼于节段的制作精度。在制作中，由于钢尺误差、温度变形、画线的粗细度以及焊接收缩量等误差大小在一定程度上可以推算，因而在制作中要尽量排除。把基准对合偏差、气压变化时所产生的切割偏差、组装时对中的误差、估计焊接收缩量误差等偶然误差作为基本误差来考虑，利用误差理论分析出节段制作与结构拼装误差预测值，并根据不同的保证率和实际情况确定出允许误差，在施工时的精度控制按规范或设计要求执行。

6）防护。钢管防护的好坏直接影响钢管混凝土拱桥的使用寿命。在拱肋段完全形成、焊缝质量检验合格后即可进行防护施工。首先对所有外露面作喷砂除锈处理，然后作防护处理，目前一般采用热喷涂，其喷涂方式、工艺以及厚度均应符合设计要求。在防护完成后即可将其堆放待用。此外，有些桥也采用高分子材料防护，对这样防护的效果还需实践检验。

11.3.1.3 吊装方法和施工加载程序

1. 吊装方法

采用缆索吊装施工的拱桥，其吊装方法应根据桥的跨径大小、桥的总长及桥的拱度等具体情况而定。

拱桥的构件一般在河滩上或桥头岸边预制和预拼后，送至缆索下面，由起重行车起吊牵引至指定位置安装。为了使端段基肋在合拢前保持一定位置，在其上用扣索临时系住，然后才能松开吊索。吊装应自一孔桥的两端向中间对称进行，在最后一节构件吊装就位，并将各接头位置调整到规定标高并联结以后才能放松吊索，最后才将所有扣索撤去。

基肋(包括拱箱(肋)或桁架拱片或钢管拱骨架段)吊装合拢要拟订正确的施工程序和施工细则，并坚决执行。

拱桥跨径较大时，最好采用双基肋或多基肋合拢。基肋和基肋之间必须紧随拱段的拼装及时联结。端段拱箱(肋)就位后，除上端用扣索拉住外，并应在左右两侧用一对称风缆牵住，以免左右摇摆。中段拱箱(肋)就位时，宜缓慢地松吊索，务使各接头顶紧，尽量避免简支搁置和冲击作用。

例：某桥按五段吊装合拢成拱。每条拱箱的吊装程序为：

1）吊装一端的端段就位，将拱座处与墩、台帽直接抵接牢靠。上部用扣索扣好，下面将风缆拉好，然后松去吊索。

2）吊运次段拱箱与端段就位。将接头处用螺栓固结，上部用扣索扣好，下面用风缆拉好，然后松去吊索。

3）再按上面的程序吊运另一端的端段和中段就位固定。

4）最后吊运合拢段拱箱至所吊孔的上空，徐徐降落于两中段的上方，徐徐松扣(因中段在就位时一般要比设计标高抬高0.2m左右)，慢慢合拢成拱。

5）当符合设计标高后，在接头处用钢板楔牢，便可松吊、扣索。但需待全部焊接完所有接头，完全固结后，方可全部取掉扣、吊索。

6）按同样的程序，进行下根拱箱的吊装合拢。

2. 施工加载程序

(1) 施工加载程序的目的和意义　当拱箱(肋)吊装合拢成拱后，就完全具备了拱结构的性质。后续施工(如拱箱之间的纵缝(也称填缝)混凝土、拱上立柱或横墙、腹拱圈及拱上建筑等)工序如何安排，对保证施工安全和工程质量都有重大影响。如果安排不当(如安排的工序不合理、拱顶或拱脚的压重不恰当、左右半拱施工进度不平衡、加载不对称等)，就会导致拱轴线变形不均匀，拱内产生不利的弯矩，导致拱圈开裂，甚至造成垮塌事故。因此，对施工程序必须作出合理的设计。

施工加载程序设计的目的就是确保在裸拱上加载时，使拱肋各个截面在整个施工过程中，都能满足强度和稳定的要求，并在保证施工安全和工程质量的前提下，尽量减少施工工序，加快桥梁建设速度。

（2）施工加载程序设计的一般原则　对于小跨径拱桥，当拱肋的截面尺寸满足一定的要求时，可不作施工加载程序设计。参照有支架施工法对拱上结构作对称、均衡的施工。对于大、中跨径的拱桥，一般按分环、分段、均衡对称加载的总原则进行设计，即在拱的两半跨上，按需要分成若干段，并在相应部位同时进行相等数量的施工加载。但对坡拱桥，必须注意其特殊性，一般应使低拱脚半跨的加载量稍大于高拱脚半跨的加载量。

在多孔拱桥的两个邻孔之间，也须均衡加载，两孔的施工进度不能相差太远，以免桥墩承受过大的单向推力而产生过大的位移，造成施工进度快的一孔的拱顶下沉，邻孔的拱顶上冒，从而导致拱圈开裂以及垮塌。

图 11-30 所示为一座连续多孔等跨径（85m）箱形拱桥的施工加载程序（拱箱吊装为闭口箱）。其程序如下：

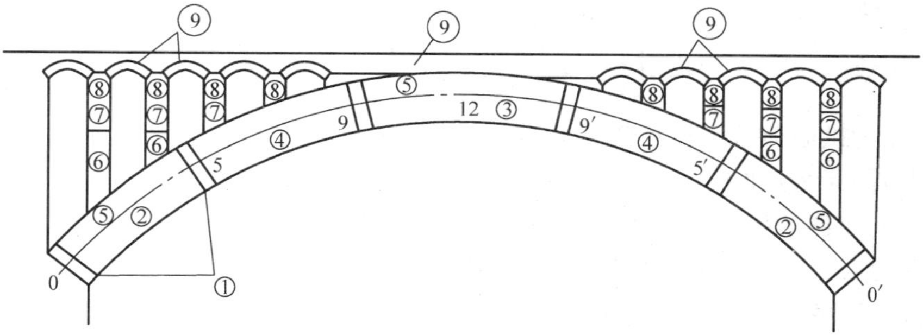

图 11-30　加载程序

1）将各片拱箱逐一吊装合拢，形成一孔裸拱圈，然后将全部纵、横接头处理完毕即浇注接头混凝土，完成第一阶段加载。

2）浇注拱箱间的纵缝混凝土。纵缝分两层浇注，先只浇到大约箱高一半处，待其初凝后再浇剩余部分至箱顶。横桥向各缝齐头并进。注意，下层纵缝应分段浇注。图 11-30 中②、③、④、⑤各步骤为纵缝浇注。

3）拱上各横墙加载。先砌筑 1#、2# 横墙至 3# 横墙底面高度；再砌筑 1#、2#、3# 横墙至 4# 横墙底面高度；最后全部横墙（包括小拱拱座）同时砌筑完毕（左、右两半拱对称、均衡进行），如图 11-30 中⑥、⑦、⑧步骤所示。

4）安砌腹拱圈及主拱圈拱顶实腹段侧墙。由于拱上横墙断面单薄，只能承受一片预制腹拱圈块件的单向推力，因此安砌腹拱圈时，应沿纵向逐条对应安砌，直至完毕，如图 11-30 中⑨步骤所示。

5）以后各工序（包括主拱顶填料、腹拱顶填料、桥面系等）按常规工艺要求进行（对大跨及特大跨拱桥仍需按设计的加载程序进行）。

3. 施工加载内力计算

施工加载程序设计主要体现在拱上施工过程中使拱圈受力最合理、最安全的施工顺序。其拱圈内力一般采用影响线法计算。

1）绘制截面内力影响线。主要计算截面有拱脚、$L/8$、$L/4$、$3L/8$、拱顶以及其他不利截面。在手算绘制内力影响线时，一般可不计弹性压缩影响，若考虑弹性压缩影响则另作补充计算。采用计算机计算时则自动计入。

2）根据施工条件并参考有关施工经验，初步拟订施工阶段(步骤或顺序)。

3）按照施工工序，在影响线上进行加载(即施工部分结构的重量)，求出各截面内力，并验算是否超过允许值。在整个施工加载过程计算中，每环拱圈合拢成拱之后，拱圈截面特性可能发生变化，设计时要特别注意。

4）根据强度验算情况，调整施工加载顺序和范围，或增减施工阶段。

4. 施工加载挠度计算

手算时，考虑到每分段加载均计算一次挠度比较繁琐，因此，为了简化计算，每一环加载完毕计算一次挠度。计算公式如下

$$\Delta = q\left[\left(Y_m + \frac{100\mu_1}{1+\mu}Y_{mu}\right)\frac{10^{-5}L^4}{EI} + Y_n\frac{L^2}{EA}\right]$$

式中，q 为拱圈荷载，按沿轴线单位长度计；Y_m、Y_{mu}、Y_n 为挠度系数，查《拱桥》(上)附录表(Ⅲ)-230。

以上计算的挠度仅供施工时参考。如果计算的挠度值与施工观测值相差较大，或施工过程出现不对称变形等异常现象时，应停止加载，分析原因，及时调整加载程序或采取其他措施。有时由于施工过程中拱肋产生裂缝，材料弹性模量与计算采用值不符，或温度变化影响，计算挠度值与观测值很可能有一定的误差，应加以识别。

在条件允许时尽量采用计算机计算，以便了解任意状态下结构的变形情况。

当拱肋强度、刚度较小时，施工加载计算往往需要多次反复，才能确定较适当的施工加载程序。因此，在选择拱肋基本尺寸时要作充分考虑。

11.3.2 转体施工法

转体施工法一般适用于各类单孔拱桥的施工，其基本原理是：将拱圈或整个上部结构分为两个半跨，分别在河流两岸利用地形或简单支架现浇或预制装配半拱，然后利用动力装置将其两半跨拱体转动至桥轴线位置(或设计标高)合拢成拱。拱桥转体施工法根据其转动方位的不同分为平面转体、竖向转体和平竖结合转体三种。采用转体法施工拱桥的特点是：结构合理，受力明确，节省施工用料，减少安装架设工序，变复杂的、技术性强的水中高空作业为岸边陆上作业，施工速度快，不但施工安全，质量可靠，而且不影响通航，减少施工

费用和机具设备，造价低。转体施工是具有良好技术经济效益的拱桥施工方法之一。跨径200m的重庆涪陵乌江钢筋混凝土拱桥，主跨360m的广州丫髻沙飞燕式钢管混凝土拱桥就是采用转体施工法建成的。

11.3.2.1 平面转体

平面转体施工就是按照拱桥设计标高在岸边预制半拱，当混凝土结构达到设计强度后，借助设置于桥台底部的转动设备和动力装置在水平面内将其转动至桥位中线处合拢成拱。由于是平面转动，半拱的预制标高要准确。通常需要在岸边适当位置先做模架，模架可以是简单支架，也可做成土牛胎模。

平面转体分为有平衡重转体和无平衡重转体两种。

1. 有平衡重转体

有平衡重转体以台背墙作为平衡和拱体转体用拉杆(或拉索)的锚锭反力墙，通过平衡重稳定转动体系调整其重心位置。平衡重大小由转动体的质量大小决定。由于平衡重过大不经济，也增加转体困难，因此，采用本法施工的拱桥跨径不宜过大，一般适用于跨径100m以内的整体转体。

有平衡重转体施工的转动体系一般包括底盘、上转盘、锚扣系统、背墙、拱体结构、拉杆(拉索)等部分，如图11-31所示。

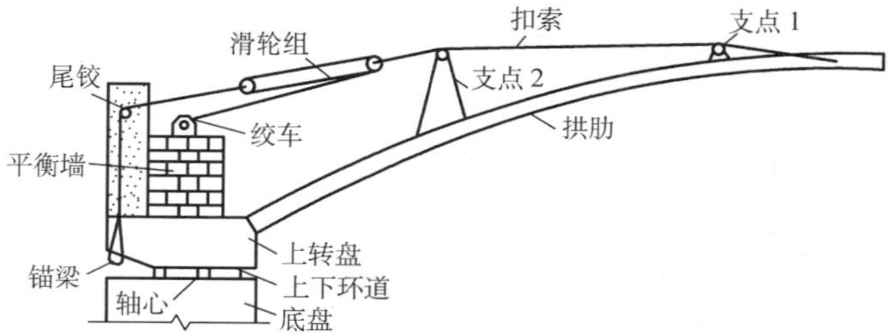

a)

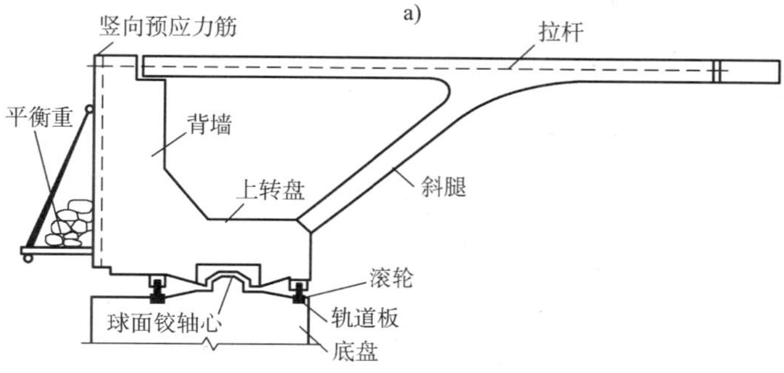

b)

图11-31 有平衡重转体体系构造示意

a）四氟滑板环道转体 b）球面铰转体

有平衡重转体施工的特点是转体质量大，要将成百上千吨的拱体结构顺利、稳妥地转到设计位置，主要依靠转动体系设计正确与转动装置灵活可靠。目前国内使用的转动装置主要有两种：一是以四氟乙烯作为滑板的环道承重转体；二是以球面转轴支承辅以滚轮的轴心承重转体，如图 11-32 所示。牵引驱动系统也是完成转体的关键。牵引系统由卷扬机（绞车）、倒链、滑轮组、普通千斤顶等组成，如图 11-33a 所示。近来又出现了采用能连续同步、匀速、平衡、一次到位的自动连续顶推系统提供转动动力的实例，如图 11-33b 所示。

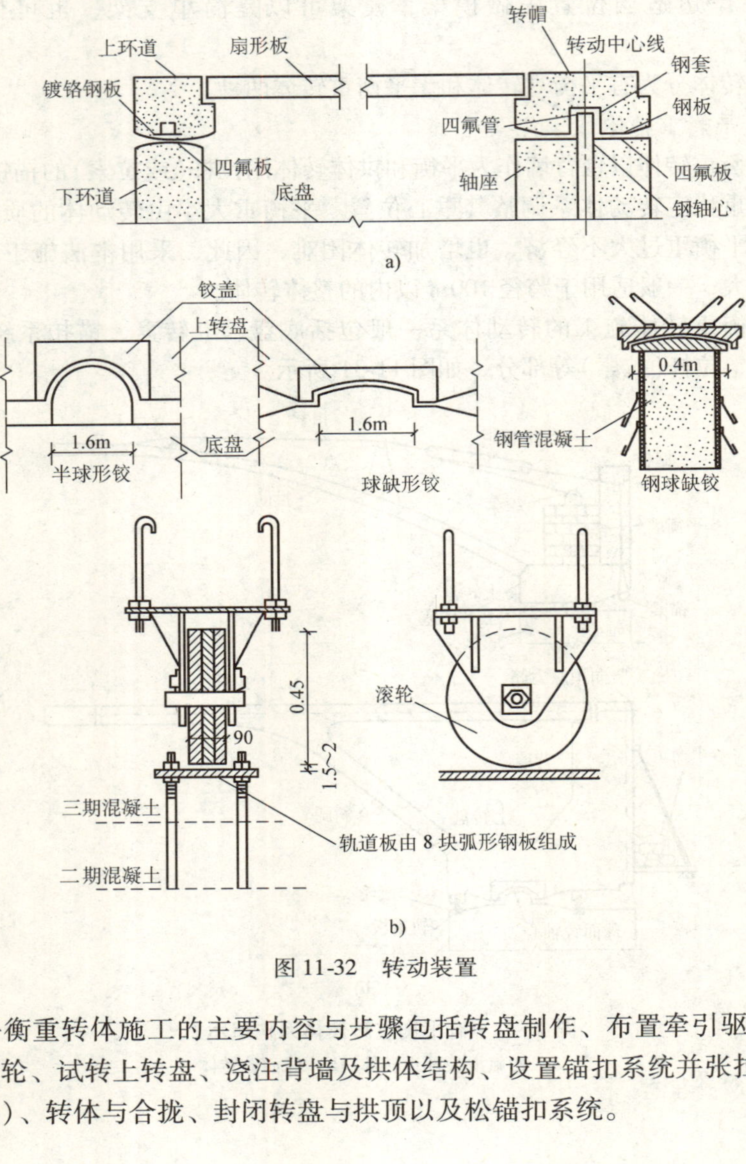

图 11-32 转动装置

有平衡重转体施工的主要内容与步骤包括转盘制作、布置牵引驱动系统的锚碇及滑轮、试转上转盘、浇注背墙及拱体结构、设置锚扣系统并张拉脱架（指拱体结构）、转体与合拢、封闭转盘与拱顶以及松锚扣系统。

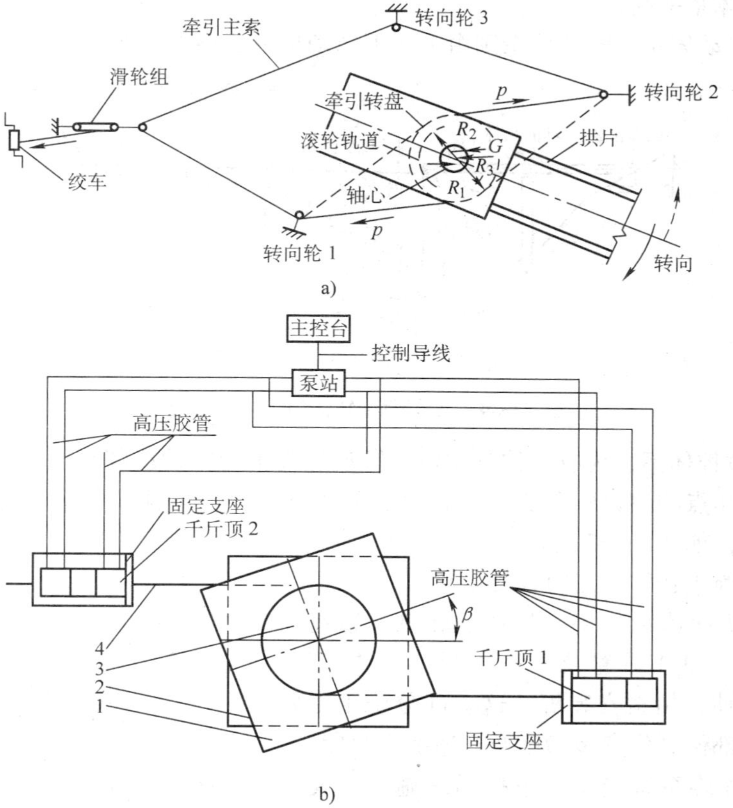

图 11-33　转动牵引驱动系统

1—上盘　2—底盘　3—球铰　4—钢铰线

2. 无平衡重转体

无平衡重转体是以两岸山体岩石锚洞作为锚旋来锚固半跨拱桥悬臂状态平衡时所产生的水平拉力，借助拱脚处立柱下端转盘和上端转轴使拱体作平面转动。由于取消了平衡重，可大大减轻转动体系质量和圬工数量。本法适用于地质条件好的 V 形河床上的大跨径拱桥转体施工。因无平衡转体施工是把平衡重转体施工中的拱圈扣索锚在两岸岩体中，从而节省庞大的平衡重。锚锭拉力是由尾索预加应力给引桥桥面板（或轴向、斜向平撑），以压力形式储备，桥面板的压力随着拱体所处方位不同而不同。如图 11-34 所示，无平衡重转体施工体系包括三部分：

1）锚固体系，它由锚旋、尾索、平撑、锚梁（或锚块）及立柱组成。锚旋设在岩体中，锚梁（或锚块）支承于立柱上，两上方向的平撑及尾索形成三角形稳定体，使锚块和上转轴为一确定的固定点，无论拱体处于哪个方位，其扣索力均与锚固体系平衡。

2）转动体系，转动体系则由上、下转动构造、拱体及扣索组成，如图11-34所示。

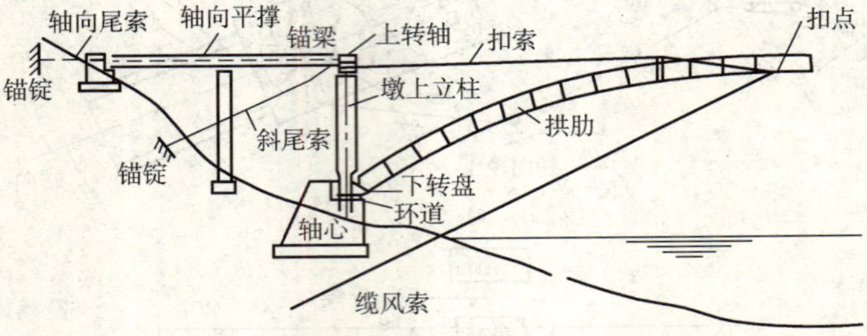

图 11-34　无平衡重转体施工体系示意

3）位控体系，为有效控制拱体在转动过程中的转动速度和位置，常由系在拱体顶端扣点的浪风索与无级主调速自控卷扬机、光电测角装置、控制台组成位控系统，如图 11-35 所示。

无平衡重转体施工内容及步骤：

1）转动体系施工，包括下转轴、转盘及环道设置、拱座设置及拱体预制、立柱施工、锚梁上转轴、扣索安装等。这一部分施工主要要保证各部件制作安装精度及环道的平整度。

2）锚旋系统施工，包括锚旋施工、安装轴向斜向平撑、张拉尾索与扣索等。

3）拱体转动、合拢与松扣。

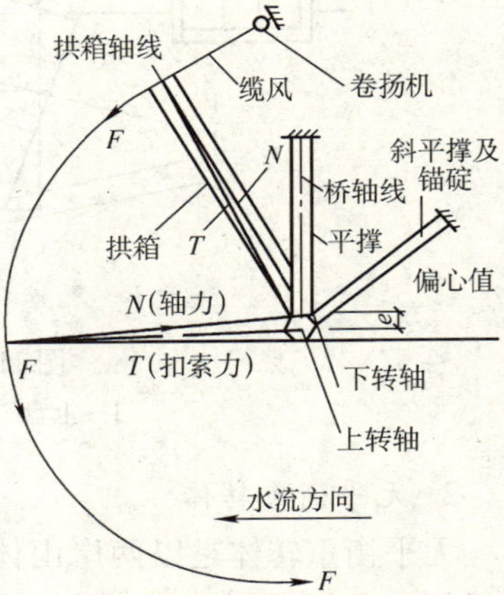

图 11-35　位控系统

11.3.2.2　竖向转体

竖向转体施工是在桥台处先竖向预制半拱，然后在桥位平面内绕拱脚将其转动合拢成拱。根据河道情况、桥位地形和自然环境等方面的条件和要求，竖向转体施工有两种方式：一是竖直向上预制半拱，然后向下转动成拱。其特点是施工占地少，预制可采用滑模施工，工期短，造价低。需注意的是，在预制过程中尽量保持位置垂直，以减少新浇混凝土重力对尚未结硬混凝土的弯矩，并在浇注一定高度后加设水平拉杆，以避免拱形曲率影响，产生较大的弯矩和变形。二是在桥面以下俯卧预制半拱然后向上转动成拱，如图 11-36 所示。

11.3.2.3　平竖结合转体

由于受到河岸地形条件的限制，拱桥采用转体施工时，可能遇到既不能按设计标高预制半拱，也不可能在桥位竖平面内预制半拱的情况。此时，拱体只

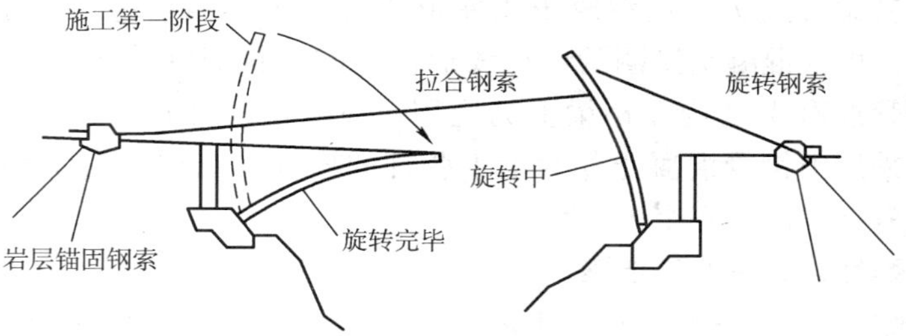

图 11-36 竖向转体

能在适当位置预制后既需平转，又需竖转才能就位，这种平竖结合转体基本方法与前述相似，但其转轴构造较为复杂。

11.3.2.4 转体施工设计计算内容

对有平衡重转体施工，主要包括：

1）转动体系各构件尺寸拟订和强度、稳定验算。

2）转动工艺设计，包括转动体系重心计算、转动装置验算等。

3）转动牵引力计算。

4）转动合拢、体系转换时拱体受力计算、验算。

对于无平衡重转体施工，主要包括：

1）锚固体系各构件尺寸拟订和强度、稳定验算。

2）转动体系各构件尺寸拟订和强度、稳定验算。

3）位控体系设计计算。

4）转动合拢、体系转换时拱体受力计算、验算。

11.3.3 劲性骨架施工

劲性骨架施工是指在事先形成的桁式拱骨架上分环分段浇注混凝土，最终形成钢筋混凝土箱板拱或箱肋拱。桁式拱骨架在施工过程中起支架作用，在拱圈形成后被埋于混凝土中并成为截面的一部分，所以，劲性骨架法又称埋置式拱架法，国外也称米兰法。劲性骨架法是较老的施工方法，1942 年西班牙就采用该法建成了 210m 的 Esla 混凝土拱桥，由于其用钢量较大，施工控制技术落后等原因，该法使用并不广泛。在我国，从 20 世纪 80 年代开始，由于大跨径混凝土拱的大量出现以及高强、经济的骨架材料和施工控制技术的发展，在大跨径混凝土拱桥施工中广泛采用了劲性骨架法，其最大跨径已达到 420m（重庆万州长江大桥）。

桁式拱骨架最初均采用型钢（如角钢、工字钢、槽钢等）做成。劲性型钢骨架刚度大，但用钢量也较大。为节省钢材，我国在 20 世纪 80 年代采用半刚性型刚骨架建成了多座大跨径混凝土拱桥，通过实践证明，半刚性型钢架虽可节省一定钢材，但其柔性较大，在混凝土拱圈形成过程中不但给施工控制带来困难，并且往往难以保证混凝土拱圈的设计线形（立面），同时在施工安全上也存在一定风险。钢管混凝土结构在桥梁上的应用，对改进劲性骨架开辟了一条新路。目前已普遍采用由钢管混凝土作为上下弦杆的桁构式结构作为劲性骨架，其特点是用钢量省、经济、安全。

11.3.3.1 劲性骨架法施工步骤

1）在现场按设计进行骨架1:1放样、下料、加工以及分段拼装成型。

2）采用缆索吊装法进行骨架的安装、成拱（见图11-37）。对钢管混凝土骨架，在吊装形成钢管骨架后还需采用泵送法浇注管内混凝土，以形成最终的骨架结构。

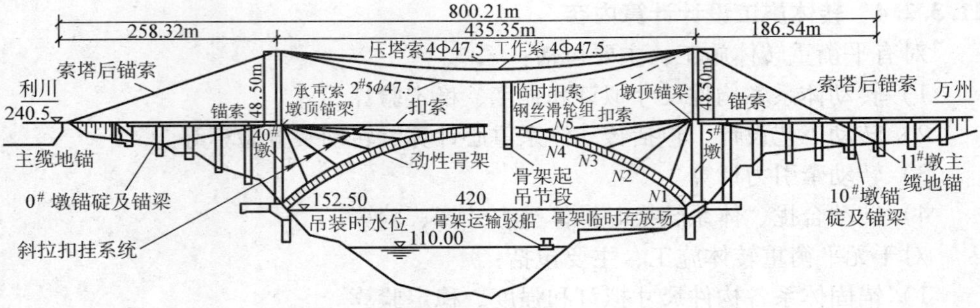

图11-37 劲性骨架（重庆万州长江大桥）

3）在骨架上悬挂模板浇注混凝土拱圈（分环、分段、多工作面进行）。

在整个施工过程中，除需按设计与施工技术规范要求进行外，还需特别注意施工控制，即骨架在混凝土浇注与混凝土拱圈形成过程中的变形、应力与稳定控制，要确保骨架在任何施工时刻的结构安全和混凝土拱圈形成后的线形。为此，应进行详细的施工加载程序设计，并应具有有效的控制手段。早期采用的是水箱调载法（见图11-38）。该法是在骨架吊装成拱后，在拱顶部设置多个水箱，在拱圈混凝土的浇注过程中，根据预先计算的加载重向水箱内注水，把拱轴线变形和截面应力控制在设计允许范围内。与此同时，进行变形和应力监测，如发现异常，立即将实测数据输入现场计算机，进行实时分析，并提出相应的处理措施，如调整水量和浇注速度、张紧或放松八字浪风索等。由于水箱设备较复杂，操作也较麻烦，近两年又出现了千斤顶斜拉扣挂调载法，该法巧妙地利用缆索吊装骨架拱时用于扣挂骨架节段的斜拉索的索力调整（用千斤顶的锚板后进行）来控制吊装标高和调整混凝土浇注过程中拱肋变形和结构各部应力（当采用钢管混凝土骨架时，则在吊装完成后首先用于调整管内混凝土浇注时拱肋轴线变形），如图11-39所示。该法首先被用于广西富江大桥（中承式），重庆万州长江大桥则主要是通过分段、分环、多工作面浇注来保证施工过程的结构变形、应力在允许范围内以及保证结构的稳定。

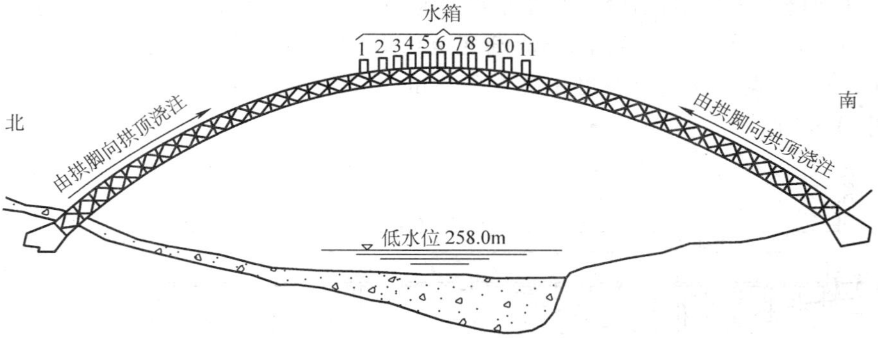

图 11-38 水箱调载示意

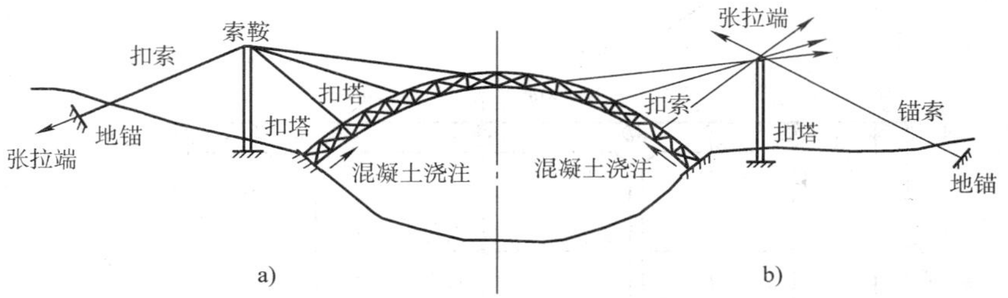

图 11-39 斜拉扣挂千斤顶调载示意

11.3.3.2 劲性骨架施工特点

1）采用强度高、承载力大、延伸量小、变形稳定的钢绞线作斜拉索，减少了架设过程中骨架的不稳定非弹性变形。

2）采用千斤顶张拉系统对斜拉索加卸拉力，收放索长，具有张拉能力大、行程控制精度高、索力调整和控制灵活、锚固可靠等优点。

3）斜拉扣挂体系自成系统，不受缆索吊装系统干扰。

4）可以准确地根据施工控制计算值对结构变形和内力进行调整，同时又可为控制分析提供准确的数据。斜拉扣挂系统和斜拉索力调整张拉方法如图 11-39 所示。

劲性骨架法是目前特大跨径混凝土拱桥施工的主要方法，通过实践发现该法也存在空中浇注拱圈混凝土工序多、时间长、混凝土质量控制较难等不足，在今后还有待对其作进一步改进。

11.3.3.3 重庆万州长江大桥劲性骨架法施工

万州长江大桥主孔为 420m 钢管混凝土劲性骨架 RC 拱桥，大跨全长 856.12m，主孔净跨 420m，矢跨比 1/5，等截面悬链线箱形拱，拱轴系数 1.6，拱箱为单箱三室截面，拱箱高 7m，宽 16m，其中中箱宽 7.6m，边箱宽 3.8m，顶、底板混凝土厚0.4m，腹板棍凝土厚0.3m。为了满足拱圈拱脚区段的受力要求，加强该处三峡水位淹没区的抗撞击能力，拱圈拱脚至第一小孔柱间为变厚段，顶、底板混凝土厚度由0.8m渐变至0.4m，边腹板混凝土厚度由0.6m渐变至0.3m，中腹板混凝土厚度不变。每15m设置一道横隔板，隔板厚度0.25m，如图11-40所示。

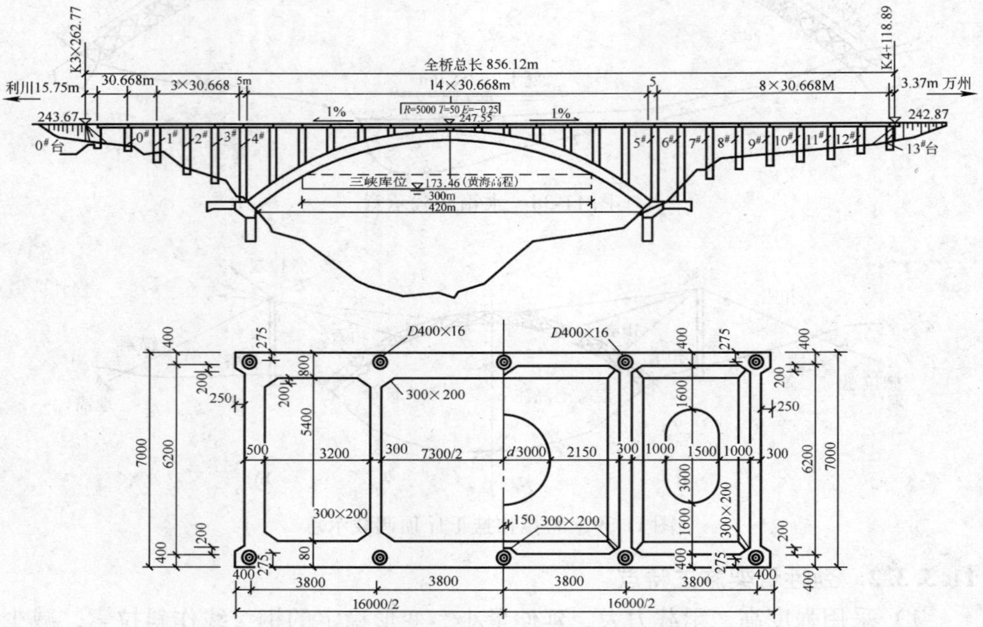

图11-40 万州长江大桥布置

拱圈以钢管混凝土拱桁为劲性骨架，现浇C60级混凝土外包骨架形成。拱桁横向由五片组成，两对边片与拱箱腹板对应，中片位于拱圈中央箱室中部。拱桁上、下弦采用$\phi400\times16$mm钢管，腹杆、上下平联及横联采用角钢组合杆。

劲性骨架由36个吊装节段组拼而成，每段质量约为60000kg。吊装时共分为12个扣段（半跨六个扣段），每三个吊段组成1个扣段。在第1扣段内，第①、②吊段均用临时扣索扣住，第③段就位后，安装1#正式扣索，待张拉完毕，拆除临时扣索，调整正式扣索索力；如此循环完成半跨吊装。骨架合拢后，分批放松正式扣索形成劲性骨架桁架，如图11-37所示。

桁片在工厂分段制作，工地组装成长约39m的甲、乙两种吊装单元。甲种单元由拱桁三中片构成，乙种单元由拱桁两边片构成。采用两组各吊重55t的缆索式起重机，采用斜拉桥式的方法，先悬臂安装甲种单元，分段扣锚，先期合拢不松扣，通过横联和平联分段形成拱桁整体截面，最后调整松扣。以泵送顶升浇注法向空钢管内灌注C60级混凝土，形成钢管混凝土拱桁劲性骨架结构。

以钢管混凝土骨架为依托，采用横向分块、纵向分环、各环分段浇注拱箱混凝土，并分环合拢。各环混凝土间隔一定龄期，使其达一定强度，参加骨架联合作用，共同承受下环混凝土的重力。图11-41所示为拱圈混凝土横向浇注程序。

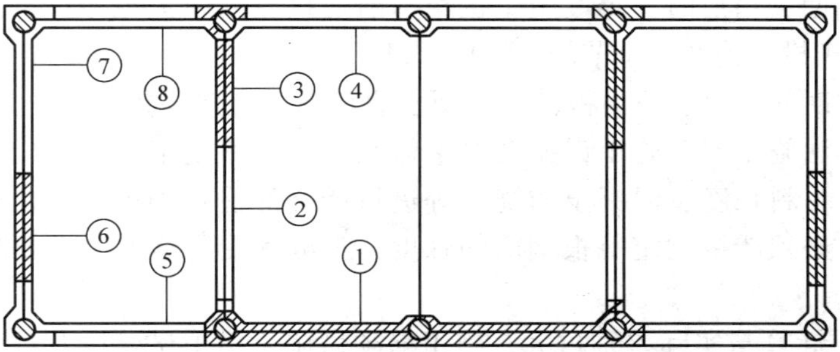

图11-41 拱圈混凝土横向浇注程序

拱上结构施工按常规进行。

11.3.4 悬臂法与塔架法施工简介

11.3.4.1 悬臂法施工

1. 悬臂浇注施工

悬臂浇注施工法是指拱圈、拱上立柱和桥面板(梁)等齐头并进，边浇注边构成桁架的悬臂浇注法。施工时，用预应力钢筋作为桁架的斜拉杆和桥面板的临时明索，将桁架锚固在后面桥台上。该法主要用混凝土箱板、箱肋拱。其施工程序如图11-42所示。

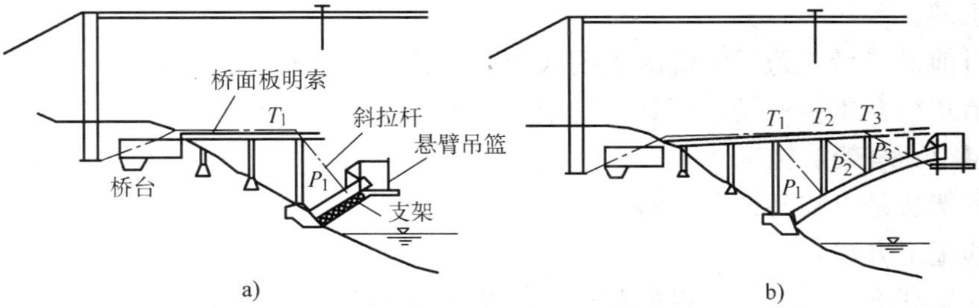

图11-42 悬臂浇注施工程序

图11-42a所示为在边孔完成后，在桥面板上设置临时明索，然后在吊架上浇注一段拱圈。头一段拱圈浇注完成并达到要求强度后，在其上设置临时预应力明索，并撤去吊架，直接系吊于斜拉杆上，然后在前端安装悬臂吊篮。

图11-42b所示为用吊篮逐段悬臂浇注拱圈。当吊篮通过拱上立柱P_2位置后，须立即浇立柱P_2和P_1、P_2间桥面板(梁)，然后用吊篮继续向前浇注，

至通过下一个立柱 P_3 位置后，再安装 P_1、P_2 间桥面明索及斜拉杆 T_2 并浇注立柱 P_3 及 P_2 和 P_3 间桥面板(梁)。每当吊篮前进一步，须将桥面板(梁)临时明索收紧一次。整个桥孔就这样一面用斜拉钢筋构成桁架，一面悬臂浇注，直至合拢。

拱圈断面为箱形时，每段施工按箱形断面拱圈的施工程序进行浇注。每一循环(相当于拱上构造一个节间)需 9 ~ 12d。

为争取时间，拱上桥面板(梁)混凝土宜用活动支架逐孔浇注。

采用本法施工时，施工误差会对整体工程质量产生很大的影响，故必须对施工测量、材料强度及混凝土的浇注等进行严格的检查和控制。尤其对斜拉预应力钢筋，必须严格测定每根钢筋的强度，观测其受力情况，必要时予以纠正和加强。

为防止计算与实际差别过大，施工前须做施工模拟试验以及预应力钢筋的锚固可靠性试验。

2. 悬臂拼装施工

这种方法是将拱圈的各个组成部分(侧板、顶底板等)事先预制，然后通过临时斜压杆(或斜拉杆)和上弦拉杆组成桁架拱片，沿桥跨分作若干段，再用横系梁和临时风构将两个桁架拱片组装成框构，每节框构整体运至桥孔，由两端向跨中逐段悬臂拼装合拢。悬伸出去的拱体通过上弦拉杆和锚固装置固定于墩台上。也可以是将拱圈的各个组成部分分别在拱圈上悬臂组拼成拱圈，然后利用立柱与临时斜杆和上拉杆组成桁架体系，逐节拼装，直至合拢。

目前居世界第二的钢筋混凝土箱形拱桥——南斯拉夫 KRK 桥就是采用悬臂法施工的。

目前世界最大跨径的混凝土桁式组合拱桥——贵州省江界河 330m 预应力混凝土桁式组合拱桥就是采用悬臂拼架施工的，如图 11-43 所示。

11.3.4.2 塔架法施工

塔架法是以临时设立在桥台上的塔架为支柱，将拱圈(拱肋)浇注一段系吊一段的施工方法。

塔架高度和应力根据拱的跨径、矢跨比等确定。斜吊杆可使用预应力钢筋，其根数视所系吊拱段长度和位置而定。在浇注拱圈混凝土时，可用设在已浇完拱段上的悬臂吊篮，逐段悬臂浇注。拱段(圈)也可用吊架浇注，吊架的后端固定在已完成的拱段上，前端系吊在塔架上。整个拱圈混凝土的浇注工作须由两端拱脚开始，对称地进行，最后在拱顶合拢，如图 11-44 所示。

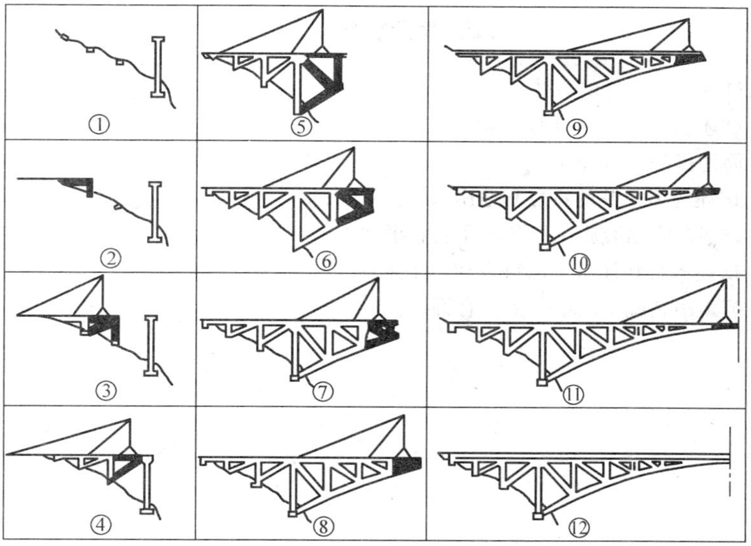

图 11-43 江界河桥悬臂拼架施工

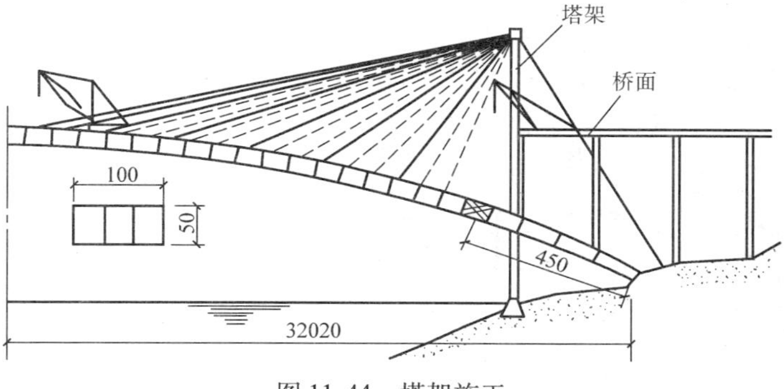

图 11-44 塔架施工

本章小结

拱桥施工的方法可分为有支架施工法和无支架施工法两大类。

在有支架施工中，木拱架常用于中小跨径拱桥的施工；钢拱架常用于大跨径拱桥的施工。

无支架施工方法可分为缆索吊装施工、转体施工、悬臂施工、劲性骨架施工和塔架施工等。在峡谷或水深流急的河段上、或在通航河流上、或在施工中可能受到漂流物撞击威胁(洪水季节)以及采用有支架的方法施工将会遇到很大困难或很不经济的情况下时，适合采用无支架施工方法。

思考题和习题

11-1　试述拱圈放样的方法。

11-2　试述拱圈砌筑材料的要求。

11-3　简述拱圈砌筑程序。

11-4　试述缆索吊装的特点和适用条件。

11-5　试述缆索吊装施工的分段及注意事项。

11-6　试述各种转体施工的特点和适用条件。

11-7　缆索吊装施工的设备主要有哪些?

第 12 章 其他几种主要桥梁的施工方法简介

12

12.1 连续梁桥顶推施工

12.1.1 概述

顶推法施工是预应力混凝土连续梁桥常用的施工方法，适应于中等跨径、等截面的直线或曲线桥梁。从总体上说，这种施工方法快速便捷，施工无噪声，使用一套设备可以从桥梁一岸向另一岸分段施工。在我国，20 世纪 70 年代以后，随着交通事业的发展，预应力混凝土连续梁桥得到广泛应用，而顶推法施工由此获得了推广和发展。

顶推法施工是沿桥轴方向，在台后开辟预制场地，分节段预制梁身并用纵向预应力筋将各节段连成整体，然后通过水平液压千斤顶施力，借助不锈钢板与聚四氟乙烯模压板组成的滑动装置将梁段向对岸推进。这样分段预制，逐段顶推，待全部顶推就位后落梁、更换正式支座，完成桥梁施工。因此，在水深、桥高以及高架道路等情况下，可省去大量施工脚手架、不中断桥下现有交通，可集中管理和指挥，高空作业少，施工安全可靠，同时可以使用简单的设备建造多跨长桥。

顶推法施工的构思来源于钢桥的纵向拖拉施工法。顶推法用水平千斤顶取代了卷扬机和滑车，用板式滑动支座取代了滚筒。这些取代使施工方法得到了发展和提高，从而改善了由于卷扬机和滑车组在起动时造成的冲击和滚筒的线支承作用引起的应力集中。

前联邦德国的莱昂哈特博士和鲍尔教授首先将顶推法用于预应力混凝土连续梁桥的施工中，那是 1959 年在奥地利建造的阿格尔桥。该桥全长 280m，为四跨一联的连续梁结构最大跨径 85m。施工时在一侧的桥台后设置预制场，分节段预制，节段长 8.5m，段间有 0.5m 长的现浇混凝土接缝，当全桥预制组拼完成后，一次进行顶推施工。用同样的方法，又于 1963 年在委内瑞拉建成卡罗尼河桥，将中孔桥梁跨径发展到96m，全长500m 的六跨一联的连续梁桥，并首先使用了钢导梁(鼻梁)和在中孔大跨的桥墩间设置了一个辅助的临时支墩。1964 年，顶推法施工得到了进一步改进，采用了分段预制，逐段顶推、逐段接长、连续施工的工艺。梁段顶推后，在固定的预制场上继续预制，梁段与梁段采用纵向力筋结合，直至全桥完成。此后，前苏联、意大利、法国、奥地利和日本等国相继采用了顶推法施工，建造了多座预应力混凝土连续梁桥。

1974 年我国首先在狄家河铁路桥上采用顶推法施工，该桥为 4×40m 预应力混凝土连续梁桥。之后，公路部门在 1977 年建造了广东东莞的 40m+54m+40m 三跨一联的万江桥和湖南望城沩水河桥，为我国采用顶推法施工创造了成功的经验，有力地推动了我国预应力混凝土连续梁桥的发展。后来又有多座连续梁桥采用顶推法施工完成，如 1988 年建成的广东九江大桥引桥、内蒙乌海市黄河大桥以及 1996 年开工的岳阳洞庭湖大桥引桥等工程。

到目前为止，世界各国采用顶推法施工的大桥有 300 余座，不设临时支墩也无其他辅助设施的最大顶推跨径达 63m。用顶推法施工的最大跨径是德国的弗尔特(Worth)桥，该桥为三跨连续梁桥，最大跨径 168m，其间采用两个临时支墩，顶推跨径为 56m。目前世界上采用顶推施工最长的桥为 1264m，最大顶推重量达 4×10^5kN。国内外预应力混凝土连续梁桥使用顶推法施工的示例见表12-1。

连续梁桥的主梁采用顶推法施工的概貌如图 12-1 所示。顶推法的施工程序如图 12-2 所示，该图反映了我国的连续梁桥采用顶推法施工的主要工序。

顶推法施工不仅用于连续梁桥(包括钢桥)，同时也可用于其他桥型，如结合梁桥。其预制桥面板可在钢梁架设后，采用纵向顶推就位，在 1969 年此法首先在瑞士使用，至今有几十座桥施工完成。此外如简支梁桥，也可先连续顶推施工，就位后解除梁跨间的连接；拱桥的拱上纵梁，可在立柱间顶推施工；斜拉桥的主梁采用顶推施工等。顶推法还可在立交箱涵、地道桥和房屋建筑中使用。

12.1.2 顶推法施工的方法

顶推法施工的关键是顶推作业，核心问题在于应用有限的顶推力将梁顶推就位。根据聚四氟乙烯的材料特性，摩擦系数与垂直压力成反比，与滑动速度成正比，如图 12-3 所示。初始的静摩擦系数大于稳定后的静摩擦系数，静摩擦系数大于动摩擦系数。摩擦系数大小与四氟板厚度及不锈钢板的表面粗糙度有关。顶推施工中所用的滑移设备与在转体施工采用聚四氟乙烯转动设备相似。

表 12-1 国内外预应力连续梁桥使用顶推法施工的示例

建成年份	桥名	国家（地区）	跨径布置/m	桥宽/m	截面形式	梁高/m	平面线型	纵坡(%)	顶推方法	施工附属设施	顶推跨径/m	附注
1963	卡罗尼河桥（Caroni）	委内瑞拉	48+4×96+48	10.3	单箱单室	5.4	直线	0	单点顶推	变截面钢桁导梁，长17m，设临时支墩（l=96m）	48	全联顶推，双层桥面
1970	香比尼桥（Chanpigny）	法国	35+70+35	10.25	单箱单室	3.2	直线	竖曲线 $R=2000$	双向单点顶推	尾部压重	35	梁高为估算
1975	布劳托桥（Brohltal）	联邦德国	$L=600$，标准跨 $l=49.88$，$l_{max}=70$	31	分离式单箱单室	4.2	曲线桥	0	单点顶推	变截面钢板导梁，l_{max}设临时支墩	49.88	
1977	狄家河桥	中国陕西	4×40	3.9	单箱单室	3.0	直线	0	单点顶推	等截面钢桁导梁，长30m	40	单线铁路桥
1977	Hugo河桥	南非	$L=536.5$ $l_{max}=46$	14	单箱单室	3.35	曲线桥 $R=596$m	5.7	单点顶推	导梁长27m，高墩43.6m，加拉索	46	
1978	瓦尔特高架桥	奥地利	62+5×67+62	31	分离式单箱单室	5.0	缓和曲线	1.8	单点顶推	变截面导梁，长45m	67	向下坡顶推，最大墩高40m
1979	弗尔特桥（Wörth）	联邦德国	108+168+128	30	双箱单室	7.25	直线	2.1	单点顶推	设临时支墩	62.5 56	单箱顶推，横移就位
1980	沩水河桥	中国湖南	4×38+2×38	10	单箱双室	2.5	直线	2.1	多点顶推	等截面钢桁导梁，长28.5m	38	梯形箱梁

（续）

建成年份	桥名	国家（地区）	跨径布置/m	桥宽/m	截面形式	梁高/m	平面线型	纵坡(%)	顶推方法	施工附属设施	顶推跨径/m	附注
1980	佐波河桥	日本	37.1+2×37.5+37	2×8.5	分离式单箱	2.2	圆曲线 $R=580m$ 螺旋曲线 $R=300m$	3~4	单点顶推	导梁长26m，部分临时支墩	37.5	
1981	荣川桥	日本	34.26+40.5+34.11	13.25	单箱三室	2.0	直线	0	单点顶推	导梁长30m	40.5	高速公路上
1987	石门大桥引桥	中国重庆	5×50+36	24.5	顶推：双箱单室完成，单箱三室	4.0	直线	0	多点顶推	等截面钢桁导梁，长34m，不设临时支墩	50	
1990	平顺桥	中国山西	28+35+28	9+2×0.5	单箱单室	2.5		C	单点顶推	变截面钢导梁21m	35	$R=90m$ 曲线梁桥
1993	宝中黄河铁路桥	中国宁夏	2×7×48	单线	单箱单室	3.4		0	多点顶推两岸各顶一联	变截面钢导梁32m	48	边跨为简支梁桥
1996	九江大桥引桥	中国广东	40+10×50	2×12.098	分离单箱单室	3.0		2.4	多点顶推	变截面钢导梁34m	50	佛开高速公路
1996.12~1999	岳阳洞庭湖大桥引桥	中国湖南	10×50（桥梁全长5747）	20	单箱单室	3.5		1.25	多点顶推	钢导梁34m	50	湘北干线，主桥为三塔斜拉桥

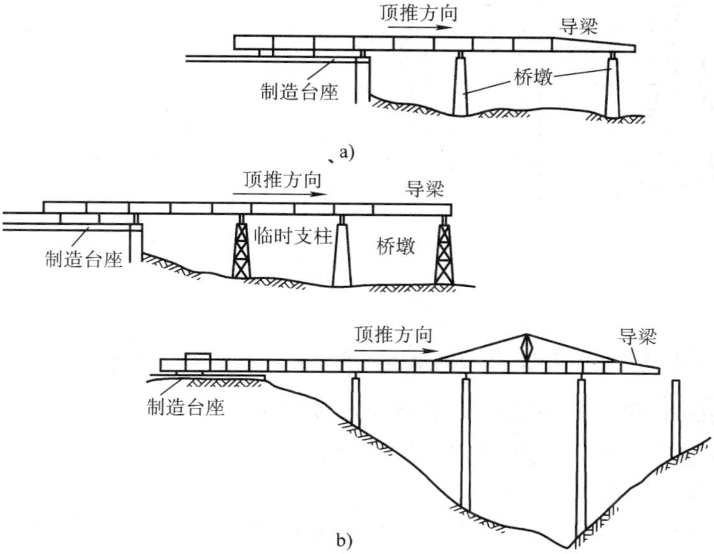

图 12-1　顶推法施工概貌

a）短跨径情况　b）长跨径情况

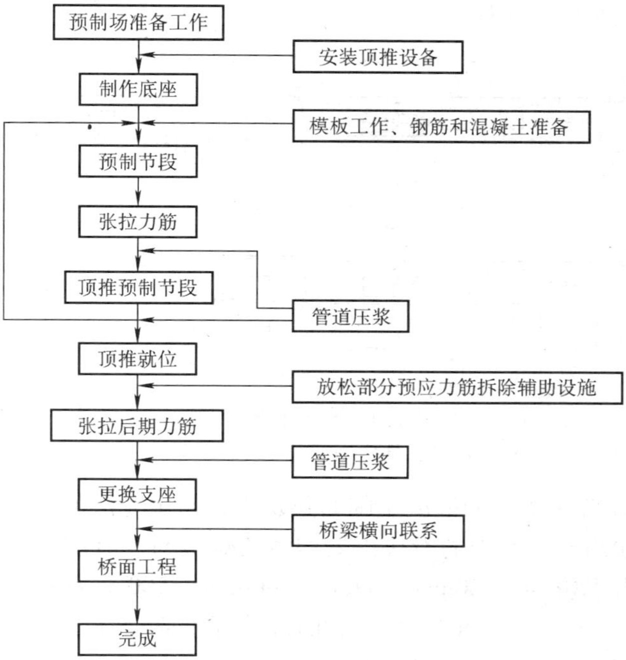

图 12-2　顶推法施工的程序

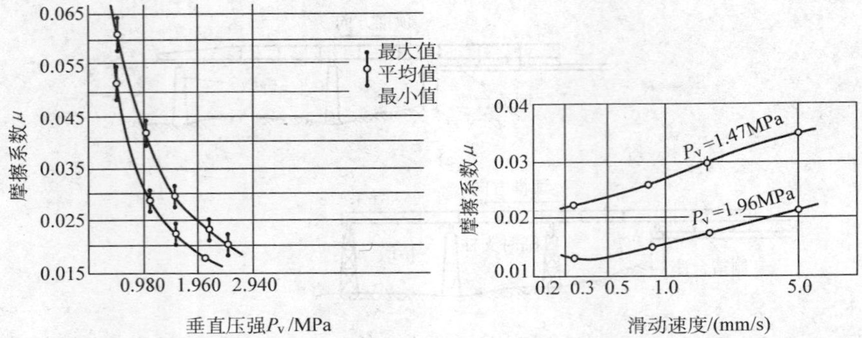

图 12-3 聚四氟乙烯板的承压强度、滑动速度与摩擦系数的关系

顶推的施工方法多种多样，主要依照顶推的施工方法分类，同时也可由支承系统和顶推的方向来区分顶推的施工方法。

12.1.2.1 单点顶推

顶推装置集中在主梁预制场附近的桥台或桥墩上，前方墩各支点上设置滑动支承。顶推装置又可分为两种：一种是由水平千斤顶通过沿箱梁两侧的牵动钢杆给预制梁一个顶推力；另一种是由水平千斤顶与竖直千斤顶联合使用，顶推预制梁前进，如图 12-4 所示。它的施工程序为顶梁、推移、落下竖直千斤顶和收回水平千斤顶的活塞杆。

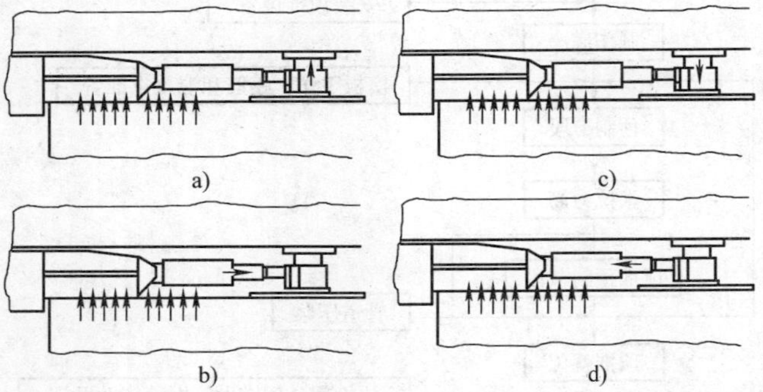

图 12-4 水平千斤顶与竖直千斤顶联用的装置

a）顶梁 b）推移 c）落竖顶 d）收水平顶

滑道支承设置在墩上的混凝土临时垫块上，它由光滑的不锈钢板与组合的聚四氟乙烯滑块组成，其中的滑块由聚四氟乙烯板与具有加劲钢板的橡胶块构成，外形尺寸有 420mm×420mm、200mm×400mm、500mm×200mm 等数种，厚度也有 40mm、31mm、21mm 之分。顶推时，组合的聚四氟乙烯滑块在不锈钢板上滑动，并在前方滑出，通过在滑道后方不断喂入滑块，带动梁身前进，如图 12-5 所示。

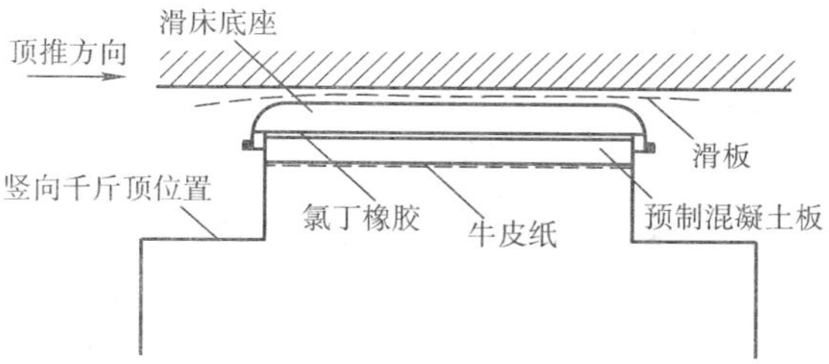

图 12-5　顶推使用的滑道装置

我国狄家河桥、万江桥均采用单点顶推法施工，将水平千斤顶与竖直千斤顶联用。顶推时，升起竖直顶活塞，使临时支承卸载，开动水平千斤顶去顶推竖直顶，由于竖直顶下面设有滑道，顶的上端装有一块橡胶板，即竖直千斤顶在前进过程中带动梁体向前移动。

当水平千斤顶达到最大行程时，降下竖直顶活塞，使梁体落在临时支承上，收回水平顶活塞，带动竖直顶后移，回到原来位置，如此反复不断地将梁顶推到设计位置。

1991 年建成的杭州钱塘江二桥，是一座公铁两用并列桥。主桥两侧的铁路引桥均为三联预应力混凝土连续梁桥，每联分别为 7×32m、8×32m 及 8×32m，最大联长 288m，采用单点顶推法施工。顶推设备采用四台大行程水平穿心式千斤顶，设置在牵引墩的前侧托架上顶推是通过梁体顶、底板预留孔内插入强劲的钢锚柱，由钢横梁锚住四根拉杆，牵引梁体前进(见图 12-6)。当千斤顶回油时，需拧紧拉杆上的止退螺母，为保证施工安全，在牵引墩的后侧安装两个专供防止梁体滑移的制动架。

国外单点顶推法称 TL 顶推施工法，是德国的 Taktshiebe Verba 中的 Taktshiebe 与 Leonhardt 的两个大写字母组成。用 TL 施工的桥梁取得了不少成果，如著名的卡罗尼河桥，全长在 500m 左右，上部结构顶推重力约为 98100kN，采用两台 2943kN 水平千斤顶单点顶推，最大顶力为 3924kN。在原苏联，已普遍采用连续滑动装置来代替人工不断喂入滑块，这种装置具有固定的聚四氟乙烯板连续滑动，其构造似坦克的履带，同时在梁下设置钢板，每块钢板的滑动面为不锈钢板，另一面则带动主梁前进，这样的滑动装置施工十分方便。我国在西延线刘家沟车站的三线桥上，于 1991 年也曾使用履带式滑块，空腹式滑道，实现了不间断顶推施工法，顶推速度 1.2m/d。

12.1.2.2　多点顶推

在每个墩台上设置一对小吨位(400～800kN)的水平千斤顶，将集中的顶推力分散到各墩上。利用水平千斤顶传给墩台的反力来平衡梁体滑移时在桥墩上产生的摩阻力，从而使桥墩在顶推过程中承受较小的水平力，因此可以在柔性

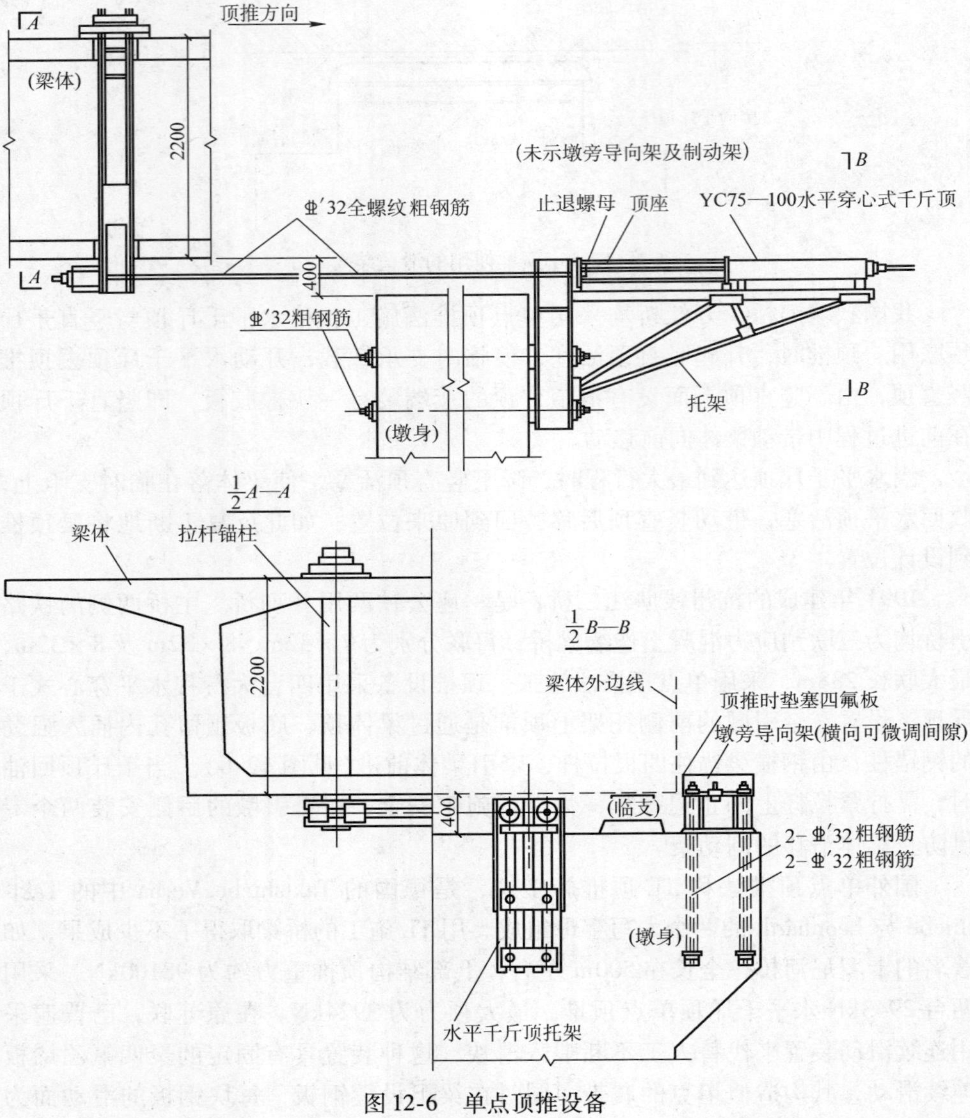

图 12-6　单点顶推设备

墩上采用多点顶推施工。同时，多点顶推所需的顶推设备吨位小，容易获得，所以我国在近年来用顶推法施工的预应力混凝土连续梁桥，较多地采用了多点顶推法。在顶推设备方面，国内一般较多采用拉杆式顶推方案，每个墩位上设置一对液压穿心式水平千斤顶，每侧的拉杆使用一根或两根 ϕ25mm 高强螺纹钢筋，它的前端通过锥形楔块固定在水平顶活塞杆的头部，另一端使用特制的拉锚器、锚定板等连接器与箱梁连接，水平千斤顶固定在墩身特制的台座上，同时，在梁下设置滑板和滑块。当水平千斤顶施顶时，带动箱梁在滑道上向前滑动，拉杆式顶推装置如图 12-7 所示。

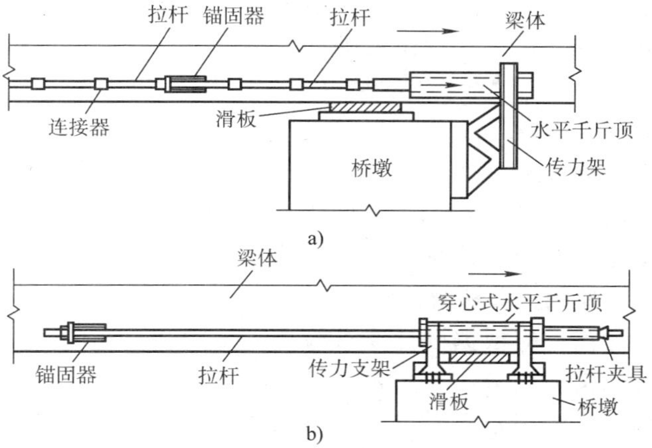

图 12-7　拉杆式顶推装置

多点顶推在国外称 SSY 顶推施工法，顶推装置由竖向千斤顶、水平千斤顶和滑移支承组成。施工程序为落梁、顶推、升梁和收回水平千斤顶的活塞，拉回支承块，如此反复作业。

多点顶推施工的关键在于同步。因为顶推水平力是分散在各桥墩上，一般均需通过中心控制室控制各千斤顶的出力等级，保证同时启动、同步前进、同时停止和同时换向。为保证在任意情况下及时改变全桥的运动状态，各机组和观测点上需装置急停按钮。对于柔性墩上，应尽量减小对桥墩的水平推力并控制桥墩的水平位移，千斤顶的出力按摩擦力的变化等级通过计算确定。由于摩擦力的变化引起顶推力与摩擦力的差值变化，每个墩在顶推时可能向前或向后位移，为了达到箱梁匀速前进，应控制水平力差值及桥墩位移，施工时在控制室随时调整顶力的级数，控制千斤顶的出力大小。由于千斤顶传力时间差的影响，将不可避免地引起桥墩沿桥纵向摆动，同时箱梁的悬出部分可能上下振动，这些因素对施工极其不利，要尽量减少其影响，做到分级调压，集中控制，差值限定。

多点顶推与集中单点顶推比较，可以免去大规模的顶推设备，能有效地控制顶推梁的偏离，顶推时对桥墩的水平推力可以减到很小，便于结构采用柔性墩。在弯桥采用多点顶推时，由各墩均匀施加顶力，同样能顺利施工。采用拉杆式顶推系统，免去在每一循环顶推过程中用竖向千斤顶将梁顶起使水平千斤顶复位，简化了工艺流程，加快顶推速度。但多点顶推需要较多的设备，操作要求也比较高。

多联桥的顶推，可以分联顶推，通联就位，也可联在一起顶推。两联间的结合面可用牛皮纸或塑料布隔离层隔开，也可采用隔离剂隔开。对于多联一并顶推时，多联顶推就位后，可根据具体情况设计解联、落梁及形成伸缩缝的施工方案，如两联顶推，第二联就位后解联，然后第一联再向前顶推就位，形成两联间的伸缩缝。

12.1.2.3 其他分类的施工方法概述

1. 设置临时滑动支承顶推施工

顶推施工的滑道是在墩上临时设置的，待主梁顶推就位后，更换正式支座。我国采用顶推法施工的数座连续梁桥均为这种方法。国外也有采用当主梁在滑道上顶推完成后，使用横移法就位。

在安放支座之前，应根据设计要求检查支反力和支座的高度，同时对同一墩位的各支座反力按横向分布要求进行调整。安放支座也称落梁，对于多联梁可按联落梁，如一联梁跨较多时也可分阶段落梁，这样施工简便，又可减少所需千斤顶数量。更换支座是一项细致而复杂的工作，往往一个支座高度变动1mm，其他支座反应相当敏感。据广东某桥的顶推资料：支座高程变化10mm，45m跨的支座反力变动402kN，支点弯矩变化5552kN · m。因此，在调整支座前要周密计划，操作时统一指挥，做到分级、同步。

2. 使用与永久支座兼用的滑动支承顶推施工

这是一种使用施工时的临时滑动支承与竣工后的永久支座兼用的支承进行顶推施工的方法。它将竣工后的永久支座安置在桥墩的设计位置上，施工时通过改造作为顶推施工时的滑道，主梁就位后不需要进行临时滑动支座的拆除作业，也不需要用大吨位千斤顶将梁顶起。

国外把这种施工方法定名为RS施工法(Ribben Sliding Method)。它的滑动装置由RS支承、滑动带、卷绕装置组成。RS支承的构造如图12-8所示。RS顶推装置的特点是采用兼用支承，滑动带自动循环，因而操作工艺简单，省工、省时，但支承本身的构造复杂，价格较高。

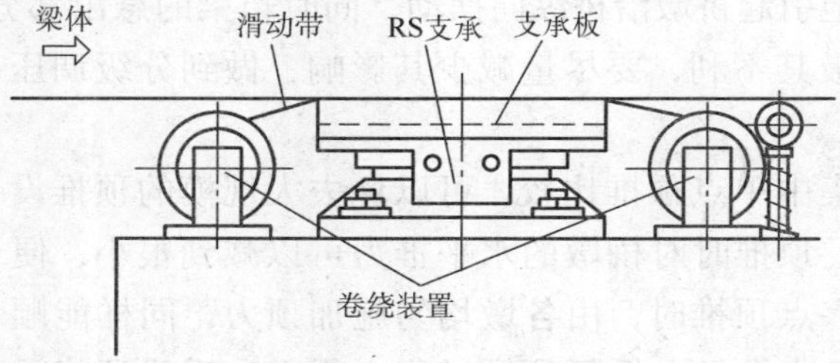

图12-8 RS支承的构造

此外，顶推法施工还可分为单向顶推和双向顶推施工。双向顶推需要从两岸同时预制，因此要有两个预制场、两套设备，施工费用高。同时，边跨顶推数段后，主梁的倾覆稳定需要得到保证，常采用临时支柱、梁后压重、加临时支点等措施解决。双向顶推常用于连续梁中孔跨径较大而不宜设置临时墩的三跨桥梁。此外，在 $l>600\text{m}$ 时，为缩短工期，也可采用双向顶推施工。

12.1.3　顶推施工时梁的内力分析、力筋布置与施工验算

预应力混凝土连续梁桥在营运状态下的内力为支点截面有一个最大的负弯矩峰值，在跨中附近出现最大正弯矩；而在顶推施工中，梁的内力控制截面的位置在不断变化，因此梁的每一个截面内力也在不断地变化。虽然在施工时的荷载仅为梁的自重和施工荷载，其内力峰值没有桥梁在营运状态时的峰值大，但每一截面的内力为正、负弯矩交叉出现，其中在第一孔出现较大的正、负弯矩峰值，之后各孔的正负弯矩值较稳定，而到顶推的末尾几孔的弯矩值较小。

由于梁的施工内力与营运状态下的内力有差异，因此在梁的力筋配置上要同时满足施工阶段和营运阶段的需要。预应力混凝土连续梁桥的纵向力筋分三种类型，一种是兼顾营运与施工要求所需的力筋；第二种是为施工阶段要求配置的力筋；第三种是在施工完成之后，为满足营运阶段需要而增加的力筋。前两种力筋需要在施工时张拉，因此也称前期力筋，要求它构造简单、便于施工，以加快施工速度，所以常采用直索，布置在截面的上下缘，对梁施加一个近于中心受压的预应力。顶推阶段所需要的力筋数量可由截面的上、下边缘不出现拉应力及不超过正截面的抗弯强度作为控制条件来确定。对于兼顾营运与施工要求的力筋，通常采用镦头锚，并用连接器接长。为了不致使接头集中在同一截面，钢索的长度取两个主梁节段的长度，交错排列，使一半数量的钢索通过某一接头位置，而另一半钢索在该截面接头。对于施工需要而临时配置的力筋（约占永久力筋的15%~20%），一般选用短索，布置在梁的跨中部位的上缘及支点部位的下缘，在施工完成后拆除。至于顶推完成后增配的后期力筋（也称二期力筋），可采用直索与弯索，锚在箱梁内的齿板上。

在布索和张拉施工中，应注意以下几个问题：①在同一截面上，钢索的布置要对称、均匀，不要过于集中；②弯索的布置应尽量避免平弯，弯索的锚固设在横梁后的竖向齿板上；③纵向力筋在同一截面不能断索过多，以免应力集中；但也不能过于分散，使齿板过密，一般宜采用相对集中设齿板，以减少箱梁的预制规格，使张拉施土方便，缩短预制周期；④为能重复利用临时钢索材料，在后期力筋中可设计一些比临时索短一些的直索；⑤为加强箱梁与导梁叠合部位的连接，同时为抵抗箱梁前端经常处于悬臂状态时的应力，在导梁附近

的箱梁应配有一定数量的力筋；⑥力筋张拉的顺序宜采用先临时索后永久索、先长索后短索、先直索后弯索、上下交替，左右对称地进行；⑦根据结构受力需要，桥梁上还可设置横向和竖向的力筋，形成双向或三向预应力。

采用顶推法施工，需要进行的施工验算主要有：

1. 各截面的施工内力计算和强度验算

将每跨梁分为10~15等分，计算各截面在不同施工状态所产生的内力。验算荷载有梁自重、机具设备重力、预加力、顶推力和地震力等，同时还要考虑对梁施加的上顶力、顶推时梁底不平以及临时墩的弹性压缩对梁产生的内力影响。在施工验算时，可不考虑混凝土的收缩、徐变二次力，温度内力等。如果在顶推施工中使用钢导梁，应计入钢导梁的叠合作用，按变刚度梁进行内力计算。

在强度验算时，根据规范规定，混凝土与钢的强度和允许应力均可提高。但考虑到梁段的预制质量，混凝土的龄期尚短、有的钢索尚未灌浆等原因，可以不予提高。

梁的施工内力计算可结合梁在营运阶段的内力计算同时进行，按不同阶段计算各截面的内力。需注意的是：施工阶段内力计算的截面要多一些。当桥梁的纵向力筋布置之后，可同时进行施工阶段和营运阶段的强度验算。

2. 顶推过程中的稳定计算

(1) 主梁顶推时的倾覆稳定计算　施工时可能发生倾覆失稳的最不利状态在顶推初期，导梁或箱梁尚未进入前方桥墩，呈最大悬臂状态时。要求在最不利状态下的倾覆安全系数要大于等于1.2。当不能保证有足够的安全系数时，应考虑采取加大锚固长度或在跨间增设临时墩的措施。

(2) 主梁顶推时的滑动稳定计算　在顶推初期，由于顶推滑动装置的摩擦系数很小，抗滑能力很弱，当梁受到一个不大的水平力时，很可能发生滑动失稳。特别是地震区的桥梁和具有较大纵坡的桥梁，更要注意计算各阶段的滑动稳定，满足大于等于1.2的安全系数。

3. 钢索引伸量的计算

在各施工阶段，张拉预应力筋采用“双控”，需要验算各钢索张拉后的引伸量，用以控制钢索的张拉应力。

4. 施工中临时结构的设计与计算

采用顶推法施工，可能在梁的前端设置钢导梁，在桥墩间设置临时支墩，或是其他临时设施，如预制台座、拉索等。这些临时结构均需要进行设计和内力计算，确定结构形式、材料规格、数量及连接方式。对于多次周转使用的临时结构，其允许应力和强度不予提高。

5. 确定顶推设备、计算顶推力

根据施工各阶段计算顶推力。计算时应按实际的摩擦系数、桥梁纵坡和施工条件进行计算。通常可按下式计算顶推力 P

$$P = W(\mu \pm i)K_1 \tag{12-1}$$

式中 W——顶推总重力；

μ——滑动摩擦系数，在正常温度下 $\mu = 0.05$，当在低温情况下，μ 可能达到0.1；

i——顶推坡度，当向下坡顶推时用减号；

K_1——安全系数，通常可取用1.2。

千斤顶的顶推能力 P_f

$$P_f = \frac{P}{n}K_2 \tag{12-2}$$

式中 n——千斤顶台数；

K_2——千斤顶的安全系数，一般取1.2～1.25。

当需要用竖向千斤顶顶升主梁时，每个竖向千斤顶的起顶力 P_V 可由下式计算

$$P_V = \frac{VK}{2} \tag{12-3}$$

式中 V——顶推时的最大反力；

K——安全系数，取用1.4。

在计算顶推力时，如果顶推梁段在桥台后连有台座、台车等需同时顶推向前时，也应计入这一部分影响。

有了所需的顶推力，即可根据所采用的顶推施工方法，确定施工中所需的机具、设备（规格、型号和数量）和滑道设计，并进行立面、平面布置，确定顶推时的支承。

6. 顶推过程中，桥墩台的施工验算

在顶推过程中，对桥墩台将产生水平力及瞬时水平冲击力，需要计算各施工阶段墩台所承受的水平力。在顶推施工时，加在墩台和基础上的荷载与营运阶段不同，桥墩台的静力计算图式也不相同。顶推时，主梁在桥墩上滑动，作用在桥墩上的水平力取决于桥梁上部结构的重力、顶推坡度与滑动支座的摩擦系数。

当采用多点顶推时，需在每个墩上布置千斤顶，在桥墩的受力计算中还应计入顶推时水平千斤顶对桥墩的反作用力，它与顶推时梁体滑动在墩顶产生的摩擦力相平衡，因此，多点顶推可减小施工时对桥墩的水平力。为了确保桥墩安全，在梁体上墩前后仍要计算和控制桥墩水平力及水平各墩的位移值。

对桥墩除进行强度和稳定验算外，在结构构造上还要满足布置滑移设备、顶推和导向设备所需的位置。

7. 顶推施工时，梁的挠度计算

在顶推施工时，桥梁的结构图式在不断地变化，要求计算各施工阶段梁的挠度，用以校核施工精度和调整施工时梁的标高。这项工作十分重要。当计算结果与施工观测结果出现较大不符时，必须查明原因，确定对策，以保证施工顺利进行。

12.2 斜拉桥的施工

12.2.1 概述

斜拉桥的施工，一般可分为基础、墩塔、梁、索等四部分。基础施工与其他类型的桥梁基础施工类似，墩塔和梁的施工也可在本书其他各章找到适当的方法。只有索的施工，包括索的制造、架设和张拉具有其特殊性。但是斜拉桥作为一个整体，塔、梁、索的施工必须互相配合，服从工程设计意图。本节以梁、索和各种具有代表性的斜拉桥上部结构的施工为叙述的主线。

近代第一座斜拉桥当属 1955 年的瑞典斯特姆松特桥(Steam-sund)，它是一座稀索辐射式的斜拉桥，中孔跨度 185.5752m，边孔 74.676m。钢塔由梁式起重机安装，边跨钢梁在脚手架上拼装，中跨采用悬臂拼装法。斜拉索也是利用梁式起重机安装，随着钢梁的逐节悬臂前进，先连结下端，然后起重机退回至桥塔处安装上端，用千斤顶张拉。

从 1955 年至 1957 年世界上约有 60 座斜拉桥建成或正在设计中，几乎都是钢斜拉桥。直至 1962 年才有第一座混凝土斜拉桥建成，它就是委内瑞拉的马拉开波湖桥。我国自 1975 年建成第一座四川云阳的汤溪河桥后，斜拉桥总数据不完全统计，至今已达 60 座以上，大部分都是混凝土斜拉桥。表 12-2、12-3 分别介绍了国内、外近年来建成的著名斜拉桥的施工概况。

12.2.2 塔、主梁及斜拉索施工要点

索塔的材料可用金属、钢筋混凝土或预应力混凝土。索塔的构造远比一般桥墩复杂，塔柱可以是倾斜的，塔柱之间可能有横梁，塔内须设置前后交叉的管道以备斜拉索穿过锚固，塔顶有塔冠并须设置航空标志灯及避雷器，沿塔壁须设置检修攀登步梯，塔内还可能建设观光电梯。因此塔的施工必须根据设计、构造要求统筹兼顾。

表 12-2　国内近年来著名斜拉桥施工概况

序号	桥　名	年份	跨径/m	材料	用途	施工概况		
						塔	主　梁	索
1	上海杨浦大桥	1993	99 + 144 + 602 + 144 + 99	结合梁	城市	下塔柱脚手架翻模，中、上塔柱爬模	桥面起重机双悬臂拼装	成品索用卷扬机及塔顶伸下滑轮组起吊，YQL—600 千斤顶张拉
2	无锡石塘河斜拉管桥	1993	28 + 2 × 80 + 28	ϕ1.8m 水管	水管	单塔单索面，塔高 44.5m，塔脚手架立模施工	水管在临时墩上拖拉就位	成品索悬挂就位初张拉，然后强迫落梁建立索力
3	郧阳汉江桥	1994	86 + 414 + 86	混凝土	公路	下塔柱翻模法，横梁支架法现浇，上塔柱用滑升翻模施工	岸跨在移动门型支架上现浇，河跨预制浮运，起吊悬拼	工地制索，施工天线运送，200kN 起吊滑车组起吊，YQL—600 千斤顶张拉
4	广东三水大桥	1995	7.45 + 3 × 7.25 + 82 + 180	混凝土	公路	独塔，下、中塔柱滑模，上塔柱爬模施工	河跨用后支点带斜向工具索的挂篮悬浇	成品索用滑车组起吊，千斤顶张拉，一次张拉到位
5	吉林临江门大桥	1995	132.5 + 132.5	混凝土	公路	在脚手架上立模浇筑	牵索式挂篮双悬臂浇筑	
6	铜陵长江公路大桥	1995	190 + 432 + 190	混凝土	公路	裸塔法无支架爬模，模板总高 9m，一次浇筑 6m	大节距全断面整体浇筑，自行式前支点挂篮，一次全断面悬浇 8m	
7	武汉长江二桥	1995	180 + 400 + 180	混凝土	公路	下塔柱在钢围堰上搭支架立模，中、上塔柱爬模施工	短平台复合型牵索挂篮施工，每次浇筑长 8m	成品索单点起吊，梁塔两端牵引，LS600W 千斤顶张拉
8	广东南阁大桥	1995	35 + 108 + 35	混凝土	公路	工作平台上搭门式脚手架，木模浇筑	两端在脚手架上现浇，中段用浮式起重机吊装就位	50kN 卷扬机，滑车组起吊，YQL—600 千斤顶张拉

（续）

序号	桥名	年份	跨径/m	材料	用途	施工概况		
						塔	主梁	索
9	汤河大里营桥	1997	42 +50	混凝土	铁路	在脚手架上立模浇筑	在脚手架上立模浇筑，平转就位	刚性索在脚手架上浇筑，千斤顶张拉
10	金华金婺路桥	1997	100 +125 +35	混凝土	公路	在脚手架上立模浇筑	在临时墩上架立梁式移动滑模浇筑	单根钢绞线逐根安装张拉，每索共109根钢绞线

表 12-3　国外近年来著名斜拉桥施工概况

序号	桥名	国家	年份	跨径/m	材料	用途	施工概况		
							塔	主梁	索
1	邦纳安桥	比利时	1989	168 +126	混凝土	公路	底盘、下斜撑和横梁用特制模板浇筑，上斜撑用提升模板浇筑	在河岸边支架上浇筑转体70°就位	平行钢绞线，单根张拉，大型千斤顶调索
2	伊泽尔河桥	法	1991	16 +49. 33 +74. 67 +148 +16	混凝土	公路	爬模浇筑，鞍座设于顶部节段上，吊装就位	移动式挂篮悬浇，先浇桥中线处工字梁，张拉部分索力，然后浇两侧部分	辐射式单索面，将斜拉索牵引过塔顶鞍座，在梁底张拉
3	海尔格兰桥	挪威	1994	177. 5 +425 +177. 5	混凝土	公路	滑模浇筑，斜拉索锚固在塔顶的锚箱内	牵索挂篮双悬臂浇筑，施工期间设有临时墩	成品索聚乙烯套管，内填充石蜡，卷扬机提升安装，千斤顶张拉
4	埃姆舍尔苯因河桥	德国	1990	6 ×50 +310 +8 ×52. 5	混合型	公路	上部钢塔预制构件安装	岸跨混凝土结构，用支架法逐跨分段浇筑，河跨钢结构悬臂拼装	卷扬机提升安装，千斤顶张拉

（续）

序号	桥名	国家	年份	跨径/m	材料	用途	施工概况		
							塔	主梁	索
5	东神户大桥	日	1992	200 + 485 + 200	钢	公路	钢塔架浮运吊装，100m以上部分用拼装式塔式起重机，焊接	塔架附近主梁用大吨位浮式起重机架设主跨与边跨，中段用移动式起重机进行单根杆件悬臂拼装	与主梁悬拼同步架设，塔内与梁内均可用千斤顶张拉
6	小田原港桥	日	1993	74 + 122 + 74	混凝土	公路	立支架浇筑，塔顶鞍座整体起吊，安装就位后浇筑填充混凝土	挂篮悬臂浇筑，近边墩处立脚手架施工	在脚手架上架设FRP管，插入股索，绕过鞍座，迪维达格锚，梁内张拉
7	塞塞勒桥	法	1987	115 + 110	结合梁	公路	用塔式起重机提升模板浇筑	借助于临时墩及导梁顶推就位，顶推时，设辅助桥塔，在右孔中部合拢	封闭型斜拉索，上端以钢锚杆锚固在桥塔上，下端锚固在钢梁腹板上
8	鹤见航道桥	日	1994	254 + 510 + 254	钢	公路	单索面倒Y形SRC桥塔，钢骨架浮运架设	35000kN浮式起重机浮运架设大节段钢梁	成品索在加劲梁上展开，塔式起重机提升至塔上锚固点，梁内用穿心式千斤顶张拉
9	名港中央大桥	日	1995	290 + 590 + 290	钢	公路	钢塔架，下部用浮式起重机架设，上部用梁式起重机架设	30000kN驳船浮运，梁式起重机起吊架设	成品索浮运上桥，塔式起重机架设
10	悉尼格莱贝岛桥	澳大利亚	1995	140 + 345 + 140	混凝土	公路	桥面以下用普通模板制造，桥面以上用爬模浇筑	岸跨在走行支架上浇筑，河跨用牵索式挂篮浇筑	单根钢绞线张拉，每根斜拉索由25 ~ 74根钢绞线组成，具有四层防腐系统

索塔承受相当大的轴向力，还可能有弯矩，因此对索塔的尺寸和轴线位置的准确性应有一定的要求。允许偏差值应考虑以下两个原则：1）偏差值对结构物受力的影响甚微；2）施工中经过努力可以达到的精度。参考国外资料，沿塔高每米高度允许偏差0.5mm，即倾角正切值 $tg\alpha = 1/2000$。我国斜拉桥塔施工精度现在尚无统一规定，上海泖港桥允许倾斜度为1/200，徐浦大桥允许偏差值如表12-4所示。

表12-4　徐浦大桥主塔实测允许偏差

项　目	断面尺寸		相邻间距		轴　线		倾斜度（%）	壁厚	索管轴线
	塔座	塔柱	塔座	塔柱	塔座	塔柱			x、y、z三向
允许偏差/mm	±15	±10	±10	±10	±10	±10	$\pm H/3000$	±5	±2

钢索塔施工一般为预制吊装，混凝土索塔施工大体上可分为搭架现浇、预制吊装、滑升模板浇筑等几种方法。

在主梁施工过程中，一般混凝土梁式桥施工中的任一种合适的方法，如支架上拼装或现浇、悬臂拼装或浇筑、顶推法和平转法等，都有可能在混凝土斜拉桥上部结构的施工中采用。由于斜拉桥梁体尺寸较小，各节间有拉索，还可以利用索塔来架设辅助钢索，因此更有利于采用各种无支架施工法。其中悬臂施工法是混凝土斜拉桥施工中普遍采用的方法。不论主梁为T形刚构、连续梁或悬臂梁皆可采用。究竟采用哪种方法，所要考虑的问题主要有所跨越的障碍的情况、斜拉桥本身的结构与构造等。

斜拉索由两端的锚具、中间的拉索传力件及防护材料三部分组成，称为拉索组装件。拉索的材料有钢丝绳、粗钢筋、高强钢丝、钢绞线等。当前拉索技术研究围绕三个方面的目标展开，其一是如何使拉索与锚具的组装件能在斜拉桥整个使用年限内经受得起高幅度的应力变化，亦即锚具应具备优良的抗疲劳性能；其二，如何保证拉索组装件具备绝对可靠的、永久性的防护；其三，在保证拉索组装件可靠、耐久的前提下，力争施工方便，造价低廉。

索与塔、梁连接结构的功能是将斜拉索力可靠地传递给桥塔及主梁。其结构形式根据斜拉索布置、根数、桥塔及主梁的结构等情况确定。拉索在桥塔上的联结有两种方式：一是直接锚固，另一是通过塔顶索鞍而延伸到桥塔另一侧主梁上锚固。两种联结方式的比较见表12-5。

表12-5　拉索两种联结方式比较表

	优　点	缺　点
塔上设置索鞍	索塔主要承受压力，结构受力简单、构造简单	索鞍构造复杂，造价昂贵，由于拉索允许弯曲半径限制，索塔顶部桥轴方向宽度增大，特别是辐射形，内索倾角太大，索鞍设计难以处理
拉索锚于塔上	不需要索鞍与索座；架设容易，便于保养、检查以及逐根更换拉索，特别适合于拉索小、索数多的情况	由于索塔两侧的斜索拉力不相等，致使索塔和桥墩的设计经常受到弯矩的控制

12.3　悬索桥施工

12.3.1　概述

悬索桥施工主要有：锚碇、塔、主缆和加劲梁的制作和安装。其中尤以主缆及其附件的制造安装具有特色。

锚碇是主缆锚固装置的总称，由混凝土锚块(含钢筋)及支架、锚杆、鞍座(散索鞍)等组成。主缆由空中成束的形式进入锚碇，要经过一系列转向、展开、锚固程序。

大跨度悬索桥的索塔在1950年以前几乎都是采用钢塔，其主要优点是：施工速度快、质量容易保证、抗震性能好。直到1959年，法国建成主跨608m的其坦卡维尔悬索桥，开始采用混凝土塔。我国新近建造的几座大跨度悬索桥(汕头海湾大桥、虎门大桥、西陵大桥、江阴大桥)全都是采用混凝土塔。塔的施工与斜拉桥塔基本上相同。

悬索桥的钢缆有钢丝绳钢缆和平行线钢缆。前者一般用于中、小跨度的悬索桥，后者主要用于主跨为500m以上的大跨悬索桥。平行线钢缆根据架设方法分为空中送丝法(AS法)及预制索股法(PWS法)。

加劲梁架设的主要工具是缆载起重机。架设顺序可以从主跨跨中开始，向桥塔方向逐段吊装；也可以从桥塔开始，向主跨跨中及边跨岸边前进。

12.3.2　缆索施工要点

为使主缆的构造同其锚固相适应，缆内钢丝应分成若干根丝股(索股)。用预制索股法架缆，每股一般不超过127丝。用空中送丝法架缆则无此限制，如美国金门桥每股452丝(每缆61股)，日本下津井桥每股552丝(每缆44股)。

为使主缆截面最终被压紧成圆形，一般是将丝股先排成正六边形，则每一缆内的丝股数目只能是19、37、61、91、127、169、217股等。但施工实践表明，即使不排成正六角形也不难挤压成圆形。例如，英国博斯普鲁斯第二桥丝股共32根，其排列如图12-9c所示，汕头海湾大桥和虎门大桥丝股都是110根。

图12-9表示几种丝股排列方式：图12-9a是将两平边放在水平位置，这样摆法当丝股根数不多时，用主缆成形器来保持其相对位置比较方便；图12-9b是将两平边放在竖直位置，其优点是丝股分成几竖列，可以在各竖列之间插入分隔片，有助于丝股间的通风，使各丝股温度容易一致，有利于保证丝股长度调整的精度；图12-9c是竖向和水平向都可插入分隔片，其四角各缺一根，紧缆时，只需在紧缆机前方用大木锤敲松丝股排列，则挤成圆形并无困难。

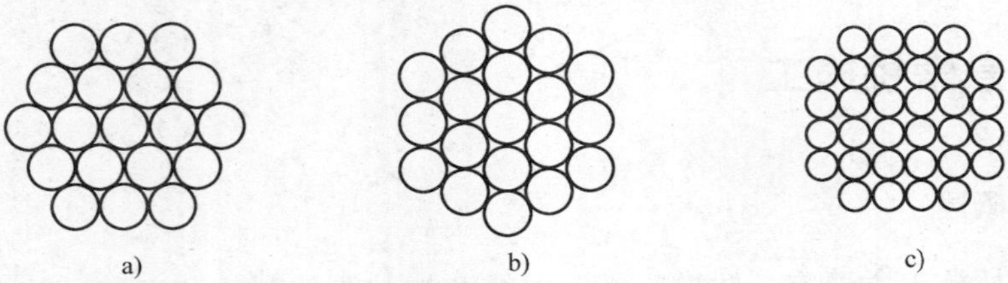

图12-9 几种丝股排列方式

位于塔顶的有主鞍座；边跨主缆进入锚碇之前可设副鞍座；在锚碇前沿主缆散开，需设散索鞍；若主缆散索中不改变其方向，则只需设散索套。在采用空中送丝法制成的主缆中，位于丝股和锚杆之间的中介环节，称为鞍跟。若边跨较大，致使主缆在边跨靠岸端的坡度平缓，则为使主缆对水平线的倾角变陡以便进入锚碇，需在边跨靠岸端设墩(或钢排架)，墩顶设置副鞍座。美国三藩市海湾桥、纽波特桥、英国福斯桥均设有副鞍座。主缆在副鞍座处的转角一般不大，其施于副鞍座的压力也较小，使副鞍座的制造比较容易。从副鞍座到锚块混凝土前锚面还有相当大的距离，随着缆力的增加，副鞍座也将发生向河侧的纵移，故副鞍座应设置在摇轴或摆柱或辊轴上，在施工过程中也应先使副鞍座向岸侧有一个预偏量。

在锚碇前段，主缆在这里散开。当主缆在散开时有一向下的转折角时，需要设一个散索鞍。散索鞍下面也应设摇轴、摆柱或辊轴。汕头海湾大桥是在散索鞍下面设置盆式橡胶支座，两侧有卡板、螺栓，以防止其侧向移动。其槽道呈漏斗状，主缆从小口进入，在大口处散开，形状为系列阶梯形空间曲面，如图12-10所示。

如果主缆在散开的同时不改变其总方向，可不用散索鞍而用散索套。散索套的槽道与散索鞍基本相同。在散索套安装就位后，由于侧向力的作用，仍有可能向着主缆未散开的那个方向滑移，为此，应在散索套小口之外设置“挡

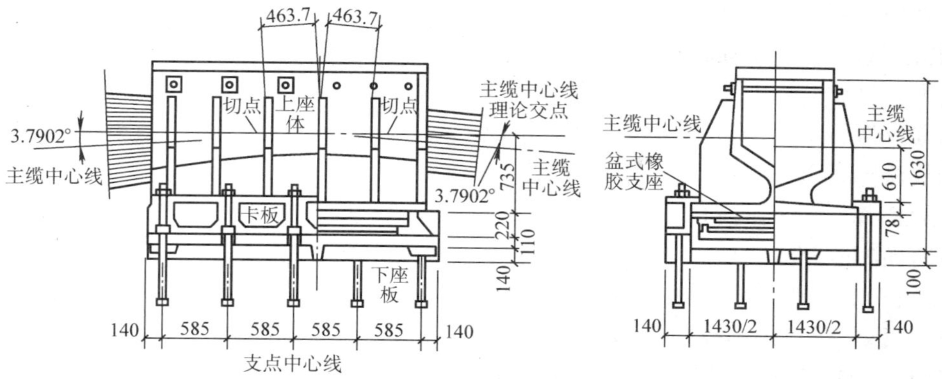

图 12-10　汕头海湾大桥散索鞍座

圈”。挡圈的构造同索夹相似，即凭借高强螺栓使挡圈抱紧主缆，由此而产生摩擦力以阻挡散索套的移动。

在采用空中送丝法制成的主缆中，位于丝股和锚杆之间的连接构件是靴跟及其附件。靴跟的功能有两个：一是传力，丝股套在靴跟的槽道上，而锚杆则连接在靴跟的销钉上；二是调节长度，丝股的实际长度将因施工误差等因素而有出入，靴跟中有调节长度的附件，可以纠正施工误差，使丝股的长度符合设计要求。图 12-11 所示为美国三藩市海湾桥所用的靴跟及其附件。从立面图中可以看出丝股缠在靴跟的槽道上(向右)，而锚杆(眼杆)则套在靴跟的大销钉上(向左)。平面图中丝股未绘出。靴跟凭借两块拉板与右端的另一根销钉相连接，两根销钉位置是固定的，而靴跟可以凭借千斤顶及垫片与销钉作相对微小的移动。千斤顶的活塞同靴跟上的施力孔眼相连，若丝股实际长度偏大，则千斤顶

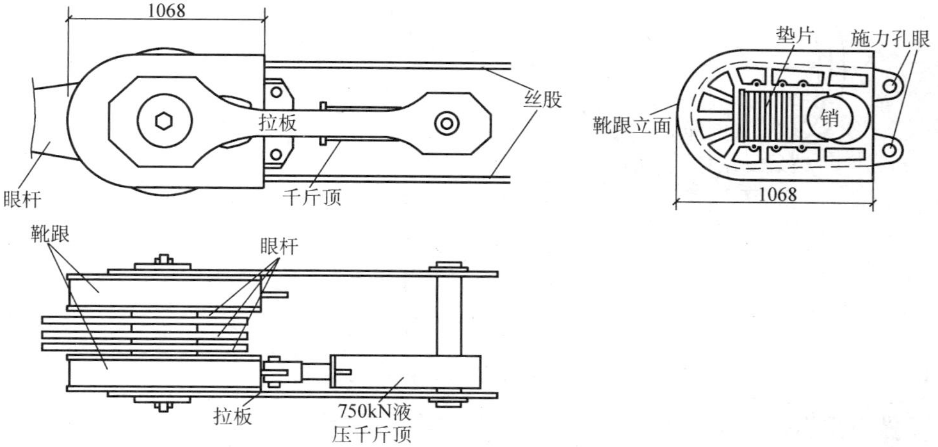

图 12-11　铸钢靴跟及其附件

活塞向左推进，迫使靴跟相对于大销钉左移，靴跟内放置垫片的空间扩大，可放置垫片以固定靴跟位置，消除丝股误差。丝股实际长度偏小则放松千斤顶使靴跟右移，取去相应的垫片。最右侧的垫片应与大销钉曲面相匹配。

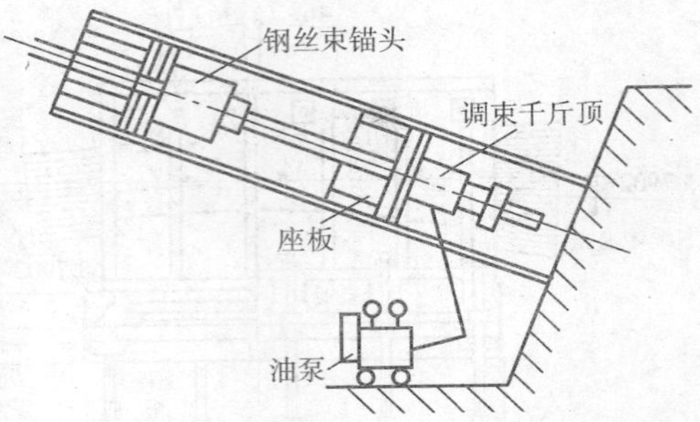

图 12-12　钢丝束锚头头束示意

在采用预制索股法制成的主缆中，当钢丝束(预制索股)拽拉至锚碇时，先将两端的锚头临时锚固，然后调整线形，精确测量其长度。目前预制绳股的锚杆多采用高强螺杆，在钢丝束的锚头底部配以穿心式千斤顶穿在高强螺杆上，调整长度时，钢丝束的收紧或放松通过千斤顶的拽拉及调整锚头下的垫片来实现，如图 12-12 所示。

索夹有两种构造形式，一种是用竖缝分成两半，吊索骑在索夹上，如图 12-13所示，用高强螺栓将两半拉紧，使索夹内壁压紧主缆，从而产生摩擦力以防止索夹滑动。在索夹两半之间应保留适当的缝隙(图中为 38mm)，借以确保螺杆拉力能用于产生索夹对主缆的压力。高强螺杆位置尽可能向内靠近，一则使螺杆拉力对索夹壁的偏心较小，再则可以使螺杆较长，有利于螺杆吸收更多的应变能以防拉裂和减少应力损失。

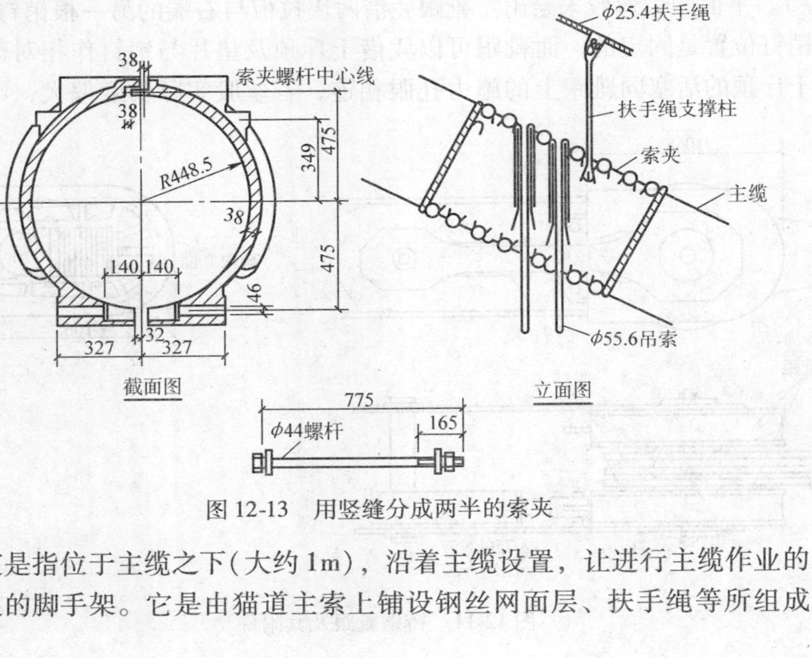

图 12-13　用竖缝分成两半的索夹

猫道是指位于主缆之下(大约 1m)，沿着主缆设置，让进行主缆作业的工人有个立足的脚手架。它是由猫道主索上铺设钢丝网面层、扶手绳等所组成。猫道宽度不大，为防止被风吹翻，同时也是为上、下游猫道之间能互相交通，一般要在两猫道间设置横向天桥，中跨可设三至五道，边跨一道。在猫道下方一般需设抗风索。在立面上，抗风索呈向上凸出的曲线形，其两端则扣在塔和锚碇的下方。在猫道主索和抗风索之间设若干根竖向（或斜向成V形的）细绳，互相绷紧，就形成一空间抗风体系。这样设置的抗风索势必侵入航运净空，故必须得到航运部门同意。沿抗风索还须控规定悬挂信号灯，以防船舶将它撞坏。

本 章 小 结

连续梁桥顶推施工技术主要分为单点顶推、多点顶推两种，还可以设置临时滑动支承顶推施工及使用与永久支座兼用的滑动支承顶推施工；斜拉桥的施工和悬索桥的施工主要包括塔的施工、主梁施工和缆索施工。

思考题和习题

12-1 说明什么是顶推法施工？

12-2 桥梁采用顶推法施工时，应进行哪些计算或验算？

12-3 斜拉桥的塔和主梁一般采用哪些方法施工？

12-4 斜拉桥主梁施工的挂篮与其他梁式桥悬臂施工用的挂篮有何不同？

12-5 简述悬索桥缆索的施工要点。

第五篇

桥 梁 墩 台

第 13 章 桥梁墩台的构造与设计

13

13.1 概述

桥梁墩(台)主要由墩(台)帽、墩(台)身和基础三部分组成(见图 13-1)。广义的墩台包括它们水下及土中的基础。由于"基础工程"现在已作为土木工程的一门主干专业课,故本篇则专指基础以上墩台的圬工或钢结构部分。

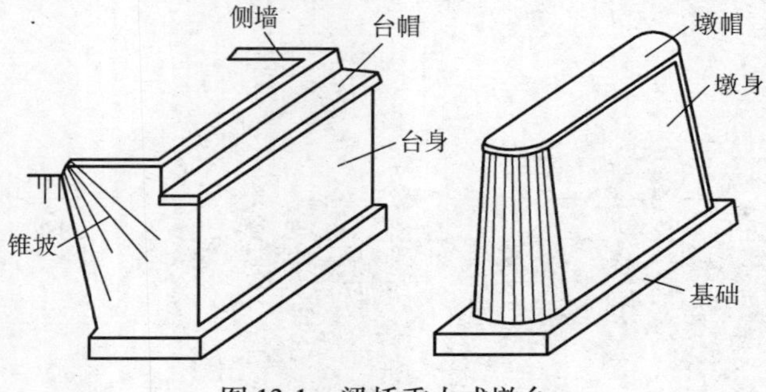

图 13-1 梁桥重力式墩台

桥梁墩台是桥梁的重要结构,它支承着桥梁上部结构的各种作用,并通过基础将各种作用及本身自重传递给地基。桥墩一般是指多跨桥梁的中间支承结构物,它不仅承受上部结构的作用,还承受风力、流水压力以及可能出现的地震力、冰荷载、船只、排筏或漂流物等偶然作用。桥台一般设置在桥梁的两端,起着支承桥跨结构和连接两岸道路的作用,同时,还要能挡土护岸和承受台背填土及填土上车辆荷载所产生的附加侧压力。此外,桥梁墩台还要承受施工时的临时作用,在某种情况下需要临时加固和补强。因此,桥梁墩台不仅自身应有足够的强度、刚度和稳定性,而且对地基的承载能力、沉降量、地基与基础之间的摩阻力等也都提出一定的要求,以避免在上述荷载作用下产生危害桥梁整体结构的水平位移、竖向位移和转角位移。这一点对超静定结构桥梁尤为重要(超静定结构的结构内力受地基变形等因素的影响较大)。

当前，世界各国的桥梁建设都在迅速发展，这不仅反映在上部结构的造型新颖上，而且还反映在下部结构向轻型合理的方向发展上。20 世纪 50 年代以来，国内外出现了不少新型桥梁墩台，尤其是在桥墩形式上显得更为突出。设计者在各自的设计方案中，将结构上的轻巧合理和艺术造型上的美观以及下部结构的功能统一起来。如澳大利亚的盖特威桥，是一座主跨为 260m 的预应力混凝土连续刚构桥，主墩高 40 余 m，采用中距 11m，壁厚 2.5m 的直立双壁式墩身，使主梁在桥墩处明显地削减了负弯矩峰值，由此提高了桥墩的抗弯能力，从而使目前最大路径的预应力混凝土连续刚构桥在造型上具有轻盈、和谐、庄重的外观；位于美国的长岛桥，上部结构为 103 跨的单箱多联预应力混凝土连续梁桥，下部结构为预制的 V 形斜撑桥墩，浑然一体，蔚为壮观。

我国在过去的桥梁设计中，下部结构的形式常常被归并为几种简单的类别，重点放在怎样做出可靠的支承结构，且中小桥跨结构多采用标准设计，特殊大跨桥梁的墩台也往往是标准类型的拓展，多年来对新的结构形式，似乎是很少得到重视。随着科技的进步和我国生产力的飞速发展，我国的桥梁建设也在发生着日新月异的变化，特别是由于城市桥梁、高桥、刚架桥、高架桥的大量建造，对桥梁墩台的结构合理和造型上的美观要求，已成为必须良好处理的突出问题。此外，为适应不同的地质条件，对基础的构造、施工方法以及快速建桥的要求，也做出了很多革新基础的尝试，因而下部结构同样得到了广泛的发展。尤其是 20 世纪 90 年代以来，发展更为迅猛，使下部结构更趋经济合理和轻盈美观。

对于城市立交桥，为了节省空间，承托较宽的上部结构，减小墩身和基础尺寸，在地面给人以艺术的享受和美化城市等，其下部结构在造型上一般比公路桥梁有更高的要求。城市桥梁墩台更注重从桥梁的整体造型着眼，力求线型优美明快，构造轻盈简单，结构匀称，视野开阔明朗并给人以稳重安全的感觉。另外，整个桥梁还要与周围的环境、地形和建筑物以及车辆行人的出行等完美结合。近年来，国内外的城市桥梁中，涌现出丰富多彩的各种构造形式，简单概括为：①单柱式墩(图 13-2a)，可以有墩顶盖梁，也可以直接支承上部结构，柱的横截面可以是圆形、矩形、多角形等，其墩受力明确，视野开阔，造价经济；②多柱式墩(图 13-2b)，柱顶各自直接支承在上部结构上，显得挺拔有力，干净利落，在城市桥梁中以两柱式为多，三柱式及以上者多设置在上部结构车道数不小于 4 的情况下；③薄壁墩(图 13-2d、e)，常将其表面故意做成横纵向的纹理以弥补混凝土现浇常遗留下来的模板纹路并克服大面积混凝土的平淡单调，以获得美观的效果；④双叉形、四叉形、V 形、T 形、X 形、Y 形和 Π 形墩(图 13-2c ~ i)等多种多样的桥墩形式。总之，各种各样的形式都是为了达到结构轻型合理、造型美观和经济适用。

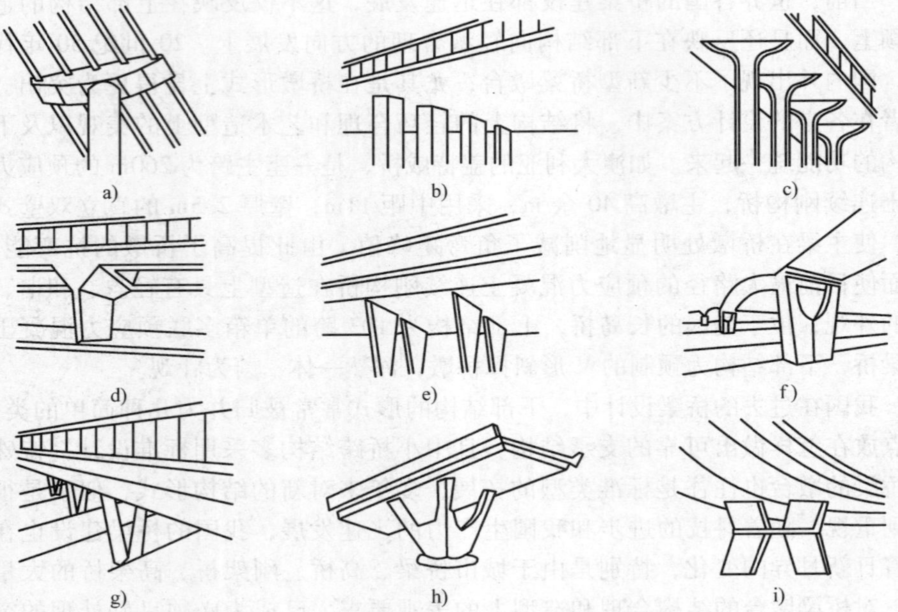

图 13-2 各种轻型桥墩形式

对于如此繁多的各种公路桥梁形式，确定桥梁下部结构应遵循安全耐久、满足交通要求、造价低、维修养护费用小、预制施工方便、工期短、与周围环境协调、造型美观等总的原则，并结合具体的情况采用适宜的下部结构。

13.2 桥墩

公路桥梁按形式可将桥梁桥墩分为梁桥桥墩和拱桥桥墩；按桥墩的受力不同可分为重力式桥墩和轻型桥墩；按施工工艺可分为就地砌筑或浇筑桥墩、预制安装桥墩；按桥墩的材料种类可将桥墩分为混凝土及钢筋混凝土桥墩和砌石及混凝土砌块桥墩两类。桥墩按其构造还可分为实体桥墩、空心桥墩、柱式桥墩、桩排架墩、框架墩等五种类型。对于桥台，其分类也同样适用。

13.2.1 实体桥墩

实体桥墩是指桥墩为实体结构的桥墩，它是中小桥跨适宜的结构形式，按其截面尺寸和桥梁重量不同可分为实体重力式桥墩和实体薄壁桥墩，这类桥墩依靠自身重量以及上部传递的荷载来平衡影响桥梁的各种作用。实体重力式桥墩墩身比较厚实，可以不用钢筋，而用天然石材或片石混凝土砌筑。实体薄壁桥墩通常是由钢筋混凝土做成，主要是由墩帽、墩身和和基础三部分组成(见图13-3)。

13.2.1.1 重力式桥墩

1. 梁桥重力式桥墩

(1) 墩帽 墩帽是桥墩顶端的传力部分，它通过支座承托着上部结构，并将相邻两孔桥上的直接作用和间接作用传递到墩身上，因此，墩帽的强度要求较高，一般都得用C20以上的混凝土或钢筋混凝土做成。墩帽的几何尺寸在桥墩设计上是至关重要的，合理的墩帽尺寸会节约材料，使桥墩轻盈利落。墩帽的平面尺寸由顺桥向宽度和横桥向宽度组成。就墩帽的厚度而言，《桥规》规定，对于大跨径的桥梁不得小于40cm；对于中小跨径的桥梁不得小于30cm。其顶面常做成10%的排水坡。墩帽的四周较墩身出檐5～10cm，并在其上做成沟槽形滴水(见图13-4)。

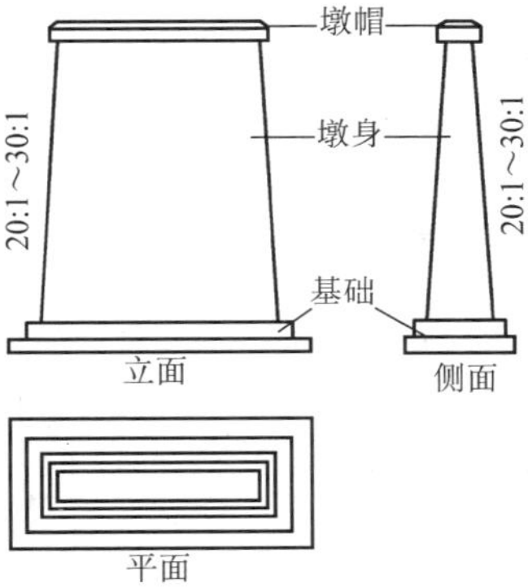

图13-3 实体重力式桥墩

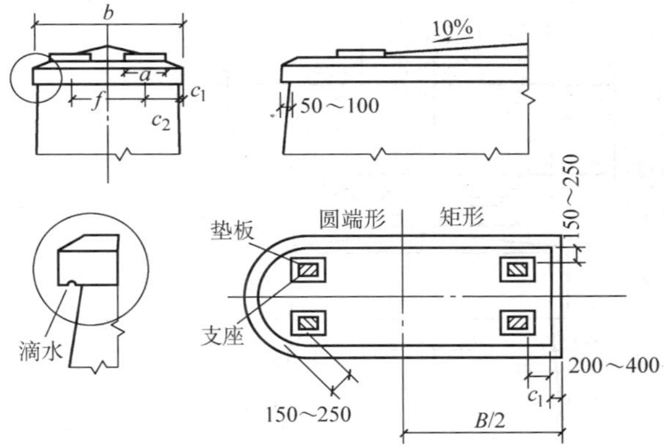

图13-4 墩帽构造尺寸

在墩帽放置支座的部位，应力较集中，应布置一层或多层钢筋网。当桥墩上相邻两孔的支座高度不同时，可加设混凝土垫石予以调整，并在垫石内设置钢筋网。墩帽的构造还应满足更换支座的需要。墩帽的钢筋构造图如图13-5所示。

墩帽具体的平面尺寸应根据上部构造型式、支座布置情况、架设上部构造施工方法的要求而决定。因此大致可以按下式计算分别确定。

1) 顺桥向墩帽宽度 b 的确定。对于双排支座，如图13-6所示，b 为

$$b \geqslant f + \frac{a}{2} + \frac{a'}{2} + 2c_1 + 2c_2 \tag{13-1}$$

$$f = e_0 + e_1 + e_1' \geqslant \frac{a}{2} + \frac{a'}{2} \tag{13-2}$$

式中 f——相邻两跨支座间的中心距；

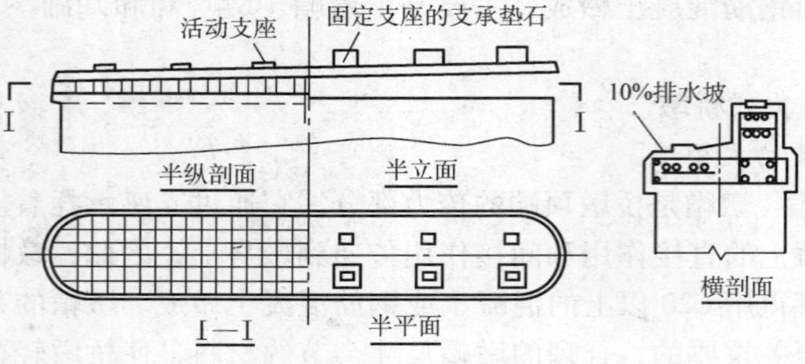

图 13-5 墩帽钢筋构造

e_1、e_1'——两桥跨结构伸过支座中心线的长度；

a、a'——桥跨结构支座垫板的顺桥向宽度；

c_1——顺桥向支座垫板至墩身边缘的最小距离，参考表 13-1 和图 13-7 确定；

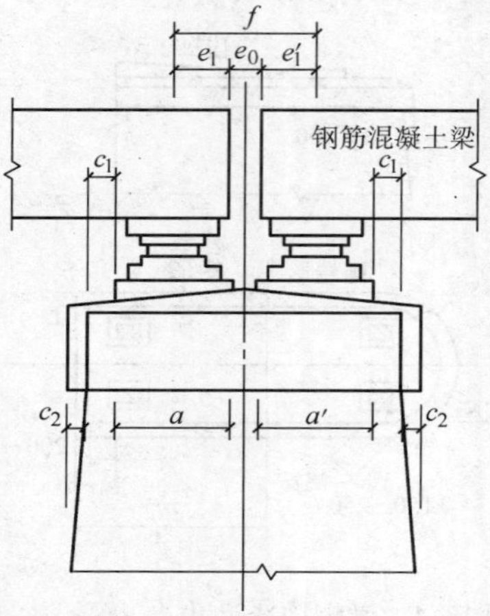

图 13-6 墩帽顺桥向尺寸

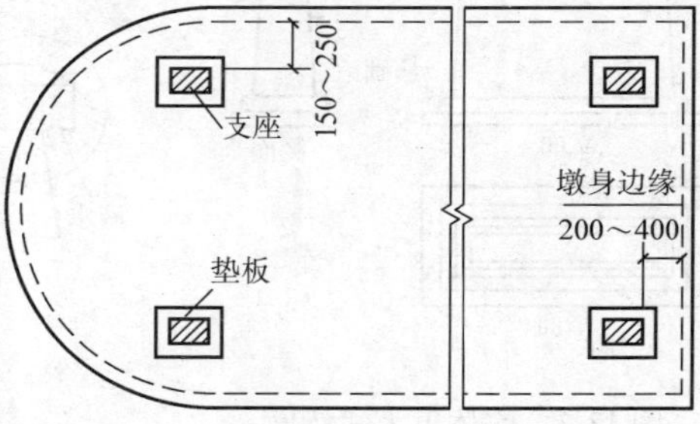

图 13-7 c_1 值的确定

c_2——檐口宽度，5～10cm；

e_0——伸缩缝，中小桥为 2～5cm，大跨径桥梁可按温度变化及施工放样、安装构件可能出现的误差等决定，温度变化引起的变位为

$$e_0 = l \times t \times \alpha \tag{13-3}$$

式中 l——桥墩的计算长度；

t——温度变化幅度值，可采用当地最高与最低月平均气温及桥跨浇筑完成时的温度计算决定；

α——材料的线胀系数，钢筋混凝土构造物为 0.00001。

当墩上仅有一排支座时(如连续梁桥墩)，如图 13-8 所示则可以由下式的计算 b

$$b = a + 2c_1 + 2c_2 \tag{13-4}$$

式中参数同前。

对于不等高梁双排支座，如图13-9所示，这时左边宽度应按单排支座宽度进行设计，而右边应按桥台台帽宽度(桥台部分讲述)进行设计。

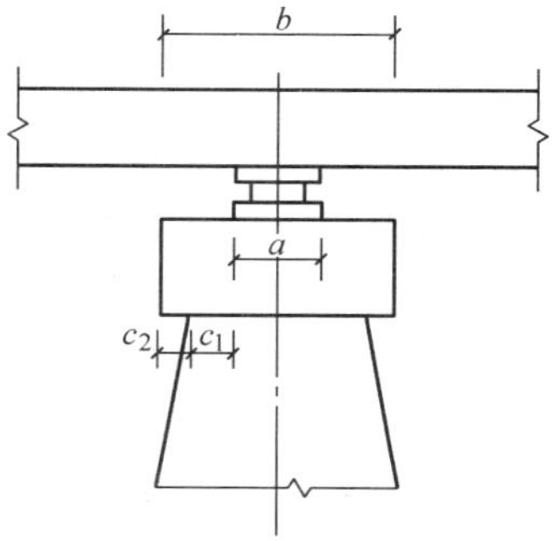

图13-8　单排支座墩帽尺寸

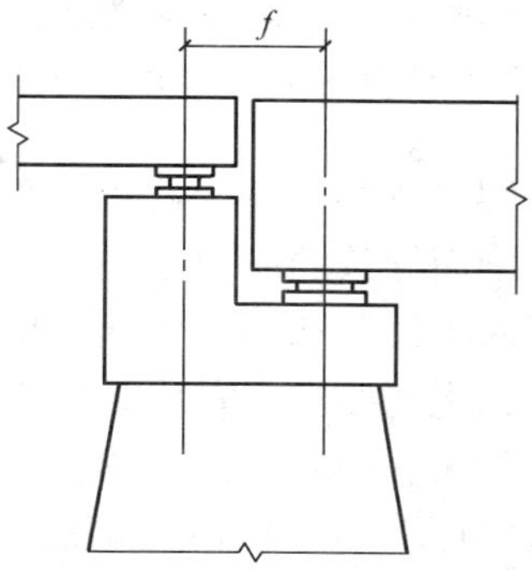

图13-9　不等高梁墩帽尺寸

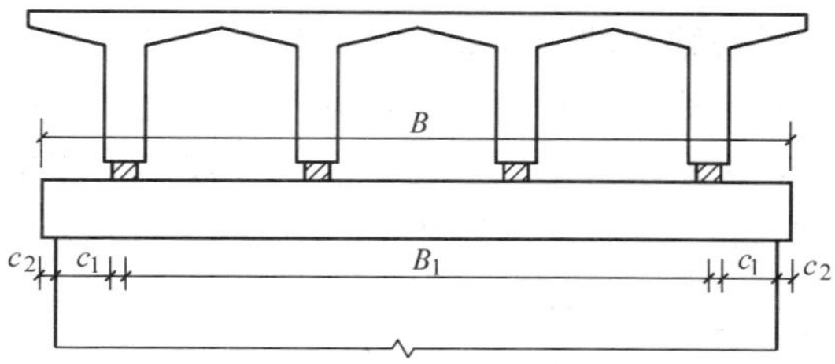

图13-10　多片主梁墩帽横桥向尺寸

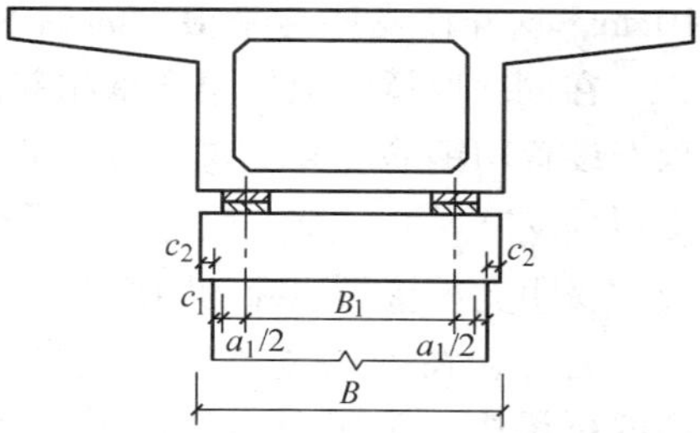

图13-11　箱形梁墩帽横桥向尺寸

2）横桥向墩帽尺寸B的确定。对于多片主梁(见图13-10)

B = 桥跨结构两外侧主梁中心距(B_1) + 支座底板横向宽度(a_1) + $2c_2$ + 支座垫板至桥墩边缘最小宽度(见表13-1)的两倍($2c_1$)。

箱形梁(见图13-11)

$$B = B_1(\text{两边支座中心距}) + a_1 + 2c_1 + 2c_2 \tag{13-5}$$

式中的字母含义见图示中所示。

表13-1　支座边缘至墩(台)身边缘的最小距离 c_1

桥墩 / 跨径	纵桥向/cm	横桥向/cm	
		圆弧形端头(自支座边角量起)	矩形端头
大桥	25	25	40
中桥	20	20	30

（续）

桥墩 / 跨径	纵桥向/cm	横桥向/cm	
		圆弧形端头（自支座边角量起）	矩形端头
小桥	15	15	20

注：1. 采用钢筋混凝土悬臂式墩帽时，上述最小距离为支座至墩（台）帽边缘的距离。

2. 跨径100m及以上的桥梁，应按实际情况另定。

《桥规》对这个最小距离所作的规定，其目的是为了避免支座过分靠近墩身侧面边缘而导致的应力集中；另一个原因是为了提高混凝土的局部抗压强度以及考虑施工误差和预留锚栓孔的要求。墩帽宽度除了满足以上要求外，还应符合墩身顶宽的要求、安装上部结构的需要以及抗震时为设防措施所需要的宽度。

对于大、中跨径的桥梁，在墩帽内应设置构造钢筋；小跨径桥梁除在严寒地区外，可以不设置构造钢筋。钢筋直径一般为8～16mm，采用间距为15～25cm的网格布置。另外在支座支承垫板的局部范围内设置1～2层钢筋网，其平面分布尺寸约为支承垫板面积的两倍，钢筋直径为8～12mm，网格间距为7～10cm，这样使支座传来很大的集中力能较均匀地分布到墩身上。

在同一座桥墩上，当支承相邻两孔桥跨结构的支座高度不相同时，就应在墩顶上设置用钢筋混凝土制成的支承垫石来调整。垫石的平面尺寸及钢筋配置，则要根据支座尺寸、支点反力和支承垫石下的砌体强度计算确定。一般规定支座垫板边缘距支承垫石边缘的距离不小15～20cm，垫石厚度为其长度的1/3～1/2。

另外，在一些宽桥或者墩身较高的桥梁中，为了节省墩身及基础的圬工体积，常常利用挑出的悬臂或托盘来缩减墩身横向的长度，做成悬臂式或托盘式桥墩（见图13-12）。悬臂式墩帽采用C20或C25混凝土，可由钢筋混凝土或预应力混凝土做成。墩帽长度和宽度视上部构造的形式和尺寸、支座的尺寸和布置，以及上部构造中主梁的施工吊装要求等条件而定：墩帽的高度视受力大小和钢筋排列的需要而定，挑出部分的高度可向两端逐渐减小。端部高度通常采用30～40cm。这种墩帽需要布置受力钢筋（见图13-5）和增设悬臂部分的施工脚手架。托盘式墩帽是将墩帽上的力逐渐传递到紧缩的墩身截面上。墩帽内是否配置受力钢筋要视主梁着力点位置和托盘扩散角大小而定。

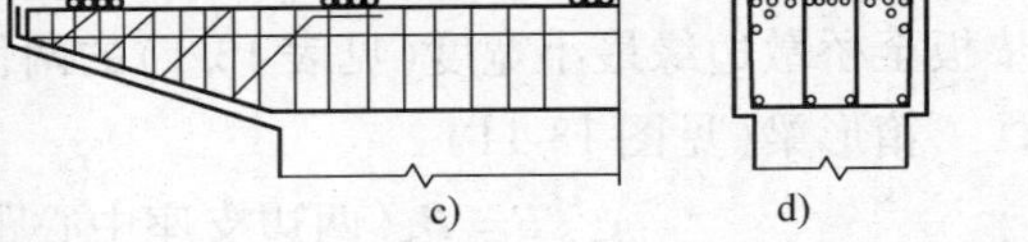

图13-12　悬臂式和托盘式墩帽

（2）墩身　墩身是桥墩的主体。重力式桥墩墩身的顶宽，对小跨径桥不宜小于80cm；对中跨径桥不宜小于100cm；对大跨径桥的墩身顶宽，视上部构造类型而定。墩身的侧面可以做成垂直的，也可以做成倾斜式或台阶式的，倾斜式桥墩的侧坡一般采用20:1～30:1。

其墩身截面可做成多种形状，如矩形、圆形、圆端形、尖端形、矩形圆角等，当然也可以做成组合式的。通常矩形桥墩圬工量少，施工方便，对水流的阻碍较大，故被广泛用于无水或流量较小的旱桥、立交桥，不受水流方向的影响、不受流冰撞击且靠近岸边的桥墩，以及基础建筑在岩层上、桥孔无压缩和不通航的有水河流的跨线桥；圆形桥墩对水流干扰较小，即使水流稍有偏斜，也能顺适通过，适用于河流急弯，流向不固定的桥梁上；圆端形适用于与水流斜交角度小于15°的桥梁上；尖端形桥墩对破冰有利，当流冰压力严峻时，首先应考虑桥址，使设在顺直河段，使水流与桥轴线基本正交，这样才能发挥尖端破冰的效果，为了流冰的顺利通过，下游亦宜做成尖端，避免尾端产生涡流和增加冲刷；矩形圆角截面可明显改善矩形直角易碎裂，不易脱模，常被用在跨线桥上。在跨河桥中，还可以使用组合式的墩身，即在高水位以上设计成矩形圆角等形式，而在高水位以下设计成圆柱形、尖端形等对水流干扰较小的桥墩形式，以达到经济节省圬工数量的目的。

一般规范都要求结冰的河流宜用实体墩身。当河流属于中等流冰情况（冰厚30～40cm，流速不大于1m/s）或河道上经常有大量漂浮物时，对于混凝土重力式桥墩的迎水面可以用直径10～12mm的钢筋加强，钢筋的垂直间距为10～20cm，水平距离约为20cm。在有强烈流水或大量漂浮物的河道（冰厚大于0.5m，流冰速度大于1m/s）上，桥墩的迎水端应做成破冰棱体（见图13-13），破冰棱应由强度较高的石料砌成，也可以用高标号的混凝土辅之以钢筋加固。

重力式桥墩的墩身应用C15及以上的混凝土浇筑而成，或混凝土预制块件砌筑，也可使用浆砌块石和料石。石料标号不得低于Mu25，砂浆强度等级不得低于M5。

墩身的高度不宜做得过高，当墩身要求较高时，应考虑地基的承载能力，或采用其他的桥墩形式，做成空心桥墩、柱式桥墩、桩排架墩等轻型桥墩。

设计桥墩时，首先要拟定桥墩各部的尺寸。对设置在天然地基上的梁桥实体桥墩来说，可先根据上

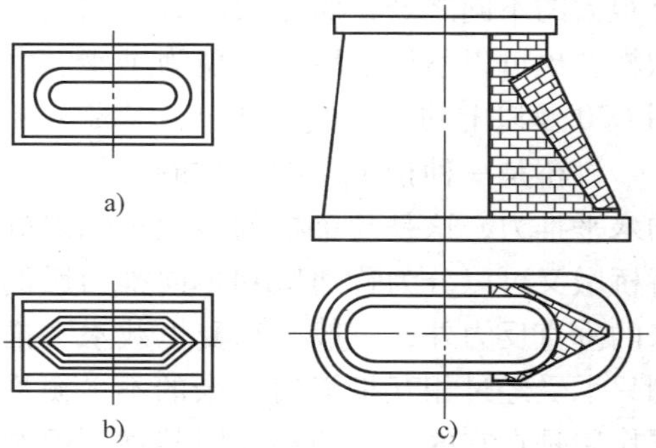

图13-13　中等流冰下的桥墩形式
a）圆端形桥墩　b）尖端形桥墩　c）破冰棱体

部构造的宽度选定墩顶的长度，再按相邻两孔支座的尺寸和距离并加上支座边缘至墩顶边缘的距离而选定墩顶的宽度，然后按照选定的墩身两侧的斜度向下放坡，从而定出墩身底面的尺寸，以及基础的平面尺寸和厚度。

桥墩的尺寸拟定以后，就可以根据可能出现的荷载和外力进行验算。通过验算，假使桥墩各部的应力或稳定性不能符合规定，或强度及稳定性的安全系数过高时，要改变其尺寸，重新验算，使其最后既能满足构造上的要求，又能符合安全和经济的原则。

凡墩身在平面上的截面尺寸突变处、基础顶面和基础底面都须加以验算。

（3）基础　基础是介于墩身与地基之间的传力结构。基础的种类很多，关于这部分的内容在“基础工程”课程中已作过讲述，在此仅简要介绍重力式桥墩的刚性扩大基础。

重力式桥墩的刚性扩大基础的平面尺寸较墩身底截面尺寸略大，四周放大的尺寸对每边约为0.25～0.75m。基础可以做成单层的，也可以做成2～3层台阶式的，但多做成单层的，其高度一般为50cm左右。

为了保持美观和结构不受碰损，基础顶面一般应设置在最低水位以下不少于0.5m；在季节性流水河流或旱地上，则不宜高出地面。另外，为了保证持力层的稳定性和不受扰动，基础的埋置深度，除岩石地基外，应在天然地面或河底以下不少于1m；如有冲刷，基底埋深应在设计洪水位冲刷线以下不少于1m；对于上部结构为超静定结构的桥涵基础，除了非冻胀土外，均应将基底埋于冻结线以下不小于0.25m。

桥墩基础一般采用C15混凝土，下部支撑梁一般采用C20混凝土，且一般用圬工混凝土做成。

2. 拱桥重力式桥墩

拱桥重力式桥墩的构造与梁桥桥墩构造基本一致，由于拱桥的受力与梁桥有很大的不同之处，而导致两者不同点主要表现为墩身的上部构造上。前者是墩帽，也可以不设，后者表现为拱座。由于拱座承受较大的拱圈压力，一般采用C20及以上的整体式混凝土、混凝土预制块或C40及以上的块石砌筑。

拱桥是一种推力结构，拱圈传给桥墩上的力，除了垂直力以外，还有较大的水平推力，这是与梁桥的最大不同之处。从抵御恒载水平力的能力来看，拱桥桥墩又可以分为普通墩和单向推力墩两种。普通墩除了承受相邻两跨结构传来的垂直反力外，一般不承受恒载水平推力，或者当相邻两孔的跨径不相同时则只承受经过相互抵消后尚余的不平衡推力；单向推力墩又称制动墩，它的主要作用是在它的一侧的桥孔因某种原因遭到毁坏时，能承受住单向的恒载水平推力，以保证其另一侧的拱桥不致遭到倾坍。而且当施工时为了拱架的多次周转，或者当缆索吊装设备的工作跨径受到限制时，为了能按桥台与某墩之间或者按某两个桥墩之间作为一个施工段进行分段施工，在此情况下也要设置能承受部分恒载单向推力的制动墩。由此可见，为了满足结构强度和稳定的要求，普通墩的墩身可以做得薄一些（见图 13-14a、b），单向推力墩则要做得厚实一些（见图 13-14c）。

拱桥实体重力式桥墩也由墩帽、墩身及基础三部分组成（见图 13-14d），与梁桥桥墩不同的一点是，梁桥桥墩的顶面要设置传力的支座，且支座距顶面边缘保持一定的距离；而拱桥桥墩则在其顶面的边缘设置呈倾斜面的拱座（见图13-14e），直接承受由拱圈传来的压力。故无铰拱的拱座总是设计成与拱轴线呈正交的斜面。

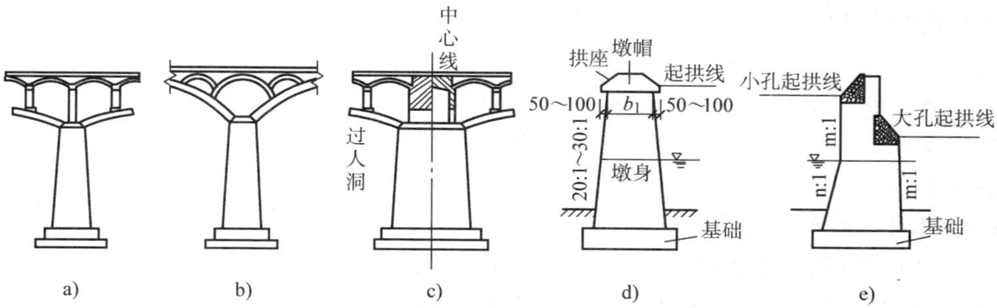

图 13-14　拱桥重力式桥墩

肋拱桥的拱座由于压力比较集中，故应用高标号混凝土及数层钢筋网加固；装配式的肋拱，以及双曲拱桥的拱座，也可预留供插入拱肋的孔槽（见图 13-15）。就位以后再浇灌混凝土封固。为了加强肋底与拱座的连接，底部可设 U 形槽浇灌混凝土，混凝土标号应不低于 C25。有时孔底或孔壁还应增设一些加固钢筋网。

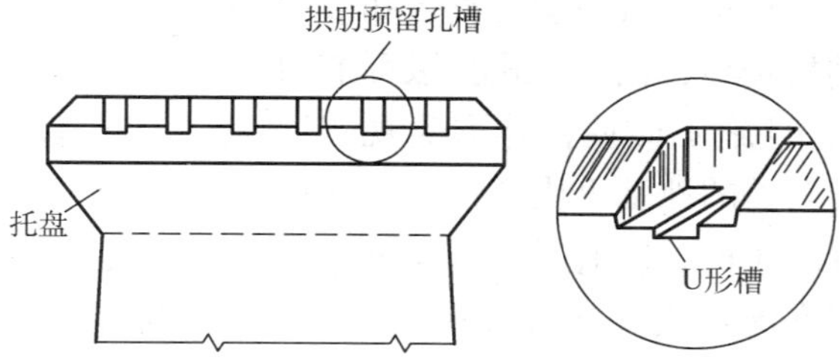

图 13-15　拱座构造

当桥墩两侧孔径相等时，拱座均设置在桥墩顶部的起拱线标高上，有时考虑桥面的纵坡，两侧的起拱线标高可以略有不同。当桥墩两侧的孔径不等，恒载水平推力不平衡时，将拱座设置在不同的起拱线标高上。此时，桥墩墩身可在推力小的一侧变坡或增大边坡。从外形美观上考虑，变坡点一般设在常水位以下。墩身两侧边坡和梁桥的一样，一般也为 20∶1～30∶1。

由于上承式拱桥的桥面与墩顶顶面相距有一段高度，故墩顶以上结构常采用以下几种不同形式。对于实腹式石拱桥，其墩顶以上部分通常做成与侧墙平齐的形式；对于空腹式石拱桥或双曲拱桥的普通墩，常采用立墙式、立柱加盖梁式或者采用跨越式（见图 13-14a、b）；对于单向推力墩常采用立墙式和框架式（见图13-14c、d）。当采用立墙式时，为了检修的方便，墙中应设置过人孔；当采用立柱加盖梁或框架式时，则应按照钢筋混凝土结构进行设计配筋。立柱和盖梁可以做成装配式构件，采用不低于 C20 的钢筋混凝土。架设时可以将预制立柱插入墩顶预留的孔槽内，使工期加快。普通墩的顶宽，对于混凝土墩一般可按拱跨的 1/25 ~ 1/15；石砌墩可按拱跨的 1/20 ~ 1/10 估算，其比值将随跨径的增大而减小，且不宜小于 80cm；对于单向推力墩，则按具体情况计算确定。

为了缩减墩身长度，拱桥墩顶部分也可做成托盘形式。托盘可采用 C20 的纯混凝土圬工，或仅布置构造钢筋。墩身材料可以采用块石、片石或混凝土预制块砌筑，也可用片石混凝土浇筑。

13.2.1.2 实体式薄壁桥墩

图 13-16 所示为钢筋混凝土薄壁桥墩，墩身直立，其厚度与高度的比值较小（约为 1/15 ~ 1/10 或 30 ~ 50cm），墩身内配置有适量的钢筋，钢含量约为60kg/m³。桥墩材料采用 C15 以上混凝土。实体桥墩又称墙式桥墩，其缺点是墩身用材数量较大，为减小用材量，并增加墩的稳定性，可将墩身做成斜坡式或台阶式，另一种减小墩身体积的方法就是配以钢筋混凝土或预应力混凝土薄壁式墩。其优点是各种轻型桥墩所共有的减轻地基负担、减小墩身重量和节约圬工材料等，且结构轻巧，比重力式桥墩可节约圬工量 70% 左右，且施工简便，外形美观，过水性良好，能适应较差的地基土质条件；其缺点是，当采用现浇混凝土时，需耗费用于立模的成本和一定数量的钢筋，其抗冲击力较差，不宜用在流速大并夹有大量泥沙的河流或可能有船舶、冰、漂浮物撞击的河流中。轻型桥墩的墩帽尺寸及构造也由上部结构及其支座的尺寸等要求来确定，这与重力式桥墩并无多大差异。

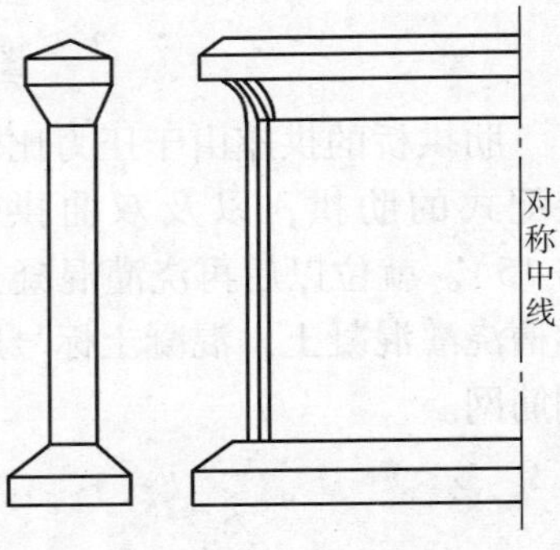

图 13-16 钢筋混凝土薄壁桥墩

薄壁墩较多采用圆端形，如图 13-17 所示，墩帽采用不低于 C15 的混凝土，加 ϕ8mm 的构造钢筋。墩帽在平面上的尺寸，随墩身顶部尺寸而定。墩帽高度不小于 25 ~ 30cm。墩帽四周挑檐宽度为 5cm，周边做成 5cm 倒角。桥面的横向排水可在墩帽顶面从中心向两端倾斜地加筑三角垫层（图 13-17）。墩身混凝土标号不低于 C15，可以使用浆砌块石或砖。石料标号不得低于 C25，砖的标号不低于 C7.5。墩身的宽度应满足上部构造的支座需要，一般不小于 60cm。墩身的长度应符合上部构造宽度的要求。

墩的高度一般不大于 7m，墩身厚度约为高度的 1/50，即 30 ~ 50cm。一般配用悬壁式墩帽，其两端为半圆头。

13.2.2 空心桥墩

空心桥墩有两种形式：一种为部分镂空实体桥墩(见图 13-17)；另一种为薄壁空心桥墩(见图 13-18)。

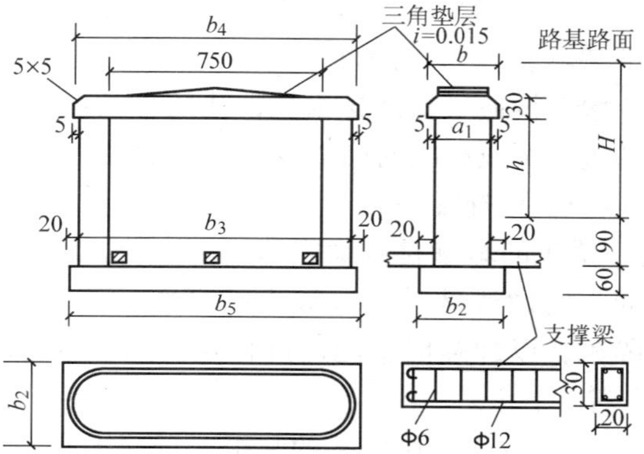

图 13-17　部分镂空实体桥墩构造图

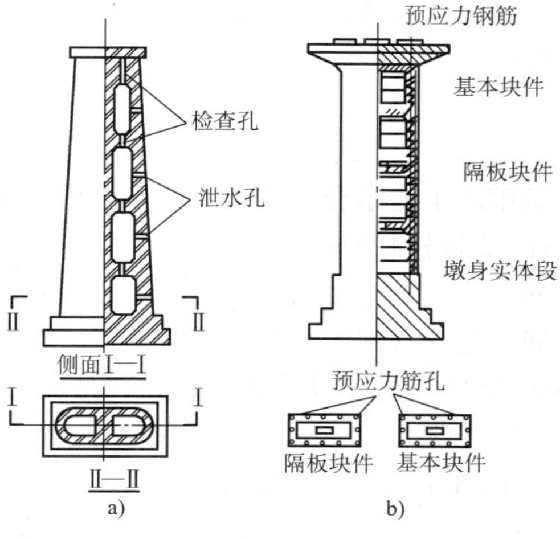

图 13-18　空心桥墩

部分镂空实体桥墩仍保持实体桥墩的基本特点，如较大的轮廓形体、较大的圬工结构、少量的钢筋等。镂空的主要目的是在截面强度和刚度足以承担和平衡外力的前提条件下，减少圬工数量，使结构更经济。具体镂空部位受到一定条件限制，如在墩帽下一定高度范围内，为保证上部结构作用能安全有效地传递给墩身壁，应设置一定的实体过渡段；在空心部分与实体部分连接处应设倒角或配置构造钢筋，从而避免墩身传力过程中产生的局部应力集中问题；对于受船只、漂流物撞击或易磨损、需防冰害的墩身部分，一般不宜镂空。

薄壁空心桥墩构件，其混凝土一般为 C20 ~ C30。根据受力情况、桥墩高度以及自身构造要求，墩身最小壁厚，对于钢筋混凝土不宜小于 30cm，对于混凝土不宜小于 50cm。这种构件较大幅度消减了墩身自重，减小了软弱地基的负荷，减小了自身的截面尺寸，使结构在外观上变得更加轻盈。其结构除应满足部分镂空实体桥墩规定的要求外，为了降低薄壁墩身内外温差，减小水浮力或避免冻胀，应在薄壁空心墩上设通风孔及排水孔，孔的直径不小于 20cm，墩顶实体段以下应设置带门的进入洞或相应的检查设备；陆地墩身还应设交错的通风孔，直径不小于 15cm，以减少内外温差。

为保证薄壁空心桥墩的墩壁自身稳定和施工方便，应在适当间距设置水平隔板和纵向隔板，通常的做法是对 40m 以上的高墩，不论壁厚如何，均按 6 ~ 10m 的间距设置横隔梁，以加强墩壁的局部稳定。薄壁空心墩按计算配筋，一般配筋率在 0.5% 左右。

图 13-18b 还示出了沿墩高分块安装的装配式预应力空心墩构造，它促进工厂构件生产的装配化和机械化，从而加速了下部结构的施工、进度；缺点是抵抗碰撞的能力较差。因此，在通航、有流筏、流冰以及流速大并带有撞击磨损物质的河流上，不宜采用。

13.2.3 柱式桥墩

柱式桥墩一般由基础之上的承台、柱式墩身和盖梁组成。其结构特点是由分离的两根或多根立柱（或桩柱）组成，或直接由单柱支撑上部结构。这种类型的桥墩既能减轻墩身重量，节约圬工材料，约为空心墩桥墩用料的 1/5 ~ 1/3，且外形又较美观；其缺点是不宜用于水中漂流物较多的河流，且不耐碰撞。它是目前公路桥梁中采用较多的桥墩形式之一，尤其是应用于城市弯桥和立交桥上。

柱式桥墩的主要形式有单柱式、双柱式、混合双柱式及哑铃式四种（见图 13-19）。另外，三柱式、四柱式及以上者也有采用。其形式由跨河桥水流斜交角度、漂流物、流冰、地基承载力、城市桥下空间的透视以及经济等因素综合比选确定。柱的截面形式有圆形、方形、六角形和矩形圆端形等；柱身的尺寸的大小可由受力分析得到。当墩身桩柱的高度大于 1.5 倍的桩距时，通常在桩墩之间布置横系梁，以增强墩身的横向联系。

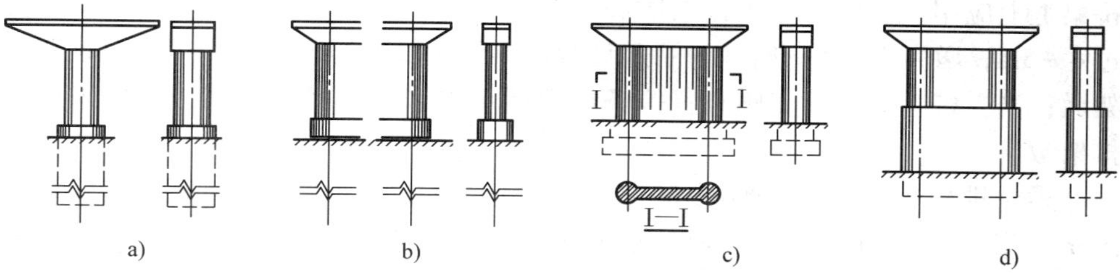

图 13-19　柱式桥墩

a）单柱式　b）双柱式　c）哑铃式　d）混合双柱式

目前我国柱式桥墩采用较多的形式是钻孔灌注桩双柱式桥墩，它由钻孔灌注桩、柱与钢筋混凝土墩帽组成，柱与桩直接相连。这种桩柱式桥墩适合于许多场合和各种地质条件。通过增大桩径、桩长或用多排桩加建承台等措施，也可以适用于更复杂的软弱地质条件以及较大跨径和较高的桥墩；当上部结构较宽时，可以采用三柱式或多柱式；其施工方式也较优越，全部墩台工程都可以在水上作业，避免了最繁重的水下作业，故目前公路桥梁应用较广。

墩柱配筋的一般要求为：纵向受力钢筋的直径应不小于 12mm，纵向受力钢筋截面积应不小于混凝土计算截面 0.4% 的规定；纵向受力钢筋净距应不小于 5cm，净保护层不小于 2.5cm；箍筋直径不小于 6mm，间距应不大于纵向钢筋直径的 15 倍或构件截面的较小尺寸，亦不大于 40cm。柱式墩一般用 C20 ~ C30 的钢筋混凝土构件组成。

13.2.4　柔性排架桩墩

钢筋混凝土柔性排架桩墩由成排的预制钢筋混凝土沉入桩或钻孔灌注桩顶端连以钢筋混凝土盖梁组成（见图 13-20）。它的优点是材料用量经济，修建简单，并符合快速工业化施工的要求；主要缺点是用钢量大，使用高度和承载能力都受到一定的限制。因此，它只适合于在低浅宽滩河流、通航要求低和流速不大的水网地区河流上修建小跨径桥梁时采用。在我国各地区，特别是平原地曾较广泛采用。

图 13-20　柔性排架桩墩横纵向布置

柔性排架桩墩一般在墩高为 5 ~ 7m，上部构造跨径不超过 13m 的中、小型桥梁上上应用。它可分为单排架墩和双排架墩。单排架墩一般适用于高度不超过4～5m，墩高大于5m时，为了避免行车时可能发生的纵向晃动，宜设置双排架墩；当受桩上荷载或支座布置等条件限制不能采用单排架墩时也可以采用双排架墩。

柔性排架桩墩一般采用预制的矩形桩，其截面尺寸的长和宽常为25cm、30cm、35cm、40cm等。桩长不超过14m，太长施工不方便且柔性更大。桩与桩间距为1.5～2.0m，双排架墩的两排桩间净距不大于30～40cm。桩顶盖梁也通常采用矩形截面，截面高度采用40～50cm，其单排桩盖梁宽度为60～80cm。双排架墩的两排桩间净距不大于30～40cm。其截面高度对于各种跨径和单、双排架墩均采用40～50cm。如果采用钻孔灌注桩排架墩，其桩的直径不宜大于90cm，桩间距离不小于2.5倍的成孔直径，其盖梁的宽度一般比桩径大10～20cm，高度应根据受力情况拟定。

柔性排架桩墩有各种组合图式。当墩的高度在5m以内时，可采用一段式、两段式和多段式桩墩。每段为1～4孔，每段全长在40～45m。对于多段式桩墩的中间段，由于不受土压力的影响，全长可以达到50m（见图13-21a、b、c）。段与段之间设温度墩，即为两排互不联系的桩墩，这样在温度变化的情况下段与段之间互不影响。

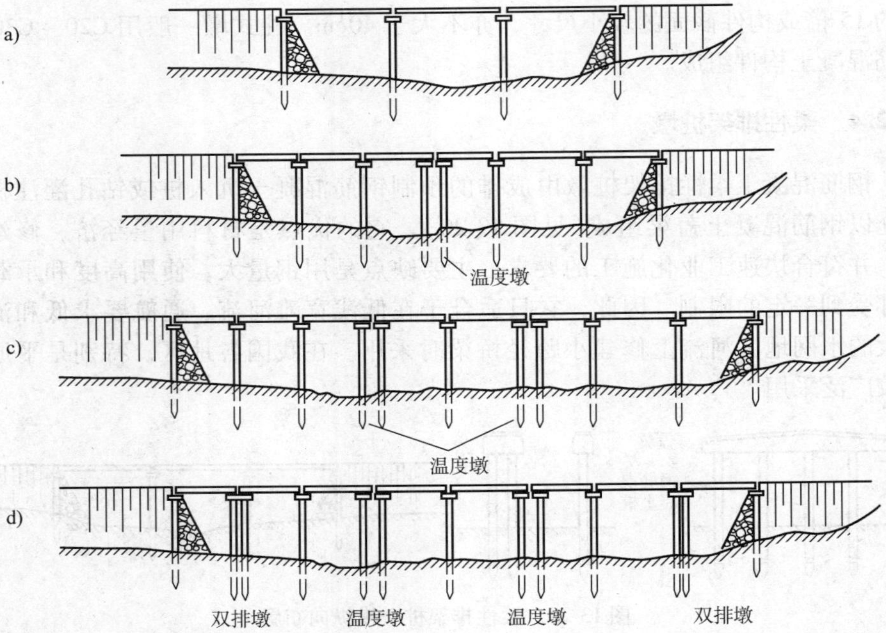

图13-21 柔性排架桩墩的纵向布置

当墩的高度为6～7m时，也可组成上述的三种图式，但应在每段内设置一个由盖梁联成整体的双排墩，以增加结构的刚度(见图13-21d)。此时每段长度可适当加长，中间段的孔数可以多达6孔。

13.2.5 框架墩

框架墩采用压挠的挠曲构件，组成平面框架代替墩身，支承上部结构，必要时可做成双层或更多层的框架支承上部结构。这类较空心墩更进一步的轻型结构，是以钢筋混凝土或预应力混凝土建成受力体系，还可以适应建筑艺术的要求而建成纵横向V形、Y形、X形、倒梯形等墩身。图13-22所示为框架墩布置图。

图13-22 框架墩布置

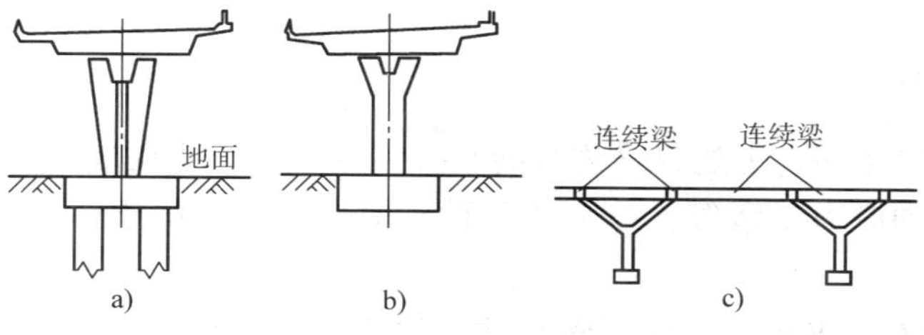

图13-23 Y形框架墩

钢筋混凝土和预应力混凝土V形墩、X形墩及Y形墩，可在混凝土梁桥中使用，它在同样跨越能力下，缩短梁的跨径、降低梁高，结构轻巧美观，因此，在城市跨线桥中较常常采用。图13-23和图13-24示出了连续梁桥采用V形墩和Y形墩的构造，其结构构造比较复杂，施工比较麻烦。V形斜撑与水平面的夹角，依桥下净空要求和总体布置确定，通常采用大于45°角。斜撑的截面形式可采用矩形、I形和箱形等。

V形墩的支座可布置在V形斜撑的顶部或底部。支座布置在斜撑的顶部，

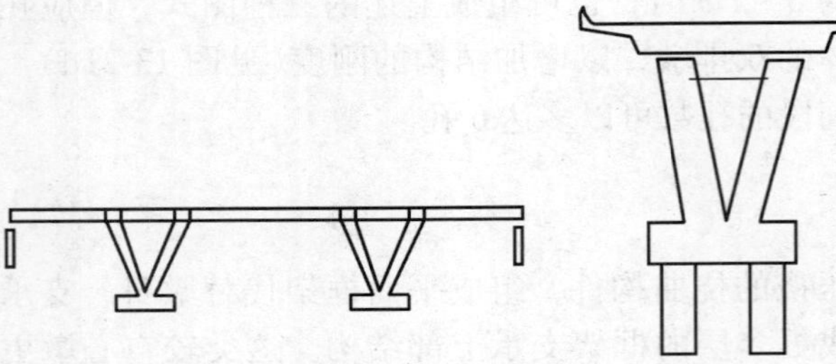

图 13-24　V 形框架墩

斜撑是桥墩的一个组成部分；支座布置在斜撑的底部，或采取斜撑与承台刚接而不设支座时，斜撑与主梁固结，斜撑成为上部结构的一个组成部分，斜撑的受力大小依结构的图式和主梁与斜撑的刚度比确定。如图 13-24 所示的桥梁，就是斜撑连续梁桥。图 13-25 所示的桥梁，可称为 V 形斜撑构架，由于采用 V 形墩，可显著减小梁高。

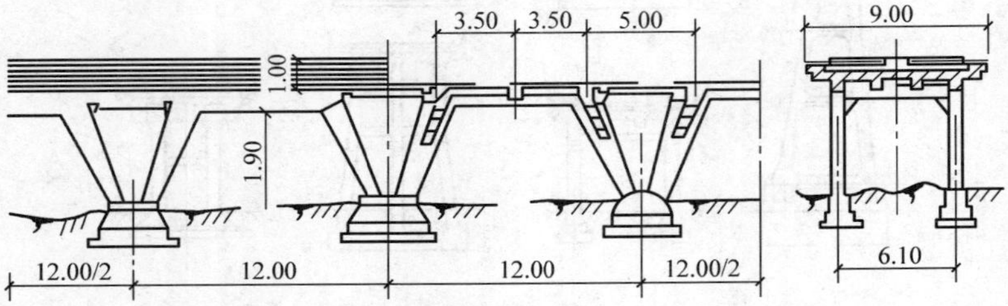

图 13-25　V 形斜撑构架(尺寸单位:m)

13.2.6　其他墩

桥墩的分类很多，上述只是桥墩的几种主要形式。除此之外，尚有弹性墩、拼装式桥墩、预应力桥墩等，与上述各种桥墩虽不可以归于一起，但是值得在此一提。

(1) 弹性墩　当桥跨采用与墩身结合的弹性整体结构体系，立面上组成单孔 Π 形、多孔 T 形或多孔 Π 形刚架，以及支承在弹性墩上的连续固端拱，则桥墩将作为整个体系的竖向构件以压挠的方式承载，墩身与主梁已难以截然划分时，即为弹性墩。

(2) 拼装式墩　在施工过程中，采用预制构件组拼而成的墩即为拼装式桥墩。如为钢构件，可用工地螺栓、焊缝连续。钢筋混凝土构件有各种设计，如罩形承插接头；钢法兰盘栓接头；或搭接、焊接伸出钢筋后，就地浇注混凝土接头。拼装式墩可将墩身分成适宜尺寸和重量合适的预制节段，采用环氧树脂砂浆胶结，或用木楔支承，灌注混凝土或砂浆湿接缝。

（3）预应力墩　当墩身或组成墩身的构件有较大的挠曲力矩时，就可采用预应力钢丝束代替一般钢筋，即为预应力桥墩。通常桥墩采用薄壁空心的节段构造，在墩高方向将墩身分成适宜尺寸的预制节段，节段上制就竖直、衔接的连续孔眼，作为穿放后张法的竖直主钢丝束的孔道。每节段按使用吊机的起重能力设计。预制的底节段在浇注好的墩座上安置，以后逐节用埋置在内侧的角钢对位栓接。张拉千斤顶可布置在墩顶与墩座侧面，孔道下段将弯曲引出，以利于张拉和设置锚头。必要时，应在适当的间距设置横隔板，在板中留人孔，以便施工和检查。

13.3　桥台

桥台的主要作用是支承桥跨结构和连接两岸道路，同时，有的桥台还要能挡土护岸和承受台背填土及填土上车辆荷载所产生的附加侧压力。本篇主要讲述一般的桥台类型和构造要求。至于特殊的桥台（如悬索桥、斜拉桥等）在此不作介绍。

在我国，路线上较多的是中、小桥梁，这些桥梁习惯用标准设计建造。由于桥台与填土衔接，衔接点为数有限，不会因为桥梁的长大而增加数目和复杂性；而且，台后填土近年来有逐渐减低的趋势，即在大型桥梁因常有引桥，或为特殊要求而单独设计桥台，桥台的发展主要是为适应小跨径梁端桥的改变，故结构类型发展较缓。在本节中，我们将桥台分类为重力式桥台和轻型桥台介绍。

13.3.1　重力式桥台

重力式桥台的受力特点是主要靠自重来平衡台后的土压力，它可以用混凝土或片、块石砌筑而成。梁桥和拱桥上常用的重力式桥台为 U 形桥台，它们是由台帽、台身和基础三部分组成。由于台身在前墙和两个侧墙在平面上构成 U 形结构，故而得名。梁桥、拱桥桥台构造示意图如图 13-26 所示。从图中比较可以看出，两者除在台帽部分有所差别外，其余部分基本相同；从尺寸上看，拱桥桥台一般较梁桥者要大。U 形桥台的优点是构造简单，它适用于填土高度在 8 ~ 10m 以下或跨度稍大的桥梁；缺点是桥台体积和自重较大，也增加了对地基的要求。此外，桥台的两个侧墙之间填土容易积水，结冰后冻胀，使侧墙产生裂缝。所以宜用渗水性较好的土夯填，并做好台后排水措施。《桥规》规定，桥台锥体及桥台台后 5 ~ 10m 长度内的引道可用砂性土等材料填充。在非严寒地区当无透水性土时，可以就地取土经处理后填筑。

1. 台帽

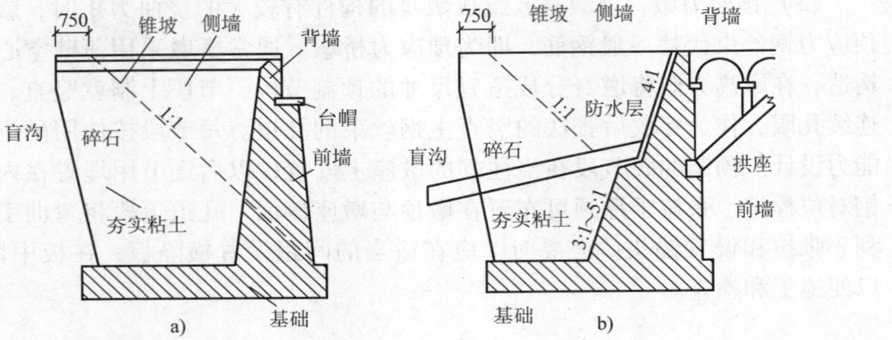

图 13-26 U 形桥台

a）梁桥 b）拱桥

梁桥台帽的构造与墩帽有很多相似之处，不同的是台帽顶面只设单排支座，在另一侧砌筑挡住路堤填土的背墙。背墙的顶宽，对于片石砌体不得小于 50cm，对于块石、料石砌体及混凝土砌体不宜小于 40cm。背墙一般做成垂直的，并与两侧侧墙连接。墩台帽可用 C15、C20 钢筋混凝土或素混凝土浇筑，也用 Mu25 的石料圬工砌筑，所用砂浆不低于 M5。在台帽放置支座部分的构造尺寸、钢筋配置及混凝土标号可按相应的墩帽构造进行设计。

如图 13-27 所示，顺桥向台帽的最小宽度为 $\frac{a}{2}+e_1+\frac{e_0}{2}+c_1+c_2$（参数见图）。横桥向的台帽宽度一般应与路基同宽，以便连接耳背墙起到挡土的作用。

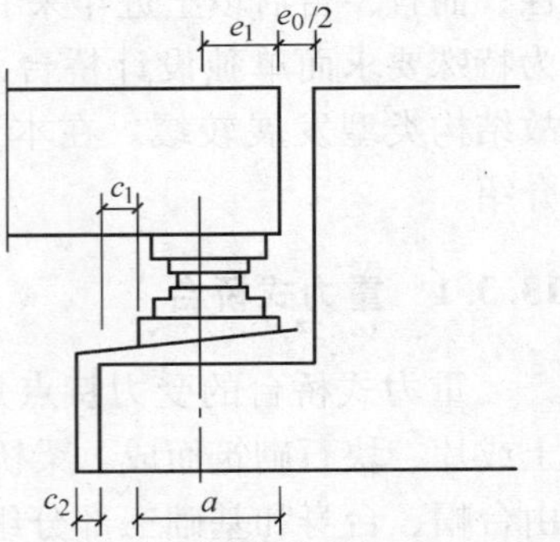

图 13-27 台帽顺桥向尺寸

拱桥桥台只在向河心的一侧设置拱座，其构造和尺寸可参照相应桥墩的拱座拟定。对于空腹式拱桥，在前墙顶面上还要砌筑背墙，用来挡住路堤填土和支承腹拱。

2. 台身

台身由前墙和侧墙构成，构成 U 形水平截面。常采用锥形护坡与路堤连接，锥坡的坡度根据加固形式、坡高、地形等确定，一般为 1:1 ~ 1:1.5。前墙正面多采用 10:1 或 20:1 的斜坡，内侧斜坡取 8:1 ~ 6:1。侧墙与前墙结合成一体，兼有挡土墙和支撑墙的作用。侧墙正面一般是直立的，其长度视桥台高度和锥坡坡度而定。前墙的下缘一般与锥坡下缘相齐，因此，桥台越高、锥坡越坦，侧墙则越长。侧墙尾端，应有不小于 0.75m（按路基和锥坡沉实后计）的长度伸入桥头锥坡顶点以内，高速公路、一级公路和二级公路有桥头宜设置搭板，搭板厚度不宜小于 0.25m，长度不宜小于 5m，以保证与路堤有良好的衔接。台身的宽度通常与路基的宽度相同。

《桥规》规定，无论是梁桥还是拱桥，桥台前墙的任一水平截面的宽度不宜小于该截面至墙顶高度的 0.4 倍。侧墙的任一水平截面的宽度，对于片石砌体不小于该截面至墙顶高度的 0.4 倍；对于块石、料石砌体或混凝土则不小于 0.35 倍。如果桥台内填料为透水性良好的砂质土或砂砾，则上述两项可分别减为 0.35 倍和 0.3 倍。前墙及侧墙的顶宽，对于片石砌体不宜小于 50cm；对于块石、料石砌体和混凝土不宜小于 40cm（见图 13-28）。

桥台两侧的锥坡坡度，一般由纵向为 1∶1 逐渐变至横向为 1∶1.5，以便和路堤的边坡一致。锥坡用土夯实而成，其表面用片石砌筑。

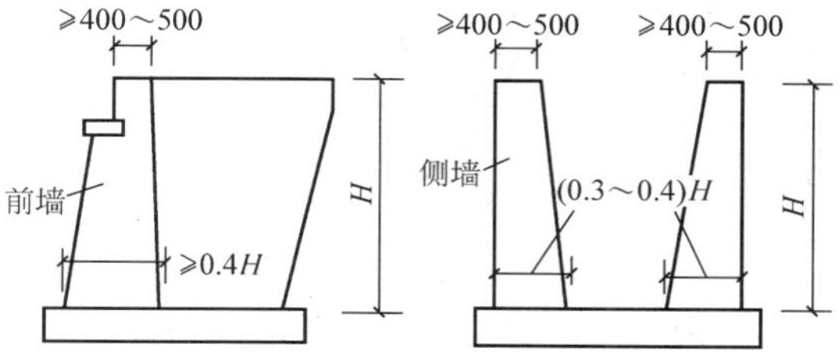

图 13-28　U 形桥台尺寸图

13.3.2　轻型桥台

《桥规》规定，采用轻型结构时，需考虑远期活载发展的影响。与重力式桥台不同，轻型桥台力求体积轻巧、自重小，一般由钢筋混凝土建造。它借助结构物的整体刚度和材料强度承受外力，从而节省材料，降低对地基强度的要求和扩大应用范围，为在软土地基上修建桥台开辟了经济可行的途径。轻型桥台的种类繁多，下面将按梁桥轻型桥台与拱桥轻型桥台分别叙述。

13.3.2.1　梁桥轻型桥台

1. 设有支撑梁的轻型桥台

如图 13-29 所示，这种桥台的台身为直立的薄壁墙，台身两侧有翼墙。在两桥台下部设置钢筋混凝土支撑梁，上部结构与桥台通过锚栓连接，于是便构成四铰框架结构系统，并借助两端台后的被动土压力来保持稳定。桥台基础视为作用于弹性地基上的梁来计算，一般用 C15 混凝土，当基础长度大于 12m 时须配置钢筋。支撑梁的截面尺寸一般为 20cm × 30cm，用 C20 钢筋混凝土浇筑，搁置在基础之上，并垂直于桥台。支撑梁应对称于桥中心线布置，中距约为 2 ~ 3m。支撑梁也可用混凝土或块石砌筑，达到节约钢筋，但截面尺寸不应小于 40cm × 40cm。

按照翼墙（侧墙）的形式和布置方式，这种桥台又可分为一字形轻型桥台、八字形轻型桥台和耳墙式轻型桥台（见图 13-29）。

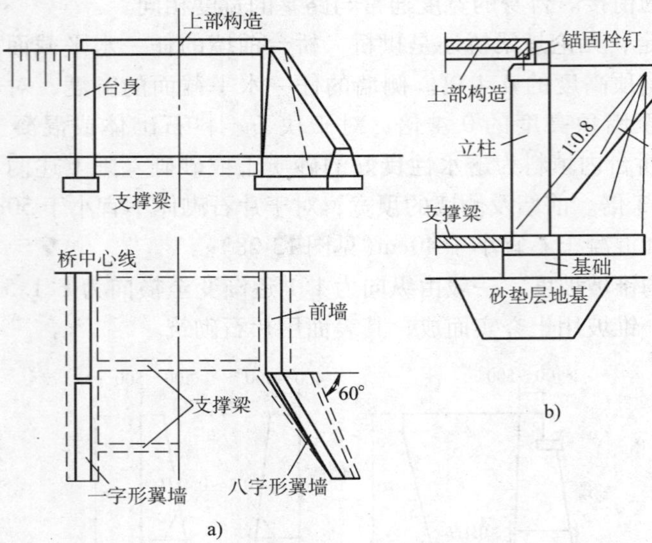

图 13-29 设置地下支撑的轻型桥台

一字形或八字形轻型桥台的台身均为圬工砌体，为了保证支撑梁牢固地埋入土中，一般埋置深度为 1.5m，在有冲刷的河流，还应用片石铺砌河床。如果基础能嵌入风化岩层 15 ~ 25cm 时，也可不设下部支撑梁。台身前墙与翼墙之间一般设沉降缝分离。这类桥台不设路堤锥坡，前墙承受土压力及支座传来的荷载，两侧翼墙只承受土压力。翼墙顶面与路堤边坡平齐，其高度与底宽是变动的；八字形翼墙在平面上与路堤中心线通常呈 60°角斜交。只有当土壤的天然坡角较大或桥位处设置锥坡有困难时才采用这类桥台。

为了节约圬工体积，也可把翼墙改为附于立柱上的耳墙（见图 13-29b）。立柱、台帽和基础共同组成矩形的刚性框架，框架的中空部分用块石砌成整体（见图 13-30）。耳墙为钢筋混凝土三角形薄壁结构，它从立柱上悬出，与锥坡配合起到路堤挡土的作用。耳墙式桥台的优点是用料经济，对于需要经过人工处理的软土地基来说，效果良好；缺点是耳墙不能悬挑过长，锥坡坡度较陡，必须加强护坡的砌筑处理，而且用钢量也较多。

2. 埋置式桥台

埋置式桥台是将台身埋在锥形护坡中，只露出台帽在外以安置支座及上部构造。这样，桥台所受的土压力大为减小，桥台的体积也就相应的减小；但是由于台前护坡是用片石作表面防护的一种永久性设施，存在着有被洪水冲毁而使台身裸露的可能，故设计时必须慎重地进行强度和稳定的验算。

埋置式桥台不需要侧墙，仅附有短小的钢筋混凝土耳墙。耳墙与路堤衔接，伸入路堤的长度一般不小于 50cm。

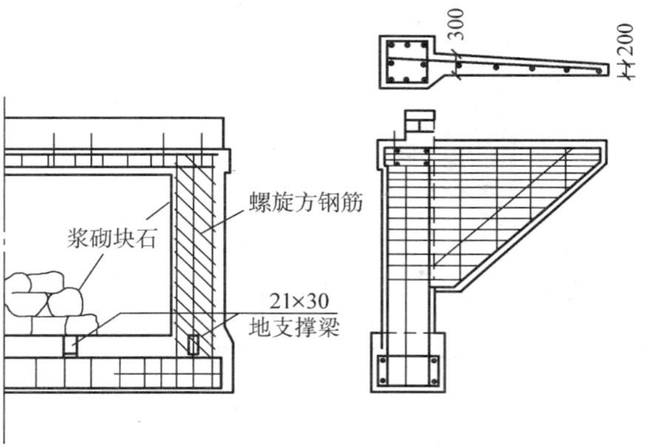

图 13-30　耳墙式桥台的钢筋构造

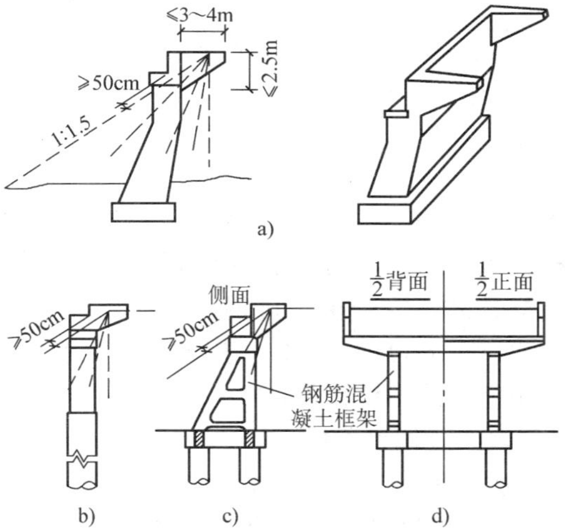

图 13-31　埋置式桥台

按台身的结构形式，埋置式桥台可以分为后倾式(见图 13-31a)、肋形埋置式(见图 13-32)、双柱式(见图 13-31b)和框架式(见图 13-31c)等。后倾式埋置式桥台实质上为一种重力式桥台，它的工作原理是靠台身后倾，使重心落在基底截面的形心之后，以平衡台后墙土的倾覆力矩，减少恒载产生的偏心距，但应注意后倾斜度要适当。

为了节约圬工体积，将上述后倾式埋置式桥台的台身挖空，便做成了肋形埋置式桥台。图 13-32 所示为配合装配式后张法预应力混凝土简支梁使用的肋形埋置式桥台标准图示例。桥台台身由两块后倾式的肋板与顶面帽梁连接而成。台高在 10m 及以上者可设系梁。帽梁、系梁和耳墙均需配置钢筋，并采用 C20 号混凝土。台身与帽梁、台身与基础之间只需布置少量接头钢筋，台身及基础

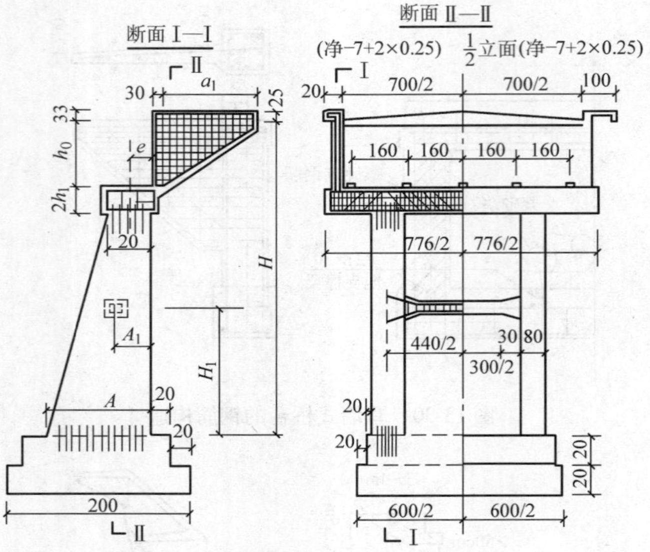

图 13-32 肋形埋置式桥台(尺寸单位:cm)

可用 C15 号混凝土。

桩柱式埋置式桥台对于各种土壤地基都适宜。根据桥宽和土基承载能力可以采用双柱式、三柱式或多柱式。柱与钻孔桩相连的称桩柱式；柱子嵌固在普通扩大基础之上的称立柱式；完全由一排钢筋混凝土桩和桩顶帽或梁连接而成的称柔性桩台。桩柱式桥台的台帽及耳墙采用 C25 号钢筋混凝土，桩柱采用 C20 号钢筋混凝土。其适用范围是：桥孔跨径 8 ~ 20m，填土高度 3 ~ 5m。当填土高度大于 5m 时，宜采用框架式埋置式桥台。

框架式桥台比桩柱式桥台有更好的刚度，又比肋形埋置式桥台挖空率更高，更节约圬工体积。由于这种桥台结构本身存在着斜杆，能够产生水平分力以平衡土压力，加之基底较宽，又通过系梁连成一个框架体，所以稳定性较好，可用于填土高度在 5m 以上的桥台，并与跨径为 16m 和 20m 的梁式上部结构配合应用。其不足之处是必须用双排桩基，钢筋水泥用量均较桩柱式的要多。

埋置式桥台的共同缺点是，由于护坡伸入到桥孔，压缩了河道，或者为了不压缩河道，就要适当增加桥长。

3. 钢筋混凝土薄壁桥台

钢筋混凝土薄壁桥台由扶壁式挡土墙和两侧的薄壁侧墙构成(见图 13-33)。挡土墙由厚度不小于 15cm(一般为 15 ~ 30cm)的前墙和间距为 2.5 ~ 3.5m 的扶壁所组成。台顶由竖直小墙和支于扶壁上的水平板构成，用以支承桥跨结构。两侧薄壁可以与前墙垂直，有时也做成与前墙斜交。前者称 U 形薄壁桥台，后者称八字形薄壁桥台。这种桥台不仅可以减少圬工体积40%~50%，同时因自重减小从而减小了对地基的压力，故适用于软弱地基的条件，但其构造和施工比较复杂，并且钢筋用量也较多。

4. 加筋土桥台

在台后路基填土不被冲刷的中、小跨径桥梁，台高在3~5m时，可采用加筋土桥台。这类桥台一般由台帽和由竖向面板、拉杆、锚碇板及其间填料共同组合的台身组成。拉杆两端分别与竖向面板和锚碇板连接，组成为加筋土的挡土结构。拉杆应具有柔性，并要采取防腐蚀措施。它的工作原理是，竖向面板后填料的主动土压力作用到面板上，再通过拉杆将该力传递给锚碇板。而锚碇板则依靠位于板前且具有一定抗剪能力的土体所产生的抗拔力来平衡拉杆拉力，使整个结构处于稳定状态，台帽搁置在加筋土体之上，其作用与普通桥台的相同。

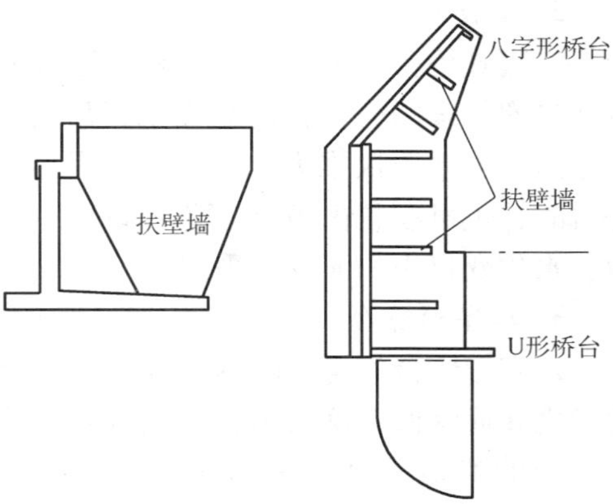

图13-33　钢筋混凝土薄壁桥台

13.3.2.2　拱桥轻型桥台

这种桥台适用于13m以内的小跨径拱桥和桥台水平位移量很小的情况。其工作原理是，当桥台受到拱的推力后，便发生绕基底形心轴而向路堤方向的转动，此时台后的土便产生抗力来平衡拱的推力，从而使桥台的尺寸大大地小于实体重力式桥台。按照构造形式不同，又可分为以下几种构造。

1. 齿槛式桥台

齿槛式桥台是由前墙、侧墙、底板和撑墙几个部分组成（见图13-34）。其基础底板面积较大，基底应力较小，可以支承一定的垂直压力，故可适应于较软弱的地基和河床冲刷不大的中小跨径拱桥。底桥下应设齿槛以增大摩阻力和抗滑稳定性。台背做成斜挡板，利用其背面的原状土和前墙背面的新填土共同平衡拱的水平推力；前墙与后墙板之间的撑墙可以提高结构的刚度。齿槛的宽度和深度一般不小于0.5m。

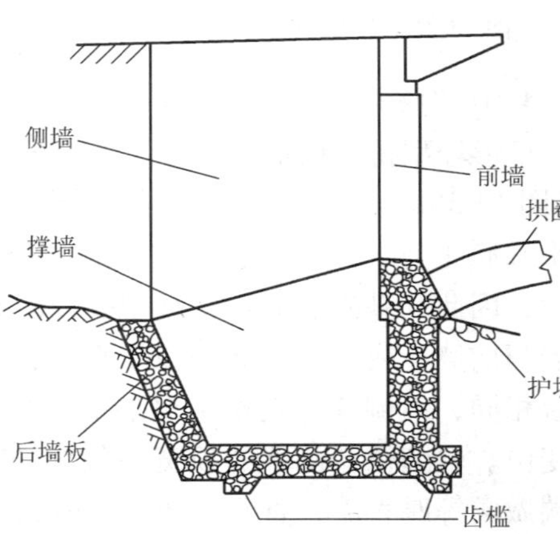

图13-34　齿槛式桥台

2. 空腹式桥台

空腹式桥台是由前墙、后墙、基础板和撑墙等部分组成(见图 13-35)。前墙承受拱圈传来的荷载，后墙支承台后的土压力，从而充分利用后背土抗力和基底摩阻力来平衡拱推力。空腹可以是敞口的，也可以是封闭的。如地基承载力许可时，也可在腹内填土。这种桥台一般是在软土地基、河床无冲刷或冲刷轻微、水位变化小的河道上采用。

3. 八字形桥台

八字形桥台的构造简单，台身由前墙和两侧的八字翼墙构成(见图 13-36a)。两者之间通常留沉降缝分砌。前墙可以是等厚度的，也可以是变厚度的。变厚度台身的背坡为 2∶1 ~ 4∶1。翼墙的顶宽一般为 40cm，前坡为 10∶1，后坡为 5∶1。为了防止基底向河心滑动，基础应有一定的埋置深度。台后填土必须分层夯实，做好防护措施，防止受水流浸蚀冲刷。

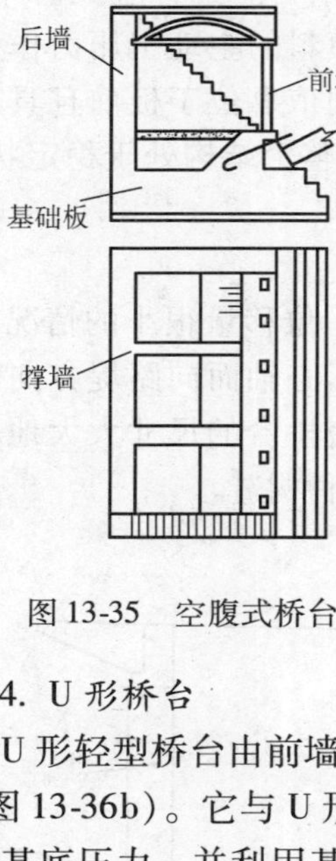

图 13-35　空腹式桥台

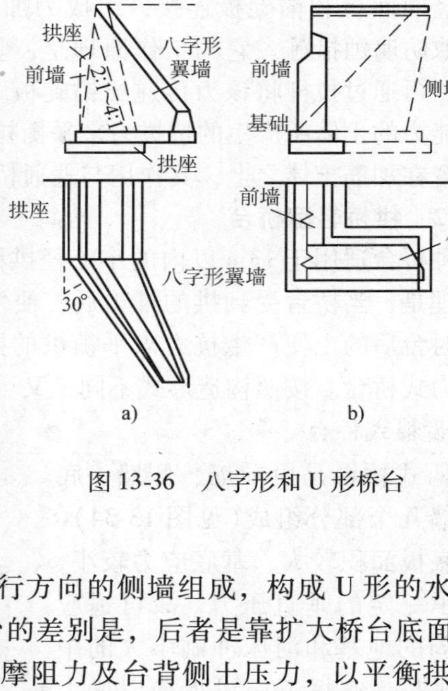

图 13-36　八字形和 U 形桥台

4. U 形桥台

U 形轻型桥台由前墙和平行于车行方向的侧墙组成，构成 U 形的水平截面(见图 13-36b)。它与 U 形重力式桥台的差别是，后者是靠扩大桥台底面积，以减小基底压力，并利用基底与地基的摩阻力及台背侧土压力，以平衡拱的水平推力，因此其基础底面积较轻型桥台的要大，通常从前墙一直延伸到侧墙尾端，侧墙与前墙连成整体，而与拱上侧墙断开。U 形轻型桥台前墙的构造和八字形桥台相同，但侧墙却是拱上侧墙的延伸，它们之间应设变形缝，以适应桥的可能变位。轻型桥台侧墙的顶宽一般为 50cm，内侧坡度为 5∶1，若有人行道，则上端做成等厚直墙，直到与按 5∶1 内坡相交为止，以下仍用 5∶1 的坡度。

5. 背撑式桥台

当桥台较宽时，为了保证结构的强度和稳定性，可以在八字形或U形桥台的前墙背后加一道或几道背撑，构成Π形、E形等水平截面形式的前墙（见图13-37）。背撑顶宽为30～60cm，厚度也为30～60cm，背坡为3∶1～5∶1的梯形。这种桥台比八字形桥台的稳定性要好，但土方开挖量及圬工体积都有增多。然而加背撑的U形桥台却能适用于较大跨径的高桥和宽桥。

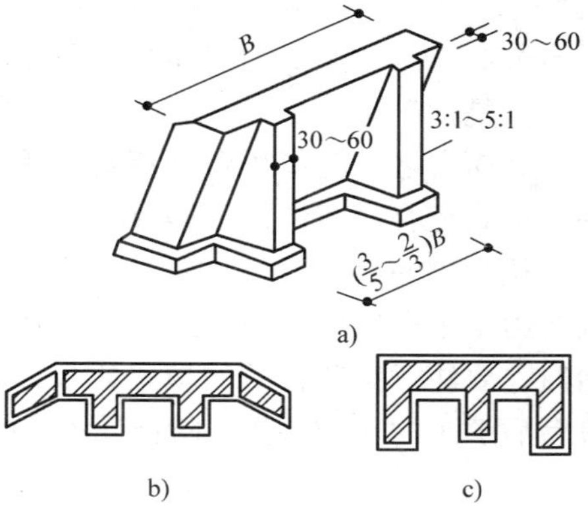

图13-37　背撑式桥台

6. 靠背式框架桥台

这种桥台是用三角形框架把台帽、前壁、耳墙和设置在不同标高且具有不同斜度的分离式基础连接而成（见图13-38）。这样，一方面它具有水平的和倾斜的基底，能够满足桥台在施工期间的稳定性，另一方面由于抵板比柱脚基础位置高，并具有与老土紧贴的斜背面，能够合理地承受主拱作用力。因而结构轻巧，圬工量大为减少。水平基础主要承受结构自重及部分荷重。

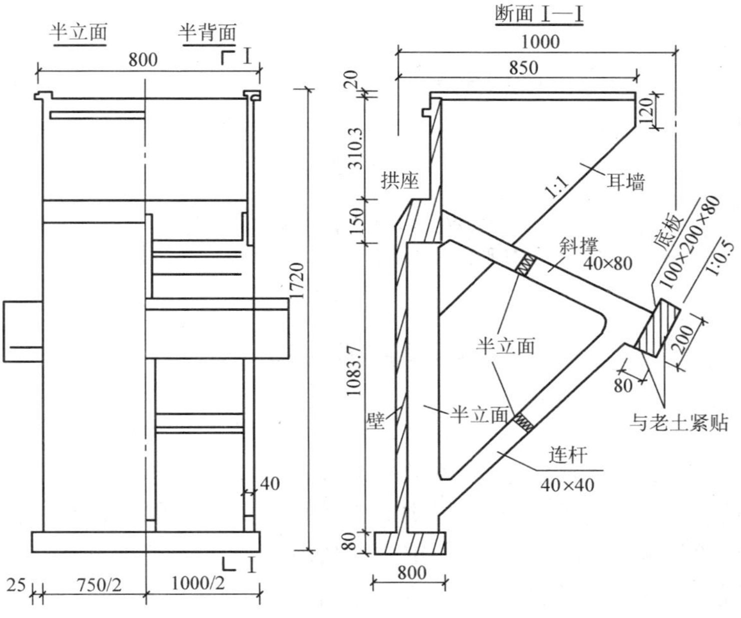

图13-38　靠背式框架桥台（尺寸单位：cm）

在施工期间，整个结构有似于锚杆式挡土墙。斜置基础设置在L形基坑上，其坡度等于挖方边坡。这种桥台的优点是：受力合理、圬工体积小，比重力式桥台节约85%左右，且基坑挖方量小(特别是水中的挖方量要减少很多)。其主要缺点是钢筋用量稍多。这种桥台适合于在非岩石地基上修建拱桥桥台。

总而言之，轻型桥台是相对于重力式桥台而言的，适用于小跨径拱桥，常用的形式还有一字台、Π形台、E形台、前倾一字台等(见图13-39)。轻型桥台是以桥受拱的推力后，桥台发生绕基底形心轴向路堤方向转动，由台后土的弹性抗力来平衡拱的推力计算的，故桥台尺寸小于重力式桥台很多。采用轻型桥台时，要注意保证台后的填土质量，台后填土应严格按照规定分层夯实，并做好台后填土的防护工作，防止受水流的侵蚀和冲刷。

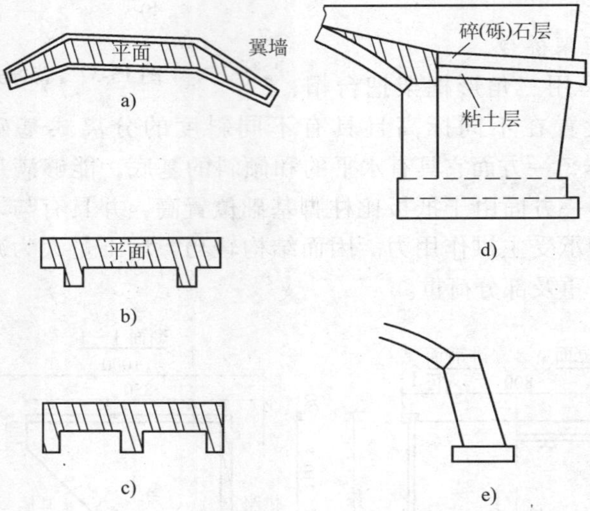

图13-39　拱桥其他形式轻型台

a）一字台　b）Π形台　c）E形台　d）U形台　e）前倾一字台

本 章 小 结

桥梁墩台的形式多种多样，五花八门，而且随着桥梁建设的发展，其形式还会更加丰富、经济和适用。在桥墩的设计过程中，选择合适的桥梁形式尤其重要。经验在对于桥墩形式的选择中非常重要。此外，偶然荷载作用下，如冰坝崩解、船筏撞碰等不常遇事件，重力型桥墩有较大的抗力的优点。因此，要从实际情况，一分为二地衡量结构类型，不能单纯从发展的前后，一概而论，以时间划分先进与落后。

思考题和习题

13-1　试体会各种不同地基条件下适宜的桥梁墩台形式的选择。

13-2　试体会不同的上部结构和作用对桥梁墩台形式选择的影响。

13-3　什么是破冰体？它的作用、材料要求以及其适用范围是什么？

13-4　什么是单向推力墩？

13-5　梁桥和拱桥重力式桥墩和轻型桥墩的区别是什么？

13-6　了解当地桥梁墩台的主要形式并分析设计的原因。

第 14 章 桥墩计算

14

14.1 作用及其组合

在进行桥墩设计计算时，应根据本书第 1 章和现行《桥规》的相关规定，考虑桥涵上可能同时出现的作用，按承载能力极限状态和正常使用极限状态进行作用效应组合，取其最不利效应组合进行设计。《桥规》规定，只有在结构上同时出现的作用，才进行荷载效应组合。当结构或结构构件需作不同方向的受力验算时，则应以不同方向最不利的作用效应进行组合；当可变作用的出现对结构或结构构件产生有利的影响时，该作用不应参与组合。施工阶段作用效应的组合，应按计算需要及结构所处条件而定，结构上的施工人员和施工机具设备均应作为临时荷载加以考虑。

桥墩计算中考虑的永久作用为：①上部构造的恒重对墩帽或拱座产生的支承反力，包括上部构造混凝土收缩、徐变影响；②桥墩自重，包括在基础襟边上的土重；③预应力，如对装配式预应力空心桥墩所施加的预应力；④基础变位影响力，对于奠基于非岩石地基上的超静定结构，应当考虑由于地基压密等引起的支座长期变位的影响，并根据最终位移量按弹性理论计算构件截面的附加内力；⑤水的浮力，位于透水性地基上桥梁墩台，当验算稳定时，应计算设计水位时水的浮力。

桥墩计算中考虑的可变作用为：①作用在上部构造上汽车作用，对于钢筋混凝土柱式墩台应计入汽车冲击力，对于重力式墩台则不计冲击力；②作用于上部构造上的汽车荷载，分为公路Ⅰ级和公路Ⅱ级；③人群荷载；④作用在上部构造和墩身上的纵、横向风力；⑤汽车荷载引起的制动力；⑥作用在墩身上的流水压力；⑦作用在墩身上冰压力；⑧上布构造因温度（均匀温度和梯度温度）变化对桥墩产生的作用；⑨支座磨阻力。

作用于桥墩上的偶然作用为：①地震作用；②船只或漂浮物的撞击作用；

③汽车撞击作用，尤其是对于陆上桥而言。

上述各种荷载的计算方法详见《桥规》上的标准荷载值设计确定。

桥墩的作用组合应考虑各种可能同时出现的作用，并根据桥墩所要验算的内容选择最不利作用组合。重力式桥墩的作用组合主要与墩身所要验算的内容有关，如墩身截面的强度和偏心的验算，整个桥墩的纵、横向稳定性验算，基底应力的验算等，应根据可能出现的各种作用情况进行最不利的作用组合。其次，拱桥重力式桥墩与梁桥重力式桥墩除了有共同点之外，也还存在一些差异。例如，拱桥不设活动支座，因而没有支座摩阻力，但要计及各种作用影响在拱座处产生的水平推力和弯矩。

14.1.1 梁桥重力式桥墩

（1）第一种组合　按在桥墩各截面上可能产生的最大竖向力的情况进行作用组合。它主要是用来验算墩身强度和基底最大应力。因此，最不利的作用组合除了桥墩上的永久作用外，还应在相邻两跨上满布可变作用的一种或几种(见图 14-1a)。

（2）第二种组合　按桥墩各截面在顺桥方向上可能产生的最大偏心矩和最大弯矩的情况进行组合。它主要是用来验算墩身强度、基底应力、偏心以及桥墩的稳定性。属于这一组合的除了有关的永久作用外，还应在相邻两孔的一孔上(当为不等跨桥梁时则在跨径较大的一孔上)布置可变作用的一种或几种，包括纵向风力，汽车制动力和支座磨阻力等也要考虑进去(见图 14-1b)。

（3）第三种组合　按桥墩各截面在横桥方向上可能产生的最大偏心矩和最大弯矩的情况进行组合。它是用来验算在横桥方向上的墩身强度、基底应力、偏心以及桥墩的稳定性。属于这一组合的作用除了相关的永久作用外，还要注意要将布置可变作用的一种或几种偏于桥面的一侧布置，如车辆单向行驶，此外还应考虑其他作用(如横向风力，流水压力或冰压力等)或偶然作用中的船只或漂浮物以及汽车的撞击力等(见图 14-1c)。

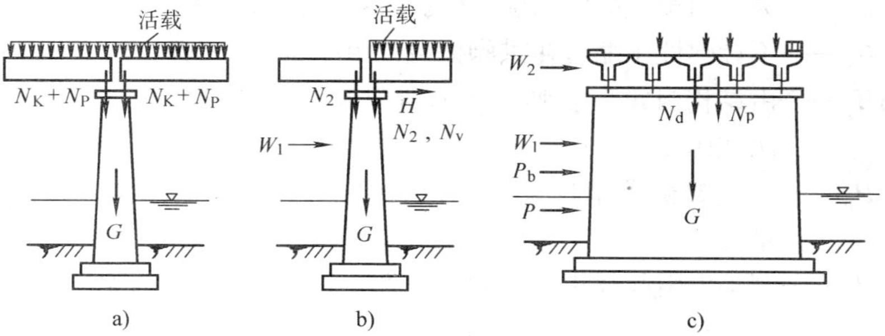

图 14-1　梁桥桥墩的荷载组合形式

14.1.2 拱桥重力式桥墩

1. 顺桥方向的作用及其组合

对于普通桥墩应力相邻两孔的永久作用，在一孔或跨径较大的一孔满布可变作用的一种或几种，并由此对桥墩产生不平衡推力、竖向力和弯矩（见图14-2a）。对于单向推力墩则只考虑相邻两孔中跨径较大的一孔的永久作用，图14-2中的符号意义如下：

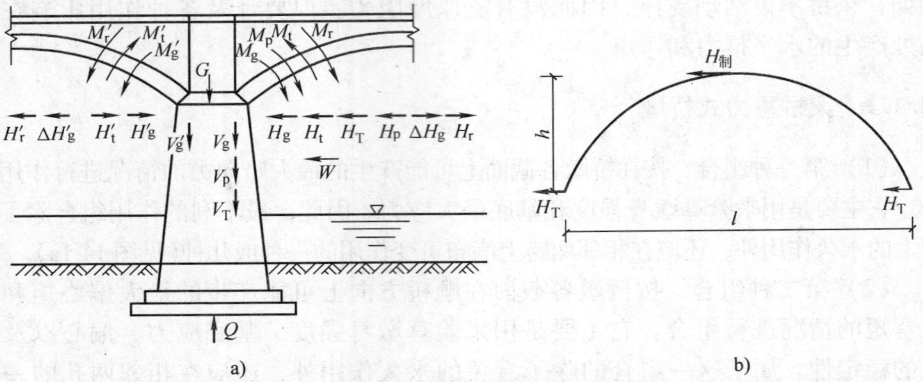

图 14-2 不等跨拱桥桥墩受力情况

G——桥墩自重；

Q——水的浮力（仅在验算稳定时考虑）；

V_g、V'_g——相邻两孔拱脚处因结构自重产生的竖向反力；

V_p——与车辆活载产生的 H_p 最大值相对应的拱脚竖向反力，可按支点力反力影响线求得；

V_T——由桥面处制动力 $H_{制}$ 引起的拱脚竖向反力，即 $V_T=\frac{H_{制}h}{l}$，其中 h 为桥面至拱脚的高度，l 为拱的计算跨径（见图14-2b）；

H_g、H'_g——不计弹性压缩时在拱脚恒载处由结构自重引起的水平推力；

ΔH_g、$\Delta H'_g$——由结构自重产生弹性压缩所引起的拱脚水平推力，方向与 H_g 和 H'_g 相反；

H_p——在相邻两孔中较大的一孔上由车辆活载所引起的拱脚最大水平推力；

H_T——制动力引起在拱脚处的水平推力，按两个拱脚平均分配计算，即 $H_T=\frac{H_{制}}{2}$；

H_t、H'_t——温度变化引起在拱脚处的水平推力（图示方向为温度上升，降温时则方向相反）；

H_r、H'_r——拱圈材料收缩引起的拱脚水平拉力；

M_g、M'_g——结构自重引起的拱脚弯矩；

M_p——由车辆活载引起的拱脚弯矩，由于它是按 H_P 达到最大值时的活载布置计算，故产生的拱脚弯矩很小，可以忽略不计；

M_t、M'_t——温度变化引起的拱脚弯矩；

M_r、M'_r——拱圈材料收缩引起的拱脚弯矩；

W——墩身纵向风力。

2. 横桥向的作用及组合

桥墩横桥向的作用有横向风力、流水压力、冰压力、船只或漂浮物撞击力、地震力等。对于公路桥梁的设计，横桥方向的受力验算一般不控制设计。

以上的作用组合是对梁桥和拱桥重力式桥墩而言的，对于其他的轻型桥墩，其原理也是一样的。都是根据它们的构造和受力特点进行具体分析，然后按照桥墩各部分可能的最不利作用组合分别进行布载，使随后的验算偏于安全和有意义。

14.2 重力式桥墩的计算

对于梁桥和拱桥的重力式桥墩的计算，虽然在荷载组合的内容上稍有不同，但是就某个截面和总体的桥墩受力而言，这些外力都可以合成为竖向的和水平方向的合力（用$\sum H$和$\sum N$表示）以及绕该截面 x-x 轴和 y-y 轴的弯矩（用$\sum M_x$和$\sum M_y$表示），如图 14-3 所示。因此它们的验算内容和计算方法基本相同。下面将叙述重力式桥墩的一般计算程序。

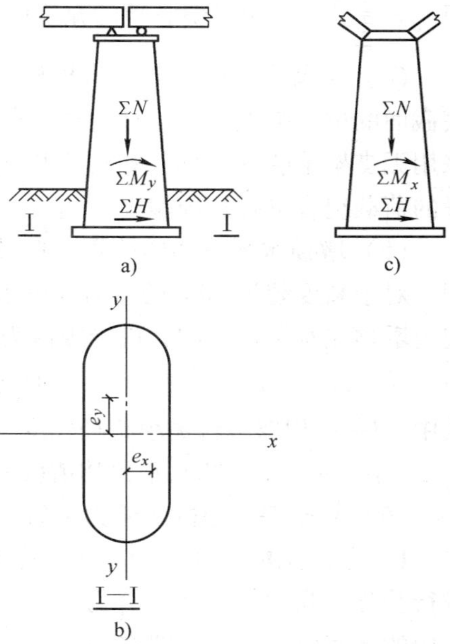

图 14-3 墩身底截面强度验算

14.2.1 控制尺寸的确定

首先按照桥墩所处的地理位置和地质情况等确定桥梁的类型；然后由支座位置、墩顶施工、养护要求和上部结构特点以及桥梁规范等的要求，定出墩帽的轮廓；由桥梁墩帽的尺寸，再根据上部构造的作用求出桥墩所受的水平力、竖向力和弯矩等以及与墩帽尺寸，采用垂直放坡或采用20:1～30:1的斜坡或用台阶逐渐扩大墩身和基础截面，确定墩身的大致形状；最后基础的尺寸一般要比墩身底部出来0.25～0.75m，从而设置出桥梁的扩大基础。这样初步选出墩体的全部尺寸。

14.2.2 重力式桥墩的验算

对于较矮的桥墩一般验算墩身的底截面和墩身的突变处截面；对于较高的桥墩，由于危险截面不一定在墩身底部，这时应沿竖向每隔2～3m验算一个截面，其步骤如下：

（1）内力计算　作用于每个截面上的外力应按顺桥向和横桥向分别进行荷载组合，以求得相应的纵向力$\sum N$、水平力$\sum H$和弯矩$\sum M$。

（2）抗压强度的验算　对于轴心受压和偏心受压的桥墩，可按《桥规》中有关公式进行验算。计算的应力如不超过允许值，即认为满意。大型桥墩则一般控制出现的拉应力不超过素混凝土的允许拉应力值并在施工中要求混凝土接缝应严格按工艺执行，设置接缝短钢筋，使拉应力值得到保证。更重要桥梁及水中桥墩，宜在混凝土中不产生拉应力，以策安全。如果不满足要求时，就应修改墩身截面尺寸、重新验算。

（3）截面以上外力合力偏心距e_0的验算　桥墩承受偏心受荷载时，其偏心距$e_0=\dfrac{\sum M}{\sum N}$不得超过偏心矩的允许值。

（4）抗剪强度的验算　当拱桥相邻两孔的推力不相等时，常常要验算拱座底截面的抗剪强度。当构件为通缝受剪时，可按《桥规》中有关公式验算。如果采用无支架吊装的双曲拱桥时，以及在裸拱情况下卸落拱架时，都应按照该阶段的荷载组合进行这项验算。

（5）墩顶水平位移的验算　墩顶过大的水平位移会影响桥跨结构的正常使用，对于高度超过20m的重力式桥墩应验算墩顶水平方向的弹性位移。《桥规》规定墩顶端水平位移的允许极限值为

$$\Delta \leqslant 0.5\sqrt{l} \tag{14-1}$$

式中　l——相邻墩台最小跨径长度，以m计，跨径小于25m时仍以25m计；

Δ——墩顶计算水平位移值(cm)。

（6）基础底面土的承载力和偏心距的验算

1）基底土的承载力验算。基底土的承载力一般按顺桥方向和横桥方向分别进行验算。当偏心荷载的合力作用在基底截面的核心半径ρ以内时，应验算偏心向的基底应力。当设置在基岩上的桥墩基底的合心偏心距超出核心半径ρ时，其基底的一边将会出现拉应力，由于不考虑基底承受拉应力，故需按基底应力

重分布（见图14-4）重新验算基底最大压应力，其验算公式如下：

顺桥方向 $$\sigma_{\max}=\frac{2N}{ac_x}\leqslant[\sigma] \tag{14-2}$$

横桥方向 $$\sigma_{\max}=\frac{2N}{bc_y}\leqslant[\sigma] \tag{14-3}$$

式中　$\sigma_{\max}$——应力重分布后基底的最大压应力；

N——作用于基础底面合力的竖向分力；

a、b——横桥方向和顺桥方向基础底面积的边长；

$[\sigma]$——地基土壤的允许承载力、并按荷载及使用情况计入允许承载力的提高系数；

c_x——顺桥方向验算时，基底受压面积在顺桥方向的长度，即 $c_x=3\left(\frac{b}{2}-e_x\right)$，$e_x$ 为合力在 x 轴方向的偏心距；

c_y——横桥方向验算时，基底受压面积在横桥方向的长度，即 $c_y=3\left(\frac{a}{2}-e_y\right)$，$e_y$ 为合力在 y 轴方向的偏心距。

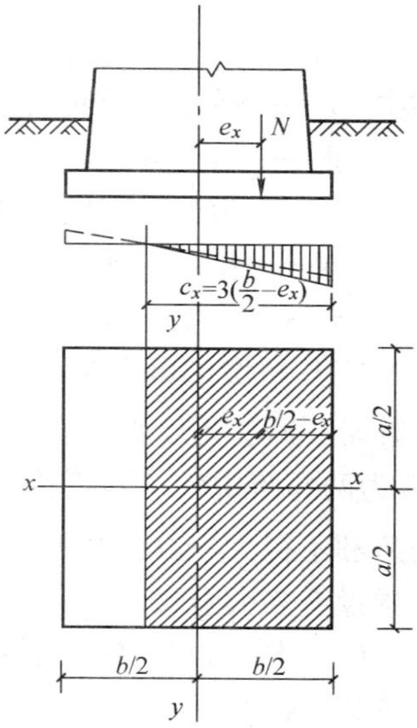

图14-4　基底应力重分布

2）基底偏心距验算。为了使上部作用基底应力分布比较均匀，防止基底最大应力 $\sigma_{\max}$ 与最小压应力 $\sigma_{\min}$ 相差过大，导致基底产生不均匀沉陷和影响桥墩的正常使用，故在设计时，应对基底合力偏心距加以限制，在基础纵向和横向，其计算的荷载偏心距 e_0 应满足表14-1的要求。

表14-1　墩台基础合力偏心距的限制

荷载情况	地基条件	合力偏心距	备注
墩台仅受恒载作用时	非岩石地基	桥墩 $e_0\leqslant0.1\rho$	对于拱桥墩台，其恒载合力作用点应尽量保持在基底中线附近
		桥台 $e_0\leqslant0.75\rho$	
墩台受荷载组合Ⅱ Ⅲ、Ⅳ作用时	非岩石地基	$e_0\leqslant\rho$	建筑在岩石地基上的单向推力墩，当满足强度和稳定性要求时，合力偏心距不受限制
	石质较差的岩石地基	$e_0\leqslant1.2\rho$	
	致密岩石地基	$e_0\leqslant1.5\rho$	

表中：

$$\rho = \frac{W}{A};\ e_0 = \frac{\sum M}{N} \tag{14-4}$$

式中 ρ——墩台基础底面的核心半径；

W——墩台基础底面的模量；

A——墩台基础底面的面积；

N——作用于基底的合力的竖向分力；

$\sum M$——作用于墩台的水平力和竖向力对基底形心轴的弯矩。

（7）桥墩的沉降量验算　静定的桥梁结构体系，由于永久作用产生的桥墩沉降量，减去施工期间已经发生的变位，数值在单个墩上的差额不得大于 $2\sqrt{L}$（L 为两邻跨中较小的跨长，以 m 计，得到的差额以 cm 计），两相邻的桥墩彼此间的差额不得大于 $\sqrt{L}$。桥墩的沉降量验算对于静定结构有一定意义，对于超静定结构没有多大意义。

（8）桥墩的整体稳定性验算　在设计中，除了满足地基强度、合力偏心距和位移变位量不超过允许值以外，还须就以下两个方面对桥墩的整体稳定进行验算。

1）倾覆稳定性验算。桥墩的倾覆稳定性验算包括顺桥向和横桥向的稳定性两方面。由于公路桥梁和城市道路桥梁一般较宽，横桥向的抗倾覆稳定性是足够安全的，因此主要是针对顺桥向进行抗倾覆稳定性验算。抗倾覆稳定性系数 K_q 可按下式验算（见图 14-5）

$$K_q = \frac{M_w}{M_q} = \frac{x\sum P_i}{\sum P_i e_i + \sum T_i h_i} = \frac{x}{e_0} \tag{14-5}$$

式中 M_w——稳定力矩；

M_q——倾覆力矩；

$\sum P_i$——作用于基底竖向力的总和；

$P_i e_i$——作用在桥墩上各竖向力与它们到基底重心轴距离的乘积；

$T_i h_i$——作用在桥墩上各水平力与它们到基底距离的乘积；

x——基底截面重心 O 至偏心方向截面边缘距离；

e_0——所有外力的合力 R（包括水浮力）的竖向分力对基底重心的偏心距。

2）滑动稳定性验算。桥墩抵抗滑动的稳定性验算，对于顺桥向和横桥向均须加以考虑。其稳定性系数 K_h 可以按下式计算

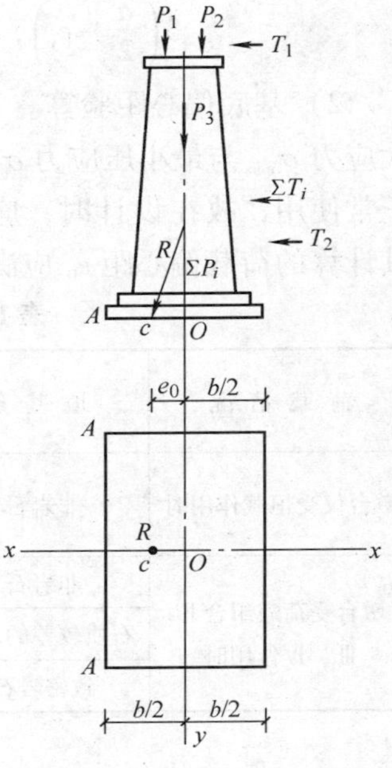

图 14-5　桥墩稳定性验算

$$K_h = \frac{f\sum P_i}{\sum T_i} \leqslant [K_h] \tag{14-6}$$

式中 $\sum P_i$——各竖向力的总和(包括水浮力);

$\sum T_i$——各水平力的总和;

f——基础底面与地基之间的摩擦系数，若无实测值时，则可参照表14-2选取。

上述求得的倾覆与滑动稳定系数 K_q 和 K_h 均不得小于表14-3中所规定的最小值。最后还要注意的是：在验算倾覆性和滑动稳定性时，都要分别按常水位和设计洪水位两种情况考虑水的浮力。

表14-2 基底摩擦系数

地基土分类	摩擦系数 f
软塑粘土	0.25
硬塑粘土	0.30
砂粘土、粘砂土、半干硬的粘土	0.30～0.40
砂土类	0.40
碎石类土	0.50
软质岩土	0.40～0.60
硬质岩土	0.60～0.70

表14-3 抗倾覆和抗滑动稳定系数

荷载情况	验算项目	稳定系数
荷载组合Ⅰ	抗倾覆	1.5
	抗滑动	1.3
荷载组合Ⅱ、Ⅲ、Ⅳ	抗倾覆	1.3
	抗滑动	
荷载组合Ⅴ	抗倾覆	1.2
	抗滑动	

注：表中荷载组合Ⅰ如包括由混凝土收缩、徐变和水的浮力引起的效应，则应采用荷载组合Ⅱ时的稳定系数。

[例14-1] 天然地基重力式桥墩计算实例

1. 设计资料

1）上部构造为装配式混凝土空心板，上部构造恒载支点反力为3291kN。标准跨径 $l_b=16$m(两桥墩中心线距离)；计算跨径 $l=15.60$m(支座中心距板端0.18m)；预制板长 $l'=15.96$m(伸缩缝宽为4cm)；桥面宽度净—11.25m。

2）支座形式：橡胶支座。

3）设计活载：公路—Ⅱ级车道荷载。

4）桥墩高度 $H=8$m。

5）地震基本烈度：8度。

6）桥墩形式：圆端形实体桥墩。

7）桥墩材料：墩帽用C25钢筋混凝土，墩身和基础用C20片石混凝土。

8）地基：岩石地基，地基允许承载力 $[\sigma_0]=2000$kPa。

2. 拟定桥墩尺寸

（1）墩帽尺寸　由设计资料得相邻两跨支座间的中心距为 0.18m×2 + 0.04m = 0.4m，支座顺桥向宽度为 0.2m，支座边缘离墩身的最小距离为 0.15m。本桥位于地震基本烈度 8 度地区，梁端至墩台帽边缘最小距离应满足抗震设计规范规定，即 $d \geqslant 50\text{cm} + l = (50 + 15.6)\text{cm} = 65.6\text{cm}$。墩帽宽度为$(2 \times 0.656 + 0.04)\text{m} = 1.352\text{m}$。最后取墩帽宽度 $b = 1.4\text{m}$，墩帽厚度取为 0.4m。

上部构造为 12 片空心板，边板宽 1.025m，中板宽 1.02m，整板宽为 12.25m。两边各加 0.05m，台帽矩形部分长度为 12.35m，两端各加半径为 0.7m 的圆端部分，并使其高出墩帽顶面 0.3m 作为挡块，墩帽全长为 13.75m。

（2）墩身顶部尺寸　由墩帽宽 1.4m，两边挑檐宽度采用 0.1m，则墩身顶宽 1.2m。墩身顶部矩形部分长度采用 12.35m，两端采用半径为 0.6m 的圆端部分，则墩身顶部全长为 13.55m。

（3）墩身底部尺寸　墩身侧面按 20:1～30:1 放坡，现选取 25:1 向下放坡，得墩身底宽为 1.81m，长为 14.16m。

（4）基础尺寸　采用两层台阶式片石混凝土基础，每层厚为 0.75m，每层四周放大 0.25m，上层平面尺寸为 2.31m×14.66m，下层平面尺寸为 2.81m×15.16m（图 14-6）。

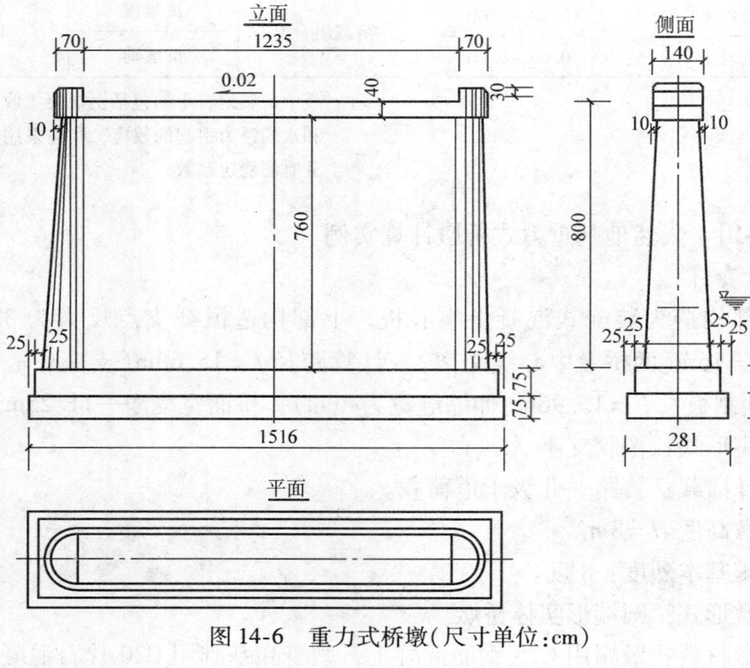

图 14-6　重力式桥墩（尺寸单位：cm）

3. 荷载计算

（1）恒载计算　上部构造恒载反力 $G_1 = 3291\text{kN}$，墩身自重 G_2 由材料重度与体积的积而得，为 3722kN。

（2）活载计算　活载的计算主要是指汽车荷载对桥墩中心（包括横桥向和顺桥向两个方向上）所产生的弯矩的求解。

（3）水平荷载计算　求出汽车制动力对桥墩各截面产生的弯矩。制动力按一行车队的 10% 或一辆重车的 30% 考虑，取其中较大者。其弯矩就是制动力与各截面的距离的乘积。

4. 地震荷载计算（略）

5. 内力汇总及组合

1）顺桥向内力汇总及组合见表 14-4。

表 14-4　顺桥向内力汇总及组合

编号	项　目	1-1 截面			5-5 截面			基底截面		
		P/kN	H/kN	M/kN·m	P/kN	H/kN	M/kN·m	P/kN	H/kN	M/kN·m
1	上部构造	3291.12		0	3291.12		0	3291.12		0
2	桥墩	199.84		0	3921.95		0	5416.23		0
3	车辆荷载单跨布载	758.42		151.68	358.42		151.68	758.42		151.68
4	车辆荷载双跨布载	854.22		48.70	854.22		48.70	854.22		48.70
5	汽车制动力		165	75.9		165	1329.9		165	1577.4
6	地震力		453.54	201.95		802.97	5047.55		802.97	6252.01
	(Ⅰ) ①+②+③	5250.94	0	212.35	9717.47	0	212.35	9465.77	0	151.68
内	(Ⅰ) ①+②+④	5385.06	0	68.18	9851.59	0	68.18	9561.57	0	48.70
力	(Ⅱ) ①+②+③+⑤	4195.38	184.80	254.89	7773.98	184.80	1659.37	7572.62	132	1383.26
组	(Ⅱ) ①+②+④+⑤	4308.05	184.80	139.55	7881.27	184.80	1544.03	7649.26	132	1300.80
合	(Ⅲ) ①+②+③+⑥	3565.15	364.64	455.94	6157.72	645.59	4909.89	6592.34	537.99	4340.53
	(Ⅲ) ①+②+④+⑥	3661	364.64	265.60	6653.52	645.59	4706.97	6688.14	537.99	4337.55

2）横桥向内力汇总及组合见表 14-5。

表 14-5　横桥向内力汇总及组合

编号	项　目	5-5 截面			基底截面		
		P/kN	H/kN	M/kN·m	P/kN	H/kN	M/kN·m
1	上部构造	3291.12		0	3291.12		0
2	桥墩	3921.95		0	5416.23		0
3	车辆荷载单跨布载	376.81		1592.02	376.81		1592.02
4	车辆荷载双跨布载	854.22		2285.04	854.22		2285.4
5	地震力		802.97	5222.97		802.97	6427.42
内	(Ⅰ) ①+②+③	9183.22	0	2228.83	10976.35	0	1592.02
力	(Ⅰ) ①+②+④	9851.59	0	3199.06	9084.16	0	2285.04
组	(Ⅱ) ①+②+⑤	8062.24	0	3725.96	7778.52	0	2661.40
合	(Ⅱ) ①+②+⑤	5799.31	645.59	4199.27	5833.92	537.99	4306.37

6. 正截面强度验算

对于组合Ⅱ而言，1-1截面(墩帽与墩身的接触面)

$$e_0 = \frac{254.89}{4195.38}\text{m} = 0.061\text{m} < 0.6y = 0.36\text{m}$$

5-5截面(墩身与地基的接触面)

$$e_0 = \frac{1659.37}{7773.98}\text{m} = 0.213\text{m} < 0.6y = 0.543\text{m}$$

以上满足规范要求。

对于组合Ⅲ而言，　$e_0 = \frac{4058.23}{5799.30}\text{m} = 0.700\text{m}$

$$W = \frac{I}{y} = \frac{6.63\times 2}{1.81}\text{m} = 7.33\text{m}^2$$

$$\rho = \frac{W}{A} = \frac{7.33}{1.81\times 12.35 + \frac{\pi}{4}\times 1.81^2}\text{m} = 0.294\text{m}$$

$$2.4\rho = 0.706\text{m} \approx e_0 = 0.700\text{m}(\text{偏心矩符合规范要求})$$

7. 基底应力验算

(1) 偏心矩计算

$$W = \frac{15.16}{6}\times 2.81^2\text{m}^2 = 19.95\text{m}^3$$

$$\rho = \frac{W}{A} = \frac{19.95}{15.16\times 2.81} = 0.468$$

对于组合Ⅱ　$e_0 = \frac{1383.26}{7402.66}\text{m} = 0.187\text{m} < 1.5\rho = 0.702\text{m}$(偏心矩满足规范要求)

对于组合Ⅲ　$e_0 = \frac{4188.85}{5833.92}\text{m} = 0.727\text{m} < 2\rho = 0.936\text{m}$(偏心矩满足规范要求)

(2) 基底应力计算

$$\sigma_{\substack{\max\\ \min}} = \frac{N}{A} \pm \frac{\sum M}{W}$$

对于组合Ⅱ　$\sigma_{\max} = \left(\frac{7572.62}{42.6} + \frac{1383.26}{19.95}\right)\text{kN/m}^2 = 247.10\text{kN/m}^2 < [\sigma]$

对于组合Ⅲ　$e_0 > \rho$

$$\sigma_{\max} = \frac{2\times 5833.92}{3\times\left(\frac{1.81}{2} - 0.745\right)\times 12.35}\text{kN/m}^2$$

$$= 1920\text{kN/m}^2 < [\sigma_0] = 2000\text{kPa}$$

8. 抗倾覆稳定性验算

(1) 抗倾覆验算

对于组合Ⅱ $K_q = \frac{x}{e_0} = \frac{1.405}{0.187} = 7.51 > 1.3$(安全)

对于组合Ⅲ $K_q = \frac{x}{e_0} = \frac{1.405}{0.700} = 2.01$

地震荷载提高1.5倍 $K_q = 1.89 \times 1.5 = 2.84 > 1.3$(安全)

(2) 抗滑动验算 取$f = 0.6$

对于组合Ⅱ $K_h = \frac{f\sum P_i}{\sum T_i} = \frac{0.6 \times 7572.62}{132} = 34.42 > 1.3$(安全)

对于组合Ⅲ $K_h = \frac{f\sum P_i}{\sum T_i} = \frac{0.6 \times 5833.92}{537.99} = 6.5 > 1.3$(安全)

14.3 桩柱式桥墩的计算

14.3.1 盖梁计算

(1) 计算图示 桩柱式桥墩常采用钢筋混凝土构件，在构造上，桩柱的钢筋伸入到盖梁内，并与盖梁的钢筋绑扎成整体。因此，盖梁与柱刚接呈刚架结构。桩柱式桥墩的盖梁，对双柱式桥墩，当盖梁的刚度比大于5时，一般忽略桩柱式桥墩对盖梁的弹性约束，近似地按双悬梁计算；对多柱式或多柱式桥墩，近似地按多跨连续梁计算；当桥墩承受较大横向力时，则盖梁应作为横向刚架的一部分进行验算。

(2) 外力计算 外力计算包括上部构造恒载和盖梁自重、活载和施工吊装作用等。活载的布置要使各种组合为盖梁最不利的情况，求出支点最大反力作为盖梁的活载。在盖梁内力计算时，可考虑桩柱支承宽度对削减负弯矩尖峰的影响。

(3) 内力计算 公路桥梁桩柱式桥墩的帽梁常采用双悬臂式，计算时的控制截面应选取支点和跨中截面。在计算支点负弯矩时，采用非对称布置活载与恒载的反力；在计算跨中正弯矩时，采用对称布置活载与恒载的反力。桥墩沿纵向的水平力以及当盖梁在沿桥纵向设置两排支座时，上部结构活载的偏心对盖梁将产生扭矩，应予以计入。

(4) 配筋计算 盖梁的配筋验算方法与钢筋混凝土梁配筋的方法大致相同，都应根据弯矩包络图配置受弯钢筋，根据剪力包络图配置弯起钢筋和箍筋。在配筋时，还应计算各控制截面抗扭所需要的箍筋及纵向钢筋。

14.3.2 桩身计算

桩墩一般分为刚性和柔性两种。刚性桩墩计算方法与重力式桥墩相仿；柔性桩墩的计算特点是需要从整个桥梁体系的分析来确定各桥墩的受力。

（1）外力计算　桥墩桩柱的外力有上部结构恒载与盖梁的恒载反力以及柱身自重；活载按设计荷载布置车列，得到最不利的作用组合。桥墩的水平力有支座摩阻力和汽车制动力等。

（2）内力计算　桩柱式墩按桩基础的有关内容计算桩柱的内力和桩的入土深度。对于单柱式墩，计算弯矩应考虑两个方向弯矩的合力。纵、横弯矩合力值为$\sum M=\sqrt{M_x^2+M_y^2}$。

（3）配筋验算　在最不利作用组合下，可先配筋，再按钢筋混凝土偏心受压构件进行验算。

（4）抗裂验算　钢筋混凝土圆形和环形截面偏心受压构件的裂缝宽度计算可按下式求得

$$\omega_{\max}=K_1K_2K_3\gamma\frac{\sigma_g}{E_g}\left(100+\frac{4+0.2d}{\sqrt{\mu_z}}\right) \tag{14-7}$$

光钢筋
$$K_2=1+0.5\frac{S_1+S_2}{S} \tag{14-8}$$

螺蚊钢筋
$$K_2=1+0.3\frac{S_1}{S}+0.5\frac{S_2}{S} \tag{14-9}$$

式中　K_1——钢筋表面形状影响系数，对光钢筋$K_1=1.0$，对螺蚊钢筋$K_1=0.8$；

K_2——荷载特征影响系数；

S_1——活载作用下的内力(kN)；

S_2——恒载作用下的内力(kN)；

S——全部计算荷载作用下的内力(kN)，主力作用时，$S=S_1+S_2$，主力附加力作用时，$S=S_1+S_2+S_3$，S_3为由附加力引起的内力；

K_3——截面形状系数，圆形截面$K_3=1.0$，环形截面取$K_3=1.1$；

γ——中性轴至受拉边缘的距离与中性轴至最大拉应力钢筋中心的距离之比，按下式计算

$$\gamma=\frac{2R-x}{R+r_g-x}\leqslant 1.2 \tag{14-10}$$

当$\gamma>1.2$时，取为1.2，R、x、r_g意义如图14-7所示；

σ_g——钢筋的最大拉应力(MPa)；

E_g——钢筋的弹性模量(MPa)；

d——纵向钢筋直径(mm)，当钢筋直径不相同时，按大直径取用；

μ_z——纵向钢筋的有效配筋率，按下式计算，但不应小于0.005，

$$\mu_z=\frac{A_g}{A_z} \tag{14-11}$$

其中　A_g——纵向钢筋的总截面(cm^2)；

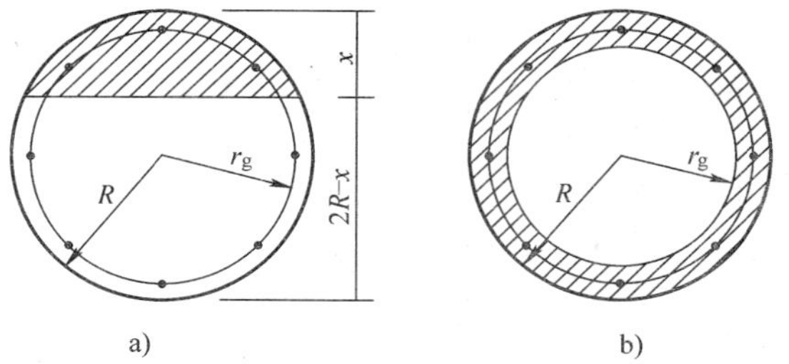

图 14-7 抗裂计算图式

a）圆形截面 r 计算图 b）环形截面 r 计算图

A_z——与纵向钢筋相互作用的混凝土面积(cm^2)，即图 14-7 中的阴影面积，按下式计算

$$A_z = 4\pi r_g(R - r_g) \tag{14-12}$$

14.4 柔性排架墩计算

梁桥的柔性桩墩多用于中、小桥跨径的桥梁上。当使用橡胶支座时，其在水平作用下可以有微小的位移。因此，可以按在节点处设水平弹簧支承的框架图示(图 14-8b)计算。

14.4.1 基本假定

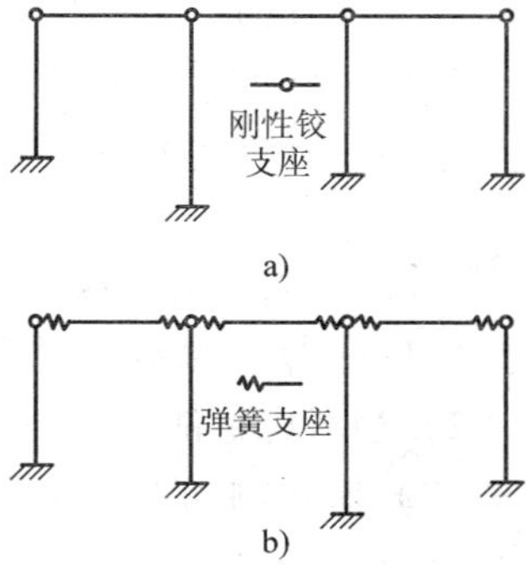

图 14-8 梁桥柔性桩墩计算图式

1）柔性墩视为下端固定，上端铰支的超静定梁。外力(如温度力和制动力)引起的墩顶位移视为铰支承的沉陷(图 14-9a)。

2）作用于墩顶的竖向力 N、不平衡弯矩 M_0 以及由温度、制动力等水平力 H 所引起的墩顶位移先分别进行力学分析，然后进行内力叠加，不计这些作用的相互影响(图 14-9b)。

3）计算制动力时，各墩台受力按墩顶抗推刚度分配。在计算土压力时，如设有实体刚性墩台，则全部由有关刚性墩台承受。如均为柔性墩，则由岸墩承受土压力，并假定此时各个桩顶与上部构造之间不发生相对位移。

4）计算温度变形时，桩墩对梁产生的弹性拉伸或压缩影响忽略不计，而只计桩墩顶部水平力对桩墩所引起的弯矩的影响。

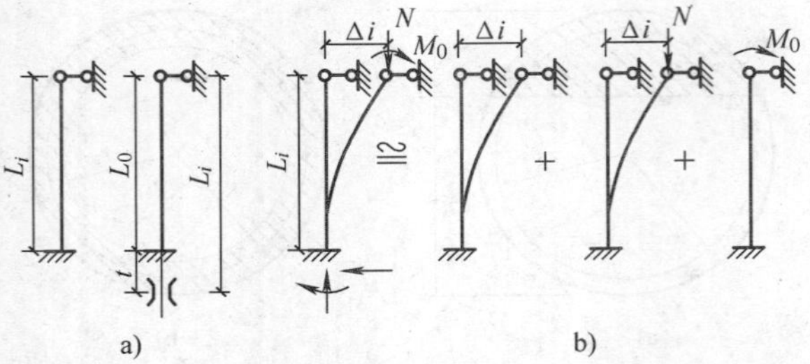

图 14-9　柔性墩结构的简化计算图式

14.4.2　柔性排架墩的验算

（1）抗推刚度 k 的计算　第 i 柔性墩的抗推刚度 k_i 按下式计算

$$k_i = \frac{1}{\delta_i} \tag{14-13}$$

式中　单位水平力作用在第 i 柔性墩顶产生的水平位移 δ_i(m/kN)。

1）当墩柱下端固定在基础或承台顶面时，δ_i 按下式计算

$$\delta_i = \frac{l_i^3}{3EI} \tag{14-14}$$

式中　l_i——在第 i 墩柱下端固着处到墩顶的高度(m)，排架桩应为地面(或冲刷线)以上柱长 l_0 与桩在地基内的挠曲长度 t 之和 $l_i = l_0 + t$，t 为地面(或设计冲刷线)至第一个弹性零点的距离，鉴于目前的计算方法(如 K 法、m 值法和值 c 法)还不一致，此处也可近似地根据地基土质取 2m ~ $h_i/2$，h_i 为排架桩的入土深度(m)；

E——桩身弹性模量；

I——墩身横截面对形心轴的惯性矩(m^4)。

2）当考虑桩侧土的弹性抗力时，δ_i 则按桩基础有关公式计算。

（2）墩顶制动力的计算　作用在第 i 墩台的制动力 H_{iT}(kN)按下式计算

$$H_{iT} = \frac{k_i}{\sum k_i} T \tag{14-15}$$

式中　T——全桥(或一联)承受的制动力(kN)。

于是墩顶水平位移 Δ_{iT} 为

$$\Delta_{iT} = \frac{H_{iT}}{k_i} \tag{14-16}$$

（3）梁的温度变形引起的水平力　当温度下降时桥梁上部结构将缩短，两岸边排架向河心偏移。当温度上升时则将延长，两岸边排架向路堤偏移。在求排架的偏移值时，需先求出温度变化时偏移值等于零的位置(见图 14-10)。如果

用 x_0 表示 0-0 线至 0 号排架的距离；i 为桩的序号，$i=0,1,2,3,4,...,n$，n 为总排架数减 1；L_i 为桥梁跨径；用 $x_1,x_2,\cdots,x_i$ 表示自 0-0 线至 $1,2,\cdots,i$ 号排架的距离，则得各墩顶由温度引起的水平位移为

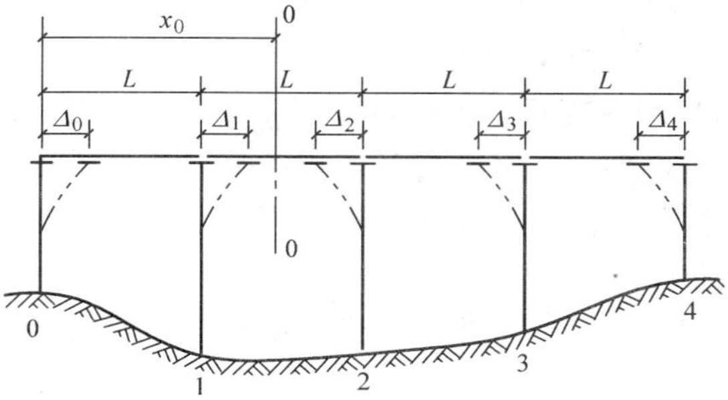

图 14-10 温度变化时柔性墩的偏移图式

$$\Delta_{it}=\alpha t x_i \tag{14-17}$$

式中 α——上部结构的线膨胀系数；

t——温度升降的度数；

Δ_{it}、x_i——均带有正负号，以自 0-0 线指向 x 轴正轴为正。

$$x_i=x_0-(L_1+L_2+\cdots+L_i)=x_0-\sum_{j=1}^{i}L_j \tag{14-18}$$

各排架桩顶所受的温度力为

$$H_{it}=k_i\Delta_{it} \tag{14-19}$$

由于 $\sum x=0$ 得到

$$x_0=\frac{\sum_{i=1}^{n}k_i\left(\sum_{j=1}^{i}L_j\right)}{\sum_{i=0}^{n}k_i} \tag{14-20}$$

当各跨径相等且都为 L 时，有

$$x_0=\frac{\sum_{i=1}^{n}k_i(iL)}{\sum_{i=0}^{n}k_i}=\frac{\sum_{i=1}^{n}ik_i}{\sum_{i=0}^{n}k_i} \tag{14-21}$$

将 x_0 代入式(14-16)中便可得到 Δ_{it}。

综合墩顶发生的水平位移为

$$\Delta_i=\Delta_{iT}+\Delta_{it} \tag{14-22}$$

由式(14-12)、式(14-13)可知

$$k_i=\frac{3EI}{l_i^3} \tag{14-23}$$

相应的水平力为

$$H_i = k_i \Delta_i = H_{i\mathrm{T}} + H_{it} \tag{14-24}$$

由于墩顶产生水平位移 Δ_i、竖向力 N 和墩内弯矩 M 都将引起墩顶产生新的附加水平位移，并使墩身内力增大，这就是所谓的二次（或称几何非线性）效应。在高墩中需要考虑这上因素的影响。

作用在一个墩顶的各顶水平力计算出后，便可根据最不利荷载情况进行组合。柱墩按柱顶处的水平力、竖向力及弯矩验算各截面强度和稳定，排架桩应考虑桩侧土的弹性抗力，按弹性地基梁法进行内力计算和截面强度、稳定性及桩的入土深度等项验算。

柔性排架墩在横桥向是一个多跨刚架，横桥向水平荷载不大，一般不控制设计，可不作验算。

本章小结

桥墩的计算包括作用的组合、桥墩的尺寸的拟定以及桥墩各部分的验算。不同的桥梁形式会有不同的验算内容。重力式桥墩常用圬工混凝土作为材料，使用中常会有标准的桥墩可以采用。对于轻型桥墩，根据其受力特点按其作用组合来进行各部分的配筋及验算，它是《结构力学》和《钢筋混凝土设计原理》在《桥梁工程》中的应用。对于其他的桥墩形式的验算，其原理是相同的。

思考题和习题

14-1　说明作用的效应组合的一般原理。

14-2　作用效应及组合的各自分为哪几类？

14-3　重力式桥墩需要分别从哪几方面进行验算？

14-4　桩柱式桥墩的计算特点是什么？

14-5　柔性排架墩的计算特点是什么？

14-6　结合课本并查找相关资料，理解并掌握重力式桥墩的设计和验算过程。

14-7　结合课本并查找相关资料，分析下面的双柱式钻孔灌注桩桥墩的计算过程。①上部构造为预应力混凝土简支梁桥，跨径 25m，梁长 24.94m，计算跨径为 24.30m，五梁式五孔桥面连续；一联中间设平板橡胶支座，端部桥台设滑板橡胶支座；桥面宽度—11 + 2 × 1.5m。②车辆荷载为汽车公路—Ⅱ级车道荷载。③上部恒载为：每片梁 32kN/m，一孔上部构造为 4000kN，各梁支座反力 400kN。④墩帽与墩身均采用 C25 混凝土；承台与桩基均采用 C20 混凝土，主筋自配。⑤支座摩阻系数 $f = 0.05$。⑥桥墩一般构造如图 14-11 所示。

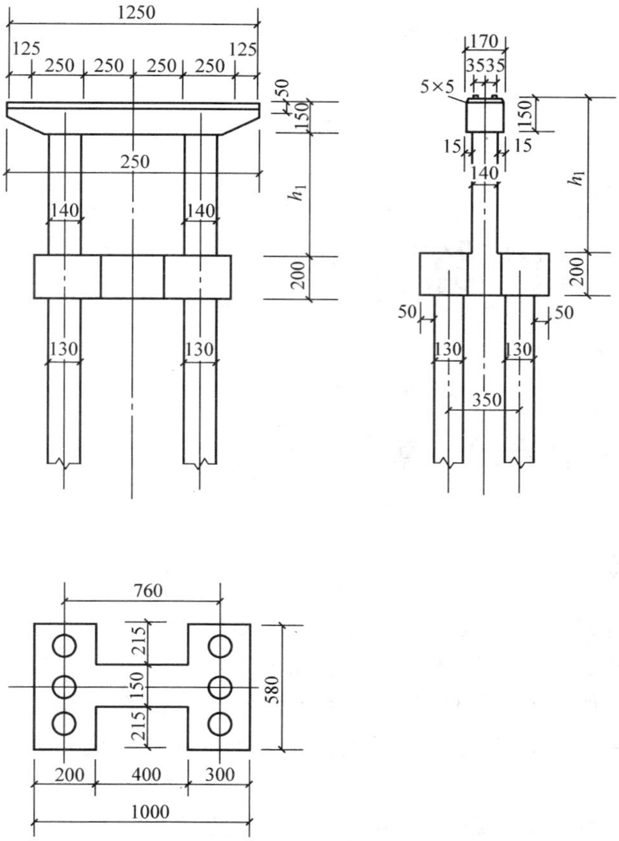

图 14-11 桥墩布置图(尺寸单位:cm)

15

第 15 章

桥 台 计 算

15.1 重力式桥台的计算

15.1.1 计算特点

重力式桥台的计算及验算与重力式桥墩基本一样，需要验算台身截面的强度、地基应力及桥台的稳定性，但只作顺桥方向的验算。当验算基础顶面的台身砌体强度时，如桥台截面的各部分尺寸满足《桥规》有关规定，则应把桥台的侧墙和前墙作为整体来考虑受力；否则，台身(桥台前墙)应按独立的挡土墙计算。

在受力上，桥台与桥墩也有不同之处，对于桥台需要考虑车辆荷载和台后填土引起的台后土侧压力，但不需计及纵、横向风力，流水压力，冰压力，船只或漂浮物的撞击力等，故其作用及组合也不同。

15.1.2 作用及组合

1. 梁桥重力式桥台的作用组合

桥台计算时与桥墩一样，也应根据各种可能出现的情况进行作用的最不利组合，而车辆荷载按不同的布置情况分为以下三种：

1）车辆荷载仅布置在台后填土的破坏棱体上(见图 15-1a)。

2）车辆荷载仅布置在桥跨结构上(见图 15-1b)。

3）车辆荷载同时布置在桥跨结构和台后填土的破坏棱体上(见图 15-1c)。

此外，在个别情况下，还要考虑在架梁之前，台后已填土完毕并在其上布置有施工荷载的作用组合情形。一般重力式桥台以上述第一种和第三种作用组合来控制设计，但也需根据具体的情况进行分析比较后再确定。

这里要指出的是，台后的土压力一般按主动土压力计算，其大小与土的压实

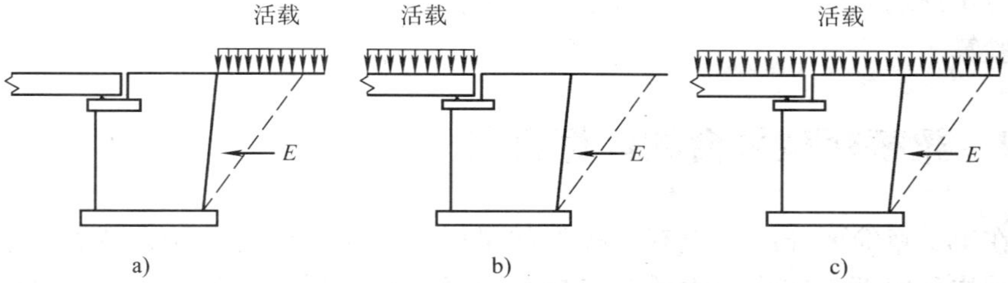

图 15-1 梁桥桥台荷载组合图式

程度有关。因此，在计算桥台前端的最大应力、向桥孔一侧的偏心和向桥孔方向的倾覆与滑动时，应按台后填土尚未压实考虑；当计算桥台后端的最大应力、向路堤一侧的偏心和向路堤方向的倾覆与滑动时，则按台后填土已经压实考虑。

2. 拱桥重力式桥台的作用组合

拱桥桥台的最不利作用组合会使拱桥桥台向顺桥方向倾斜，向桥心一侧或向路堤一侧，故一般按以下两种情况布置可变作用，并进行作用组合：

1）桥上满布活载，使拱脚处水平推力 H_p 达到最大值，温度上升产生向路堤一侧的作用，制动力也向路堤方向，台后按压实土考虑土压力，从而使桥台有向路堤方向偏移的趋势（见图 15-2a）。

2）台后破坏棱体上布置活载，制动力向桥跨方向，桥跨上无活载，温度下降，台后按未压实土考虑土压力，从而使桥台有向桥跨方向偏移的趋势（见图 15-2b）。

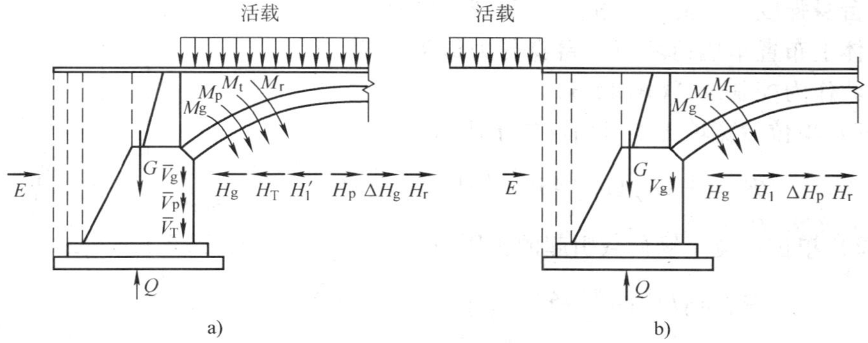

图 15-2 拱桥桥台荷载组合图式

图 15-2 中的符号意义同图 14-2。

15.1.3 验算内容

桥台台身强度、基底承载力、偏心以及桥台稳定性验算和桥墩相同。如果 U 形桥台两侧宽度不小于同一水平截面前墙全长的 0.4 倍时，桥台台身截面强度验算应把前墙和侧墙作为整体考虑其受力；否则，台身前墙应按独立的挡土墙进行验算。

15.2 梁桥轻型桥台的计算要点

在第1章简要介绍了设有支撑梁的梁桥薄壁轻型桥台的受力特点。它利用桥跨结构和底部支撑梁作为桥台与桥台或者桥台与桥墩之间的支撑，以防止桥台受路堤的土压力而向桥跨方向移动，从而使结构构成为四铰框架的受力体系。因此，对于这类桥台的计算主要包括以下三项内容：一是桥台(顺桥向)在侧向土压力作用下台身作为竖梁进行截面强度验算；二是桥台(包括基础)在竖向荷载作用下横桥向作为一根弹性地基短梁进行截面强度验算；三是基础底面下地基应力验算。

15.2.1 桥台作为竖梁时的强度计算(取单位宽度算)

1. 验算截面处的竖直力 N

它包括以下三项：桥跨结构恒载在单位宽度桥台上的支点反力 N_1；单位宽度台帽的自重 N_2；验算截面以上单位宽度台身的自重 N_3，即

$$N = N_1 + N_2 + N_3 \tag{15-1}$$

2. 台后主动土压力计算

桥台台身强度验算主要是验算水平土压力作用下的台身强度。因此，当桥上无荷载，台背填土破坏棱体上布置车辆荷载时，台身受力最为不利，因而以此作为控制设计(图15-3)。

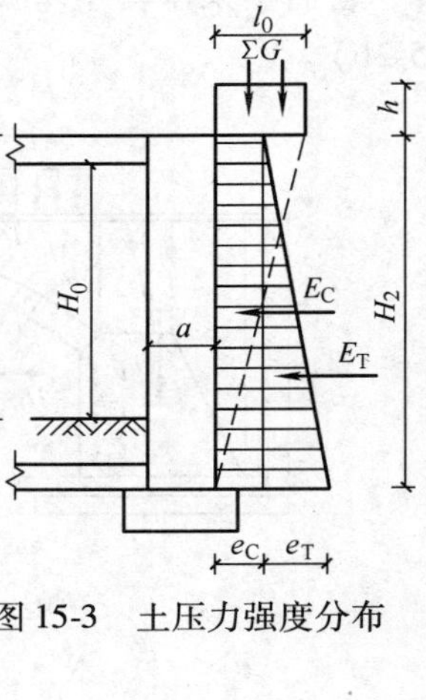

图15-3　土压力强度分布

1) 单位台宽填土本身引起的土压力

$$E_T = \frac{1}{2}\gamma H_2^2 \tan^2\left(45° - \frac{\varphi}{2}\right) \tag{15-2}$$

2) 单位台宽车辆荷载引起的土压力

$$E_C = \gamma h H_2 \tan^2\left(45° - \frac{\varphi}{2}\right) \tag{15-3}$$

3) 单位台宽的总土压力

$$\begin{aligned} E &= E_T + E_C \\ &= \frac{1}{2}\gamma H_2^2 \tan^2\left(45° - \frac{\varphi}{2}\right) + \gamma h H_2 \tan^2\left(45° - \frac{\varphi}{2}\right) \\ &= \frac{1}{2}e_T H_2 + e_C H_2 \end{aligned} \tag{15-4}$$

式中　γ——台后填土重度；

φ——土的摩擦角；

e_T——填土本身引起的土压力强度；

e_C——车辆荷载引起的土压力强度。

4）等代土声层厚 h

$$h = \frac{\sum G}{Bl_0\gamma} \tag{15-5}$$

式中　$\sum G$——布置在 $B \times l_0$ 面积内的车轮或履带重；

l_0——台后填土的破坏棱体长度，同时

$$l_0 = H_2 \tan\left(45° - \frac{\varphi}{2}\right) \tag{15-6}$$

B——桥台计算宽度。

3. 台身内力计算

（1）计算跨径　台身按上下铰接的简支梁计算（见图15-4）。对于有台背的桥台，因上部构造与桥台台背间的缝隙已用砂浆或小石子混凝土填实，保证了有牢靠的支撑作用。因此，台身受弯的计算跨径为

$$H_1 = H_0 + \frac{d_1}{2} + \frac{c_1}{2} \tag{15-7}$$

对于无台背的桥台，承受土压力的台身作为简支梁计算的跨径为

$$H_1 = H_0 + \frac{d_1}{2} \tag{15-8}$$

（2）内力计算　近似按中点计算得

$$M = \frac{1}{8}e_1'H_1^2 + \frac{1}{16}e_2'H_1^2 \tag{15-9}$$

$$Q = \frac{1}{2}e_1''H_0 + \frac{1}{3}e_2''H_0 \tag{15-10}$$

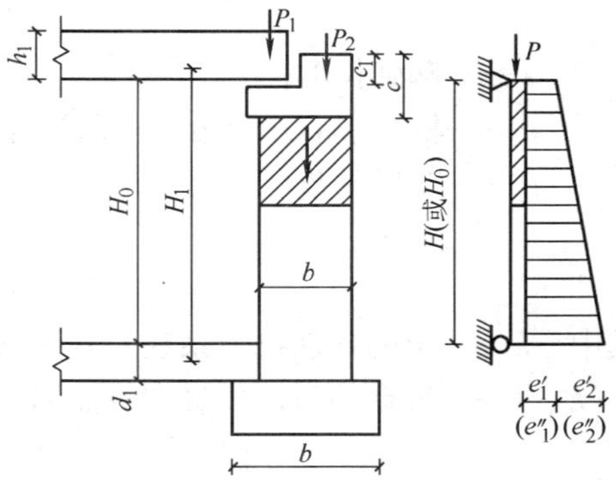

图15-4　土压力计算图示

式中　e_1'、e_2'——受弯计算跨径 H_1 处的土压力强度；

e_1''、e_2''——受剪计算跨径 H_0 处的土压力强度。

15.2.2　桥台在本身平面内的弯曲强度验算

轻型桥台是一较长的平直薄墙，在竖向荷载作用下，本身平面内发生弯曲，弯曲程度与地基的变形系数 β 有关（见图15-5）。

当桥台长度 $L > 4/\beta$ 时，把桥台当作支承在弹性地基上的无限长梁计算；当 $L < 1.2/\beta$ 时，把桥台当作支承在弹性地基上的刚性梁计算（即不考虑桥台在本身

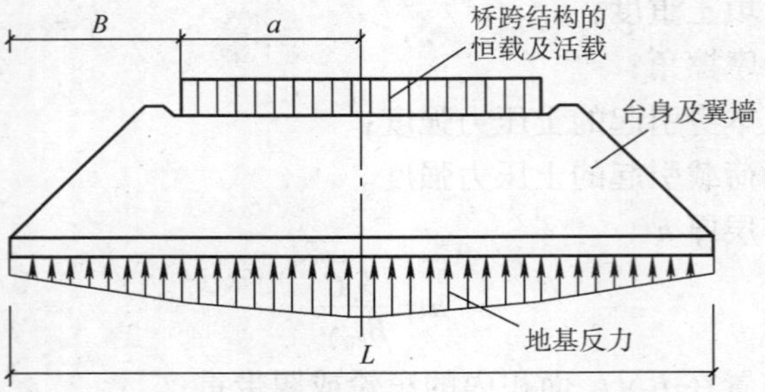

图 15-5　桥台受力图式

平面内的弯曲）；当 $4/\beta > L > 1.2/\beta$ 时，把桥台当作支承在弹性地基上的短梁计算。在一般情况下，轻型桥台的长度大多处于 $4/\beta$ 和 $1.2/\beta$ 之间，故在此仅介绍按短梁计算的公式。

设梁上作用着一段对称的均布荷载，则梁的最大弯矩产生在中点，其计算公式为

$$M = \frac{p}{2\beta^2}\left[\frac{\cosh\beta l - 1}{\sinh\beta l + \sin\beta l}\cosh\beta a\sin\beta a + \frac{1 - \cos\beta l}{\sinh\beta l + \sin\beta l}\sinh\beta a\cos\beta a - \sinh\beta a\sin\beta a\right] \tag{15-11}$$

式中　l——基础长度；

a——桥台中心线至分布荷载边缘的距离；

β——变形系数，其公式为

$$\beta = \sqrt{\frac{kb}{4EI}}$$

其中　k——土的弹性抗力系数，若无试验资料时，可以按规范或表 15-1 采用；

E、I——桥台的弹性模量和截面惯性矩。

表 15-1　非岩石类地基土的弹性抗力系数 k 值

土 的 分 类	k/(kg/cm³)
流塑粘性土 $I_L \geqslant 1$，淤泥	10～20
软塑粘性土 $1 > I_L \geqslant 0.5$，粉砂	20～45
硬塑粘性土 $0.5 > I_L > 0$，细砂，中砂	45～65
坚硬，半坚硬粘性土 $I_L < 0$，粗砂	65～100
砾砂，角砾砂，圆砾砂，碎石，卵石	100～130
密实卵石夹粗砂，密实漂卵石	130～200

注：$1\text{kg/cm}^3 = 9.81 \times 10^3\text{kN/m}$。

15.2.3 基底应力验算

桥台的基底应力为桥台本身自重引起的和桥跨结构的永久作用及可变作用引起的应力之和。桥台自重引起的基底应力可按台墙因自重不致发生弯曲的假定(图15-6)计算。荷载引起的基底最大应力可按下式求得

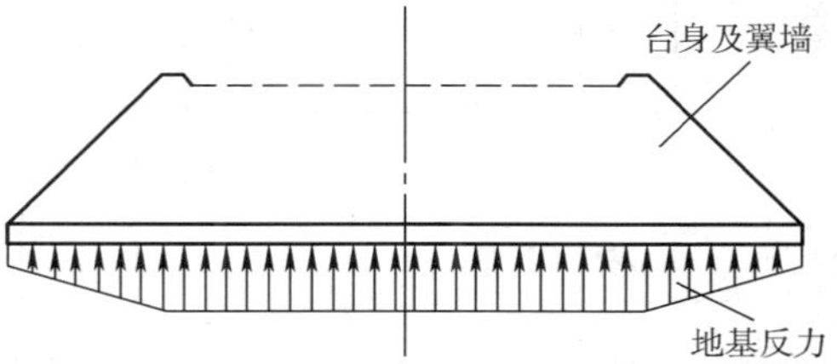

图15-6 桥台重力引起的基底应力分布图

$$\sigma = \frac{p}{b}\left[\frac{\cosh\beta l + 1}{\sinh\beta l + \sin\beta l}\sinh\beta a\cos\beta a + \frac{1 + \cos\beta l}{\sinh\beta l + \sin\beta l}\cosh\beta a\sin\beta a + 1 - \cosh\beta a\cos\beta a\right] \tag{15-12}$$

式中 b——基础宽度；

其余符号同前。

15.3 拱桥轻型桥台的计算要点

拱桥轻型桥台的作用及组合与重力式U形桥台大致相同。不同的是，桥台重力和台后填土的主动土压力不能平衡推力，桥台向路堤方向移动(只绕基底转动而无滑动)，因而路堤对台背、土基对基底产生了土的弹性抗力，于是，整个台身在外力作用下(结构自重和上部构造传来的作用力)将由桥台自重、台后填土的静止土压力和土的弹性抗力来平衡，这是和重力式桥台计算的根本不同点。

拱桥轻型桥台的计算主要有三个方面，一是台身截面强度验算，二是基底应力验算，三是稳定性验算。并且假定桥台的刚度较大，它本身的变形相对整个桥台的位移而言可以忽略不计。

15.3.1 台身截面强度验算(按单位宽度计)

1. 弹性抗力强度

(1) $\sigma_{max} \geq 0$ 时，弹性抗力强度的计算 台背土抗力对基底重力的力矩为(见图15-7)

$$M_{pk} = \frac{1}{2}p_k h_2 \times \frac{2}{3}h_2 + \frac{1}{3}p_k f h_2$$

$$= \frac{1}{3}h_2(h_2 + f)p_k \tag{15-13}$$

基底土的抗力对基底重心的力矩

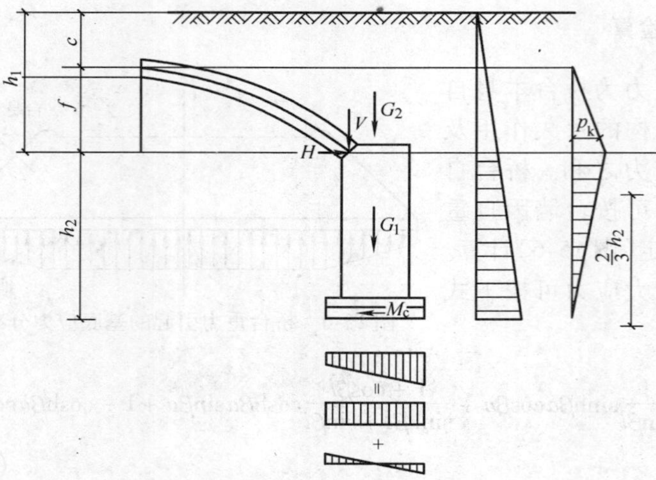

图 15-7 基底应力计算图式

$$M_0=\frac{I_c}{x}\sigma=\frac{I_0}{x}\times\frac{K_0}{K}\times\frac{x}{h_2}p_k=\frac{K_0I_0}{Kh_2}p_k \tag{15-14}$$

由平衡条件得

$$\begin{aligned}\sum M&=M_{p_k}+M_0\\&=\frac{p_k}{3}h_2(h_2+f)+\frac{K_0I_0p_k}{Kh_2}\end{aligned} \tag{15-15}$$

式中 p_k——土的抗力强度，其表达式为

$$p_k=\frac{\sum M_c}{\frac{h_2}{3}(h_2+f)+\frac{K_0I_0}{Kh_2}} \tag{15-16}$$

$\sum M_c$——作用在桥台上的水平推力 H、垂直反力 V、桥台重力 G_1 及地基以上土重 G_2 和台后静止土压力 E_1 等对基底重心的力矩(台身静止土压力为台口至基底高度 h_2 范围内的静止土压力)，向路堤方向转动为正；

K_0/K——土基与台背填土的弹性抗力系数比；

f——拱的计算矢高；

h_2——桥台高度；

x——基底重心至最大应力边缘的距离。

（2）$\sigma_{max}<0$ 时，弹性抗力强度计算　当基础设置在紧密岩石地基上时，合力偏心距超过基底核心半径，但不大于 1.5 倍的核心半径以及当在石质较差的地基上，合力偏心距不大于 1.2 倍的核心半径时，可不计基底拉应力，而以最大边缘压应力控制设计(见图 15-8)。

由于基底出现拉应力，土抗力的计算应考虑基底的应力重分布，其值可按下式计算

$$[3b(V+\sum G)+2h_2(h_2+f)p_k-6\sum M_c]^2 p_k-8h_2\frac{K}{K_0}(V+\sum G)^3=0 \qquad (15\text{-}17)$$

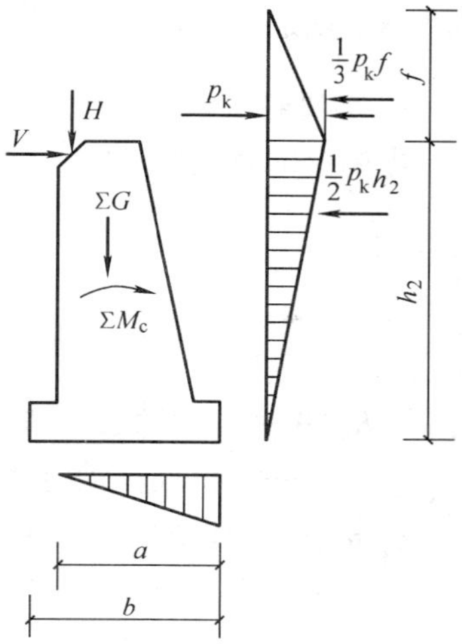

图 15-8 基底应力计算图式

2. 台身强度验算

台身强度验算按压弯构件进行，由于最危险截面不在基顶，所以求截面的内力比较复杂，不容易计算危险截面的精确位置。为了简化计算，可用最大弯矩截面代替危险截面，误差很小。

截面最大弯矩的计算，可取拱脚中心为坐标原点，计算各力对深度为 x 处的截面重心轴的弯矩 M_x，并以其求导为零（$\mathrm{d}M_x/\mathrm{d}x=0$）解得最大弯矩截面处的位置 x，求出最大弯矩值和相应的垂直力。

3. 台口抗剪强度的验算

可以按下式进行

$$\gamma_{s0}\varphi\left[\sum\gamma_{s1}H-\gamma_{s1}\left(\frac{1}{3}p_k f+\frac{1}{2}p_j h_i\right)\right]\leqslant\mu N_j+AR_i^j/\gamma_m \qquad (15\text{-}18)$$

式中 A——台口处水平截面积；

R_i^j——台口处砌体抗剪强度；

μ——砌体摩擦系数；

p_j——台口处静止土压力强度。

15.3.2 基底应力验算

当基础设置在非岩石地基上（见图 15-7），合力偏心距不超过基底核心半径，此时地基应力为

$$\sigma=\frac{V+\sum G}{A}\pm\frac{K_0}{K}\frac{x}{h_2}p_k \qquad (15\text{-}19)$$

当基础设置在岩石地基上（见图 15-8），合力偏心距超过核心半径，此时地基应力为

$$\sigma=\frac{a}{h_2}\frac{K_0}{K}p_k \qquad (15\text{-}20)$$

式中 a——基础受压宽度，$a=\sqrt{\frac{2h_2K}{p_kK_0}(V+\sum G)}$，对于坚岩，$a\geqslant0.75b$，对于较差岩石，$a\geqslant0.8b$。

15.3.3 稳定性验算

1. 路堤稳定性验算

当桥台向路堤转动时，保证台后填土不破裂的安全系数为

$$K_0 = \frac{p_b}{p_j + p_k} \geqslant 1.3 \tag{15-21}$$

$$p_b = \gamma h_1 \tan^2\left(45° + \frac{\varphi}{2}\right) + 2c\tan\left(45° + \frac{\varphi}{2}\right) \tag{15-22}$$

式中 K_0——安全系数；

p_b——台口处被动土压力强度；

p_j——台口处静止土应力强度，$p_j = \varepsilon\gamma \pm h_1$，$\varepsilon$ 为压实土的静止土应力系数，h_1 如图 15-7 所示；

p_k——土抗力强度；

φ——土的内摩擦角；

c——土的粘聚力。

2. 抗滑动稳定性验算

为了保证桥台基底只有转动，而无滑动，应根据作用布置的两种不同情况进行抗滑稳定性验算。

1）桥跨上布满作用（考虑静止土压力加上抗力），验算向路堤滑动的安全系数

$$K_h = \frac{f_2(V + \sum G)}{H - E_j - p_k\left(\frac{h_2}{2} + \frac{f}{3}\right)} \tag{15-23}$$

式中 K_h——抗滑动安全系数；

E_j——桥台所受的静止土压力；

f_2——砌体与地基的摩阻系数。

2）台后布置车辆作用（考虑车辆荷载所引起的主动土压力），验算向河心滑动的安全系数。对于小跨径陡拱，在高路堤的情况下，不应忽视这项验算。

本章小结

本章对桥台的计算作了简要的介绍，主要分为三个部分。桥台的计算与桥墩有相似之处，在学习的过程中，我们可以结合两者从它们的受力、作用及组合和验算内容等来理解，对于其他形式的桥台，在此没有介绍，可以参考有关的书籍。

思考题和习题

15-1 重力式桥台的计算特点是什么？

15-2 梁桥轻型桥台的计算包括哪三个方面？

15-3 拱桥轻型桥台的计算包括哪些方面？

15-4 试说明桥墩和桥台计算的异同点。

附 录

附录 I 铰接板荷载横向分布影响线竖标表

说明:

1）本表适用于横向铰接的梁或板，各片梁或板的截面是相同的。

2）表头的两个数字表示所要查的梁或板号，其中第一个数目表示该梁或板是属于几片梁或板铰接而成的体系，第二个数目表示该片梁或板在这个体系中自左而右的序号。

3）横向分布影响线竖标以 η_{ij}，表示，第一个脚标 i，表示所要求的梁或板号，第二个脚标 j 表示受单位荷载作用的那片梁或板号，表中 η_{ij} 下的数字前者表示 i 后者表示 j，η_{ij} 的竖标应绘在梁或板的中轴线处。

4）表中的 η_{ij} 值为小数点后的三位数字，例如 278 即为 0.278，006 即为 0.006。

5）表值按弯扭参数 γ 给出

$$\gamma = 5.8\frac{I}{I_{\mathrm{T}}}\left(\frac{b}{l}\right)^2$$

式中 l——计算跨径；

b——一片梁或板的宽度；

I——梁或板的抗弯惯性矩；

I_{T}——梁或板的抗扭惯性矩。

表 I-1 铰接板 3-1

γ	η_{ij}			γ	η_{ij}			γ	η_{ij}		
	11	12	13		11	12	13		11	12	13
0.00	333	333	333	0.08	434	325	241	0.40	626	294	080
0.01	348	332	319	0.10	454	323	223	0.60	683	278	040
0.02	363	331	306	0.15	496	317	186	1.00	750	250	000
0.04	389	329	282	0.20	531	313	156	2.00	829	200	-029
0.06	413	327	260	0.30	585	303	112				

表 I -2　铰接板 3-2

γ	η_{ij}			γ	η_{ij}			γ	η_{ij}		
	21	22	23		21	22	23		21	22	23
0. 00	333	333	333	0. 08	325	351	325	0. 40	294	412	294
0. 01	332	336	332	0. 10	323	355	323	0. 60	278	444	278
0. 02	331	338	331	0. 15	317	365	317	1. 00	250	500	250
0. 04	329	342	329	0. 20	313	375	313	2. 00	200	600	200
0. 06	327	346	327	0. 30	303	394	303				

表 I -3　铰接板 4-1

γ	η_{ij}				γ	η_{ij}			
	11	12	13	14		11	12	13	14
0. 00	250	250	250	250	0. 15	484	295	139	082
0. 01	276	257	238	229	0. 20	524	298	119	060
0. 02	300	263	227	210	0. 30	583	296	089	033
0. 04	341	273	208	178	0. 40	625	291	066	018
0. 06	375	280	192	153	0. 60	682	277	035	005
0. 08	405	285	178	132	1. 00	750	250	000	000
0. 10	431	289	165	114	2. 00	828	201	-034	005

表 I -4　铰接板 4-2

γ	η_{ij}				γ	η_{ij}			
	21	22	23	24		21	22	23	24
0. 00	250	250	250	250	0. 15	295	327	238	139
0. 01	257	257	248	238	0. 20	298	345	238	119
0. 02	263	264	246	227	0. 30	296	375	240	089
0. 04	273	276	243	208	0. 40	291	400	243	066
0. 06	280	287	241	192	0. 60	277	441	247	035
0. 08	285	298	239	178	1. 00	250	500	250	000
0. 10	289	307	239	165	2. 00	201	593	240	-034

表 I-5 铰接板 5-1

γ	η_{ij}					γ	η_{ij}				
	11	12	13	14	15		11	12	13	14	15
0.00	200	200	200	200	200	0.15	481	291	130	061	036
0.01	237	216	194	180	173	0.20	523	295	114	045	023
0.02	269	229	188	163	151	0.30	583	296	087	026	010
0.04	321	249	178	136	116	0.40	625	291	066	015	004
0.06	362	263	168	115	092	0.60	682	277	035	004	001
0.08	396	273	158	099	073	1.00	750	250	000	000	000
0.10	425	281	150	085	059	2.00	828	201	-034	006	-001

表 I-6 铰接板 5-2

γ	η_{ij}					γ	η_{ij}				
	21	22	23	24	25		21	22	23	24	25
0.00	200	200	200	200	200	0.15	291	320	222	105	061
0.01	216	215	202	187	180	0.20	295	341	227	091	045
0.02	229	228	204	176	163	0.30	296	374	235	070	026
0.04	249	249	207	158	136	0.40	291	399	240	055	015
0.06	263	267	211	144	115	0.60	277	440	246	030	004
0.08	273	281	214	133	099	1.00	250	500	250	000	000
0.10	281	294	216	123	085	2.00	201	593	241	041	006

表 I-7 铰接板 5-3

γ	η_{ij}					γ	η_{ij}				
	31	32	33	34	35		31	32	33	34	35
0.00	200	200	200	200	200	0.15	130	222	295	222	130
0.01	194	202	208	202	194	0.20	114	227	318	227	114
0.02	188	204	215	204	188	0.30	087	235	357	235	087
0.04	178	207	230	207	178	0.40	066	240	389	240	066
0.06	168	211	243	211	168	0.60	035	246	437	246	035
0.08	158	214	256	214	158	1.00	000	250	500	250	000
0.10	150	216	268	216	150	2.00	-034	241	586	241	-034

表 I -8　铰接板 6-1

γ	η_{ij}						γ	η_{ij}					
	11	12	13	14	15	16		11	12	13	14	15	16
0.00	167	167	167	167	167	167	0.15	481	290	129	058	027	016
0.01	214	192	168	151	140	135	0.20	523	295	113	043	010	009
0.02	252	212	168	138	119	110	0.30	583	295	086	025	008	003
0.04	312	239	165	117	090	077	0.40	625	291	065	015	003	001
0.06	358	257	159	101	069	055	0.60	682	277	035	004	001	000
0.08	394	270	152	088	055	041	1.00	750	250	000	000	000	000
0.10	423	278	146	078	044	031	2.00	828	201	-034	006	-001	000

表 I -9　铰接板 6-2

γ	η_{ij}						γ	η_{ij}					
	21	22	23	24	25	26		21	22	23	24	25	26
0.00	167	167	167	167	167	167	0.15	290	319	219	098	046	027
0.01	192	190	175	157	146	140	0.20	295	340	226	087	035	017
0.02	212	209	182	149	129	119	0.30	295	373	234	069	021	008
0.04	239	238	192	137	105	090	0.40	291	399	240	054	012	003
0.06	257	259	200	127	087	069	0.60	277	440	246	031	004	001
0.08	270	276	206	119	074	055	1.00	250	500	250	000	000	000
0.10	278	291	210	112	064	044	2.00	201	593	241	-041	007	-001

表 I -10　铰接板 6-3

γ	η_{ij}						γ	η_{ij}					
	31	32	33	34	35	36		31	32	33	34	35	36
0.00	167	167	167	167	167	167	0.15	129	219	288	208	098	058
0.01	168	175	179	170	157	151	0.20	113	226	314	217	087	043
0.02	168	182	190	173	149	138	0.30	086	234	356	230	069	025
0.04	165	192	210	179	137	117	0.40	065	240	388	238	054	015
0.06	159	200	227	186	127	101	0.60	035	246	437	246	031	004
0.08	152	206	243	191	119	088	1.00	000	250	500	250	000	000
0.10	146	210	257	197	112	078	2.00	-034	241	586	243	-041	006

表 I -11 铰接板 7-1

γ	η_{ij}							γ	η_{ij}						
	11	12	13	14	15	16	17		11	12	13	14	15	16	17
0.00	143	143	143	143	143	143	143	0.15	480	290	128	057	025	012	007
0.01	200	177	152	133	120	111	107	0.20	523	295	113	043	017	007	003
0.02	244	202	157	125	102	088	082	0.30	583	295	086	025	007	002	001
0.04	309	235	159	109	078	059	051	0.40	625	291	065	015	003	001	000
0.06	356	255	156	096	061	042	034	0.60	682	277	035	004	001	000	000
0.08	293	268	151	085	049	031	023	1.00	750	250	000	000	000	000	000
0.10	423	278	144	076	040	023	016	2.00	828	201	-034	006	-001	000	000

表 I -12 铰接板 7-2

γ	η_{ij}							γ	η_{ij}						
	21	22	23	24	25	26	27		21	22	23	24	25	26	27
0.00	143	143	143	143	143	143	143	0.15	290	318	219	097	043	020	012
0.01	177	175	158	139	125	115	111	0.20	295	340	225	086	033	013	007
0.02	202	198	170	135	111	096	088	0.30	295	373	234	068	020	006	002
0.04	235	232	185	127	091	069	059	0.40	291	399	240	054	012	003	001
0.06	255	256	196	121	077	053	042	0.60	277	440	246	031	004	001	000
0.08	268	275	203	115	067	041	031	1.00	250	500	250	000	000	000	000
0.10	278	290	209	109	058	033	023	2.00	201	593	241	-041	007	-001	000

表 I -13 铰接板 7-3

γ	η_{ij}							γ	η_{ij}						
	31	32	33	34	35	36	37		31	32	33	34	35	36	37
0.00	143	143	143	143	143	143	143	0.15	128	219	287	205	092	043	025
0.01	152	158	161	150	134	125	120	0.20	113	225	314	216	083	033	017
0.02	157	170	176	156	128	111	102	0.30	086	234	356	229	067	020	007
0.04	159	185	201	167	119	091	078	0.40	065	240	388	237	053	012	003
0.06	156	196	222	176	112	077	061	0.60	035	246	437	246	031	004	001
0.08	151	203	239	184	107	067	049	1.00	000	250	500	250	000	000	000
0.10	144	209	255	191	102	058	040	2.00	-034	241	586	243	-042	007	-001

表 I -14 铰接板 7-4

γ	η_{ij}							γ	η_{ij}						
	41	42	43	44	45	46	47		41	42	43	44	45	46	47
0.00	143	143	143	143	143	143	143	0.15	057	097	205	282	205	097	057
0.01	133	139	150	157	150	139	133	0.20	043	086	216	310	216	086	043
0.02	125	135	156	169	156	135	125	0.30	025	068	229	354	229	068	025
0.04	109	127	167	193	167	127	109	0.40	015	054	237	387	237	054	015
0.06	096	121	176	213	176	121	096	0.60	004	031	246	436	246	031	004
0.08	085	115	184	231	184	115	085	1.00	000	000	250	500	250	000	000
0.10	076	109	191	248	191	109	076	2.00	006	-041	243	586	243	-041	006

表 I -15 铰接板 8-1

γ	η_{ij}							
	11	12	13	14	15	16	17	18
0.00	125	125	125	125	125	125	125	125
0.01	191	168	142	122	107	096	089	085
0.02	239	197	151	117	093	076	066	061
0.04	307	233	156	106	073	052	040	034
0.06	355	254	155	094	058	037	025	020
0.08	392	268	150	084	048	028	017	013
0.10	423	277	144	075	039	021	012	008
0.15	480	290	128	057	025	011	005	003
0.20	523	295	113	043	016	006	003	001
0.30	583	295	086	025	007	002	001	000
0.40	625	291	065	015	003	001	000	000
0.60	682	277	035	004	001	000	000	000
1.00	750	250	000	000	000	000	000	000
2.00	828	201	-034	006	-001	000	000	000

表 I -16 铰接板 8-2

γ	η_{ij}							
	21	22	23	24	25	26	27	28
0.00	125	125	125	125	125	125	125	125
0.01	168	165	148	127	111	100	092	089
0.02	197	193	163	127	101	083	071	066
0.04	233	230	182	123	085	060	046	040
0.06	254	255	194	119	073	047	032	025
0.08	268	274	202	113	064	037	023	017
0.10	277	290	208	108	057	030	017	012
0.15	290	318	219	097	043	019	009	005
0.20	295	340	225	086	033	013	005	003
0.30	295	373	234	068	020	006	002	001
0.40	291	399	240	054	012	003	001	000
0.60	277	440	246	031	004	001	000	000
1.00	250	500	250	000	000	000	000	000
2.00	201	593	241	−041	007	−001	000	000

表 I -17 铰接板 8-3

γ	η_{ij}							
	31	32	33	34	35	36	37	38
0.00	125	125	125	125	125	125	125	125
0.01	142	148	150	137	120	108	100	096
0.02	151	163	168	147	116	096	083	076
0.04	156	182	197	162	111	079	060	052
0.06	155	194	219	173	107	068	047	037
0.08	150	202	238	182	103	060	037	028
0.10	144	208	254	190	099	053	030	021
0.15	128	219	287	205	091	041	019	011
0.20	113	225	314	215	082	032	013	006
0.30	086	234	356	229	067	020	006	002
0.40	065	240	388	237	053	012	003	001
0.60	035	246	437	246	031	004	001	000
1.00	000	250	500	250	000	000	000	000
2.00	−034	241	586	243	−042	007	−001	000

表 I -18 铰接板 8-4

γ	η_{ij}							
	41	42	43	44	45	46	47	48
0. 00	125	125	125	125	125	125	125	125
0. 01	122	127	137	143	134	120	111	107
0. 02	117	127	147	158	142	116	101	093
0. 04	106	123	162	185	156	111	085	073
0. 06	094	119	173	208	168	107	073	058
0. 08	084	113	182	227	178	103	064	048
0. 10	075	108	190	245	186	099	057	039
0. 15	057	097	205	281	203	091	043	025
0. 20	043	086	215	310	214	082	033	016
0. 30	025	068	229	354	229	067	020	007
0. 40	015	054	237	387	237	053	012	003
0. 60	004	031	246	436	246	031	004	001
1. 00	000	000	250	500	250	000	000	000
2. 00	006	−041	243	586	243	−042	007	−001

表 I -19 铰接板 9-1

γ	η_{ij}								
	11	12	13	14	15	16	17	18	19
0. 00	111	111	111	111	111	111	111	111	111
0. 01	185	162	136	115	098	086	077	072	069
0. 02	236	194	147	113	088	070	057	049	046
0. 04	306	232	155	104	070	048	035	026	023
0. 06	355	254	154	094	057	035	023	015	012
0. 08	392	268	150	084	047	027	015	010	007
0. 10	423	277	144	075	039	020	011	006	004
0. 15	480	290	128	057	025	011	005	002	001
0. 20	523	295	113	043	016	006	002	001	000
0. 30	583	295	086	025	007	002	001	000	000
0. 40	625	291	065	015	003	001	000	000	000
0. 60	682	277	035	004	001	000	000	000	000
1. 00	750	250	000	000	000	000	000	000	000
2. 00	828	201	−034	006	−001	000	000	000	000

表 I -20 铰接板 9-2

γ	η_{ij}								
	21	22	23	24	25	26	27	28	29
0.00	111	111	111	111	111	111	111	111	111
0.01	162	158	141	119	102	090	081	075	072
0.02	194	189	160	122	095	075	062	053	049
0.04	232	229	181	121	082	057	040	031	026
0.06	254	255	194	118	072	044	028	019	015
0.08	268	274	202	113	063	036	021	013	010
0.10	277	290	208	108	056	029	016	009	006
0.15	290	318	219	097	043	019	008	004	002
0.20	295	340	225	086	033	013	005	002	001
0.30	295	373	234	068	020	006	002	001	000
0.40	291	399	240	054	012	003	001	000	000
0.60	277	440	246	031	004	001	000	000	000
1.00	250	500	250	000	000	000	000	000	000
2.00	201	593	241	−041	007	−001	000	000	000

表 I -21 铰接板 9-3

γ	η_{ij}								
	31	32	33	34	35	36	37	38	39
0.00	111	111	111	111	111	111	111	111	111
0.01	136	141	142	129	111	097	087	081	077
0.02	147	160	164	141	110	087	072	062	057
0.04	155	181	195	159	108	074	053	040	035
0.06	154	194	219	172	105	065	041	028	023
0.08	150	202	237	182	102	058	033	021	015
0.10	144	208	254	190	099	052	028	016	011
0.15	128	219	287	205	090	040	018	008	005
0.20	113	225	314	215	082	031	012	005	002
0.30	086	234	356	229	067	020	006	002	001
0.40	065	240	388	237	053	012	003	001	000
0.60	035	246	431	246	031	004	001	000	000
1.00	000	250	500	250	000	000	000	000	000
2.00	−034	240	586	243	−042	007	−001	000	000

表 I -22　铰接板 9-4

γ	η_{ij}								
	41	42	43	44	45	46	47	48	49
0. 00	111	111	111	111	111	111	111	111	111
0. 01	115	119	129	133	123	108	097	090	086
0. 02	113	122	141	152	134	106	087	075	070
0. 04	104	121	159	182	151	104	074	057	048
0. 06	094	118	172	206	165	102	065	044	035
0. 08	084	113	182	226	176	099	058	036	027
0. 10	075	108	190	244	185	097	052	029	020
0. 15	057	097	205	281	202	089	040	019	011
0. 20	043	086	215	310	214	082	031	013	006
0. 30	025	068	229	354	229	067	020	006	002
0. 40	015	054	237	387	237	053	012	003	001
0. 60	004	031	246	436	246	031	004	001	000
1. 00	000	000	250	500	250	000	000	000	000
2. 00	006	-041	243	586	243	-042	007	-001	000

表 I -23　铰接板 9-5

γ	η_{ij}								
	51	52	53	54	55	56	57	58	59
0. 00	111	111	111	111	111	111	111	111	111
0. 01	098	102	111	123	131	123	111	102	098
0. 02	088	095	110	134	148	134	110	095	088
0. 04	070	082	108	151	178	151	108	082	070
0. 06	057	072	105	165	203	165	105	072	057
0. 08	047	063	102	176	224	176	102	063	047
0. 10	039	056	099	185	242	185	099	056	039
0. 15	025	043	090	202	280	202	090	043	025
0. 20	016	033	082	214	309	214	082	033	016
0. 30	007	020	067	229	354	229	067	020	007
0. 40	003	012	053	237	387	237	053	012	003
0. 60	001	004	031	246	436	246	031	004	001
1. 00	000	000	000	250	500	250	000	000	000
2. 00	-001	007	-042	243	586	243	-042	007	-001

表 I -24 铰接板 10-1

γ	η_{ij}									
	11	12	13	14	15	16	17	18	19	1，10
0.00	100	100	100	100	100	100	100	100	100	100
0.01	181	158	131	110	093	080	070	063	058	056
0.02	234	192	146	111	085	066	052	043	037	034
0.04	306	232	155	103	069	047	032	023	018	015
0.06	355	254	154	094	057	035	021	014	009	007
0.08	392	268	150	084	047	026	015	009	005	004
0.10	423	277	144	075	039	020	011	006	003	002
0.15	480	290	128	057	025	011	005	002	001	001
0.20	523	295	113	043	016	006	002	001	000	000
0.30	583	295	086	025	007	002	001	000	000	000
0.40	625	291	065	015	003	001	000	000	000	000
0.60	682	277	035	004	001	000	000	000	000	000
1.00	750	250	000	000	000	000	000	000	000	000
2.00	828	201	−034	006	−001	000	000	000	000	000

表 I -25 铰接板 10-2

γ	η_{ij}									
	21	22	23	24	25	26	27	28	29	2，10
0.00	100	100	100	100	100	100	100	100	100	100
0.01	158	154	137	114	097	083	073	065	060	058
0.02	192	188	157	120	092	071	056	046	040	037
0.04	232	229	181	121	081	055	038	027	020	018
0.06	254	255	193	117	071	044	027	017	012	009
0.08	268	274	202	113	063	035	020	012	007	005
0.10	277	290	208	108	056	029	015	008	005	003
0.15	290	318	219	097	043	019	008	004	002	001
0.20	295	340	225	086	033	013	005	002	001	000
0.30	295	373	234	068	020	006	002	001	000	000
0.40	291	399	240	054	012	003	001	000	000	000
0.60	277	440	246	031	004	001	000	000	000	000
1.00	250	500	250	000	000	000	000	000	000	000
2.00	201	593	241	−041	007	−001	000	000	000	000

表 I -26　铰接板 10-3

γ	η_{ij}									
	31	32	33	34	35	36	37	38	39	3，10
0.00	100	100	100	100	100	100	100	100	100	100
0.01	131	137	137	123	104	090	078	070	065	063
0.02	146	157	162	138	106	082	065	054	046	043
0.04	155	181	195	158	106	072	049	035	027	023
0.06	154	193	218	171	104	064	039	025	017	014
0.08	150	202	237	181	101	057	032	019	012	009
0.10	144	208	254	189	098	051	027	014	008	006
0.15	128	219	287	205	090	040	018	008	004	002
0.20	113	225	314	215	082	031	012	005	002	001
0.30	086	234	356	229	067	020	006	002	001	000
0.40	065	240	388	237	053	012	003	001	000	000
0.60	035	246	437	246	031	004	001	000	000	000
1.00	000	250	500	250	000	000	000	000	000	000
2.00	-034	241	586	243	-042	007	-001	000	000	000

表 I -27　铰接板 10-4

γ	η_{ij}									
	41	42	43	44	45	46	47	48	49	4，10
0.00	100	100	100	100	100	100	100	100	100	100
0.01	110	114	123	127	116	100	087	078	073	070
0.02	111	120	138	148	129	100	080	065	056	052
0.04	103	121	158	180	149	101	069	049	038	032
0.06	094	117	171	205	163	100	062	039	027	021
0.08	084	113	181	226	175	098	056	032	020	015
0.10	075	108	189	244	185	096	050	027	015	011
0.15	057	097	205	281	202	089	040	018	008	005
0.20	043	086	215	310	214	082	031	012	005	002
0.30	025	068	229	354	229	067	020	006	002	001
0.40	015	054	237	387	237	053	012	003	001	000
0.60	004	031	246	436	246	031	004	001	000	000
1.00	000	000	250	500	250	000	000	000	000	000
2.00	006	-041	243	586	243	-042	007	-001	000	000

表 I -28　铰接板 10-5

γ	η_{ij}									
	51	52	53	54	55	56	57	58	59	5，10
0.00	100	100	100	100	100	100	100	100	100	100
0.01	093	097	104	116	123	114	100	090	083	080
0.02	085	092	106	129	142	126	100	082	071	066
0.04	069	081	106	149	175	146	101	072	055	047

（续）

γ	η_{ij}									
	51	52	53	54	55	56	57	58	59	5，10
0.06	057	071	104	163	201	162	100	064	044	035
0.08	047	063	101	175	223	174	098	057	035	026
0.10	039	056	098	185	241	184	096	051	029	020
0.15	025	043	090	202	280	201	089	040	019	011
0.20	016	033	082	214	309	214	082	031	013	006
0.30	007	020	067	229	354	229	067	020	006	002
0.40	003	012	053	237	387	237	053	012	003	001
0.60	001	004	031	246	436	246	031	004	001	000
1.00	000	000	000	250	500	250	000	000	000	000
2.00	-001	007	-042	243	586	243	-042	007	-001	000

附录Ⅱ　G-M 法 K_0、K_1、μ_0、μ_1 数值计算图

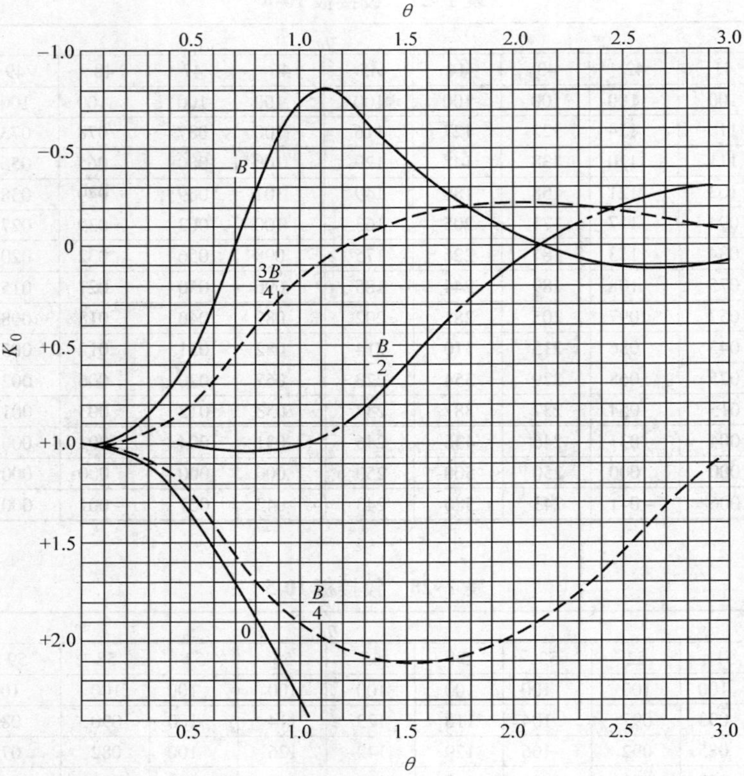

图Ⅱ-1　梁位 $f=0$ 处的荷载横向影响系数 K_0

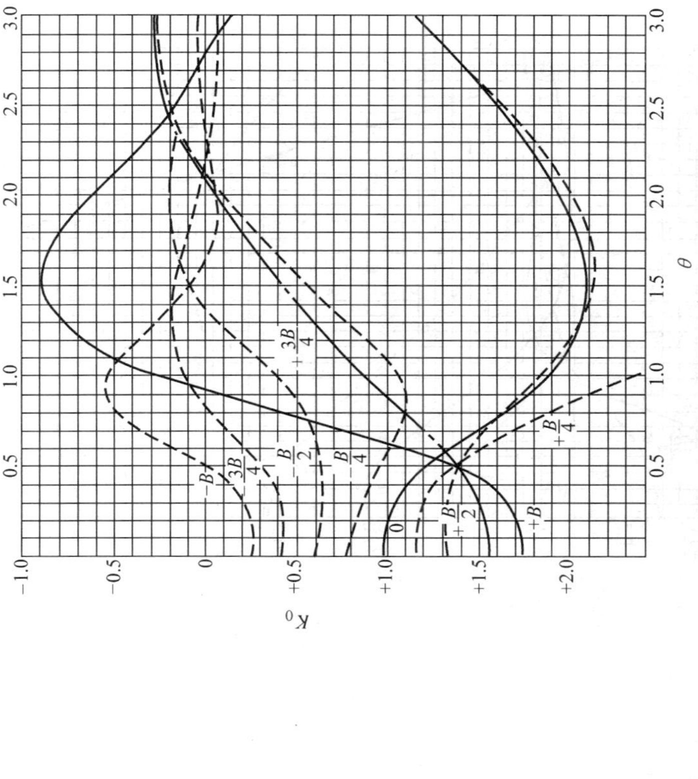

图Ⅱ-2　梁位 $f=B/4$ 处的荷载横向影响系数 K_0

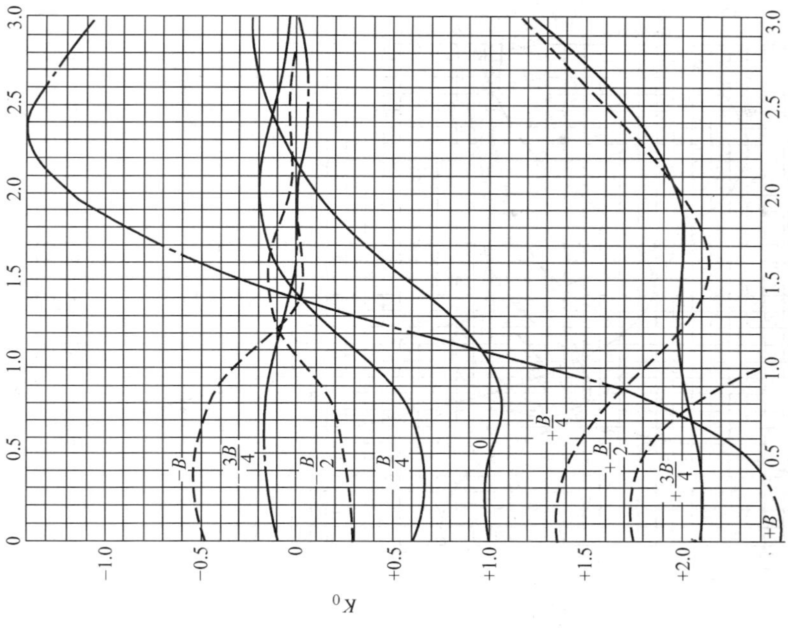

图Ⅱ-3　梁位 $f=B/2$ 处的荷载横向影响系数 K_0

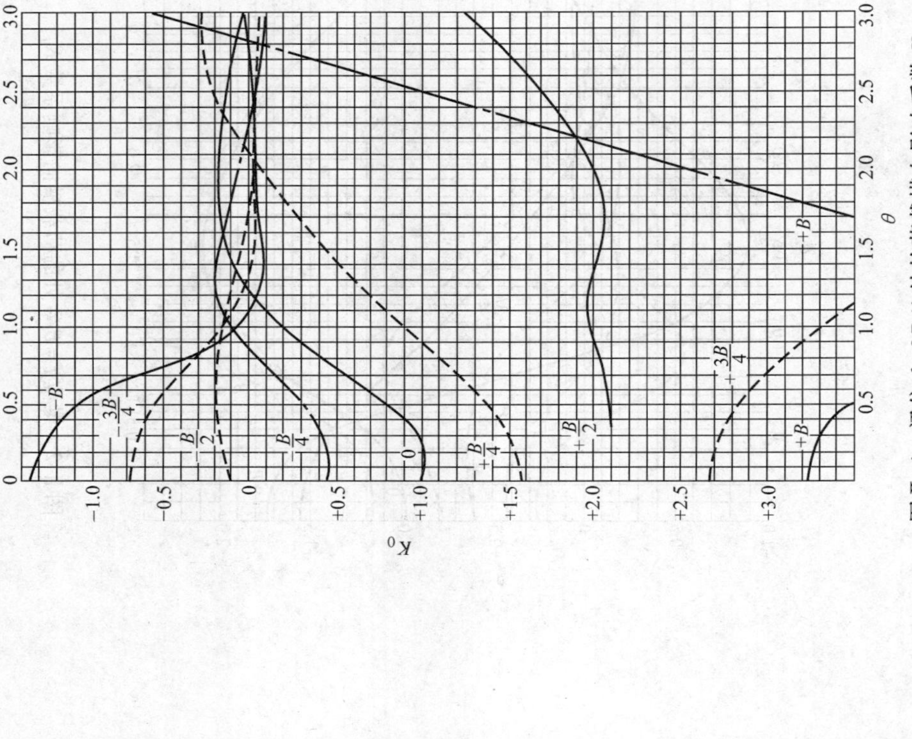

图Ⅱ-4　梁位 $f=3B/4$ 处的荷载横向影响系数 K_0

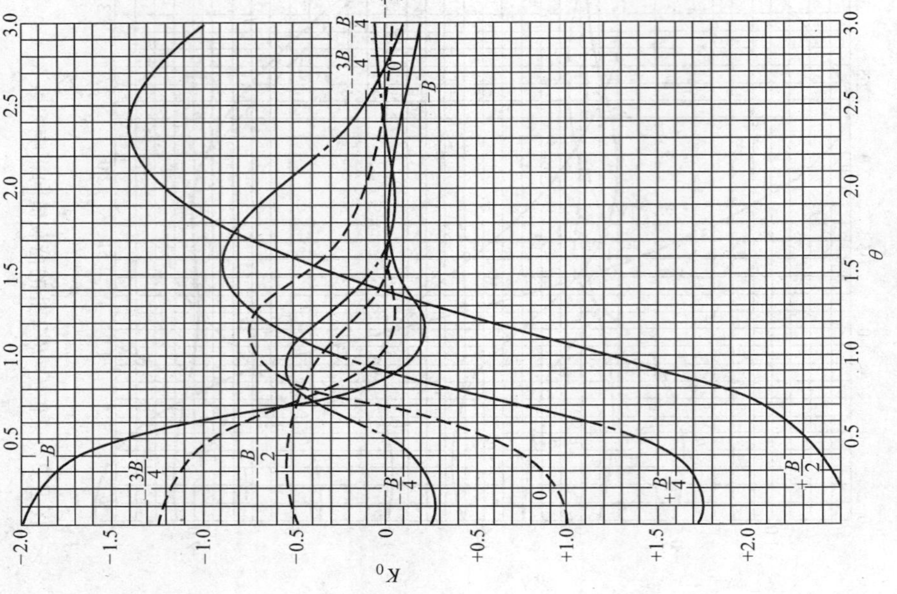

图Ⅱ-5　梁位 $f=B$ 处的荷载横向影响系数 K_0

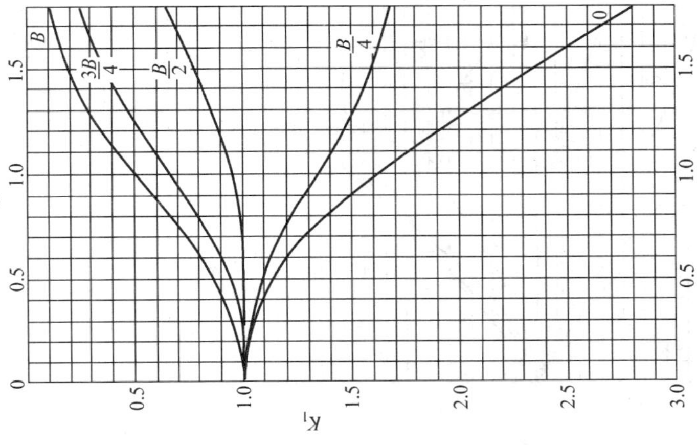

图Ⅱ-7 梁位 $f=0$ 处的荷载横向影响系数 K_1

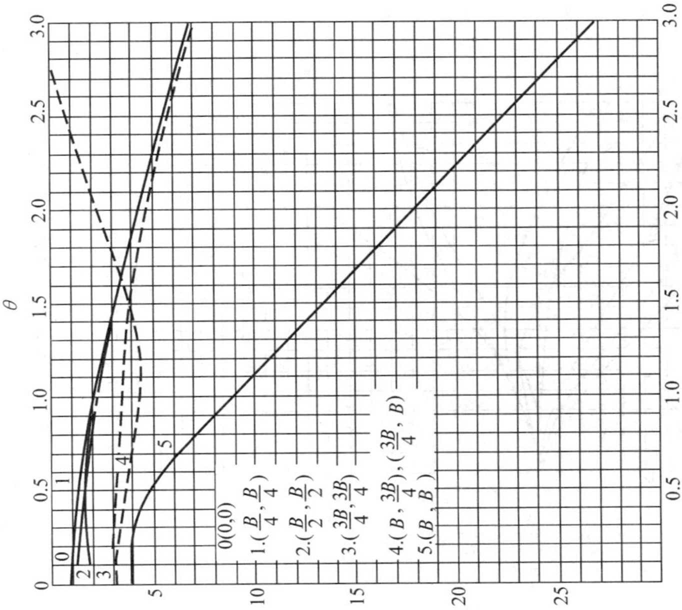

图Ⅱ-6 不同梁位处的荷载横向影响系数 K_0（数值较大时）

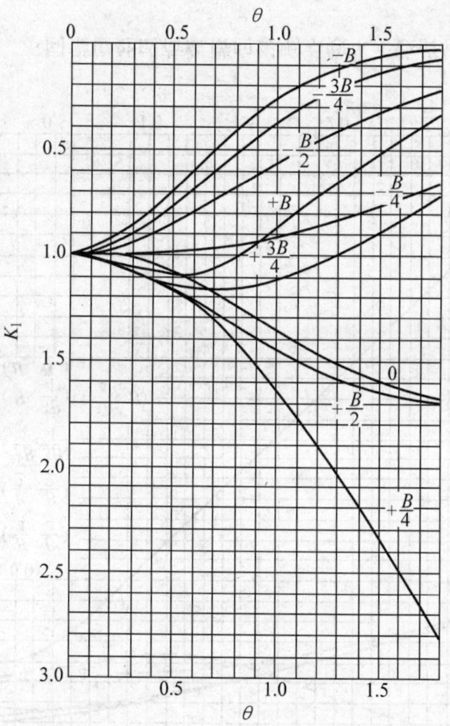

图Ⅱ-8　梁位 $f=B/4$ 处的荷载横向影响系数 K_1

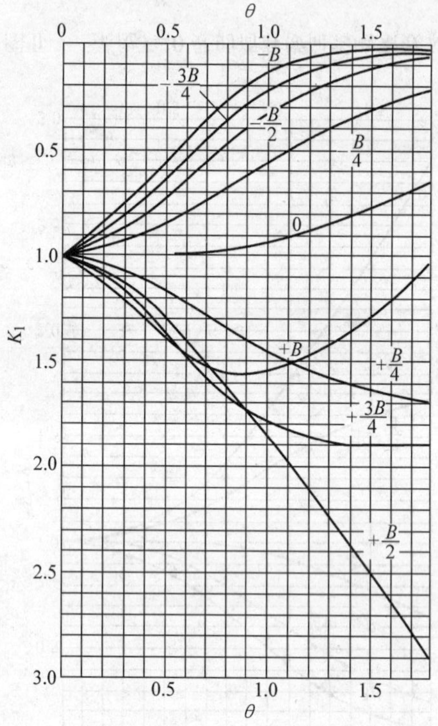

图Ⅱ-9　梁位 $f=B/2$ 处的荷载横向影响系数 K_1

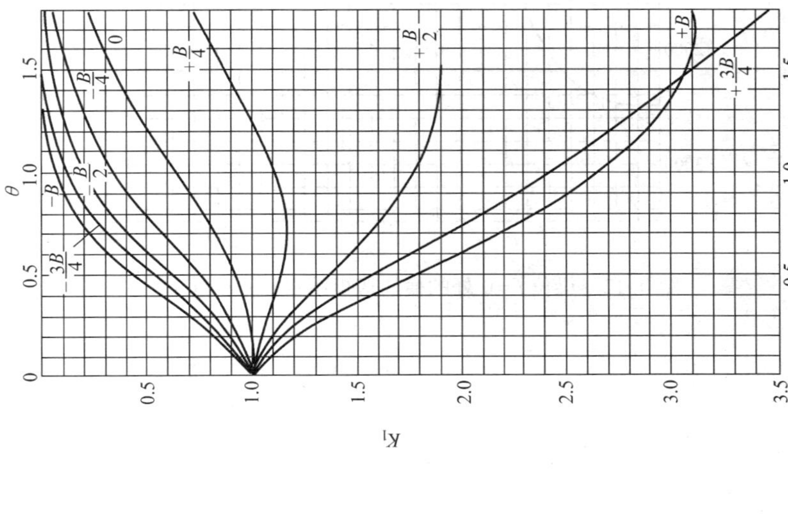

图 II-10 梁位 $f=3B/4$ 处的荷载横向影响系数 K_1

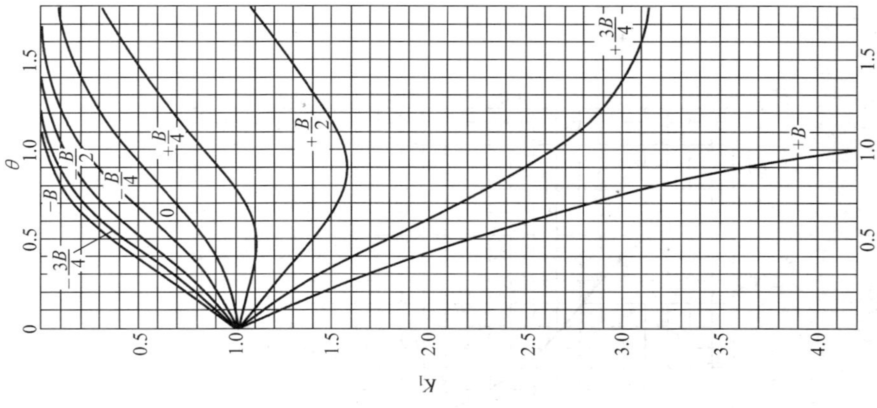

图 II-11 梁位 $f=B$ 处的荷载横向影响系数 K_1

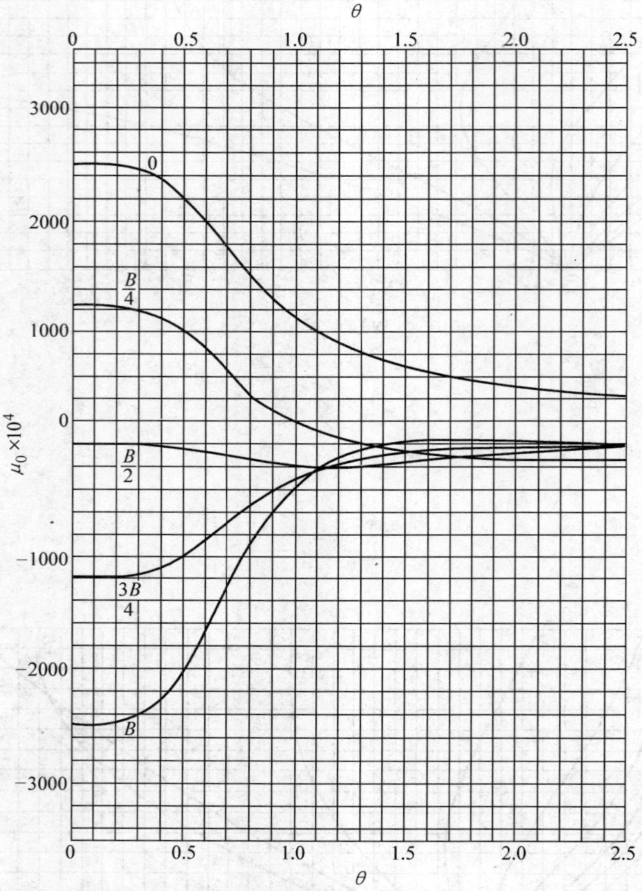

图Ⅱ-12　梁位 $f=0$ 处的横向弯矩系数 μ_0（$\nu=0.15$）

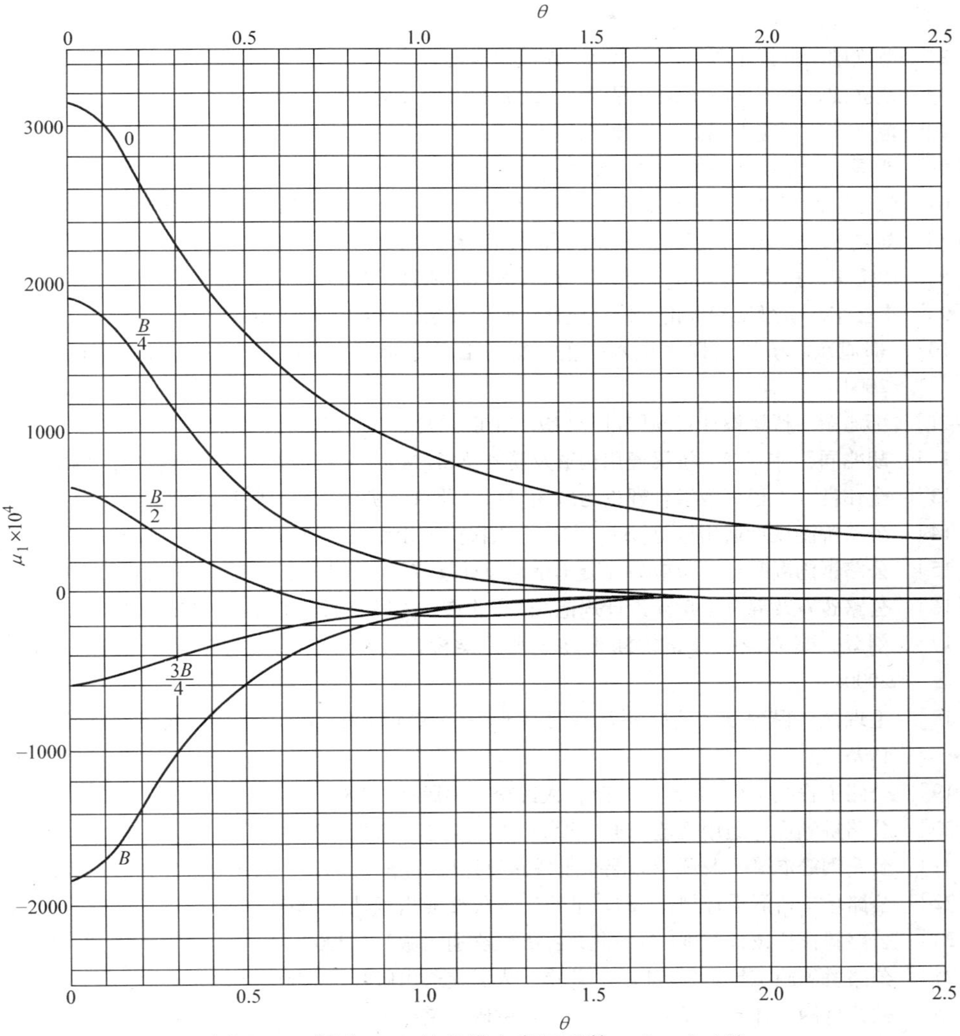

图Ⅱ-13　梁位$f=0$处的横向弯矩系数μ_1($\nu=0.15$)

参考文献

[1] 姚玲森．桥梁工程(公路与城市道路工程专业用)[M]．北京：人民交通出版社，1985.
[2] 范立础．桥梁工程[M]．北京：人民交通出版社，1988.
[3] 范立础，顾安邦．桥梁工程[M]．北京：人民交通出版社，2002.
[4] 范立础．预应力混凝土连续梁桥[M]．北京：人民交通出版社，1988.
[5] 严国敏．现代斜拉桥[M]．成都：西南交通大学出版社，1996.
[6] 强士中，邵旭东．桥梁工程：上册[M]．北京：高等教育出版社，2004.
[7] 刘夏平．桥梁工程[M]．北京：科学出版社，2005.
[8] 白宝玉．桥梁工程[M]．北京：高等教育出版社，2005.
[9] 李亚东．桥梁工程概论[M]．成都：西南交通大学出版社，2001.
[10] 邵旭东．桥梁工程（土木工程、交通工程专业用）[M]．北京：人民交通出版社，2004.
[11] 邵旭东．桥梁设计百问[M]．2版．北京：人民交通出版社，2005.
[12] 胡兆同，陈万春．桥梁通用构造及简支梁桥[M]．北京：人民交通出版社，2001.
[13] 金伟良．工程荷载组合理论与应用[M]．北京：机械工业出版社，2006.
[14] 公路桥涵设计通用规范[S]．北京：人民交通出版社，1989.
[15] 公路钢筋混凝土及预应力混凝土桥涵设计规范[S]．北京：人民交通出版社，1985.
[16] 公路砖石及混凝土桥涵设计规范[S]．北京：人民交通出版社，1985.
[17] 刘效，赵立成．公路桥涵设计手册：梁桥(下册)[M]．北京：人民交通出版社，2000.
[18] 毛瑞祥，程翔云．公路桥涵设计手册——基本资料[M]．北京：人民交通出版社，1995.
[19] 公路工程技术标准[S]．北京：人民交通出版社，2004.
[20] 公路桥涵设计通用规范[S]．北京：人民交通出版社，2004.
[21] 公路钢筋混凝土及预应力混凝土桥涵设计规范[S]．北京：人民交通出版社，2004.
[22] 公路圬工桥涵设计规范[S]．北京：人民交通出版社，2005.
[23] 公路斜拉桥设计细则[S]．北京：人民交通出版社，2007.
[24] 公路桥涵施工技术规范[S]．北京：人民交通出版社，2000.
[25] 铁路桥涵设计基本规范[S]．北京：中国铁道出版社，2001.
[26] 铁路桥梁钢结构设计规范[S]．北京：中国铁道出版社，2001.
[27] 铁路桥涵钢筋混凝土及预应力混凝土结构设计规范[S]．北京：中国铁道出版社，2001.
[28] 美国公路桥梁设计规范——荷载与抗力系数设计法(SI单位)[M]．辛济平，等译．北京：人民交通出版社，1998.